# Mediation
# im Bauwesen

Herausgegeben von
Thomas Flucher, Bernd Kochendörfer,
Ursula von Minckwitz, Markus G. Viering

BAUMANAGEMENT
FACHHOCHSCHULE AUGSBURG
Baumgartnerstraße 16, 86161 Augsburg
Tel 0821/5586-148, Fax 0821/5586-149

Ernst & Sohn
A Wiley Company

# Mediation
# im Bauwesen

Herausgegeben von
Thomas Flucher, Bernd Kochendörfer,
Ursula von Minckwitz, Markus G. Viering

Dipl.-Ing. Thomas Flucher
KoMeT
p. A. Planteam
Bahnhofstraße 19A
CH-6203 Sempach-Station

Prof. Dr.-Ing. Bernd Kochendörfer
Waldschulallee 94
D-14055 Berlin

RA Ursula von Minckwitz
RAe Conrad Fricke Kochenburger
Dohnanyistraße 30
D-04103 Leipzig

Dr.-Ing. Markus G. Viering
Dickhardtstraße 5
D-12159 Berlin

Bibliografische Information Der Deutschen Bibliothek
Die Deutsche Bibliothek verzeichnet diese Publikation in der Deutschen Nationalbibliografie;
detaillierte bibliografische Daten sind im Internet über <http://dnb.ddb.de> abrufbar.

ISBN 3-433-01473-6

© 2003 Ernst & Sohn
Verlag für Architektur und technische Wissenschaften GmbH & Co. KG, Berlin

Alle Rechte, insbesondere die der Übersetzung in andere Sprachen, vorbehalten. Kein Teil dieses Buches darf ohne schriftliche Genehmigung des Verlages in irgendeiner Form – durch Fotokopie, Mikrofilm oder irgendein anderes Verfahren – reproduziert oder in eine von Maschinen, insbesondere von Datenverarbeitungsmaschinen, verwendbare Sprache übertragen oder übersetzt werden.

All rights reserved (including those of translation into other languages). No part of this book may be reproduced in any form – by photoprint, microfilm, or any other means – nor transmitted or translated into a machine language without written permission from the publisher.

Die Wiedergabe von Warenbezeichnungen, Handelsnamen oder sonstigen Kennzeichen in diesem Buch berechtigt nicht zu der Annahme, daß diese von jedermann frei benutzt werden dürfen. Vielmehr kann es sich auch dann um eingetragene Warenzeichen oder sonstige gesetzlich geschützte Kennzeichen handeln, wenn sie als solche nicht eigens markiert sind.

Umschlaggestaltung: herstellungsbüro, Berlin; Frank Lange, Berlin
Satz: Manuela Treindl, Laaber
Druck: betz-druck GmbH, Darmstadt
Bindung: Großbuchbinderei J. Schäffer GmbH & Co. KG, Grünstadt
Printed in Germany

# Vorwort der Herausgeber

Während der Planung, Genehmigung und der Ausführung von Bauprojekten treffen viele Beteiligte mit unterschiedlichsten Interessen aufeinander. Die Handlungs- und Verantwortungsbereiche überlagern sich und fachtechnisch anspruchsvolle Probleme müssen oft unter hohem Zeit- und Kostendruck gelöst werden. Das Konfliktpotenzial vor, während und nach der Bauausführung ist groß.

Konnten diese Probleme nicht auf dem Verhandlungswege gelöst werden, stand bisher der Gang zum Gericht oder Schiedsgericht im Vordergrund. Die Begegnungen vor Gericht stellen sich hierbei oft als eine Belastung für eine spätere vertrauensvolle Zusammenarbeit heraus. Nicht selten werden die Beziehungen so gravierend beeinträchtigt, dass künftige Kooperationen nicht mehr zustande kommen.

Mit dem vorliegenden Handbuch werden Alternativen einer „konstruktiven Konfliktlösung", die sich auf Konsens ausrichten, insbesondere der Mediation aufgezeigt.

Es ist ein Anliegen der Herausgeber, mit diesem Buch die verschiedenen Facetten der Mediation aus der Sicht der Lehre und insbesondere der Praxis zusammenzufassen. Der Leser soll mit der Darstellung der Grundlagen der Mediation und mit der Beschreibung konkreter Fallbeispiele den Entwicklungsstand der Mediation im Bau- und Planungswesen sowie bei Umweltkonflikten erfahren.

Hierzu werden zunächst die Mediation und deren Anwendungsgebiete und Einsatzbereiche beschrieben und gegen andere Konfliktbewältigungsverfahren abgegrenzt. Der Statusfeststellung in den Ländern Deutschland, Schweiz und Österreich folgen zehn Beispiele erfolgreich abgewickelter Mediations- oder mediationsähnlicher Verfahren aus allen drei Ländern.

Das vorliegende Buch ist das Ergebnis des Zusammenwirkens einer Vielzahl von Fachleuten aus der Praxis. Wenn die erste Auflage dieses Buches mit seinem bewusst weit gespannten Themenbogen interessierte Leser zu Rückmeldungen veranlassen würde, so würde damit ein weiteres Ziel der Herausgeber erfüllt.

Die Herausgeber bedanken sich an dieser Stelle bei allen Autoren, die trotz ihres knappen Zeitbudgets zur Entstehung dieses Buches beigetragen haben. Der Dank richtet sich auch an den Verlag Ernst & Sohn, insbesondere an Frau Herr und Frau Herrmann, für die Geduld und die engagierte verlegerische Betreuung des Buches. Besonderer Dank gilt der Mitautorin Frau Hertel für die umfangreiche Unterstützung.

Thomas Flucher, Mediator ÖBM, Dipl. Ing. ETH
Bernd Kochendörfer, Univ.-Prof. Dr.-Ing.
Ursula von Minckwitz, Rechtsanwältin
Markus G. Viering, Dr.-Ing.

Berlin, im September 2002

# Inhaltsübersicht

Vorwort der Herausgeber .............................................. V

Autorenverzeichnis .................................................. XXVII

| | | |
|---|---|---|
| I | **Mediation als alternatives Konfliktlösungsverfahren** .............. 1 | |
| 1 | Einführung in die Konfliktregelung mit Mediation ................ 3 | |
| | *Thomas Flucher, Bernd Kochendörfer, Ursula von Minckwitz,* | |
| | *Markus G. Viering* | |

2 Überblick Konfliktregelungsverfahren und Anwendungstypen
  der Mediation .................................................. 15
  *Thomas Flucher*

3 Vorgehensmodell Mediation ..................................... 23
  *Thomas Flucher*

4 Vorgehensmodell Mediative Sachverständigenvermittlung ......... 33
  *Thomas Rinas, Markus G. Viering*

5 Checkliste: Mediationsvertrag und Verfahrensordnung –
  Welche Gesichtspunkte bei der Vertragsgestaltung berücksichtigt
  werden sollten ................................................. 51
  *Silke Hertel*

6 Mediation aus Sicht der Psychologie ............................ 59
  *Mirjam C. Gollenia, Günther Raberger*

7 Pre-Mediation –
  Die Bedeutung der fachgerechten Initiierung einer Mediation ...... 85
  *Cristina Lenz, Norbert Fackler*

| | | |
|---|---|---|
| II | **Einsatzbereiche der Mediation im Planungs-, Bau- und Umweltbereich** .................................................. 95 | |
| 1 | Mediation aus umweltpolitischer Sicht ........................... 97 | |
| | *Horst Zilleßen* | |

2 Mediationsverfahren zur Lösung von Konflikten
  bei umweltrelevanten Großvorhaben ............................ 107
  *Christoph Kochenburger*

| | | |
|---|---|---|
| | 3 | Konfliktfelder im Projektverlauf als Ansatz ganzheitlicher Mediation .................................................. 117<br>*Ursula von Minckwitz* |
| | 4 | Mögliche Konflikte in der Abwicklung eines Bauprojekts und Lösungsansätze im Einzelnen .......................... 125<br>*Ursula von Minckwitz* |
| | 5 | Spezielle Konflikte in der Bauausführung ..................... 139<br>*Rainald von Franqué* |
| III<br>1 | | **Mediation in Deutschland** ................................. 161<br>Abgrenzung zu anderen Konfliktbewältigungsverfahren .......... 163<br>*Silke Hertel* |
| | 2 | Rechtliche Grundlagen und Risiken der Mediation ............. 191<br>*Alexandra Riemann* |
| | 3 | Sachverständigenwesen in Deutschland – Kombinationsmodelle mit Mediation ........................ 215<br>*Lothar Ruf* |
| IV<br>1 | | **Mediation in der Schweiz** ................................ 227<br>Bauen und Mediation in der Schweiz ........................ 229<br>*Peter Bösch* |
| | 2 | Status der Mediation in der Schweiz ........................ 251<br>*Thomas Flucher* |
| V<br>1 | | **Mediation in Österreich** ................................. 267<br>Rechtliche Rahmenbedingungen für Mediation in Österreich ..... 269<br>*Hermann Aspöck* |
| | 2 | Mediation in Österreich – Status ........................... 281<br>*Anita Zieher* |

| VI | Praxisberichte von Mediationen und mediationsähnlichen Verfahren | 291 |

| VI.1 | Praxisberichte Mediationsverfahren | 293 |

Beispiel 1  Mediationsverfahren Erschließung eines neuen
Kiesabbaugebietes in der Ostschweiz .......................... 295
*Hansueli Müller*

Beispiel 2  Mediationsverfahren Tauern-Eisenbahnachse im Gasteinertal ..... 307
*Thomas Flucher*

Beispiel 3  Mediationsverfahren Erweiterung des Flughafens Wien .......... 335
*Ursula König*

Beispiel 4  Mediationsverfahren Erweiterung eines Sägewerkes
in Ybbs an der Donau ........................................ 349
*Anton Hütter*

Beispiel 5  Mediation der Bauverzögerungen beim Senioren- und Pflegeheim   357
*Norbert Fackler, Christina Lenz*

| VI.2 | Praxisberichte über mediationsähnliche Verfahren | 367 |

Beispiel 6  Mediative Sachverständigenvermittlung zu Nachtragsforderungen
beim Bau eines Straßentunnels ............................... 369
*Bernd Kochendörfer*

Beispiel 7  Bürgerbeteiligungsverfahren Gestaltung des Wiener Platzes
in München .................................................. 377
*Reinhard Sellnow*

Beispiel 8  Kooperative Planung zwischen Mediation und Moderation –
Gestaltung des Bahnhofvorplatzes in Hamburg-Bergedorf ........ 389
*Markus Troja*

Beispiel 9  Vermittlungsverfahren zu Nachtragsforderungen beim Bau
des DaimlerChrysler-Projekts am Potsdamer Platz in Berlin ....... 403
*Günter Bauer*

Beispiel 10 Kooperative Projektkoordination in der Stadtentwicklung
Olten Südwest ............................................... 423
*Hansueli Remund*

**Stichwortverzeichnis** .................................................. 433

# Inhaltsverzeichnis

**Vorwort der Herausgeber** ........................................... V

**Inhaltsübersicht** .................................................. VII

**Autorenverzeichnis** ............................................. XXVII

| | | |
|---|---|---|
| **I** | **Mediation als alternatives Konfliktlösungsverfahren** .......... 1 |
| **1** | **Einführung in die Konfliktregelung mit Mediation** ............... 3 |
| 1.1 | Einleitung ................................................. 3 |
| 1.2 | Konflikte – Herausforderung und Chance ....................... 3 |
| 1.3 | Mediation – Begriffsdefinition ............................... 5 |
| 1.4 | Mediation – das Patentrezept aus Amerika? – Historie ........... 8 |
| 1.5 | Anforderungen an Mediatoren ................................ 11 |
| **2** | **Überblick Konfliktregelungsverfahren und Anwendungstypen der Mediation** ............................................. 15 |
| 2.1 | Gesamtüberblick Konfliktregelungsverfahren ................... 15 |
| 2.2 | Konfliktregelung mit neutralen Dritten ....................... 17 |
| 2.3 | Mediation nach Konfliktausbruch und vereinbarte Mediation ...... 18 |
| 2.3.1 | Mediation nach Auftreten eines Konflikts ..................... 18 |
| 2.3.2 | Vertraglich vereinbarte Mediation ............................ 19 |
| 2.4 | Anwendungstypen der Mediation in den Projektphasen ........... 19 |
| 2.4.1 | Mediation bei Konflikten in der Konzept- und in der Projektierungsphase ........................................ 19 |
| 2.4.2 | Vereinbarte Mediation in der Realisierungsphase ............... 20 |
| 2.4.3 | Mediation in der Betriebsphase .............................. 21 |
| **3** | **Vorgehensmodell Mediation** ................................. 23 |
| 3.1 | Einleitung ................................................ 23 |
| 3.2 | Ablaufmodell .............................................. 23 |
| 3.2.1 | Initiierung ................................................ 24 |
| 3.2.2 | Vorbereitung und Contracting (Phase I) ....................... 25 |
| 3.2.3 | Konsenserarbeitung (Phase II) ............................... 26 |
| 3.2.4 | Vereinbarung und Umsetzung (Phase III) ...................... 28 |

| | | |
|---|---|---|
| 3.3 | Organisationsstruktur | 29 |
| 3.4 | Fazit | 32 |
| **4** | **Vorgehensmodell Mediative Sachverständigenvermittlung** | **33** |
| 4.1 | Konflikte und Lösungsmöglichkeiten | 33 |
| 4.2 | Konflikte und Konfliktursachen bei Bauprojekten | 36 |
| 4.3 | Autonomie in der Konfiktbearbeitung | 37 |
| 4.4 | Mediation und Sachverständigenvermittlung als Chance zur kooperativen Konfliktlösung | 37 |
| 4.5 | Formen der Mediation und der Mediativen Sachverständigenvermittlung | 40 |
| 4.5.1 | Vermittlung nach Konfliktausbruch – alles verloren? | 40 |
| 4.5.2 | Vereinbarte Mediation und vereinbarte Mediative Sachverständigenvermittlung | 40 |
| 4.5.3 | Ein-Mann- vs. Co.-Vermittlung | 41 |
| 4.6 | Ein Phasenmodell zur Mediativen Sachverständigenvermittlung | 41 |
| 4.6.1 | Phase 0: Erkenntnisphase | 42 |
| 4.6.2 | Phase 1: Grundlagenermittlung | 42 |
| 4.6.2.1 | Phase 1.1: Vorbereitung des Eröffnungstreffens | 43 |
| 4.6.2.2 | Phase 1.2: Eröffnungstreffen | 43 |
| 4.6.3 | Phase 2: Interessenanalyse | 45 |
| 4.6.4 | Phase 3: Lösungsfindung | 47 |
| 4.6.5 | Phase 4: Dokumentation | 47 |
| 4.7 | Grafische Darstellung | 48 |
| 4.8 | Zusammenfassung | 49 |
| 4.9 | Literatur | 49 |
| **5** | **Checkliste: Mediationsvertrag und Verfahrensordnung – Welche Gesichtspunkte bei der Vertragsgestaltung berücksichtigt werden sollten** | **51** |
| 5.1 | Mediationsvertrag | 52 |
| 5.1.1 | Vertragsparteien | 52 |
| 5.1.2 | Präambel | 52 |
| 5.1.3 | Vertragsgegenstand | 52 |
| 5.1.4 | Bestandteile des Vertrages | 52 |
| 5.1.5 | Pflichten der Mediatoren | 53 |
| 5.1.6 | Pflichten der Beteiligten | 53 |
| 5.1.7 | Sicherstellung der Unparteilichkeit der Mediatoren und der Vertraulichkeit | 53 |

| | | |
|---|---|---|
| 5.1.8 | Ort, an dem die Mediation durchgeführt werden soll | 54 |
| 5.1.9 | Kündigung des Mediationsvertrages | 54 |
| 5.1.10 | Honorar | 54 |
| 5.1.11 | Haftung der Mediatoren | 54 |
| 5.1.12 | Sonstige Bestimmungen | 54 |
| 5.2 | Verfahrensordnung | 55 |
| 5.2.1 | Anwendungsbereich | 55 |
| 5.2.2 | Bestimmung der („eigentlichen") Mediatoren | 55 |
| 5.2.3 | Beginn des Verfahrens | 55 |
| 5.2.4 | Grundsätze des Verfahrens | 55 |
| 5.2.5 | Durchführung des Verfahrens | 56 |
| 5.2.6 | Vertretung der Beteiligten im Verfahren | 56 |
| 5.2.7 | Ergebnisse der Mediation | 56 |
| 5.2.8 | Beendigung des Verfahrens | 57 |
| 5.2.9 | Hemmung der Verjährung | 57 |
| **6** | **Mediation aus Sicht der Psychologie** | **59** |
| 6.1 | Kostenminderung und Beziehungsverbesserung bei Konflikten – Zweifachnutzen durch Win-win-Strategien | 59 |
| 6.1.1 | Die Notwendigkeit für einen Wandel in der Bauindustrie | 59 |
| 6.1.2 | Kooperationsmodelle und professionelles Konfliktmanagement – das „ideale Team" | 60 |
| 6.1.2.1 | Bestandteile erfolgreicher Kooperationsmodelle | 61 |
| 6.1.2.2 | Konfliktmanagement als Geschäftsprozess | 61 |
| 6.1.2.3 | Was beinhaltet das Kontinuum des Konfliktmanagements? | 62 |
| 6.1.3 | Gesellschaftliche und wirtschaftspolitische Trends | 62 |
| 6.1.3.1 | Trendwende zu Win-win-Verhalten? | 63 |
| 6.1.3.2 | Der handlungsleitende Ansatz im Konfliktmanagement | 64 |
| 6.2 | Theoretische Betrachtung des Konflikts und der Konfliktparteien | 65 |
| 6.2.1 | Beschreibung des Konfliktprozesses | 65 |
| 6.2.2 | Persönlichkeit im Konflikt | 68 |
| 6.2.3 | Werthaltungen im Konflikt | 68 |
| 6.3 | Quo vadis Konfliktmanagement? | 69 |
| 6.3.1 | Management des Übergangs | 70 |
| 6.3.2 | Die Win-win-Strategie | 71 |
| 6.3.2.1 | Win-win – eines der sechs Paradigmen menschlicher Interaktion | 74 |
| 6.3.2.2 | Die fünf Dimensionen von Win-win-Strategien | 74 |
| 6.3.2.3 | Vertrauensbildende Maßnahmen und Versöhnung | 75 |
| 6.3.2.4 | Wie wirkt sich Verhaltensänderung in Verhandlungen aus? | 76 |
| 6.4 | Ausblick und Perspektive | 80 |
| 6.4.1 | Der Nutzen des Konflikts | 80 |

| | | |
|---|---|---|
| 6.4.2 | Professionelle Konfliktberatung – Management, Vermeidung und Behandlung | 80 |
| 6.4.3 | Das Ende der „Brandbekämpfung" ist der Anfang einer Konfliktvermeidungskultur | 81 |
| 6.4.4 | Die Zukunft heißt Baupartnerschaften und integriertes Konfliktmanagement | 81 |
| 6.5 | Literatur | 83 |
| 7 | **Pre-Mediation – Die Bedeutung der fachgerechten Initiierung einer Mediation** | 85 |
| 7.1 | Ziele der Pre-Mediation | 85 |
| 7.2 | Verfahrensstruktur | 85 |
| 7.2.1 | Vorüberlegungen und Umsetzung | 85 |
| 7.2.2 | Erläuterungen | 86 |
| 7.3 | Zugangsmöglichkeiten | 87 |
| 7.3.1 | Präventive Maßnahmen | 88 |
| 7.3.2 | Reaktive Maßnahmen | 88 |
| 7.4 | Übersicht über Vorgehensweisen | 91 |
| 7.5 | Klärungspunkte der Pre-Mediation | 92 |
| 7.6 | Dauer | 92 |
| 7.7 | Einleitung der Pre-Mediation durch einen Initiator | 93 |
| 7.8 | Fazit | 93 |
| **II** | **Einsatzbereiche der Mediation im Planungs-, Bau- und Umweltbereich** | 95 |
| 1 | **Mediation aus umweltpolitischer Sicht** | 97 |
| 1.1 | Begriff und Entwicklung der Umweltmediation | 97 |
| 1.2 | Überblick über den Stand der Umweltmediation in Europa9 | 101 |
| 2 | **Mediationsverfahren zur Lösung von Konflikten bei umweltrelevanten Großvorhaben** | 107 |
| 2.1 | Einführung | 107 |
| 2.2 | Gründe für die Durchführung bzw. Nichtdurchführung von Mediationsverfahren bei Großvorhaben | 108 |
| 2.3 | Mögliche Gegenstände einer Mediation bei Großvorhaben | 109 |

| | | |
|---|---|---|
| 2.4 | Verhältnis des Mediationsverfahrens zu den formalen Genehmigungsverfahren | 112 |
| 2.5 | Mögliche Inhalte einer Mediationsvereinbarung | 115 |
| 2.6 | Fazit und Ausblick | 116 |
| **3** | **Konfliktfelder im Projektverlauf als Ansatz ganzheitlicher Mediation** | **117** |
| 3.1 | Das Projekt als Rahmen für Konflikte | 119 |
| 3.2 | Konfliktfelder | 121 |
| 3.3 | Verschleppung von Konflikten und Ungleichheit von Konfliktverursachern und -betroffenen | 122 |
| 3.4 | Mediationsansätze zur Konfliktlösung bei Bauprojekten | 123 |
| **4** | **Mögliche Konflikte in der Abwicklung eines Bauprojekts und Lösungsansätze im Einzelnen** | **125** |
| 4.1 | Juristischer Konfliktlösungsansatz | 125 |
| 4.2 | Interdisziplinäre Konfliktlösungsansätze im Projekt unter Berücksichtigung juristischer Grundlagen | 128 |
| 4.3 | Der Vertrag als erster Schritt der Konfliktlegung und/oder -lösung | 131 |
| 4.4 | Die Projektbeteiligten und ihre Funktion als Konfliktbasis | 136 |
| **5** | **Spezielle Konflikte in der Bauausführung** | **139** |
| 5.1 | Darstellung der gegenseitigen Pflichten im Bauvertrag sowie Gründe für die Verletzung solcher Pflichten | 140 |
| 5.1.1 | Gegenseitige Pflichten im Planervertrag | 141 |
| 5.1.2 | Gegenseitige Pflichten im Bauvertrag | 143 |
| 5.1.3 | Gründe für die Verletzung vertraglicher Pflichten | 144 |
| 5.1.4 | Typische Konfliktbereiche Qualitätsmängel, Nachträge, Verzug | 145 |
| 5.1.5 | Spezielle Konfliktbereiche bei der Abwicklung der Planung | 150 |
| 5.1.5.1 | Planungsfehler und Planungsverzug als Konfliktgrundlagen sowie Lösungsansätze in der Mediation | 150 |
| 5.1.5.2 | Entscheidung über Zielkonflikte in der Planung aus Auftraggebersicht | 151 |
| 5.1.5.3 | Baubegleitende Planung als besonderes Konfliktpotenzial | 152 |
| 5.1.6 | Spezielle Konflikte bei der Durchführung von Bauvorhaben | 153 |
| 5.1.6.1 | Nachträge | 153 |
| 5.1.6.2 | Verzug | 154 |
| 5.1.6.3 | Zahlungen | 155 |

| | | |
|---|---|---|
| 5.2 | Kaufmännische und technische Lösungsansätze in der Mediation | 155 |
| 5.2.1 | Allgemein | 155 |
| 5.2.2 | Projektabwicklung (Phase 2) mit Mediation | 156 |
| 5.2.2.1 | Projektvorbereitung | 157 |
| 5.2.2.2 | Planung | 158 |
| 5.2.2.3 | Ausführungsvorbereitung | 158 |
| 5.2.2.4 | Ausführung | 158 |
| 5.2.2.5 | Projektabschluss | 158 |
| 5.2.3 | Fazit | 159 |
| 5.3 | Zusammenführen der juristischen, technischen und kaufmännischen Lösungsansätze | 159 |
| 5.4 | Vertragsfortschreibung unter Mediationsgesichtspunkten | 159 |
| 5.5 | Projektabschluss unter Mediationsgesichtspunkten | 160 |

## III Mediation in Deutschland ............. 161

| | | |
|---|---|---|
| 1 | Abgrenzung zu anderen Konfliktbewältigungsverfahren | 163 |
| 1.1 | Verhandeln und Moderation | 163 |
| 1.1.1 | Verhandeln | 163 |
| 1.1.2 | Moderation | 165 |
| 1.1.3 | Fazit | 165 |
| 1.2 | Verfahren vor staatlichen Gerichten | 166 |
| 1.2.1 | Klageverfahren | 166 |
| 1.2.1.1 | Einleitung und Ablauf des Klageverfahrens | 166 |
| 1.2.1.2 | Nachteile des Klageverfahrens | 166 |
| 1.2.1.3 | Vorteile des Klageverfahrens | 169 |
| 1.2.1.4 | Fazit | 169 |
| 1.2.2 | Einstweiliger Rechtsschutz | 170 |
| 1.2.2.1 | Inhalt und Zweck der gesetzlichen Regelung | 170 |
| 1.2.2.2 | Arrest | 170 |
| 1.2.2.3 | Einstweilige Verfügung | 171 |
| 1.2.2.4 | Vor- und Nachteile des einstweiligen Rechtsschutzes | 172 |
| 1.2.2.5 | Fazit | 172 |
| 1.2.3 | Selbständiges Beweisverfahren | 172 |
| 1.2.3.1 | Inhalt und Zweck der gesetzlichen Regelung | 172 |
| 1.2.3.2 | Vor- und Nachteile sowie Anwendungsbereich in der Praxis | 173 |
| 1.2.3.3 | Fazit | 174 |
| 1.3 | Schiedsgerichtsverfahren | 175 |
| 1.3.1 | Wesen des Schiedsgerichtsverfahrens | 175 |
| 1.3.2 | Schiedsvereinbarung als Voraussetzung | 175 |

| | | |
|---|---|---|
| 1.3.3 | Gesetzliche Rahmenbedingungen und Möglichkeiten der Ausgestaltung des Verfahrens | 175 |
| 1.3.4 | Schiedsgerichtsordnungen | 177 |
| 1.3.5 | Vor- und Nachteile des Schiedsgerichtsverfahrens | 180 |
| 1.3.6 | Fazit | 181 |
| 1.4 | Schiedsgutachtenverfahren | 181 |
| 1.4.1 | Wesen des Schiedsgutachtens | 181 |
| 1.4.2 | Schiedsgutachtenvereinbarung als Voraussetzung | 181 |
| 1.4.3 | Überprüfung durch ein staatliches Gericht | 182 |
| 1.4.4 | Fazit | 182 |
| 1.5 | Schlichtung | 183 |
| 1.5.1 | Wesen der Schlichtung | 183 |
| 1.5.2 | Voraussetzung für die Schlichtung | 184 |
| 1.5.3 | Möglichkeiten der Ausgestaltung des Verfahrens | 184 |
| 1.5.4 | Schlichtungsordnungen | 185 |
| 1.5.5 | Vor- und Nachteile des Schlichtungsverfahrens | 186 |
| 1.5.6 | Fazit | 187 |
| 1.6 | Obligatorische Streitschlichtung nach § 15 a EGZPO und Güteverhandlung nach § 278 ZPO | 187 |
| 1.6.1 | Obligatorische Streitschlichtung nach § 15 a EGZPO | 187 |
| 1.6.2 | Güteverhandlung nach § 278 ZPO | 188 |
| 1.7 | Anrufung der vorgesetzten Stelle nach § 18 Nr. 2 VOB/B | 188 |
| 1.8 | Zusammenfassung | 189 |
| **2** | **Rechtliche Grundlagen und Risiken der Mediation** | **191** |
| 2.1 | Einbindung der Projektbeteiligten | 191 |
| 2.1.1 | Vertragliche Verpflichtung zur Durchführung eines Mediationsverfahrens | 193 |
| 2.1.2 | Wirksamkeit von Mediationsklauseln in Allgemeinen Geschäftsbedingungen | 194 |
| 2.1.3 | Einbindung aller am Projekt Beteiligten | 195 |
| 2.1.4 | Einbindung entscheidungsbefugter Personen | 195 |
| 2.1.5 | Wirkung und Durchsetzbarkeit von Mediationsklauseln | 195 |
| 2.2 | Stellenwert von Rechten und Rechtsansprüchen in der Mediation | 196 |
| 2.2.1 | Hinzuziehen von Rechtsanwälten | 197 |
| 2.2.2 | Hinweise des Mediators auf die Rechtslage | 197 |
| 2.3 | Hinzuziehung von Sachverständigen | 198 |
| 2.4 | Bindungswirkung und Durchsetzbarkeit von Mediationsergebnissen | 199 |
| 2.4.1 | Die Abschlussvereinbarung | 199 |

| | | |
|---|---|---|
| 2.4.2 | Die notarielle Vollstreckungsunterwerfung gemäß § 794 Abs. 1 Nr. 5 ZPO | 200 |
| 2.4.3 | Der Prozessvergleich gemäß § 794 Abs.1 Nr. 1 ZPO | 200 |
| 2.4.4 | Der Anwaltsvergleich gemäß § 796 a ZPO | 200 |
| 2.4.5 | Umsetzbarkeit des Mediationsergebnisses in öffentlich-rechtlichen Konflikten | 200 |
| 2.5 | Verjährung von Ansprüchen während des Mediationsverfahrens | 201 |
| 2.6 | Sicherung der Vertraulichkeit | 202 |
| 2.6.1 | Verschwiegenheit und Neutralität des Mediators | 203 |
| 2.6.2 | Verschwiegenheit der Parteien untereinander | 204 |
| 2.6.3 | Vertrauensschutz im Hinblick auf ein späteres gerichtliches oder schiedsgerichtliches Verfahren | 205 |
| 2.7 | Kosten des Mediationsverfahrens | 206 |
| 2.7.1 | Vergleich zu Prozesskosten | 206 |
| 2.7.2 | Ersparnis sog. „weicher Kosten" | 207 |
| 2.7.3 | Kostentragung | 208 |
| 2.8 | Mediation als Verstoß gegen das Rechtsberatungsgesetz? | 208 |
| 2.9 | Haftung der Mediatoren | 211 |
| 2.9.1 | Haftung des Mediators für Scheitern der Mediation? | 211 |
| 2.9.2 | Haftung auch bei erfolgreicher Mediation | 211 |
| 2.9.3 | Haftung des Mediators wegen unterlassener Hinweise auf die Rechtslage | 212 |
| 2.9.4 | Schadensersatz | 212 |
| 2.10 | Internationale Projekte | 213 |
| **3** | **Sachverständigenwesen in Deutschland – Kombinationsmodelle mit Mediation** | **215** |
| 3.1 | Einleitung | 215 |
| 3.2 | Die Sachverständigentätigkeit | 216 |
| 3.3 | Allgemeine Voraussetzungen für Sachverständige | 216 |
| 3.4 | Der öffentlich bestellte Sachverständige | 217 |
| 3.5 | Der freie Sachverständige | 220 |
| 3.6 | Der gerichtliche Sachverständige | 221 |
| 3.7 | Der amtlich anerkannte Sachverständige | 221 |
| 3.8 | Der staatlich anerkannte Sachverständige | 221 |
| 3.9 | Der zertifizierte Sachverständige | 222 |
| 3.10 | Sonstige Sachverständige | 222 |
| 3.11 | Der Sachverständige und Mediator | 222 |

| IV | **Mediation in der Schweiz** | 227 |
|---|---|---|
| 1 | **Bauen und Mediation in der Schweiz** | 229 |
| 1.1 | Einleitung | 229 |
| 1.2 | Rechtliche Regelung des Bauens in der Schweiz | 229 |
| 1.3 | Rechtliche Vorgänge beim Bauen | 231 |
| 1.3.1 | Vorbereitungsphase | 233 |
| 1.3.2 | Bewilligungsphase | 234 |
| 1.3.3 | Ausführungs- und Betriebsphase | 234 |
| 1.4 | Streitigkeiten im Zusammenhang mit dem Bauen | 235 |
| 1.4.1 | Konfliktfelder | 235 |
| 1.4.1.1 | Nachbarstreit | 236 |
| 1.4.1.2 | Umweltkonflikt | 236 |
| 1.4.1.3 | Bauvertragsstreitigkeit | 236 |
| 1.4.2 | Streitbeilegung durch staatliche und quasistaatliche Instanzen | 237 |
| 1.4.2.1 | Zivilprozess | 239 |
| 1.4.2.2 | Strafprozess | 240 |
| 1.4.2.3 | Verwaltungsprozess | 241 |
| 1.4.2.4 | Schiedsgerichtsbarkeit | 241 |
| 1.4.2.5 | Probleme der staatlichen und quasistaatlichen Streitbeilegung | 242 |
| 1.5 | Mediation im Besonderen | 243 |
| 1.5.1 | Anwendungsbereiche | 244 |
| 1.5.2 | Spielraum der Mediation | 244 |
| 1.5.3 | Stand der Bau- und Umweltmediation in der Schweiz | 245 |
| 1.5.3.1 | VSS-Empfehlung | 245 |
| 1.5.3.2 | SIA Ordnung 112 | 246 |
| 1.5.3.3 | Einbau von Mediationselementen in staatlichen und quasistaatlichen Streitbeilegungsverfahren | 248 |
| 1.6 | Schlussbetrachtungen | 249 |
| 2 | **Status der Mediation in der Schweiz** | 251 |
| 2.1 | Die Konfliktkultur der Schweiz | 251 |
| 2.1.1 | Der freund-eidgenössische Kompromiss oder die öffentliche, politische Konfliktkultur | 252 |
| 2.1.2 | Die individuelle Konfliktkultur der Schweiz | 253 |
| 2.2 | Entwicklung der Mediation in den Anwendungsgebieten | 254 |
| 2.2.1 | Politische, interkulturelle Mediation | 255 |
| 2.2.2 | Mediation im öffentlichen Bereich (Umweltmediation) | 256 |
| 2.2.3 | Familienmediation | 258 |
| 2.2.4 | Gemeinwesen- und Nachbarschaftsmediation | 259 |
| 2.2.5 | Wirtschaftsmediation | 260 |

| | | |
|---|---|---|
| 2.2.6 | Strafmediation | 261 |
| 2.2.7 | Schulmediation | 262 |
| 2.3 | Verbandswesen und Ausbildungen | 263 |
| 2.3.1 | Dachverband Mediation und Vereine | 263 |
| 2.3.2 | Mediationsausbildungen | 264 |
| 2.4 | Ausblick | 265 |

## V Mediation in Österreich ........................... 267

| | | |
|---|---|---|
| 1 | **Rechtliche Rahmenbedingungen für Mediation in Österreich** | 269 |
| 1.1 | Mediation Allgemein | 269 |
| 1.1.1 | Vorbemerkung | 269 |
| 1.1.2 | Rechtliche Bestimmungen/Gesetzliche Regelungen | 269 |
| 1.1.3 | Ausübungsbefugnis | 272 |
| 1.1.4 | Verschwiegenheitspflicht | 272 |
| 1.1.5 | Haftung des Mediators | 274 |
| 1.1.6 | Mediationsvereinbarung/Durchsetzbarkeit | 275 |
| 1.2 | Berufsgruppenbezogene Regelungen | 276 |
| 1.2.1 | Mediation als Gewerbe | 276 |
| 1.2.2 | Notare | 276 |
| 1.2.3 | Rechtsanwälte | 278 |
| 1.2.4 | Wirtschaftstreuhänder | 279 |
| 1.3 | Co-Mediation | 280 |
| 2 | **Mediation in Österreich – Status** | 281 |
| 2.1 | Hintergrund | 281 |
| 2.2 | Entwicklung | 284 |
| 2.3 | Status | 286 |
| 2.4 | Ausblick | 288 |
| 2.5 | Literatur | 289 |

| VI | Praxisberichte von Mediationen und mediationsähnlichen Verfahren | 291 |

| VI.1 | Praxisberichte Mediationsverfahren | 293 |

**Beispiel 1** Mediationsverfahren Erschließung eines neuen Kiesabbaugebietes in der Ostschweiz ... 295

| 1 | Vorgeschichte | 295 |
| 2 | Mediation als Lösungsansatz | 297 |
| 3 | Hauptsächliche Konfliktpunkte | 297 |
| 4 | Entscheidungshierarchie | 299 |
| 5 | Ablauf der Mediation | 300 |
| 6 | Vier Hauptverhandlungen und viele Zwischenschritte | 300 |
| 7 | Die Einigungsergebnisse | 301 |
| 7.1 | Die Ergebnisse aus der Sicht der Parteien | 301 |
| 7.2 | Mediationsvereinbarung/Sicherung des Vollzugs | 302 |
| 8 | Erfolgsfaktoren für die Mediation ABAG | 302 |
| 8.1 | Spielregeln und Grundsätze | 302 |
| 8.2 | Vergangenheit achten/Zukunft gestalten | 303 |
| 8.3 | Referenzstruktur für den Entscheidungsprozess | 303 |
| 8.4 | Genaues Ansprechen der Konflikte | 303 |
| 8.5 | Tragfähigkeit der Teilentscheide überprüfen | 303 |
| 8.6 | Fachkompetenz und Kreativität der Verhandlungspartner nutzen | 304 |
| 8.7 | Gefühlsechter und humorvoller Umgang | 304 |
| 8.8 | Win-win-Situationen bewusst wahrnehmen | 304 |
| 8.9 | Begleitung und Unterstützung des Entscheidungsprozesses durch die Behörden | 304 |
| 9 | Aktuelle Situation des Projektes | 305 |
| 10 | Schlussbemerkungen | 305 |

**Beispiel 2** Mediationsverfahren Tauern-Eisenbahnachse im Gasteinertal ... 307

| 1 | Zusammenfassung | 307 |
| 2 | Die Konflikte | 307 |
| 2.1 | Die verkehrspolitische Sichtweise der Bundesbahnen | 307 |
| 2.2 | Die Sichtweise der Kur- und Tourismusregion Gasteinertal | 308 |
| 2.3 | Die zentralen Konfliktpunkte | 309 |
| 2.4 | Konfliktgeschichte und -status | 311 |
| 2.5 | Konfliktbeteiligte | 312 |

| | | | |
|---|---|---|---|
| 3 | | Mediationsteam, Vertrag und Finanzierung, Konfliktparteien | 312 |
| 3.1 | | Auswahlverfahren und Zusammensetzung des Mediationsteams | 312 |
| 3.2 | | Mediationsvertrag mit allen Konfliktparteien | 313 |
| 3.3 | | Finanzierung des Mediationsverfahrens | 314 |
| 3.4 | | Konfliktparteien und Vertretung im Mediationsverfahren | 314 |
| 4 | | Vorgehenskonzept und Organisationsstruktur der Mediation | 317 |
| 4.1 | | Vorgehenskonzept | 317 |
| 4.2 | | Organisationsstruktur | 318 |
| 5 | | Konkreter Ablauf des Mediationsverfahrens | 320 |
| 5.1 | | Vorbereitungsphase | 320 |
| 5.2 | | Die Phase der Konsenserarbeitung (Durchführung) | 321 |
| 5.3 | | Phase Vereinbarung und Umsetzung | 326 |
| 5.4 | | Übersicht und zeitlicher Ablauf des Mediationsverfahrens | 327 |
| 6 | | Ergebnisse des Mediationsverfahrens im Gasteinertal | 328 |
| 7 | | Besonderheiten des Mediationsverfahrens Gasteinertal | 330 |
| 8 | | Schlussbetrachtungen | 331 |
| **Beispiel 3** | | **Mediationsverfahren Erweiterung des Flughafens Wien** | 335 |
| 1 | | Warum Mediation für den Flughafen Wien? | 335 |
| 1.1 | | Die Ausgangssituation in der Ostregion Wien – Niederösterreich | 335 |
| 1.2 | | Die Motivation zur Mediation | 336 |
| 2 | | Die Vorbereitungen zum Verfahren | 336 |
| 3 | | Die Fundamente des Mediationsverfahrens | 337 |
| 4 | | Die Architektur des Verfahrens | 340 |
| 5 | | Status quo | 342 |
| 6 | | Schlüsselprobleme | 343 |
| 6.1 | | Framing in Theorie und Praxis | 343 |
| 6.2 | | Rückbindungsprozesse als wichtiger Bestandteil des Mediationsverfahrens | 344 |
| 6.3 | | Öffentlichkeitswirksamkeit und Vertraulichkeit – ein Widerspruch? | 344 |
| 6.4 | | Prozessverantwortung | 346 |
| 6.5 | | Der Zusammenhalt der Gremien | 346 |
| 7 | | Prinzipien der Mediation in der Praxis | 347 |
| 8 | | Zusammenfassung | 347 |

| Beispiel 4 | Mediationsverfahren Erweiterung eines Sägewerkes in Ybbs an der Donau | 349 |
|---|---|---|
| 1 | Ausgangssituation | 349 |
| 2 | Auftragserteilung | 350 |
| 3 | Verfahrenskonzept | 351 |
| 4 | Zusammenstellung der Mediationsrunde | 351 |
| 5 | Ziele des Mediationsverfahrens | 352 |
| 6 | Bezug zum gewerberechtlichen Verfahren | 353 |
| 7 | Befundaufnahme | 353 |
| 8 | Ergebnisse | 354 |
| 9 | Resümee | 355 |

| Beispiel 5 | Mediation der Bauverzögerungen beim Senioren- und Pflegeheim | 357 |
|---|---|---|
| 1 | Sachverhalt | 357 |
| 2 | Pre-Mediation | 358 |
| 2.1 | Informationsphase | 358 |
| 2.2 | Kontaktaufnahme zu den anderen Beteiligten | 358 |
| 3 | Durchführung der Wirtschaftsmediation | 359 |
| 3.1 | Eröffnung | 359 |
| 3.2 | Problemdarstellung | 360 |
| 3.3 | Interessenerforschung | 362 |
| 3.4 | Lösungsoptionen | 363 |
| 3.5 | Vereinbarung | 364 |
| 4 | Fazit | 365 |

| VI.2 | Praxisberichte über mediationsähnliche Verfahren | 367 |
|---|---|---|

| Beispiel 6 | Mediative Sachverständigenvermittlung zu Nachtragsforderungen beim Bau eines Straßentunnels | 369 |
|---|---|---|
| 1 | Ausgangslage | 369 |
| 2 | Interessenslage der Vertragsparteien | 370 |
| 3 | Aufgaben des mediativen Sachverständigenvermittlers | 370 |
| 4 | Erläuterungen zur mediativen Sachverständigenvermittlung | 371 |
| 5 | Durchführung der mediativen Sachverständigenvermittlung | 373 |
| 6 | Kritische Würdigung des Verfahrens | 374 |

| | | |
|---|---|---|
| Beispiel 7 | Bürgerbeteiligungsverfahren Gestaltung des Wiener Platzes in München | 377 |
| 1 | Der Konflikt | 377 |
| 2 | Das Verfahren zur Konfliktbearbeitung | 378 |
| 2.1 | Voraussetzungen und Grundlagen | 378 |
| 2.2 | Modell und Ablaufplan | 378 |
| 2.3 | Umgang mit den Ergebnissen | 381 |
| 2.4 | Anlagen zum Verfahrenskonzept | 381 |
| 2.4.1 | Zusammensetzung des Innenkreises | 381 |
| 2.4.2 | Zusammensetzung des Außenkreises | 382 |
| 2.4.3 | Verhaltensregeln | 382 |
| 3 | Der Weg zum Konsens | 383 |
| 3.1 | Vorgespräche/Konfliktanalyse | 383 |
| 3.2 | Einstieg mit persönlichen Erinnerungen | 384 |
| 3.3 | Blick in die Vergangenheit | 384 |
| 3.4 | Blick in die Gegenwart | 385 |
| 3.5 | Blick in die Zukunft | 385 |
| 4 | Der inhaltliche Konsens | 387 |
| 5 | Schlussbetrachtung | 388 |
| Beispiel 8 | Kooperative Planung zwischen Mediation und Moderation – Gestaltung des Bahnhofvorplatzes in Hamburg-Bergedorf | 389 |
| 1 | Einleitung | 389 |
| 2 | Konfliktgeschichte und Auftrag | 389 |
| 3 | Verlauf und Dynamik des Kommunikationsprozesses | 391 |
| 4 | Reflexion | 395 |
| 4.1 | Moderation in Abgrenzung zu „reiner" Mediation | 395 |
| 4.2 | Politisierung des Beteiligungsprozesses | 397 |
| 4.3 | Rollenklärung zwischen Moderation, auftraggebender Behörde und Planungsteam | 398 |
| 5 | Schlussbetrachtung | 400 |
| Beispiel 9 | Vermittlungsverfahren zu Nachtragsforderungen beim Bau des DaimlerChrysler-Projekts am Potsdamer Platz in Berlin | 403 |
| 1 | Akutes Spannungsfeld der Vertragsparteien | 403 |
| 1.1 | Auftragnehmerseite (AN) | 403 |
| 1.2 | Auftraggeberseite (AG) | 404 |
| 1.3 | Primäre Zielgrößen für Konfliktmanagement | 404 |

| | | |
|---|---|---|
| 2 | Konfliktlösungsmodell | 404 |
| 2.1 | Niedrige Eskalationsstufe | 405 |
| 2.2 | Hohe Eskalationsstufe | 405 |
| 2.3 | Grundvoraussetzung: Aktives Vertragsmanagement | 407 |
| 3 | Konfliktbereich „Geänderte Bauzeit" | 408 |
| 3.1 | Geeignetes Beurteilungsverfahren | 409 |
| 3.1.1 | AN-Defizite | 410 |
| 3.1.2 | Grundproblem | 410 |
| 3.1.3 | Lösungsansatz | 411 |
| 3.1.4 | Arbeitsschritte | 412 |
| 4 | Konfliktbereich „Schleppende Vertragsänderungsbearbeitung" | 414 |
| 4.1 | Problematik | 414 |
| 4.2 | Konfliktmanagementansätze | 414 |
| 4.3 | Prozessgestaltung | 415 |
| 4.4 | Prozessmanagement | 417 |
| 4.5 | Abrechnungsmanagement | 418 |
| 4.6 | Verhandlungsmanagement | 419 |
| 5 | Verschmelzung: Aktives Vertragsmanagement/Mediation | 420 |

**Beispiel 10 Kooperative Projektkoordination in der Stadtentwicklung Olten Südwest** ... 423

| | | |
|---|---|---|
| 1 | Einleitung | 423 |
| 2 | Olten Südwest: die Ausgangslage | 423 |
| 3 | Die Aufgabenstellung; das Planungsteam | 424 |
| 4 | Die Interessen | 425 |
| 5 | Die Verfahrensschritte | 426 |
| 6 | Ein neues Verfahrensmodell | 427 |
| 7 | Die Öffentlichkeitsarbeit | 428 |
| 8 | Der Vertrag | 428 |
| 9 | Die Aufgabe des Projektleiters | 429 |
| 10 | Die weiteren Verfahrensschritte | 429 |
| 11 | Beilagen | 430 |
| 11.1 | Begleitende Gremien der Planung Olten Südwest | 430 |
| 11.2 | Inhaltsverzeichnis des Berichtes zum Entwicklungskonzept | 430 |
| 11.3 | Luftbildaufnahme über das Planungsareal Olten Südwest | 432 |

**Stichwortverzeichnis** ... 433

# Autorenverzeichnis

**Hermann Aspöck**
Dr., Notar und Mediator, Jahrgang 1948, Matura 1966, Studium der Rechtswissenschaften an der Alma-Mater-Paridiana Salzburg, Abschluss 1973, anschließend notarielle Tätigkeit (Berufsanwärter), 1990 Ernennung zum Notar, Ausbildung Mediation/Zertifikatslehrgang 1998 in Hallein, VHS Akademie/Volkshochschule Salzburg, seit 1998 Notar und Mediator in Salzburg.

**Günter Bauer**
Dr.-Ing., Dissertation 1992 (Bereich Tunnelbau); Tätigkeit in einem mittelständischen Bauunternehmen in München im Bereich Bauleitung, Kalkulation und Projektleitung; Wechsel in eine Unternehmensberatung zur Spezial-Nachtragsstellung, um als Junior-Partner namhafte Bauunternehmen zu unterstützen; seit Anfang 1996 bei der Projektgesellschaft Drees & Sommer/Kohlbecker zur Realisierung des DaimlerChrysler-Projektes „Potsdamer Platz" zuständig für den Aufbau des Vertragsmanagements mit Konfliktmanagementansatz (Mediation/Vermittlung); seit 1999 verantwortlicher Geschäftsführer bei Drees & Sommer/Kohlbecker und seit Anfang 2001 gleichzeitig Geschäftsführer für den Aufbau der Firma ConMent GmbH – Technisch-wirtschaftliches Contract Management – als Spezialisten im Management von Vertragsbeziehungen (Verhandlungs-/Konfliktmanagement auf Baufakten).
Dozent an der Drees & Sommer-Weiterbildungsakademie in Stuttgart, Gast-Dozent an der TU Berlin, TU Leipzig, FH Cottbus; ferner Mitglied im Arbeitskreis Mediation/Konfliktmanagement der MVV, Mannheim und im Berlin-Brandenburger Baurechtstag e. V.

**Peter Bösch**
Dr. jur., Jahrgang 1949, Zollikon (Zürich), war Sekretär eines erstinstanzlichen Verwaltungsgerichts in Bausachen und anschließend leitender Mitarbeiter des Hochbaudepartementes der Stadt Zürich. Seit 1989 bearbeitet er als Anwalt und Mediator Mandate im öffentlichen und privaten Planungs- und Baurecht und ist Lehrbeauftragter für Baurecht an der Zürcher Hochschule Winterthur. Co-Autor eines Standardwerkes zum Zürcher Planungs- und Baurecht.

**Norbert Fackler**
Diplom Sozialpädagoge (FH) und Industriekaufmann; seit über zehn Jahren als Mediator, seit über 20 Jahren in den Bereichen Konfliktmanagement Coaching und Training tätig.
In seiner Eigenschaft als Lehrtrainer für Mediation und Systemische Therapie ist er maßgeblich am Aufbau und der Fortentwicklung von Mediation, sowie an der Konzeption, Umsetzung und Qualitätssicherung von Mediatorenausbildungen in Österreich und Deutschland beteiligt. Er ist Mitglied im AK Qualitätssicherung und Standards des BMWA und im ÖBM (Österreichischer Bundesverband der MediatorInnen).

### Thomas Flucher

Mediator ÖBM, Dipl. Ing. ETH, geboren 1965 in Bern, Dozent in Mediationsauslehrgängen, Organisationsentwickler, Inhaber der Firma KoMeT Kommunikation-Mediation-Teamentwicklung.

Lebensdaten: Abschluss Dipl. Kulturingenieur ETH Zürich (87); Sicherheit und Umweltrisikoanalysen, EKAS Luzern (89); Mediation ÖBM, Salzburg (97/98); Systemische Organisationsentwicklung, Rohrschach (01–02).

Tätigkeitsbereiche: Mediation in Vielparteienkonflikten, Trainer in verschiedenen Mediationsausbildungen, Wirtschafts- und innerbetriebliche Mediation, Moderation und Leitung anderer konsenualer Konfliktlösungsverfahren, systemische Organisationsentwicklung, Trainings in Firmen und Institutionen zu Konfliktkompetenz und Kommunikation.

Thomas Flucher wirkt als Pionier bei der Einführung der Mediation und anderer konsensualer Verfahren im Planungs- und Bauwesen mit. Er setzt sich über seine Verbandstätigkeit für die Weiterentwicklung und die Qualitätssicherung der Verfahren ein; Präsident IVKM (Int. Vereinigung für Konfliktmanagement und Mediation), Vorstandsmitglied SDM (Schweiz. Dachverband Mediation), Gründungsmitglied amk.

### Rainald von Franqué

Dipl.-Ing. Rainald von Franqué, geboren 1962, Studium Bau- und Verkehrswesen an der Technischen Universität Berlin. Seit 1999 bei der THS Consulting GmbH angestellt. In seiner Position als technischer Leiter ist er für das Büro Berlin und München für die Bereiche Projektsteuerung, Projektmanagement sowie baubetriebliche Beratung im In- und Ausland tätig.

### Mirjam C. Gollenia

Dr. phil., Dipl.-Psych., Studium der Arbeits-, Betriebs- und Organisationspsychologie und Philosophie; Promotion über Werte und Entscheidungsverhalten in diversen Berufsgruppen. Seit 1997 Lehrbeauftragte, selbständiger Einzel- und Teamcoach, Hypnotherapeutin und Seminarleiterin.

Schwerpunkte: Positionierung, Entscheidungsfindung, Zielklärung und Konfliktberatung, Nachfolgeregelungen.

### Silke Hertel

Rechtsanwältin in der Kanzlei Conrad Fricke Kochenburger in Berlin, Studium der Rechtswissenschaften an der Universität Passau (1992–1994) und der Albert-Ludwigs-Universität Freiburg (1994–1997); Tätigkeiten bei den Heckford Norton Solicitors in Saffron Walden, England (1995), der Anwaltskanzlei Reiß & Collegen in Karlsruhe (1997–1999) und der Kanzlei Conrad Fricke Kochenburger in Berlin (seit 1999).

Tätigkeitsbereiche: Privates Baurecht, Architekten- und Ingenieurrecht; baubegleitende Rechtsberatung bei Großprojekten, Führen von Rechtsstreitigkeiten einschließlich Schiedsgerichtsverfahren, Erstellung von Rechtsgutachten, Vertragsgestaltung, Durchführung von Seminaren und Schulungen; Ausbildung zur Wirtschaftsmediatorin an der IHK für München und Oberbayern (2002).

## Anton Hütter

Dr.-Ing., Mediator und Unternehmensberater mit den Schwerpunkten Organisationsentwicklung und Prozessbegleitung, beschäftigt sich seit über 15 Jahren mit Fragen der Konfliktregelung in und zwischen Organisationen (u. a. auch in Projekten in Zusammenarbeit mit dem Tiroler Landesumweltanwalt). Lehrbeauftragter an der Universität Innsbruck, Gründungsmitglied der länderübergreifenden Arbeitsgemeinschaft Mediation und Konfliktmanagement in Planung – Bau – Umwelt (AMK) und hat eine Reihe von Beiträgen zum Thema Mediation veröffentlicht.

## Christoph Kochenburger

Dr., Rechtsanwalt in der Kanzlei Conrad Fricke Kochenburger in Frankfurt am Main; Studium der Rechtswissenschaften an der Universität Frankfurt am Main (1983–1989) und der Hochschule für Verwaltungswissenschaften Speyer (1990–1991), Tätigkeit bei Rechtsanwälten Boesebeck, Barz & Partner in Frankfurt am Main (1992–1994), Tätigkeit bei Rechtsanwälten Prof. Heiermann, Prof. Franke, Müller, Knipp & Partner in Frankfurt am Main (1994–1997), Promotion (1995), seit 1997 Partner der Sozietät Conrad Fricke Kochenburger, Fachanwalt für Verwaltungsrecht (1998). Tätigkeitsbereiche: Öffentliches Baurecht, Umwelt- und Planungsrecht, Verfahrensmanagement, Projektentwicklung, Due Diligence, Baubegleitende Rechtsberatung, Privates Bau- und Architektenrecht.

## Bernd Kochendörfer

Univ.-Prof. Dr.-Ing., geboren 1947, Studium Bauingenieurwesen an der Universität Stuttgart (1966–1971), Tätigkeit als Bauführer auf Baustellen des Wasser- und Industriebaues (1971–1972), wissenschaftlicher Mitarbeiter am Institut für Baubetriebslehre der Universität Stuttgart bei o.Prof. Dr.-Ing. G. Drees (1971–1978), Promotion zum Dr.-Ing. (1977), Gründungsgesellschafter und Geschäftsführer der BRB Baucontrol Stuttgart GmbH (1978–1985), Geschäftsführender Gesellschafter der Drees & Sommer Hamburg GmbH (1985–1995), Berufung als Universitätsprofessor an das Fachgebiet für Bauwirtschaft und Baubetrieb der TU Berlin (1995), wissenschaftliche, freiberufliche und gutachterliche Tätigkeit in den Bereichen Projektmanagement und Projektcontrolling von baulichen Anlagen sowie in der privatwirtschaftlichen Übernahme von Bau- und Betreiberaufgaben der öffentlichen Hand.

## Ursula König

Dr. techn., Jahrgang 1964, Mediatorin, Konfliktmanagerin, Moderatorin, Ausbilderin und Trainerin; Projektleiterin in der Firma BSB + Partner seit 1999, seit 1996 im öffentlichen Bereich tätig. Der Schwerpunkt der Tätigkeit liegt in der Durchführung komplexer Mediationsverfahren im öffentlichen Bereich. Mitglied der AMK (Arbeitsgemeinschaft Mediation und Konfliktmanagement in Politik, Planung, Umwelt, Wirtschaft in Deutschland – Österreich – Schweiz). Dissertation in technischer Chemie und langjährige Tätigkeit im Bereich Umweltschutz.

### Cristina Lenz
Rechtsanwältin, ESC (Wirtschaft, Politik und Geschichte in Englisch) hat sich in den USA in die Bereiche des Konfliktmanagements und der Wirtschaftsmediation eingearbeitet und ist seit über zehn Jahren auf diesen Gebieten tätig. Sie war als Leiterin der Rechtsabteilung in einem international tätigen Konzern besonders auf Gesellschafts- und Immobilienrecht spezialisiert.
Sie ist Lehrbeauftragte an den Universitäten Kassel und Graz, Buchautorin und leitet Ausbildungen und Seminare für Unternehmen, Anwälte und Journalisten im In- und Ausland. Sie ist Präsidentin des BMWA (Bundesverband Mediation in Wirtschaft und Arbeitswelt, Deutschland).

### Ursula von Minckwitz
Rechtsanwältin in der Kanzlei Conrad Fricke Kochenburger in Leipzig und Frankfurt a. M., Jahrgang 1967, Studium der Rechtswissenschaften an der Universität Mainz (1986–1988) und der Universität Bayreuth (1988–1990); Tätigkeit bei Rechtsanwälten Dale & Dingwall in Toronto, Canada (1993–1994), Rechtsanwälten Prof. Heiermann & Partner in Frankfurt a. M., Gaedertz Rechtsanwälte in Berlin und Homola AYH AG Gesellschaft für Projektsteuerung und Projektmanagement, seit 1998 Partnerin der Sozietät Conrad Fricke Kochenburger.
Tätigkeitsbereiche: Baubegleitende Rechtsberatung und Unterstützung des Projektmanagements, Privates Bau- und Architektenrecht, Vergaberecht, Nachtragsmanagement.

### Hansueli Müller-Yersin
Dr., Jahrgang 1944, promovierte an der Universität Zürich als Naturwissenschafter. Nach langjährigen Auslandsaufenthalten (Afrika, Indonesien) arbeitete er als Teilhaber in einem Beratungsbüro für Naturschutz und angewandte Ökologie, anschließend sieben Jahre als Abteilungsleiter beim WWF Schweiz. Seit 1990 ist er Inhaber der Beratungsfirma Oeconsult. Seine Tätigkeit konzentriert sich auf konfliktträchtige Großprojekte. Seit 1992 arbeitet er auch als Mediator und hat zum Thema „Mediation bei Großprojekten" mehrere Aus- und Weiterbildungsveranstaltungen (Universität St. Gallen, Universität Zürich, Verwaltung Kanton Bern und Baselland) durchgeführt. Er ist Koordinator der Fachgruppe Umweltmediation des Institutes für Mediation, Zürich.

### Günther Raberger
Training: HTL-Maschinenbau; Dipl. Controller CA-München; Banking- und Finance-Training (London); selektive und Berufsbild unterstützende Fortbildung zum Profil eines Commercial-Engineers, Contract- und Claims-Advisors; Werksvertragsrecht (Construction Law, Litigation and Regulation, London); Verhandlungs- und Kommunikationstraining, Portland, USA.
Eingesetzt: 1967 bis 1974: Atomic Energy Board, Süd Afrika; 1982 bis 1989: Produktions-/Divisional-Controller; ab 1989: ABB Power Generation Ltd., Schweiz – Business Area Controller, & Commercial & Contractual Manager; selbständiger Berater seit 1998.

### Hansueli Remund
Architekturstudium an der ETH-Zürich, Dipl. Arch. ETH/SIA, Raumplaner FSU; Seit 1980 Mitinhaber der Planteam S AG und der Remund & Kuster AG. Beide Büros beschäftigen sich ausschließlich mit Stadt- und Quartierplanung, mit der Begleitung komplexer Planungsprozesse, mit der Vorbereitung und Durchführung von Wettbewerbsverfahren und mit weiteren Aufgaben und Forschungsarbeiten der Siedlungs- und Verkehrsplanung.

### Alexandra Riemann
Rechtsanwältin und Mediatorin in der Kanzlei Conrad Fricke Kochenburger in Leipzig und München; Studium der Rechtswissenschaften an der Universität Frankfurt am Main und Freiburg im Breisgau (1984–1990). Seit 1994 Rechtsanwältin, seit 1999 Fachanwältin für Familienrecht. Tätigkeiten in London, Frankfurt a. M. und Erfurt, seit Juli 2000 in der Sozietät Conrad Fricke Kochenburger, hier Tätigkeitsbereiche: Privates Baurecht, Architekten- und Ingenieurrecht, Familienrecht, Mediation.

### Thomas Rinas
Studierte Bauingenieurwesen an der TU Berlin. Im Rahmen seiner Diplomarbeit analysierte er die Möglichkeiten der Anwendung der Mediation als alternatives Konfliktlösungsverfahren bei Bauprojekten. Seitdem nutzt er sich bietende Gelegenheiten, an mediativen Verfahren teilzunehmen, um die während seines Studiums gewonnenen Erkenntnisse weiter auszubauen und diese im Rahmen seiner Tätigkeit als Projektmanager bei Drees & Sommer im Tagesgeschäft anzuwenden.

### Lothar Ruf
Prof. Dr.-Ing., Ingenieurgesellschaft RKS für Baubetriebsberatung und Projektmanagement. Er ist Partner und wiss. Beirat der Ingenieurgesellschaft Ruf-Kraft-Schömig RKS.
Seine Tätigkeitsbereiche sind: Baubetriebsberatung von Auftraggebern und Unternehmen, Projektmanagementleistungen, Gutachten, Schulungen und Seminare im baubetrieblichen Bereich, Nachtrags- und Vertragsmanagement aus baubetrieblicher Sicht. Er ist Inhaber einer Professur für Bauwirtschaft an der Fachhochschule Darmstadt und ist öffentlich bestellter und vereidigter Sachverständiger für Ausschreibung, Preisbildung und Abrechnung im Bauwesen.

### Reinhard Sellnow

Geboren 1947, Ausbildung: Diplom-Volkswirt (FU Berlin) und Stadtplaner (Uni Karlsruhe, UC Berkeley/USA), Moderator und Mediator.
Er arbeitet als teilzeitbeschäftigter Stadtplaner im Bereich der Stadterneuerung bei der Stadt Nürnberg. Daneben ist er seit über 20 Jahren freiberuflich tätig. Schwerpunkte sind die Konzeption und Durchführung von Bürgerbeteiligungsverfahren, Prozessberatung und Mediation von (zumeist kommunalen) Konflikten zwischen Bürgern, Politik und Verwaltung, sowie die Moderation interdisziplinärer Projekte und Veranstaltungen in den Themenbereichen Stadtplanung, Verkehr, Umwelt- und Energieplanung, Gesundheit, Gentechnik usw. In den methodischen Bereichen ist er auch als Ausbilder und Trainer tätig.

### Markus Troja

Dr. rer. pol., geboren 1968 in Paderborn; 1988 bis 1994 Studium der Politikwissenschaft, Publizistik/Kommunikationswissenschaft, Wirtschaftspolitik und Germanistik an der Westfälischen Wilhelms-Universität Münster; Magister Artium.
1995 bis 2000 Wissenschaftlicher Mitarbeiter der Carl von Ossietzky-Universität Oldenburg; Promotion über Mediation in der Umweltpolitik. Die Dissertation wurde mit dem Mediations-Wissenschaftspreis der Centrale für Mediation, Köln, ausgezeichnet; seit 1996 Mitarbeiter der Mediator GmbH als Trainer, Co-Mediator und Moderator; seit 1997 Tätigkeit als Mediator (Konzeption und Durchführung von Mediationsausbildungen); seit April 1995 Wissenschaftlicher Mitarbeiter in Forschungsprojekten zum Thema Mediation und moderierte Beteiligungsverfahren im politischen System der Bundesrepublik Deutschland; seit Oktober 1995 Lehraufträge in Mediation und Kommunikation sowie zu politikwissenschaftlichen Themen; zahlreiche Vorträge und Workshops; April bis Juli 1997 Forschungsaufenthalt in den USA am Institute for Environmental Negotiation der University of Virginia.
Seit 1997 Veröffentlichungen u. a. zum Thema Mediation und Konfliktmanagement.

### Markus G. Viering

Dr.-Ing., studierte Bauingenieurwesen an der Technischen Universität in Darmstadt und arbeitete in mehreren Projektmanagementbüros in Frankfurt am Main. Von 1994 bis 2000 war er als Projektmanager/Projektpartner bei der Drees & Sommer GmbH in Hamburg und Berlin tätig. Parallel zu dieser Tätigkeit promovierte er von 1997 bis 2000 an der TU Berlin. Seit 2001 ist er in der Projektentwicklung bei Hühne Immobilien in Frankfurt am Main tätig.
Als öffentlich bestellter und vereidigter Sachverständiger beschäftigt er sich mit den Themengebieten Kosten und Abrechnung im Hochbau. Er ist Autor mehrerer Veröffentlichungen in den Bereichen Projektmanagement und Facility Management. Seit drei Jahren beschäftigt er sich außerdem intensiv mit dem Thema Mediation im Bauwesen und betreute schon mehrere Mediationsverfahren. Lehrbeauftragter an der FHTW Berlin und Dozent an der ebs (European business school).

**Anita Zieher**
Mag., Politikwissenschaftlerin, von 1997–2002 in der Österreichischen Gesellschaft für Umwelt und Technik tätig, Projektleitung Umweltmediation (Studien, Veranstaltungen, Workshops, Vorträge), Verfasserin zahlreicher Publikationen (u. a. „Das Handbuch Umweltmediation", ÖGUT/BMLFUW (Hrsg.), 2000; „Auf Frauen bauen – Architektur aus weiblicher Sicht", Anton Pustet Verlag, 1999).

**Horst Zilleßen**
Prof.-Dr. rer. pol., Jahrgang 1938, MEDIATOR GmbH, Professor für Umweltpolitik und Umweltplanung, wissenschaftlicher Leiter und Geschäftsführer der MEDIATOR – Zentrum für Konfliktmanagement und -forschung GmbH, Oldenburg. Seit 1992 als Mediator, Konfliktmanager, Moderator, Ausbilder und Trainer im öffentlichen Bereich (Umwelt, Politik, Bau, Planung, Soziales) und in der Wirtschaft tätig. Mehr als 30 Publikationen zum Thema „Mediation".

# I
# Mediation als alternatives Konfliktlösungsverfahren

1 Einführung in die Konfliktregelung mit Mediation
   *Thomas Flucher, Bernd Kochendörfer,*
   *Ursula von Minckwitz, Markus G. Viering*

2 Überblick Konfliktregelungsverfahren und Anwendungstypen der Mediation
   *Thomas Flucher*

3 Vorgehensmodell Mediation
   *Thomas Flucher*

4 Vorgehensmodell Mediative Sachverständigenvermittlung
   *Thomas Rinas, Markus G. Viering*

5 Checkliste: Mediationsvertrag und Verfahrensordnung –
   Welche Gesichtspunkte bei der Vertragsgestaltung berücksichtigt werden sollten
   *Silke Hertel*

6 Mediation aus Sicht der Psychologie
   *Mirjam Gollenia, Günther Raberger*

7 Pre-Mediation – Die Bedeutung der fachgerechten Initiierung einer Mediation
   *Cristina Lenz, Norbert Fackler*

# 1
# Einführung in die Konfliktregelung mit Mediation

*Thomas Flucher*
*Bernd Kochendörfer*
*Ursula von Minckwitz*
*Markus G. Viering*

## 1.1
### Einleitung

In stetig anwachsendem Umfang binden Konflikte im Bauwesen erhebliche perso- *Problemstellung*
nelle und finanzielle Kapazitäten. Geschäftliche und persönliche Beziehungen können durch jahrelange gerichtliche Auseinandersetzungen ruiniert, eine zukünftige Zusammenarbeit kann unmöglich gemacht werden.

Das Entwickeln von zukunftsorientierten Regelungen, die maßgeschneidert auf die Interessen der Beteiligten ausgerichtet sind und nicht das vergangenheitsorientierte, oft zeitaufwändige Suchen nach Schuldigen und die Zuweisung von Verantwortlichkeiten sollte zum Mittelpunkt einer erfolgreichen Konfliktbewältigung werden.

Ein Konfliktbewältigungsverfahren, das die Möglichkeit bietet, solche Lösungsoptionen für die Zukunft zu entwickeln, ist die Mediation.

## 1.2
### Konflikte – Herausforderung und Chance

Eine Konfliktlösung setzt am Konflikt an. Soll die Entwicklung einer Konfliktlösung erfolgreich sein, dann ist es hilfreich – wenn nicht gar erforderlich – sich zunächst mit dem Wesen und den Ursachen von Konflikten zu befassen.

Konflikte sind seit Urzeiten ein fester Bestandteil der Menschheit und der Mensch- *Ursachen*
heitsgeschichte. Sie treten im Mikrokosmos der zwischenmenschlichen Beziehungen genauso wie im Makrokosmos der Staatengemeinschaft auf. So vielfältig Konflikte in Erscheinung treten können, so vielfältig sind auch deren Ursachen und die Theorien, die sich mit diesem Thema auseinandersetzen. Doch was ist ein Konflikt? Worin liegen seine Ursachen? Wie lässt er sich am treffendsten beschreiben?

In der Literatur werden verschiedene Erklärungen und Definitionen angeboten.

> Konflikt: Zusammenstoß, Zwiespalt, Widerstreit[1]
>
> „Wir definieren Konflikt als eine Eigenschaft eines Systems, in dem es miteinander unvereinbare Zielvorstellungen gibt, so dass das Erreichen des einen Zieles das Erreichen des anderen ausschließen würde."[2]

---
[1] Duden Band 1 (1996).
[2] Vgl. Galtung (1972), Theorien: Theorien zum Frieden, in: Senghaas, D. (Hrsg.) (1972), S. 235.

„Der Begriff des Konfliktes soll zunächst jede Beziehung von Elementen bezeichnen, die sich durch objektive (latente) oder subjektive (manifeste) Gegensätzlichkeiten kennzeichnen lässt."[3]

„Ein Konfliktzustand kann ganz allgemein als ein Spannungszustand beschrieben werden, der dadurch entsteht, dass zwischen zwei oder mehreren Parteien unvereinbare Gegensätze in Bezug auf ein bestimmtes Gut vorhanden sind."[4]

„Ein Konflikt liegt dann vor, wenn eine Partei oder beide Parteien zum gleichen Zeitpunkt Handlungen beabsichtigen oder durchführen, die zur Folge haben, dass sich die andere Partei behindert, blockiert, bedroht oder verletzt fühlt."[5]

Der Konflikt als Eigenschaft eines Systems, als Beziehung von Elementen oder als Zustand? Eine einheitliche Konflikttheorie wird – wie sich bereits aus vorstehenden Zitaten ablesen lässt – in der Literatur nicht vertreten. Als grundlegende Merkmale eines Konfliktes lassen sich folgende Punkte festhalten:

- gegensätzliche, scheinbar unvereinbare Positionen;
- die Interessen hinter den Positionen sind oft versteckt;
- wenn einer oder alle Beteiligten glauben, dass sie aus ihrer subjektiven Sicht heraus „Recht haben" und ihre Position durchsetzen müssen;
- alle Beteiligten sind – direkt oder indirekt – voneinander abhängig und aufeinander angewiesen.[6]

Konfliktbeteiligte beschränken sich beim Umgang mit Konflikten oft auf die Anwendung traditioneller Methoden, anstatt den Konflikt konstruktiv für sich zu nutzen und als Chance zur Weiterentwicklung aufzufassen.

| *Traditionelle Methoden* | *Methoden des konstruktiven Umgangs* |
| --- | --- |
| • Ignorieren, bagatellisieren, verdecken<br>• Zwangs-, Einschüchterungs- und Drohstrategien<br>• Ankündigung von Sanktionen<br>• Androhung und Einsatz von Gewalt | • Die grundsätzliche Sichtweise auf Konflikte ändern: Konflikte als Chance<br>• Auf Androhung und Einsatz von Gewalt verzichten<br>• Die eigene Wahrnehmung nicht als die einzig richtige vertreten<br>• Wenn nötig, eine „Dritte Partei" einbeziehen<br>• Gemeinsame Gespräche statt ansonsten Tatsachen schaffen<br>• Lösungen an den Interessen aller Beteiligten und denen, die die Folgen zu tragen haben, orientieren |

**Abbildung 1**
Der Umgang mit Konflikten

---

[3] Vgl. Dahrendorf, R. (1963), S. 201.
[4] Vgl. Pfetsch, F. R. (1994), S. 2.
[5] Vgl. Rüttinger (1988), Berkel (1992), nach (O. V.), Konfliktmanagement (o. J.).
[6] Vgl. Grunwald, W. (o. J.).

Ungelöste Konflikte im Unternehmen oder zwischen Unternehmen wirken sich lähmend auf alle Prozesse aus. Die subjektive Wahrnehmung der Konfliktbeteiligten wird getrübt; das „Sehen-wollen" oder „Hören-wollen" behindert die konstruktive Zusammenarbeit bis schließlich die Arbeits- und/oder Kommunikationsprozesse durch festgefahrene Denkmuster wie

- Angriff ist die beste Verteidigung
- Ich oder Du
- Entweder oder
- Gewinn oder Verlust

vollständig zum Erliegen kommen. Ungelöste Konflikte sind daher teuer. Sie müssen gelöst werden, um den Fortgang des Projektes nicht be- bzw. zu verhindern. Erschwerend kommt hinzu, dass die Kosten, die aus der Konfliktbehinderung resultieren, nur in Ausnahmefällen nachgewiesen, d. h. dokumentiert werden können. Der Schaden ist mithin nicht lenkbar.

Das interessenbasierte Denken muss als Ausgangspunkt einer Konfliktlösung publiziert werden. Denn schließlich werden bei jeder Vertragsverhandlung verschiedenste Interessen zusammengeführt. Warum sollte diese Vorgehensweise nicht auch im Konfliktfall angewendet werden? Genau an diesem Punkt setzt Mediation an.

## 1.3
## Mediation – Begriffsdefinition

Der Idee der Mediation liegen drei wesentliche Erkenntnisse der Konfliktforschung zugrunde:

*Grundsätze der Mediation*

1. Konflikte sind alltägliche, unvermeidliche und immer wiederkehrende Ergebnisse menschlicher Aktivitäten und spiegeln tatsächliche oder scheinbare Unvereinbarkeiten von individuellen und gruppenspezifischen Werten, Interessen und Zielen wider.
2. Die individuelle wie die gesellschaftliche Entwicklung beruht auf der offenen Austragung von Konflikten. Wo sie unterbleibt oder unterdrückt wird, werden Entwicklungschancen vertan und die sozialen Beziehungen beeinträchtigt oder gar zerstört (vgl. Coser 1974).
3. Die von einem Konflikt betroffenen oder an ihm beteiligten Personengruppen wissen selbst am besten, welche Interessen befriedigt werden müssen, damit eine Konfliktregelung für sie zustimmungsfähig werden kann.

So sicher einerseits die produktive Kraft von Konflikten ist, so schwierig ist es andererseits für die an einem Konflikt Beteiligten, sich im Eifer der Auseinandersetzungen nicht in ein fruchtloses Gegeneinander von Positionen zu verrennen. Mit der Dauer und Intensität der Auseinandersetzungen wächst die Gefahr, dass man sich auf die Durchsetzung der eigenen Position versteift, anstatt nach einer vernünftigen Konfliktregelung auf der Basis wechselseitiger Interessen zu suchen. Es ist offensichtlich: Bei konkreten Konflikten denken die Beteiligten zuerst an den eigenen Vorteil und nicht an die Erweiterung der Vorteile für alle Beteiligten.

Hier setzt die Idee der Mediation an, wie sie vor allem in den USA entwickelt worden ist. Der Ursprung des Wortes Mediation liegt im lateinischen „mediatio", abgeleitet vom Wort „medius" – „in der Mitte stehend". „mediatio" wird mit „Vermittlung" oder „vermittelndes Dazwischentreten" übersetzt.[7] Das englische Wort „mediation" bedeutet Vermittlung und der Mediator ist letztlich der Vermittler und Konfliktmittler, der in allparteilicher Weise den Konfliktparteien hilft, eine gemeinsame Konfliktregelung zu erreichen.

Ausgangspunkt der Vermittlertätigkeit ist der Umstand, dass die einem Konflikt zugrunde liegenden Interessen selten so eindimensional sind, dass das mögliche Ergebnis nur eine Ja- oder Nein-Entscheidung sein kann oder ein Kompromiss aus einer Skala zwischen eins und zehn. Bei Konflikten im Planungs- und Bauwesen, die oft eng mit Umweltauswirkungen verknüpft sind, spielen in der Regel neben vielfältigen inhaltlichen sowohl verfahrensbezogene als auch psychologische Interessen eine Rolle. Es geht sicher einerseits vorrangig um den konkreten Streitgegenstand, z. B. einen Anlagenstandort, Immissionen, einen Qualitätsmangel, aber auch darum, ob die Konfliktparteien das Entscheidungsverfahren als nachvollziehbar und fair in der Abwägung der unterschiedlichen Interessen empfinden und ob sie sich selbst angemessen behandelt fühlen.[8]

Bei der Austragung von Konflikten verfügt der Mediator als nicht betroffener, außenstehender und unparteilicher Dritter über einen entscheidenden Vorteil gegenüber den direkt betroffenen Konfliktparteien: Er kann den Konflikt von „Außen" betrachten und er kann die Konfliktaustragung in ihren inhaltlichen, prozeduralen und psychologischen Aspekten so leiten, dass alle Parteien die Möglichkeit haben, ihre unterschiedlichen Interessen gleichwertig einzubringen, einseitige Benachteiligungen vermieden werden und eine für alle akzeptable oder zumindest hinnehmbare Regelung erarbeitet wird.

*Drei Definitionen*

Die Frage „Was ist Mediation?" soll anhand der nachfolgenden drei Definitionen zusammengefasst werden:

1. Mediation ist ein außergerichtliches Konfliktregelungsverfahren.
    - Das Verfahren ist freiwillig und konsensorientiert.
    - Alle am Konflikt beteiligten Parteien nehmen auch am Verfahren teil.
    - Im Verfahren unterstützt der Mediator[9] allparteilich die Konfliktparteien darin, gemeinsam in einer fairen Vorgehensweise eine Konsenslösung zu entwickeln.
    - Der Mediator ist für die fachgerechte konsensfördernde Leitung des Verfahrens zuständig.
    - Den Abschluss einer Mediation bildet im Regelfall eine verbindliche, umsetzbare Vereinbarung zwischen den Parteien darüber, wie die Konfliktfrage gere-

---

[7] Vgl. Knaurs, Herkunftswörterbuch, S. 312, Nachweis bei Hammerbacher P.-T. (2000).
[8] Vgl. Zilleßen H., Friedensmacht Europa, 2001.
[9] Mediator steht in der Definition selbstverständlich auch für Mediatorin und bei umfangreichen Konflikten mit einer Vielzahl beteiligter Parteien auch für ein MediatorInnenteam.

gelt wird (allenfalls auch darüber, wie künftig mit konfliktträchtigen Fragen umgegangen wird).
- Das eigenverantwortliche, gemeinsame Erarbeiten der Regelungen ermöglicht den Parteien, langfristig tragbare Beziehungen zu entwickeln, die über das Verfahren hinausreichen.[10]

2. Mediation ist eine strukturierte und systematische Form der Konfliktregelung, durch die ein professioneller Konfliktmanager, der Mediator, die von einem Konflikt Betroffenen und an einer einvernehmlichen Lösung Interessierten dabei unterstützt, zu einem gemeinsam verantworteten fall- und problemspezifischen Ergebnis zu gelangen. Es geht hierbei nicht vorrangig um einen Kompromiss, sondern um neue, kreative Problemlösungen.[11]

3. „Mediation is a process whereby an impartial third party acts to encourage and facilitate the resolution of a dispute without prescribing what it should be. It is an informal and non-adversarial process intended to help the disputing parties reach a mutually acceptable agreement."[12]

Der zentrale Unterschied zu anderen Konfliktregelungsverfahren besteht darin, dass den Konfliktparteien die Eigenverantwortung zur Lösung ihrer Konflikte im Mediationsverfahren nicht genommen wird. In der Mediation verbleibt die Verantwortung zum Inhalt der Konfliktregelung bei den Parteien und wird nicht wie etwa in einem Gerichtsverfahren an den Richter oder in einem Schiedsgerichtsverfahren an einen Schiedsrichter delegiert (vgl. hierzu auch Kap. III.1 Abgrenzung zu anderen Konfliktbewältigungsverfahren in Deutschland).

*Vorgehensverantwortung beim Mediator, Verantwortung für den Inhalt der Konfliktregelung bei den Parteien*

„Im Ablauf des Mediationsverfahrens übernimmt der Mediator die Verantwortung, die Parteien so zu leiten, dass die besten Voraussetzungen für eine Annäherung und schlussendlich für eine konsensuale Regelung des Konfliktes vorhanden sind."[13]

In Mediationsverfahren sind die so genannten „Plenumssitzungen" der zentrale Kern der Arbeit. Diese werden vom Mediator oder bei einer größeren Anzahl von Konfliktparteien vom Mediatorenteam vorbereitet, geleitet und protokolliert. Um ein effizientes Arbeiten unter den Parteien auch in angespannten Situationen zu ermöglichen, werden meist so genannte „Spielregeln der Zusammenarbeit" oft auch als Geschäftsordnung[14] oder Verfahrensordnung bezeichnet, vereinbart. In einzeln geführten Vorgesprächen mit den streitenden Parteien zu Beginn eines Mediationsverfahrens kann auf konkrete Befürchtungen, Erwartungen und Fragen der jeweiligen Partei eingegangen werden. Die eigentliche Mediation, der Vermittlungs- und Verhandlungsprozess, findet im so genannten „Plenum", in dem alle Konfliktparteien anwesend sind, statt. Bei komplexen Sachfragen ist es oft effizient, Arbeitskreise einzurichten, die gewisse Sachfragen aufarbeiten und dem Plenum zur Entscheidungsfin-

*Vorgespräche, Plenumssitzungen, Arbeitskreise, externe Experten*

---
[10] Vgl. Flucher Th., Mediation im Planungs- Bauwesen – Potenziale und Grenzen, 1998.
[11] Vgl. Zilleßen H., Friedensmacht Europa, 2001.
[12] Mediation as defined in the Florida Rules for Certified and Court Appointed Mediators.
[13] Vgl. Flucher Th., Mediation im Planungs- Bauwesen – Potenziale und Grenzen, 1998.
[14] Flucher Th., ZKM 4/2001, „Vertrags- und Finanzierungsmodelle in Vielparteienmediationen", Köln, Centrale für Mediation, ISSN 1439–2127.

dung vortragen. Bei der Einsetzung der Arbeitskreise ist in Abstimmung mit den Parteien darauf zu achten, dass eine ausgewogene Vertretung der Konfliktparteien gegeben ist. Die Klärung von fachspezifischen Fragestellungen kann auch durch die Beauftragung externer Experten erfolgen. Die Person bzw. das Institut/die Firma und die Fragestellung sind durch das Mediationsplenum gemeinsam festzulegen. Die Resultate der externen Expertise werden durch das Plenum geprüft und gewürdigt, so dass sie als Grundlage für die weiteren Beratungen herangezogen werden können. Der Mediator ist allparteilich, tritt allein oder als Mediatorenteam auf und wird durch die Konfliktparteien gemeinsam beauftragt. Eine detailliertere Beschreibung zum Ablauf und der Struktur eines Mediationsverfahrens kann dem Kap. I.3 „Vorgehensmodell Mediation" entnommen werden.

*Mediative Sachverständigenvermittlung*

Ein immer weiter verbreitetes mediationsähnliches Verfahren stellt die mediative Sachverständigenvermittlung dar. Bei dieser von den Herausgebern neu definierten Methode bindet der Sachverstand des Vermittlers stärker in die Konsensfindung zwischen den Parteien ein. Dies ist bei hocheskalierten Konflikten mit der Gefahr verbunden, dass der sachverständige Vermittler mit seinen Vorschlägen seine Neutralität verliert und der zentrale Mechanismus der vollen Eigenverantwortung der Parteien etwas geschwächt wird. Bei niederschwelligen Konflikten und zurückhaltendem Einbringen des Sachverstandes, z. B. über Fragetechniken, kann es den Vorteil bieten, ohne Hinzuziehung zusätzlicher außenstehender Experten Regelungen zu finden. Falls die Parteien damit einverstanden sind, dass der ausgewählte Vermittler gleichzeitig als Sachverständiger tätig ist und sich in die Lösungsfindung integriert, spricht nichts gegen diese Vorgehensweise. Dieses Verfahren wird oftmals auch bei der vertraglich vereinbarten, außergerichtlichen Vermittlung, z. B. bei der Umsetzung großer Bauvorhaben bei der Nachtragsbearbeitung, eingesetzt. Eine genauere Beschreibung des Vorgehens in der Sachverständigenvermittlung ist in Kap. I.4 „Mediative Sachverständigenvermittlung" dargestellt.

Wenn es bereits zu einer Eskalation zwischen den Parteien gekommen ist und man sich erst im Streitfall auf das Konfliktlösungsverfahren geeinigt hat, sollte von einer aktiven Mitarbeit des Vermittlers abgesehen werden und Mediation als Verfahren gewählt werden.

Welches Verfahren zielführender ist, ist im konkreten Konflikt zu Beginn einzuschätzen.

## 1.4
**Mediation – das Patentrezept aus Amerika? – Historie**

Mediation scheint in unserer heutigen Zeit aus den USA nach Europa importiert zu werden. Die Ursprünge der Mediation, oder was als solche gedeutet werden kann, liegen allerdings bereits mehrere Jahrtausende zurück. Die Konfliktbewältigung ist damit keinesfalls ein Produkt der „Neuen Welt".

*Ursprung*

So gibt es bereits im Neuen Testament Hinweise auf die christlich-abendländische Kultur der vermittelnden, einvernehmlichen Konfliktlösung.[15]

---

[15] Vgl. Bibel (Matthäus 5, 9; 1. Timotheus 2, 5; 1. Korinther 6,1–6).

Der Westfälische Friede wurde durch die fünf Jahre dauernde, vermittelnde Tätigkeit des Vertreters der Republik Venedig, Alvise Conarini, ausgehandelt und beendete den 30-jährigen Krieg. Am 24.10.1648 wurde in Europa somit erstmals ein Konflikt nicht durch militärische Gewalt, sondern auf dem Verhandlungsweg beendet.

Ist Mediation also eine Erfindung der abendländischen Kulturen? Diese Annahme trifft nur teilweise zu. Auch in östlichen Kulturen wie China und Japan spielt die alternative Konfliktbehandlung seit jeher eine große Rolle. Sie wurde dort bereits vor 2000 Jahren angewendet und ist bis heute ein fester Bestandteil der Abwicklung von Konflikten im privaten und öffentlichen Bereich.[16]

In China werden tatsächlich jährlich sieben bis acht Millionen Konfliktfälle durch Mediatoren, hauptsächlich auf kommunaler Ebene, vermittelt und zu 90 % erfolgreich abgeschlossen. Obwohl in China fünfmal mehr Menschen leben als in den USA, beträgt die Zahl der Rechtsanwälte verglichen mit den USA nur 5 %. Einen Kompromiss zu erreichen, wird daher gesellschaftspolitisch weit höher bewertet, als sein persönliches Recht durchzusetzen. Diese aus der konfuzianischen[17] Ethik stammende Mentalität gibt bildlich ein altes chinesisches Sprichwort wieder.[18]

> „Es ist besser an Hunger zu sterben, als ein Dieb zu werden; es ist besser zu Tode schikaniert zu werden, als einen Prozess zu beginnen."[19]

Nicht nur China hat somit eine wenig bekannte und publizierte Vorreiterrolle in der Mediation, sondern auch Japan. Dort wurde von den Dorfvorsitzenden erwartet, dass sie die Dorfmitglieder bei der Regelung von Streitigkeiten unterstützen. Auch vor dem 2. Weltkrieg gab es im japanischen Gerichtswesen gesetzlich verankerte Möglichkeiten zur Schlichtung.[20]

Noch bevor Mediation in den USA eine breitere Anwendung gefunden hat, lösten dort bereits verschiedene Völker- und Religionsgruppen ihre Konflikte mit Mediation.[21] Hieraus resultierte, dass 1939 in Kalifornien gerichtseingebundene Versöhnungsberatungsstellen für familienrechtliche Fragen eingerichtet wurden. Chinesische Einwanderer waren es schließlich, die Mitte der 60er Jahre eigene Mediationszentren in den USA gründeten.

*Auflodern in der Neuzeit*

Anfang der 70er-Jahre erfuhr Mediation im Rahmen der ADR[22] eine Renaissance. So gründete die Vereinigung der Anwälte in Los Angeles 1973 eine Mediationsstelle

---

[16] Vgl. Starck, J. (1990), Die Entwicklung des Wirtschaftsrechts in der Volksrepublik China in: NJW 1990, S. 610.
[17] Vgl. „Konfuzius (Kongfuzi), der ein halbes Jahrhundert v. Chr. lebte und wirkte, war einer der herausragenden Denker Chinas. Wie Sokrates hat Konfuzius keine Zeile hinterlassen, aber in den nach seinem Tod aufgezeichneten Gesprächen ist seine Lehre klar und deutlich überliefert. Im Gegensatz zum Daoismus, der Weltflucht empfiehlt, propagiert der Konfuzianismus Lebensbejahung. Nur wer sich selbst bescheidet, erlangt menschliche Würde. Erst wenn die Guten herrschen, kehrt (wieder) Ordnung auf der Welt ein. Ethik und Politik bestimmen besonders stark das Denken des Konfuzius, dessen Wirkung auf das Leben in China bis heute anhält." Moritz, R. (1998).
[18] Vgl. Homepage der „Arbeitsgemeinschaft für Lösungsorientiertes Konfliktmanagement" in Wien unter http://members.magnet.at/arge-konfliktmanag/medi.htm, Zugriff: 26.05.2001.
[19] Vgl. Schnieders, S. (o. J.), S. 3.
[20] Vgl. Proksch R. (1993) Geschichte der Mediation in: Krabbe, H. (1993), S. 173 ff.
[21] Vgl. http://members.magnet.at/arge-konfliktmanag/medi.htm, Zugriff: 26.05.2001.
[22] ADR: alternativ dispute resolution.

für Miet-, Nachbarschafts-, Arbeits- und Vertragskonflikte. Hochstrittige Sorgerechtsverfahren wurden an sogenannte „Conciliation Courts" überwiesen, die durch erfolgreiche Vermittlung entscheidend zur Verbreitung der Mediation beitrugen. Ein weiterer Konfliktschwerpunkt aus dem zwischenmenschlichen Bereich wurde erkannt und in Mediationsabläufe anstelle von gerichtlichen Verfahren überführt, die Nachbarschaftsstreitigkeiten. Es wurden die ersten von heute über 1000 „Neighbourhood Justice Centers" gegründet.

1980 wurde in Kalifornien ein Gesetz eingeführt, das die Vermittlung in allen strittigen Sorge- und Besuchsrechtsverfahren obligatorisch macht. Mittlerweile gibt es in etwa der Hälfte der amerikanischen Staaten derartige Gesetze.[23] In den 80er Jahren weitete sich Mediation zunehmend auch auf Bereiche der Wirtschaft aus und spätestens seit den 90er Jahren existiert Mediation als eigener Berufsstand mit eigenständiger Ausbildung und verbreiteter Anwendung in der Wirtschaft, im Nachbarrecht, im öffentlichen Bereich, etc.

*Europa holt auf*

In Schweden existieren seit den 70er-Jahren mediative Verfahren für sorgerechtliche Konflikte. Sie werden als Alternative bei Sorgerechtsstreitigkeiten vor Gericht durch Familienberatungsstellen auf freiwilliger Basis durchgeführt und mit öffentlichen Mitteln gefördert.[24]

In England wird Mediation seit 1976 empfohlen, ist aber kein fest integrierter Bestandteil des Rechtssystems. Sie wird einerseits durch Bewährungshelfer der Gerichte in Strafsachen und andererseits von Berufsgruppen im Rahmen der Wohlfahrtseinrichtungen angeboten.[25] Der englische Schwerpunkt der Mediation kommt daher aus dem Rehabilitationsgedanken unseres heutigen, aus den 70er Jahren resultierenden Strafprozessrechts.

Auf die geschichtliche Entwicklung der Mediation in der Schweiz wird in Kap. IV und in Österreich in Kap. V dieses Buches eingegangen.

In Deutschland wurde Mediation durch amerikanische Vertreter wie John Haynes in den 80er Jahren eingeführt. Seit etwa zehn bis 15 Jahren wird Mediation im Rahmen der Familienmediation[26] bei Trennung und Scheidung und beim Täter- Opfer-Ausgleich angewendet. Somit wurde in Deutschland der englische und schwedische Ansatz übernommen. Hierzu fand sich fruchtbarer Boden, da in strafprozessualen sowie familienrechtlichen Angelegenheiten die gerichtlichen Verfahren für alle Parteien – auch für die Organe der Rechtspflege – besonders wenig zufriedenstellend verliefen. Sie wurden als unmenschlich empfunden, da vor Gericht und auch im Strafprozess „gerichtet" wurde. Dies ergab so zwar ein sachgerechtes Ergebnis. Es entsprach in vielen Fällen jedoch nicht dem Gerechtigkeitsgefühl des Gerichteten und provozierte somit Folgetaten und damit weitere Konflikte.

*Zukunftsperspektiven*

Mediation gewinnt aber nicht nur im nationalen Bereich, sondern auch in der internationalen Staatengemeinschaft als alternatives Konfliktlösungsverfahren zuneh-

---

[23] Vgl. Proksch R. (1993) Geschichte der Mediation in: Krabbe, H. (1993), S. 173 ff.
[24] Vgl. http://members.magnet.at/arge-konfliktmanag/medi.htm, Zugriff: 26.05.2001.
[25] Vgl. http://members.magnet.at/arge-konfliktmanag/medi.htm, Zugriff: 26.05.2001.
[26] Vgl. Dörr, C. (1991), Die Entwicklung des Familienrechts seit 1989 – Eherecht, elterliche Sorge, Umgangsbefugnis, Kinderherausgabe, Ehewohnung und Hausrat in: NJW 1991, S. 77 ff.

mend an Bedeutung. Erwähnt sei hier der Artikel 33 der Charta der Vereinten Nationen (UN), in welchem die vorbeugende Diplomatie (Preventive Diplomacy) neben Peace-making und Peace-keeping eine der Säulen der Agenda für den Frieden darstellt, welche auf Bitten des Sicherheitsrates 1992 durch den UN-Generalsekretär erstellt wurde. Die Einsätze von UN-Generalsekretär Kofi Anan betreffend den Krieg in Jugoslawien haben in der breiten Öffentlichkeit beigetragen, Mediation als Methode zur Konfliktlösung zu verbreiten. Die streitenden Parteien werden aufgefordert, friedfertige Mittel wie Verhandlung, Untersuchung, Vermittlung, Vergleich, Schiedsspruch und andere zur Konfliktlösung taugliche Mittel anzuwenden. Mediation selbst wird nicht erwähnt, gehört aber zweifelsohne in diesen Kontext.[27]

Mediation ist ein Verfahren von vielen. Es liegt an den Mediatoren, durch hervorragende Ausbildung und professionelles Vorgehen ihren Beitrag zu leisten und Mediation als mögliche Alternative bekannt zu machen. Die Zufriedenheit der Kunden, und als solche sollten die Mediationsklienten auch wirklich betrachtet werden, wird letztendlich über Erfolg oder Misserfolg der Mediation entscheiden.

## 1.5
**Anforderungen an Mediatoren**

Die Hauptanforderung an einen Mediator zur erfolgreichen Konfliktregelung ist (ganz trivial) seine umfassende Mediationskompetenz. D. h. er verfügt über eine qualifizierte, wenn möglich den Normen des Europäischen Forums[28] entsprechende Ausbildung/Anerkennung und er besitzt idealerweise eine reiche Erfahrung mit erfolgreich abgeschlossenen Mediationsverfahren ähnlicher Größenordnung und Komplexität. Bei der Auswahl eines Mediators bzw. Mediatorenteams können diese beiden Kriterien leicht durch die Aufforderung zur Angabe der Ausbildung/Anerkennung und dem Einfordern von Referenzen überprüft werden.

*Primäre Anforderung*
*1. Mediationskompetenz, Ausbildung*
*2. Erfahrung (Referenzen)*

Die Frage, ob ein Mediator auch so genannte „Feldkompetenz", also Fachkenntnisse im Themenbereich des Konfliktes, benötigt ist – wie bereits beschrieben – ein kontrovers diskutiertes Thema. Die Meinungen reichen von „Der Mediator benötigt keine Feldkompetenz, sie ist sogar problematisch (John Haynes, Gründervater der Mediation in Amerika)" bis zu „Mediatoren benötigen zwingend Fachkenntnisse im Konfliktthema". Eine ausgewogene und auf das Anwendungsgebiet des Bau- und Planungswesens zugeschnittene Position nimmt die in diesem Gebiet spezialisierte internationale Vereinigung für Konfliktmanagement und Mediation (IVKM) ein:

*Sekundäre Anforderung*
*3. Grundlagenkenntnisse in den Fachbereichen des Konfliktes*

> „Für die Wahl eines Mediators oder eines Mediationsteams sollte primär dessen mediatorische Kompetenz (Ausbildung/Anerkennung, Erfahrung, Weiterbildung) maßgebend sein. Grundlagenkenntnisse in den Fachbereichen des Konfliktes sind insbesondere bei vielschichtigen und komplexen Umwelt- und Baukonflikten als sekundäre Anforderung notwendig."[29]

---

[27] Vgl. UN-Charta, Artikel 33, Kapitel VI: Die friedliche Beilegung von Streitigkeiten.
[28] „Europäisches Forum" ist eine europäische Kommission mit Sitz in Paris, die Ausbildungen nach gemeinsam festgelegten Kriterien anerkennt.
[29] IVKM, Grundlagen zur Auswahl von Mediator/innen und Mediationsteams, Luzern, 1999.

*Auswahlkriterien für Mediatoren*

Juristische und technische Kenntnisse reichen allein jedoch nicht aus, um eine Mediation angemessen und erfolgreich durchführen zu können. Vielmehr muss ein Mediator daneben über psychologische und soziale Kompetenzen verfügen.

Entsprechend umfangreich sind die Anforderungen, die an Mediatoren gestellt werden müssen:

1. **Mediationskompetenz, Ausbildung**
   - umfassende Kenntnis der Methode und der Grundlagen der Mediation
   - umfassende Kenntnisse auf dem Gebiet der Konflikttheorie und verschiedener Deeskalationsstrategien
   - Einfühlungsvermögen (Empathie), Kenntnis des wirtschaftlichen Umfeldes
   - Reputation, Publikationen im Bereich Mediation

2. **Erfahrung, durchgeführte Mediationen**
   - idealerweise Erfahrung in der Durchführung ähnlich großer und komplexer Mediationsverfahren
   - Referenzen durchgeführter und erfolgreich mit verbindlichen Vereinbarungen abgeschlossener Mediationsverfahren
   - umfassende psychologische und systemische Kenntnisse und Erfahrungen im konkreten Umgang mit Konfliktsituationen
   - Beherrschen der Frage-, Moderations- und Kreativtechniken sowie verschiedener Methoden der Verhandlungsführung

3. **Grundlagenkenntnisse in den Fachbereichen (Feldkompetenz)**
   - Grundlagenkenntnisse in den Fachbereichen des Konfliktes
   - Grundlagenkenntnisse der rechtlichen Eckpunkte und der Verfahren

4. **Projektmanagement, Ressourcen**
   - Organisatorische und administrative Infrastruktur (EDV, Ansprechstelle, etc)
   - Projektmanagementerfahrung in der Organisation von Mediationsverfahren

5. **Unabhängigkeit, Allparteilichkeit, Anerkennung**
   - Allparteilichkeit, keine direkten oder indirekten Interessen im Konfliktthema oder dessen Umfeld
   - die damit verbundene Einschränkung für den Mediator, nicht für eine Konfliktpartei tätig gewesen zu sein bzw. in der Zukunft auch nicht tätig zu werden
   - Wahl durch alle Konfliktparteien zur Durchführung des Verfahrens

*1. Mediationskompetenz*

*Konflikttheorie, Deeskalationsstrategien*

Konflikte sind komplex und spielen sich nicht nur auf der Sachebene ab. Die Konfliktbeteiligten bringen mit ihren persönlichen Fähigkeiten, Vorstellungen und Schwächen auch immer eine Beziehungskomponente in den Konflikt mit ein. Sachkonflikte werden durch Beziehungskonflikte angereichert und damit komplexer. Konflikte sind dynamisch. Ihr Zustand ändert sich fortlaufend.[30] Daher ist die Kenntnis von Konflikttheorien, Konfliktstufen und Deeskalationsstrategien und vor allem eine große Erfahrung in diesem Bereich sehr wichtig.

---

[30] Vgl. Kapitel III in diesem Buch.

Die dargestellten Anforderungen sind sehr umfangreich und interdisziplinär. Keine herkömmliche Berufsgruppe kann sie in dieser Form erfüllen. Sie sind aber in der Regel erlernbar und müssen professionell beherrscht werden. Eine separate, umfassende und anerkannte spezielle Mediationsausbildung (min. ca. 200 Std. während eines Jahres) ist demzufolge notwendig. Eine Qualitätssicherheit besteht heute, wenn die Ausbildung vom „Europäischen Forum" anerkannt ist bzw. dessen Kriterien sinngemäß entspricht. *Mediationsausbildung*

Allerdings ist die Berufsbezeichnung Mediator derzeit noch nicht geschützt. Jeder kann und darf sich Mediator nennen. Die Qualitätssicherung und Verhinderung von Missbrauch wird derzeit durch die Angabe des Ausbildungsortes bzw. der Anerkennung (z. B. „Mediator BAFM[31]", „Mediator SDM[32]", oder „Mediator ÖBM[33]", etc) sichergestellt. Als eine der ersten Richtlinien für die Ausbildung von MediatorInnen in Deutschland gilt die von der BAFM entwickelte Ausbildungsrichtlinie. Sie ist inhaltlich und formal abgestimmt mit dem „Europäischen Forum", welches sich, so scheint es, als allgemeiner Standard zu etablieren beginnt. *Anerkennung*

Mediation ist auch keine „Schlacht" auf dem Feld der Theorie. Praktische Erfahrung ist unbedingt notwendig. Aus den Referenzen sollte klar ersichtlich sein, dass ähnliche Mediationsverfahren erfolgreich geleitet und mit verbindlichen Vereinbarungen abgeschlossen wurden. *2. Praktische Erfahrung*

Die Feldkompetenz hilft entscheidend bei der Erfassung und Strukturierung des Konfliktthemas. Falls die fachliche Beurteilung spezifischer Fragen für den Fortgang der Konsensfindung unabdingbar ist, sind externe Gutachter mit dieser Aufgabe zu betrauen. Die Verfahrensweise ist mit den Parteien abzustimmen. Die juristische Formulierung der Mediationsvereinbarung und damit das Paragraphieren der erzielten Lösungen, erfordert Kenntnisse auf dem Gebiet der Rechtskunde und das Erfüllen der Voraussetzungen im Sinne des RBerG. Dabei sollte die Kreativität der Konfliktbeteiligten bei der Erarbeitung der Lösung nicht durch eine frühzeitige rechtliche Betrachtung des Konfliktes unnötig eingeschränkt werden. Die inhaltliche Formulierung der Regelung erfolgt in der Regel durch die Konfliktparteien im Rahmen der Konsensfindung selbst. In rechtlich anspruchsvollen Konsensregelungen werden dafür spezialisierte Anwälte beigezogen. *3. Grundlagenkenntnisse in den Fachbereichen (Feldkompetenz)*

Eine weitere Bedingung, um Mediationsverfahren erfolgreich durchführen zu können, sind ausreichende Erfahrungen im Management von Mediationsverfahren, sowie ausreichende Ressourcen und administrativer Background (insbesondere bei Vielparteienkonflikten). *4. Management, Ressourcen*

Eine ganz zentrale Voraussetzung ist die absolute Unabhängigkeit des Mediators von den beteiligten Parteien. *5. Unabhängigkeit*

---

[31] BAFM Bundes-Arbeitsgemeinschaft für Familien-Mediation e. V.
[32] SDM Schweizerischer Dachverband für Mediation.
[33] ÖBM Österreichischer Bund der MediatorInnen.

# 2 Überblick Konfliktregelungsverfahren und Anwendungstypen der Mediation

*Thomas Flucher*

## 2.1 Gesamtüberblick Konfliktregelungsverfahren

Es existiert eine kaum überblickbare Vielfalt unterschiedlicher Konfliktregelungsverfahren. Jeder Mensch entwickelt im Lauf seines Lebens persönliche Strategien, wie er bei Unstimmigkeiten oder Konflikten vorgeht. Dabei gilt es klar zwischen den Strategien als Konfliktbeteiligter und den Strategien als außenstehender Vermittler zu unterscheiden. In allen Kulturen und Zivilisationen haben sich für unterschiedliche Konflikte angepasste Vorgehensweisen entwickelt. Der größte Teil der Konflikte kann durch die Beteiligten selbst, ohne den Beizug von außenstehenden Dritten gelöst werden. Bei komplexen oder stärker eskalierten Konflikten ist die Hinzuziehung von außenstehenden und neutralen Dritten sinnvoll. Dieses Kapitel gibt mit einer thematischen Gliederung eine Übersicht über die Vielzahl der Konfliktlösungsmethoden.

*Konfliktregelungsverfahren mit und ohne außenstehende Dritte*

Einen umfassenden Überblick über Konfliktlösungsverfahren gibt die Zusammenstellung aus dem „Executive Seminar on ADR-Procedures des US Army Corps of engineers": Sie unterscheidet folgende Entscheidungs- beziehungsweise Konfliktregelungsverfahren:

*Konfliktregelung vom „informellen Kontakt" bis zum „Krieg"*

A  Informelle Kontakte und Vorgehensweisen
B  Kooperatives Entscheiden ohne Dritte
C  Kooperatives Entscheiden mit der Assistenz von Dritten
D  Entscheidung durch Dritte
E  Gewaltfreie Eskalation
F  Krieg

Der im vorliegenden Buch behandelte Bereich C der „Kooperativen Entscheidungen mit Assistenz von Dritten" wird weiter unterteilt in:

*Konfliktregelung mit Dritten*

C1 Verfahrenserleichterung (Facilitation)
C2 Mediation
C3 Minitrial (Gruppengericht)
C4 Non-binding Arbitration (nicht bindende Weisungen)

Eine zweite aussagekräftige Übersicht bildet die Einteilung der Interventionsmöglichkeiten nach den Eskalationsstufen vom Prof. F. Glasl. Diese Theorie besagt, dass ab einem gewissen Ausmaß der Eskalation (Stufe 4 bzw. 5) eine Lösung durch die Konfliktparteien alleine meist nicht mehr möglich ist und der Beizug neutraler Dritter wie Mediatoren, Facilitator oder Vermittler notwendig ist.

*Interventionsmethoden nach Eskalationsstufen*

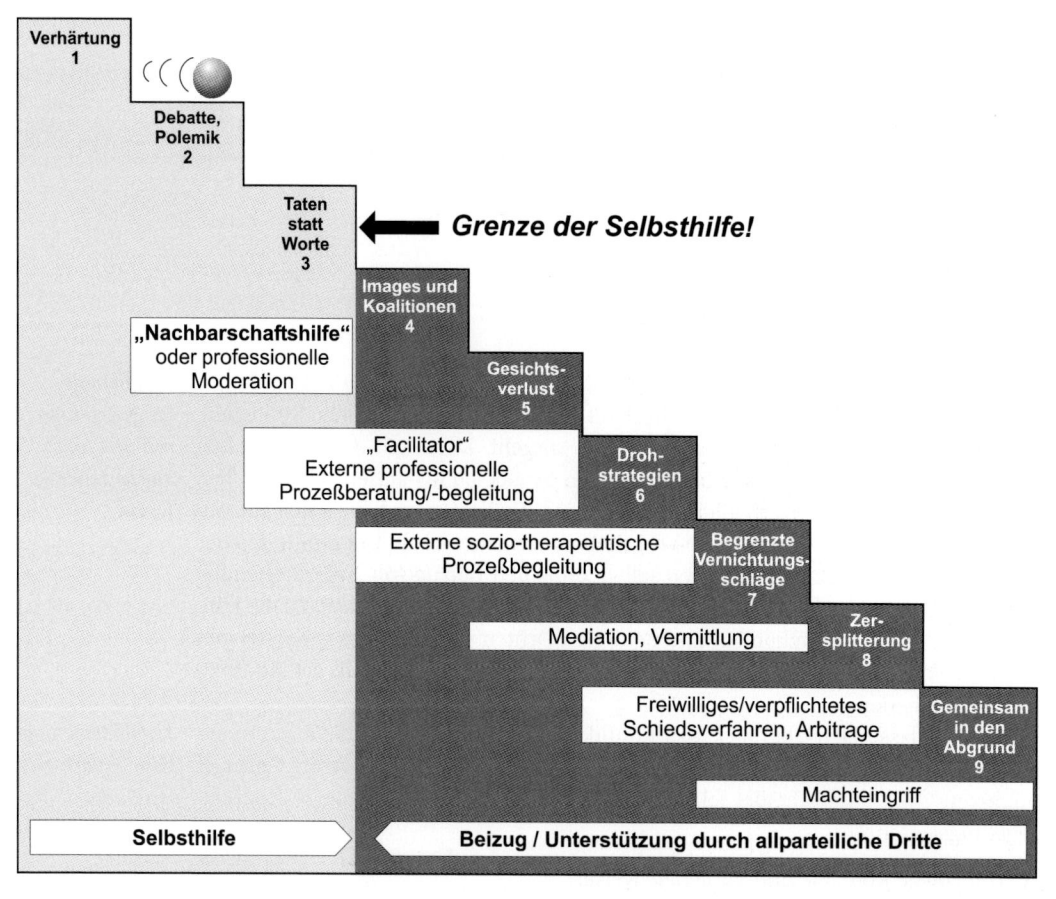

**Abbildung 1**
Eskalationsstufen von Konflikten und Interventionsmöglichkeiten auf den verschiedenen Stufen (nach Prof. Dr. Friedrich Glasl, mit freundlicher Genehmigung)

Er erwähnt folgende Methoden:

- Facilitation
- Sozio-therapeutische Prozessbegleitung
- Mediation
- Vermittlung
- Schiedsverfahren
- Arbitrage

Das folgende Kapitel fokussiert auf die „Konfliktregelungsmethoden unter Beizug eines neutralen Dritten", die im Planungs- und Bauwesen anwendbar sind.

## 2.2
### Konfliktregelung mit neutralen Dritten

In der nachfolgenden Übersicht des Autors sind die Konfliktregelungsmethoden unter Einbezug von neutralen Dritten nach dem Grad der Eigenverantwortung der Konfliktbeteiligten geordnet. „Volle Eigenverantwortung" bedeutet, dass die Konfliktbeteiligten selbst direkt die Regelung ihres Konfliktes inhaltlich bestimmen. Eine „geringe Eigenverantwortung" der Konfliktparteien heißt, der Inhalt der Konfliktregelung wird durch die Beteiligten großteils an zugezogene Dritte delegiert. Dies sind meist Richter, Schiedsrichter oder Sachverständige in den jeweiligen Fachgebieten.

*Konfliktregelung und Eigenverantwortung der Parteien*

**Außergerichtliche Konfliktlösungsmethoden** | **Gericht**

| Mediation | Schlichtung | Schiedsgericht | Rechtsweg |

konsensual, kooperativ ←——————————→ kontradiktorisch

Entscheid – Verantwortung bei Konfliktparteien ——— Entscheid – Verantwortung Delegation an Dritte

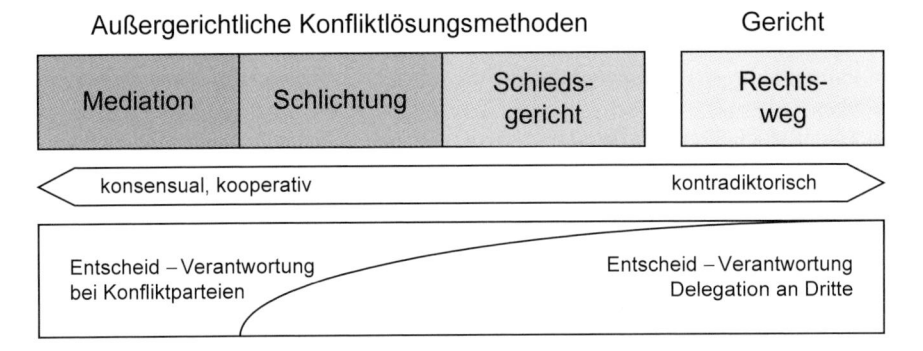

**Abbildung 2**
Übersicht der Konfliktregelungsverfahren durch Beizug eines neutralen Dritten

In der Mediation verbleibt die volle Entscheidungskompetenz bezüglich der inhaltlichen Regelung des Konfliktes bei den Parteien. Sie übergeben lediglich die Verantwortung des Vorgehens dem Mediator. Dieser trägt die Verantwortung, dass er die Parteien in einer geeigneten Vorgehensweise so unterstützt, dass möglichst gute Chancen für eine einvernehmliche Lösungsfindung bestehen.

*Mediation*

In der mediativen Sachverständigenvermittlung arbeitet ein Experte im Fachgebiet des Konfliktes mit mediativen Vorgehensweisen. Er greift aber im Unterschied zur Mediation auch aktiv in die Lösungsfindung beispielsweise mit Vorschlägen ein. In den Schlichtungsverfahren besitzt der neutrale Dritte allgemein eine Vorgehensverantwortung und er bestimmt den Inhalt der Konfliktregelung in mehr oder weniger großem Ausmaß mit.

*Schlichtung/ Sachverständigenvermittlung*

Schiedsgerichtsverfahren können vereinfacht als „Privatgerichte" bezeichnet werden. Die erhöhte Eigenverantwortung der Parteien besteht darin, dass sie meist zu Beginn eines größeren Projektes selbst die „Schiedsrichter" gemeinsam bestimmen. Das Schiedsgericht besteht meist aus mehreren anerkannten Fachleuten in den Fachbereichen des Projektes.

*Schiedsgericht*

Die geringste Eigenverantwortung in der Lösungsfindung weist das übliche Rechtsverfahren auf. Der Richter besitzt einen hohen Einfluss auf den Inhalt der Regelung. Die Einflussmöglichkeit der Parteien nimmt mit jeder Instanzstufe ab. Am Höchst-

*Gericht*

gericht können meist nur noch Verfahrensmängel beklagt werden, wogegen die inhaltlichen Fragen nicht mehr Gegenstand der Verhandlungen sind. Überdies vertreten die Parteien in der Regel ihre Anliegen nicht selbst, sondern übergeben diese Kompetenz teilweise oder vollständig an Rechtsanwälte.

### 2.3
### Mediation nach Konfliktausbruch und vereinbarte Mediation

*Konfliktarten in den Projektphasen*  In den aufeinander folgenden Phasen eines Projektes tauchen unterschiedliche Konfliktarten mit einem unterschiedlichen Kreis von Beteiligten auf. Die Beschreibung der Anwendungstypen der Mediation basiert auf der rudimentären Einteilung des Zeitplans von Projekten in vier Phasen:

- Raumplanung bzw. Konzeptphase
- Planungsphase
- Ausführungsphase (Bauphase)
- Betriebsphase

### 2.3.1
### Mediation nach Auftreten eines Konflikts

*Mediation nach Auftreten des Konflikts*  In den ersten beiden Phasen wird Mediation meist erst *nach* dem Auftreten von Konflikten angewendet. Eine vorgängige Vereinbarung der konsensualen Konfliktlösung mit Mediation ist in den ersten beiden Projektphasen oft nicht möglich, da der Kreis der beteiligten Parteien umfangreich und meist nicht von vornherein bekannt ist.

|  | Konzeptphase (bzw. Raumplanung) | Projektphase | Ausführungsphase | Betriebsphase |
|---|---|---|---|---|
| **Konflikt-Charakteristik** | Viele Beteiligte, Themenvielfalt | Viele Beteiligte, Themenvielfalt | Meist wenige Beteiligte, Einzelthemen | Meist wenige Beteiligte, Einzelthemen |
| **Mediation nach Auftreten des Konflikts** | Oft angewandt | Oft angewandt | Manchmal | Manchmal |
| **Vertraglich vereinbarte Mediation** | Selten möglich | Manchmal | Oft angewandt | Oft angewandt |

**Abbildung 3**
Phasen eines Projektes und angewandte Typen der Mediation

## 2.3.2
### Vertraglich vereinbarte Mediation

In der Realisierungsphase vereinbaren die Parteien oft im gegenseitigen Vertrag, dass beim Auftreten von Konflikten einvernehmlich mit Mediation eine Lösung gesucht wird und es werden meist bereits die Mediatoren bestimmt. Beim Modell der *vereinbarten Mediation* können die Konflikte meist auf einer niedereren Eskalationsstufe angegangen werden und sind deshalb oft einfacher zu klären. Die Einrichtung eines Mediationsverfahrens nach dem Auftreten des Konfliktes ist anspruchsvoller und aufwändiger, da das angespannte, von Misstrauen geprägte Klima oft schon die Einigung auf ein Mediationsteam oder die Einigung auf die ersten Vorgehensschritte erschwert. Aus diesem Grund wird bei sehr umfangreichen und komplexen Verfahren meist ein Mediator damit beauftragt das Verfahren und die Mediatorenauswahl (an der er selbst nicht teilnimmt) vorzubereiten (vgl. auch Kap. I.3.2.1 „Initiierungsphase").

*Vereinbarte Mediation*

## 2.4
### Anwendungstypen der Mediation in den Projektphasen

### 2.4.1
### Mediation bei Konflikten in der Konzept- und in der Projektierungsphase

In diesen Phasen werden die Projekte schrittweise detailliert und sind oft mehrstufigen Genehmigungsverfahren unterworfen, verbunden mit den politischen Entscheidungsmechanismen. Die Standortevaluation für Anlagen mit Emissionen wie Abfalldeponien, Kehrichtverbrennungsanlagen, Produktionsbetriebe etc. kann bereits den ersten Anlass für Konflikte auf lokaler oder überregionaler Ebene bieten. In anderen Fällen erfährt die Öffentlichkeit, betroffene Anlieger und Interessenverbände erst in der Projektierungsphase von den konkreten Projektplänen und deren Auswirkungen. Oft sind die Umweltauswirkungen von Projekten wie Lärm, Geruchsemissionen, Beeinträchtigungen des Landschaftsbildes, Strahlungen, Erschütterungen etc. Stein des Anstoßes. Aus diesem Grund hat sich für Mediationsverfahren in diesen Phasen der Begriff „Umweltmediation" eingebürgert. In der neueren Terminologie wird dies als „Mediation im öffentlichen Bereich" bezeichnet, da meist Konflikte im Zusammenhang mit öffentlich-rechtlichen Verfahren behandelt werden. In der Konzeptphase treten oft Zielkonflikte mit anderen Interessen auf. In der Projektierungs- und Genehmigungsphase sind meist komplexe Sachverhalte, die mehrere Sachgebiete tangieren, Gegenstand des Konfliktes.

*Komplexe Konflikte mit vielen Beteiligten*

Die beteiligten Konfliktparteien in den ersten beiden Projektphasen setzen sich in der Regel aus folgenden Gruppierungen zusammen:

*Übliche Konfliktparteien*

- Bauherren, Projektentwickler, Bauträger
- Eigentümer von Land und Rechten
- Anlieger, Betroffene von Emissionen
- Öffentlichkeitsarbeit im Projektraum, Einwohner, Steuerzahler

- Genehmigungsbehörden, Fachstellen, Verwaltungsabteilungen
- politische Behörden
- Umweltverbände und Gruppierungen, Umweltfachstellen
- lokale Naturschutzvereinigungen, Vereinigungen zu Fischerei, Jagd, Bergsteiger, Alpenvereine
- Bürgerinitiativen, Anwohnerkomitees
- Einsprecher, Projektgegner

Aus der Aufzählung wird deutlich, dass einer der ersten Aufgaben im Mediationsverfahren darin besteht, festzustellen, wer Beteiligter ist, um den anstehenden Konflikt konsensual regeln zu können. Falls es sich um Gruppierungen handelt, ist zudem zu klären, wie sie sich in der Mediation vertreten lassen.

### 2.4.2
**Vereinbarte Mediation in der Realisierungsphase**

*Konflikte zu Einzelthemen, wenige Beteiligte*

In der Realisierungsphase treten oft Konflikte zwischen der Bauherrschaft und Unternehmern sowie Unternehmern, Subunternehmern und Lieferanten auf. Sie umfassen beispielsweise Streitigkeiten zu Mehrkosten, Terminverzögerungen, mangelhafte Ausführungen, gegenseitige Behinderungen und in der Folge Schuldzuweisungen unter den Beauftragten. Bei Untertagebauten kommen oft Probleme mit instabilem Baugrund sowie deren Auswirkungen auf Kosten und Termine dazu. Es treten häufig auch Konflikte mit Anwohnern sowie Eigentümern angrenzender Bauten und Grundstücke auf; beispielsweise bei Lärmemissionen, Straßenverunreinigungen oder bei Bauschäden wie Rissen an ihren Bauten. Eine weitere Kategorie sind nicht eingehaltene Umweltvorschriften, die oft von Anwohnern oder Umweltverbänden moniert werden. Üblicherweise ist der Kreis der Konfliktbeteiligten klein und klarer definiert als in der Planungsphase.

*Mediationsklausel*

Für diese Phase wird immer häufiger zwischen Auftraggeber (Bauherrschaft) und Auftragnehmern die Mediation als Regelungsmethode bei Konflikten vertraglich vereinbart. Dies kann z. B. mit folgender Formulierung der Mediationsklausel in den gegenseitigen Verträgen geschehen:

> „Die Vertragsparteien vereinbaren, dass bei allen sich aus diesem Vertrag ergebenden Streitigkeiten (einschließlich solche über das gültige Zustandekommen des Vertrages, dessen Rechtswirksamkeit, Abänderung oder Aufhebung) zunächst der Versuch unternommen wird, diese in einem Mediationsverfahren zu regeln.
>
> Als Mediator/in/Mediationsteam bestimmen die Parteien ......................."

*Mediationsklausel mit Anwohnern*

Ähnliche Vereinbarungen können auch mit Anwohnern in emissionsbelasteten Gebieten getroffen werden. Diese bezwecken eine möglichst rasche und unbürokratische Bereinigung von übermäßigen Emissions-Situationen ohne aufwändige Gerichtsverfahren.

*Mediation frühzeitig beginnen, erspart vieles*

Durch die vorgängige Vereinbarung der Mediation können die Konflikte meist geregelt werden bevor sie eskalieren. Alleine die Vereinbarung, *dass* man konsensorientiert Lösungen suchen will, hat meist eine äußerst positive Auswirkung auf das gesamte Arbeitsklima einer Baustelle.

### 2.4.3
**Mediation in der Betriebsphase**

In der Betriebsphase von Projekten bieten oft Ausführungsmängel, Qualitätsmängel und nicht vertragsgemäß ausgeführte Anlagedetails Streitpunkte. Diese treten bei der Übergabe, bei der Inbetriebnahme oder im Falle von versteckten Mängeln erst nach einer gewissen Dauer des Gebrauches zu Tage. Solche Konfliktfälle sind in der Regel durch die Mediationsklausel erfasst. In diesem Fall gelten die Mechanismen und Vorgehensweisen des Kap. I.3.2 der vereinbarten Mediation. Für unabsehbare Konflikte oder in Projekten, in denen keine Mediationsklausel vereinbart wurde, gelten die Regeln der „Mediation nach Auftreten von Konflikten" (vgl. Kap. I.2.3.1), d. h. das Mediationsverfahren wird erst im Konfliktfall einberufen.

*Beide Mediationstypen in Betriebsphase*

# 3
# Vorgehensmodell Mediation

*Thomas Flucher*

## 3.1
## Einleitung

In der Praxis werden in den verschiedenen Anwendungsgebieten unterschiedliche Mediationsmodelle – die jedoch in den Kernelementen übereinstimmen – erfolgreich angewendet. Das nachfolgend dargestellte Mediationsmodell basiert auf einer für das Verfahren Gasteinertal mit Mediator entwickelten Struktur, die vom Autor aufgrund der Erkenntnisse anderer Mediationen im Gebiet des Bau- und Planungswesens weiterentwickelt wurde. Die Erkenntnisse der Praxisanwendung sind im modifizierten Ablaufmodell berücksichtigt. Die Praxisbeispiele Mediationsverfahren Gasteinertal (Kap. VI.1 Bsp. 2) sind genau nach diesem Modell und die Mediation zum Flughafen Wien (Kap. VI.1 Bsp. 3) nach einem ähnlichen Modell durchgeführt worden.

*Praxismodell für Mediationen*

Das Ablaufmodell ist auf die komplexeste Ausgangslage für ein Mediationsverfahren ausgelegt: ein Konflikt mit vielen beteiligten Parteien, in dem die Mediation erst nach Ausbruch des Konfliktes ins Spiel kommt.

*Bei „Mediation nach Konfliktausbruch"*

Das Modell ist selbstverständlich ebenso in der vorgängig vertraglich „vereinbarten Mediation" anwendbar, wobei die Schritte der Initiierung und der ersten Phase stark verkürzt und teilweise weggelassen werden können. Ab der Phase II sind die Vorgehensschritte identisch.

*Bei „vereinbarter Mediation"*

Dem Autor des Modells ist es ein Anliegen zu betonen, dass die dargestellten Schritte in einem Mediationsverfahren notwendig, jedoch für die Regelung des konkreten Konflikts keinesfalls hinreichend sind. Jeder Konfliktfall besitzt seine Besonderheiten und erfordert eine Vielzahl weiterer auf die Problemlage ausgerichtete maßgeschneiderte Interventionen.

*Zusätzliche Interventionen*

## 3.2
## Ablaufmodell

Den Beginn bildet die Initiierung des Mediationsverfahrens. Der Ablauf der eigentlichen Mediation bis zur abgeschlossenen Umsetzung der Konfliktregelung ist in drei Phasen gegliedert:

*Drei Phasen der Mediation*

I. Vorbereitung, Contracting
II. Konsenserarbeitung
III. Vereinbarung und Umsetzung

| | |
|---|---|
| **0.** | **Initiierung** |
| | Wahl Konfliktregelungs-Methode, Mediationsteam |
| **I.** | **Vorbereitung, Contracting** |
| | 1. Konfliktanalyse |
| | 2. Regelungsthemen bestimmen |
| | 3. Klärung Mediationsverfahren (Struktur, Regeln vereinbaren)   P |
| **II.** | **Konsenserarbeitung** |
| | 4. Positionen → Interessen |
| | 5. Gemeinsame Informationsbasis schaffen   P |
| | 6. Kreative Ideensuche   P |
| | 7. Optionen entwickeln, konkrete Lösungsvarianten |
| | 8. Interessensausgleich, Konsensentwicklung |
| | 9. Grundkonsens verabschieden |
| **III.** | **Vereinbarung und Umsetzung** |
| | 10. Verbindliche Vereinbarung mit Umsetzungsplan |
| | 11. Umsetzung der Vereinbarungen   P |
| | 12. Endkontrolle, Auflösung des Mediationsverfahrens |

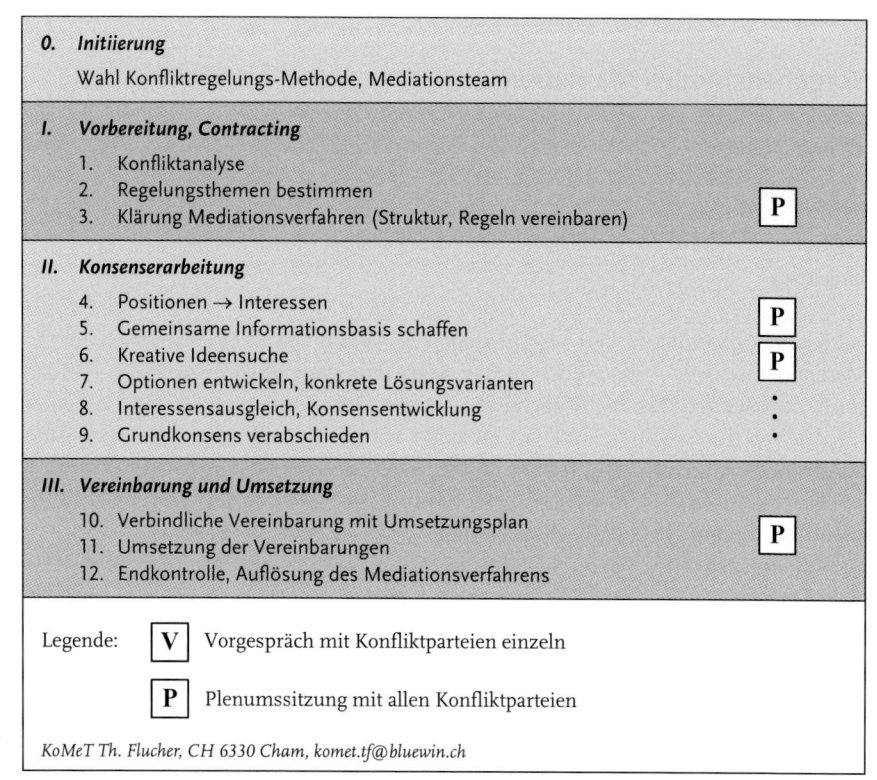

Legende:  V  Vorgespräch mit Konfliktparteien einzeln

P  Plenumssitzung mit allen Konfliktparteien

KoMeT Th. Flucher, CH 6330 Cham, komet.tf@bluewin.ch

**Abbildung 1** Phasen und Teilschritte des Mediationsverfahrens

### 3.2.1
**Initiierung**

*Wahl des Verfahrens und des Mediationsteams*

Das Ziel der Initiierung ist die Klärung der „Indikation von Mediation":

- Ist Mediation eine geeignete Methode zur langfristigen und fairen Regelung des anstehenden Konfliktes?
- Sind die Voraussetzungen zur Durchführung eines Mediationsverfahrens erfüllt?

Sehen die Parteien die Mediation als zweckmäßiges, dem Problem angepasstes Verfahren an, gilt es als nächsten Schritt das Mediationsteam zu bestimmen. Falls den Parteien anerkannte und erfahrene Mediatoren, die auch über das notwendige Basiswissen im Sachbereich verfügen, bekannt sind, ist in einigen Fällen eine direkte Bestimmung des Mediationsteams durch die Parteien möglich. Andernfalls wird meist ein „Initiierungsmediator" damit beauftragt, die Parteien zu unterstützen, ein geeignetes und allseits anerkanntes Mediationsteam zu finden.

*„Initiierungsmediator"*

In komplexen Konfliktfällen beansprucht selbst die Bestimmung der Konfliktparteien und die Auswahl eines Mediationsteams, das neben der Mediationskompetenz auch das Grundwissen der notwendigen Fachbereiche vereint, viel Zeit und ein umfassendes Verfahrenswissen. Deshalb ist es in diesen Fällen die Regel, die Arbeiten dieser Initiierungsphase einem externen „Initiierungsmediator", der nicht

Teil des späteren Mediationsteams ist, zu übertragen. Wenn Einigkeit bezüglich des Mediationsteams besteht, können diese Aufgaben auch als erster Teil seiner Leistungen durch das Mediationsteam selbst erbracht werden.

Ist das Mediationsteam einmal bestimmt, prüft dieses selbst auch, ob die Voraussetzungen zur Durchführung einer Mediation gegeben sind und somit gute Erfolgschancen für die Erarbeitung von konsensualen Lösungen bestehen. Falls dies nicht der Fall ist, werden die notwendigen Veränderungen (z. B. Einbezug aller beteiligten Parteien, Herstellung Machtbalance) den Parteien mitgeteilt.

Speziell der Initiierungsphase ist auch das Kap. I.7 Pre-Mediation, die Bedeutung einer fachgerechten Initiierung einer Mediation gewidmet. In den folgenden Kapiteln werden die drei Phasen der eigentlichen Mediation ausführlicher beschrieben.

### 3.2.2
**Vorbereitung und Contracting (Phase I)**

Die Ziele der Vorbereitungsphase sind, eine grobe Analyse des Konfliktes durchzuführen und das weitere Vorgehen mit und unter den Konfliktparteien zu vereinbaren. Als zweckmäßiges Vorgehen für die Phase I haben sich Einzelgespräche des Mediationsteams mit jeder der Konfliktparteien und eine erste gemeinsame Sitzung des Mediationsplenums (alle Konfliktparteien) erwiesen.

Die Grobkonfliktanalyse wird bereits auf den drei Ebenen der späteren Arbeit in der Mediation durchgeführt: *1. Konfliktanalyse*

- *Sachebene:* Konfliktanalyse, Kernprobleme
- *Beziehungsebene:* Konfliktbeteiligte
- *Verfahrensebene:* Konfliktdynamik und -status

Im Rahmen der Konfliktanalyse erörtert das Mediationsteam mit den Konfliktparteien in den Einzelgesprächen die Themenbereiche und die Zusammenhänge des Streites sowie deren Vorder- und Hintergründe. Diese werden laufend ergänzt und auf der so genannten Konfliktlandkarte zusammengefasst (Sachebene). *Sachebene*

Eine weitere zentrale Frage an die Konfliktparteien ist: „Welche Personen sind am Konflikt beteiligt und für eine langfristige nachhaltige Konfliktregelung einzubeziehen?" Daraus ergibt sich in Kombination mit der Erfahrung der Mediatoren in der Regel ein vollständiges Bild, wer in welcher Form in das Mediationsverfahren einzubeziehen ist. Des Weiteren wird besprochen, welche Beziehungen und Abhängigkeiten zwischen den Parteien, Organisationen und Einzelpersonen bestehen und maßgebend sind, um den Konflikt regeln zu können. *Beziehungsebene*

Auf der Verfahrens- und Ablaufebene werden einerseits die Konfliktgeschichte, die vorherrschende Dynamik und der Konfliktstatus eruiert. Andererseits werden der gesamte Ablauf und die Rahmenbedingungen der meist öffentlich-rechtlichen Verfahren im Zusammenhang mit dem Mediationsverfahren geklärt, sowie die Einbindung des Mediationsverfahrens in diese Abläufe bestimmt. *Verfahrensebene*

Die Einzelgespräche dienen auch der Klärung zum Vorgehen im Mediationsverfahren sowie dem Kennenlernen von Mediationsteam und Konfliktparteien. Diese beiden Aspekte sind eine wichtige Grundlage, dass sich die Konfliktparteien in der *Vertrauen* ersten Sitzung des Mediationsplenums überzeugt und mit Vertrauen auf die „Reise Mediation" zusammen mit dem Mediationsteam und den anderen Konfliktparteien einlassen können.

**2. Regelungsthemen, gemeinsame Konfliktanalyse**

In der ersten Mediationssitzung wird eine gemeinsame Konfliktanalyse mit allen Konfliktparteien durchgeführt. Daraus resultiert eine gemeinsame Problemdefinition, welche Konfliktthemen im Rahmen der Mediation zu regeln sind (Regelungsthemen). Bei komplexen Themen wird eine Unterteilung in Kern- und Einflussthemen vorgenommen sowie die Vernetzung und Hierarchien untereinander dargestellt. Ein weiteres Resultat der gemeinsamen Konfliktanalyse ist die Verabschiedung der Liste der Parteien, die am Mediationsverfahren teilnehmen.

**3. Mediationsvertrag und „Regeln der Zusammenarbeit"**

Das Konfliktthema, die Beteiligten, der Finanzierungsschlüssel und der Auftrag an das Mediationsteam werden im „Mediationsvertrag"[1] zwischen den Konfliktparteien und dem Mediationsteam vertraglich festgehalten. In den „Regeln der Zusammenarbeit"[1] vereinbaren die Konfliktparteien, wie sie in dieser angespannten Situation im Verfahren miteinander umgehen wollen, um die Konsensfindung zu erleichtern. Dazu gehören unter anderem der Umgang mit der Presse und der Öffentlichkeit während des Verfahrens, die Vertraulichkeit von Informationen, die Zusammenarbeit im Mediationsplenum, etc.

### 3.2.3
**Konsenserarbeitung (Phase II)**

**4. Von Positionen zu Interessen**

In der Phase der Konsenserarbeitung erarbeiten die Konfliktparteien Regelungen zu den Konfliktthemen, die von allen Beteiligten mitgetragen werden können. Ein erster wesentlicher Teilschritt besteht darin, dass die Konfliktparteien die Interessen hinter den vertretenen Positionen reflektieren und einander darstellen. Dies führt meist zu „Aha-Effekten" und einer ersten Entspannung, da die gegenseitigen Positionen verständlicher werden. Die Formulierung der Interessen setzt einen wesentlichen Mechanismus des Transformationsansatzes der Mediation in Bewegung:

„Wenn ich die Interessen der anderen Parteien in meiner Lösungserarbeitung berücksichtige, steigen die Chancen, dass meine eingebrachten Lösungen von den anderen akzeptiert werden." (vgl. dazu Abb. 2).

**5. Gemeinsame Informationsbasis**

Unterschiedliche und nicht allen bekannte Informationsgrundlagen sind ein weiterer Punkt, der in vielen Konflikten zur Eskalation beiträgt. Deshalb wird im Mediationsverfahren eine gemeinsame Basis gegenseitig anerkannter Grundlagen geschaffen. Diese ist in einem gedanklichen Bild vergleichbar mit dem tragfähigen Fundament, auf dem gemeinsame Lösungen stabil aufgebaut werden können. Sind zentrale Grundlagen nicht geklärt oder bestehen völlig gegensätzliche Dokumente, so werden diese im Mediationsverfahren direkt durch die Beteiligten erarbeitet oder es wird ein gemeinsam definierter Auftrag zur Abklärung an eine gemeinsam bestimmte Fachperson erteilt.

---

[1] Detaillierte Angaben zum Inhalt von „Mediationsvertrag" und „Regeln der Zusammenarbeit" in: Flucher, Th., ZKM 4/2001, „Vertrags- und Finanzierungsmodelle in Vielparteienmediationen", Köln, Centrale für Mediation, ISSN 1439–2127.

*3 Vorgehensmodell Mediation*

**Unterstützung**
(Empowerment)
der Konfliktparteien beim Erkennen
und Mitteilen der eigenen Interessen

**Einbezug**
(Integration)
aller Interessen in die
Lösungsentwicklung

**Anerkennung**
(Recognition)
der Interessen
der anderen Parteien

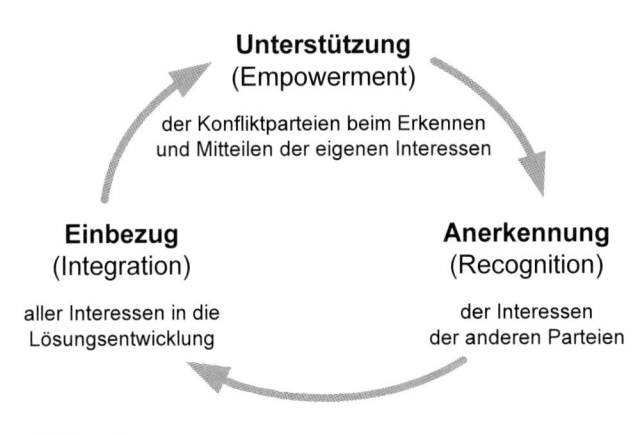

**Abbildung 2**
Erweiterter Transformationsansatz

Wenn sich die Konfliktparteien über die Definition des Problems einig sind und sich über ihre unterschiedlichen Interessen, die sie mit der Lösung des Problems verbinden, verständigt haben, sollten sie in der Lage sein, sich gemeinsam auf die Suche nach neuen Lösungen für dieses Problem zu machen. Aufgabe des Mediationsteams ist es dann, mit Hilfe von geeigneten Methoden und Techniken die Konfliktparteien darin zu unterstützten, vorgefasste Meinungen und längst erwogene Pläne für „ihre" Problemlösung zurückzustellen, um sich gemeinsam auf eine kreative Ideensuche zu begeben. Im Bild der „Reise Mediation" entspricht dies dem Ablegen vom Ufer – den sicheren Boden des Festlandes zu verlassen, gemeinsam aufs Meer hinauszusegeln, um zu neuen Ufern zu gelangen.

*6. Kreative Ideensuche*

Ein wichtiger Aspekt, der dazu beiträgt, dass wirklich die gesamte Bandbreite der Lösungsmöglichkeiten auf den Tisch kommt, ist das Verzichten auf Wertungen in diesem Schritt. Das heißt, alle Lösungsideen werden wohlwollend entgegengenommen und insbesondere keine Kommentare zu den Ideen der anderen Konfliktparteien abgegeben. Dies bedeutet auch, in den eigenen Ideen die volle Kreativität zuzulassen und die üblichen Einschränkungen durch vorschnelle Wertung und Beiseitelegen nicht zuzulassen.

Mit den in der Kreativphase gewonnenen Ideen werden in der nächsten Phase konkrete Optionen entwickelt, die zur Lösung der Konfliktthemen hilfreich sein können. In der Diskussion können oft unterschiedliche Ideen zu neuen konkreten Lösungsvarianten kombiniert werden. Am Ende dieser Phase liegen mehrere konkrete Lösungsvarianten vor. Je nach Konflikt kann eine Vielzahl von Lösungsideen und Optionen auftauchen, so dass der Zwischenschritt einer Vorauswahl notwendig wird. Dabei bewerten die Konfliktparteien erstmals die möglichen Lösungen. Oftmals werden aufgrund der Interessen der Beteiligten gemeinsam Anforderungen oder Kriterien für die Lösungen formuliert, welche bei einem Vergleich der Lösungsoptionen wertvolle Anhaltspunkte liefern können. Ein Vergleich der Lösungen anhand der Kriterien ist in manchen Fällen für die Konsenserarbeitung nicht so entschei-

*7. Optionen entwickeln, konkrete Lösungsvarianten*

dend, aber wertvoll für die Kommunikation der gefundenen Lösung und der Konsensschaffung auf gesellschaftlicher und politischer Ebene.

*8. Interessenausgleich – Konsenslösungen*  
Der Strauß von kreativen Lösungsansätzen beinhaltet fast immer neue Ideen und genügend Material, um in der Verhandlungsphase des „Interessenausgleichs" Lösungen so zu kombinieren, dass alle Parteien zustimmen können. In dieser Phase unterstützt das Mediationsteam die Parteien zusätzlich mit dem „Verhandlungsansatz", der die Grundprinzipien des Havard-Negociation-Conzept (Grundsätze zur Erreichung von Win-win-Lösungen) beinhaltet.

---

**Verhandlungsprinzipien in der Mediation**

❶ Trenne Sache und Person

❷ Auf Interessen konzentrieren, nicht auf Positionen

❸ Entwickle Optionen zum allseitigen Vorteil

❹ Bewerte Optionen nach gemeinsamen Kriterien

---

**Abbildung 3**
Verhandlungsansatz in der Mediation (aus Harvard-Negociation-Concept, teilweise angepasst)

*9. Konsenslösung verabschieden*  
Im letzten Schritt dieser Phase werden die Eckpunkte der in den Verhandlungen gewonnenen Konsenslösung formuliert und die Zustimmung aller Parteien dazu explizit festgehalten. Dieses allseits akzeptierte Positionspapier liefert die Grundlage für den nächsten Schritt: die verbindliche, meist vertragliche Vereinbarung des Konsenses.

### 3.2.4
**Vereinbarung und Umsetzung (Phase III)**

In der Abschlussphase wird die gefundene Konsenslösung und deren Umsetzung als rechtsverbindlicher Vereinbarungstext im Detail formuliert und von den Konfliktparteien unterzeichnet. Nach der Umsetzung der vereinbarten Lösungen wird das Mediationsverfahren mit der gemeinsamen Endkontrolle abgeschlossen. Des Weiteren wird in dieser Phase geklärt, wie sichergestellt werden kann, dass bei der späteren Implementierung auftauchende Probleme weiterhin in Einvernehmen unter den Konfliktparteien gelöst werden können.

*10. Verbindliche Vereinbarungen mit Umsetzungsplan*  
Der detaillierte Plan zur Umsetzung und die rechtsverbindliche Formulierung der im Mediationsplenum erarbeiteten Konsenslösungen birgt meist noch die letzten „Knacknüsse" des Verfahrens. Da die Arbeit aber im Wesentlichen eine Detaillierung der von allen bestätigten Konsenslösung darstellt und die Konfliktdynamik durch die Zusammenarbeit während der Mediation einer lösungsorientierten Gesprächs-

kultur gewichen ist, stellen sich in dieser Phase kaum mehr unüberwindliche Probleme. Ist die Meditationsvereinbarung im Detail bereinigt, wird sie von den Konfliktparteien unterzeichnet.

Die Umsetzung der vereinbarten Regelungen liegt grundsätzlich in der Verantwortung der Konfliktparteien. Eine Mitarbeit des Mediationsteams als „Begleitorgan" – wenn die Parteien dies wünschen – ist in gewissen Fällen zweckmäßig. Ansonsten kann das Mediationsverfahren bereits an dieser Stelle abgeschlossen werden. Manchmal vereinbaren die Konfliktparteien, dass bei „Umsetzungsproblemen", die zu neuen Konflikten führen könnten, zunächst eine Delegation der Konfliktparteien versucht, das Problem selbst am runden Tisch zu lösen. Nur falls diese Konfliktlösung ohne Außenstehende nicht erfolgreich sein sollte, kann unter festgelegten Konditionen eine erneute „Mini-Mediation" zum anstehenden Umsetzungsproblem einberufen werden. Die Erfahrungen zeigen aber, dass dies in den seltensten Fällen notwendig ist.

*11. Umsetzung der Vereinbarungen*

Nach der Umsetzung der vereinbarten Lösungen findet eine Endkontrolle und der Abschluss des Verfahrens mit der Auflösung des Mediationsplenums statt. Zurück bleiben in der Regel neben der umgesetzten und allseits unterstützten Konsenslösung tragfähige Verbindungen zwischen den Beteiligten und konsensorientierte Kommunikationsstrukturen, die sich bei allen künftigen Begegnungen zwischen den Parteien in anderen Fragen positiv auswirken.

*12. Endkontrolle, Abschluss*

## 3.3
## Organisationsstruktur

In vielen Mediationsverfahren bewährte sich eine dreistufige Organisationsstruktur, bestehend aus dem Mediationsplenum, der Ebene der Arbeitskreise und der Ebene der externen Fachleute (vgl. Abb. 4).

*Dreistufige Organisationsstruktur:*

Das Mediationsplenum stellt das zentrale Organ der Beschlussfassung und der Konsenserarbeitung dar. Im Plenum sind alle Konfliktparteien vertreten.

- *Mediationsplenum*

Komplexe und vielschichtige Konfliktthemen präsentieren sich zu Beginn oft als nicht zu lösender Problemknäuel. Das Zerteilen in kleinere Teilprobleme soll eine Bearbeitung und das stufenweise Finden von Teilkonsensen ermöglichen. Die Bearbeitung solcher Teilbereiche und deren Vorstellung im Plenum ist die Aufgabe der Arbeitskreise. In Mediationsverfahren werden beispielsweise Arbeitskreise zu folgenden Themen gegründet:

- *Arbeitskreise*

- Arbeitskreis Interessen/Vergleichskriterien
- Arbeitskreis Lösungsoptionen/Varianten
- Arbeitskreis Informationsgrundlagen
- Arbeitskreise zu fachlichen und rechtlichen Spezialthemen

Als dritte Ebene der Organisationsstruktur wird die Möglichkeit vorgesehen, externe Fachleute zur Behandlung spezifischer Detailfragen beizuziehen. Wenn zentrale Informationsgrundlagen fehlen oder strittig sind, ist die Beauftragung externer Fachleute durch das gesamte Plenum sinnvoll. In lange andauernden Konflikten liegt

- *Externe Fachleute*

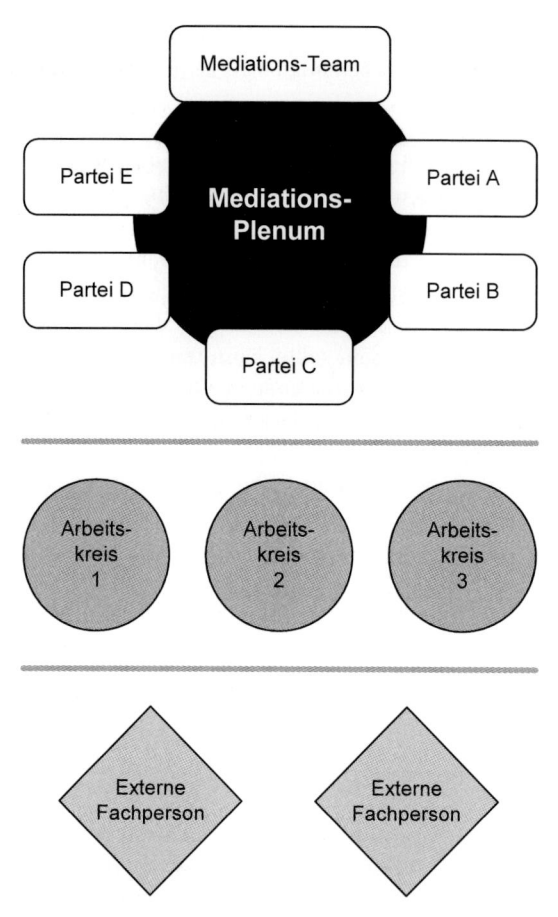

**Abbildung 4**
Bewährte dreistufige Organisationsstruktur in Mediationsverfahren

zum Zeitpunkt des Beginns eines Mediationsverfahrens meist eine Vielzahl von Gutachten vor. Die Gutachten aus der Konfliktzeit sind aber selten bei allen Parteien anerkannt und oft Teil des Konflikts.

Von zentraler Bedeutung bei der Auftragserteilung an externe Fachleute ist die gemeinsame präzise Formulierung des Auftrags bzw. der Fragestellungen und die gemeinsame Bestimmung der Fachperson(en). Die Resultate sollten von den Fachleuten im Rahmen von Plenumssitzungen vorgestellt und eine gemeinsame Verabschiedung der neuen Grundlagen durch alle Mediationsparteien vorgesehen werden.

*Konfliktparteien sind die „Experten" für ihr Problem*
In vielen Mediationsverfahren wird zu Beginn von allen Seiten der Ruf nach vielen „Expertisen oder Gutachten" laut. Dahinter verbirgt sich meistens ein letzter Rest von Angst, wirklich die Verantwortung für die Lösung der eigenen Probleme zu übernehmen. Die Erfahrungen in vielen Mediationen haben gezeigt, dass das Problem meist nicht in zu wenig „Expertenwissen", sondern schlicht in der Uneinigkeit zur Wertung von Themen und somit unterschiedlichen Wertvorstellungen liegt. Große

Mediationsrunden bringen in der Regel bereits im Plenum der Konfliktparteien ein großes und ausreichendes Potenzial an Know-how mit, um die meisten anstehenden Fachthemen in ausreichender Tiefe zu diskutieren. In der Mediation gilt es „nur" noch, dieses große Potenzial an Wissen und Ideen für die gemeinsame Lösungsfindung zu aktivieren und zu nutzen. Die Konfliktparteien selbst sind grundsätzlich die besten Experten für ihr konkretes Problem.

Es gilt mit anderen Worten, das Know-how der Mediationsparteien, das sie vorher nutzten, um gegeneinander zu arbeiten, zu vereinen und mit den neu entstandenen Synergien als „Lösungsteam" nun gemeinsam gegen das Problem zu kämpfen.

*Gemeinsam gegen den Konflikt*

Zwischen professionell mit den Sachthemen und den Verwaltungsverfahren befassten Mediationsparteien und den Parteien, die oft das erste Mal mit den entsprechenden Themen befasst sind, besteht oft ein Know-how-Ungleichgewicht. Ein weiterer Aspekt, der in vielen Verfahren zu Beginn für ein Ungleichgewicht sorgte, sind die Zeitressourcen, die Möglichkeiten auf externes Fachwissen zurückzugreifen und der administrative Background (spielt nur bei komplexen Konflikten und entsprechend aufwändigen Mediationsverfahren eine Rolle). Solche Ungleichgewichte führen zu Anspannungen und Ohnmachtsgefühlen, welche den Erfolg einer Mediation be-, oft sogar verhindern.

Es ist Aufgabe des Mediationsteams, solche Ungleichgewichte transparent zu machen und mit den Parteien gemeinsam nach geeigneten Maßnahmen zu suchen, um diese auszugleichen. Dies kann von der Kommunikationsunterstützung in den Sitzungen durch das Mediationsteam bis zur Beistellung von geeigneten Fachleuten reichen. Wird es zu Beginn eines Verfahrens oft noch als Vorteil angesehen, in der stärkeren Position zu sein, wird im Verfahren meist sehr schnell klar, dass niemand – auch die vermeintlich stärkere Partei nicht – einen Nutzen davon hat, solche Ungleichgewichte aufrecht zu erhalten.

*Ausgleichen von „Machtungleichgewichten"*

Ein eindrückliches Beispiel zu diesem Thema kann dem Mediationsverfahren Gasteinertal (vgl. Kap. VI.1 Bsp. 2) entnommen werden. Es war offensichtlich, dass die Bürgerinitiativen trotz bemerkenswerter Einarbeitung in die komplexe verfahrensrechtlichen und eisenbahntechnischen Grundlagen nicht über dieselben Ressourcen verfügten, wie beispielsweise der technische Direktor der ÖBB, der im eigenen Haus auf Fachleute zu jedem Thema zurückgreifen konnte. Aus diesem Grunde wurde den Bürgerinitiativen und Gemeinden ein im Verfahrensrecht spezialisierter Rechtsanwalt beigestellt und gemeinsam von allen finanzierenden Parteien bezahlt. Die auf den ersten Blick kurios erscheinende Unterstützung und Finanzierung der „Gegenpartei" durch einen Fachmann war bei tieferem Mediationsverständnis eine weise, vorausdenkende Fairness. Sie bewirkte bei den nicht täglich mit solchen Problemen befassten Parteien die nötige Sicherheit und damit Offenheit für die gemeinsame Lösungssuche und Konsensfindung.

*Beispiel Mediationsverfahren Gasteinertal*

Hinweis: Im Abschnitt I.3.2.3 wurden mit der freundlichen Genehmigung von Prof. Zilleßen einzelne Textpassagen aus seinem Beitrag „Kooperative Konfliktbearbeitung mit 15 Parteien – Herausforderungen der Umweltmediation am Beispiel des Mediationsverfahrens im Gasteinertal" der Publikation „Frieden macht Europa" übernommen.

## 3.4
## Fazit

Aus der Erfahrung einer Vielzahl von Mediationsverfahren wurde das in Abbildung 1 zusammengefasste Ablaufmodell für Mediationen herauskristallisiert und weiterentwickelt. Es vereint die gesammelten Erkenntnisse, welche Verfahrensschritte in Konfliktsituationen hilfreich sind und den Parteien das Finden von gemeinsamen Lösungen erleichtert. Auch die dreiteilige Organisationsstruktur (vgl. Abbildung 2) entstammt der Praxis. Sie ist keineswegs sakrosankt und kann im konkreten Fall verändert werden. Es wird aber in jedem Fall empfohlen, die Struktur des Verfahrens, die Aufgaben und Zusammenarbeit der Organe von Beginn an klar zu definieren. Dies trägt wesentlich zu der – in der Mediation so zentralen – Rollenklarheit bei.

Der Autor möchte dazu einladen, sich im Bedarfsfall eines Konfliktes auf die „Reise Mediation" zu begeben und zu den „Ufern der neuen Lösungen" und des „neuen Zusammenarbeitens als Lösungsteam" aufzubrechen. Vielleicht hilft das Bild des Chinesischen Sprichwortes:

„*Selbst die längste Reise beginnt mit dem ersten Schritt*" den ersten Fuß auf den Schiffssteg zu setzen und einen Mediator zu fragen, ob in Ihrem Fall eine Konfliktlösung durch ein Mediationsverfahren denkbar sei.

An die Mediatorinnen und Mediatoren, die Teile dieses Modells in ihren Verfahren anwenden, sei die Bitte gerichtet, eine kurze Meldung an den Autor mit allfälligen Erkenntnissen weiterzuleiten und somit die weitere Optimierung des Vorgehensmodells zu unterstützen.

# 4
# Vorgehensmodell Mediative Sachverständigenvermittlung

*Thomas Rinas*
*Markus G. Viering*

## 4.1
### Konflikte und Lösungsmöglichkeiten

Seit Beginn der Menschheitsgeschichte haben sich kompetitive Konfliktlösungsmethoden entwickelt und etabliert. Bedingt durch die natürliche Selektion in der Evolution sind kompetitive Konfliktlösungsmethoden ein fester Bestandteil jeder Spezies. Dass aber auch kooperative Verhaltensweisen in der Evolutionsgeschichte erfolgreich sind, zeigt die Gruppenbildung z. B. bei Wolfsrudeln und auch bei unserer Spezies, dem Homo Sapiens und seinen Vorfahren. Hätten sich unsere Vorfahren nur die Köpfe eingeschlagen, so wären sie nicht unsere Vorfahren geworden. Kooperation verschafft den einzelnen Individuen Vorteile, zwingt sie mitunter aber, eigene Ziele zurückzustecken. Kooperation zahlt sich in der Gesamtbilanz aus.[1]

Zukunftsorientierte Lösungen können mit kompetitiven Methoden nur in den seltensten Fällen erreicht werden. Um kooperative Konfliktlösungsmethoden anwenden zu können, bedarf es nicht eines Wertewandels in unserer vom Wettbewerb (competition) geprägten Gesellschaft.[2] Der Vorteil einer kooperativen Konfliktlösung ist nur nicht so offensichtlich und der Streit geht in der Regel um die Verteilung des vorhandenen „Kuchens". Dieser Kuchen lässt sich aber vergrößern, indem Interessen und weitergehende Optionen in die Betrachtung mit einbezogen werden.

Konflikte werden durch die Vermischung von Sach- und Beziehungsproblemen verschärft. Jede Konfliktsituation wird grundsätzlich auf zwei Ebenen ausgetragen, zum einen auf der inhaltlichen (sachlichen) Ebene und zum anderen auf der Ebene der Beziehung zwischen den Beteiligten (siehe hierzu auch Abbildung 1). *Zwei-Ebenen-Konflikt*

Dabei finden sich auf der Sachebene Konflikte um[3]

- Ziele (Zielkonflikte): Die Divergenz der Meinung besteht über das Ziel eines stattfindenden Prozessablaufes.
- den zu beschreitenden Weg (Wegkonflikte): Unterschiedliche Meinungen betreffen den Punkt, wie ein bestimmtes Ziel erreicht werden kann. Dazu zählen auch Uneinigkeiten über die anzuwendende Methode oder das einzusetzende Verfahren.
- die Verteilung einer Ressource (Verteilungs- oder Ressourcenkonflikte).

---

[1] Vgl. Wuketits, F. M., Der wahre Egoist ist immer hilfsbereit. – Zu den stammesgeschichtlichen Wurzeln von Konflikt und Kooperation, in: Geißler, Rückert (Hrsg.) (2000), S. 193.
[2] Vgl. Kap. I.1: im Gegensatz zu anderen Kulturen mit kooperativeren Wertevorstellungen (China und die Lehre des Konfuzius, Japan).
[3] Vgl. Altmann, Fiebiger, Müller, Mediation (1999), S. 38 ff.

Die Beziehungsebene wird immer durch die beteiligten, natürlichen Personen in den Sachkonflikt hineingetragen und gründet sich auf[4]

- Sympathie und Antipathie zwischen den beteiligten Personen: Personen, die sich sympathisch sind, sind eher geneigt, eine einvernehmliche Lösung im Konfliktfall zu suchen, als Personen, die sich von vornherein unsympathisch sind.
- Normen und Regeln: Verhaltensregeln und Normen können aus unterschiedlichsten Richtungen das Konfliktverhalten der beteiligten Personen beeinflussen.
- fehlende Anerkennung oder Wertschätzung der am Konflikt beteiligten Personen: Annerkennung und Wertschätzung beeinflussen das psychosoziale Verhalten der beteiligten Personen und können konfliktverschärfend wirken.
- ethnische Grundhaltungen und Werte: Ethnische Grundhaltungen und Werte können Einigungsprozesse blockieren und bestimmte Ziele, Wege oder Verteilungen von vornherein ausschließen.

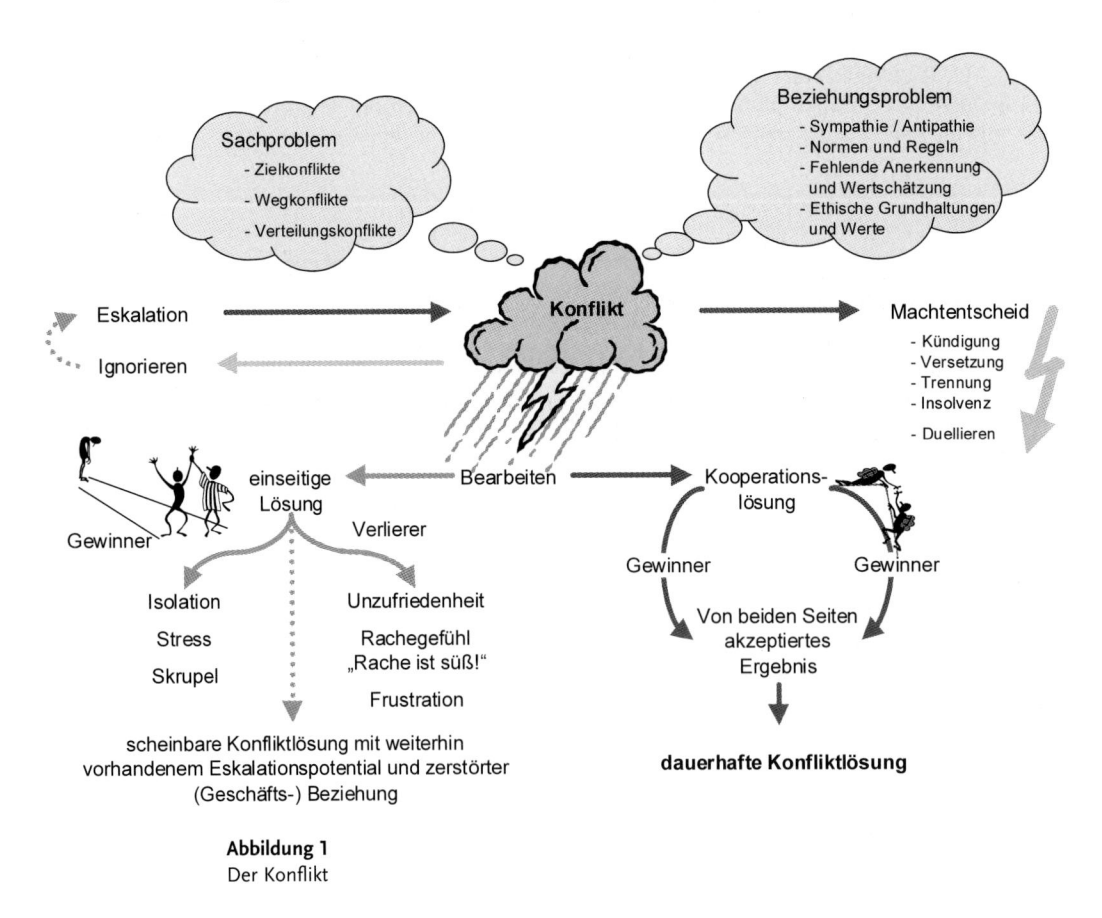

**Abbildung 1**
Der Konflikt

---

[4] Ebenda.

Neben Kooperation und einseitiger Win-lose-Lösung gibt es aber auch das Ignorieren und als eklatante Form den Machtentscheid. Ignorieren des Konfliktes („Totschweigen") und Unterdrücken der eigenen Befindlichkeiten lässt den Konflikt aber früher oder später, vielleicht mit noch größerer Schärfe wieder aufbrechen. Konflikte kann man nicht aussitzen. Verborgene und unterdrückte Konflikte sind gefährlich und nachteilig für alle Beteiligten. Der Machtentscheid ist in der Regel eine einseitige Willenserklärung, entweder durch „sich dem Konflikt entziehen" des Unterlegenen („Aufgabe") oder durch die „Machtausübung" des Machtinhabers. Dabei nimmt das vor der Jahrhundertwende noch übliche Duellieren eine Sonderstellung ein. Dem Verfahren nach ist es ein kooperatives Konfliktlösungsverfahren. Beide Seiten einigen sich freiwillig auf diese Art der Konfliktbearbeitung nach festgelegten Regeln. Der Konflikt wird gelöst. Das Problem im wahrsten Sinne des Wortes aus der Welt geschafft, Ordnung und Ansehen werden wiederhergestellt. Das zu erwartende Ergebnis wird von beiden Parteien akzeptiert. Nur fällt es in Anbetracht des Ergebnisses schwer, das Duellieren als Kooperationsverfahren zu bezeichnen, daher die Einordnung beim Machtentscheid.

*Konfliktergebnis*

Konflikte sind keine statischen Zustände. Sie sind hoch dynamisch und verändern sich stetig. Am Beispiel eines gestörten Bauablaufes wird dies sehr deutlich. Ein eingetretener Terminverzug hätte durch eine Beschleunigung aufgeholt werden können. Durch das Versäumnis der Beschleunigung konnten andere am Bauvorhaben beteiligte Unternehmen nicht arbeiten – hier entsteht ein Folgekonflikt. Eine von Glasl[5] erarbeitete Konflikttheorie zeigt dies deutlich. Konflikte können auch soweit eskalieren, dass eine Win-win-Lösung nicht mehr möglich ist. Anzeichen hierfür lassen sich aus seiner Theorie gut ableiten.

Das Stufenmodell der Konflikteskalation von Glasl soll hier als Beispiel dienen, um die Dynamik von Konflikten aufzuzeigen und um darzulegen, dass es sich bei Konflikten, auch wenn scheinbar nur Sachfragen im Vordergrund stehen, nicht um statische Zustände, sondern um komplexe Systemabläufe mit vielen sozialen und beziehungsbezogenen Komponenten handelt.

*Eskalationsstufen nach Glasl*

1. Stufe: Verhärtung
2. Stufe: Debatte
3. Stufe: Taten
4. Stufe: Images und Koalitionen
5. Stufe: Gesichtsverlust
6. Stufe: Drohstrategien
7. Stufe: Begrenzte Vernichtungsschläge
8. Stufe: Zersplitterung
9. Stufe: Gemeinsam in den Abgrund

Nur bei ausreichender Würdigung der Beziehungsfragen und der Interessenslage der Parteien lässt sich eine gemeinsame und dauerhafte, für beide Parteien befriedigende Lösung erreichen. Dabei ist der angemessene Umgang mit den Gefühlen und Emotionen der Konfliktbeteiligten ein wesentlicher Bestandteil der Konfliktbearbeitung.

---

[5] Vgl. Glasl, F. (1997), S. 218.

## 4.2
### Konflikte und Konfliktursachen bei Bauprojekten

*Bauprojekte bergen viele Konfliktrisiken!*

Als typische bauprojektspezifische Merkmale seien folgende Punkte genannt:

- Bauprojekte sind komplex und in technisch-wirtschaftlicher sowie planerischer Hinsicht schwierig.
- Sie erfordern große Investitionen.
- Sie sind in der Regel Prototypen.
- Bauherren müssen in jeder Projektphase Entscheidungen treffen.
- Planung und Ausführung laufen häufig parallel.
- Es gibt Auflagen der Genehmigungsbehörden und Anforderungen der TöB (Träger öffentlicher Belange). Diese können oft erst abschließend mit fortschreitender Planung geklärt werden.
- Der Baumarkt ist stark umkämpft. Die Subunternehmerkette und die Informationswege sind lang. Ausführende Unternehmen suchen andere Wege, um ihre Rendite aufzubessern.
- Bauherren vergeben Leistungen an den vermeintlich wirtschaftlich günstigsten Bieter, der eben oft auch der billigste ist.
- Die Ausschreibungsunterlagen sind oft sehr umfangreich. Das Leistungssoll ist nicht immer eindeutig definiert.
- Es gibt eine hohe Anzahl an Projektbeteiligten mit ihren unterschiedlichen Sichtweisen, persönlichen Fähigkeiten und auch Zwängen.

**Mängel in der Planung und Ausschreibung**

Abweichung vom Wunsch des Bauherrn durch
- Planungsfehler
- unklare bzw. unzureichende Definition des Bausolls
- Komplexität des Vorhabens

**Konfliktthemen**
**Termine, Qualitäten, Kosten**

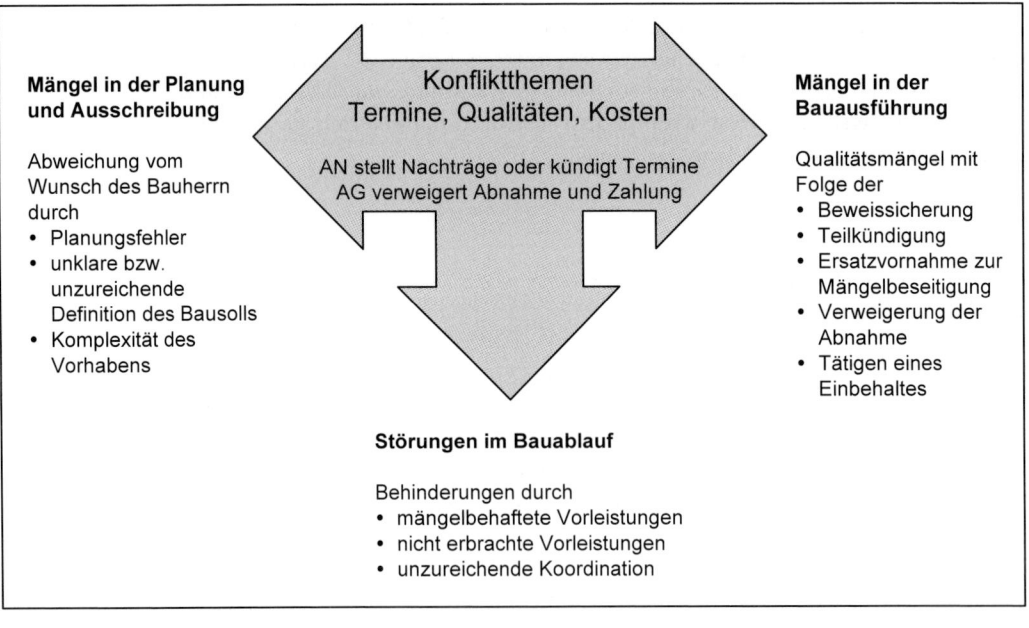

AN stellt Nachträge oder kündigt Termine
AG verweigert Abnahme und Zahlung

**Mängel in der Bauausführung**

Qualitätsmängel mit Folge der
- Beweissicherung
- Teilkündigung
- Ersatzvornahme zur Mängelbeseitigung
- Verweigerung der Abnahme
- Tätigen eines Einbehaltes

**Störungen im Bauablauf**

Behinderungen durch
- mängelbehaftete Vorleistungen
- nicht erbrachte Vorleistungen
- unzureichende Koordination

**Abbildung 2**
Konfliktursachen bei Bauprojekten

Die daraus resultierenden Konflikte drehen sich verständlicherweise um die bei Bauprojekten typischen Probleme und Projektziele: Termine, Qualitäten, Kosten.

*Kernthemen sind Kosten, Termine und Qualitäten*

Die primären Ziele aller Projektbeteiligten sollten gleich sein; die Erfüllung ihrer vertraglichen Verpflichtungen, die sich in der Fertigstellung des Bauvorhabens in der vorgesehenen Zeit, der Einhaltung der Baukosten, der Sicherung der Qualität und dem Lösen fachübergreifender Probleme konkretisieren. Darunter siedeln sich dann mehr oder weniger starke Subinteressen an, die bei den einzelnen Projektbeteiligten durchaus höher bewertet sein können, als die oben genannten gemeinsamen Ziele.[6]

Eine ausführliche Abhandlung zu möglichen Konfliktfeldern bei Bauprojekten findet sich in Kap. II.3.

## 4.3
### Autonomie in der Konfliktbearbeitung

Bei der zivilrechtlichen Konfliktbewältigung ist die Anrufung eines ordentlichen Gerichtes nicht vorgeschrieben. Kein Gesetz schreibt den Parteien, sofern sich der Konflikt im Regelungsbereich des Privatrechts befindet, ein Konfliktbewältigungsmodell vor. Es bleibt den streitenden Parteien überlassen, in welcher Art und Weise sie versuchen, ihre Streitigkeiten zu lösen. Vieles spricht dafür, einen kooperativen Weg einzuschlagen und unter Berücksichtigung der Interessen der Parteien eigenverantwortlich, eine für beide Seiten gewinnbringende Lösung zu erarbeiten. Es ist kein Naturgesetz, dass Konfliktlösungen sich immer an der Nullsummentheorie, also an der Aufteilung des sprichwörtlich vorhandenen Kuchens, orientieren müssen. Mediation und mediative Sachverständigenvermittlung bieten gute Voraussetzungen, von kompetitiven Konfliktbewältigungsverfahren mit ihren zahlreichen Risiken der weiteren Eskalation abzusehen und dafür einen neuen Weg mit umfassenden Chancen einzuschlagen.

*Alle Wege offen*

## 4.4
### Mediation und Sachverständigenvermittlung als Chance zur kooperativen Konfliktlösung

Die folgenden Grundsatzerläuterungen gelten sowohl für die Mediation als auch für die Mediative Sachverständigenvermittlung. Sie werden in diesem Kapitel unter dem Begriff „kooperative Konfliktlösungsverfahren" zusammengefasst.

Bei einem kooperativen Konfliktlösungsverfahren bleiben die Parteien Konflikteigentümer und delegieren den Konflikt nicht an Externe zur Entscheidung. Sie brauchen aber einen Dritten, der konfliktkundig ist und die Wege kennt, wie am ehesten

*Kooperative Konfliktlösungsverfahren Eigenverantwortung*

---

[6] Z. B. das Bestreben der Parteien, die eigene Rendite über die kalkulierte Rendite hinaus zu verbessern, Planungsfehler zu verschleiern oder verzögerte Entscheidungen anderen Baubeteiligten aufzubürden.

ein faires und wertschöpfendes Ergebnis erzielt werden kann. Ein kooperatives Konfliktbewältigungsverfahren basiert auf dem Willen aller Konfliktparteien.

*Freiwilligkeit*    Der Wille zur Kooperation ist unabdingbare Voraussetzung. Entscheidet sich nur eine Partei unter gewissem Zwang oder Druck, an dem Verfahren teilzunehmen, so ist davon auszugehen, dass eine eventuell erarbeitete Lösung nicht den wahren Interessen entspricht und ein für mindestens eine Partei unbefriedigender Zustand erhalten bleibt oder eintritt. Die Gefahr eines erneuten Aufbrechens des Konfliktes ist gegeben. Freiwilligkeit heißt aber auch, es den Parteien zuzugestehen, das Verfahren ohne Ergebnis jederzeit abzubrechen.

*Ehrlichkeit*    Konflikteigentümer zu bleiben heißt auch, sich aktiv an der Lösungsfindung zu beteiligen, seine Interessen ehrlich zu artikulieren und die Interessen der anderen Parteien zu respektieren. Gegebene Informationen müssen der Wahrheit entsprechen. Nur so kann ein fairer, für alle Seiten befriedigender Ausgleich erzielt werden.

*Vertraulichkeit nach außen und innen*    Kooperative Konfliktlösungsverfahren sind vertraulich. Alle Beteiligten und der Vermittler sind zur Verschwiegenheit verpflichtet. Externe Dritte gelangen nicht in Kenntnis vertraulicher Informationen (äußere Vertraulichkeit). Die praktizierten Einzelgespräche mit dem Vermittler nehmen den Parteien das Gefühl, sich durch die anderen Parteien in die „Karten" schauen lassen zu müssen. Dadurch fällt es den Parteien, speziell in der Anfangsphase leichter, zur Konfliktbearbeitung notwendige Informationen preiszugeben. Daher behandelt der Vermittler die in den Einzelgesprächen erlangten Informationen auf Wunsch vertraulich (innere Vertraulichkeit).

*Ergebnisqualität*    Ein kooperatives Konfliktlösungsverfahren bedingt die Abkehr von Positionen und das Feilschen und Festhalten daran. Es analysiert die Interessen der Parteien und bezieht diese in die Lösungsfindung mit ein. Ein kooperatives Konfliktlösungsverfahren bringt Fortschritte in der Konfliktbearbeitung. Durch das Berücksichtigen der Interessen der Parteien werden neue Spielräume bei der Lösungsfindung aufgetan. Eine umfassende Konfliktlösung wird so erst ermöglicht. Die Chance, als Partner aus dem Konflikt hervorzugehen und die Geschäftsbeziehung fortsetzen zu können, ist groß.

*Zeit- und Ressourcengewinn*    Kompetitive Methoden dauern durch das geregelte System der Konfliktbewältigung, durch Gerichte etc. sehr lange. Der Gesetzgeber versucht durch den Rechtsweg mit seinen verschiedenen Instanzen, speziell bei Zweiparteienverfahren, über die objektive Betrachtung und Beurteilung des Sachverhaltes unter rechtlichen Gesichtspunkten zum Recht zu verhelfen. Dieser Vorsatz führte zur Schaffung von verschiedenen Kammern und Gerichten mit unterschiedlichsten Zuständigkeiten und Instanzen.

Verfahren vor Gericht sind nicht nur zeitaufwendig, sie binden auch personelle und finanzielle Kapazitäten. Informationen müssen zur Verwendung vor Gericht umfangreich aufbereitet und entsprechend geprüft werden. Sie sind die Grundlage für das Durchsetzen von Ansprüchen und das Dokumentieren der Anspruchsgrundlagen. Die Transaktionskosten sind entsprechend hoch.

Kooperation in Form eines kooperativen Konfliktlösungsverfahrens schafft hier die Möglichkeit, sofort und ohne Zeitverlust an den Ursachen der Konflikte zu arbeiten, und ist somit effektiver. Natürlich muss Kooperationsbereitschaft bei den Parteien erst einmal erzeugt werden. Vorarbeit ist notwendig. Grundlegende Kooperation ist aber bereits durch die Wahl des Verfahrens durch die Konfliktparteien vorhanden. Ressourcen müssen nicht zur Verfolgung und Durchsetzung von Ansprüchen aufgewendet werden, sondern können direkt in die Lösungsfindung einfließen.

Aber nicht in allen Konfliktfällen ist ein kooperatives Konfliktlösungsverfahren das geeignete Verfahren. Es scheidet aus oder ist zum Scheitern verurteilt, wenn nur eine Partei dagegen ist, wenn der Parteienkreis nicht klar definiert ist und sich die Konfliktbeteiligten nicht eindeutig identifizieren lassen und wenn zwischen den Parteien ein hohes Ungleichgewicht an Verhandlungsmacht besteht.

*Kooperative Konfliktlösung geht nicht immer!*

Eine dauerhafte und zukunftsträchtige Konfliktlösung ist nur möglich, wenn alle direkt oder indirekt Beteiligten mit ihren Interessen in die Konfliktbearbeitung mit einbezogen werden. Daher kommt der Analyse der Konfliktbeteiligten eine besondere Bedeutung zu.

Verhandlungsmacht ist die potenzielle oder tatsächliche Möglichkeit eines Verhandlungspartners, andere Verhandlungspartner zur Zustimmung zu einer Vereinbarung zu bewegen, der sie sonst nicht zugestimmt hätten. Sie kann bei großen Ungleichgewichten zwischen den Konfliktparteien die Lösungsfindung behindern oder sogar verhindern. Das ist speziell dann der Fall, wenn zwischen Konfliktparteien starke wirtschaftliche oder emotionale Abhängigkeiten bestehen und Konfliktparteien nachträgliche Sanktionen fürchten müssen und deswegen nicht in der Lage sind, ihre Interessen offen zu äußern.

Auch das Klären von grundlegenden Rechtsfragen kann nicht Thema eines kooperativen Konfliktlösungsverfahrens sein. Der Sinn von kooperativen Konfliktlösungsverfahren liegt in der Klärung und Beseitigung der Ursachen, nicht in der Klärung oder Beurteilung von rechtlichen Sachverhalten. Dazu sind ordentliche Gerichte weit besser in der Lage und im Sinne der Rechtsfortentwicklung auch prädestiniert dafür. Zielsetzung ist die weitere kooperative Zusammenarbeit zum beiderseitigen Vorteil. Ein kooperatives Konfliktlösungsverfahren schafft Einzelfallgerechtigkeit.

Die Anforderungen an Vermittler und die Konfliktbeteiligten sind groß, die Erwartungen der Konfliktbeteiligten hoch. Sie müssen vorerst freiwillig (!) ihre eigenen Interessen zurückstellen, um sich mit ihrem (vermeintlichen) Gegner gemeinsam über Interessen und Lösungsmöglichkeiten auszutauschen – kaum vorstellbar. Um dieses leisten zu können, bedarf es klarer Strukturen (vom Verfahrensablauf bis hin zu eindeutigen, unumstößlichen Spielregeln). Und dennoch gibt es keine Norm, wenige Ausbildungsrichtlinien und kein unumstößliches Verfahrensschema. Niemand kann für sich beanspruchen, die einzig wahre Lehre der kooperativen Konfliktlösungsverfahren zu kennen. Kooperative Konfliktlösung braucht Freiräume. Diese sind notwendig, um auf die Besonderheiten eines jeden einzelnen Vermittlungsverfahrens und auch auf die Menschen mit ihren Emotionen, Fähigkeiten und Befindlichkeiten eingehen zu können.

*Kooperative Konfliktlösungsverfahren benötigen Freiräume, aber auch Ordnung*

## 4.5
**Formen der Mediation und der Mediativen Sachverständigenvermittlung**

*Erscheinungs-* Es gibt verschiedene Erscheinungsformen. Getrennt nach Fachgebieten lassen sich
*formen* Familien- und Scheidungsmediation, Täter-Opfer-Ausgleich, Umweltmediation und im weitestem Sinne die Wirtschaftsmediation als eigenständige Themengebiete innerhalb des großen Komplexes der Mediation ausmachen. Die in Kap. I.3 bereits erwähnte Mediative Sachverständigenvermittlung kommt vor allem in den Feldern Umwelt und Wirtschaft zur Anwendung.

Kooperative Konfliktlösungsverfahren können bei Bauprojekten bereits während der Planungs- und Genehmigungsphase eingesetzt werden. Zu diesem Zeitpunkt müssen bereits viele Interessen von Nachbarn, Anwohnern oder Umweltschutzverbänden und Bürgerinitiativen in das Projekt integriert werden. Bleiben Interessen hier unberücksichtigt, kann unter Umständen die Genehmigung des Vorhabens riskiert oder um Jahre verzögert werden. Aber auch in der Phase der Umsetzung und Realisierung gibt es viele Einsatzmöglichkeiten für Mediation und Mediative Sachverständigenvermittlung.

Sowohl in der Mediation als auch in der Mediativen Sachverständigenvermittlung wird zwischen den Anwendungstypen nach Auftreten des Konfliktfalles und der präventiven, projektbegleitenden bzw. vereinbarten Mediation (ein Konfliktfall liegt noch nicht vor) unterschieden (vgl. dazu auch Kap. I.2.3 „Mediation nach Konfliktausbruch und vereinbarte Mediation"). Die beiden Anwendungsformen werden ebenfalls in den folgenden Abschnitten I.4.5.1 und I.4.5.2 erläutert.

Nach der Anzahl der Mediatoren differenziert, gibt es die Ein-Mann-Mediation und die Co-Mediation mit zwei oder mehreren Mediatoren.

Nachfolgend wird auf die einzelnen Formen der Mediation näher eingegangen.

### 4.5.1
**Vermittlung nach Konfliktausbruch – alles verloren?**

In der Regel schließen die Vertragspartner bei Vertragsabschluss keine Vereinbarung bezüglich eines Konfliktfalles, weil die Konfliktabwicklung nur selten Gegenstand der Vertragsverhandlungen ist. Die Ursache dafür kann zum einen in dem Nichterkennen möglicher Konflikte gesehen werden, zum anderen aber auch in dem Vertrauen auf die gesetzlichen Regelungen.

### 4.5.2
**Vereinbarte Mediation und vereinbarte Mediative Sachverständigenvermittlung**

Es gibt gute Argumente, sich bereits während der Vertragsverhandlungen mit möglichen Konfliktsituationen auseinander zu setzen und entsprechende Vereinbarungen für die Verfahrensweise im Konfliktfall zu treffen.

- Die Parteien setzen sich bereits vor dem Eintreten einer Konfliktsituation mit diesem Thema auseinander.

- Den Parteien sind die Grundlagen des Vermittlungsverfahrens, die Spielregeln und der Verfahrensablauf bereits bekannt.
- Der Vermittler ihres Vertrauen wurde bereits benannt.
- Die Parteien werden auf ihre Interessen sensibilisiert und lernen, nicht um Positionen zu feilschen.
- Der Vermittler ist bereits mit dem Projekt, den Konfliktparteien, Vertragsinhalten und möglichen Konfliktfeldern vertraut.

Bereits vor Projektbeginn wird eine Vereinbarung geschlossen oder eine Mediationsklausel in den Vertrag aufgenommen. Die Parteien verständigen sich auf einen für ihr Themengebiet kompetenten Vermittler oder ein Vermittlungsteam. Sich hierauf zu verständigen ist in Zeiten des „Friedens" einfacher, als wenn sich die Parteien bereits im Konflikt oder Streit befinden. Ist der Streit erst ausgebrochen, dann vermuten die Parteien hinter den Vorschlägen der anderen Partei immer irgendwelche Hinterlist und Bösartigkeit, so auch beim Vorschlag zur Wahl eines Vermittlers, und stehen diesem eher ablehnend gegenüber.

### 4.5.3
### Ein-Mann- vs. Co.-Vermittlung

Alle Vermittlungsformen können als Ein-Mann-Vermittlung oder als Team-Vermittlung vorkommen. Dabei sind zumindest in der Wirtschaft trotz höherer Kosten Vorteile beim Team zu sehen:

- gegenseitige Kontrolle bei der Wahrung eines neutralen Standpunktes und der Allparteilichkeit,
- bessere Akzeptanz bei den Konfliktparteien durch interdisziplinäres Wissen bei Mediatoren verschiedener Sachgebiete,
- Konzentration von Kenntnissen und Fähigkeiten.

Das ständige Kontrollieren des eigenen Standpunktes gehört zu den wichtigen Aufgaben eines Vermittlers. Sympathien und Antipathien spielen in zwischenmenschlichen Gesprächen eine große Rolle und verführen uns leicht, unbewusst Meinungen und Vorschläge zu adaptieren und zu übernehmen. Das gegenseitige Kontrollieren und Reflektieren des Standpunktes lässt sich durch ein Vermittlerteam besser bewerkstelligen. Vermittler sind keine „Weisen", aber durch ein Vermittlerteam kann ein kleiner Vertrauensvorschuss durch fachliche, interdisziplinäre Kompetenz geschaffen werden. Und Vertrauen ist eine der wichtigsten Grundlagen einer Vermittlung.

### 4.6
### Ein Phasenmodell zur Mediativen Sachverständigenvermittlung

Mediative Sachverständigenvermittlung läuft in verschiedenen Phasen mit unterschiedlichen Schwerpunkten und Präferenzen ab. Das folgende Phasenmodell erhebt nicht den Anspruch der Vollkommenheit und der einzigen Wahrheit. Das wäre vermessen und unangebracht. Es stellt die aus unserer Sicht wichtigen Abläufe einer Mediativen Sachverständigenvermittlung dar und soll dem unwissenden Leser eine Grundidee des praktischen Ablaufes eines solchen Verfahrens geben.

### 4.6.1
**Phase 0: Erkenntnisphase**

Probleme bei Bauprojekten können offensichtlich sein. Das kann der eingetretene Schadensfall mit seinen nicht abschätzbaren Auswirkungen sein, das eingehende Behinderungsschreiben oder der eingereichte Nachtrag. Werden Probleme rechtzeitig erkannt und als solche auch wahrgenommen, bestehen gute Chancen, durch entsprechende Steuerungsmaßnahmen negative Auswirkungen zu begrenzen oder gänzlich zu verhindern. Schwieriger sieht die Situation schon aus, wenn zu spät erkannt wird, dass Terminvorgaben nicht eingehalten werden oder über Monate aufgelaufene Mehrkosten erst mit Stellung der Schlussrechnung sichtbar werden.

Aber auch in Bauprojekten treffen unterschiedlichste Interessen aufeinander. Selten werden diese Interessen offen kommuniziert. Werden auftretende Probleme konstruktiv angegangen, kann ein Konflikt durch die Projektbeteiligten selbst sachlich gelöst werden. Ein in der Konfliktbewältigung geschultes Projektmanagement kann hier helfen, den Blick der Projektbeteiligten auf der sachlichen Ebene des Problems zu halten. Vorbehalte gegen das Projektmanagement als Vertretung einer Partei (in der Regel der Bauherr, selten ein Generalunternehmer) bestehen aber dann, wenn der Auftraggeber des Projektmanagements selbst Konfliktbeteiligter ist. In diesem sehr häufigen Fall erfüllt ein von Projektbeginn an involvierter Konfliktmanager oder Vermittler diese Aufgabe vorbehaltloser. Er ist in der Lage, schon frühzeitig auf entsprechende Anzeichen einer Konflikteskalation eines Problems zu reagieren, oft bevor sich die Parteien des entstehenden Konfliktes bewusst werden.

Gibt es diesen projektbegleitenden Vermittler jedoch nicht, liegt es an den Parteien, zu erkennen, dass ein Problem schleichend in einen handfesten Konflikt mit zunehmender Eskalation (vgl. Kap. I.2.1 und I.4.1 „Stufen der Konflikteskalation" nach Glasl) übergeht.

Wenn Verhandlungen nicht mehr zielführend sind und die Parteien auf dem Verhandlungsweg kein Ergebnis mehr erzielen können, dann kann ein externer Vermittler eingeschaltet werden. Diese Notwendigkeit externer Hilfe müssen die Parteien erkennen.

### 4.6.2
**Phase 1: Grundlagenermittlung**

Wurde bereits eine Arbeitsvereinbarung getroffen, dann kann der hinzugezogene Vermittler sofort tätig werden. Wenn nicht, gilt es, nachdem sich die Parteien auf das Verfahren verständigt haben, einen qualifizierten Vermittler zu beauftragen. Dies stellt unter dem Druck des Konfliktes eine nicht allzu leichte Aufgabe dar. Entsprechend qualifizierte Vermittler lassen sich über die verschiedenen Interessenverbände und Organisationen rekrutieren.

Dabei ist der Vermittler in der Konfliktbewältigung nicht passives Medium, welches einfach durch seine Anwesenheit als Katalysator für die Kommunikation der Konfliktparteien fungiert. Er ist ein aktiver Bestandteil im gemeinsamen Prozess der Konfliktbearbeitung mit den Parteien. Wichtig ist seine Allparteilichkeit. Im Unterschied zur Neutralität setzt er sich aktiv für die Interessen aller Parteien ein und versucht, zwischen ihnen einen fairen Ausgleich zu erreichen.[7] Die Lösung muss jedoch durch die Parteien selbst erarbeitet werden. Lösungsvorschläge des Vermittlers können zur frühzeitigen Rahmensetzung führen und andere mögliche Alternativen vernachlässigen. Dabei ist es durchaus erforderlich, bei ungleich starken Parteien ausgleichend einzugreifen. Hüten muss er sich aber, Positionen zu beziehen oder Interessen der Parteien zu vertreten oder zu werten. Er stellt seine Fragen offen und nicht suggestiv.

#### 4.6.2.1 Phase 1.1: Vorbereitung des Eröffnungstreffens

Der Vermittler bereitet das Eröffnungstreffen mit den Parteien gemeinsam (anzustreben) oder auch einzeln vor. Die Vorbereitungsphase nutzt er, um das Verfahren der Vermittlung den Parteien vorzustellen, den Konflikt einzugrenzen und den Kreis der Konfliktbeteiligten festzulegen. Wichtig ist, dass die Vertreter der Konfliktparteien mit den notwendigen Kompetenzen (Entscheidungsbefugnis) ausgestattet sind.

#### 4.6.2.2 Phase 1.2: Eröffnungstreffen

Beim Eröffnungstreffen geht es zuerst um organisatorische Fragen und das gegenseitige Kennenlernen. Der Vermittler tritt als Gastgeber auf und erläutert das Verfahren, die Verfahrensgrundlagen und stellt die Funktion seiner Person dar.

Zusätzlich kümmert sich der Vermittler darum, dass auch bei jedem anderen Treffen die technischen Hilfsmittel bereitgestellt sind. Hilfreich ist ein Flipchart, welches für alle gut sichtbar aufgestellt werden sollte und der fortlaufenden Visualisierung dient. Genug Platz sollte auch für das Aufhängen der Aufzeichnungen vorhanden sein.

Mediation und Mediative Sachverständigenvermittlung sind sehr formfreie Verfahren, basieren aber dennoch auf klaren Grundregeln. Diese werden im Eröffnungstreffen den Konfliktparteien vorgestellt:

- Ziel: eine für alle akzeptable, optimale Lösung
- Artikulieren der eigenen Bedürfnisse, Interessen und Wünsche
- Akzeptieren der Bedürfnisse, Interessen und Wünsche der anderen

Die Akzeptanz dieser Regeln wird den Konfliktparteien abverlangt. Der Vermittler überwacht fortwährend das Einhalten der Regeln und ermuntert die Parteien, sich aktiver zu beteiligen und ihre eigenen Bedürfnisse, Interessen und Wünsche zu artikulieren.

Er unterstreicht die Vertraulichkeit und erklärt die Spielregeln. Jede Partei lässt die anderen ausreden. Jede Partei legt ihren Standpunkt zu den einzelnen Konfliktpunkten dar und stützt sich nicht auf eigene Interpretationen der Standpunkte der anderen

---

[7] Vgl. Altmann, Fiebiger, Müller, Mediation (1999), S. 18 f.

Parteien. Persönliche Angriffe, Drohungen oder Beleidigungen sind verboten. Emotionale Ausbrüche sollten, soweit sie im Rahmen bleiben, zugelassen werden, wenn sie dem Abbau von Spannungen dienen. Gefühlsäußerungen und unkontrolliertes Verhalten von Parteien werden vom Vermittler genau beobachtet und analysiert. Sie helfen ihm, das persönliche Befinden oder versteckte Zwänge der am Tisch sitzenden Menschen zu analysieren. Das Verfahren ist freiwillig. Jede Partei und auch der Vermittler kann das Verfahren jederzeit beenden.

Bereits im ersten Treffen sammelt der Vermittler weitere Informationen über den Konflikt und die Sichtweisen der Beteiligten. Dabei muss er sich vor Augen führen, dass jede Konfliktpartei ihre Sicht der Dinge mit einer sorgfältig erzählten Geschichte darstellt, welche in der Regel aus drei allgemeinen Komponenten besteht:

> „1. Die Geschichte ist eine Version der Ereignisse des Klienten und wird in der Weise dargebracht, die demonstrieren soll, wie gut der Klient ist.
> 2. Das Leiden des Klienten wird in einer Weise dargestellt, die den Eindruck erwecken soll, wie schlecht der andere Konfliktbeteiligte ist.
> 3. Der Vorschlag zu einer Konfliktlösung besteht lediglich in der Forderung, auf welche Weise sich der andere Konfliktbeteiligte ändern soll, und die stets zum eigenen Vorteil ist."[8]

Die unterschiedliche Wahrnehmung ist eine der häufigsten Konfliktursachen. Der gleiche Sachverhalt wird sehr unterschiedlich und in komplexen Zusammenhängen auch sehr selektiv wahrgenommen. Zusätzlich prägen subjektive Erfahrungen das Bild der Wirklichkeit.[9] Bei den Parteien herrscht zumeist die Annahme des Nullsummenspiels vor. Jede Partei geht dabei davon aus, dass ihre eigenen Interessen diametral mit den Interessen der anderen Parteien kollidieren. Daraus resultiert die Vorstellung, einen vorhandenen Kuchen aufteilen zu müssen und nur in dem Maße gewinnen zu können, wie die andere Parteien verlieren.

Solche Vorstellungen sind dem Vermittler bekannt. Er hört sich die jeweiligen Versionen des Konfliktes aller Parteien an und achtet besonders darauf:

> „1. jegliche Bewertungen, eine der beiden Geschichten oder Klienten betreffend, zu unterlassen,
> 2. sich nicht verführen zu lassen und zu glauben, daß eine der beiden Geschichten die absolute Wahrheit darstellt,
> 3. eine Haltung der Wertschätzung und Akzeptanz aufrechtzuerhalten in Bezug auf alles, was die Klienten vorbringen, ohne sich von einer der beiden Geschichten angezogen oder abgestoßen zu fühlen,
> 4. die Balance zwischen den Klienten und ihren Geschichten aufrechtzuerhalten ..."[10]

Dabei hilft es ihm, folgende Grundhaltungen einzunehmen:

> „1. Es gibt keine absolute Wahrheit und nur wenige Lügen, jedoch zwei verschiedene Versionen ein und derselben Geschichte.

---

[8] Haynes, J., Mediation – Förderung von menschlichem und sozialem Wachstum, in: Geißler, Rückert (Hrsg.) (2000), S. 66.
[9] Vgl. Kessen, S., Wirtschaftsmediation – neue Handlungsmöglichkeiten durch Perspektivenwechsel, in: Geißler, Rückert (Hrsg.) (2000), S. 103.
[10] Haynes, J., Mediation – Förderung von menschlichem und sozialem Wachstum, in: Geißler, Rückert (Hrsg.) (2000), S. 66 f.

2. Es gibt kein ‚richtig' oder ‚falsch', es gibt lediglich verschiedene Arten und Weisen, an die gleiche Sache heranzugehen."[11]

Die Darstellung des Konfliktes einer Partei darf nicht als Rahmensetzung für die Darstellung durch die anderen Parteien verwendet werden in der Form „Was sagen Sie denn dazu?", sondern alle Parteien schildern „von Anfang an" ihre Sichtweise.[12]

Es folgt die Fixierung des Streitgegenstandes und das Herausarbeiten der strittigen Punkte. Danach werden der Zeitrahmen und die Termine festgelegt und ein Vertrag über die Durchführung des Vermittlungsverfahrens geschlossen. Dieser sollte folgende Punkte enthalten:[13]

- Die Parteien (auch der Vermittler) verpflichten sich, die während des Vermittlungsverfahrens erlangten Informationen vertraulich zu behandeln.

- Die Parteien verpflichten sich, den Vermittler in einem nachfolgenden Schiedsgerichtsverfahren oder Gerichtsverfahren nicht als Zeugen zu benennen für Tatsachen, die ihm während des Vermittlungsverfahrens bekannt wurden.

- Die Parteien vereinbaren für die Dauer des Vermittlungsverfahrens eine Hemmung eventueller Verjährungs- und Gewährleistungsfristen.

- Der Vermittler verpflichtet sich zur Unparteilichkeit und Neutralität.

- Die Parteien vereinbaren, Einzelgespräche zuzulassen und die darin erlangten Informationen auf Wunsch gegenüber den anderen Parteien vertraulich zu behandelt.

- Die Kosten werden von allen Parteien zu gleichen Anteilen übernommen.

- Das Honorar wird in der Regel auf Stundenbasis festgelegt.

- Jede Partei trägt ihre eigenen Aufwendungen selbst.

- Zusätzlich können vertrauensfördernde Maßnahmen, wie ein Verzicht auf die Einrede der Verjährung bei einem Scheitern der Vermittlung vereinbart werden.

Sind alle Parteien mit dem Verfahren einverstanden, dann wird der Vertrag über die Durchführung des Vermittlungsverfahrens geschlossen.

### 4.6.3
**Phase 2: Interessenanalyse**

In dieser Phase gilt es für den Vermittler, Akzeptanz und Vertrauen auszubauen, Blockaden bei den Konfliktparteien abzubauen und an die notwendigen Informationen zu gelangen, um sich ein umfassendes Bild vom Konflikt und den Konflikt-

---

[11] Ebenda, S. 67.
[12] Vgl. Kessen, S., Wirtschaftsmediation · neue Handlungsmöglichkeiten durch Perspektivenwechsel, in: Geißler, Rückert (Hrsg.) (2000), S. 107.
[13] Vgl. Kraus, S., Zur Tätigkeit des Mediators – aufgezeigt anhand eines Falles aus der Baupraxis, in: Schulze-Hagen, A. (Hrsg.) (1999), S. 406 f.

beteiligten zu schaffen. Dabei spielt das Hinterfragen von Positionen eine wichtige Rolle. Positionen dienen als Deckmantel und Schutz der verborgenen Interessen. Nur wenn es dem Vermittler gelingt, die wirklichen Interessen einer jeden Partei zu analysieren, kann er sich eine Strategie zur erfolgreichen Bearbeitung des Konfliktes zurechtlegen. Der Wechsel von Positionen zu Interessen, von der Vergangenheit in die Zukunft, von Schuldzuweisungen und Verdächtigungen zur Artikulation der eigenen Bedürfnisse, das Erkennen und Akzeptieren der Sichtweise der anderen Parteien und das gemeinsame Entwickeln neuer Sichtweisen sind Hauptziel dieser Phase.

*Führen von Einzelgesprächen*

Dazu werden in der Regel wechselnde Einzelgespräche mit den Parteien und dem Vermittler geführt. In jedem Einzelgespräch wird zu Beginn noch einmal explizit die Vertraulichkeit hervorgehoben und eine Zusammenfassung der mit den anderen Parteien besprochenen Punkte gegeben. Das nimmt den Parteien die Hemmungen, baut Blockaden ab und bietet ihnen die Möglichkeit, offen ihre wahren Interessen zu artikulieren, ohne das Gefühl, sich den anderen Konfliktparteien offenbaren zu müssen. Vertrauen ist die Voraussetzung dafür, dass der Vermittler weitere Informationen erlangt. Dabei geht es nicht darum, über die Vergangenheit zu sprechen. Vergangenheitsorientierte Gespräche fokussieren laufend Probleme, nicht aber Lösungen. Lösungen werden nur gefunden, wenn die Zukunft einbezogen wird.

Der Vermittler versucht fortlaufend herauszufinden, welche beste Alternative jede Partei zur Mediativen Sachverständigenvermittlung hat, was also jede Partei im Falle des Scheiterns der Vermittlung machen würde. Jedes kooperativ erzielte Ergebnis muss letztendlich „besser" sein als die beste Alternative jeder einzelnen Konfliktpartei.

*Akzeptanz und Vertrauen schaffen*

Die Schaffung von Akzeptanz ist ein weiterer wichtiger Meilenstein in dieser Phase des Vermittlungsverfahrens. Dazu kann der Vermittler die Konfliktparteien bitten darzustellen, wie sie die jeweils anderen Parteien wahrnehmen. Das hilft ihm einzuschätzen, wie realistisch die Parteien die Situation einschätzen. Oft nehmen die Konfliktparteien an,

> „dass die andere Seite völlig andere Ziele verfolgt, überzogene Forderungen stellt, zu keinerlei Kompromiss bereit sei, usw. – obwohl dies in Wirklichkeit nicht der Fall ist."[14]

Nach Schaffung einer Vertrauensbasis werden die Konfliktparteien mit ihren Verhaltensweisen konfrontiert, mit denen sie selbst den Konflikt verschärfen und aufrechterhalten.

> „Dazu gehören: nicht ausreden lassen, nicht zuhören, der Gebrauch von Schimpfwörtern, ein herablassender Tonfall und Gesten, Nichtbeachten der anderen Partei ..."[15]

Dies ist sehr hilfreich, um bei den Parteien die Akzeptanz der Bedürfnisse, Interessen und Wünsche der anderen Parteien zu schaffen. Auch das Aufzeigen von Interessen, welche sich widersprechen, gehört zu den Aufgaben des Vermittlers in dieser Phase.

---

[14] Altmann, Fiebiger, Müller, Mediation (1999), S. 77.
[15] Ebenda, S. 78.

### 4.6.4
**Phase 3: Lösungsfindung**

Durch die geführten Einzelgespräche hat der Vermittler eine Vielzahl von Informationen erhalten, sie geordnet und sich ein Konzept für die weitere Vorgehensweise erarbeitet. Er verfügt über wesentlich mehr Informationen als jede einzelne Partei und nutzt diesen Informationsvorteil, um den Prozess der Annäherung und Lösungsfindung zu initiieren und zu fokussieren.

Durch die Analyse der Interessen der Konfliktparteien sollte es dem Vermittler gelingen, die Alternativen der Parteien zur gemeinsamen kooperativen Konfliktlösung zu erkennen. Die Konfliktlösung muss besser sein als die beste Alternative der jeweiligen Parteien, um tragfähig zu sein.

Die Phase der Lösungsfindung ist durch gemeinsame Gespräche geprägt. Nur bei Bedarf (Wunsch einer Partei, Stocken der Verhandlungen etc.) werden weitere Einzelgespräche geführt.

In dieser Phase ist auch der Vermittler gefordert, seine Sachkenntnis mit einzubringen, soll er doch aktiv an der Erarbeitung der Lösung teilnehmen, ohne diese aber dabei vorzugeben. Bei der Erarbeitung der Lösung ist darauf zu achten, dass diese keine entscheidenden individuellen und gemeinsamen Interessen verletzt. Zudem darf eine kooperative Lösung nicht gegen geltendes Recht verstoßen. Im Zuge der Privatautonomie bei der Gestaltung zivilrechtlicher Vereinbarungen gibt es aber genügend Spielraum, um die Interessen der Konfliktparteien zu verwirklichen.

Wenn in Teilaspekten überhaupt keine Annäherung oder Einigung erzielt werden kann, dann können diese Punkte auch komplett von der Mediativen Sachverständigenvermittlung ausgenommen werden. Teilergebnisse werden bereits dokumentiert und durch den Vermittler nochmals zusammenfassend dargestellt. Dadurch wird bei den Parteien auch bei schwierigen und komplexen Konfliktthemen der Eindruck einer Annäherung und des Vorankommens initiiert.

### 4.6.5
**Phase 4: Dokumentation**

Nach Abschluss des Vermittlungsverfahrens werden, soweit noch nicht geschehen, alle erreichten Übereinkünfte niedergeschrieben und in einer Abschlussvereinbarung formuliert. Diese wird abschließend unter rein juristischen Gesichtspunkten geprüft und von den Parteien unterzeichnet und damit das Ergebnis vertraglich fixiert. Wurden in der Vermittlung die Bedürfnisse und Interessen der Parteien umfassend analysiert und in der Ergebnisfindung ausreichend berücksichtigt, dann spiegelt sich in der Abschlussvereinbarung eine umfassende Befriedigung der Parteieninteressen und Zufriedenheit der Parteien wider. Damit wird eine hohe Bereitschaft zur vertragsgemäßen Umsetzung initiiert.

## 4.7 Grafische Darstellung

**Phase 0: Erkenntnisphase bei den Konfliktparteien**

Konflikterkenntnis
Konfliktbewußtsein

frühzeitiges Erkennen des Problems, um sich alle Wege einer Konfliktbewältigung offen zuhalten
Je umfassender die Konfliktdarstellung, das Begreifen des Konfliktes und das Erfassen der Konfliktbeteiligten sind, desto größer ist die Chance ein kooperatives Verfahren anzuwenden.

Verfahrenswahl unter Berücksichtigung von:

freie Verfahrenswahl im Zivilrecht, Vertraulichkeit, Anzahl Konfliktbeteiligter u. a., Schnelligkeit, Kosten-Nutzen-Verhältnis

*Initiierung Mediation*

**Phase 1: Grundlagenermittlung**

**Phase 1.1: Vorbereitung**

Der Mediator bereitet ein erstes gemeinsames (anzustreben) Informationstreffen mit den Parteien vor. Bei Bedarf sind auch separate Informationstreffen mit den Parteien möglich.

Ziel:
- Ziel, Zweck und Durchführung der Mediation in groben Zügen erläutern
- Konflikt eingrenzen, benennnen, worin liegt das Problem?
- Konfliktbeteiligte bestimmen - sind alle Parteien berücksichtigt? Wer vertritt die Parteien und mit welchen Kompetenzen sind die Parteienvertreter ausgestattet (Entscheidungsbefugnis!)?

**Phase 1.2: Eröffnungstreffen**

Ist der Konflikt benannt und sind die richtigen Personen ermittelt, wird die weitere Vorgehensweise festgelegt:
- organisatorische Fragen, Ablauf der Mediation
- Verfahrensregeln / Spielregeln festlegen
- Vertraulichkeit unterstreichen
- Fixierung des Streitgegenstandes und der strittigen Punkte
- Festlegung der weiteren Vorgehensweise / weitere Termine
- Abschluss des Vertrages zur Durchführung der Mediation

*Voraussetzungen schaffen*

▽ Kick-Off ▽

**Phase 2: Interessenanalyse**

- Einzelgespräche mit den Parteien
- Erforschen der wahren Interessen der Parteien
- Erforschen der besten Alternative der Parteien zur Mediation
- Schaffung einer Vertrauensbasis, Katalysieren der Kommunikation
- Schaffung von Akzeptanz für die Bedürfnisse, Interessen und Wünsche der anderen Konfliktparteien

**Phase 3: Lösungsfindung**

- Sitzungen mit allen Konfliktparteien gemeinsam
- auf Wunsch oder bei Bedarf Einzelgespräche einschieben
- aktive, gemeinsame Lösungsfindung

*Bearbeitungszyklus*

**Phase 4: Dokumentation**

- Zusammenfassen der erzielten Ergebnisse durch den Mediator
- Formulieren der erarbeiteten Lösung
- Prüfung unter juristischen Gesichtspunkten
- Abschluss einer Mediationsvereinbarung zur vertraglichen Fixierung des Ergebnisses
- Geschafft: umfassende Befriedigung der Interessen aller Konfliktbeteiligten
- Ergebnis: Zufriedenheit, hohe Bereitschaft zur Umsetzung

*Abschluss*

**Abbildung 3**
Ein Phasenmodell der Mediativen Sachverständigenvermittlung

## 4.8
## Zusammenfassung

Zusammenfassend stellt die Mediation bzw. die Mediative Sachverständigenvermittlung ein nach klaren Regel ablaufendes Konfliktbewältigungsverfahren dar. Aus Sicht der Autoren kann sich der Vermittler aktiv an der Konfliktlösung beteiligen, ohne diese aber vorzuschreiben. Diese Sichtweise wird aber nicht von allen in der Literatur veröffentlichen Beiträgen getragen. Der im ersten Kapitel dieses Buches geprägte Begriff der Mediativen Sachverständigenvermittlung entspricht dieser aktiven Rolle am ehesten. Das Fachwissen der Vermittler muss genutzt werden. Inwieweit sich ein Vermittler aktiv in das Vermittlungsverfahren „einmischt", muss je nach Konfliktfall entschieden werden. Das Einbringen von Sachverstand und fachlichem Know-how stellt eine weitere zielführende Komponente in der Konfliktkommunikation dar und hilft allen Beteiligten, auch eine fachlich korrekte Beurteilung des Konfliktes zu finden.

## 4.9
## Literatur

Altmann, Fiebiger, Müller (1999): Mediation: Konfliktmanagement für moderne Unternehmen, Weinheim und Basel

ARGE Baurecht im DeutschenAnwaltVerein (1998): Schlichtung und Schiedsordnung für Baustreitigkeiten (SOBau)

Breidenbach, S. (1995): Mediation – Struktur, Chancen und Risiken von Vermittlung im Konflikt, Köln 1995

Breidenbach, S., Henssler, M. (Hrsg.) (1997): Mediation für Juristen, Köln

Brößkamp, M. (o. J.): Mediation im Baurecht? in mediations-report, http://www.centrale-fuer mediation.de/imp_leit/imp02.htm, gedruckt am 12.01.2001

Dörr, C. (1991): Die Entwicklung des Familienrechtes seit 1989 – Eherecht, elterliche Sorge, Umgangsbefugnis, Kinderherausgabe, Ehewohnung und Hausrat in: NJW

Eidenmüller, H. (2001): Vertrags- und Verfahrensrecht der Wirtschaftsmediation, Köln

Ewig, E. (Hrsg.)(2000): MediationsGuide 2000, Köln

Fisher, R., Ury, W., Patton, B. (1996): Das Harvard-Konzept, Sachgerecht verhandeln – erfolgreich verhandeln, 15. Auflage, Frankfurt/Main, New York 1996

Geißler, P., Rückert, K. (Hrsg.) (2000): Mediation – die neue Streitkultur, Kooperatives Konfliktmanagement in der Praxis, Gießen

Glasl, F. (1997): Konfliktmanagement, 5. Auflage, Bern, Stuttgart

Hammerbacher, P.-T. (2000): Chancen und Risiken der Familienmediation am Beispiel des neuen Kindschaftsrechtes, Inaugural-Dissertation, Eberhard-Karls-Universität Tübingen

Kohl, B. (2000): Baubegleitende Mediation und die Rolle des Sachverständigen, in: BIS – Der Bau- und Immobilien-Sachverständige, Heft 5, Köln

Moritz, R (1998): Konfuzius: Gespräche (Lun- Yu). (Lernmaterialien), Ditzingen

Ohne Verfasser (1995): Florida Rules for Certified and Court Appointed Mediators, http://www.flcourts.org/sct/sctdocs/rules.html, Datei: „sc95491.zip"

Pfetsch, F. R. (1994): Konflikt und Konfliktbewältigung. Beispiele für Formen zwischenstaatlicher Auseinandersetzungen, Stuttgart

Reschke, D. F., Michel, R. M. (2000): Effizienz-Steigerung durch Moderation, Heidelberg

Schulze-Hagen, A. (Hrsg.) (1999): Bauen, Planen, Recht; Festschrift für Klaus Vygen zum 60. Geburtstag, Düsseldorf

Senghaas, D. (Hrsg.) (1972): Kritische Friedensforschung, Frankfurt

Starck, J. (1990): Die Entwicklung des Wirtschaftsrechts in der Volksrepublik China, in: NJW

Strempel, D. (Hrsg.)(1998): Mediation für die Praxis, Berlin

Susskind, L., Cruikshank, J. (1987): Breaking the Impasse, USA

Susskind, L., Levy, P. F., Thomas-Larmer, J. (2000): Negotiating Environmental Agreements, Washington

Witschier, B. M. (2000): Konfliktzünder Zeit, Wirtschafts-Mediation in der Praxis, Wiesbaden

# 5
# Checkliste: Mediationsvertrag und Verfahrensordnung – Welche Gesichtspunkte bei der Vertragsgestaltung berücksichtigt werden sollten

*Silke Hertel*

Über die Durchführung eines Mediationsverfahrens existieren keine gesetzlichen Regelungen. Die Beteiligten können das Mediationsverfahren daher frei gestalten. Gleichzeitig machen es fehlende gesetzliche Bestimmungen aber erforderlich, Vereinbarungen über die Rechte und Pflichten der Beteiligten und der Mediatoren sowie über die Gestaltung des Verfahrens zu treffen. Die nachfolgende Checkliste gibt Anhaltspunkte dafür, welche Gesichtspunkte bei der Vertragsgestaltung berücksichtigt werden sollten.

Es empfiehlt sich, das Regelwerk in den Mediationsvertrag und die Verfahrensordnung aufzuteilen und Honorarvereinbarung und Haftungsregelungen in gesonderten Urkunden festzuhalten. Der Mediationsvertrag regelt die wesentlichen Rechte und Pflichten der Beteiligten und der Mediatoren sowie die Beauftragung der Mediatoren mit der Durchführung des Verfahrens. Die Verfahrensordnung enthält Bestimmungen über die Gestaltung und den Ablauf des Verfahrens.

Zwingend ist der vorgeschlagene Aufbau nicht. Neben den aufgelisteten Hinweisen können weitere Vereinbarungen getroffen werden. Ebenso müssen nicht alle Stichpunkte Eingang in das vertragliche Regelwerk finden. Es sollte jedoch immer darauf geachtet werden, dass die Voraussetzungen für eine erfolgreiche Durchführung der Mediation geschaffen und die Risiken der Mediation durch vertragliche Regelungen minimiert werden. Die nachfolgende Checkliste berücksichtigt diese Ziele. Hinsichtlich der Ausgestaltung der Regelungen, die den Risiken und Schwächen der Mediation begegnen sollen, wird auf den Beitrag von Rechtsanwältin Riemann in Kap. III.2 dieses Buches verwiesen.

Der Checkliste liegt das Verfahren der baubegleitenden Projektmediation zugrunde, im Rahmen derer mehrere (auch mehr als zwei) am Bauvorhaben Beteiligte ihre Konflikte während der gesamten Abwicklungszeit des Bauvorhabens durch Mediation zu lösen versuchen. Sie berücksichtigt damit nur eine mehrerer Mediationsformen und Möglichkeiten der Vertragsgestaltung. Die meisten der Hinweise gelten für andere Formen der Mediation entsprechend. Auswirkungen verschiedener Vertrags- und Finanzierungsmodelle auf den Mediationsverlauf beleuchtet Flucher in einem Beitrag für die Zeitschrift für Konfliktmanagement[1]. Diesem können Hinweise auf die Besonderheiten, die bei der Vertragsgestaltung eines Vielparteien-Mediationsverfahrens vor allem im Bereich des Umweltschutzes und der Raumplanung zu beachten sind, entnommen werden.

---

[1] Flucher, Vertrags- und Finanzierungsmodelle in Vielparteienmediationen, ZKM 4/2001, 188.

Die Checkliste geht davon aus, dass ein Mediationsteam eingeschaltet wird, wobei die Mediatoren (z. B. ein Ingenieurbüro und eine Rechtsanwaltskanzlei), die Vertragspartner der Beteiligten, über einen „Pool" von qualifizierten Personen verfügen, aus dem jeweils eine Person zur Durchführung der Mediation (der „eigentliche" Mediator) bestimmt wird.

## 5.1 Mediationsvertrag

### 5.1.1 Vertragsparteien

- Genaue Bezeichnung der Beteiligten (Medianten)
- genaue Bezeichnung der Mediatoren

### 5.1.2 Präambel

- Kurzbeschreibung des Bauvorhabens, der Beteiligten, der vertraglichen Beziehungen; Absicht der Beteiligten, ihre Konflikte im Rahmen der Mediation zu lösen; ggf. Kurzbeschreibung eines bereits aufgetretenen Konfliktes

### 5.1.3 Vertragsgegenstand

- Projektbegleitende Mediation für die gesamte Abwicklungszeit des Bauvorhabens
- Bezeichnung der Streitigkeiten, die dem Mediationsverfahren unterfallen
- Unter Mitwirkung der Mediatoren von den Beteiligten selbst erarbeitete einvernehmliche Regelungen als Ziel
- Beauftragung der Mediatoren durch die Beteiligten mit der Durchführung des Mediationsverfahrens

### 5.1.4 Bestandteile des Vertrages

- Mediationsvertrag, Honorarvereinbarung, Verfahrensordnung und Haftungsregelung unter Benennung der Reihenfolge für den Fall von Widersprüchen

### 5.1.5
**Pflichten der Mediatoren**

- Mitwirkung an der gütlichen Beilegung bestehender Konflikte
- Unparteilichkeit und Unabhängigkeit
- Verschwiegenheit während und nach Abschluss des Verfahrens, entsprechende Verpflichtung aller mit dem Mediationsverfahren befassten Mitarbeiter der Mediatoren

### 5.1.6
**Pflichten der Beteiligten**

- Erarbeitung einer einvernehmlichen Regelung des Konfliktes
- Pflicht, die Mediatoren durch Stellungnahmen, Vorlage von Schriftstücken etc. über den Sachverhalt zu informieren und diesen Zugang zur Baustelle zu gewähren
- Verschwiegenheit während und nach Abschluss des Verfahrens, entsprechende Verpflichtung aller mit dem Mediationsverfahren befassten Mitarbeiter der Beteiligten

### 5.1.7
**Sicherstellung der Unparteilichkeit der Mediatoren und der Vertraulichkeit**

- Offenlegung bisheriger Beratungs- und Vertretungsverhältnisse zwischen Mediatoren und Beteiligten; Entbindung der Mediatoren von der Schweigepflicht für die zur Offenlegung erforderlichen Erklärungen
- Ausschluss desjenigen als Mediator, der vor Beginn des Verfahrens in einer Angelegenheit, die Gegenstand des Verfahrens sein kann, für einen der Beteiligten tätig war
- Offenlegung von Informationspflichten gegenüber Dritten (z. B. Versicherungen)
- Verbot für Mediatoren, in Angelegenheiten des Mediationsverfahrens während und nach Abschluss des Verfahrens für einen der Beteiligten tätig zu werden
- Pflicht der Beteiligten, die Mediatoren und die mit dem Mediationsverfahren befassten Mitarbeiter der Mediatoren für Tatsachen, die diesen im Rahmen des Mediationsverfahrens bekannt werden, in einem späteren Gerichtsverfahren nicht als Zeugen zu benennen; entsprechendes Zeugnisverweigerungsrecht der Mediatoren und deren Mitarbeiter
- Pflicht der Beteiligten, die für sie handelnden und sonstigen mit dem Mediationsverfahren befassten Mitarbeiter der Beteiligten für Tatsachen, die diesen im Rahmen des Mediationsverfahrens bekannt werden, in einem späteren Gerichts-

verfahren nicht als Zeugen zu benennen; entsprechendes Zeugnisverweigerungsrecht der Mitarbeiter der Beteiligten
- Verbot der Verwertung von Sitzungsprotokollen (die u. a. Aussagen von Teilnehmern des Mediationsverfahrens enthalten können) und anderen im Rahmen des Mediationsverfahrens erstellten oder erlangten Beweismitteln in einem späteren Gerichtsverfahren

### 5.1.8
**Ort, an dem die Mediation durchgeführt werden soll**

### 5.1.9
**Kündigung des Mediationsvertrages**

- Kündigungsrecht (Berechtigte, freie Kündigung/Bindung an Voraussetzungen, Empfänger, Schriftformerfordernis)
- Auswirkung der Kündigung durch einen der Beteiligten oder der Mediatoren auf das Mediationsverfahren

### 5.1.10
**Honorar**

- Honoraranspruch der Mediatoren, Einzelheiten in gesonderter Vertragsurkunde („Honorarvereinbarung")
- Fälligkeit des Honoraranspruchs und Rechnungslegung durch die Mediatoren, ggf. in gesonderter Vertragsurkunde („Honorarvereinbarung")
- Haftung der Beteiligten für die Honorarforderung der Mediatoren im Außenverhältnis (nach Quoten/als Gesamtschuldner) und im Innenverhältnis

### 5.1.11
**Haftung der Mediatoren**

- Regelungen über die Haftung der Mediatoren, Haftungsbeschränkungen sowie den Abschluss einer Haftpflichtversicherung, ggf. in gesonderter Vertragsurkunde („Haftungsregelung")
- Regelung über die Verjährung der Haftungsansprüche der Beteiligten, ggf. in gesonderter Vertragsurkunde („Haftungsregelung")

### 5.1.12
**Sonstige Bestimmungen**

- Bei Verträgen mit internationalem Bezug: auf den Vertrag anwendbares Recht
- Gerichtsstand und Erfüllungsort

## 5.2
## Verfahrensordnung

### 5.2.1
### Anwendungsbereich

- Mediationsvertrag als Grundlage und Rahmen
- Bezeichnung der Streitigkeiten, die dem Mediationsverfahren unterfallen (wie im Mediationsvertrag)
- Festlegung, wer bei Uneinigkeit der Beteiligten darüber, ob ein Konflikt dem Anwendungsbereich unterfällt, entscheidet (z. B. Mediatoren)

### 5.2.2
### Bestimmung der („eigentlichen") Mediatoren

- Regelungen darüber, wie die Personen, die die Mediation durchführen, aus dem „Pool" der Mediatoren bestimmt werden
- Gegebenenfalls Möglichkeit des Austausches einer die Mediation durchführenden Person

### 5.2.3
### Beginn des Verfahrens

- Einleitung (z. B. durch schriftlichen Antrag eines der Beteiligten, das Mediationsverfahren durchzuführen; ggf. inhaltliche Anforderungen an den Antrag)
- Zeitpunkt des Beginns (z. B. Eingang des Antrages bei einem der Mediatoren)
- Gegebenenfalls Voraussetzung für den Beginn (z. B. Einzahlung von Honorarvorschüssen)
- Regelung über den zeitlichen Ablauf der Bestimmung der („eigentlichen") Mediatoren für den Fall, dass nicht bereits erfolgt

### 5.2.4
### Grundsätze des Verfahrens

- Gütliche Beilegung als Verfahrensziel
- Durchführung des Verfahrens nach billigem Ermessen der Mediatoren unter Berücksichtigung der Wünsche der Beteiligten
- Pflicht der Beteiligten und der Mediatoren zur Förderung der zügigen Verfahrensdurchführung
- Ausschluss der Öffentlichkeit, Wahrung der Vertraulichkeit

### 5.2.5
**Durchführung des Verfahrens**

- Anberaumung von Erörterungsterminen durch die Mediatoren
- Festlegung von Rederechten (Beschränkung auf bestimmte Personen der Beteiligten und des zeitlichen Umfangs) bzw. Befugnis der Mediatoren, Rederechte einzuräumen
- Möglichkeit, Einzelgespräche zu führen
- Befugnisse der Mediatoren zur Aufklärung des Sachverhaltes (z. B. Aufforderung zur Stellungnahme und Vorlegung von Schriftstücken, Inaugenscheinnahme des Streitgegenstandes)
- Befugnis der Mediatoren, den Beteiligten zur Mitwirkung Fristen zu setzen
- Hinzuziehung von Sachverständigen oder sonstiger Dritter (einschließlich Verpflichtung der Dritten zur Vertraulichkeit und Kostentragungsregelung)
- Kein Anspruch der Beteiligten auf Akteneinsicht
- Gegebenenfalls Modalitäten hinsichtlich der Unterbreitung eines Einigungsvorschlages durch die Mediatoren zur Beilegung eines aktuellen Konfliktes oder zur endgültigen Streitbeilegung

### 5.2.6
**Vertretung der Beteiligten im Verfahren**

- Vertretungsberechtigte Personen auf Seiten der Beteiligten (z. B. Anforderungsprofil, Erfordernis einer schriftlichen Vollmacht)
- Möglichkeit der Beiziehung von Rechtsanwälten als zusätzliche Vertreter

### 5.2.7
**Ergebnisse der Mediation**

- Protokollierung von Zwischenergebnissen und Vereinbarungen
- Konsequenz für den Fall, dass ein Einigungsvorschlag der Mediatoren innerhalb einer bestimmten Frist nicht ausdrücklich angenommen oder abgelehnt wird (z. B.: „gilt als abgelehnt")
- Informationspflicht der Mediatoren über die Rechtslage
- Schaffung von Vollstreckungsvoraussetzungen für getroffene Vereinbarungen

### 5.2.8
**Beendigung des Verfahrens**

- Mit Abschluss einer alle Ansprüche der Beteiligten, die im Zusammenhang mit dem Bauvorhaben stehen und dem Mediationsverfahren unterfallen, umfassende und abgeltende Vereinbarung der Beteiligten
- Durch Kündigung (z. B. durch übereinstimmende Kündigung der Beteiligten oder durch übereinstimmende Kündigung der Mediatoren)
- Festlegung des genauen Zeitpunktes der Beendigung des Verfahrens in den vorgenannten Fällen

### 5.2.9
**Hemmung der Verjährung**

- Für streitbefangene Ansprüche

# 6
# Mediation aus Sicht der Psychologie

*Mirjam C. Gollenia*
*Günther Raberger*

## 6.1
## Kostenminderung und Beziehungsverbesserung bei Konflikten – Zweifachnutzen durch Win-win-Strategien

### 6.1.1
### Die Notwendigkeit für einen Wandel in der Bauindustrie

Zur erfolgreichen Konfliktbewältigung ist es notwendig, sich intensiv mit den Ursachen und den Problemverläufen in Konflikten auseinander zu setzen, Werkzeuge kennenzulernen, sowie ein Verhalten zu erlernen, mit dessen Hilfe Konflikte vermieden oder zumindest gelöst werden können.

In Großbritannien gab es ernsthaft gemeinte Ansätze, dass der beabsichtigte „Kulturwechsel am Bau" in einer gezielten Ausbildung der nächsten Generation von Projektverantwortlichen liegen müsste. Doch können derzeit abzuwickelnde Projekte nicht auf zukünftige Generationen gewandelter Ingenieure und Techniker warten. Deswegen scheint es wichtig, wiederkehrende Ursachen von Konflikten am Bau zu analysieren (Taxonomie der Konflikte[1]), diese dann soweit möglich zu vermeiden, und einen Übergang zu einer neuen Kooperations- und Konfliktkultur in Bauprojekten zu unterstützen.

> Die allseits bevorzugte Lösung wäre es, Konflikte zu vermeiden. Wenn Angebots- und Beschaffungsprozeduren verbessert würden, könnten die Ursachen von Konflikten verringert werden. Wenn Vertragswerke Verwendung fänden, die Betonung auf Teamwork und Kooperation legten, wäre dies ein weiterer mächtiger Schritt in die richtige Richtung[2].

Innovative Baupartnerschaften[3] z. B. sind eine der Methoden partnerschaftlicher Kooperation zwischen den Projektbeteiligten. Bei dieser Kooperation stehen nicht die Einzelinteressen der Projektbeteiligten, sondern das Gesamtziel der Projektrealisierung im Vordergrund.

---

[1] Vgl. Wörterbuch.
[2] Vgl. Latham, Sir M.: Constructing the Team – Final Report (1995), S. 87.
[3] Vgl. Wörterbuch.

### 6.1.2
**Kooperationsmodelle und professionelles Konfliktmanagement – das „ideale Team"**

Ziemlich analog der Entwicklung vom Transactional-Marketing[4] zum Relationship-Marketing[5] verwirklichte zuerst die US-Bau- und Anlagenbauindustrie innovative Kooperationsmodelle, wie Partnering und Ansätze zu Projektallianzen. Grund dafür war nicht etwa besondere Fortschrittlichkeit, sondern eher eine aus Not geborene Kreativität, um aus dem „Tal der Erfolgslosigkeit" herauszufinden, in dem sich die damals glücklose US-Bauindustrie (1990) befand. Mit einer Verzögerung von etwa zehn Jahren setzen sich unter vermutlich identischen Bedingungen diese kreativen Projektbeschaffungskonzepte in Europa durch – wie z. B. in Großbritannien.

> Essentielles zu Relationship-Marketing:
> Im Brennpunkt ist die Kundenbeziehung – Betonung liegt auf Kundenservice – Hohes Maß an Kunden- und Lieferantenbindung wird angestrebt – Qualität liegt in der Verantwortung aller[6].

*Dauerhafte Geschäftsbeziehungen*  Diese neue Herausforderung in der Bauindustrie heißt: dauerhafte und wechselseitig profitable Geschäftsbeziehungen (relationships) zwischen Bauherr und Unternehmer. Hier bieten sich Kooperationsmodelle[7] (Relational Contracting) an. Diese innovative Menschen-/Prozess-Beziehung ist die treibende Kraft hinter Qualität und Profitabilität in allen organisatorischen Aktivitäten.

> Die Zukunft heißt Kooperationsmodelle/Partnering
> Wenn Projektbeteiligte sich der Partneringidee verpflichtet fühlen, geschieht Überraschendes: kreative Lösungen zu Problemen tauchen auf; anderen Teamkollegen zu helfen, wird zur Norm; einfacher Handschlag erlangt wieder Bedeutung; und vielleicht als bester Effekt: Arbeit wird wieder zur Freude[8]!

Soweit ein amerikanischer Kommentar zum Thema Partnering. Gelebte Kooperation benötigt jedoch zu ihrer Entwicklung Vertrauen und Fairness. Fairness ist das Ergebnis einer Einstellung, die weit über den Begriff und Inhalt des Handschlags hinausgeht – und die hinführt zu einer Beziehung, in der jede Partei mehr als nur fair ist gegenüber der anderen. Vertrauen ist die positive Erwartung, dass einem geholfen wird – es ist nicht bloß die Abwesenheit einer Schädigungsabsicht.

Zuerst an der Kultur arbeiten ... dazu ein Zitat aus dem Egan Report „Task Force Rethinking Construction":

> Die Task Force[9] ist nicht der Auffassung, dass Technologie aus sich selber die Antwort auf die Notwendigkeit für größere Effizienz und höhere Qualität in der Bau- und Anlagenbauindustrie liefern kann. Es gab gefeierte Beispiele vom Einsatz neuer Technologien,

---

[4] Vgl. Wörterbuch.
[5] Vgl. Wörterbuch.
[6] Vgl. Christopher, M. et al.: Relationship Marketing – Bringing Quality, Customer Service and Marketing Together (1991), S. 9.
[7] Vgl. Wörterbuch.
[8] Vgl. Carr, F. et al.: Partnering in Construction – A Practical Guide to Project Success (1999), Introduction.
[9] Vgl. Egan, Sir J.: Rethinking Construction (1998).

um veraltete und unwirtschaftliche Prozesse zu optimieren – und sie versagten kläglich. Manager aus der verarbeitenden Industrie raten der Bau- und Anlagenbauindustrie, sich der Veränderung so zu nähern, indem sie zuerst an der Kultur arbeiten; dann sollten Prozesse definiert und verbessert werden – und erst dann Technologie eingeführt werden, um diese kulturellen und prozessualen Verbesserungen zu unterstützen.

### 6.1.2.1 Bestandteile erfolgreicher Kooperationsmodelle

Kooperationsmodelle und damit integriertes Konfliktmanagement werden zu den zukünftigen Anliegen mit Gesellschaftsbelang (ökonomische Sachzwänge) gehören – man spricht davon, dass diese gesellschaftlich und wirtschaftlich relevanten Belange einen echten Paradigmenwechsel in der Bauwirtschaft darstellen werden.

> Die wichtigsten Elemente des Kooperationsmodells
> Auf Gegenseitigkeit basierende Zielsetzungen (Partnering Charter) – die Interessen aller werden am besten gewahrt, wenn die Aufmerksamkeit auf den Gesamtprojekterfolg ausgerichtet ist.
> Mitlaufende Verbesserung – die erbrachte Leistung wird mitlaufend gemessen, verglichen und ausgewertet, um nachhaltig positive Verbesserungen des ursprünglichen Leistungsversprechens zu erreichen.

... und enthalten ist Konfliktmanagement als integraler Teilprozess[10]:

> Konfliktmanagement – Minimierung möglicher Konfliktkosten durch Integration eines zeitnahen Echtzeit-Konflikt-Management-Prozesses. Anzustreben ist zuerst Konfliktprävention; dann Konfliktlösung auf der Stufe der am Konflikt direkt Beteiligten und danach stufenweise auf einer vertraglich vordefinierten Eskalationsleiter. Der Konflikt sollte das Projekt, die Baustelle, nie verlassen, sondern da gelöst werden, wo auch die größte Sachkompetenz für eine nachhaltige Konfliktlösung vorhanden ist – und die liegt eben bei den Projektverantwortlichen auf der Baustelle.

ASR/B-Prozesselemente können als Teilprozesse in jedes größere Projekt integriert werden. Effektiver sind ASR/B-Prozesselemente innerhalb von Kooperationsmodellen. Konflikte sind aus Projektorganisationen nicht wegzudenken! Daher sollten zu ihrer konstruktiven Bewältigung verbindlich vereinbarte ASR/B-Prozesse vorliegen, die idealerweise bereits vorab vertraglich vereinbart werden.

*ASR/B (Außergerichtliche Streit-Regelung/ Streit-Beilegung)*

### 6.1.2.2 Konfliktmanagement als Geschäftsprozess

Internationale Geschäftsdispute nehmen in Zahl und Ausmaß spürbar zu, werden komplexer und entziehen sich oftmals der direkten Kontrolle der Beteiligten. Sie stellen für das Gesetz und die Rechtsprechung eine ernstzunehmende Herausforderung dar. Zur selben Zeit wird immer deutlicher, dass die alleinige Ausrichtung auf Rechtsprechung und auf Rechtsstrukturen den Bedürfnissen des internationalen Handels und der Investmentbranche nicht weit genug entgegenkommt. In den zurückliegenden Jahren hat die interdisziplinäre Forschung und haben innovative Praktiker ihre Bemühungen gebündelt und eine „Technologie des Konfliktmanagements" entwickelt. Einige dieser Techniken wurden unter dem Begriff „Alternative Dispute Resolution (ADR)" bekannt, obwohl diese im Wesentlichen nur moderne Versionen von eigentlich sehr alten Einigungsverfahren, i. e. der Mediation, darstellen[11].

---

[10] Vgl. Walker, D. et al.: Relationship-Based Procurement Strategies for the 21st Century (2000), S. 26.
[11] Vgl. Bühring-Uhle, Chr.: Arbitration and Mediation in International Business (1996), S. 1.

### 6.1.2.3 Was beinhaltet das Kontinuum des Konfliktmanagements?

ADR kommt ursprünglich aus dem Umfeld der amerikanischen Bau- und Anlagenbauindustrie und steht für „Alternative Dispute Resolution". Im deutschsprachigen Europa wird ADR inhaltlich korrekt als ASR/B übersetzt. Am besten lassen sich die Inhalte im Kontinuum des Konfliktmanagements darstellen.

*Prävention*  Die ersten beiden Prozessschritte sind den präventiven Elementen des Konfliktmanagements zuzurechnen:

- Team Moderation, Team Coaching und Kommunikation im Team; Erweiterung der Verhandlungsbasis durch begleiteten Dialog.
- Verhandlungen: Suche nach dem Konsens durch begleiteten Dialog, insbesondere unter Einbezug objektiver Kriterien.

*Intervention*  In den Folgeschritten greift man auf die Hilfe einer „neutralen" Drittpartei (Drittparteibegleitete Verhandlung) zu; sie umfassen bereits kurative, Konflikt behandelnde Prozesse:

- Konfliktbehandlung & Versöhnung in der Verhandlung
- Präventive Neutrale Evaluierung[12]
- Vorstands-Tribunale[13]

Zwei wichtige Sonderformen, die auf der Konfliktvermeidungsseite anzusiedeln sind, versprechen hohes Zukunftspotenzial:

- Integrierte Projektmanagementprozesse: Konfliktberater; Konfliktmanager
- Integrierte Projektmanagementprozesse: Dispute Adjudication Board, Dispute Review Board[14]: innovative Konfliktmanagement Regelungen, wie sie z. B. bereits in den FIDIC- und ICC-Vertragswerken integriert sind
- Baupartnerschaften, Kooperationsmodelle, Projektallianzen[15]

### 6.1.3
### Gesellschaftliche und wirtschaftspolitische Trends

Es gibt ein großes Organisationsmythos, demzufolge gilt: Wir handeln wie ein Mann, wir sitzen in einem Boot, wir sind eine große Gemeinschaft; das Unternehmen hat ein Ziel und alle Mitglieder dieses Unternehmens verfolgen aus verschiedenen Positionen heraus dieses eine gemeinsame Ziel![16]

*Wertewandel*  In den letzten Jahrzehnten hat sich allerdings in aller Deutlichkeit hier ein Wertewandel[17] vollzogen. Im Vordergrund steht nicht länger die allgemeine, soziale oder staatliche Verantwortung, sondern es hat ein Wandel hin zur Privatverantwortung

---

[12] Vgl. Wörterbuch.
[13] Vgl. Wörterbuch.
[14] Vgl. Wörterbuch.
[15] Vgl. Wörterbuch.
[16] Vgl. Neuberger, Mikropolitik: der alltägliche Aufbau und Einsatz von Macht in Organisationen (1995), S. 33.
[17] Vgl. Noelle-Neumann, E.: Das Fischer Lexikon Publizistik/Massenkommunikation (2000).

stattgefunden. In unserer kapitalistisch-individualistischen Gesellschaft dominieren heute ganz andere Interessen und Persönlichkeitseigenschaften: Die individuelle Suche nach Erfolg und die Vermeidung von Misserfolg. Leitet man aus diesem, als Tatsache zu wertenden Zustand, eine Art prinzipieller Konkurrenz ab, so findet man diese heute auf allen Ebenen. Die Werthaltungen in Technik und Forschung, der freien Marktwirtschaft und der Gesellschaft überhaupt haben sich dahingehend gewandelt. Elegant formuliert Scharpf[18], was ein solcher Interessenskonflikt bewirken kann. Für Scharpf existiert als Ausgangsproblem der Politik „die Möglichkeit kollektiven Handelns bei nicht vorauszusetzendem Konsens". Der Interessenkonflikt der Individuen ist damit allgegenwärtig – und diese Erkenntnis ist wichtig.

Tatsache ist jedoch: optimal wirtschaften heißt ...
1. aufkeimende Konflikte zu vermeiden, und
2. bestehende Konflikte rasch und effizient zu lösen.

Ein Lot Vorbeugung ist besser als ein Pfund Heilung! Klar, aber nicht immer möglich. Es empfiehlt sich, die bereits etablierte beste Lösung, d. h. die in der angloamerikanischen Industrie bewährte Methode der Konfliktbehandlung zu bedienen, um Konflikte rasch und effizient zu lösen – aber dies geschieht nicht mit signifikanter Regelmäßigkeit. Ideal wäre es, wenn eine „kritische Masse von im Bau Beschäftigten" sich alternativ, Konsens suchend und Win-win orientiert verhalten würde.

Ist es realistisch anzunehmen, dass solch eine Veränderung auch in Deutschlands Bauindustrie stattfinden kann? Dies ist die Crux bei der Sache, und ebenso die Gretchenfrage!

#### 6.1.3.1 Trendwende zu Win-win-Verhalten?

John Naisbitt schreibt in seinem Buch Megatrends: „Der verlässlichste Weg, die Zukunft vorauszusagen ist, die Gegenwart zu verstehen ... Wir erfahren etwas über Gesellschaftstrends, indem wir eine Methode anwenden, die man Gehalts-, Inhalts- oder Substanzanalyse nennt".[19]

Naisbitt stellt weiter die Behauptung auf, dass sich Umwelt, wie auch Einzelpersonen, nur bedingt mit verschiedenen gesellschaftlichen Anliegen zur selben Zeit auseinandersetzen können (hier: Win-lose gegenüber Win-win-Konfliktlösungen) und er meint: „Gemeinschaften funktionieren offensichtlich wie einzelne Personen. Eine Person kann nur eine bestimmte Anzahl von Problemen oder gesellschaftlichen Anliegen in ihrem Kopf oder in ihrem Herzen behalten. Wenn neue Probleme oder Anliegen mit Gesellschaftsrelevanz auftauchen, müssen einige bestehende aufgegeben werden – so entstehen neue Prioritäten".

Neue Prioritäten – Gegeneinander vs Miteinander

Stellen wir uns doch die Frage, ob auch Kooperationsmodelle, und damit integrierte ASR/B, solch ein neues Anliegen der Gesellschaft, der Bauwirtschaft[20], darstellen

---
[18] Vgl. Scharpf, F.: Interaktionsformen (2000).
[19] Vgl. Naisbitt, J.: Megatrends (1984), S. 2–4.
[20] Vgl. Gralla, M.: Neue Wettbewerbs- und Vertragsformen für die deutsche Bauwirtschaft (1999).

werden? Bei Naisbitt finden wir dann die Schlussfolgerung: „Indem wir die gesellschaftlichen Anliegen verfolgen, welche hinzugefügt und jene die aufgegeben werden, können wir den sich verändernden Marktanteil der im Wettbewerb stehenden Belange messen".

### 6.1.3.2 Der handlungsleitende Ansatz im Konfliktmanagement

Professionell durchgeführtes Konfliktmanagement könnte nun tatsächlich eines dieser gesellschaftlichen Anliegen sein und „Coach-begleitetes Verhandeln" kann ein erster – nicht zu großer – Schritt zu einer neuen Konfliktbehandlungskultur in der Bauindustrie sein.

Der im Abschnitt 6.1.4 beschriebene Trend im Wertewandel bedingt auch eine entsprechende (Neu-)Orientierung bei der Betrachtung von Konfliktpartnern und anderen Phänomenen der Interaktion. Notwendig hierzu ist ein von der Haltung und von den Interventionsmethoden her systemisch-konstruktivistisch agierendes Konfliktberaterteam.

*Systemisch-konstruktivistischer Beratungsansatz[21]*

Was bedeutet dies in der Praxis?

1. Konfliktberater/Mediatoren akzeptieren und fördern die Sichtweise jeder einzelnen Konfliktpartei und achten darauf, dass diese gewahrt bleibt.

2. Konfliktberater/Mediatoren gestalten ein produktives, konstruktives Arbeitsumfeld. Deren Aufgabe ist es, permanent und unter allen Umständen das gemeinsame Ziel im Auge zu behalten (Lösungsorientierung) und Emotionen anzunehmen und in Kreativität umzuwandeln.

3. Konfliktberater/Mediatoren arbeiten mit diversen Methoden und Ideen, um die Konfliktlösung zu forcieren. Ausgehend von der Überzeugung, dass jeder Mensch ein Individuum, d. h. eine autonome Persönlichkeit ist, wissen sie, dass jede Person nur die Dinge nutzt, die wirklich zu ihr passen. Jeder wird also Anregungen auf seine Art ausgestalten und auf seinem eigenen Weg bleiben!

4. Eine der vornehmsten Aufgaben des Konfliktberaters/Mediators ist die Unterbrechung bestehender Muster im Konflikt. Ein Großteil aller Konflikte sind nur deshalb so stabil, weil die beteiligten Parteien immer dieselben Handlungsmuster anwenden.

5. Konfliktberater/Mediatoren bieten jeder Partei die Chance, ihr Verhalten bestmöglich zu korrigieren. Niemand kann die Gegenpartei ändern, sondern lediglich auf Auswirkungen hoffen.

6. Konflikte und Auseinandersetzungen machen Sinn! Allein schon die offene Positionierung kann förderlich sein. Konfliktberater/Mediatoren moderieren die positiven Seiten des Konflikts.

---

[21] Vgl. Radatz, S.: Das Modell der gemeinsamen Schritte, Research Summaries Bd. 2 (2001).

## 6.2
### Theoretische Betrachtung des Konflikts und der Konfliktparteien

Was ist nun ein Konflikt, und was ist kein Konflikt. Eine theoretische Betrachtung soll helfen, sich mit diesem hochkomplexen und zumeist unterschätzten Thema vertrauter zu machen. F. Glasl spricht davon, dass die Methoden des Konfliktmanagements eine „praktische Anwendung der Grundhaltung der Gewaltlosigkeit" darstellen und dass nur der „Ersatz der Gewaltmethoden durch Methoden des Konfliktmanagements ... den Teufelskreis der Regression und Destruktion" durchbrechen kann.

> Konflikte[22] sind eine dreifache Herausforderung für jeden, der mit ihnen zu tun hat. Denn für diese Herausforderung ist es einerlei, ob der Betroffene oder der professionelle Berater und Begleiter damit zu tun haben.
>
> 1. Alle Beteiligten im Konflikt werden bis zum äußersten gefordert, um die Ereignisse in all ihrer verwirrenden Komplexität zu überblicken und zu durchschauen: denn Konflikte sind vielschichtig, überall treten unzählige Faktoren in beinahe unübersehbaren Verflechtungen auf.
>
> 2. Alle Beteiligten im Konflikt sind jederzeit der Gefahr ausgesetzt, durch die Geschehnisse mitgerissen zu werden und jeglichen Boden unter den Füßen zu verlieren, der uns Halt gibt: denn in Konflikten wird unsere ganze Person angesprochen, unser ganzes Denken, Fühlen und Wollen wird ständigen Korrumpierungen ausgesetzt und führt zu einem Handeln, das nicht mehr von unserem Ich getragen wird; weil wir uns selbst verlieren, darum verlieren wir den Halt; und statt selber zu handeln, werden wir gedrängt und geschoben.
>
> 3. Alle Beteiligten im Konflikt werden mit all unseren widersprüchlichen Licht- und Schattenseiten konfrontiert, als Konfliktpartei genau so wie als beratende Drittpartei – und wir müssen uns den ungeläuterten Seiten unserer Persönlichkeit, unserer Gruppe oder der Organisation stellen: denn Konflikte führen uns immer in Grenzsituationen, in denen alles davon abhängt, wie wir uns zu uns selber stellen – und in welchem Menschen- und Weltbild wir uns verankert wissen.

*Definition*

Es ist Fakt, dass die deutsche Ingenieur- und Projektmanagementausbildung sich bisher unzureichend mit Konflikt- und Kommunikationsmanagement[23] beschäftigt hat. Man erkennt hier klar ein Verbesserungspotenzial und ebenso eine Voraussetzung für eine Effizienz steigernde Kooperationskultur.

### 6.2.1
### Beschreibung des Konfliktprozesses

Wenn wir über Konflikte sprechen, müssen wir uns im ersten Schritt der Analyse fragen: Worum geht es überhaupt? Welches Thema, welche Konstellation hat so viel Potenzial, dass daraus ein manifester Konflikt entstehen kann?

---

[22] Vgl. Glasl, F.: Konfliktmanagement – Ein Handbuch für Führungskräfte, Beraterinnen und Berater (1999), S. 433.
[23] Vgl. GPM-Studie „Entwicklung des Projektmanagements in den nächsten zehn Jahren" – April bis Juli 2001.

Per Definition spricht man von einem Konflikt somit immer dann, wenn zwei Elemente gleichzeitig gegensätzlich oder unvereinbar sind. Es ist allerdings nicht ausreichend, wenn zeitgleich divergierende Elemente (Personengruppen, Bewertungen, Gedanken) vorliegen. Notwendige Bedingung eines Konflikts ist die Intention der Beteiligten, in diesem Kontext klar Position zu beziehen. Hier wird eines unserer elementarsten Urbedürfnisse wirksam: Jenes nach innerer Ordnung und Stabilität[24]. Konflikte stören dieses Bedürfnis. Sie erschüttern unsere Identität zutiefst und greifen dabei in alle Lebensbereiche hinein.

*Perspektive im Konflikt*

G. Bateson und R. Dilts[25] haben dies in ihrem Modell der „Logischen Ebenen" sehr ansprechend dargestellt. Sie sprechen davon, dass jegliche Erfahrungen innerhalb des Wahrnehmungssystems unserer Gehirnstruktur auf unterschiedlichen Ebenen eingeordnet werden können. An oberster Stelle steht dabei die Ebene der Mission, der Zugehörigkeit. Hier wird die Frage des Sinns und der allgemeingültigen Bedeutung behandelt. Diese oberste Ebene enthält alles was wir tun und was wir sind. Konflikte haben nun die Macht, uns die Kontrolle über unsere Emotionen zu nehmen, in sich ruhende konstruktive Beziehungen eskalieren zu lassen. Konflikte erzeugen somit negativen Stress in Form von Lösungsdruck, und stellen damit unsere Mission und Zugehörigkeit in Frage.

*Konflikt und Identität*

Bei dem Versuch Konflikte zu klassifizieren, wurden im Wesentlichen zwei Konflikttypen beobachtet: intern und extern lokalisierte Gegensätzlichkeiten. Obwohl in diesem Buch die Konfliktbewältigung zwischen zwei oder mehreren Parteien im Vordergrund steht, ist aus psychologischer Sicht der innere (seelische) Konflikt gerade in diesem Kontext nicht zu vernachlässigen. Die Basis seelischer Konflikte bildet immer Anforderungen und Erwartungen, die nicht mit den persönlichen Vorgaben vereinbar sind. Im beruflichen Umfeld äußerst sich dies in der eingenommenen Rolle, einer sozialen Identität.

Die organisatorischen Rahmenbedingungen und das daraus resultierende Ineinandergreifen von Person, auch persönlicher Identität und Rolle[26], erreicht die höchste Komplexität bei Führungskräften. Ein klassisches Beispiel ist hier der Konflikt zwischen Gesamt- und Einzelverantwortung. Während die Führungskraft explizit Verantwortung für das Ganze übernimmt und damit zuständig für sämtliche Belange des eigenen Etats und des zugeteilten Personals ist, lastet auf jeder Führungskraft ebenso der Druck, Verantwortung abgeben zu müssen: Ohne Delegation hat Führung keine Chance!

*Führung*

Obwohl jede eingenommene Rolle, mit der eine Identifikation stattgefunden hat, prinzipiell konfliktträchtig ist, sind Rollen mit steigender Verantwortung zunehmend mit Konflikten und unumgänglichen Antagonismen verknüpft. Organisatorische Strukturen und soziale Netzwerke beschränken Handlungsspielräume und determinieren Anforderungen. Tiefgreifende, seelische Konflikte werden durch die Übernahme solcher Rollen zusätzlich geschürt und tragen zeitgleich dazu bei, Rollen zu

---

[24] Vgl. Berkel, K.: Konflikttraining: Konflikte verstehen, analysieren, bewältigen (1997), S. 10 ff.
[25] Vgl. Bateson, G. & Dilts, R.: in Dilts, R., Hallboom, T. & Smith, S.: Identität, Glaubenssysteme und Gesundheit. NLP-Veränderungsarbeit (1991).
[26] Vgl. Neuberger, O.: Führen und geführt werden (1990).

entwickeln und zu individualisieren. Wichtig ist es, auch diese Konflikte zu erkennen und konstruktiv damit umzugehen.

Externe Konflikte unterteilen sich in sogenannte zwischenmenschliche und organisatorische Konflikte. Zweier-, Paar-, Dreier-, Dreiecks- oder Gruppenkonflikte[27] sind das Thema und sie treten in der zwischenmenschlichen Kommunikation[28] offen zutage. Hier kommen je nach Konstellation unterschiedliche Aspekte hinzu, die den Konflikt beschreiben.

**Abbildung 1**
Konfliktarten in Organisationen (Berkel, 1997, S. 19)

Konfliktarten in Organisationen finden auf mehreren Ebenen statt. Während Sachkonflikte zumeist technischer Natur sind und sich durch relativ strukturierte Methoden aus dem Spektrum der kognitiven Problemlösung[29] bewältigen lassen, verhält sich dies bei den übrigen Konflikttypen in Organisationen anders. Es handelt sich um Beziehungskonflikte, innere seelische Konflikte, wie Rollenkonflikte oder sogenannte Wertkonflikte, deren Thematik üblicherweise Unternehmensziele und -strategien umkreist.

*Themen im Konflikt*

Einmal ausgelöste und bereits offen ausgetragene oder permanent schwelende Konflikte, enden häufig in einem Desaster. Obgleich die Situationen, unter denen Konflikte entstehen, zumeist den eher positiv progressiven Phasen der Innovation und der Neustrukturierung zuzurechnen sind, erleben die betroffenen Personen

---

[27] Vgl. Schwartz, S. H.: Universals in the content and structure of values: Theoretical advances and empirical tests in 20 countries (1992).
[28] Vgl. Schulz von Thun, F.: Miteinander Reden I: Störungen und Klärungen (1990).
[29] Vgl. Stroebe, R. W.: Kommunikation II. Verhalten und Technik in Besprechungen (1995).

mehrheitlich stressreiche, blockierende, frustrierende und angstbesetzte Zeiten (siehe auch Abschnitt 6.3.1).

### 6.2.2
### Persönlichkeit im Konflikt

Natürlich stellt sich die Frage, ob es einen Persönlichkeitstypus gibt, der besonders gut mit Konflikten umgehen kann oder diese im Gegenteil sogar hervorruft. Die Psychologie hat eine lange Tradition mit der Einteilung in Charaktertypologien. Diese sind allerdings allesamt ungeeignet. Es gibt leider keine typische konfliktfähige Persönlichkeit. Es gibt allerdings typische Merkmale, die die Konfliktlösefähigkeit begünstigen. Hier spielen Befindlichkeit, Situation, Kontext, und Art der Interaktion eine tragende Rolle.

*Typologie*    Demzufolge ist die Bereitschaft für die kooperative Konfliktbewältigung tendenziell eher bei Personen mit einem breiten Spektrum von Eigenschaften zu erwarten. Epikurs Begriff von „Klugheit" (... das Zuträgliche und Abträgliche abzuwägen und zu unterscheiden ...) beschreibt am besten, was damit gemeint ist. Darunter sind Eigenschaften gefasst, wie Selbstbestimmtheit und Belastbarkeit, Flexibilität und Zuversicht (siehe auch Abschnitt 6.3.2.2).

Unbedingt hinzu kommen muss allerdings eine verbindliche Ausrichtung und Kenntnis der individuell relevanten ethischen Prinzipien. Auch hier geht es um innere Stabilität und Kenntnis der eigenen Person. In der Praxis gilt es, alle fünf Säulen der Identität[30] zu beleuchten. Relevant sind demnach sowohl das persönliche Wertesystem, das körperliche Befinden, das soziale Netzwerk, die materiellen Verhältnisse als auch die Einstellung und Zufriedenheit in Bezug auf Arbeit und Leistung. Diese fünf Aspekte bilden das Fundament jeder Persönlichkeit und sind handlungsleitend für all unser Denken und Tun.

*Verantwortung*    Jede Entscheidung, jedes Urteil welches einen Konflikt beschließt, muss auch verantwortbar sein. Verantwortbar vor der Gesellschaft, dem sozialen Umfeld und nicht zuletzt der eigenen Person – dies betrifft das persönliche Wertesystem. Um dieses System besser erkennen zu können, bedarf es der Klassifizierung sogenannter ethischer Grundhaltungen.

### 6.2.3
### Werthaltungen im Konflikt

Um das Prinzip der Kooperativen Konfliktbewältigung besser zu verstehen, genügt die Psychologie allein nicht. Für den Umgang mit Konflikten und dem potenziell positiven oder negativen Ausgang ist auch die ethische Haltung der Akteure ausschlaggebend. Die verantwortungsvolle Konfliktlösung setzt die Orientierung an Werthaltungen[31] voraus, die allesamt unter vier ethische Positionen einzuordnen sind: Hedonismus, Intuitionismus, Deontologie und Utilitarismus[32].

---

[30] Vgl. Petzold, H.: Integrative Therapie (1993).
[31] Vgl. Pikas, A.: Rationale Konfliktlösung (1974).
[32] Vgl. Witte, E. H. & Doll, J.: Soziale Kognition und empirische Ethikforschung (1995), S. 97–115.

Abhängig davon, ob eine Führungskraft den Sinn des eigenen Handelns darin sieht, die eigene Karriere voran zu treiben und zu diesem Zweck die Selbstbestimmung ihrer Mitarbeiter fördert oder aber einschränkt, können wir die dahinter stehende ethische Position erkennen (Hedonismus). Obwohl die Person in ihrem Handeln den gleichen Zweck verfolgt, kann die Konfliktlösestrategie destruktiv oder konstruktiv sein. *Hedonismus*

Betrachten wir den deontologisch ausgerichteten Manager. Sein vornehmstes Anliegen ist es, pflichtgemäß die traditionellen Normen und Werte zu (be)achten und zu befolgen. Im Rahmen eines Konfliktlöseprozesses kann er somit konstruktiv agieren, indem er die Prinzipien der Gerechtigkeit situativ einkalkuliert oder aber destruktiv, wenn er wichtige prinzipielle Belange vernachlässigt. *Deontologie*

Auch Utilitaristen, die hauptsächlich Konsequenzen aller Handlungen für die Allgemeinheit im Auge haben, können sich beim Konfliktmanagement unvorhersehbar entscheiden. Zum einen kann es sein, dass ein so denkender Manager erwartungsgemäß die Lebensqualität seiner Mitarbeiter steigern kann, oder aber diese unter bestimmten Umständen ausnutzt und ausbeutet. *Utilitarismus*

Besonders plastisch wird die Nähe konstruktiver und destruktiver Konflikthandhabung auf der Basis einer beim jeweiligen Akteur vorherrschenden ethischen Position am Beispiel des Intuitionismus. Hier lautet die einzige Vorgabe: die moralische Intuition des Akteurs[33] muss grund- und handlungsleitend sein. Diese allein motivational zu verstehende, ethische Position zeigt sich exemplarisch besonders gut bei Personen mit formaler Macht. Sie können die ihnen zur Verfügung stehenden Mittel unangemessen einsetzen und sozusagen „mit Willkür regieren" oder aber einer klaren inneren Linie treu bleiben, wodurch das Entstehen von Konflikten bereits erschwert wird. *Intuitionismus*

Diese Ausrichtungen an persönlichen Werten sind latent immer vorhanden – im Konflikt kommt es zur verschärften Ausprägung und kann bis zur Ignoranz und Abqualifizierung anders orientierter Bewertungen gehen.

## 6.3
### Quo vadis Konfliktmanagement?

„Wechsel zu" ist nicht dasselbe wie „Übergang zu" etwas! Wechsel (change) wirkt extrinsisch, d. h. von außen angeregt, motivierend und wird meist auf eine äußere Veränderung zu beziehen sein: auf neue Rollen, neue Prozesse oder innovative Strategien. Übergang (transition) ist jedoch der psychologische Prozess, der den Menschen intrinsisch fordert, mit bisher ungelebten Anforderungen fertig zu werden. Nur wenn der angestrebte Übergang zur „Chefsache" erhoben und professionell begleitet wird, kann der Wechsel von dauerhaftem Erfolg gekrönt sein. Management des Übergangs zu unterlassen bedeutet oft, dass eine große und vielversprechende Idee – wie in unserem Beispiel ASR/B und Kooperationsmodelle – unverdient Schiffbruch erleiden kann.

---
[33] Vgl. Patzig, G. & Schöne-Seifert, B..: Theoretische Grundlagen und Systematik der Ethik (1995).

Essentielle Schritte zur Implementierung eines nachhaltig erfolgreichen Konfliktmanagements sind daher:

- den Übergang bewusst gestalten und begleiten,
- Win-win-Strategien einsichtig machen und mit Leben erfüllen,
- Konzepte des Vertrauens und der Versöhnung anwenden, und deren positive Auswirkungen auf Verhandlungen erkennen.

### 6.3.1
### Management des Übergangs

*Beenden* Was Bill Bridges wegweisende Erkenntnisse über die Relevanz des „Managing Transitions"[34] für die Verbreitung von ASR/B bedeuten können, möchten wir in diesem Abschnitt darstellen. Übergang, so Bridges, funktioniert anders! Der Ausgangspunkt für den Übergang ist nicht das Ergebnis, die angestrebte Verbesserung, sondern das Beenden: Abschied nehmen, von lang gelebter Tradition, eingefahrenem und erlerntem Verhalten – wie z. B. unnachgiebigem und oft beziehungsschädigendem Verhandeln über Claim-Positionen. Abschied nehmen auch von der so vertrauten Idee, dass Bauprojekte ohne Claims unrealistisch sind, so unrealistisch wie eine Welt ohne Kriege – diese Einstellung ist weit verbreitet, jedoch nicht notwendigerweise korrekt:

> Eine ganze Claim-Industrie entwickelte sich über die letzten Jahrzehnte, die Unternehmer beriet, extra Leistung nachzufordern, und Repräsentanten des Kunden lehrte, diese abzuwehren – Diese traditionell gelebte Kultur ließ dieses Vorgehen wie in Granit gemeißelt erscheinen, was es allen Parteien erschwerte, außerhalb des Vertrags nach besseren Verhandlungs- oder Lösungswegen zu suchen – Diese Vorgehensweise hat einen traditionell schlechten Ruf; jedoch naïve oder unerfahrene Kunden sind sich im allgemeinen alternativer Beschaffungsprozesse nicht bewusst und/oder solche Optionen erscheinen ihnen komplexer als das traditionelle (konfliktreiche) Miteinanderumgehen – Auch mag aus Gewohnheit reizvolle Vertrautheit entstanden sein; obwohl keine Partei diese (streitend ausgetragene) Spielart schätzt, sind beiden Parteien dennoch die Regeln gut vertraut[35].

*Veränderung* Eine Positionsveränderung orientiert sich am angestrebten Neuen. Verhaltensorientierter Übergang jedoch hängt vom Loslassen der alten Realität und der ehemaligen Identität ab – die vor dem Übergang die oft einzig akzeptierte Realität war. Nichts höhlt eine geplante Organisationsveränderung mehr aus, als das Versäumnis festzustellen, wer alles in der Organisation einen inneren Veränderungsprozess oder Wandel zu vollziehen hat.

Übergang beginnt immer mit dem Beenden. Widersprüchlich, aber zwingend! Jedes Beenden bringt deshalb für irgend jemand in der Organisation Verlust(angst). Bridges behauptet auch, dass ein Nichtbeachten oder eine fehlende Bereitschaft etwas zu beenden, das größte Einzelproblem ist, mit dem sich Organisationen bei Veränderungen auseinanderzusetzen haben. Danach folgt in der Rangordnung der Wichtigkeiten sofort das Problem der „Neutralen Zone". Diese Neutrale Zone stellt

---
[34] Vgl. Bridges, W.: Managing Transitions – Making the Most of Change (1993), S. 11 ff.
[35] Vgl. Walker, D. et al.: Relationship-Based Procurement Strategies for the 21st Century (2000), S. 12.

das Niemandsland zwischen der alten Realität und dem Neuen, noch Unbekannten dar.

Es ist aus verschiedenen Gründen wichtig, die Auswirkung dieser Neutralen Zone zu verstehen. Erstens, wenn sie unvorbereitet eintritt und das Verständnis dafür fehlt, ist man geneigt, sie zu durcheilen – und reagiert entmutigt und unmutig, wenn sich der Übergang als schwierig oder undurchführbar herausstellt. Zweitens, Betroffene mögen in diesem Niemandsland Unbehagen oder gar Angst empfinden und den Versuch unternehmen, sich dieser Erfahrung zu entziehen. Der Durchgang durch die Neutrale Zone stellt jedoch sowohl für das Individuum wie auch für die Organisation eine Chance für Kreativität, Erneuerung und Entwicklung dar – und auch ein nicht zu vernachlässigendes Risiko!

*Neutrale Zone*

Beendigung – Neutrale Zone – Neubeginn! Bridges gibt Wegleitung, wie der Übergang – nach erfolgter und professionell ausgeführter Konfliktanalyse – zu bewerkstelligen ist[36]:

> Erarbeiten Sie ein detailliertes Programm, was alles sich am Verhalten und an der Einstellung von Teams und Individuen ändern muss, um Konflikte und Dispute zu vermeiden oder kenntnisreich damit umzugehen.
>
> Analysieren Sie, wer in den Teams unter den neuen Umgangsregeln mit Klienten, Unternehmern und Subunternehmern etwas zu verlieren hat.
>
> „Verkaufen" Sie vordringlich das Problem, welches die Notwendigkeit für den Wandel darstellt! Manager wenden zumeist nur 10 % ihrer Energie auf, um das Problem zu erklären, und 90 % um fertige Lösungen anzubieten.
>
> Reden Sie Klartext über die beim Übergang zu erwartenden Schwierigkeiten – trainieren Sie Manager und Teammoderatoren, wo Betroffene im Übergang abzuholen, und wie sie zu betreuen und zu unterstützen sind.

Geschichten kommen immer an! Bei IBM-London werden „Urban Myths"[37] gezielt in die Welt gesetzt, um Veränderungen durch emotional verbrämte Geschichten ebenso gezielt zu fördern. Ein IBM-Manager erläutert die Funktion von Geschichten so: „Wenn wir eine Story in die Welt setzen, die den Nutzen aus einer Verhaltensänderung zur Pointe hat, dann ändern sich die Leute von selbst". Also erarbeiten Sie im Team einprägsame Geschichten!

### 6.3.2
**Die Win-win-Strategie**

Nach Rubin & Campbell[38] ist eine Win-win-Beziehung immer dann gegeben, wenn innerhalb einer auf Zusammenarbeit ausgerichteten Interaktion die aufgabenbezogenen Ziele beider Parteien erreicht werden und gleichzeitig jede eine positive Meinung von sich selbst und der anderen behält. Die Parteien besitzen einen festen Willen, eine klar formulierte Überzeugung und fordern konstruktives Feedback ein.

---

[36] Vgl. Bridges, W.: Managing Transitions – Making the Most of Change (1993), S. 11 ff.
[37] Vgl.: Geschichten kommen immer an! (FTD 27. Juli 2001).
[38] Vgl. Rubin, I. M. & Cambell, T.: The ABC's of Effective Feedback: A Guide for Caring Professionals (1997).

*Beziehungs-*    Überlegen Sie bitte einmal, mit wie vielen Personen Sie tatsächlich so effektiv wie
*management* gewünscht zusammenarbeiten? Ist es nicht so, dass Ihre Kommunikation in vielen Beziehungen durch abwertendes und ausgesprochen selbstgerechtes Feedback gestört ist? Sollte dies zutreffen, ist dies charakteristisch für eine Lose-lose-Beziehung, bei der beide Parteien nur verlieren können. Weder in der alltäglichen Zusammenarbeit noch im Konfliktprozess werden so die kreativen Ressourcen freigesetzt, die zu Höchstleistungen führen. Übrigens, Sie bewegen sich in guter Gesellschaft! Das Gros der Organisationen erleidet Gewinneinbußen durch unverdaute zwischenmenschliche Konflikte.

Wie lässt sich dies vermeiden? Wie kann man durch optimiertes „Framing" den Feedbackprozess günstig gestalten? Bei einer Win-win-Kommunikation geht es eben nicht um die Beschreibung von Persönlichkeitstypologien oder einzelne Charaktereigenschaften, sondern um die Art und Weise wie Feedback geübt wird. Es handelt sich somit um konkret beobachtbare, quantifizierbare und trainierbare Verhaltensweisen.

*DAP*    Das Dreiphasenmodell (DAP) hilft, Win-win durch optimierten Feedback zu begünstigen:

D = Description
A = Appreciation
P = Prescription

Sie orientieren sich mit Vorteil am sogenannten Dreiphasenmodell[39], um Win-win-Beziehungen wachsen zu lassen. Ausschlaggebend für den positiven Verlauf der Zusammenarbeit ist bereits die „Einstimmung". In dieser Phase können alle Beteiligten Position beziehen, ob sie bereit sind, sich auf alle drei Phasen einzulassen. Entscheidend ist in diesem Stadium häufig der Faktor Zeit bzw. eine den Prozess unterstützende Muße.

Als Manager kennen Sie sicherlich die Situation, in der ein wichtiger jedoch schwieriger Geschäftspartner Sie anruft. Sie sind gerade dabei, die aktuellen Verträge und Geschäftsprozesse zum wiederholten Mal durchzugehen. Der erste Satz Ihres Geschäftspartners lautet: „Können wir uns kurz abstimmen? Ich möchte gerne noch etwas zu den von Ihnen überarbeiteten Verträgen anmerken?" Sie ahnen, dass es nicht nur fünf Minuten dauern wird, und wissen, dass ein Nichteingehen schlecht ankommen würde (Überfallprinzip).

Um die Geschäftsbeziehung nicht zu belasten, ist ein Vorgehen nach dem DAP-Prinzip gewinnbringend:

Sie würden also antworten: „Ich bin im Moment gedanklich voll und ganz mit unserem Projekt beschäftigt (D = Description). Ich finde es jedoch äußerst wichtig, Ihre zusätzlichen Anmerkungen zu dem Thema zu hören (A = Appreciate). Geben Sie mir noch zwei Stunden Zeit, dann haben Sie meine volle Aufmerksamkeit. Ich rufe Sie dann gerne zurück (P = Prescribe)".

*Kommunikation*    Diese Vorgehensweise leistet enorme Dienste, um auch den weiteren Verlauf der Kommunikation konstruktiv zu gestalten. Spielen wir unser Beispiel weiter und gehen nun in die Formulierungsphase:

---

[39] Vgl. Rubin, I. M.: Der Schlüssel zu echter Zusammenarbeit/Unveröffentlichtes Feedback (2001).

Lassen Sie sich nicht dazu hinreißen, den notwendigen Feedback so abschmetternd und kalt zu präsentieren, wie es möglicherweise Ihr Wunsch wäre. Bleiben Sie konkret bei Ihren Aussagen (Ich-Formulierung) und lassen Sie dennoch keine Missverständnisse bei Ihrer Kritik aufkommen – werden Sie ruhig deutlich. Was Sie unbedingt vermeiden müssen, sind uneindeutige und beziehungs(zer)störende Rückmeldungen. Denken Sie daran: Sie müssen mit Ihrem Geschäftspartner immer einen Konsens finden, denn nur solange dieser Geschäftspartner motiviert ist, kann die Rechnung für Sie aufgehen.

In der so genannten Auswertungsphase können Sie den Erfolg Ihrer Bemühungen bereits evaluieren. Nutzen Sie diese essentielle Phase, denn hier legen Sie den Grundstein für alle zukünftigen Gespräche. Sie reflektieren hier darüber, ob die Verhandlungen für Sie zufriedenstellend waren. Haben Sie Ihr Ziel erreicht? Hat Ihr Gegenüber Ihr Anliegen verstanden?

Diese drei Phasen spiegelt auch der Kreislauf kooperativer Konfliktbewältigung wider. Besonders gut wird hier der mögliche Verlauf der einmal begonnenen Kommunikation deutlich. Wenn sich in der Auswertungsphase herausstellt, dass das erreichte Ziel nicht ausreichend zufriedenstellend ist, kann der Prozess neu beginnen bzw. zu einem beliebigen Zeitpunkt wieder aufgegriffen werden.

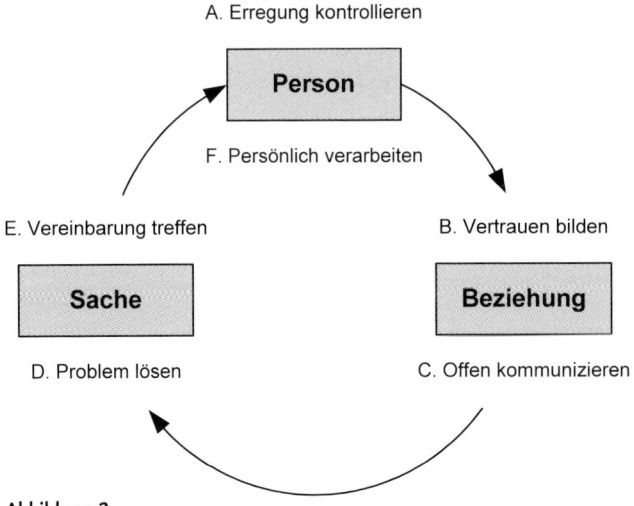

**Abbildung 2**
Kreislauf kooperativer Konfliktbewältigung (Berkel, 1997, S. 103)

Besonders bemerkenswert sind die Einschränkungen von Thomas Gordon[40] in Bezug auf den Einsatz der Win-win-Strategie. Er beschreibt ebenfalls eine „Jeder-gewinnt-Methode", um diese für Führungskräfte attraktiv und durchführbar zu machen. Einschränkend fügt er jedoch hinzu, dass jede Führungskraft im speziellen Fall abwägen sollte, ob die Vorteile, eine Methode ohne Niederlage durchzuführen, tatsächlich überwiegen.

---
[40] Vgl. Gordon, Th.: Manager Konferenz (1989).

Er bemüht sich auch, die Begriffe „Konsens, Einvernehmen und Mehrheit" unter diesem Aspekt näher zu betrachten. Hier wird deutlich, dass eine Führungskraft bei Einsatz einer Jeder-gewinnt-Methode keineswegs an Autorität oder gar Einfluss einbüßt, sondern lediglich bewusst das effizientere Vorgehen wählt. Es geht jedoch darum, den Unterschied zwischen Macht und Gewalt zu nutzen und damit tatsächlich erfolgreich im Umgang mit Mitarbeitern und Partnern zu sein.

#### 6.3.2.1 Win-win – eines der sechs Paradigmen menschlicher Interaktion

In ein ähnlich tönendes Horn stößt Stephen R. Covey. Genaugenommen ist „Win-win eines der sechs Paradigmen von menschlicher Interaktion ... die anderen lauten: Win-lose – Lose-win – Lose-lose – Win – und Win-win oder Kein Geschäft".[41]

Covey's eindeutige Präferenz für Win-win hält auch ihn nicht ab, anzuerkennen, dass andere dieser sechs möglichen Alternativen zu bestimmten Zeiten und Gelegenheiten effektiver sind. Win-lose ist die einzig sinnvolle Alternative z. B. im Sport – der Gewinner nimmt eben alles! Lose-win mag angebracht sein, wenn „die Zeit und Mühe, etwas anderes zu erreichen, höhere Werte verletzen würde, wenn es die Sache einfach nicht wert ist". Aber, „die meisten Situationen sind Teil einer interdependenten Realität, und dann ist Win-win wirklich die einzige lebensfähige unter den sechs Alternativen".

In diesem Licht gesehen, ist Win-lose disfunktional, und somit – wie man meist zu spät herausfindet – stark beziehungsbelastend. Win-lose ist ebenso unangebracht, wenn „zwei entschlossene, sture, ich-bezogene Individuen interagieren, denn dann wird das Ergebnis Lose-lose sein. Beide werden verlieren".

#### 6.3.2.2 Die fünf Dimensionen von Win-win-Strategien

Win-win setzt sich aus fünf Dimensionen zusammen: „Es beginnt mit Persönlichkeit, geht weiter zu Beziehungen, aus denen Vereinbarungen erwachsen. Es wird in einer Umgebung genährt, in der die Struktur und die Systeme auf Win-win beruhen. Und es umfasst den Prozess: wir können keine Win-win-Ergebnisse mit Win-lose- oder Lose-win-Mitteln erreichen". „Persönlichkeit ist die Grundlage von Win-win, und alles baut auf diesem Fundament auf", so Covey. Er hebt dann die drei Persönlichkeitsmerkmale hervor, die aus seiner Sicht für das Paradigma von Win-win ausschlaggebend sind[42] (vgl. auch Abschnitt 6.2.2):

> Integrität – der Wert, den wir uns selbst beimessen.
>
> Reife – als das Gleichgewicht von Mut und Rücksicht. „Wenn ich über großen Mut und wenig Rücksicht verfüge, wie werde ich denken? Win-lose! Verfüge ich dagegen über wenig Mut und große Rücksicht, werde ich wohl Lose-win denken. Die Ausgewogenheit zwischen beiden ist das Kennzeichen echter Reife. Wenn ich sie habe, kann ich zuhören, mitfühlend verstehen, aber auch mutig in eine Konfrontation gehen".
>
> Die Mentalität der Fülle – Paradigma, dass „da draußen reichlich für alle da ist ... die meisten Leute sind tief davon geprägt, was ich die Mentalität des Mangels nenne ... die Mentalität des Mangels ist das Nullsummenspiel des Lebens".

---

[41] Vgl. Covey, St. R.: Die Sieben Wege zur Effektivität (2000), S. 199–222.
[42] Vgl. Covey, St. R.: Die Sieben Wege zur Effektivität (2000), S. 199–222.

Covey spricht dann von einem universal gültigen Vierstufenprozess: „Man kann Win-win-Lösungen nur mit Win-win-Prozessen erreichen":

> Betrachten Sie das Problem aus einer anderen Sicht – Versuchen Sie, wirklich zu verstehen und die Bedürfnisse der anderen Seite möglichst noch besser zum Ausdruck zu bringen, als diese das selbst könnte.
>
> Identifizieren Sie, um welche Schlüsselfragen und Belange es geht – es geht nicht um Positionen.
>
> Bestimmen Sie, welche Ergebnisse eine vollkommen annehmbare Lösung ausmachen würden.
>
> Identifizieren Sie neue mögliche Optionen, diese Ergebnisse zu erreichen.

Henne oder Ei – was war zuerst? Da es sich, sagt Covey, um einen universalen Prozess handelt, darf es einen nicht überraschen, wenn sich in der viel beachteten Verhandlungstheorie von R. Fisher und W. Ury „Getting to Yes", beinahe identische Handlungsanleitungen widerspiegeln – Geist und zugrundeliegende Philosophie stehen in Einklang mit dem Paradigma von Win-win. Fisher und Ury vertreten eine Technik, die sie „Prinzipienorientiertes Verhandeln" nennen, und diese Technik sei hier zum Vergleich wiederholt[43]:

> Menschen und Probleme getrennt voneinander behandeln: d. h., trennen Sie persönliche Beziehungen von der Sachfrage. Kümmern Sie sich unmittelbar um das „Problem Mensch".
>
> Auf Interessen konzentrieren, nicht auf Positionen.
>
> Entwickeln sie Entscheidungsmöglichkeiten (Optionen) zum beiderseitigen Vorteil.
>
> Bestehen Sie auf Anwendung objektiver Kriterien.

### 6.3.2.3 Vertrauensbildende Maßnahmen und Versöhnung

Verhandlung wird seit langem als psychologischer Prozess betrachtet, sagt wiederum Chr. W. Moore in seinem Buch „The Mediation Process"[44]. Er beschreibt darin essentielle Prozessschritte des Konfliktberaters, welche die vermeidbaren Konflikte minimieren sollen und eine positive Beziehung zwischen den streitenden Parteien aufbauen helfen können. Er nennt diesen Prozess Versöhnung:

> Das Element der Versöhnung in Verhandlungen.
>
> Versöhnung ist im Wesentlichen eine angewandte psychologische Taktik mit dem erklärten Ziel, (verzerrte) Wahrnehmung zu korrigieren, und die Kommunikation in dem Maß zu verbessern, dass wiederum eine Vernunft betonte Diskussion stattfinden kann, sowie ein auf der Ratio basierendes Verhandeln möglich wird ... Versöhnung ist die psychologische Komponente der Mediation, in welcher die neutrale Drittpartei eine Atmosphäre von Vertrauen und Kooperation kreiert, die für eine positive Beziehung sorgt, und die der Verhandlung förderlich ist.

Versöhnungsversuche, sind ein mitlaufender Prozess, der während des Gesamtverlaufs von Drittpartei-begleiteten Konfliktverhandlungen stattfindet. Er spricht von

*Der Coach und Berater*

---
[43] Vgl. Fisher, R. & Ury, W.: Das Harvard Konzept (1991), S. 35 ff.
[44] Vgl. Moore, Ch. W.: The Mediation Process – Practical Strategies for Resolving Conflicts (1996), S. 161 ff.

fünf Problemkreisen, welche üblicherweise eine negative psychologische Dynamik in eine Verhandlung bringen:

- starke Emotionen
- verzerrte Wahrnehmung oder Stereotypen über strittige Punkte – einseitig, oder von mehreren Parteien „gepflegt"
- Rechtmäßigkeits- oder Berechtigungsprobleme
- Vertrauensmangel
- Mangelhafte oder verarmte Kommunikation

Zu Mangel an Vertrauen sagt Moore:

> Vertrauen bezieht sich üblicherweise auf die Fähigkeit eines Menschen, sich auf den Wahrheitsgehalt von jemandes Aussage, oder sich auf jemandes Echtheit oder Integrität im Verhalten zu verlassen. Vertrauen basiert auf der Erfahrung des Verhandlers in früheren Verhandlungen, der Ähnlichkeit zwischen aktuellen Streitpunkten und jenen aus früheren Verhandlungen, Erfahrungen mit einem bestimmten Gegner, Gerüchten über die Vertrauenswürdigkeit eines gegenwärtigen Gegners, sowie des Gegners aktuelle Statements und Handlungen. Versöhnung beinhaltet deshalb nicht nur, die Wucht negativer Emotionen zu minimieren, sondern auch die positiven Gefühle und Wahrnehmungen für die andere Seite zu verbessern.

Konfliktberater machen nicht den Versuch, das „psychologische Kleid" eines Verhandlers mit Hinblick auf frühere Erfahrungen mit Verhandlungsgegnern abzuändern oder an die aktuelle Situation anzupassen. Jedoch kann der Konfliktberater durch sorgfältiges Hinterfragen die Wahrnehmung des Verhandlers in der aktuellen Situation erhellen und Hilfestellung leisten, die Ähnlichkeiten und Unterschiede zwischen beiden Verhandlungssituationen aufzuzeigen. Da Konflikt-Coaching zukunftsorientiert ist und eingesetzt wird, um eine Beziehung zukünftig zu verbessern oder zukünftige Vertragsbedingungen auszuhandeln, ermutigt der Konfliktberater die Parteien oft, ihre (Vor-)Urteile über aktuelle Situationen oder Menschen „in Schwebe zu halten", und diese erst dann „sich setzen zu lassen", wenn der Wahrheitsgehalt ohne Zweifel vorliegt. Auf Moores weitere verhandlungsrelevante Problemkreise gehen wir im folgenden Abschnitt ein.

#### 6.3.2.4 Wie wirkt sich Verhaltensänderung in Verhandlungen aus?

Effizientes Vorgehen beim Konfliktmanagement ist bei zwei Strategien gewährleistet: der problemorientierte Prozess und der beziehungsorientierte Prozess.

Während der problemorientierte Konfliktlösestil auf eine Win-win-Konstellation durch eine auf Gegenseitigkeit beruhende Übereinstimmung mit Hinblick auf das konkret vorliegende Problem abzielt, verfolgt der beziehungsorientierte Stil den Zweck, Feindseligkeit und Misstrauen abzubauen. Diesen Prozess zu begleiten und die Parteien auch künftig für ein besseres Verständnis zu sensibilisieren, ist zumeist Aufgabe eines externen Konfliktberaters[45].

---

[45] Vgl. Blake, R. R. & Mouton, J. S.: Solving costly organizational conflict: Achieving intergroup trust, cooperation and teamwork (1984).

Für den Aufbau einer kooperativen Beziehung sind beide Vorgehensweisen gleicherweise von Vorteil und sie bilden die Grundlage für Win-win-Konstellationen bei Entscheidungsfindungsprozessen[46].

*Konfliktmanagement*

**Problemorientierter Stil:**

- Analysieren Sie den exakten Grund des Konflikts
- Identifizieren Sie mögliche Übereinstimmungen hinsichtlich der vorherrschenden Ziele und Werte
- Ermutigen Sie alle Parteien, Ihre Bedürfnisse und Anliegen offenzulegen
- Ziehen Sie mehrere mögliche Lösungen oder Teillösungen in Betracht
- Suchen Sie nach alternativen bzw. zusätzlichen Nutzen
- Vermeiden Sie es, jedes Thema streng getrennt abzuhandeln
- Prüfen Sie (schriftlich) das Engagement aller Beteiligten

**Beziehungorientierter Stil:**

- Geben Sie Ihrem Interesse Ausdruck, die Beziehung zu verbessern
- Bleiben Sie unparteiisch und zeigen Sie Akzeptanz für beide Kontrahenten
- Unterbinden Sie unproduktives (störendes) Verhalten
- Erfragen Sie, wie genau die Parteien einander wahrnehmen
- Ermutigen Sie alle Beteiligten, Vorschläge für Veränderungen abzugeben
- Terminieren Sie ein follow-up meeting, um den Prozess zu überwachen

Hier noch einige ausgesuchte Handlungsanleitungen, die sich in beziehungsverbessernden Verhandlungen immer wieder bewähren[47] und bei denen sich die Begleitung durch einen externen Konfliktberater als besonders tauglich erweist:

Bei starken Emotionen soll der Konfliktberater zu Kreativität, zum Denken in Alternativen ermutigen und negative Emotionen minimieren oder neutralisieren helfen – dies ist zumeist bereits außerhalb der Möglichkeiten der sich im Konflikt befindlichen Parteien:

> Bei Beginn von Verhandlungen fühlen sich Menschen oft zornig, verletzt, frustriert, entfremdet, hoffnungslos, voller Groll, betrogen oder resigniert. Damit vernunftbetonte Diskussionen über materielle Punkte überhaupt stattfinden können, muss die Wucht negativer Emotionen behandelt und reduziert werden – entweder von den Disputanten selbst oder durch einen Vermittler.

In der Versöhnungsphase der Verhandlung ist es die Aufgabe des Konfliktberaters, verzerrte Wahrnehmung oder Stereotypen über strittige Punkte einzureißen:

> Konflikte werden oft eskaliert oder deeskaliert, abhängig von der verzerrten oder entzerrten (angemessenen) Wahrnehmung der Parteien.

---

[46] Vgl. Yukl, G. A.: Leadership in organizations/Guidelines for Managing Conflict (1998), S. 112.
[47] Vgl. Moore, Ch. W.: The Mediation Process – Practical Strategies for Resolving Conflicts (1996), S. 161 ff.

*Pendel-* Mittels einer „Pendeldiplomatie" des Konfliktberaters lässt sich diese Entzerrung in
*diplomatie* einem Vierstufenprozess realisieren:

- Identifikation/Analyse der Wahrnehmungen, der am Konflikt beteiligten Parteien.

- Bewerten, ob die Wahrnehmung verzerrt oder angemessen ist.

- Bewerten, ob diese Wahrnehmungen für eine sachbezogene, verfahrensbezogene Einigung oder Versöhnung auf emotionaler Ebene hinderlich oder förderlich sind.

- Hilfestellung für die Parteien mittels einer Revision ihrer Wahrnehmung gegenüber der anderen Seite, insbesondere mit Hinblick auf deren Stereotypen oder Image-Verzerrungen, und Hilfestellung im Minimieren des negativen Einflusses solch einer verzerrten Wahrnehmung.

Zur Entzerrung der gegenseitigen – oft stark polarisierten – Wahrnehmung der Disputanten betreffs Rechtmäßigkeit oder Berechtigung empfiehlt Moore ebenso den Einsatz eines Konfliktberaters:

- Erstens, wenn der Verhandler für eine oder mehrere Parteien aufgrund von verzerrter Wahrnehmung inakzeptabel ist, mag eine Entwirrung oder Neuformulierung der bisherigen Kommunikation helfen, die Barriere wegzuräumen.

- Zweitens, falls das gewählte Prozedere zur Auswahl der am Konflikt beteiligten Verhandler zu einem Legitimationsproblem führt, kann der Eingriff des Konfliktberaters helfen, einen Prozess neu so zu definieren, dass er allen Beteiligten entspricht.

- Drittens, die (verzerrte) Wahrnehmung zur Person eines der Verhandler kann oft durch klärende Gespräche über (stereotype) Vorstellungen und Wahrnehmung positiv verändert werden.

Eine Konfliktbehandlung geschieht nicht einfach so – sie ist nicht nur ein Prozess. Konfliktbehandlung ist ein Endprodukt, entstanden aus verschiedenen Maßnahmen, die vom Konfliktberater gemeinsam mit den Parteien getroffen wurden. Jede der Parteien trägt am „Schöpfungsprozess" der Konfliktbehandlung bei. Die erste und wichtigste Stufe ist die Einberufung, welche die Parteien motivieren soll, an der begleiteten Verhandlung teilzunehmen. Die Qualität der Einberufung wirkt sich positiv auf das Verfahren aus. Geschickt und professionell durchgeführt, lässt diese Einberufung die Teilnehmer mit wiedererwachter Hoffnung an eine Konfliktlösung gehen.

Die allgemein vertretene Annahme, dass, wenn Parteien miteinander sprechen, sie dann auch ihre Meinungsverschiedenheiten bereinigen können, ist nicht notwendigerweise korrekt. Moore zitiert hier M. Deutsch und beschreibt, wie eine Kommunikation zwischen Menschen, die sich im Konflikt befinden, üblicherweise abläuft:

> Ein typischer von Wettbewerb geprägter Kommunikationsvorgang hat folgende Auswirkungen: die Kommunikation zwischen den Konfliktparteien ist unzuverlässig und erscheint verarmt. Die verfügbaren Kommunikationskanäle und Chancen werden schlecht genutzt oder missbraucht, im Versuch, den Gegner aufs „Glatteis zu führen" oder dazu, um die andere Seite einzuschüchtern. Der direkten Information von der gegnerischen Seite wird wenig Vertrauen entgegengebracht; man verlässt sich bevorzugt auf „Geheimdienstliche Aktivitäten" oder sonstige, auf „gewundenem Pfad" erworbene Information. Die verarmte Kommunikation erhöht die Möglichkeit von Irrtum oder Falschauskunft und führt dazu, die bestehenden und verzerrten Erwartungen gegenüber dem Gegner eher zu zementieren.

Unproduktive Kommunikation kann zu einem Zusammenbruch der Interaktion zwischen den Parteien führen oder überhaupt einen Verhandlungsbeginn von Anfang an vereiteln. Konfliktberater sind durch ihr spezielles Training prädestiniert, eine Kommunikation allseits einsichtig zu strukturieren oder den Parteien dabei behilflich zu sein. Geeignete Schritte des Konfliktberaters, die Kommunikation zu modifizieren, beinhalten die Kontrolle über oder Hilfestellung für …:

- Was kommuniziert wird. – Information zum Sachinhalt, Information zum Verfahren betreffs der Art und Weise, wie ein Verhandler einen Ablauf geführt oder nicht geführt sehen möchte, sowie Informationen über die emotionale Verfassung des Verhandlers.
- Wie eine Botschaft kommuniziert wird. – Indem der Konfliktberater in die Kommunikation direkt eingreift, steuert er kontrolliert sowohl Sachinhalte wie auch emotionale Inhalte einer Botschaft.
- Durch wen die Botschaft kommuniziert wird. – In manchen Konflikten mag ein Verhandler eine Botschaft als mehr oder weniger akzeptabel betrachten, abhängig davon, wer der Absender ist.
- An wen die Botschaft adressiert ist. – Da ein Konfliktberater die Zusammensetzung der Verhandlungsteams kennt, ist er auch zumeist in der Lage, den am besten geeigneten Adressaten für die Kommunikation zu nennen.
- Wann die Botschaft übergeben wird. – Konfliktberater sind in der Lage, eine Kommunikation durch Beschleunigung oder Verzögerung einer Diskussion so zu steuern, bis die andere Seite empfänglicher dafür ist.
- Wo die Botschaft übergeben wird. – Konfliktberater sind in der Lage, den für alle Beteiligten stimmigsten Verhandlungsort zu wählen, was oft die Effizienz verbessern wird.

Gibt es eine „Renaissance der Diplomatie", des geschulten und professionellen Vermittlers, Konfliktberaters in der Bauindustrie? Vermutlich sind die Anforderungen an die Person des Konfliktberaters ähnlich und der Zweck ähnlich zwingend.

## 6.4
### Ausblick und Perspektive

> Ein Haufen Steine hört in dem Moment auf ein Haufen Steine zu sein, wo ein einzelner Mensch ihn betrachtet und in sich das Bild einer Kathedrale trägt.
>
> *Antoine de Saint-Exupéry*

#### 6.4.1
#### Der Nutzen des Konflikts

Konfliktmanagement ist elementarer Bestandteil des Portfolios eines jeden Managers. Wie schon ausgeführt, entstehen konflikttächtige Situationen und Beziehungen nations-, generations- und organisationsungebunden. Zudem ist der Konflikt ein unvermeidliches, wiederkehrendes Phänomen.

*Profitquelle Konflikt*  Warum schätzen dennoch viele erfolgreiche und erfahrene Manager in Wirtschaft, Kultur und Politik eine Unvereinbarkeit der Positionen? Sie haben für sich entdeckt, dass Konflikte auf zwischenmenschlicher, organisatorischer und individueller Ebene auch positive Auswirkungen besitzen können. Zunächst werden Manager in der Herausforderung solch eines „Schlagabtausches" viele Anregungen über ihre eigenen Fähigkeiten und Qualifikationen erwerben. Sie werden aber auch, mehr oder weniger leidvoll, so manch Unerwartetes über ihre emotionale Intelligenz erfahren. Generell kann ein Konflikt jedoch die Abkehr von der egozentrischen und myopischen Sichtweise und einen Zugewinn an Persönlichkeit bedeuten.

Mein ärgster Feind ist zugleich mein bester Freund! Wer kennt nicht dieses Sprichwort. Hier zeigt sich, wie aufgrund der Intensität des Konflikts die zwischenmenschlichen Beziehungen häufig interessanter und tiefer werden. Dieser Prozess ist auch bei Organisationen zu beobachten. Der Druck des Konflikts zwingt zur Aktivität und leitet vielfach Organisationsentwicklungen, wie Entscheidungen und Neuerungen ein, deren Bedarf und Nutzen lange Zeit geleugnet und erst im Konflikt offensichtlich werden.

Tatsache ist: Konflikte und der damit verbundene „Adrenalinschub" können Spass machen. Spannung, Nervenkitzel und Risiko sind nicht nur eine sportliche, sondern auch eine zwischenmenschliche Herausforderung. Die Konsequenz sollte sein: suchen Sie gezielt nach Konfliktpotenzial in Ihrer Organisation und Ihren Projekten und reduzieren Sie dieses Konfliktpotenzial in machbaren, geplanten Schritten!

#### 6.4.2
#### Professionelle Konfliktberatung – Management, Vermeidung und Behandlung

Zum Erhalt der Wettbewerbsfähigkeit sollten Unternehmen und deren Entscheidungsträger aktuelle und nachwirkende Geschäftsabläufe immer wieder auf deren Effektivität hin untersuchen. Damit ist oft die Erkenntnis verbunden, dass offene oder schwelende Konflikte mit Kunden, Geschäftspartnern oder Mitarbeitern die Leistung und die Dynamik allgemein beeinträchtigen. Jeder Manager ist gut beraten, den Weg für eine erfolgreiche Kooperation durch begleitende und professionelle Beratung zu ebnen.

### 6.4.3
**Das Ende der „Brandbekämpfung" ist der Anfang einer Konfliktvermeidungskultur**

Im Projektgeschäft gibt es immer mehr Probleme und Konflikte, als Zeit zur Verfügung steht, sich mit ihnen auseinanderzusetzen. Tatsächlich ist Brandbekämpfung eines der schwerwiegendsten Probleme, mit dem sich das Projektmanagement im Bau konfrontiert sieht. Je intensiver und gewohnheitsmäßiger Brandbekämpfung in Projekten ist, umso schwieriger wird es auch, daraus auszubrechen – das ist das potenzielle Risiko! Eine im Projektprozess dauerhaft verankerte Konfliktlösungskultur zu etablieren, in welcher „heroische Brandbekämpfung" nicht belohnt wird, ist die passende Antwort darauf.

Eine Konfliktlösungskultur bedingt professionelles Konfliktmanagement und dies bedingt den Einsatz erfahrener Praktiker, die nicht nur das Konsensmanagement, d. h., den Umgang mit Kommunikation und Information beherrschen, sondern auch im Krisenmanagement zuhause sind. Konfliktmanagement sollte auch in der Bauindustrie Chefsache sein – und Chef ist der geschäftsführende Projektleiter. *Strategie im Konflikt*

Welche Schritte bieten sich an? Taktische Methoden, strategische Ansätze und Kulturwandel. Präventive Brandbekämpfung ist natürlich vorzuziehen! Dies bedeutet jedoch einen Kulturwandel. Daher stellen taktische Methoden eine erste Maßnahme dar, denn sie können schnell umgesetzt werden, ohne dass es zu einer Änderung der festgeschriebenen Geschäftspolitik kommen muss.

Strategische Ansätze brauchen mehr Zeit, bis die verabschiedeten Maßnahmen greifen. Auch wenn strategische Maßnahmen die Brandbekämpfung nicht völlig eliminieren können, so helfen sie, die Zahl der ungelösten Konflikte substanziell zu reduzieren.

Und last, but not least, Kulturveränderung! Weg von der Brandbekämpfung und Übergang zu einer mit Leben erfüllten Konfliktlösungskultur bedarf der Einstellungsveränderung aller Teams und der gesamten Organisation. Wenn das obere Management Brandbekämpfung belohnt, wird Brandbekämpfung die bevorzugte Methode sein! Das Management ist deshalb gefordert, diesen Kulturwandel voranzutragen, und den angestrebten Übergang zu realisieren! Hier sind Patenschaften aus den Reihen des Managements von Vorteil, um das „noch ungelenke Kind zur Reife zu führen" – und deshalb sollte zuerst auf Geschäftsleitungsebene Überzeugungsarbeit geleistet werden.

### 6.4.4
**Die Zukunft heißt Baupartnerschaften und integriertes Konfliktmanagement**

Beziehungsmanagement, ASR/B und Kooperationsmodelle sind im anglo-amerikanischen Projektumfeld in aller Munde – und dies, wie einleitend beschrieben, schon seit etwa zehn Jahren. Sie werden als „neuer Wirkstoff" für viele die Bauindustrie plagenden Beschwerden angeboten. Die „1994-DART-Survey on Dispute Resolution"[48] beweist ohne jeden Zweifel, dass ASR/B-Prozesse gegenüber streitend ausgetragenen Konflikten besser abschneiden (siehe auch folgende Tabelle).

*DART-Umfrage*  Etwa 550 Vertreter folgender Berufsgruppen nahmen an dieser DART-Umfrage teil: Bauherren, Unternehmer, Architekten und Rechtsanwälte. Die Auswertung über die Effektivität der verschiedenen ASR/B-Verfahren ergab bei der Gruppe der Architekten folgende signifikante Werte:

| Auswirkung auf ↓ bei Einsatz von → (1 = sehr ineffektiv bis 5 = sehr effektiv) | Schiedsgericht | Mediation | Partnering |
|---|---|---|---|
| Kostenreduktion in der Konfliktlösung | 2,74 | 3,55 | 3,87 |
| Zeiteinsparung in der Konfliktlösung | 2,59 | 3,38 | 3,90 |
| Besseres Verständnis des Konflikts | 2,84 | 3,36 | 3,01 |
| Minimierung zukünftiger Konflikte | 2,60 | 2,90 | 3,94 |
| Öffnen der Kommunikationskanäle | 2,07 | 3,23 | 4,44 |
| Erhalten der Parteienbeziehung | 1,78 | 2,61 | 4,32 |
| Einhalten der Baubudgets (Kosten) | 1,60 | 2,13 | 3,80 |
| Einhalten der Baubudgets (Termin) | 1,55 | 2,19 | 3,99 |

Die Erkenntnisse aus der DART-Umfrage lassen sich kurz zusammenfassen: Die Auswirkungen auf essentielle Projektparameter (siehe Auswahl in obiger Tabelle) bei Einsatz der verschiedenen Formen der Mediation (präventiv und kurativ) wirken sich im Ergebnis positiver auf essentielle Projektparameter aus, als es sich beim Einsatz von Schiedsgerichten erreichen lässt. Kooperationsmodelle, wie Partnering, bevorzugen die Konfliktprävention gegenüber der Konfliktbehandlung, und verbessern damit nochmals relevant die Ergebnisse auf essentielle Projektparameter – soweit die Erkenntnisse aus der DART-Umfrage.

*Integriertes Konfliktmanagement*  Partnering in den USA ermöglicht offensichtlich nachhaltig erfolgreiche Projektarbeit und Profit für alle! Partnering-Projektteams lassen nichts „anbrennen"! (vgl. auch Innovative Wettbewerbs- und Vertragsformen in Deutschland[49]). Sie entwickeln gemeinsam – zumeist Coach/Drittpartei-begleitet – Prozesse für frühe und beziehungsschonende Konfliktbeilegung: Die beteiligten Projektteams sind die ersten Konfliktlöser – ihr Ziel ist es zuerst, eine Win-win-Konfliktlösung zu finden – sie lösen Konflikte auf der Hierarchieebene, wo die größte Sachkompetenz zu finden ist und objektive Kriterien für eine Konfliktlösung erstellt werden können – sie üben ehestmögliche, Echtzeit-Konfliktbehandlung aus, noch bevor Konflikte eskalieren können – und sie fördern offene und konfliktlösende Kommunikation. Projektteams anerkennen auch ihre Kompetenzgrenzen und anerkennen, wann sie mit Vorteil auf die Hilfe eines externen Coach oder Konfliktberaters zugreifen.

---

[48] Vgl. Stipanowitch, Th. J.: Beyond Arbitration: Innovation and Evolution in the US Construction Industry (Spring 1996; Wake Forest Law Review), S. 65–182.

[49] Vgl. Gralla, M.: Neue Wettbewerbs- und Vertragsformen für die deutsche Bauwirtschaft (1999)

Professionelles Konflikt- und Kommunikationsmanagement wird jedoch auch in traditionell abgewickelten deutschen Projekten zukünftig zur Sollvorgabe – und damit Chefsache.

Die Gesellschaft für Projektmanagement e. V.[50] hat in ihrem Projekt Management-Kanon die Beurteilungskriterien für ihr Projektmanagement-Zertifizierungssystem definiert. Von den sechs Ebenen sind drei relevant für die Prävention und Lösung von Konflikten:

Ebene 2: Soziale Kompetenz
2.2 Kommunikation
2.8 Konfliktmanagement

Ebene 3: Methodenkompetenz
3.10 Methoden der Problemlösung

Ebene 5: Persönliches Verhalten

Professionelle Konflikt- und Kommunikationsberater für Investitionsprojekte sind noch Mangelware, da sie nicht nur erfahren und prozesskundig sein, sondern auch den „Stallgeruch der Branche" mitbringen sollten. Hier greifen Kunden mit Vorteil auf interdisziplinäre Netzwerke zu, welche die erforderliche Expertise einbringen können.

Berater können den Kunden im Übergangsmanagement fachkundig unterstützen und auch für die begleitende Durchführung und Implementierung mit Erfahrung zu deren Unterstützung bereitstehen. Konfliktprävention, -vermeidung und -lösung stellen eine wirtschaftliche Notwendigkeit dar – es macht (Geschäfts)Sinn, sich von Experten informieren zu lassen.

## 6.5
**Literatur**

[1] Bateson, G.; Dilts, R.: in: Dilts, R., Hallboom, T.; Smith, S.: Identität, Glaubenssysteme und Gesundheit. NLP-Veränderungsarbeit (1991).

[2] Berkel, K.: Konflikttraining: Konflikte verstehen, analysieren, bewältigen (1997), S. 10 ff.

[3] Blake, R. R.; Mouton, J. S.: Solving costly organizational conflict: Achieving intergroup trust, cooperation and teamwork (1984).

[4] Bühring-Uhle, Chr.: Arbitration and Mediation in International Business (1996), S. 1.

[5] Bridges, W.: Managing Transitions – Making the Most of Change (1993), S. 11 ff.

[6] Carr, F. et al: Partnering in Construction – A Practical Guide to Project Success (1999), Introduction.

[7] Christopher, M. et al: Relationship Marketing – Bringing Quality, Customer Service and Marketing Together (1991), S. 9.

[8] Covey, St. R.: Die Sieben Wege zur Effektivität (2000), S. 199–222.

---

[50] Vgl. GPM/Gesellschaft für Projektmanagement e. V., Nürnberg.

[9] Egan, Sir J.: Rethinking Construction (1998).

[10] Fisher, R.; Ury, W.: Das Harvard Konzept (1991), S. 35 ff.

[11] Geschichten kommen immer an! (FTD 27. Juli 2001).

[12] Glasl, F.: Konfliktmanagement – Ein Handbuch für Führungskräfte, Beraterinnen und Berater (1999), S. 433.

[13] Gralla, M.: Neue Wettbewerbs- und Vertragsformen für die deutsche Bauwirtschaft (1999).

[14] Gordon, Th.: Manager Konferenz (1989).

[15] GPM, Gesellschaft für Projektmanagement e. V., Nürnberg.

[16] GPM-Studie „Entwicklung des Projektmanagements in den nächsten zehn Jahren", April bis Juli 2001.

[17] Yukl, G. A.: Leadership in organizations, Guidelines for Managing Conflict (1998), S. 112.

[18] Latham, Sir M.: Constructing the Team – Final Report (1995), S. 87.

[19] Naisbitt, J.: Megatrends (1984), S. 2–4.

[20] Neuberger, O.: Führen und geführt werden (1990).

[21] Neuberger, Mikropolitik: der alltägliche Aufbau und Einsatz von Macht in Organisationen (1995), S. 33.

[22] Noelle-Neumann, E.: Das Fischer Lexikon, Publizistik/Massenkommunikation (2000).

[23] Moore, Ch. W.: The Mediation Process – Practical Strategies for Resolving Conflicts (1996), S. 161 ff.

[24] Patzig, G.; Schöne-Seifert, B.: Theoretische Grundlagen und Systematik der Ethik (1995).

[25] Petzold, H.: Integrative Therapie (1993).

[26] Pikas, A.: Rationale Konfliktlösung (1974).

[27] Radatz, S.: Das Modell der gemeinsamen Schritte, Research Summaries Bd. 2 (2001).

[28] Rubin, I. M.: Der Schlüssel zu echter Zusammenarbeit, Unveröffentlichtes Feedback (2001).

[29] Rubin, I. M.; Cambell, T.: The ABC's of Effective Feedback: A Guide for Caring Professionals (1997).

[30] Scharpf, F.: Interaktionsformen (2000).

[31] Schulz von Thun, F.: Miteinander Reden I: Störungen und Klärungen (1990).

[32] Schwartz, S. H.: Universals in the content and structure of values: Theoretical advances and empirical tests in 20 countries (1992).

[33] Stipanowitch, Th. J.: Beyond Arbitration: Innovation and Evolution in the US Construction Industry (Spring 1996; Wake Forest Law Review), S. 65–182.

[34] Stroebe, R. W.: Kommunikation, II. Verhalten und Technik in Besprechungen (1995).

[35] Walker, D. et al.: Relationship-Based Procurement Strategies for the 21st Century (2000), S. 12.

[36] Walker, D. et al: Relationship-Based Procurement Strategies for the 21st Century (2000), S. 26.

[37] Witte, E. H.; Doll, J.: Soziale Kognition und empirische Ethikforschung (1995), S. 97–115.

# 7
# Pre-Mediation –
# Die Bedeutung der fachgerechten Initiierung einer Mediation

*Cristina Lenz*
*Norbert Fackler*

Die Pre-Mediation[1] ist das der eigentlichen Mediation vorausgehende Verfahren, in welchem die Entscheidung zur Durchführung und die wesentlichen Modalitäten der Mediation abgeklärt werden. Im Kapitel „Pre-Mediation" werden die Tätigkeiten der Startphase detaillierter beschrieben. Die im vorliegenden Kapitel mit „Pre-Mediation" bezeichnete Startphase entspricht der im Kap. I.3 „Vorgehensmodell Mediation" mit „Initiierung" bezeichneten Phase.

*Pre-Mediation oder die „Initiierungsphase" der Mediation*

## 7.1
### Ziele der Pre-Mediation

- Klärung ob Mediation indiziert ist
- Informiertheit über mögliche Konfliktlösungsverfahren
- Deeskalation zur Ermöglichung einer Verfahrenseinigung
- Motivation der Beteiligten zur Inanspruchnahme von Mediation
- Auswahl des Mediatorenteams
- Vorarbeiten zur Einleitung des Mediationsverfahrens

*Klärung*
*Verfahren*
*Auswahl*
*Mediationsteam*

## 7.2
### Verfahrensstruktur

#### 7.2.1
##### Vorüberlegungen und Umsetzung

Die Pre-Mediation teilt sich in zwei Stufen ein. Die erste Stufe ist die der Vorüberlegungen und die zweite Stufe ist die der Umsetzung. Im Rahmen der Vorüberlegungen wird überprüft, ob Mediation indiziert ist. Sollte es hierbei zur Entscheidung mindestens eines potenziell Beteiligten kommen, eine Mediation einleiten zu wollen, kommt es in Stufe zwei zur Durchführung der Pre-Mediation. Die Vorgehensweise wird u. a. von der Vorkenntnis der Betroffenen abhängen.

*Die zwei Stufen der Pre-Mediation*

---

[1] Norbert Fackler, „Die Pre-mediative Phase" in „Wenn zwei sich streiten hilft der Dritte", S. 19–35, Edition Promente, Linz, 1996.
Cristina Lenz in Lenz/Müller, „Pre-Mediation – Wie kommt es zu einer Mediation" in „Businessmediation – Einigung ohne Gericht", S. 107–124, Verlag Moderne Industrie, Landsberg/Lech, 1999.

**Verfahrensstruktur der Pre-Mediation**

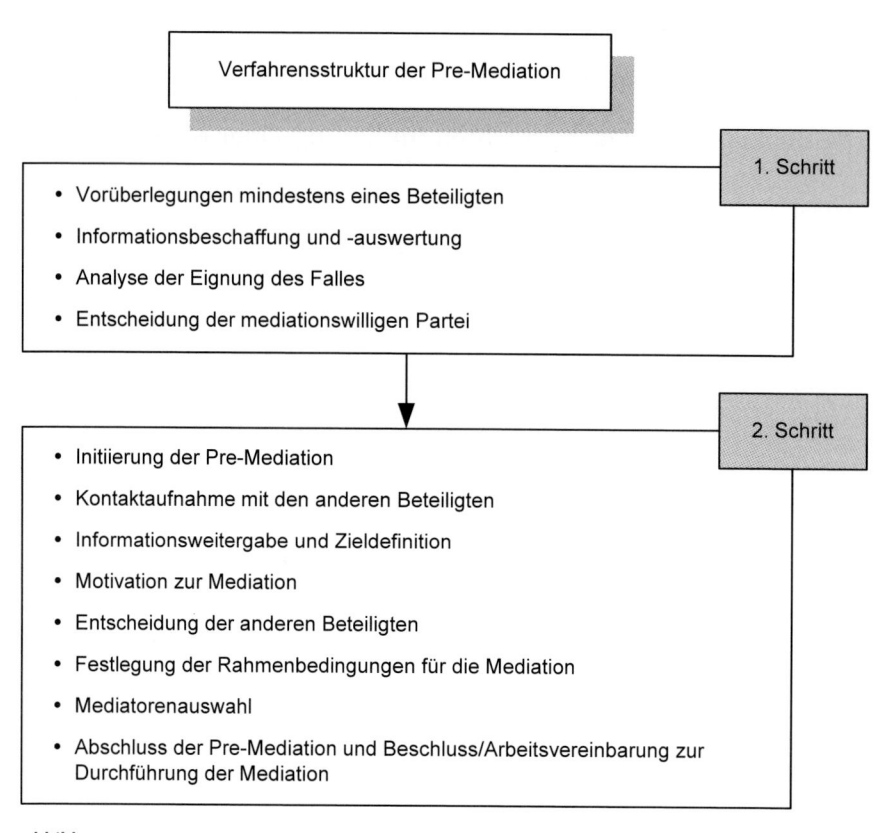

**1. Schritt**
- Vorüberlegungen mindestens eines Beteiligten
- Informationsbeschaffung und -auswertung
- Analyse der Eignung des Falles
- Entscheidung der mediationswilligen Partei

**2. Schritt**
- Initiierung der Pre-Mediation
- Kontaktaufnahme mit den anderen Beteiligten
- Informationsweitergabe und Zieldefinition
- Motivation zur Mediation
- Entscheidung der anderen Beteiligten
- Festlegung der Rahmenbedingungen für die Mediation
- Mediatorenauswahl
- Abschluss der Pre-Mediation und Beschluss/Arbeitsvereinbarung zur Durchführung der Mediation

**Abbildung 1**
Verfahrensstruktur der Pre-Mediation

## 7.2.2
**Erläuterungen**

In der Stufe eins wünscht mindestens eine Person eine einvernehmliche, zukunftsorientierte Regelung, bei der alle Beteiligten zufrieden sein sollen. Aus diesem Grund wertet sie ihre vorhandenen Informationen aus bzw. beschafft sich neue Informationen, um diesem Ziel Rechnung zu tragen und ein geeignetes Vorgehen auswählen zu können.

Die Analyse der Eignung eines Falles für ein bestimmtes Vorgehen wird oft gemeinsam mit einem Berater[2] stattfinden, kann grundsätzlich aber auch selbständig durchgeführt werden. Im Anschluss daran wird sich die Person entscheiden, ob eine Mediation für sie in Betracht kommt.

---

[2] Nur um eine möglichst gute Lesbarkeit zu ermöglichen, wird die männliche Form gebraucht.

Generell eignet sich Mediation für alle Fälle, bei denen einer der Vorteile der Wirtschaftsmediation in Anspruch genommen werden soll:

*Eignung*

- Kontrolle über den Ausgang der Verhandlungen
- Erzielung eines wirtschaftlich sinnvollen Ergebnisses
- Frei wählbarer Beginn der Mediation
- Flexibilität und freie Zeiteinteilung
- Selbstbestimmung von Sitzungsort und Terminen
- Wiederherstellung und Verbesserung der Geschäftsbeziehung
- Erreichung einer Win-win-Solution
- Vertrauliches Verfahren
- Unbürokratisches Verfahren
- Zeitersparnis durch schnelles Verfahren
- Kosteneinsparung
- Vermeidung von Reibungsverlusten
- Steigerung der Produktivität durch rasche Entlastung vom Konflikt
- Positive Darstellung des Unternehmens

## 7.3
## Zugangsmöglichkeiten

Der Zugang zur Mediation kann grundsätzlich auf zwei Wegen stattfinden. Einem präventiven und einem reaktiven. Der präventive Weg kommt nur für diejenigen Personen und Unternehmen in Betracht, die bereits Informationen über das Verfahren der Mediation und seine Vorteile haben. In den übrigen Fällen können diese Informationen durch die reaktiven Maßnahmen generiert werden und ermöglichen für nächste mögliche Konflikte ein präventives Vorgehen.

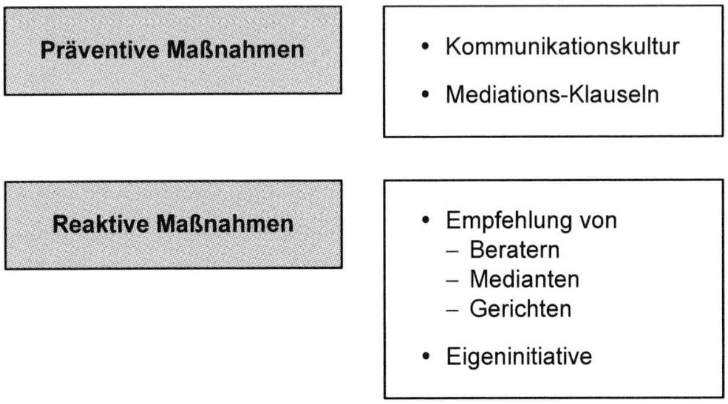

| **Präventive Maßnahmen** | • Kommunikationskultur<br>• Mediations-Klauseln |
|---|---|
| **Reaktive Maßnahmen** | • Empfehlung von<br>  – Beratern<br>  – Medianten<br>  – Gerichten<br>• Eigeninitiative |

**Abbildung 2**
Zugang zur Mediation

### 7.3.1
### Präventive Maßnahmen

*Kommunika-* Durch die Schaffung und Erhaltung einer Kommunikationskultur ganz allgemein
*tionskultur* lassen sich schon im Vorfeld viele Missverständnisse und andere Konfliktauslöser vermeiden, bzw. können die anstehenden Aufgaben und Probleme in einer adäquaten Atmosphäre und Weise diskutiert und gelöst werden. Dafür ist neben den erforderlichen Schulungen und Kenntnissen auch die Unternehmensphilosophie ein tragender Faktor.

Eine wissenschaftliche Untersuchung hat ergeben, dass Führungsqualität und -erfolg zu über 70 % aus sozialer Kompetenz d. h. persönlicher Fähigkeit und Haltung im Umgang mit Mitarbeitern, Geschäftspartnern, Aufgaben und Konflikten besteht.

*Mediations-* Ein bedeutender Teil des präventiven Konfliktmanagements ist die vorausschauen-
*klauseln* de Einarbeitung von Mediationsklauseln in Verträge. Je nach Art des Vertrages und der möglichen Konflikte ist die Klausel in geeigneter Weise zu formulieren. Damit können bereits drei wichtige Punkte geklärt werden:

- Die generelle Durchführung einer Mediation bei Auftreten eines Konfliktfalles.
- Die Festlegung, wann ein solcher Konfliktfall vorliegt.
- Beschreibung der Vorgehensweise, d. h. welcher Mediator oder welche Organisation nach welchen Mediationsregeln den Konflikt mediieren soll.

### 7.3.2
### Reaktive Maßnahmen

Empfehlung von:

- Beratern
- Medianten
- Gerichten

*Empfehlung* Berater (z. B. Anwälte, Coaches, Steuerberater) haben eine Schlüsselposition inne.
*von Beratern* Sie können ihre Klienten bei der Auswahl des zielführendsten Verfahrens unterstützen und sie zur Mediation motivieren. Zu ihnen besteht bereits ein Vertrauensverhältnis. Sie unterstützen schon allein durch den Umstand, dass der Beratene sich mit ihnen besprechen kann (psychologischer Faktor). Sie geben Informationen und unterstützen bei der Abwägung, ob das Verfahren geeignet ist (sachlicher Faktor). Wichtig ist dabei auch zu erklären, welche Rolle der Berater in der Mediation hat.

Dort, wo die Einleitung der Mediation nicht schon im Rahmen von präventiven Maßnahmen durch Mediationsklauseln gesichert ist, hängt der Erfolg stark von der Kompetenz und der Haltung des Beraters ab. Im Idealfall gelingt es dem Berater, den Klienten so zielorientiert zu unterstützen, dass ihm zunächst der Weg aus seiner einschränkenden Problemtrance[3] gelingt und ihm eine gute Entscheidung hinsichtlich der nächsten Schritte ermöglicht wird.

Dabei wird sich der Berater intensiv mit der aktuellen Situation des Klienten auseinandersetzen müssen. Dies beinhaltet, wirtschaftliche und persönliche Umstände zu verstehen und erste Kriseninterventionen[4] setzen zu können.

Ähnliches gilt für die Empfehlung von Personen, die selbst schon Medianten waren. Diese Situation ist vergleichbar mit der Empfehlung für einen Arzt oder Rechtsanwalt, mit dem die empfehlende Person bereits gute Erfahrungen gemacht hat. *Empfehlung von Medianten*

Die Zivilgerichte sind im Rahmen von § 279 ZPO gehalten, in jedem Stadium des Verfahrens auf eine einvernehmliche Einigung hinzuwirken. Dies ermöglicht es den Gerichten, den Vorschlag für eine Mediation entweder selbst zu unterbreiten oder, sofern er von einer der Streitparteien bzw. deren Rechtsvertreter eingebracht wird, diesen zu unterstützen. Das geschieht konkret durch den Beschluss des Gerichts, dass das Gerichtsverfahren ruht, bis eine der Parteien eine Fortsetzung beantragt. Dies wird dann der Fall sein, wenn eine Lösung in der Mediation gefunden wurde, die dann nur noch bei Gericht protokolliert werden muss, so dass das Verfahren mit dieser Regelung einvernehmlich endet. Die Ausnahmesituation, dass die Mediation abgebrochen wird, führt lediglich dazu, dass das Gerichtsverfahren wiederaufgenommen werden wird. Bei einer Erfolgswahrscheinlichkeit der Mediation mit 85 % besteht eine große Chance, auch dann zu einer maßgeschneiderten Lösung zu kommen, wenn bereits ein Gerichtsverfahren eingeleitet war. *Empfehlung von Gerichten*

Für den Fall, dass eine Person schon an einer Mediation teilgenommen hat oder schon über Mediation informiert ist, aber noch keine präventiven Konsequenzen gezogen hat, kommt das Vorgehen in Eigeninitiative in Betracht. *Eigeninitiative*

Es gibt eine Reihe von Fragen, die helfen, den Konflikt zu analysieren und dadurch Ansatzpunkte für seine Lösung zu finden.

- Was habe ich dazu beigetragen, damit dieser Konflikt entsteht?
- Welche Implikationen hat der Konflikt?
- Welche Konsequenzen werden sich aus meinem Vorgehen zur Konfliktlösung ergeben?

Problematisch ist ganz generell bei den reaktiven Maßnahmen, dass die Beteiligten durch den Konflikt oftmals schon heftig streiten und das wechselseitige Vertrauen bereits gelitten hat.

Die Beteiligten nehmen nicht nur die jeweils für sie günstigere Rechtsposition ein, sondern sie sind auch emotional verstrickt. Die ganze Situation ist auf Auseinandersetzung angelegt.

---

[3] Definition: Problemtrance ist die Focussierung der Aufmerksamkeit auf das Problem. Dabei wird die Wahrnehmung für Ressourcen und kreative Lösungsmöglichkeiten eingeschränkt.
[4] Definition: Kriseninterventionen sind erste Maßnahmen, um die Krise zu bewältigen und wirken deeskalierend, z. B. Joining, aktives Zuhören.

Zwei wichtige Entscheidungen sind aber auf dem Weg zur Mediation zu treffen: zum einen die Entscheidung für das Verfahren und zum anderen die Einigung über den Mediator oder das Mediatorenteam.

Dabei stellt sich die Frage, wie das am besten bewerkstelligt werden kann, ohne sich dem Verdacht auszusetzen, dass man eine schwache Rechtsposition hätte. Die Anregung zur Mediation kann von einer Partei gegenüber der anderen Partei erfolgen. Die in diesem Fall notwendigen Informationen des Konfliktpartners über das Verfahren, seine Vorteile und evtl. Risiken und die weitere Organisation sollte dann einer neutralen Seite übertragen werden. Dafür gibt es verschiedene Möglichkeiten:

- Professionelle Pre-Mediationunternehmen
- Mediationsorganisationen[5]
- Mediatoren[6]
- Berater

Die Erfahrung hat gezeigt, dass ein auf Pre-Mediation spezialisiertes Unternehmen am effizientesten arbeitet und am besten akzeptiert wird. Bei einem Mediator, der von einem Beteiligten für die Organisation des Verfahrens angesprochen wurde, bestehen oft von dem anderen Beteiligten Bedenken hinsichtlich der Parteilichkeit zugunsten der anfragenden Seite. Auch schon der Vorschlag einer bestimmten Person als Mediator kann das gesamte Verfahren gefährden, da statt der Ablehnung lediglich dieser Person, die Befürchtungen in der Regel dazu führen, dass das Mediationsverfahren an sich abgelehnt wird.

Gerade in Konfliktsituationen im Baubereich hat sich die Vorgehensweise über ein Pre-Mediationsunternehmen auch im Hinblick auf Schnelligkeit und Vertraulichkeit bewährt.

---

[5] z. B. der BMWA, der Bundesverband für Mediation in Wirtschaft und Arbeitswelt, Severinstr. 4, 18209 Bad Doberan, www.bmwa.de, IVKM in der Schweiz oder der ÖBM in Österreich.

[6] z. B. über Listen, die Mediationsorganisationen wie der BMWA oder die Centrale für Mediation bereithalten, www.centrale-fuer-mediation.de.

## 7.4
## Übersicht über Vorgehensweisen

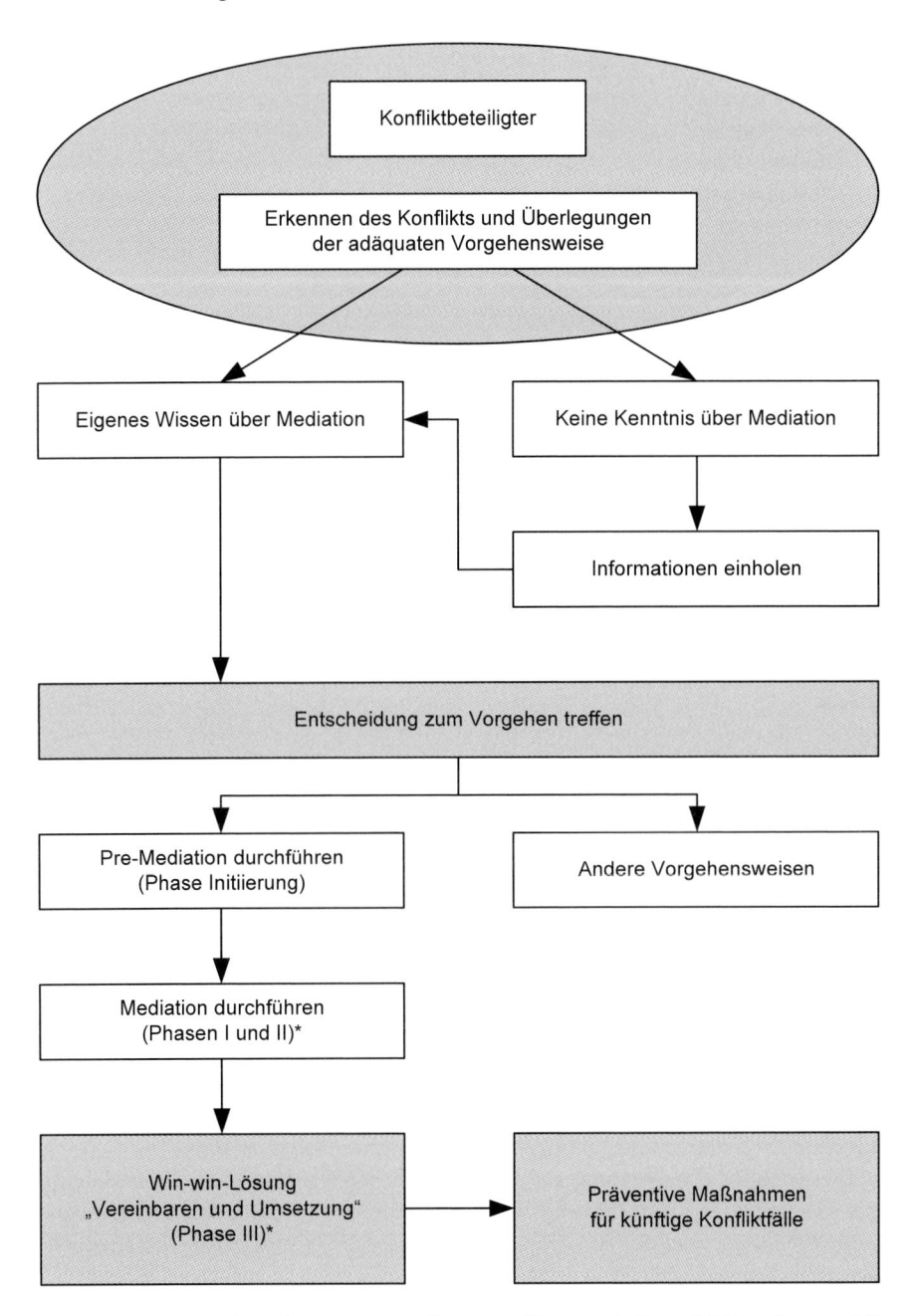

```
                    Konfliktbeteiligter
                           │
          Erkennen des Konflikts und Überlegungen
              der adäquaten Vorgehensweise
              ┌────────────┴────────────┐
              ▼                         ▼
   Eigenes Wissen über Mediation ◄── Keine Kenntnis über Mediation
              ▲                         │
              │                         ▼
              └──────────── Informationen einholen
              │
              ▼
        Entscheidung zum Vorgehen treffen
         ┌────────────┴────────────┐
         ▼                         ▼
   Pre-Mediation durchführen    Andere Vorgehensweisen
   (Phase Initiierung)
         │
         ▼
   Mediation durchführen
   (Phasen I und II)*
         │
         ▼
   Win-win-Lösung              Präventive Maßnahmen
   „Vereinbaren und Umsetzung" → für künftige Konfliktfälle
   (Phase III)*
```

\* Erläuterungen zu den Phasen eines Mediationsverfahrens vgl. Kap. „I.3 Vorgehensmodell Mediation"

### 7.5
**Klärungspunkte der Pre-Mediation**

- Indikation
- Informationen:
  - Vorwissen
  - Vorteile/Risiken
  - Verfahrensstruktur
  - Spielregeln
- Nichteinigungsalternativen
- Vorabklärungen Beteiligte/Dritte
- Vorabklärungen Rahmenbedingungen:
  - Ort
  - Zeit/Deadline/Termine/Zeitplan
- Mediator/Mediatorenteam
- Status quo
- Zwischenregelung für rechtliche Maßnahmen

### 7.6
**Dauer**

Abhängig von einer ganzen Reihe von Variablen, wie z. B. dem Zugang der Beteiligten, der Größe des Verfahrens und dem von außen gesetzten Zeitdruck, kann die Pre-Mediation sich über einige Telefonate und ggf. eine kurze Besprechung erstrecken oder auch – wie bei umweltrelevanten Großverfahren (z. B. Vienna Airport) – mehrere Monate dauern.

Günstigstenfalls ist der Einstieg über eine Klausel gegeben, so dass – je nach Regelungsgehalt der Klausel – die Pre-Mediation gar nicht mehr erforderlich ist. In den übrigen Fällen wird die Dauer auch von dem Kenntnisstand der Beteiligten über Mediation und der Bereitschaft zur Einigung abhängen.

Damit wird deutlich, dass die erfolgreiche Beratung und Empfehlung zur Mediation eine hohe fachliche Anforderung an die Berater stellt. Sie benötigen ein umfangreiches Wissen über die Indikationen, die Vorteile und ggf. Risiken sowie die Struktur dieses Verfahrens und ein hohes Maß an Kommunikationsfähigkeit.

Diese qualifizierte Beratung auf hohem fachlichen Niveau, die die Einbeziehung der Mediation als Konfliktlösungsmethode erst möglich macht, sollte in jede Aus- und Fortbildung integriert werden, da sie einen Teil der Demokratie in diesem politischen System bedeutet.

## 7.7
### Einleitung der Pre-Mediation durch einen Initiator

Die Pre-Mediation kann auch durch einen Initiator in Gang gesetzt werden. Dieser ist nicht am Konflikt beteiligt und wird daher auch nicht Beteiligter oder Mediator im Mediationsverfahren werden. Bei Großverfahren ist das Auftreten eines Initiators ausgesprochen zielführend (vgl. dazu auch Kap. I.3.2.1, die Begriffe „Initiator" und „Initiierungsmediator" bezeichnen dieselbe Funktion).

Dies setzt zunächst die Erkenntnis des Initiators voraus, dass eine Angelegenheit regelungsbedürftig ist in dem Sinne, dass zwischen den Betroffenen ein Konsens hergestellt werden muss oder soll. Konkret kann das für den Initiator bedeuten, die einzelnen Personen darauf anzusprechen, in einem Gespräch oder gegebenenfalls auch in Form schriftlicher Korrespondenz einen Kontakt herzustellen. Das bedeutet bei den potenziellen Beteiligten, denen das Verfahren der Mediation und Pre-Mediation unbekannt ist, dieses zu erläutern und auf die Bedenken einzugehen.

*Aufgaben des Initiiators*

Der Initiator hat damit eine wesentliche Aufgabe, die sich nicht in der Informationsweitergabe über das Verfahren selbst, dessen Vorteile und mögliche Risiken erschöpft. Er kann schon in der Art und Weise seines Vorgehens inzident die Mediation darstellen.

Wenn der Initiator an alle Beteiligten herangetreten ist und noch nicht alle dem Verfahren zugestimmt haben, kann er erneut auf diejenigen zugehen, die bisher dem Verfahren gegenüber skeptisch waren, um sie über den Stand der Entwicklung zu informieren. Da die Erfahrung gezeigt hat, dass mit Mediation nicht vertraute Personen zunächst eine gewisse Zurückhaltung gegenüber einem neuen Verfahren zeigen, kann die Tatsache, dass andere zugestimmt haben, hier unterstützend wirken.

Zusammenfassend besteht also das Vorgehen des Initiators darin, mit allen Beteiligten Kontakt aufzunehmen, um das Verfahren vorzustellen und deren Bereitschaft zur Mediation abzuklären.

Darüber hinaus wird bei Großverfahren eruiert, ob weitere Beteiligte mit einzubeziehen sind und es ist die Auswahl des Mediators/Mediatorenteams zu organisieren. Er ist damit die Koordinationsstelle der Pre-Mediation. Sobald der Mediator oder das Mediatorenteam ausgewählt worden ist, ist die Aufgabe des Initiators beendet.

## 7.8
### Fazit

Zusammenfassend kann festgestellt werden, dass die professionelle Einleitung der Mediation im Rahmen der Pre-Mediation ausschlaggebend für den Erfolg ist.

Darüber hinaus ist das Ergebnis der Pre-Mediation mehrschichtig. Zum einen gibt es eine Entscheidung, ob die Angelegenheit im weiteren durch Mediation geregelt und beendet werden soll. Zum anderen findet eine Verbesserung der Kommunikation der Beteiligten statt. Zum dritten schafft die Pre-Mediation auch einen Kenntnisstand, der die Entscheidung ermöglicht, für die Zukunft präventive Maßnahmen zu ergreifen oder ad hoc bei einem nächsten Konflikt auf die Möglichkeit der Mediation zuzugehen.

# II
# Einsatzbereiche der Mediation im Planungs-, Bau- und Umweltbereich

1 Mediation aus umweltpolitischer Sicht
  *Horst Zilleßen*

2 Mediationsverfahren zur Lösung von Konflikten bei umweltrelevanten Großvorhaben
  *Christoph Kochenburger*

3 Mögliche Konfliktfelder im Projektverlauf als Ansatz ganzheitlicher Mediation zur Konfliktlösung
  *Ursula von Minckwitz*

4 Mögliche Konflikte in der Abwicklung eines Bauprojekts und Lösungsansätze im Einzelnen
  *Ursula von Minckwitz*

5 Spezielle Konflikte in der Bauausführung
  *Rainald von Franqué*

# 1
# Mediation aus umweltpolitischer Sicht[1]

*Horst Zilleßen*

## 1.1
### Begriff und Entwicklung der Umweltmediation

Wenn ein Handbuch für Mediation im Bauwesen ein besonderes Kapitel über Mediation aus umweltpolitischer Sicht enthält, dann ist dies der offenkundigen Tatsache geschuldet, dass jede Art von Bauen in die Umwelt eingreift, sie verändert, oft genug – insbesondere bei großen Infrastrukturprojekten – auch beeinträchtigt. Konflikte sind daher hier an der Tagesordnung, und der konfliktregelnde Einsatz von Mediation bietet sich geradezu an. Insofern erscheint es im vorliegenden Zusammenhang als durchaus angemessen, von „Umweltmediation" zu sprechen.

Der Begriff stellt die wörtliche Übersetzung von „environmental mediation" dar, und er beschreibt in den USA und in Kanada ein seit etwa Mitte der 70er-Jahre des vergangenen Jahrhunderts sich breit entwickelndes Feld der Mediation. Die aktuelle Entwicklung im deutschsprachigen Raum weckt freilich Zweifel an der Beschreibungsgenauigkeit dieses Begriffs. Das Feld, das er abdecken soll, umfasst nämlich nicht nur Auseinandersetzungen über den Schutz der Umwelt, sondern darüber hinaus alle Konflikte über öffentlich wirksame Maßnahmen staatlicher oder privater Institutionen und Organisationen, deren Auswirkungen eine größere Zahl von Menschen betreffen. Parallel zu dem Begriff „Umweltmediation" hat sich daher mit „Mediation im öffentlichen Bereich – Planen, Bauen, Umwelt" ein neuer Begriff eingebürgert, der die gewachsene Ausdehnung dieses Mediationsfeldes berücksichtigt. Im Folgenden wird freilich – nicht zuletzt aus Gründen der sprachlichen Vereinfachung – der Begriff „Umweltmediation" beibehalten.

Wie eingangs erwähnt, werden seit etwa Mitte der siebziger Jahre in den USA in verstärktem Umfang Mediationsverfahren angewendet, um umweltpolitische Konflikte zu regeln. Während Mediation zur Regelung sozialer Konflikte in den USA bereits seit mehr als 100 Jahren praktiziert wird – im Jahr 1898 genehmigte der Kongress offiziell Mediation in Arbeitskonflikten[2] –, wurde Umweltmediation zum erstenmal in dem von Gerald Cormick und Jane McCarthy als Mediatoren geleiteten Snoqualmie-River-Dam-Verfahren eingesetzt. Der Konflikt um diesen Staudamm dauerte bereits 15 Jahre, als die beiden Genannten im Mai 1974 begannen, mit Hilfe

---

[1] Der nachfolgende Text stützt sich auf folgende Veröffentlichungen des Verfassers: Mediation – Kooperatives Konfliktmanagement in der Umweltpolitik, Opladen 1998; Mediation als neue Form der Partizipation – eine demokratietheoretische Einordnung der Umweltmediation, in Pelikan, Ch. (Hrsg), Mediationsverfahren – Horizonte, Grenzen, Innensichten, Jahrbuch für Rechts- und Kriminalsoziologie '99, Baden-Baden 1999, S.29–44.
[2] Rogers, N. C./McEwen, C. A., Mediation Law, Policy, Practice, 1994, Kap. 5, S. 2.

von Mediation eine Lösung zu erreichen. Das Mediationsverfahren endete im Dezember 1974 mit Empfehlungen, denen alle Konfliktparteien zustimmten[3].

Die Erfolgsgeschichte dieses Verfahrens leitete in den USA eine Entwicklung ein, die zu einer großen gesellschaftlichen und politischen Akzeptanz der Umweltmediation geführt hat. Im Jahr 1986 konnte Gail Bingham eine erste Bilanz über zehn Jahre Umweltmediation in den USA vorlegen[4], und im Jahr 1995 war einer Veröffentlichung von SPIDR (Society of Professionals in Dispute Resolution = Vereinigung der professionellen Mediatorinnen und Mediatoren) zu entnehmen, dass etwa die Hälfte der mehr als 3000 Mitglieder im (umwelt)politischen Bereich tätig sind[5]. In den USA ist Mediation eines von mehreren Verfahren, die unter der Überschrift „Alternative Dispute Resolution (ADR)" (alternative Konfliktregelung) diskutiert und praktiziert werden. Für sie hat sich inzwischen die Abkürzung „ADR-Verfahren" durchgesetzt. ADR meinte ursprünglich die Alternative zum förmlichen Rechtsstreit, zum Gerichtsverfahren. Es sollte die Last der Gericht um solche Verfahren erleichtert werden, die auch mit anderen als rechtlichen Mitteln gelöst werden können. Die Konfliktparteien sollen versuchen, ihre Differenzen gemeinsam – gegebenenfalls unter Beiziehung eines Mediators – zu klären und beizulegen.

Eine Alternative stellen diese Verfahren im politischen Bereich insbesondere deshalb dar, weil sie eine andere Art der Entscheidungsfindung anbieten, die das Entstehen von Konflikten antizipiert. Bei den traditionellen Entscheidungsverfahren wird von den politisch oder administrativ Zuständigen entschieden und die Entscheidung dann öffentlich verkündet, worauf die davon Betroffenen oft mit Widerspruch und Widerstand reagieren. Heftige Konflikte sind die logische Folgerung dieser Vorgehensweise, die den Betroffenen oft keine andere Wahl lässt, als gegen eine über ihre Köpfe hinweg vorgeschlagene Regelung oder Planung Position zu beziehen. Das wesentliche Kennzeichen der ADR-Verfahren ist demgegenüber in der kooperativen Problemlösung zu sehen, die den von einem Problem Betroffenen die Möglichkeit einräumt, bereits bei der Definition des Problems und der Erarbeitung von Problemlösungen ihre Interessen einzubringen. Auch in der amerikanischen Diskussion wird diese alternative Vorgehensweise mit einem demokratietheoretischen Akzent versehen: ADR-Verfahren erlauben ein Höchstmaß an Selbstbestimmung, denn die von einem Problem Betroffenen oder an einem Konflikt Beteiligten bestimmen selbst Form und Inhalt der Problemlösung oder Konfliktregelung, anstatt die Entscheidung Dritten, also Amts- bzw. Mandatsträgern oder Gerichten zu überlassen[6].

Für den (umwelt)politischen Bereich kann Mediation wie folgt definiert werden: Mediation ist eine strukturierte und systematische Form der Konfliktregelung, durch die ein professioneller Konfliktmanager, der Mediator, bei umfangreichen Konflikten meist ein Mediationsteam, die von einem Konflikt Betroffenen und an einer einvernehmlichen Konfliktregelung Interessierten durch die gezielte Beachtung ihrer

---

[3] Mernitz, S., Mediation of Environmental Disputes, 1980, S. 89 ff.
[4] Bingham, G., Resolving Environmental Disputes. A Decade of Experiences, 1986.
[5] SPIDR, Democracy and Dispute Resolution: Power, Principle and Practice, 23rd Annual Conference, 1995 (conference brochure), S. 2.
[6] Moore/Delli Priscoli, The Executive Seminar on Alternative Dispute Resolution (ADR) Procedures, 1989, S. 23.

inhaltlichen, verfahrensbezogenen und psychologischen Interessen dabei unterstützt, zu einer für alle zufriedenstellenden oder zumindest akzeptablen Lösung zu gelangen. Die Problemlösung wird also nicht von Politik oder Verwaltung vorgegeben, sondern von den am Mediationsverfahren Beteiligten gemeinsam erarbeitet. Da das Mediationsverfahren auf vertrauensvolle Kooperation angelegt und angewiesen ist, muss der Kreis der Beteiligten klein gehalten werden. Daraus folgt, dass bei einer größeren Zahl von Betroffenen das Repräsentationsprinzip angewendet werden muss. In der Praxis der Umweltmediation stellt es häufig eine der schwierigsten Aufgaben für des Mediationsteam dar, die Zahl der Beteiligten so einzugrenzen (auf in der Regel nicht mehr als 25 Beteiligte), dass Mediation tatsächlich noch möglich ist.

Im Vergleich zur Rolle von Mediation bei Familien-, Scheidungs- oder wirtschaftlichen Konflikten ist freilich für den politischen Bereich darauf hinzuweisen, dass die Letztentscheidung bei der Konfliktregelung den zuständigen Amts- oder Mandatsträgern zukommt. Die ebenso komplexen wie umfassenden Rechtsstrukturen im politisch-administrativen System lassen wenig oder keinen Spielraum für Mediation im Sinne selbstbestimmter Konfliktregelung durch die Konfliktparteien. Mediation bedeutet hier eher eine innovative und intelligente Form der Beteiligung an der Vorbereitung von Entscheidungen oder Konfliktregelungen als gemeinsames Aushandeln und Verantworten von Entscheidungen selbst. Die Praxis der Umweltmediation vor allem in Österreich hat hier in der letzten Zeit freilich einen neuen Akzent gesetzt in Gestalt einer zivilrechtlich tragfähigen vertraglichen Absicherung des Mediationsergebnisses durch die Konfliktparteien. Bei Vorhaben, die Gegenstand einer Mediation sind und einer behördlichen Genehmigung bedürfen, aber nicht von einer Behörde, sondern von einem Privatunternehmen oder einem zwar im staatlichen Eigentum befindlichen, jedoch privatrechtlich organisierten Unternehmen geplant werden, können die Konfliktparteien vertraglich vereinbaren, dass das Unternehmen ein Vorhaben so zur Genehmigung einreichen wird, wie es im Mediationsverfahren vereinbart worden ist. In einem solchen Fall haben es auch in der Umweltmediation die Konfliktparteien in der Hand, die politische Umsetzung des Mediationsergebnisses zu bestimmen.[7]

Die Geschichte der Umweltmediation in Deutschland begann im Jahre 1986, als die Umweltprobleme der Sonderabfalldeponie Münchehagen in der Nähe von Hannover erstmals mit Hilfe eines neutralen Konfliktmanagers, eines Mediators, aufgearbeitet wurden. Vorausgegangen waren heftige Auseinandersetzungen, an denen Bürgerinitiativen und Verwaltungsbehörden aus drei Kommunen, drei Landkreisen und zwei Bezirksregierungen bzw. Bundesländern beteiligt waren[8] (Striegnitz 1994).

Inzwischen liegen auch für Deutschland erste Untersuchungen über die bisherigen Erfahrungen mit Umweltmediation vor. Die nachfolgenden Angaben und Daten stammen aus einer Untersuchung, die von der MEDIATOR GmbH, Oldenburg, mit

---

[7] Vgl. Zilleßen, Horst, Kooperative Konfliktbearbeitung mit 15 Parteien – Herausforderungen der Umweltmediation am Beispiel des Mediationsverfahrens im Gasteiner Tal, in: Mader, G./Eberwein, W.-D./Vogt, W. R. (Hrsg.), Die Umwelt. Konfliktbearbeitung und Kooperation, 2001, S. 188–208.
[8] Striegnitz, M., in: Dörhöfer/Thein/Wiggering, (Hrsg.), Altlast Sonderabfalldeponie Münchehagen 1994.

finanzieller Unterstützung der Deutschen Bundesstiftung Umwelt durchgeführt worden ist. Bis September 1996 konnten 64 Verfahren dokumentiert und ausgewertet werden, die Kennzeichen des Mediationsverfahrens bzw. wesentliche Elemente der Mediation, der Moderation oder der Verhandlungen aufwiesen. Etwa die Hälfte dieser Verfahren befasste sich mit abfallwirtschaftlichen Problemen, von der Erstellung von Abfallwirtschaftskonzepten bis hin zur Standortsuche und Planung von Deponien und Müllverbrennungsanlagen. Diese Konzentration auf das Thema „Abfall" ist in sofern verständlich, als in diesem Bereich wohl am häufigsten negative Erfahrungen mit den traditionellen Wegen der Projektrealisierung durch Verwaltungen und Abfallentsorgungsunternehmen gemacht worden sind. Ein weiteres Viertel der untersuchten Verfahren begleitete Sanierungsmaßnahmen bei Altlasten, insbesondere bei unzureichend gesicherten und erstellten Deponien sowie bei Umweltschäden, die durch Militär oder Industrie verursacht wurden. Das letzte Viertel betraf Themen aus den Bereichen Naturschutz, Verkehr, Chemie und radioaktive Abfälle, die in der Forschung und in der Medizin angefallen sind.

Hervorzuheben ist die Tatsache, dass auch auf der politisch-programmatischen Ebene Mediationsverfahren eingesetzt worden sind. Die Bandbreite reicht hier von Konzepten und Strategien zur mittel- und langfristigen Abfallpolitik über die Entwicklung eines Verkehrsleitbildes für eine Großstadt bis hin zu Diskussionen über die Anwendung der Gentechnik.

Eine systematische Erfassung der aktuell laufenden Verfahren gibt es leider nicht, so dass an dieser Stelle nur die Vermutung – gestützt auf die eigenen praktischen Erfahrungen des Verfassers – geäußert werden kann, dass der frühere Schwerpunkt in der Abfallproblematik nicht mehr besteht, sondern Verkehrsprobleme in den Vordergrund gerückt sind. Es ist darüber hinaus zu vermuten, dass in Zukunft viele Fragen und Probleme, die mit der Umsetzung des neuen umweltpolitischen Leitbilds der nachhaltigen Entwicklung auftauchen werden, Gegenstand von Mediationsverfahren sein werden.

Von der deutschen Politik ist das Thema „Umweltmediation" erstmals im Jahr 1993 offiziell zur Kenntnis genommen worden. Am 12. März 1993 hat der deutsche Bundestag einen Entschließungsantrag der FDP-Fraktion zum Investitionserleichterungs- und Wohnbaulandgesetz angenommen, in dem unter Bezugnahme auf die positiven Erfahrungen in den USA gefordert wurde, dass „auch in der Bundesrepublik Deutschland verstärkt das Mediationsverfahren eingesetzt werden (sollte)" (BT-Drucksache 12/43 17). Die Bundesregierung hat darauf im Jahr 1994 in einem Bericht über die Möglichkeiten einer weiteren Beschleunigung und Vereinfachung der emissionsschutzrechtlichen Genehmigungsverfahren (BT-Drucksache 12/69 23) reagiert, indem sie recht ausführlich auf Mediationsverfahren eingegangen ist. Auch in dem Expertenentwurf für ein Umweltgesetzbuch ist Mediation als eine Möglichkeit der Konfliktregelung vorgesehen, aber da dieser Entwurf wohl auf absehbare Zeit nicht in die parlamentarische Beratung gehen wird, gibt es bis auf weiteres keine gesetzliche Grundlage für den Einsatz von Umweltmediation in Deutschland.

In dieser Hinsicht ist die Entwicklung der Umweltmediation in Österreich bereits ein ganzes Stück weiter. Österreich ist das erste europäische Land, das in seinem Gesetz über die Umweltverträglichkeitsprüfung (UVP-G) eine Regelung vorgesehen hat, nach welcher im Zuge eines umweltrechtlichen Genehmigungsverfahrens auftretende Konflikte vorab durch ein Mediationsverfahren geregelt werden können. Nach § 17, 2 des österreichischen UVP-G kann die Behörde ein Genehmigungsverfahren unterbrechen, wenn der Projektträger die im Verfahren sich zeigenden Interessenkonflikte durch ein Mediationsverfahren abklären will. Die Ergebnisse dieses Verfahrens kann die Behörde im Rahmen der gesetzlichen Möglichkeiten im weiteren Genehmigungsverfahren und in ihrer Entscheidung berücksichtigen. Für die Einschätzung der Rolle der Mediation ist vielleicht noch wichtiger, dass Mediationsvereinbarungen, die über die gesetzlichen Möglichkeiten hinaus gehen, im Genehmigungsbescheid der Behörde beurkundet werden können. Diese Regelung ergänzt in sinnvoller Weise die in Österreich häufig geübte Praxis, die Umsetzung der Ergebnisse eines Mediationsverfahrens durch einen zivilrechtlichen Vertrag zwischen dem Projektträger und den beteiligten Konfliktparteien abzusichern.

## 1.2
### Überblick über den Stand der Umweltmediation in Europa[9]

In einem zusammenwachsenden Europa, in dem gerade auf dem Gebiet der Umweltpolitik die Bedeutung der europäischen Institutionen rapide zunimmt, ist im vorliegenden Zusammenhang die Frage interessant, wie die Entwicklung der Umweltmediation insgesamt einzuschätzen ist. Auf der Basis einer Fragebogenaktion, die durch zahlreiche Telefoninterviews mit Mediationsexperten der betreffenden Länder in ihrer Aussagekraft abgesichert wurde, lässt sich zunächst grundsätzlich feststellen, dass es in allen untersuchten Ländern Mediationsexperten gibt, die als Einzelne oder als kleine Gruppe versuchen, der Idee der Mediation in ihrem Land zum Durchbruch zu verhelfen. Das deutet darauf hin, dass diese Idee ungeachtet der jeweiligen Voraussetzungen und Bedingungen des politischen Systems und der politischen Kultur als interessantes, neues Instrument der Konfliktregelung gesehen wird und dass es in fast allen untersuchten Ländern Bemühungen gibt, Mediation zumindest zunächst auf einer experimentellen Ebene in das jeweilige politisch-administrative System einzufügen.

Bei der Frage nach dem Bekanntheitsgrad der Umweltmediation wird aus den Antworten für nahezu alle Länder aber auch deutlich, dass Umweltmediation nur relativ wenigen Experten im Bereich der Mediation sowie der praktischen Umweltpolitik und der entsprechenden Forschung wirklich bekannt ist. Selbst in Ländern wie den Niederlanden, Deutschland, Österreich oder der Schweiz, in denen jeweils mehrere Institutionen im Bereich der Mediation tätig sind, wird die Bekanntheit im Land jeweils als gering bis mittel eingeschätzt. Diese Tatsache zeigt nicht nur, dass Umweltmediation als Instrument der Konfliktregelung noch nicht das Interesse einer breiten Öffentlichkeit in Gesellschaft und Politik gefunden hat, sondern lässt

---
[9] Den nachfolgenden Ausführungen liegt eine empirische Untersuchung zugrunde, die der Verfasser im Auftrag des Bundesministeriums für Land- und Forstwirtschaft, Umwelt und Wasserwirtschaft, Wien, in 17 europäischen Ländern durchgeführt hat; vgl. Gotwald, A., Gotwald, V., Zilleßen, H., Westholm, H., Status und Erfahrungen mit Umweltmediation in Europa, 2000.

auch die Schlussfolgerung zu, dass es noch eines erheblichen Engagements in der Politik wie in der Wissenschaft bedarf, um das Konfliktregelungspotenzial dieses Verfahrens zu erkunden, zu evaluieren und politisch bekannt zu machen.

Diese Schlussfolgerung kann auch aus der Tatsache abgeleitet werden, dass es in den meisten europäischen Ländern nur sehr selten oder gelegentlich Berichte in Zeitschriften oder Tageszeitungen über Umweltmediation gibt. Eine regelmäßige Berichterstattung wird nur für die Niederlande angegeben, wo es eine Zeitschrift für Mediation sowie einen von dem ADR Projekt in Amsterdam seit Ende 1997 herausgegebenen Newsletter gibt, der zehn Mal im Jahr erscheint. Für Deutschland kann ergänzt werden, dass hier seit Sommer 1998 Kon:Sens, seit Anfang des Jahres 2000 mit dem Titel „Zeitschrift für Konfliktmanagement" und dem Untertitel „Mediation, Verhandeln, Vertragsgestaltung" sowie seit Mai 1999 der „Mediationsreport" der Centrale für Mediation, Köln, erscheinen, wobei letzterer als Newsletter seit Anfang 2000 monatlich veröffentlicht wird. Beide Publikationen sowie zahllose weitere Veröffentlichungen in Zeitschriften, gelegentlich auch in Tageszeitungen, tragen in Deutschland dazu bei, die Idee der Mediation gesellschaftlich und politisch bekannt zu machen. Es wird auch hier noch ein langer Weg sein, bis dieses Ziel erreicht sein wird; für die meisten europäischen Länder muss aber festgestellt werden, dass sie erst ganz am Anfang dieses Weges stehen.

Ein zweites wichtiges Ergebnis der Befragung betrifft die rechtliche Verankerung der Umweltmediation, sei es durch Gesetz oder durch administrative Verordnung. Der relativ große Erfolg der Mediation in den USA und in Kanada ist nicht zuletzt darauf zurückzuführen, dass es in beiden Ländern eine Fülle von Gesetzen und Verordnungen gibt, die den Einsatz von Mediation in den unterschiedlichen Anwendungsfeldern regeln und z. T. auch vorschreiben. Die Befragung zeigt, dass in allen untersuchten Ländern noch ein erheblicher Entwicklungsschritt zu vollziehen ist, bis die Mediation im Allgemeinen und die Umweltmediation im Besonderen den Stand von Nordamerika erreichen kann. Es gibt in keinem europäischen Land eine entsprechende Verordnung oder gar eine gesetzliche Regelung zur Anwendung von Mediation – bis auf die Kannvorschrift im österreichischen UVP-G. In Deutschland gibt es seit Anfang des Jahres 2000 zumindest ein Gesetz, das den einzelnen Bundesländern die Möglichkeit einräumt, insbesondere bei vermögensrechtlichen Streitigkeiten bis zu einem Wert von 1.500 DM und bei Nachbarschaftskonflikten eine außergerichtliche Streitschlichtung verbindlich vorzuschreiben. Für Umweltmediation gibt es nur in Norwegen eine offizielle Regelung in Form eines Rundschreibens des Umweltministeriums. Dieses Circular T-5/95 regelt die Frage, welche Konfliktparteien in welchen Fällen berechtigt sind, gegen geplante Maßnahmen Einwände zu erheben und wie diese Einwände zu präsentieren sind. Es regelt darüber hinaus, dass der Leiter der Bezirksverwaltung (County Governor) zwischen den Konfliktparteien vermitteln soll. Dies ist also eine Art Umweltmediation ohne neutralen Mediator.

Eine besondere Erwähnung verdient in diesem Zusammenhang die Situation in Griechenland. Hier gibt es zwar keine Umweltmediation im eigentlichen Sinne, aber die Einrichtung eines Ombudsmanns, der nach dem Gesetz Nr. 2477 ausdrücklich als Vermittler – auch in umweltpolitischen Auseinandersetzungen – tätig sein soll. Der als Landeseinrichtung seit September 1998 amtierende Ombudsmann hat nach dem Gesetz eine Mittlerfunktion vor allem zwischen Bürger und Staatsverwaltung, agiert aber auch in Umweltkonflikten als „Mediator" – zum Beispiel zwischen Industrie und Umweltverbänden. Zum Zeitpunkt der Untersuchung existierten noch keine Publikationen, die über die Tätigkeit dieses Ombudsmanns im Einzelnen Aufschluss geben.

Auf zwei weitere Ergebnisse der Befragung soll an dieser Stelle noch im Überblick eingegangen werden. Das eine betrifft die Bewertung der Umweltmediation. Soweit den Befragten Erfahrungen in diesem Bereich zur Verfügung stehen, haben sie mit einer Ausnahme diese als positiv gewertet. Die Ausnahme betrifft Italien. Hier haben zwei Beantworter mit dem Hinweis auf den noch experimentellen Status der Umweltmediation kein Urteil abgegeben, zwei haben positiv geurteilt, während zwei weitere zu einer negativen Bewertung gelangten. Auf telefonische Nachfrage haben die Letzteren das selbe Problem als Grund für ihr negatives Urteil angegeben: in vielen Umweltmediationsverfahren in Italien ist die Neutralität der Mediatoren nicht gewährleistet, sondern sie sind in irgendeiner Form mit einer der Konfliktparteien enger verbunden. Dies führt dazu, dass Umweltprobleme gelegentlich verharmlost oder ihre Lösung durch das Mediationsverfahren auch verhindert wird.

In diesem Zusammenhang ist schließlich noch das weitere hier vorzustellende Ergebnis der Befragung interessant, das die Frage nach Standards für die Praxis von und die Ausbildung in Umweltmediation betraf. Nur in vier von 17 Ländern gibt es überhaupt solche Standards, wobei diese vor allem für die anderen Bereiche der Mediation gelten und nicht so sehr für die Umweltmediation. Dies trifft sowohl für die Niederlande zu, wo das niederländische Mediationsinstitut (NMI), Rotterdam, Mediatoren nur nach einer bestimmten Form der Ausbildung auf einer Mediatorenliste registriert, als auch für Dänemark, wo die Dänische Vereinigung für Mediation, Kopenhagen, einen Kodex für gute Mediation formuliert hat, der in 12 Paragraphen Standards für die Praxis der Mediation formuliert und denjenigen Mediatoren, die diese Standards einhalten, ein entsprechendes Zertifikat erteilt. In Großbritannien haben die dort tätigen Mediatorenvereinigungen sich auf Standards verständigt, die freilich kaum auf Umweltmediation Anwendung finden.

In Deutschland hat der Förderverein Umweltmediation e. V., Bonn, in Zusammenarbeit mit der Interessengemeinschaft Umweltmediation e. V., Berlin, im April 1999 „Standards für Umweltmediation" veröffentlicht, die Anforderungen für die Praxis der Umweltmediation wie auch für die Ausbildung und die Ausbildungsinstitute vorgeben. Es gibt aber bislang noch kein Verfahren, die Einhaltung dieser Standards im einzelnen zu überwachen.

In Österreich existieren Ausbildungsstandards für Mediatoren gegenwärtig nur für die Mitglieder des Österreichischen Bundesverbandes für MediatorInnen (ÖBM), die diese Standards erfüllen müssen, um in den ÖBM aufgenommen werden zu können. Die „Plattform Mediation", in der Mediatoren aus allen Bereichen und verwandte Berufsgruppen wie Psychologen und Supervisoren mit Ausbildungseinrichtungen und anderen Interessenten zusammenarbeiten und ein Diskussionsforum über Anwendung von und Ausbildung in Mediation bilden, nennt zwar als eins ihrer Ziele die Festsetzung von qualitativen Standards für die Ausbildung von MediatorInnen, hat dieses Ziel aber gegenwärtig noch nicht erreicht. Darüber hinaus gibt es im Bereich der Scheidungsmediation eine gesetzliche Regelung, die Einhaltung von Ausbildungsstandards zur Voraussetzung einer öffentlichen Förderung von Mediation macht.

Es wird aus den Ergebnissen der Befragung erkennbar, dass in dem Maße, in dem Mediation sich gesellschaftlich durchsetzt und als Verfahren der Konfliktregelung anerkannt wird, zwei Entwicklungsschritte offenbar unvermeidlich sind: das Setzen von Standards für Ausbildung und Praxis sowie die Kontrolle der Einhaltung dieser Standards durch eine Form der Zertifizierung. In den USA ist über diese beiden Schritte sehr lange kontrovers diskutiert worden, weil befürchtet wurde, dass dadurch unnötigerweise Barrieren bei dem Einstieg in diese neue Tätigkeit entstehen, die deren innovativem Charakter widersprechen[10].

Es scheint so, als ob in Europa diese Diskussion nicht mehr geführt werden muss, weil über Standards und Zertifizierung gewährleistet werden soll, dass Mediation als professionelle Tätigkeit gesellschaftliche Anerkennung findet.

Was die konkrete Entwicklung in den unterschiedlichen Ländern angeht, so hat die Umweltmediation sich in Deutschland, Großbritannien, den Niederlanden, Österreich und der Schweiz am weitesten durchgesetzt, obwohl im Vergleich etwa mit den USA hinzugefügt werden muss, dass die Entwicklung auch in diesen Ländern noch nicht sehr weit fortgeschritten ist. Immerhin liegen hier jeweils Erfahrungen mit einer größeren Zahl von Umweltmediationsverfahren vor, es existieren Vereinigungen von Mediator(inn)en, die im Umweltbereich aktiv sind, und auch die Ausbildung von Mediator(inn)en hat einen Stand erreicht, der inzwischen entsprechende Lehrangebote an Hochschulen einschließt. In allen fünf Ländern sind entweder in jüngster Zeit Standards für die Ausbildung in und die Praxis von Umweltmediation vorgelegt worden oder befinden sich gegenwärtig im Entwurfs- und Diskussionsstadium.

Einen deutlich geringeren, aber im Vergleich zu anderen europäischen Staaten noch mittleren Entwicklungsstand weist die Umweltmediation in Italien und Irland auf. In beiden Ländern hat es einige wenige Fälle von Umweltmediation oder von mediationsähnlichen Verfahren im Umweltbereich gegeben. Es existiert in Irland eine Vereinigung professioneller Mediator(inn)en, die auch im Bereich der Ausbildung engagiert ist, während es in Italien zwar eine solche Vereinigung (noch) nicht gibt, aber doch drei Organisationen, die Ausbildung in Umweltmediation anbieten.

In den Ländern Belgien, Finnland, Dänemark, Norwegen, Schweden und Spanien lassen sich nur erste Ansätze von Umweltmediation oder ähnlichen Verfahren erkennen. Das hängt für die skandinavischen Länder und Finnland sicher damit zusammen, dass es hier eine lange Tradition mit anderen partizipationsorientierten Beratungs- und Entscheidungsverfahren in allen politischen Bereichen gibt. Vergleichbares kann auch für Belgien festgestellt werden, wo obligatorische Verfahren des Interessenausgleichs im Umweltbereich praktiziert werden. In Spanien fehlen dagegen sowohl vergleichbare Verfahren als auch die Erfahrungen mit anderen Formen der Bürger- und Betroffenenbeteiligung. In allen sechs Ländern finden sich freilich

---

[10] Vgl. Zilleßen, H., Training of Mediators – Results of an Empirical Study on Training of Environmental Mediators in the USA, 1996.

Anknüpfungspunkte für Umweltmediation in Gestalt von Institutionen und Organisationen:

- die Dienstleistungen in der Organisation von Partizipation im Umweltbereich anbieten (Belgien, Finnland, Spanien);

- die als Zentren für Mediation in anderen Bereichen als dem der Umwelt fungieren (Dänemark, Schweden) oder als Ausbildungsstätten für Mediation generell dienen (Belgien, Spanien);

- deren Vertreter als Vermittler und damit faktisch als Mediator(inn)en in aktuellen Umweltkonflikten tätig sind (Norwegen).

In vier der untersuchten Länder lassen sich keine oder nur sehr spärliche Ansätze von Mediation im Allgemeinen und Umweltmediation im Besonderen finden: Frankreich, Griechenland, Luxemburg und Portugal. In Frankreich existiert zwar die Organisation „Centre National de la Médiation" und in Luxemburg das „Centre de Médiation", aber es gibt darüber hinaus keine Erfahrungen mit Mediation oder vergleichbaren Verfahren im Umweltbereich.

In Griechenland agiert der Ombudsmann im Umweltbereich als eine Art öffentlich finanzierter Mediator, wobei die Anzahl von 2170 Konfliktfällen im Umweltbereich darauf schließen lässt, dass hier ein erheblicher Bedarf an Konfliktregelung besteht und Umweltmediation eine sinnvolle Ergänzung der Aktivitäten des Ombudsmanns darstellen könnte. In Portugal schließlich sieht das politische System, nach Auskunft der von uns Befragten, keine Verfahren vor, die auch nur annähernd mit Mediation vergleichbar wären. Die bestehenden Möglichkeiten der Beteiligung von Betroffenen in Umweltkonflikten werden in einigen Fragebögen als unzureichend gewertet – bei gleichzeitigem Hinweis auf die steigenden Zahlen dieser Konflikte.

# 2
# Mediationsverfahren zur Lösung von Konflikten bei umweltrelevanten Großvorhaben

*Christoph Kochenburger*

## 2.1
### Einführung

Bei der Realisierung großer Infrastrukturmaßnahmen ist festzustellen, dass der maßgebliche Faktor für eine zeitgerechte Verwirklichung des Vorhabens regelmäßig nicht in der eigentlichen Bauausführung, sondern in der vorangeschalteten Planungs- und Genehmigungsphase liegt. Trotz zahlreicher gesetzlicher Neuregelungen[1] in den vergangenen Jahren, die auf eine Beschleunigung der Genehmigungsverfahren abzielten, ist es jedoch nicht gelungen, die Zeitdauer von der ersten Projektplanung bis zum Erlass des Planfeststellungsbeschlusses spürbar zu verkürzen. Die Ursache hierfür liegt darin begründet, dass sich die bei derartigen Großvorhaben bestehenden Interessengegensätze zwischen Vorhabensträger einerseits und Trägern öffentlicher Belange, Gebietskörperschaften und betroffenen Privatpersonen andererseits auch durch die Vorgabe gesetzlicher Regelfristen für bestimmte Verfahrensabschnitte nicht in ein Korsett zwängen lassen. Teilweise wird sogar die Auffassung vertreten, dass gerade durch die gesetzliche Verschärfung des Verfahrens- und Prozessrechts die Betroffenen noch stärker als bisher gezwungen werden, ihre Interessen mit Nachdruck geltend zu machen und hierdurch Konflikte oft zusätzlich verschärft werden.[2]

*Problemstellung*

Aufgrund der positiven Erfahrungen mit Mediationsverfahren im Ausland[3] wird nicht zuletzt vor dem zuvor geschilderten Hintergrund verstärkt über den Einsatz der Mediation als alternatives Konfliktregelungsverfahren nachgedacht. Hierdurch soll insbesondere ein Ausweg aus festgefahrenen Standortkonflikten, z. B. von Flughäfen oder Abfallentsorgungsanlagen, gebahnt und die Legitimität politischer Entscheidungen für derartige umweltrelevante Großvorhaben erhöht werden. Denn kaum ein größeres Infrastrukturprojekt kann heute noch realisiert werden, ohne dass sich zum Teil massiver Widerstand in der Öffentlichkeit oder bei einzelnen Interessengruppen bildet.

*Positive Erfahrungen im Ausland*

Gemein ist diesen Verfahren daher, dass sie eine kooperative Erarbeitung bzw. Aushandlung einer Konfliktlösung außerhalb, d. h. neben den förmlichen Verwaltungsverfahren vorsehen.[4] Dem liegt die Erkenntnis zugrunde, dass die Information und Partizipation der Betroffenen in den herkömmlichen Planungs- und

*Unzureichende Öffentlichkeitsbeteiligung*

---

[1] Vgl. z. B. die Einführung der Plangenehmigung in § 74 VwVfG; sowie u. a. die Änderungen durch das Genehmigungsbeschleunigungsgesetz.
[2] Wagner/Engelhardt, NVwZ 2000, 370 (371).
[3] Vgl. den Überblick bei Karpe, ZfU 1999, 189 (194 ff.); siehe hierzu auch Zilleßen, Kap. II.1.
[4] Karpe, ZfU 1999, 189.

Genehmigungsverfahren häufig als unzureichend empfunden wird.[5] Es werden die Offenheit des Entscheidungsprozesses, die Möglichkeit, das Ergebnis zu beeinflussen sowie die Neutralität der Genehmigungsbehörde in Zweifel gezogen.

Ein weiterer Kritikpunkt besteht darin, dass aus Sicht der Betroffenen die Bürgerbeteiligung regelmäßig zu spät erfolgt, da die wesentlichen Entscheidungen bereits aufgrund von Vorabstimmungen zwischen Vorhabensträger und Genehmigungsbehörde getroffen seien. Insoweit wird das Ergebnis eines Verfahrens, dessen Regeln die Beteiligten weitgehend selbst festlegen, eher akzeptiert als ein einseitig-hoheitliches Verfahren.[6]

## 2.2
### Gründe für die Durchführung bzw. Nichtdurchführung von Mediationsverfahren bei Großvorhaben

Trotz der oben beschriebenen Probleme werden Mediationsverfahren in Großprojekten, jedenfalls hierzulande, bislang praktisch kaum durchgeführt. Häufiger anzutreffen sind hingegen mediative Ansätze in Teilbereichen des förmlichen Verwaltungsverfahrens.[7] Der Grund hierfür wird hauptsächlich in den unten noch näher anzusprechenden Problemen der Koordinierung des Mediationsverfahrens mit dem förmlichen Verwaltungsverfahren zu sehen sein. Hier besteht in der Praxis mangels gesetzlicher Regelung eine erhebliche Unsicherheit bei allen Verfahrensbeteiligten mit dem Ergebnis, dass man es lieber sein lässt und sich statt dessen in den bekannten Strukturen bewegt.

Abgesehen davon, stellt sich die Frage, welche auslösenden Faktoren bei derartigen Projekten angesichts der sehr weitreichend geregelten öffentlichen Beteiligungsverfahren überhaupt für den Einsatz eines Mediationsverfahrens eine Rolle spielen. Hier können eigentlich nur zwei Faktoren angeführt werden:

*Durchführung eines Mediationsverfahrens aufgrund politischen Drucks oder Initiative des Vorhabensträgers*

Zum einen wird ein Mediationsverfahren zur Anwendung kommen, wenn dies aufgrund der Brisanz und der Konfliktträchtigkeit des konkreten Vorhabens politisch vorgegeben wird oder aufgrund der öffentlichen Diskussion des Vorhabens ein derartig starker politischer Druck zur Durchführung eines solchen Verfahrens entsteht, dass sich der Vorhabensträger dem nicht entziehen kann. Zum anderen kann es natürlich auch sein, dass der Vorhabensträger von sich aus die Durchführung eines Mediationsverfahrens anregt. Dies wird erfahrungsgemäß jedoch nur dann der Fall sein, wenn dies aus seiner Sicht sinnhaft ist und er sich hiervon Vorteile für den weiteren Planungsprozess und die Umsetzung des Vorhabens verspricht.

Gründe, die den Vorhabensträger veranlassen können, ein Mediationsverfahren anzuregen, sind insbesondere:

---

[5] Holznagel, Jura 1999, 71 (72).
[6] Siehe hierzu auch Zilleßen, Kap. II.1.
[7] Vgl. zu Anwendungsbeispielen Fietkau/Weidner, Umweltverhandeln: Konzepte, Praxis und Ansinnen alternativer Konfliktlösungsverfahren, 1998, S. 95 f.

- komplexe bzw. komplizierte Planung,
- große zu erwartende Widerstände und dadurch bedingte lange Verfahrensdauer der öffentlich-rechtlichen Verfahren,
- drohende Rechtsstreitigkeiten,
- höhere Kosten durch Verzögerungen,
- Imageverlust,
- Auswirkungen auf künftige Planungen.

Je komplexer bzw. komplizierter die Planung ist, desto größer ist die Verunsicherung bei den Betroffenen, mit welchen Auswirkungen sie voraussichtlich rechnen müssen. Wenn der dadurch erzeugte Informationsbedarf, wie häufig in formalisierten Verfahren, nicht hinreichend befriedigt wird, steigt die Abwehrhaltung. Hinzu kommt, dass umweltrelevante Großvorhaben schon von vornherein mit Akzeptanzproblemen zu kämpfen haben, da den unmittelbaren Auswirkungen auf die Nachbarschaft durch Immissionen (Lärm, Erschütterungen und Gerüche) und die regelmäßig erforderliche Inanspruchnahme von Grundstücken bzw. die oftmals mittelbar mit einem solchen Vorhaben einhergehende Grundstücks- und Wohnwertminderung meist kein konkret greifbarer Nutzen des Vorhabens für den Einzelnen gegenübersteht.[8] Hieraus resultierende Widerstände führen in jedem Fall zu Verzögerungen und damit verbundenen Mehrkosten; im Einzelfall kann hierdurch sogar die Realisierung des Vorhabens an sich gefährdet werden.[9] Auch wenn über Rechtsmittel häufig erst nach Jahren entschieden wird, muss es daher im Interesse des Vorhabensträgers liegen, möglichst schnell Planungs- und Rechtssicherheit zu erlangen.[10] Das Mediationsverfahren stellt insofern ein Instrument dar, um die Investitionsunsicherheit und die Kosten von Verzögerungen zu reduzieren.

*Vorteile der Mediation bei umstrittenen Großvorhaben*

Darüber hinaus kann der Vorhabensträger bei einer Bereitschaft zur Durchführung eines Mediationsverfahrens einem drohenden Imageverlust entgegenwirken. Dies kann etwa aus einer durch eine kompromisslose Haltung des Vorhabensträgers bewirkten Verschärfung des Konflikts mit der betroffenen Öffentlichkeit resultieren, die selbst bei einem letztendlichen Durchsetzen seiner Interessen dazu führen kann, dass dessen Reputation vor Ort – ggf. sogar darüber hinaus – auf lange Sicht beschädigt ist. Eine solche Vergiftung des Klimas kann negative Folgewirkungen zeitigen, was insbesondere für künftige Planungen relevant werden kann. Durch ein konsensorientiertes Verfahren kann hingegen die Akzeptanz künftiger Planungen erhöht werden.

## 2.3
**Mögliche Gegenstände einer Mediation bei Großvorhaben**

Die gängige Idealvorstellung einer Mediation geht von einem möglichst frühen Ansatz dieses Instruments aus, also z. B. schon vor dem Beginn von Vorplanungen,

---
[8] Holznagel, Jura 1999, 71 (72).
[9] Vgl. Wagner/Engelhardt, NVwZ 2001, 370 (371).
[10] Hadlich/Rennhack, LKV 1999, 9 (11).

wenn der Bedarf (Verkehr, Abfallbeseitigung etc.) als solcher erkannt ist und verschiedene Lösungsansätze existieren. Allerdings wird diese Vorstellung den tatsächlichen Gegebenheiten nicht gerecht. In der Praxis verhält es sich nämlich meist so, dass in aller Regel zu dem Zeitpunkt, zu dem ein Projekt in die öffentliche Diskussion rückt, von dem Vorhabensträger bereits gewisse Vorplanungen durchgeführt wurden. An der zutreffenden Grundidee, eine Mediation so früh wie möglich zu etablieren,[11] ändert dies jedoch nichts. Es sollte nur bei keinem Beteiligten die irrige Vorstellung bestehen, dass alle, also auch der Vorhabensträger, quasi bei Null anfangen.

*Ergebnisoffenheit häufig nicht bezogen auf das „Ob", sondern nur das „Wie" des Vorhabens*

Darüber hinaus wird auch die für die erfolgreiche Durchführung eines Mediationsverfahrens erforderliche Ergebnisoffenheit oftmals nur noch im Hinblick auf das „Wie" und nicht auch auf das „Ob" des Vorhabens bestehen. Soweit beispielsweise Fernstraßen, Schienenwege und Wasserstraßen im jeweiligen Bundesbedarfsplan enthalten sind und damit der Bedarf gesetzlich bindend festgestellt ist,[12] kann es nachfolgend nur noch um die konkrete Planung des Vorhabens an sich gehen, nicht hingegen, ob es überhaupt realisiert wird.[13] Auch wenn dies nicht der Fall ist, kann die Planung des Vorhabensträgers so weit fortgeschritten sein, dass er nicht mehr bereit ist, das Vorhaben als solches in Frage zu stellen. Die Mediation muss daher in diesen Fällen auf die allerdings ohnehin meist die öffentliche Diskussion beherrschende Frage der Trassen- bzw. Standortwahl begrenzt bleiben.[14]

*Einbindung der maßgeblichen Projektkritiker*

Hieraus ergibt sich das Problem, dass bei einer Einschränkung des Mediationsgegenstandes auf das „Wie" des Vorhabens möglicherweise von vornherein bestimmte Teile der Öffentlichkeit eine Mitwirkung im Mediationsverfahren ablehnen. Eine Mediation macht indes nur dann Sinn, wenn jedenfalls die maßgeblichen Projektkritiker an der Mediation teilnehmen.[15] Anderenfalls besteht die Gefahr, dass das Mediationsergebnis von Außenstehenden mit Rechtsmitteln angegriffen wird, so dass der angestrebte Zeit- und Kostenvorteil entfällt. Es muss ferner die Möglichkeit bestehen, dass sich die maßgeblichen Konflikte durch einen Kompromiss lösen lassen.[16]

Dort, wo Konflikte stark ideologisch geprägt sind, wird eine Mediation häufig nicht zum Erfolg führen, weil dieses Instrument zwar zur Lösung von Interessenkonflikten, nicht aber zur Entscheidung von Wertkonflikten geeignet ist.[17]

Grundsätzlich kann sich die Mediation, abgesehen von den vorgenannten Einschränkungen, auf die gesamte Bandbreite von möglichen Konflikten und diesbe-

---

[11] Wagner/Engelhardt, NVwZ 2001, 370 (372).
[12] Vgl. z. B. § 1 Abs. 2 Bundesschienenwegeausbaugesetz.
[13] Grundsätzlich ist jedoch im Rahmen der Umweltverträglichkeitsprüfung auch die sog. „Null-Variante" zu berücksichtigen, vgl. Erbguth/Schink, UVPG-Kommentar, 2. Aufl., § 2 Rn. 21.
[14] Die Standortfindung wird als eines der Hauptanwendungsfelder in diesem Bereich angesehen, vgl. Karpe, ZfU 1999, 189 (199 ff.); Holznagel, Jura 1999, 71 (72 f.).
[15] Vgl. (Verweis auf entsprechende Zitatstelle in einem anderen Kapitel); Wagner/Engelhardt, NVwZ 2001, 370 (372).
[16] Holznagel, Jura 1999, 71 (74) m. w. N.
[17] Wagner/Engelhardt; NVwZ 2001, 370 (371); Holznagel, Jura 1999, 71 (74).

züglichen Verwaltungsentscheidungen beziehen. Die Mediation kann daher sowohl Grundsatzentscheidungen des Vorhabens, wie die Trassen- bzw. Standortwahl, als auch einzelne Konfliktbereiche, die nur einen Teil der Öffentlichkeit betreffen, zum Gegenstand haben. Im Hinblick auf die geringere Anzahl an Beteiligten und die Einbindung der Mediation in die förmlichen Verwaltungsverfahren sind letztere sogar als praktikabler einzustufen.

*Große Bandbreite an möglichen Mediationsgegenständen*

**Tabelle 1**
Mögliche Gegenstände der Mediation bei umweltrelevanten Großvorhaben

- Beurteilung von Trassen- bzw. Standortalternativen zur Festlegung der Vorzugsvariante
- Erarbeitung grundsätzlicher Planungskonzepte für bestimmte Themengebiete (z. B. Lärmschutzkonzepte)
- Abstimmung paralleler Planungen (z. B. im Hinblick auf städtebauliche Planungen)
- Zweipartnermediation mit einzelnen Betroffenen bezüglich spezifischer Belange (z. B. Landwirtschaft)

Ein Hauptanwendungsbereich der Mediation in umweltrelevanten Großvorhaben liegt sicherlich bei der Beurteilung von Trassen- bzw. Standortalternativen zur Festlegung einer Vorzugsvariante, die den weiteren Planungen zugrunde gelegt werden soll. Soweit für das Vorhaben ein Raumordnungsverfahren vorgeschrieben ist bzw. durchgeführt werden soll, ist es im Sinne der vorerwähnten Frühzeitigkeit sicherlich empfehlenswert, mit der Mediation bereits auf dieser Ebene anzusetzen. Es kann jedoch auch sein, dass die grobe Linienführung einer Straße oder eines Schienenweges aufgrund bestehender Randbedingungen mehr oder weniger feststeht und der eigentliche Streitpunkt in der Feinplanung liegt, die erst Gegenstand des Planfeststellungsverfahrens ist, etwa ob eine Trasse in Hoch- oder in Tieflage errichtet werden soll oder ob gar der Bau eines Tunnels erforderlich ist.

*Beurteilung von Trassen- und Standortalternativen*

Aus Sicht der Praxis sind neben dieser grundsätzlichen Fragestellung in erster Linie unterschiedliche Vorstellungen des Vorhabensträgers einerseits und der betroffenen Kommunen und deren Einwohnern andererseits bezüglich der Art und des Umfangs des Schutzes von durch das Vorhaben ausgelösten Immissionen von Bedeutung. Der Vorhabensträger wird sich in der Regel auf die ihm nach den gesetzlichen Bestimmungen auferlegten Mindestanforderungen zurückziehen, während Kommunen und Einwohner einen darüber hinausgehenden Schutz fordern. Insbesondere in Fällen, in denen durch bestehende Verkehrswege bereits eine hohe Vorbelastung besteht oder Lärmschutz nur durch ergänzende passive Schallschutzmaßnahmen bewirkt werden kann, fürchten die Betroffenen um ihre Gesundheit bzw. ihre Lebensqualität. In derartigen Fällen kann es im Rahmen einer Mediation darum gehen, verbindliche Konzepte für den Umgang mit dieser Problematik zu entwickeln, die einerseits einen über das gesetzliche Mindestmaß hinausgehenden Schutz gewährleisten und andererseits die Wirtschaftlichkeit nicht aus dem Auge verlieren und so für den Vorhabensträger Planungssicherheit schaffen.

*Immissionsschutzkonzepte*

*Abstimmung paralleler Planungen*

Ein weiterer wichtiger Bereich betrifft die Abstimmung paralleler Planungen. Oftmals kollidieren insbesondere liniengebundene Infrastrukturvorhaben mit kommunalen Bauleitplanungen. Diese Belange sind zwar auch im Rahmen des Planfeststellungsverfahrens von der genehmigenden Behörde zu berücksichtigen, jedoch nur dann, wenn sie bereits hinreichend verfestigt sind. Überdies können diese Belange im Rahmen der Abwägung überwunden werden. Aufgabe und Ziel der Mediation in diesen Fällen ist es, mögliche positive Aspekte und Wechselwirkungen der Bauleitplanung im Verhältnis zur Fachplanung aufzuzeigen. Beispielsweise kann die beabsichtigte städtebauliche Entwicklung eines Bahnhofsumfelds langfristig auch für den Vorhabensträger Bahn günstig sein. Es kann daher durchaus auch für ihn sinnvoll sein, seine Planung auf Wunsch der Kommune anzupassen, wenn so die spätere städtebauliche Anbindung erleichtert wird.

*Zweiparteienmediation im Hinblick auf Einzelbelange*

Schließlich kommt als Anwendungsfall einer Mediation bei umweltrelevanten Großvorhaben auch eine kleinmaßstäbliche Konfliktlösung im Hinblick auf spezifische Belange, die durch das Projekt in größerem Umfang tangiert werden, in Betracht. Als Beispiel kann in diesem Zusammenhang die oftmals erhebliche Belastung der Landwirtschaft wegen der Bereitstellung von Flächen sowohl für das Vorhaben selbst als auch insbesondere für naturschutzrechtliche Kompensationsmaßnahmen angeführt werden. Konflikte im Bereich der Planfeststellung, aber auch im Bereich des sich anschließenden Grunderwerbs sind hier vorprogrammiert und können ein Vorhaben erheblich verzögern. Die Mediation kann hier Lösungsmöglichkeiten und Konzepte entwickeln, wie diese Belastungen im Interesse der Landwirtschaft und der einzelnen Landwirte reduziert werden können, was gleichzeitig zu einer höheren Verfahrenssicherheit für den Vorhabensträger führt.

## 2.4
### Verhältnis des Mediationsverfahrens zu den formalen Genehmigungsverfahren

*Ablauf des Genehmigungsverfahrens*

Die Genehmigung umweltrelevanter Großvorhaben erfolgt in aller Regel zweistufig. Auf der ersten Stufe wird die Raumverträglichkeit des Vorhabens unter Berücksichtigung grobmaßstäblicher Standort- bzw. Trassenalternativen im Rahmen eines Raumordnungsverfahrens untersucht, wobei üblicherweise bereits auf dieser Stufe auch eine Umweltverträglichkeitsprüfung durchgeführt wird.[18] Auf der nachfolgenden Stufe der Planfeststellung wird regelmäßig diejenige Planungsvariante, die sich nach dem Ergebnis des Raumordnungsverfahrens als vorzugswürdig herauskristallisiert hat, zugrunde gelegt und soweit erforderlich werden noch kleinräumigere Varianten untersucht. Die Umweltverträglichkeitsprüfung beschränkt sich dabei auf noch nicht auf der ersten Stufe untersuchte Umweltauswirkungen.

*Förmliche Öffentlichkeitsbeteiligung*

Die Beteiligung der Öffentlichkeit im Raumordnungsverfahren ist jedenfalls bei Integration der Umweltverträglichkeitsprüfung in das Verfahren über § 9 Abs. 3 UVPG gesetzlich vorgeschrieben. Die Beteiligung beschränkt sich indes darauf, dass die Unterlagen öffentlich ausgelegt werden und Gelegenheit zur Äußerung gegeben wird.

---

[18] Siehe § 16 Abs. 1 UVPG.

Eine weitergehende Beteiligung der Öffentlichkeit ist nicht vorgesehen, da der Raumordnungsentscheid insoweit keine Bindungswirkung entfaltet.

Kernstück der Öffentlichkeitsbeteiligung im Planfeststellungsverfahren ist das so genannte Anhörungsverfahren (§ 73 VwVfG) und dabei insbesondere die Erörterung der aufgrund der öffentlichen Auslegung erhobenen Einwendungen der Betroffenen gegen das Vorhaben. Die Fachplanungsgesetze sehen unter Beschleunigungsgesichtspunkten insoweit vor, dass die Erörterung von der Anhörungsbehörde innerhalb von drei Monaten nach Ablauf der Einwendungsfrist abzuschließen ist.[19]

Der Einsatz eines Konfliktmittlers im Rahmen der öffentlich-rechtlichen Beteiligungsverfahren ist bislang gesetzlich nicht vorgesehen. Allerdings finden sich diesbezügliche Vorschläge im derzeit allerdings zurückgestellten Entwurf des Umweltgesetzbuches, wonach einzelne Abschnitte des Verfahrens, insbesondere des Erörterungstermins, unbeschadet der Verfahrensverantwortung der Behörde einem Verfahrensmittler übertragen werden können.[20] Aber auch ohne ausdrückliche gesetzliche Regelung ist eine Mediation als rechtlich zulässig und als im Einzelfall sinnvolle Ergänzung der förmlichen Verfahrensbeteiligung in den Genehmigungsverfahren anzusehen.[21]

*Keine gesetzliche Regelung zur Integration der Mediation in das förmliche Verwaltungsverfahren*

Ansatzpunkte für eine Anbindung von Mediationsverfahren an die förmlichen Verwaltungsverfahren ergeben sich insbesondere im Rahmen des Anhörungsverfahrens bei der Planfeststellung sowie des Scoping-Verfahrens im Rahmen der Umweltverträglichkeitsprüfung.[22] Insoweit bestimmt § 5 Satz 2 UVPG ausdrücklich, dass Dritte hinsichtlich der Festlegungen über den Gegenstand, den Umfang und die Methoden der Umweltverträglichkeitsprüfung hinzugezogen werden können. Allerdings setzt die Einbindung eines Konfliktmittlers bzw. eines Konfliktregelungsverfahrens voraus, dass die Behörde ihre verfahrensherrschende Stellung teilweise aufgibt und dem Mediator ein Stück faktische Verfahrensherrschaft überträgt.[23] Der Gedanke der Mediation stimmt im Übrigen mit dem vom Gesetzgeber intendierten Zweck des Erörterungstermins überein, eine Einigung über die zuvor erhobenen Einwendungen herbeizuführen.[24] Zwar kann nach der derzeitigen Rechtslage die Anhörungsbehörde dem Mediator nicht die Leitung des Erörterungstermins oder die Sachverhaltsaufklärung übertragen, weil es sich insoweit um hoheitliche Aufgaben handelt. Es ist allerdings möglich, den Mediator bei der Durchführung dieser Tätigkeiten um Mithilfe zu bitten bzw. diesen einzubinden.[25]

In welcher Form konkret die Integration einer Mediation in das Anhörungs- und Genehmigungsverfahren erfolgt, kann nicht abstrakt, sondern nur von Fall zu Fall beantwortet werden. Dies ist insbesondere vom Gegenstand der Mediation sowie

---

[19] Siehe § 17 Abs. 3c Satz 1 FStrG, § 20 Abs. 1 Nr. 3 AEG, § 17 Nr. 3 WaStrG; nach der letzten Gesetzesnovelle nunmehr auch allgemein in § 73 Abs. 6 Satz 7 VwVfG geregelt.
[20] Siehe § 89 UGB-KomE.
[21] Holznagel, Jura 1999, 71 (75); Karpe, ZfU 1999, 189 (203).
[22] Karpe, ZfU 1999, 189 (199); Holznagel, Jura 1999, 71 (75); Wagner/Engelhardt, NVwZ 2001, 370 (372).
[23] Karpe, ZfU 1999, 189 (203); Wagner/Engelhardt, NVwZ 2001, 370 (374).
[24] Vgl. Stelkens/Bonk/Sachs, VwVfG-Kommentar, 5. Aufl. § 73 Rn. 108.
[25] Vgl. Holznagel, Jura 1999, 71 (75).

dem Stand, in dem sich das Projekt befindet, abhängig. Es kann daher an dieser Stelle nur der allgemeine Hinweis gegeben werden, dass die Beteiligten der Mediation den Inhalt und das Verfahren unter Beachtung der rechtlichen, terminlichen, wirtschaftlichen und sonstigen Randbedingungen im Einzelnen in der Mediationsvereinbarung regeln sollten. In Betracht käme beispielsweise die Aussetzung der Anhörung, ggf. in Verbindung mit dem späteren Verzicht auf die Durchführung eines Erörterungstermins.[26]

*Rechtliche Grenzen der Mediation*

Gegenstand und Ergebnis eines parallel zum förmlichen Verwaltungsverfahren durchgeführten Mediationsverfahrens sind aus rechtlicher Sicht nur dort Grenzen aufgezeigt, wo dies zu einer Umgehung gesetzlicher Vorgaben führen würde. Absprachen zwischen den Beteiligten sind demnach nur insoweit zulässig, als die gesetzlichen Regelungen entsprechende Spielräume lassen. Außerdem hat die Genehmigungsbehörde darauf zu achten, dass betroffene Allgemein- und Drittinteressen angemessen berücksichtigt werden.[27] Auch wenn die Beteiligung der Genehmigungsbehörde an der Mediation sinnvoll ist, um möglichst frühzeitig etwaige Genehmigungshindernisse im Hinblick auf die Vereinbarungen innerhalb des Mediationsverfahrens zu erkennen,[28] kann das Mediationsergebnis nur als Empfehlung an die Genehmigungsbehörde verstanden werden. Denn nach der gesetzlich vorgegebenen Struktur obliegt der Genehmigungsbehörde aus rechtsstaatlichen Gründen die Letztentscheidung nach Abwägung aller öffentlichen und privaten Belange.[29]

*Umsetzung des Mediationsergebnisses*

Gerade das der Genehmigungsbehörde im Rahmen der fachplanerischen Abwägung zustehende Planungsermessen eröffnet jedoch die Möglichkeit, im Mediationsverfahren ausgehandelte Ergebnisse in die Entscheidung einfließen zu lassen, soweit im Hinblick auf die jeweils geregelten Belange keine zwingenden gesetzlichen Vorschriften entgegenstehen. Bei einer sorgfältigen Durchführung der Mediation wird überdies die damit verbundene faktische und politische Bindung erheblich und eine Ablehnung des Mediationsergebnisses durch die Genehmigungsbehörde sehr unwahrscheinlich sein.[30] Die Verhandlungsergebnisse können z. B. durch Auflagen oder sonstige Nebenbestimmungen in die Vorhabengenehmigung eingebunden werden.[31] Nicht unmittelbar für die Genehmigung relevante Punkte können darüber hinaus in privat- oder öffentlich-rechtlichen Verträgen zwischen den Beteiligten festgeschrieben werden.

---

[26] Vgl. § 73 Abs. 6 i. V. m. § 67 Abs. 2 Nr. 1 und 4 VwVfG.
[27] Wagner/Engelhardt, NVwZ 2001, 370 (371).
[28] Wagner/Engelhardt, NVwZ 2001, 370 (372); Zieher, ZKM 2000, 113 (116).
[29] Karpe, ZfU 1999, 189 (203); Wagner/Engelhardt, NVwZ 2001, 370 (371).
[30] Wagner/Engelhardt, NVwZ 2001, 370 (371); nach der Rechtsprechung des Bundesverwaltungsgerichts (BVerwGE 45, 309 (320 f.) ist auch eine faktische Bindung der Verwaltung an eine schon vor Beginn des förmlichen Verwaltungsverfahrens ausgehandelte Vereinbarung rechtlich unproblematisch, wenn sie sachlich gerechtfertigt und unter Wahrung der Kompetenzordnung zustande gekommen ist sowie dem Gebot der gerechten Abwägung genügt.
[31] Holznagel, Jura 1999, 71 (76).

## 2.5
**Mögliche Inhalte einer Mediationsvereinbarung**

Eine Grundvoraussetzung für die erfolgreiche Durchführung einer Mediation ist die Bereitschaft aller Beteiligten, eine Verhandlungslösung letztendlich auch verbindlich zu machen. Dies geschieht regelmäßig in Form einer so genannten Mediationsvereinbarung. Aufgrund der Unterschiedlichkeit der jeweiligen Vorhaben und des Gegenstands der Mediation können hier nur beispielhaft einige Punkte angesprochen werden, die im Rahmen einer solchen Vereinbarung geregelt werden können.

**Tabelle 2**
Mögliche Regelungsinhalte einer Mediationsvereinbarung

- Festlegung einer bestimmten Trassen- oder Standortalternative als Vorzugsvariante
- Einigung auf bestimmte Vorgehensweisen bzw. Planungskonzepte
- Verzicht auf Erörterung der im Mediationsverfahren behandelten Fragen im förmlichen Verfahren
- Folgeregelungen (zukünftige Vorgehensweisen etc., auch bei der Umsetzung der Mediationsvereinbarung, z. B. Überwachung, erforderliche Anpassungen, Abstimmungen usw.)
- Kompensationsregelungen
- Rechtsmittelverzicht

Zunächst kann hier sicherlich die Einigung auf eine bestimmte Vorzugsvariante angeführt werden, die bei den weiteren Planungen zugrunde gelegt werden soll. Soweit dies gelingt, kann davon ausgegangen werden, dass das Projekt in der Folge in der Regel ohne größere Widerstände verwirklicht werden kann, insbesondere wenn die Vereinbarung weitere Regelungen über die Behandlung bestimmter von der Planung berührter Belange enthält. *Festlegung einer Vorzugsvariante*

Als zweckmäßig erweist sich oftmals auch, eine Einigung über bestimmte Vorgehensweisen bzw. Planungskonzepte herbeizuführen. Beispielsweise könnte vereinbart werden, dass der Vorhabensträger mit dem bei der Errichtung des Vorhabens anfallenden Überschussmassen zusätzliche Lärmschutzwälle errichtet und die betroffenen Kommunen hierfür unentgeltlich in ihrem Eigentum befindliche Grundstücke bereitstellen und ggf. die spätere Unterhaltung übernehmen. Ergebnis einer Mediation könnte auch die Entwicklung eines Lärmschutzkonzepts sein, in dem neben den Belangen der betroffenen Anwohner auch Vereinbarungen zur Vermeidung negativer Auswirkungen von übermäßig hohen Lärmschutzwänden unter städtebaulichen Gesichtspunkten getroffen werden. Denkbar ist z. B. auch eine Einigung in Fragen des Grunderwerbs, etwa dass unwirtschaftliche Restgrundstücke in jedem Fall vom Vorhabensträger erworben werden. Ferner sind Konzepte über die Gestaltung der naturschutzrechtlichen Kompensationsmaßnahmen zur Verminderung der Flächeninanspruchnahme oder zur gerechteren Verteilung der Belastungen, z. B. durch die Koppelung mit Flurbereinigungsverfahren, möglich. *Einigung auf bestimmte Vorgehensweisen und Planungskonzepte*

*Verzicht auf Erörterung*  Soweit eine Einigung im Rahmen des Mediationsverfahrens zustande kommt, kann entweder ganz oder in Teilbereichen auf die Erörterung der betroffenen Belange im Erörterungstermin verzichtet werden, wodurch der zusätzliche Zeitaufwand für die Durchführung des Mediationsverfahrens wieder aufgeholt werden kann. Auch dies kann bzw. sollte Gegenstand einer Mediationsvereinbarung sein.

*Folgeregelungen und Rechtsmittelverzicht*  Insbesondere für den Fall, dass in der Mediationsvereinbarung neben der Einigung über grundsätzliche Punkte auch Folgeregelungen über zukünftige Vorgehensweisen auch bei der Umsetzung der Mediationsvereinbarung, wie z. B. Überwachung der Umsetzung, erforderliche Anpassungen und Abstimmungen, oder Kompensationsregelungen enthält, kommt ferner auch ein Verzicht auf Rechtsmittel in Betracht.

## 2.6
## Fazit und Ausblick

Zusammenfassend kann gesagt werden, dass die Integration bzw. Verknüpfung der Mediation mit den förmlichen Verwaltungs- und Genehmigungsverfahren nach wie vor weitgehend ungeklärt ist und daher in der Praxis erhebliche Unsicherheiten bezüglich der Anwendung dieses Instruments bestehen. Gleichwohl ist Mediation als begleitendes Konfliktregelungsverfahren insbesondere dann als sinnvoll anzusehen, wenn in besonderem Maße der Ausgleich komplexer Interessen erforderlich ist. Sie kann dazu beitragen, verhärtete Fronten aufzubrechen oder erst gar nicht entstehen zu lassen und damit auch im Interesse des Vorhabensträgers zu einem schnelleren und reibungsloseren Ablauf des Genehmigungsverfahrens beitragen.

*Zunehmende Bedeutung der Mediation bei umweltrelevanten Großvorhaben*  Es ist anzunehmen, dass die Mediation als Mittel der Konfliktbewältigung gerade bei der Planung und Genehmigung umweltrelevanter Großvorhaben in Zukunft häufiger eingesetzt werden wird. Dies setzt jedoch einerseits die Bereitschaft von Vorhabensträger, Gebietskörperschaften, Interessengruppen und Betroffenen voraus, sich als Verhandlungspartner unter Aufgabe von Maximalpositionen und mit dem Willen zum Konsens zu akzeptieren. Zum anderen ist eine stärkere Flexibilität der Genehmigungs- und Anhörungsbehörden erforderlich, derartige Konfliktlösungsmodelle als vernünftige Ergänzung zu den nach den gesetzlichen Vorschriften vorgesehenen Beteilungsverfahren zu akzeptieren und insoweit im Rahmen der rechtlichen Grenzen ihre Position als Herrin des Verfahrens ein Stück weit aufzugeben.

Vor diesem Hintergrund sollte sich der Gesetzgeber zur Aufgabe machen, die rechtlichen Rahmenbedingungen für die Durchführung von Mediationsverfahren zu schaffen, um so auch in der Verwaltung die Akzeptanz dieses Instruments zu erhöhen.

# 3
# Konfliktfelder im Projektverlauf als Ansatz ganzheitlicher Mediation

*Ursula von Minckwitz*

Bauprojekte zeichnen sich dadurch aus, dass viele Beteiligte zur Erstellung einer Baumaßnahme beitragen. Je mehr Menschen an der Umsetzung vorgegebener oder selbst gestellter Aufgaben mitwirken und somit die Komplexität der Abläufe vergrößern, desto höher ist die Anfälligkeit für Konflikte. Bauprojekte sind daher Paradebeispiele für alle Arten von Konflikten. Hinzu kommt, dass verschiedene Bereiche des privaten und öffentlich-rechtlichen Rechts tangiert werden und sich die Bearbeitungsfelder aus kaufmännischen, technischen und juristischen Aspekten zusammensetzen. Damit entstehen Konflikte zwischen verschiedenen Disziplinen sowie unter vielgestaltigen juristischen Rahmenbedingungen (vgl. auch Kap. I.2.3 und I.4.2).

*Komplexität der Abläufe schafft zwischenmenschliches Konfliktpotenzial*

Über die klassische Bauabwicklung hinaus erfasst die Mediation aber auch die Projektentwicklung von der Planung über die Betreibung des Genehmigungsverfahrens bis hin zum Projektabschluss durch die Nutzung des Projekts in Form von Miete, Leasing etc. Zwischen Projektentwicklung und -abschluss liegt der lange und oft steinige Weg der Projektabwicklung. Innerhalb der Projektabwicklung wechseln und ändern sich die Interessenschwerpunkte der am Projekt Beteiligten und widersprechen sich nicht selten. So hat der zukünftige Nutzer völlig andere Vorstellungen und Anforderungen an die Immobilie als z. B. der während der Bauphase betroffene Nachbar. Diese Vielgestaltigkeit zeigt bereits, wie weit gestreut Konfliktfelder im Projektverlauf sein können. Zur weiteren Untersuchung der möglichen Konfliktfelder werden nachfolgend im Ausschnitt dargestellte Ansätze der Konfliktdefinition aus der Bauliteratur aufgeführt.

*Projektentwicklung und -abwicklung als Konfliktzeiträume*

In der Projektsteuerung[1] wird das Konfliktfeld bei Projekten mit dem sog. „Magischen Dreieck" beschrieben:

- Baut man gut und schnell, dann ist es nicht billig!
- Baut man gut und billig, dann geht es nicht schnell!
- Baut man schnell und billig, dann wird es nicht gut!

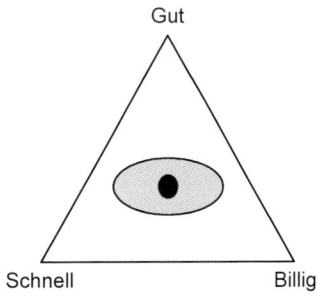

Gut / Schnell / Billig

**Abbildung 1**
Das magische Dreieck

*Magisches Dreieck aus Kosten, Terminen und Qualität*

---
[1] So z. B. A. Scheidler, Drees & Sommer in Seminar „Konfliktpotenzial im Verhältnis von Auftraggebern, Bauauftragnehmern und Planern", Schriftenreihe der Deutschen Gesellschaft für Baurecht, Bd. 26, S. 159 ff. (159).

Der Verfasser des magischen Dreiecks unterstellt, dass sich der wirtschaftliche Zusammenhang des Projekts – betrachtet aus der Perspektive des Auftraggebers – aus dem Verhältnis Baukosten, Qualität und Terminen ergibt. Sofern aber z. B. der Projektgewinn des Auftraggebers an die Miete gekoppelt wird, liegt der Schwerpunkt eines möglichen Konflikts bereits an anderer Stelle, nämlich der Erfüllung der im Mietvertrag festgelegten Baukonditionen, welche sich nicht unbedingt dadurch auszeichnen, dass schnell und billig gebaut wird.

Ein anderes aus der Praxis entwickeltes Kooperationsmodell der IG Schlapka AG[2] konzentriert sich auf die Lösung folgender Konfliktfelder:

- Vertragswidersprüche
- Nachträge
- Terminänderungen
- Qualitätsabweichungen in Form von Mängeln

Im Vergleich zum „magischen Dreieck" werden hier die Konfliktfelder gem. dem Projektverlauf definiert und inhaltlich in Änderungen ursprünglicher Abläufe gesehen, ohne die Ursache dieser Änderungen und damit den Konfliktursprung zu nennen.

Vorstehende Beispiele zeigen, dass die am Bau Beteiligten nach Konfliktlösungsmöglichkeiten für die typischen Bereiche Kosten, Qualität, Termine und Vertragswidersprüche suchen. Nicht nur die vorstehend genannten Autoren, sondern nahezu alle an einem Projekt Beteiligten mussten mehrfach oder zumindest während mindestens eines Projekts erfahren, dass der Konflikt am Bau zu gravierenden Auseinandersetzungen führt, die, ganz abgesehen von der starken psychischen Belastung der einzelnen betroffenen Personen, Geld und Zeit kostet. Nicht wenige dieser Konflikte sind zusätzlich dadurch belastet, dass der Einzelne um seine Anstellung fürchtet und damit notwendige Deeskalationsschritte unterlässt.

*Ganzheitlicher Konfliktlösungsansatz in der Mediation*

Setzt man bei der Konfliktlösung im Bauprojekt erst bei Vertragsstörungen – wie den vorgenannten – an, werden nicht alle Konfliktfelder erfasst, da die Vertragsstörung nur die Folge bereits zuvor gelegter Konflikte ist. Die vorstehenden, teilweise auch noch nicht praxiserprobten Modelle greifen zu kurz, indem sie die Konfliktfelder aus Kosten, Qualität und Terminen ableiten. Sie verfolgen damit nicht den ganzheitlichen Konfliktlösungsansatz.

Eine abschließende Konfliktlösung kann nur erzielt werden, wenn alle Betroffenen Parteien einbezogen sind, da nur dann gewährleistet ist, dass das Ergebnis von keiner Seite angezweifelt wird und somit ein neuer Konflikt beginnt bzw. sich der bisherige mit z. T. anderen Beteiligten fortsetzt.

---

[2] Veröffentlichung in der Immobilienzeitung Nr. 17, S. 9 vom 16.08.2001.

## 3.1
**Das Projekt als Rahmen für Konflikte**

Der ganzheitliche Ansatz der Konfliktlösung zeichnet sich dadurch aus, dass er sich auf das gesamte Projekt bezieht, d. h. z. B.

- auf die Abwicklung vom Kaufvertragsabschluss bis zum Abschluss des Mietvertrages oder
- lediglich von der Beauftragung der Planer für die Grundlagenermittlung bis zur Abnahme des Bauvorhabens bezogen auf die Bauausführungsleistungen.

Der Umfang der Konfliktfelder und damit die Mediationsgrundlage leitet sich somit aus der Projektdefinition und nicht nur aus den Zielen der Kosten-, Termin- und Qualitätssicherung ab. Das Projekt stellt den Rahmen der möglichen Konflikte dar. Die Projektdefinition wird in der baukaufmännischen Literatur im Zusammenhang mit der Honorierung der Projektsteuerer und der Bezugsgröße für deren Leistungen oder zur Festlegung von Budgets angewendet. In der einschlägigen Literatur zum Projektmanagement und der Projektsteuerung finden sich daher verschiedene Definitionsansätze für den Projektbegriff. Nachfolgend werden einige dieser Beispiele herausgegriffen:

*Definition der Konfliktfelder über das Projekt*

Nach Madauss[3] handelt es sich bei Projekten um

> *„... einmalig durchzuführende Vorhaben, die durch eine zeitliche Befristung, besondere Komplexität und eine interdisziplinäre Aufgabenstellung zu beschreiben sind."*

*Projektdefinitionen*

Nach Eschenbruch[4] gibt es folgende Projektmerkmale:

> *„Merkmal der*
> - *aufgabenmäßigen Determination*
> - *Einmaligkeit*
> - *Neuartigkeit*
> - *Komplexität*
> - *aufgabenbezogenen Budgets*
> - *rechtlich-organisatorischen Zuordnung."*

Nach Frese[5] heißt es zu „Projekt":

> *„Projekte umfassen Aufgaben, die durch die Merkmale zeitliche Befristung, Komplexität und relative Neuartigkeit gekennzeichnet sind, obwohl Anfang und Abschluss definiert werden, sind Projektaufgaben wegen ihres einmaligen Charakters mit erheblichem Risiko behaftet. Sie enthalten eine Vielzahl von schwer vorausbestimmbaren Teilaktivitäten und Interdependenzen, deren Wirkung die Grenzen eines Unternehmensbereiches überschreiten. Projekte erfordern daher in hohem Maß die Mitwirkung verschiedener Spezialisten und die Bereitstellung unter Umständen erheblicher technischer und finanzieller Ressourcen."*

Aus vorstehenden Definitionen ergibt sich wenig Konkretes für die praktische Umsetzung der Mediationsansätze, weil die Begrifflichkeiten sehr abstrakt sind. Den-

*Projekt als zeitlicher Rahmen für die Mediation*

---
[3] Handbuch „Projektmanagement", 5. Auflage, 1994, S. 9.
[4] Juristisches Projektmanagement, 1. Auflage, 1997, RdNr. 2.
[5] Grundlagen der Organisation: Konzepte – Prinzipien – Strukturen, 5. Auflage, 1993, S. 448.

noch zeigen die Definitionsversuche, dass die Autoren bereits von Risiken sprechen, die die Komplexität der Abläufe und somit Konfliktquellen beschreiben. Die Festlegung des Beginns des Projekts und damit der dort eingeschalteten Projektbeteiligten sowie des entsprechenden Projektabschlusses (vgl. Kap. II.4.2) wäre eine einfachere Herangehensweise zur Definition des Begriffs „Projekt" für die Ermittlung projektbezogener Konfliktfelder. Wir sehen nachfolgend daher das Projekt als zeitlichen Rahmen für die Mediation:

- die Projektentwicklung mit z. B. Kaufvertragsabschluss bis hin zur Erzielung der Genehmigung;
- Projektabwicklung in Form der Planung und Bauausführung;
- Projektumsetzung in Form der Nutzung unter Berücksichtigung der Gewährleistungszeiträume.

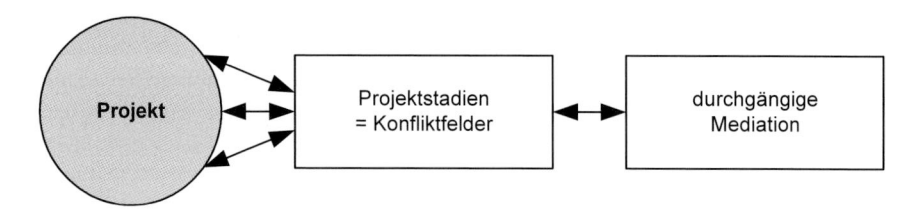

**Abbildung 2**
Mediation im Projekt

Da das vorstehend zitierte magische Dreieck in der Praxis frühestens in der Planung, im Schwerpunkt jedoch in der Bauabwicklung auftritt, hat die Mediation, die in der Projektentwicklung festgelegt wird, eine große Chance. In dem Projektentwicklungsansatz ist der Kostendruck wesentlich geringer, als bei Beginn der Bauabwicklung. Dort fallen Projektentscheidungen und es werden Finanzierungsrisiken bestimmt und Terminsituationen vertraglich fixiert, so dass jede spätere Änderung bereits eine Potenzierung des Konflikts nach sich zieht.

Die Konfliktzeiträume, die diese Konfliktpotenziale in mehr oder weniger großem Umfang aufzeigen, veranschaulicht Abbildung 3.

Die Konfliktzeiträume aus Mediationssicht unterscheiden sich daher von den üblichen Projektablaufschemata, die nicht selten an die Leistungsphasen der Leistungsbilder nach der Honorarordnung für Architekten und Ingenieure (HOAI) angelehnt sind. Mithin würde danach ein Projekt mit der Grundlagenermittlung beginnen und mit der Objektbetreuung und Dokumentation, d. h. dem Ablauf der fünfjährigen Gewährleistungsfrist für Baumaßnahmen enden. Unberücksichtigt bliebe der Übergang in die Nutzung z. B. in der Form der Kopplung der Miet- und Leasingverträge an die Bauabwicklung und die Finanzierung oder die Erfordernisse des Facilitymanagements.

3 Konfliktfelder im Projektverlauf als Ansatz ganzheitlicher Mediation 121

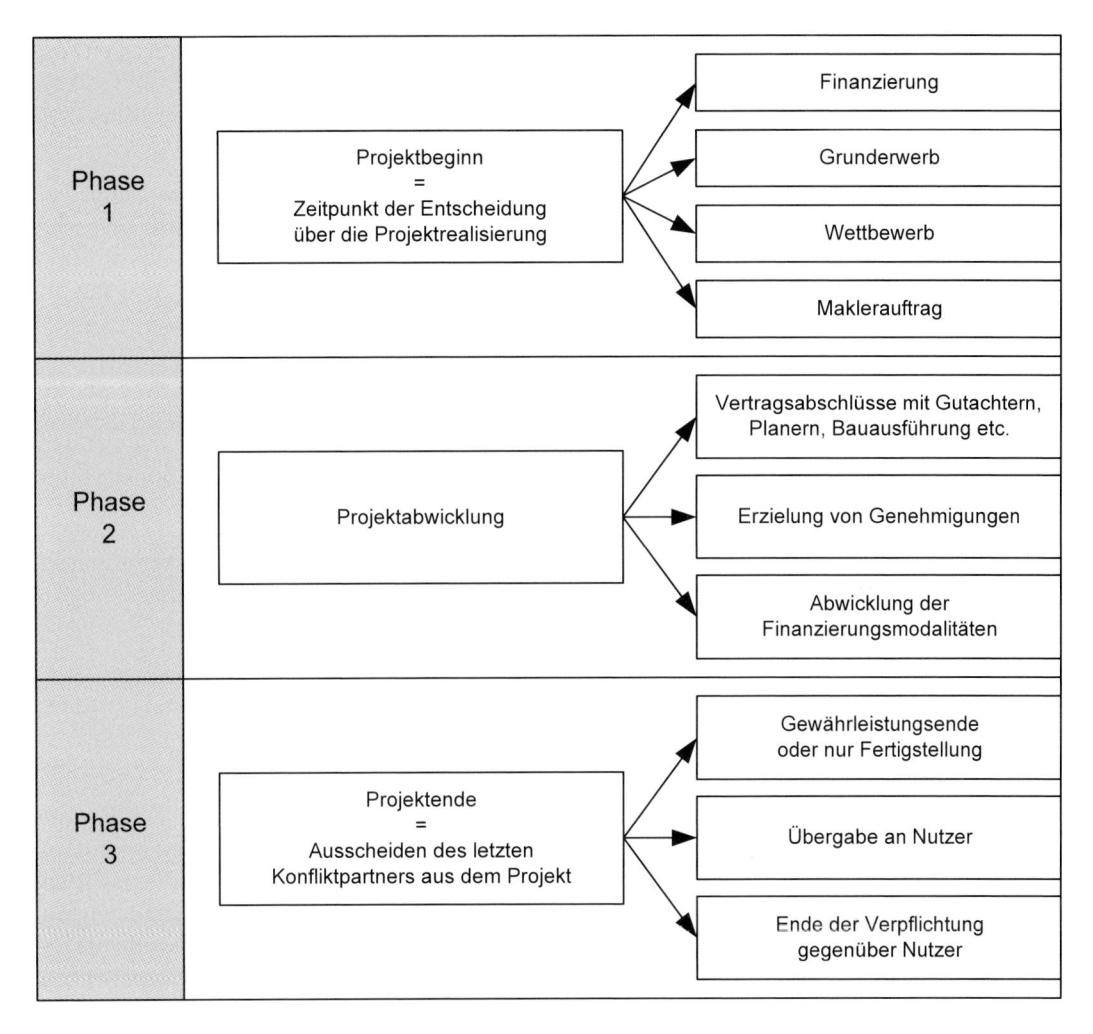

| Phase 1 | Projektbeginn = Zeitpunkt der Entscheidung über die Projektrealisierung | Finanzierung |
| | | Grunderwerb |
| | | Wettbewerb |
| | | Maklerauftrag |
| Phase 2 | Projektabwicklung | Vertragsabschlüsse mit Gutachtern, Planern, Bauausführung etc. |
| | | Erzielung von Genehmigungen |
| | | Abwicklung der Finanzierungsmodalitäten |
| Phase 3 | Projektende = Ausscheiden des letzten Konfliktpartners aus dem Projekt | Gewährleistungsende oder nur Fertigstellung |
| | | Übergabe an Nutzer |
| | | Ende der Verpflichtung gegenüber Nutzer |

**Abbildung 3**
Konfliktzeiträume

## 3.2
## Konfliktfelder

Zur Erkennung der Konfliktfelder nach der Definition des zeitlichen Projektumfangs ist es weiterhin notwendig, die im Projekt veranlagten verschiedener *Konfliktmuster* zu definieren.

Nach Scheidler[6] entstehen Konflikte dann, wenn bei der Zielformulierung die Wechselwirkung der Zielgrößen nicht beachtet wird und im Verlauf des Projekts Verände-

---
[6] A. a. O., Konflikte und deren Bewältigung durch ganzheitliches Projektmanagement, vgl. Rdnr. 1.

rungen eintreten, auf die nicht mit einer Veränderung der Prioritäten reagiert wird (auch Konfliktverschleppung).

Jung und Steding[7] sehen die Konfliktfelder in einem ebenfalls als magisches Dreieck bezeichneten Feld von Baukosten, Bauzeit und Bauqualität.

*Interessen-widersprüche im Projekt als Konfliktfälle*

Aus Sicht der Autorin können bautypische Konfliktfelder unter dem Oberbegriff *Zielkonflikte und Interessenwidersprüche im Projekt* zusammengefasst werden.

**Definition der projekttypischen Konfliktfelder:**

Konfliktfelder in der Projektentwicklung und -abwicklung ergeben sich aus:
- Zielkonflikten, die der jeweils agierende Projektbeteiligte für sich selbst nicht löst und somit in die Projektabwicklung trägt und
- Interessenwidersprüchen, die aus der Verschiedenartigkeit der Ziele der einzelnen Projektbeteiligten resultieren sowie
- von außen einwirkenden Einflüssen, die das Projekt abweichend von den getroffenen Prognosen der Projektbeteiligten negativ beeinflussen.

Konfliktfelder liegen demnach überall dort, wo typischer- und möglicherweise Projektziele oder/und Projektinteressen widerstreiten bzw. die Grundlagen des Projekts negativ beeinflusst werden.

### 3.3
### Verschleppung von Konflikten und Ungleichheit von Konfliktverursachern und -betroffenen

*Verschleppung von Problemen als Eskalationsphänomen*

Die Basis zukünftigen Konfliktpotenzials wird in einem Projektstadium geschaffen, welches den Konflikt selbst noch nicht hervorbringt. In der Praxis wird dieses Phänomen als „Verschleppung von Problemen" bezeichnet. Durch den späten Lösungsansatz wird der bereits angeschwollene Konflikt nur noch schwer, wenn überhaupt lösbar. Die Mittel, die hierfür eingesetzt werden müssen, sind umfangreich und aufwändig, was sich z. B. in dem Volumen der Projektdokumentation abbildet.

Der Baupraktiker kennt umfangreichen Schriftverkehr in der Form von vielzähligen Behinderungsanmeldungen als Reaktion auf vom Auftraggeber zu vertretende Verzüge aus verspätet abgestimmter Planung (baubegleitende Planung wegen fehlender Ausschreibungsreife). Ähnlich verhält es sich auch bei Planungsvorschlägen, die die in die Abwägung einzubeziehenden Interessenvertreter provozieren und damit den Genehmigungsprozess wesentlich erschweren und verlängern (vgl. Kap. II.5).

*Konfliktverursacher und -betroffener nicht immer identisch*

Beide Beispiele zeigen einen weiteren Aspekt des bautypischen Konfliktpotenzials auf, nämlich *das Auseinanderfallen von Konfliktverursachern und -betroffenen*. Der Planungsmangel begründet den Behinderungstatbestand, obwohl der Planer ggf. bereits aus dem Bauabwicklungsprozess ausgeschieden ist, weil der Auftraggeber einen Dritten und nicht den Planer mit der Objektüberwachung beauftragt hat.

---

[7] In „Supplement Mediation und Recht", Betriebsberater, Anlage 2 zum Heft 16 (2001), S. 9 ff. (S. 11).

Entscheidend für den Mediationsansatz ist daher, dass

- Konflikte *rechtzeitig* festgestellt und
- die *Ungleichheit* von Konfliktverursachern und -betroffenen *erkannt* und in der Mediation gelöst wird.

Die Mediation kann einzelne Vertragsverhältnisse ignorieren und die Lösung des Konflikts vertragsübergreifend suchen. Das Mediatorenteam bzw. der Mediator muss aus diesem Umstand heraus über die klassische Versöhnung der Parteien hinaus in erheblichem Umfang zu einer sachlich übergreifenden und damit zu einer für alle am Konflikt Beteiligten akzeptablen Lösung des Konflikts beitragen.

*Mediation als vertragsübergreifende Konfliktlösung*

Dies geschieht z. B. indem die konfliktstiftende, aber bereits aus dem Projekt ausgeschiedene Partei reintegriert und aktiv in die Lösungsfindung einbezogen wird, z. B. die Einbeziehung des bis zur Genehmigungsplanung beauftragten Architekten, aufgrund dessen mangelhafter Entwurfsplanung in der Bauabwicklung Leistungsstörungen wie Verzug und Mängel aufgetreten sind. Würde der Architekt als konfliktstiftende Partei in die Konfliktlösung nicht einbezogen werden, würde keine interessengerechte Lösung gefunden, da die Betroffenen, Bauherr und bauausführender Unternehmer nicht akzeptieren würden, wenn nur sie zur Lösung beitragen müssen. Bei dem angeführten Beispiel handelt es sich um ein solches, welches leicht erfassbar ist. Weitere wesentlich differenziertere Abwicklungsproblematiken werden im Kap. II.5 im Einzelnen aufgeführt.

## 3.4
### Mediationsansätze zur Konfliktlösung bei Bauprojekten

Nachdem eingangs im Überblick der Rahmen und die Spezifika von Konflikten bei Bauprojekten aufgezeigt wurden, können daraus bereits die Ansätze für die alternative Konfliktbeilegung in Form der Mediation abgeleitet werden. Zusammenfassend die Lösungsansätze der ganzheitlichen Mediation bei Bauprojekten auf drei Punkte redcuzieren:

- Definition der verschiedenen Projektziele sowie Festlegung der Standards zur Lösung von Zielkonflikten.

- Durchgängige Verfolgung der Interessen der am Projekt Beteiligten zur Findung interessengerechter Lösungsansätze.

- Frühzeitige Schaffung von Mediationsergebnissen zur Erzielung schnellstmöglicher und umfassender Akzeptanz durch die Projektbeteiligten.

Nur diese Aspekte sind nach Auffassung der Autoren für weniger Konflikte, schnelle Konfliktlösungen und damit zur Vermeidung von Kosten und zur Einhaltung der Projektvorgaben zielführend. Da die Mediation das Prinzip der Freiwilligkeit verfolgt, können die Parteien jeweils nur Teile dieses Mediationsansatzes anwenden, müssen jedoch in Kauf nehmen, dass Gesamtlösungen dadurch ggf. ausgeschlossen werden.

# 4
# Mögliche Konflikte in der Abwicklung eines Bauprojekts und Lösungsansätze im Einzelnen

*Ursula von Minckwitz*

Nachfolgend werden die Konfliktfelder und die Lösungsansätze im Projektprozess im Einzelnen dargestellt. Die Lösungsansätze zeigen in besonderer Weise auf, wie wichtig der vorstehend angeführte ganzheitliche Mediationsansatz ist. Da die Mediation das Prinzip der Freiwilligkeit verfolgt[1] und mithin jede betroffene Partei zu jedem Zeitpunkt die Mediationsverpflichtung kündigen kann (ob nun rechtlich oder faktisch), steigert der ganzheitliche Mediationsansatz die Akzeptanz im Projekt auf Seiten der Projektbeteiligten. Je später ein Projektbeteiligter einsteigt (z. B. der Bauausführende) und die bereits gelebte und abgewickelte Mediation und damit Kooperation im Projekt erkennen kann, um so eher wird er sich freiwillig den Risiken dieses Ansatzes unterwerfen.

*Frühe Mediation bei geringem Kostendruck und geringer Kostenauswirkung*

Mediation beginnt bei Projekten bzw. Bauvorhaben – wie im Kap. II.3.2 beschrieben – immer dort, wo Konflikte eintreten können, weil widerstreitende Interessen entstehen oder nach der bisherigen Erfahrung eingetreten sind und erheblichen Schaden nach sich gezogen haben. Bei einem Großteil der Streitigkeiten geht es um Geld. Kaufmännische, baubetriebliche, technische und juristische Widersprüche stellen die Konfliktpotenziale des Projekts dar.

*Mediation zur Vermeidung von Regresssituationen*

Juristisch wird in den „Abwicklungsstadien" des Projekts innerhalb der abgeschlossenen Verträge nach Verantwortlichkeiten für Störungen gesucht. Ist der Verursacher gefunden, wird er für seinen Verursachungsbeitrag in Anspruch genommen, um entstandene Nachteile auszugleichen, die bei dem Projektbeteiligten eingetreten sind, der sie nicht verursacht hat und insofern auch juristisch nicht in Anspruch genommen werden kann.

## 4.1
**Juristischer Konfliktlösungsansatz**

Der klassische juristische Konfliktlösungsansatz begreift sich in der Suche nach und der Inanspruchnahme des Verursachers. Der Jurist beginnt dabei mit der Vertragsprüfung, geht weiter über die Untersuchung des Konfliktsachverhaltes und der hierauf anzuwendenden Rechtsvorschriften zur Inanspruchnahme des Verantwortlichen auf dem außergerichtlichen oder gerichtlichen Weg. Wie lange ein solches außergerichtliches oder gerichtliches Verfahren dauert, welchen Aufwand es auf beiden Seiten erfordert und welche Unwägbarkeiten damit verbunden sind, weil die notwendige Dokumentation fehlt, Personal wechselt, erstinstanzliche Gerichte nicht sachbezogen

---
[1] Vgl. Kap. III.2, RAin Riemann.

entscheiden etc., ist langläufig bekannt. Auch für den Juristen, d. h. den beratenden und den Prozessanwalt sowie die mit der Sache befassten Richter stellen Bauprozesse eine hohe Belastung dar. Lösungen in der Form außergerichtlicher Vergleichsvorschläge oder von Urteilen können nur nach langwierigem Aktenstudium und -aufbereitung sowie der Inanspruchnahme von Sachverständigen gefunden werden. Insbesondere die Abhängigkeit der juristischen Lösungen von der technischen, baubetrieblichen oder kaufmännischen Beurteilung in Form von Sachverständigengutachten zeigt den beteiligten Juristen auf, wie wenig relevant der juristische Lösungsansatz bei Baukonflikten ist. Aus diesem Grund werden häufig zunächst nur Beweissicherungsverfahren angestrengt oder außergerichtlich über schiedsgutachterliche Vereinbarungen ausschließlich technische Lösungen herbeigeführt[2].

*Mediation als interdisziplinäre Konfliktlösung*

Die Mediation in der Abwicklung von Bauprojekten kann entgegen den starren prozessualen Vorgaben den *interdisziplinären Ansatz* aufnehmen, wenn die Konfliktparteien dies fordern und ihn auch gleichzeitig umsetzen, d. h. wie ein Sachverständiger Lösungen erarbeiten, wenn die Parteien dies vereinbart hatten.

Ein weiterer inhaltlicher Kritikpunkt an der juristischen Konfliktlösung liegt darin begründet, dass der Gerichtsweg als grundgesetzlich verankertes Recht auf staatliche Streitschlichtung gem. Artikel 19 GG (Anspruch auf rechtliches Gehör) nur die *Zweiparteilichkeit* zulässt. Über die Streitverkündung kann zwar auch die dritte, d. h. ggf. konfliktstiftende Partei, in den Prozess einbezogen werden. Damit wird jedoch nicht vermieden, dass nach Abschluss des Erstprozesses ein weiterer geführt werden muss, um die in dem Erstprozess gewonnenen Erkenntnisse über die Bindungswirkung nach § 68 ZPO in den Zweitprozess einzuführen[3].

*Zweiparteilichkeitsprinzip bei der gerichtlichen Auseinandersetzung*

Bei einem Rechtsstreit zieht sich die Konfliktsituation zudem länger hin, woraus zusätzliche Konflikte entstehen können, z. B. Insolvenz des Anspruchsgegners und damit Forderungsausfall auf Seiten der Konfliktbetroffenen.

*Behörden als außerhalb einer außergerichtlichen Lösung stehende Partei*

Außergerichtliche Lösungen, z. B. Vergleiche, müssen ohne Behördenbeteiligung auskommen, da Behörden ihre Unabhängigkeit wahren müssen. Kaufmännische Entscheidungen sind klar durch die ohnehin knappen Mittel vorgezeichnet. Darin liegt ein weiteres Manko der juristischen Streitbeilegung, auch wenn sie im außergerichtlichen Bereich erheblich einfacher und daher schneller durchgeführt werden könnte.

Neben den prozessualen Nachteilen der klassischen juristischen Konfliktbeilegung über staatliche Gerichte sind die gesetzlichen Regelungen als Konfliktursachen und -lösungen zu untersuchen. Nicht erst mit den Änderungen des BGB durch das Schuldrechtsmodernisierungsgesetz vom 01.01.2002 und der Einführung des Gesetzes zur Beschleunigung fälliger Zahlungen vom 01.05.2000, sondern bereits mit der 1. Fassung des BGB von 1900 versuchte der Gesetzgeber, interessengerechte und abgewogene gesetzliche Regelungen zur Abwicklung von Werkverträgen aufzustellen, die im Schwerpunkt die Vertragsverhältnisse am Bau ausmachen. Aber auch das neue Vergaberecht in seiner Ausgestaltung im GWB, den einschlägigen Verdingungsordnungen und der Vergabeordnung reguliert in erheblichem Umfang den Wirtschaftsbereich Bau.

---

[2] Vgl. Kap. III.1, RAin Hertel.
[3] Vgl. Kap. III.2, RAin Riemann.

Damit steht die konflikträchtige Praxis gegen die zur Konfliktvermeidung eingeführten gesetzlichen Regelungen. Ob und inwieweit darin ein Widerspruch liegt, ist zunächst kurz zu untersuchen. Würde die Intention des Gesetzgebers zielführend sein, dann läge die Ursache der tatsächlich auftretenden Konflikte in der Nicht- oder Falschanwendung der gesetzlichen Regelungen. Eine andere Ursache könnte darin liegen, dass die gesetzlichen Regelungen nicht den Interessen der Beteiligten entsprächen oder zumindest in bestimmten, in der Praxis jedoch häufig eintretenden Fällen keine Lösung vorsehen. Der Konflikt sozusagen als Spiegelbild der verfehlten Gesetzgebung?

Nimmt man die Begründung des Gesetzgebers zum Gesetz zur Beschleunigung fälliger Zahlungen zum 01.05.2000, worin es ausdrücklich heißt:

> „..., wird deutlich, dass der Gesetzgeber auf die Interessengruppe „Auftragnehmer" reagierte, die die Zahlungsunwilligkeit der Auftraggeberseite anprangerte."

erkennt man den gesetzgeberischen Versuch, einen bestimmten Konflikt durch entsprechend verschärfte gesetzliche Sanktionen zu lösen bzw. zu vermeiden.

Inwieweit nun dieses Gesetz zielführend war oder nicht, kann an dieser Stelle nicht erörtert werden. Symptomatisch sind solche Gesetzgebungsverfahren jedoch für Versuche des Gesetzgebers, wirtschaftliche Konflikte, die im Rahmen der Abwicklung von Prozessen auftreten, durch Gesetzesänderungen zu lösen. Diese Einzelfallgerechtigkeit führt dazu, dass nur bestimmte Fälle mit den Gesetzesänderungen erfasst werden, andere jedoch nicht bzw. zum Nachteil verändert werden. Der Anspruch des Gesetzgebers, so zumindest der des BGB von 1900 war es, möglichst viele Fälle mit der gesetzlichen Regelung zu erfassen.

*Einzelfallgerechtigkeit neuer gesetzlicher Regelungen als Konfliktfall*

Es kann über Gesetze – zumindest das BGB als abstrahiertestes Gesetz für den deutschen Rechts- und Wirtschaftsraum – *keine Einzelfallgerechtigkeit* geben. Damit ist die zweite Antwort auf die Frage der Konfliktursache contra gesetzgeberischer Konfliktlösungsansatz gegeben. Die Einzelfallgerechtigkeit muss über die zwischenparteiliche Vereinbarung, z. B. den Vertrag oder die sich daran anschließende Lösung in der Mediation, erzielt werden. Für den Gesetzgeber ist dagegen klar, dass bei Verstoß gegen die gesetzlich verankerten Rechte der Rechtsweg einzuschlagen ist.

Für die Konfliktlösung und die Mediationsansätze sind die gesetzlichen Grundlagen grundsätzlich zu beachten, es sei denn, dass die gesetzliche Lage den Parteiinteressen widerspricht und diese daher von der Beachtung oder Einhaltung der gesetzlichen Vorgaben bewusst Abstand nehmen wollen.

**Fazit:** In der Mediation kann der Mediator mit den Konfliktbeteiligten untersuchen, inwieweit die vom Gesetzgeber vorgesehene Interessenverteilung und damit Konfliktlösung den Einzelfallinteressen entspricht oder widerspricht. Der Mediator schlägt in Abstimmung mit den Parteien einen Lösungsweg vor, der entweder mit den gesetzlichen Grundlagen konform geht oder sich bewusst hiergegen richtet.

*Mediation contra gesetzliche Regelung*

## 4.2
**Interdisziplinäre Konfliktlösungsansätze im Projekt unter Berücksichtigung juristischer Grundlagen**

Nach Scheidler[4] hat das zur Konfliktlösung berufene bzw. beauftragte *Projektmanagement* Prioritäten zu setzen und ihre Wechselwirkung zu optimieren. Als Mittel hierfür wird der Einsatz einer flexiblen und diesbezüglich gut ausgestatteten *Projektorganisation* angeführt.

Aus Sicht von Schlapka[5] erfordert das Kooperationsmodell eine *Durchsetzungshierarchie*[6]. Danach gibt es eine Unterteilung in die Arbeitsebene und einen sog. „weisungsbefugten Lenkungsausschuss", der sich aus Parteivertretern zusammensetzt, die eine „gewisse Neutralität" bewahren können. Weiterhin wird ein Schiedsgremium für vertragliche Streitigkeiten eingerichtet, welches sich aus Rechtsvertretern beider Parteien sowie einem unabhängigen Dritten (Rechtsanwalt oder Richter) zusammensetzt. Dieses Gremium kann Einzelfragen durch einen Sachverständigen lösen lassen. Die Entscheidung des Schiedsgremiums wird nach Anhörung des Lenkungsausschusses durch diesen umgesetzt, indem er die Arbeitsebene zur Umsetzung der gefundenen Lösung verbindlich anweist.

Der Schwerpunkt dieses außergerichtlichen Konfliktlösungsmodells liegt daher zu einem großen Teil auf der Durchsetzbarkeit gefundener Lösungen über das Hierarchiemodell Lenkungsausschuss/Arbeitsebene, welche in Sachfragen durch das Schiedsgremium in der Lösungsfindung unterstützt wird. Dieses wiederum agiert interdisziplinär. Es befasst sich mit juristischen Fragen der Vertragsauslegung durch die beteiligten Juristen ebenso wie mit technischen und kaufmännischen Konflikten.

*Bekannte gesetzliche Grundlagen und die Verdingungsordnungen als Quelle von Kooperationsansätzen*

Die vorstehend erwähnten Konfliktlösungsansätze, d. h. z. B. über ganzheitliches Projektmanagement, das Kooperationsmodell, vertragsbegleitende schiedsgutachterliche Abwicklung etc. berücksichtigen die bereits gegebenen juristischen Grundlagen nur unzureichend. Sowohl die Verdingungsordnung für Bauleistungen Teil A, B und C, die Verdingungsordnung für Lieferleistungen Teil A und B als auch die Verdingungsordnung für freiberufliche Leistungen, das BGB und die Entscheidung des Bundesgerichtshofs zur Kooperation bei Bauprojekten[7] enthalten bereits verschiedene Ansätze für die Konfliktlösung ohne zusätzliche Durchdringung projektspezifischer Sachverhalte und können auf freiwilliger Basis umgesetzt werden. Ein Projektmanagement ohne dieses Wissen kann ebenso wenig erfolgreich konfliktvermeidend agieren wie ein diesbezüglich eingesetzter Lenkungsausschuss.

Nimmt man für die im Projektverlauf einen Schwerpunkt bildende Projektabwicklungsphase die vorhandenen Regelungen der VOB Teil A, der VOL Teil A und der VOF, dann findet man für die Vergabe von Bau-, Liefer- und freiberuflichen Leistungen durch den öffentlichen Auftraggeber Vorschriften für die Anbahnung von

---

[4] In „Konflikte und deren Bewältigung durch ganzheitliches Projektmanagement", a. a. O., S. 161, vgl. FN. 1 Kap. II.3.
[5] Vgl. FN. 2 Kap. II.3.
[6] Anmerkung des Verfassers, Begriff von Autor geprägt.
[7] BGH Urteil vom 28.10.1999 – VII ZR 393/98.

Vertragsverhältnissen und in der VOB Teil B und VOL Teil B im projektspezifischen Rechtsverkehr zur Anwendung kommende Geschäftsbedingungen, die nach den Urhebern, den Verdingungsausschüssen, den Anspruch erheben, ausgewogene Regelungen für beide Vertragparteien darzustellen. Ausgewogen sind sie natürlich nur bezogen auf die Vertragsparteien, in deren Vertragsverhältnis sie Gegenstand werden. So bezieht die VOB/B den auf Seite des Auftraggebers eingeschalteten Planer nicht ein und zeigt diesbezüglich nur die Verantwortlichkeit des Auftraggebers für dessen Fehlleistungen auf. Die Thematik „Regress" und damit die Suche der Verantwortlichkeiten wird trotz des Anspruches der Ausgewogenheit durch die Vereinbarung dieser Vorschriften nicht gelöst.

Dennoch ist es für die Baumediation entscheidend, dass die Parteien sowie der Mediator ein Verständnis für die Ansätze der vorgenannten Regelungen aufbringen und hieraus abgeleitet, eine mit diesen Regelungen konform oder sich aktiv dagegen wendende Lösung entwickeln. Die einzelnen Ansätze werden im Kap. III dargestellt.

Als letzter und ganz erheblicher Ansatz für die Konfliktlösung in der Mediation wird die Kooperationsentscheidung des Bundesgerichtshofs praktische Grundlage sein. Der Bundesgerichtshof hat anhand der Häufigkeit der Baustreitigkeiten sowie der Tiefe der Zerstrittenheit der Parteien erkannt, dass die gesetzliche Regelung sowie die VOB/B und VOL/B nicht ausreichen, um Konflikte zu vermeiden. Vielmehr werden die dort vorgesehenen möglichen rechtlichen Ansprüchen auf z. B. Kündigung, Leistungsverweigerung, Schadensersatz etc., ausgeübt, um den Vertragspartner wiederum zu Handlungen und Erklärungen zu veranlassen, die er ohne die Androhung derselben nicht freiwillig erklären und abgeben würde. Um daher die Bauparteien insofern abzuschrecken, d. h. zu sensibilisieren und die Inanspruchnahme solcher Mittel ggf. auch rechtlich in Frage zu stellen, hat der BGH in seiner Kooperationsentscheidung[8] grundsätzlich festgestellt:

*Kooperationsentscheidung des Bundesgerichtshofs*

> „Die Vertragsparteien eines VOB/B-Vertrages sind während der Vertragsdurchführung zur Kooperation verpflichtet.
>
> Entstehen während der Vertragsdurchführung Meinungsverschiedenheiten zwischen den Parteien über die Notwendigkeit oder die Art und Weise einer Anpassung des Vertrages oder seiner Durchführung an geänderte Umstände, sind alle Parteien grundsätzlich verpflichtet, durch Verhandlungen eine einvernehmliche Beilegung der Meinungsverschiedenheiten zu versuchen."

*Verpflichtung zur Verhandlung vor der Durchsetzung eigener Rechte*

Grundlage dieser Entscheidung war ein klassischer Baukonflikt. Zwischen dem Auftraggeber und dem Bauunternehmer gab es Streit über die Berechtigung einer Nachtragsforderung. In der Folge verweigerte der Bauunternehmer die Ausführung der Nachtragsleistung. Der Auftraggeber setzte ihn im Hinblick auf die Ausführung der Nachtragsleistung in Verzug und kündigte nach fruchtlosem Ablauf der Frist den Vertrag gem. § 5 Ziff. 4 VOB/B. Der BGH gab dem Auftraggeber mit der Begründung Recht, dass der Auftragnehmer über sein Leistungsverweigerungsrecht seine Nachtragsforderung nicht „erpressen" dürfe. Sofern ein Nachtrag zwischen den Parteien strittig sei, so müßte zunächst darüber verhandelt und beim Scheitern der Verhandlung dieser Streit vor Gericht ausgetragen werden. Der Streit über die zusätzliche

---
[8] Entscheidung vom 28.10.1999 – VII ZR 393/98, NJW 2000, S. 807 ff.

Vergütung dürfte das Vertragsverhältnis nicht beeinträchtigen, d. h. schon gar nicht zu dessen Beendigung führen.

Ausdrücklich erwähnten die Richter des BGH, dass zukünftig in allen Situationen, in welchen ein Verstoß gegen diesen Kooperationsgedanken gesehen werden kann, entsprechend zu Lasten der diesen Kooperationsgedanken zuwider handelnden Partei entschieden würde, auch wenn die Rechtslage formal günstig für diese Partei sei. Mit anderen Worten: Kooperiert ein am Bau Beteiligter nicht im Sinne des BGH, wird die Rechtsprechung zukünftig davon absehen, Rechtsauslegungen zu seinen Gunsten vorzunehmen und/oder notfalls mit dem juristischen Allheilmittel „Verstoß gegen Treu und Glauben"[9] eine Korrektur der Rechtslage im Sinne des Interessenausgleichs vornehmen. Dabei soll der Kooperationsgedanke nicht zur Rechtsbeugung dienen, der Schwerpunkt liegt – wie bereits ausgeführt – bei der Findung eines angemessenen Interessenausgleichs. Der BGH betonte, dass die Kooperationsansätze sowohl im BGB als auch in der VOB/B oder VOL/B enthalten sind und diese durch seine weitere Rechtsprechung ausformuliert würden.

*Die Kooperationsentscheidung als Ausschluss von Konfliktsteigerungen*

Nach Auffassung des BGH liegt die Konfliktlösung im Sinne einer Entscheidung über den Nachtrag im Zweifel nicht im Projekt, sondern bei Gericht. Der BGH tritt daher zwar aktiv für die Vermeidung weiterer Eskalationen im Bauablauf ein, vertagt die Konfliktlösung jedoch auf ein nachfolgendes gerichtliches oder außergerichtliches Verfahren. Durch das gerichtliche Verfahren entfernen sich die Parteien – wie vorstehend bereits ausführlich dargestellt – von einer schnellen Konfliktlösung.

Hier kann und sollte die Baumediation ansetzen. Liegt eine aufgrund des Kooperationsgedankens insofern unklare Rechtssituation vor oder konnte trotz Kooperation keine Lösung gefunden werden, kann die Lösung nur in der einzelfallbezogenen, außergerichtlichen und interdisziplinären Einigung der Streitparteien liegen, die durch den Mediator vermittelt wird. Da ein Bauprozess in den seltensten Fällen ohne Sachverständigen auskommt, sollte die außergerichtliche Lösung über die Mediation im Team mit einem Techniker, Baubetriebler etc. erfolgen. Der Mediator oder ggf. ein Mediatorenteam erarbeiten in Zusammenarbeit mit den Parteien die weiterführende Konfliktlösung.

*Kooperationspflichten der am Bau Beteiligten als Mediationsansätze*

**Fazit:** Die in der VOB/B und VOL/B bereits niedergelegten Kooperationspflichten sind Ansatzpunkte und Sollbruchstellen für die Mediation. Bei Verletzung solcher Kooperationspflichten ist die Ursache des Konflikts gefunden und kann einer einzelfallgerechten Lösung zugeführt werden.

Nach Schlapka[10] liegt ein weiterer Kooperationsansatz bei der Vertragsabwicklung darin, dass der Auftraggeber die Vorkenntnisse aus dem Projekt gegenüber dem Auftragnehmer *offen legt*. Wie dies im Einzelnen zu vollziehen ist oder was dies bedeutet, fasst Schlapka dann unter folgenden Kooperationswerkzeugen zusammen:

- Projektstrukturplan
- Umsetzung in Terminpläne
- Umstellung des Bauablaufs

---

[9] Gesetzliche Regelung gem. § 242 BGB.
[10] Vgl. FN. 2 Kap. II.3.

- gemeinsam erstelltes Organisationshandbuch
- Überleitung der auftraggeberseitigen Entwurfsplanung auf die auftragnehmerseitige Ausführungsplanung

Bei diesem Ansatz werden bekannte Dokumentationsarten und Strukturierungen gewählt, um Konflikte zu vermeiden. Sollte es dann dennoch zum Konflikt kommen, werden nach Modell von Schlapka der Lenkungsausschuss und das Schiedsgremium tätig.

*Mediation als Dokumentationsersatz*

Die Mediation hingegen, so wie sie von den Autoren vertreten wird, setzt darin an, dass sich der Auftraggeber mit Projektbeginn darüber im Klaren wird, was Interessengerechtigkeit für alle noch weiter einzuschaltenden Projektbeteiligten im Verhältnis zu ihm bedeutet und ob die bekannten Regelungen, z. B. aus der VOB/B, die Interessensicherung ausreichend berücksichtigen. Ziel der Mediation im Vertragsmanagement könnte z. B. sein, überflüssige Dokumentation im Projektverlauf gerade zu vermeiden.

Auch weniger Aufwand ist ein Vertrauensbeweis der Projektbeteiligten in den Mediationsansatz. Scheitert dieser, sind die Konsequenzen selbstverständlich zu berücksichtigen[11]. Die Mediation kann sich daher unter dieser Zielvorgabe grundsätzlich hin zu dem Vertrag, welcher durch Handschlag besiegelt wird, entwickeln. Typisch für die heutige Vertragspraxis ist dagegen, dass Einzelheiten im Vertrag geregelt werden, die früher unausgesprochen und selbstverständlich waren, d. h. die Vertragsgrundlage der Handschlagsparteien beinhaltete. Die Mediation wird daher erheblichen Einfluss auf die Vertragsgestaltung haben.

Alle anderen Projektstadien werden durch die projektbegleitende Mediation abgedeckt, so dass die Mediation zwei Bereiche behandelt:

1. Vertragsgestaltung
2. Projektbegleitung

## 4.3
### Der Vertrag als erster Schritt der Konfliktlegung und/oder -lösung

Beleuchtet man nunmehr die vorstehend aufgezeigten Konfliktzeiträume und -potenziale genauer, so liegt nicht nur aus juristischer Sicht, sondern für jeden Projektbeteiligten ein erhebliches Konfliktpotenzial im Vertragsabschluss. Der Vertrag ist mithin der erste Schritt in den oder aus dem Konflikt heraus.

Die Vertragsparteien sowie die am Projekt Beteiligten unterschätzen immer wieder die Stellung des Vertrages. Nicht selten werden Verträge nur aus der Schublade gezogen und in der Form von Mustern nach Ergänzung weniger Vertragspassagen, z. B. der Vertragsparteien, des Termins und des Preises, geschlossen. Ein Muster kann keine Grundlage für eine Einzelfalllösung darstellen, da es für möglichst viele Situationen entworfen wurde.

*Muster contra Einzelfalllösung*

Wesentlich für eine konfliktvermeidende Vertrags- und damit Vergabestrategie ist jedoch, dass sich der Auftraggeber durchgängig für eine Vertragsgestaltung entschei-

---
[11] Vgl. hierzu Kap. III.2, RAin Riemann.

*Mediation nur bei fairen Vertragsabschlüssen*

det, *die nicht einseitig seine Interessen berücksichtigt.* Nur dann ist ein Projekt im eigentlichen Sinne mediationsfähig. Mediation kann aber auch Konflikte aus unausgewogenen Verträgen lösen, wenn die Parteien sich über die Ausgangssituation klar sind oder Lösungen in Abkehr von dem geschlossenen Vertrag vereinbart werden.

Viel zitiert wird der Satz „*Vertrag kommt von sich vertragen.*". Bei dem Durchgängigkeitsprinzip der Mediation ist zu berücksichtigen, dass es nicht nur zweiseitige Verträge, sondern Mehrparteienverträge geben wird. So kann der Planer Beteiligter beim Bauvertrag sein oder der Bauausführende Beteiligter des Finanzierungs- oder GÜ-Vertrages. Somit kann die Mediation im Vertragsmanagement ebenfalls zur Auflösung des Zweiparteienprinzips der Vertragsgestaltung führen. Juristisch darf kein Vertrag zu Lasten Dritter geschlossen werden, was nichts anderes bedeutet, als dass Vereinbarungen zwischen zwei Vertragsparteien nicht zu Lasten eines Dritten gehen dürfen. Ein solcher Vertrag wäre zumindest im Hinblick auf die Rechtswirkung gegenüber dem Dritten unwirksam. Der Mediationsvertragsansatz bezieht den Dritten in den Vertrag mit ein. Sofern dies zum Zeitpunkt des Vertragsabschlusses noch nicht möglich ist, z. B. weil der Dritte wie der Bauausführende noch nicht feststeht,

*Vertragsmediation als Kombination von bekannten Vorgaben und Einzelfallinteressen*

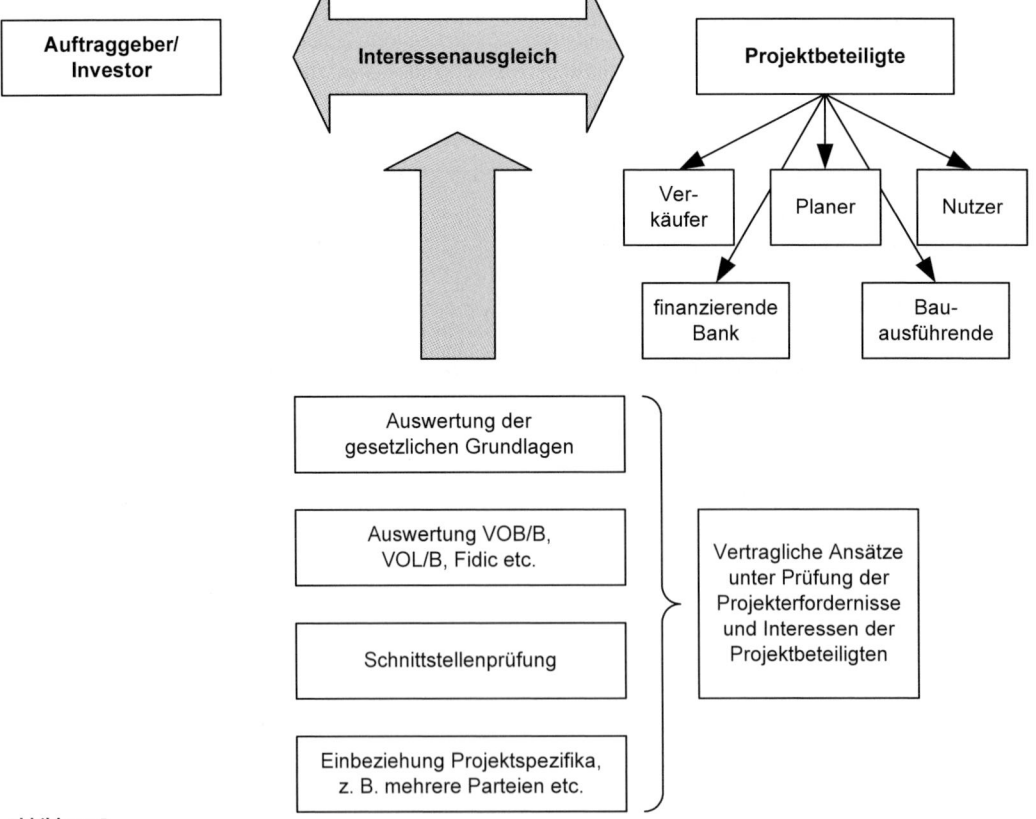

**Abbildung 1**
Mediation in der Vertragsgestaltung

müssen Öffnungsklauseln gefunden werden, die unter Berücksichtigung der Interessen des Dritten die nachträgliche Einbeziehung möglich machen.

Der scheinbare Widerspruch der Vorwegregelung von Interessen eines Dritten und der gewünschten Einzelfallgerechtigkeit für eben diesen Dritten ist lösbar. Projekt- oder Baukonflikte entstehen immer wieder nach dem gleichen Grundmuster, so dass sich solche Öffnungsklauseln an diesen Grundmustern orientieren (z. B. Lösung von Behinderungsfolgen, Nachträgen etc.). Nicht anders verhält es sich auch bei Regelwerken wie der VOB/B, die bekannte Fälle aufgenommen und geregelt hat. Der vertragliche Ansatz der Mediation unterscheidet sich z. B. von der VOB/B nur dadurch, dass er die typischen Projektmerkmale und Auftraggeberanforderungen mit diesen gesetzlichen sowie anderweitig entwickelten Grundsätzen kombiniert.

Ein weiteres Konfliktpotenzial zwischen den am Projekt Beteiligten entsteht immer dann, wenn Hand in Hand gearbeitet werden soll, so z. B. das Baugrundgutachten Grundlage für die Planung wird, die Planung notwendig für die Bauausführung ist etc. Versagt einer dieser Staffelläufer, entsteht in der Regel ein Konflikt. Da diese Konfliktpotenziale, die nachfolgend unter Kap. II.5 nochmals differenzierter dargestellt werden, allen Beteiligten bekannt sind, sollten die diesbezüglichen Schnittstellen im Vertrag klar geregelt sein. Anstelle einer vertraglichen Regelung reicht auch ein insofern deutliches und genau erläutertes Organigramm aus.

*Schnittstellendefinitionen und Beispiele zur Konfliktvermeidung im Vertragsstadium*

Typisch für Projektorganigramme ist jedoch, dass sie Hierarchien und keine Schnittstellen aufzeigen. Der Schwerpunkt einer solchen Festlegung sollte daher in den Leistungsübergängen liegen (z. B. Schnittstelle zwischen Ausführungs- und Werkstattplanung). Die Parteien sind nicht gehindert, zur Klarstellung Beispiele anzuführen und vertraglich zu fixieren. Die Festlegung von Vergleichsobjekten zur Verifizierung von Qualitätsstandards hat bereits Einzug in die Vertragsgestaltung gefunden, weshalb auch die Festlegung von Planungsschnittstellen etc. über solche Vergleichsbeispiele angezeigt und möglich ist.

Die Praxis hat mehrere vertragliche Ansätze hervorgebracht, um Projekt-/Baukonflikte zu lösen. Zum einen gibt es die Vereinbarung zur Einschaltung von Schiedsgutachtern für bestimmte Bereiche, wie Streitigkeiten über die Bewertung der Höhe von Nachtragsleistungen, zeitliche Auswertung von Bauablaufstörungen etc., bis hin zur Vereinbarung eines schiedsgerichtlichen Verfahrens. Diese Möglichkeiten werden in Kap. III.1 (RAin Hertel) eingehend erläutert. Neuere Modelle, die als konfliktarme Vertragstypen in der Praxis besprochen werden, sind z. B. der GMP-Vertrag (Garantued-Maximum-Price-Vertrag), das Partneringmodell oder auch das bereits vorstehend angeführte Kooperationsmodell von IGS Schlapka. Diese Vertragstypen sollen hier nur kurz angerissen werden, um aufzuzeigen, warum auch solche Verträge dem ganzheitlichen Konfliktlösungsansatz, der mit der Mediation verfolgt wird, nicht gerecht werden.

*Alternative Vertragsgestaltung zur Konfliktlösung*

Der sich aus dem angloamerikanischen Raum nach Deutschland verbreitete GMP-Vertrag wird zumindest nach Auffassung seiner Vertreter[12] als innovatives Vertrags-

*GMP-Vertrag*

---

[12] Georg von Bronk, Hochtief AG, in „Der GMP-Vertrag", Seminar Euroforum; Mike Gralle in „Garantierter Maximalpreis, GMP-Partnering-Modelle = ein neuer und innovativer Ansatz für die Baupraxis", 1. Aufl. 2001.

oder Partnerschaftsmodell angesehen. Der Konfliktvermeidungsansatz des GMP-Modells läge in der Beeinflussbarkeit der Bauvertragskosten durch den Bauunternehmer und in der Kooperation mit dem Auftraggeber. Besonderheiten sind nach von Bronk:

- die Vergütungsregelung
- die Bauherren bezüglich der Nachunternehmerauswahl zu involvieren
- die open-book-Regelungen
- die Leistungstrennung zwischen Auftragnehmer/Nachunternehmer
- die Insentivabrede
- der Zeitpunkt des Vertragsabschlusses

*GMP-Modell zur Kostenoptimierung*

Die vorstehenden Punkte sprechen nicht für sich, weshalb nur kurz das Verständnis des GMP-Vertrages zusammengefasst wird. Der GMP-Vertrag zeichnet sich dadurch aus (egal in welcher Form), dass die Vergaben des Generalunternehmers an seine Subunternehmer/Nachunternehmer gegenüber dem Auftraggeber offengelegt werden (sog. „gläserner" Generalunternehmer oder -übernehmer oder Prinzip der open-books) und die Vergabegewinne des Generalunternehmers bei der Subunternehmervergabe zwischen Auftraggeber und dem Generalunternehmer anteilig verteilt werden, wobei der bereits bei Vertragsabschluss zwischen Generalunternehmer und Auftraggeber vereinbarte Höchstpreis nicht überschritten werden darf (Insentivabrede).

Der kaufmännische Streitlösungsansatz liegt nach Auffassung der Autoren in dem fehlenden Anreiz des Generalunternehmers, zum Nachteil des Auftraggebers überhöhte Forderungen aus Nachträgen zu stellen, da der Generalunternehmer im Falle des Nachtrages die Subunternehmerkosten in jedem Fall vergütet erhält (Selbstkostenerstattungsansatz). Tatsächlich handelt es sich dabei aber nicht um eine Konfliktlösung aus der Bauabwicklung, sondern dem Angebotsstadium. Der Bauunternehmer, insbesondere der, der sich als Generalunternehmer betätigt, kalkuliert sein Angebot mit Risiko, d. h. er bewertet zu erbringende Leistungen teilweise unter den dafür aufzuwendenden Kosteneinsatz oder zumindest ohne Gewinn, um den Auftrag zu erhalten. Durch den GMP-Vertrag hat der Auftragnehmer die Möglichkeit, die Kosten der Bauausführung hereinzuholen (Selbstkostenerstattungsansatz), ohne dass er befürchten muss, dass seine Konkurrenten ihn unterbieten werden. Folglich wird der angebotene Höchstpreis über den seit Jahren typischerweise niedrig liegenden GU-Angeboten liegen. Wird der Preis dagegen nach wie vor unauskömmlich kalkuliert, ist eine Streitschlichtung, d. h. Nachtragsvermeidungsansatz nicht ersichtlich.

Nach von Bronk liegt der optimale Zeitpunkt zur Beauftragung nach dem GMP-Modell in der Phase vor Beginn der Ausführungsplanung. Grund hierfür sei, dass nur in diesem frühen Stadium der Auftragnehmer sein spezifisches Generalunternehmer-Know-how in den Planungsprozess einbringen und somit die Planungsvarianten auf Optimierungspotenziale hin untersuchen könne. Der neben dem Nachtragsstreitvermeidungsansatz liegende Optimierungsgedanke des GMP-Modells zielt daher nicht auf die Konfliktvermeidung, sondern auf die Kostenoptimierung. Es sollen zusätzliche Kosteneinsparpotenziale geschaffen werden, um im Konfliktfall auftretende Mehrkosten nicht vermeiden, sondern *ausgleichen* zu können. Hat der Auftraggeber – ohne das GMP-Modell zu wählen – Puffer für diese Zusatzkosten eingeplant, und vertraut er seinem Planer im Hinblick auf die Ausschöpfung von Optimierungspotenzialen, bleibt kein Ansatz mehr für das GMP-Modell. Warum der Generalunternehmer freiwillig Vergabegewinne preisgeben soll, obwohl er die Verantwortlichkeit für die Qualitäten und die Durchsetzung derselben gegenüber seinen Subunternehmern behält, lassen die Autoren des GMP-Vertrages offen. Damit verbleibt ein erhebliches Restkonfliktpotenzial, was durch den GMP-Vertrag nicht gelöst wird, die Qualitätssicherung.

Wenn die Autoren des GMP-Vertrages von der Ausschöpfung des GU-Know-how durch den Auftraggeber sprechen, so unterstellen sie, dass die Planer des Auftraggebers ein entsprechendes Know-how nicht zur Verfügung stellen, obwohl sie dies vertraglich schulden. Der Auftraggeber muss sich bei der Entscheidung für den GMP-Vertrag damit auseinandersetzen, welche Leistungen er an seine Planer beauftragt und mit welcher Zielrichtung. Anderenfalls würde er eine Doppelbeauftragung vornehmen bzw. den Planer als Entscheidungsgeber in einer frühen Phase entweder völlig außen vor lassen oder zumindest in seiner Vertrauens- und Führungsposition beschneiden. Zusätzlich entwickeln sich Konfliktfelder dadurch, dass bei der Feststellung etwaiger Optimierungs- oder Mängelpotenziale durch den GU der Planer aufgrund der dadurch initiierten Mängel seiner Planung in Anspruch genommen wird. Mithin verlagert sich das Konfliktfeld aus dem Bauausführungsprozess in den Planungsprozess. Der einzige Konfliktvermeidungsansatz, der in dieser Verschiebung der Planungsverantwortlichkeiten liegt, ist, dass der Generalunternehmer aus den aufgezeigten Planungsmängeln keine Terminverlängerungsansprüche und damit zusätzliche Mehrkosten beanspruchen kann, da er sich durch die Leistungsbeschreibung dazu verpflichtet hat, diese Optimierungspotenziale aufzuzeigen und umzusetzen.

Behandelt man den Planer jedoch als gleichberechtigten Partner in der Projektabwicklungsphase, so kann der GMP-Vertrag kein Mediationsansatz sein, weil der Generalunternehmer im GMP-Modell quasi als Überwacher und Kontrolleur des Entwurfs und der bisher vorgelegten Gutachten der Bauumstände fungiert und damit keine Win-win-Position aufgebaut wird. Der Auftraggeber muss sich zudem frühzeitig im Hinblick auf sein ausgesprochenes Vertrauen für den Generalunternehmer als letztes Glied in der Kette der Bauabwicklung mit allen Konsequenzen für die Bauabwicklung entscheiden. Sofern Prozesse vorher fehllaufen, kann ohne insbesondere finanzielle Folgen nicht mehr regulierend eingegriffen werden.

**Fazit:** Mithin entspricht das GMP-Modell daher nicht dem ganzheitlichen Konfliktlösungsansatz, kann jedoch einen Teil der Konfliktbewältigung darstellen, sofern sich die Projektbeteiligten unter Vermittlung des Mediators und der Abwägung aller Gesichtspunkte hierfür entscheiden.

Beim Partneringmodell findet sich eine der Mediation sehr ähnliche Konfliktbewältigungsstrategie. Wie der Begriff schon sagt, sollen die Projektbeteiligten in den entsprechenden Vertragsmodellen, auf partnerschaftlicher Basis miteinander agieren, d. h. kooperieren. Bei jedem Konflikt der auftritt, sollen sie sich zu einer Konfliktlösung zusammenfinden, diese erarbeiten und schließlich umsetzen. Die Randbedingungen des Partneringmodells werden durchgängig in allen Vertrags-

*Partneringmodell*

verhältnissen geregelt. Im Unterschied zur Mediation sind die Parteien bei der Konfliktlösung auf sich selbst angewiesen, können mithin keinen Mediator als Konfliktvermittler einschalten.

Beim Partneringmodell ist die Vertrauensgrundlage daher noch größer und weiter als bei der Baumediation.

### 4.4
### Die Projektbeteiligten und ihre Funktion als Konfliktbasis

*Projektbeteiligte als direkte und indirekte Konfliktstifter*

Die Zahl der am Projekt Beteiligten ist groß. Vom finanzierenden Kreditinstitut über Behörden bis hin zu den bekannten Vertragspartnern, z. B. Planer, Bauausführende und Nutzer in Form von Leasingnehmern oder Mietern, verändert sich die Zahl innerhalb der verschiedenen Projektstufen. In der einzelnen Stufe wird deutlich, inwiefern die eingangs gesteckten Ziele auch erreicht werden. Je weiter sich die Ziele von den Zielvorstellungen entfernen, je mehr Konfliktbeteiligte wird es geben, da sie Ursachen für die Auswirkungen und Zielabweichungen geschaffen haben. Daher gibt es bei den Projektbeteiligten zwei unterschiedliche Kategorien:

- die einen, die für die Zielerreichung direkt verantwortlich sind und
- die anderen, die „untechnisch gesprochen" hierfür einen indirekten Beitrag leisten, d. h. nicht mit ihrem Tun, sondern ihrem Unterlassen negative Auswirkungen auf den Projekterfolg mit verursachen.

Gegenstand der direkten Leistung sind z. B. die Erbringung von Gutachter-, Planungs- und bauausführenden Leistungen, wohingegen Tätigkeiten, z. B. des Projektsteuerers und objektüberwachenden Architekten und des Haustechnikers allein die Kontrolle des zu überwachenden Dritten beinhalten und somit nur einen indirekten Beitrag zum Projekterfolg leisten.

*Unterscheidung zwischen Kontrollinstanzen und Verantwortlichen*

Der Auftraggeber hat sich bei der Vertragsgestaltung unter Einbeziehung von Kontroll- und Überwachungsinstanzen im Hinblick auf die Vertrauensgrundlage gegenüber seinem Vertragspartner festgelegt. Wenn er einen Überwachenden benötigt, so misstraut er seinem Vertragspartner im Hinblick auf dessen Einsatzbereitschaft zur Erreichung des gemeinsamen oder durch den Auftraggeber vorgegebenen Projekterfolges.

Vergleicht man die Situation des Bauherrn mit der seiner finanzierenden Bank, so wird man in der bisherigen Praxis wenige Überwachungsansätze trotz erheblicher finanzieller Risiken der Bank finden. Die Angriffsmöglichkeiten der finanzierenden Banken bei der Hingabe von Projekt- oder Baukrediten sind schneller, einfacher und mit geringeren Folgerisiken durchsetzbar und damit effektiver. Zur Vermeidung wirtschaftlicher Folgerisiken muss das finanzierende Kreditinstitut das Projekt in der Regel nicht zu Ende abwickeln, sondern nimmt sog. Abschreibungen hin, weil keine personellen Kapazitäten vorgesehen sind, um die Auftraggeberfunktion für die Restabwicklung wahrzunehmen. Im Bankenbereich wird zur Vermeidung dieses Abschreibungszwangs im Krisenfall immer mehr der Ansatz verfolgt, projektbegleitende Kontrollen, Prüfungen etc. auszuführen. U. a. die Ansätze des Due

Diligence sollen den finanzierenden Instituten Informationen an die Hand geben, um rechtzeitig Krisenfällen entgegensteuern zu können, indem man über die einfachen Möglichkeiten des Kreditvertrages Einfluss auf den finanzierten Auftraggeber oder Auftragnehmer nimmt.

Der Mediationsansatz kann nun darin liegen, Überwachungstätigkeiten und Aufgaben im Projekt anteilig zu vermeiden und diese ggf. an den Mediator oder das Mediatorenteam zu delegieren. Unter diesem Delegationsgesichtspunkt darf nicht verstanden werden, dass der Mediator nunmehr ausschließlich und erfolgsorientiert den Projektverlauf kontrolliert, d. h. Überwachungs- oder Projektierungsleistungen erbringt. Es gilt vielmehr das Prinzip des Vertrauens und der Freiwilligkeit, weshalb der Mediator je nach Festlegung selbst oder auf Veranlassung der Parteien bei Verletzung vertraglicher oder sonstiger Verpflichtungen die Umkehr oder Rückführung des Konfliktverursachenden zu den gemeinsam festgelegten Projektzielen zu erreichen versucht.

*Delegation der Überwachungsfunktion an den Mediator*

Die Mediation akzeptiert dabei, dass sich Projekterfolge auf der Grundlage der Fortentwicklung der Einzelinteressen ändern bzw. modifizieren. Der Vertrag an sich muss auch insofern flexibel sein oder diese Modifikationsmöglichkeiten zulassen. Findet man einen solchen Ansatz nicht im Vertrag, wird dadurch zusätzliches Konfliktpotenzial hervorgerufen. Startet man mit der Mediation und geht davon aus, der Vertrag würde diesen Gedanken vollständig wiedergeben, so wird die einzelne Konfliktpartei bei Auffinden von Lücken im Vertrag skeptisch und stellt ggf. den Mediationsansatz infrage. Bei einem solchen Fall wäre der Mediator/das Mediatorenteam besonders gefordert. Besser ist es jedoch, im Vertrag ist klargestellt, dass für solche Situationen Anpassungen, Änderungen, Zusätze etc. neu und ergänzend zwischen den Projektbeteiligten verhandelt werden.

*Konfliktlösung erfordert Vertragsanpassungen*

Kann der Auftraggeber den Weg der Vertragsabwicklung mit vermindertem Überwachungsanteil nicht mit Überzeugung gehen, so ist in der Vertragsverhandlung offen zu legen, ob der Vertragspartner die Überwachung nicht nur duldet, sondern aktiv unterstützt. Solche aktive Unterstützung kann z. B. durch Schaffung von Transparenz, d. h. Offenlegung von Unterlagen, wie Bautagebuch, Terminplanfortschreibung, Kapazitäten, Einsatzpläne etc., erfolgen. Der Vertragspartner wird jedoch hierfür einen Ausgleich verlangen, der z. B. darin liegen kann, dass die gewonnenen Informationen für Konfliktfälle, die seitens der Auftraggeberseite initiiert werden, ohne weitere Erklärung des Auftragnehmers genutzt werden können (z. B. Verwendung der offengelegten Kalkulation für Nachtragsforderungen ohne weitere Erläuterungen, Darstellungen oder aufwändige Aufbereitung durch den Auftragnehmer). Bei der Bestimmung der jeweiligen Funktion der Projektbeteiligten hat der Auftraggeber bereits eine Entscheidung über den Umfang des Vertrauens gegenüber der Mediation und den weiteren am Projekt Beteiligten zu definieren.

Scheidler legt bei dem Projektmanagementansatz zur Konfliktlösung[13] einen wesentlichen Schwerpunkt auf die *Auswahl der am Projekt Beteiligten*. Er geht davon aus, dass die Qualitäten der am Projekt Beteiligten bei der Auswahlentscheidung als bekannt unterstellt werden können und der Auftraggeber in der Auswahl frei ist. Für

---

[13] A. a. O., vgl. FN. 1, Kap. III.3.

den öffentlichen Auftraggeber sind solche Auswahlentscheidungen nur im Rahmen der entsprechenden Vergabevorschriften möglich (Präqualifikation etc.). Bei der Mediation ist dieser Ansatz gerade nicht zwingend, da die Mediationsverpflichtung quasi als Vertrauensersatz für Bekanntheit fungiert.

**Fazit:** Bei der Festlegung der Anzahl der Projektbeteiligten kann sich der Auftraggeber zur Umsetzung des Mediationsgedanken entscheiden, *ob er Überwachungsleistungen in gemindertem Umfang einsetzen will* und in welcher Ausgestaltung. Das Leistungsbild sollte dann in Zusammenarbeit mit dem zu überwachenden Unternehmer entwickelt werden bzw. während der Vertragsabwicklung entsprechend ergänzt werden.

Im Übrigen sind die leistungsbezogenen Schnittstellen zwischen den Projektbeteiligten zu definieren, um Kompetenzkonflikte zu vermeiden bzw. zielführend lösen zu können.

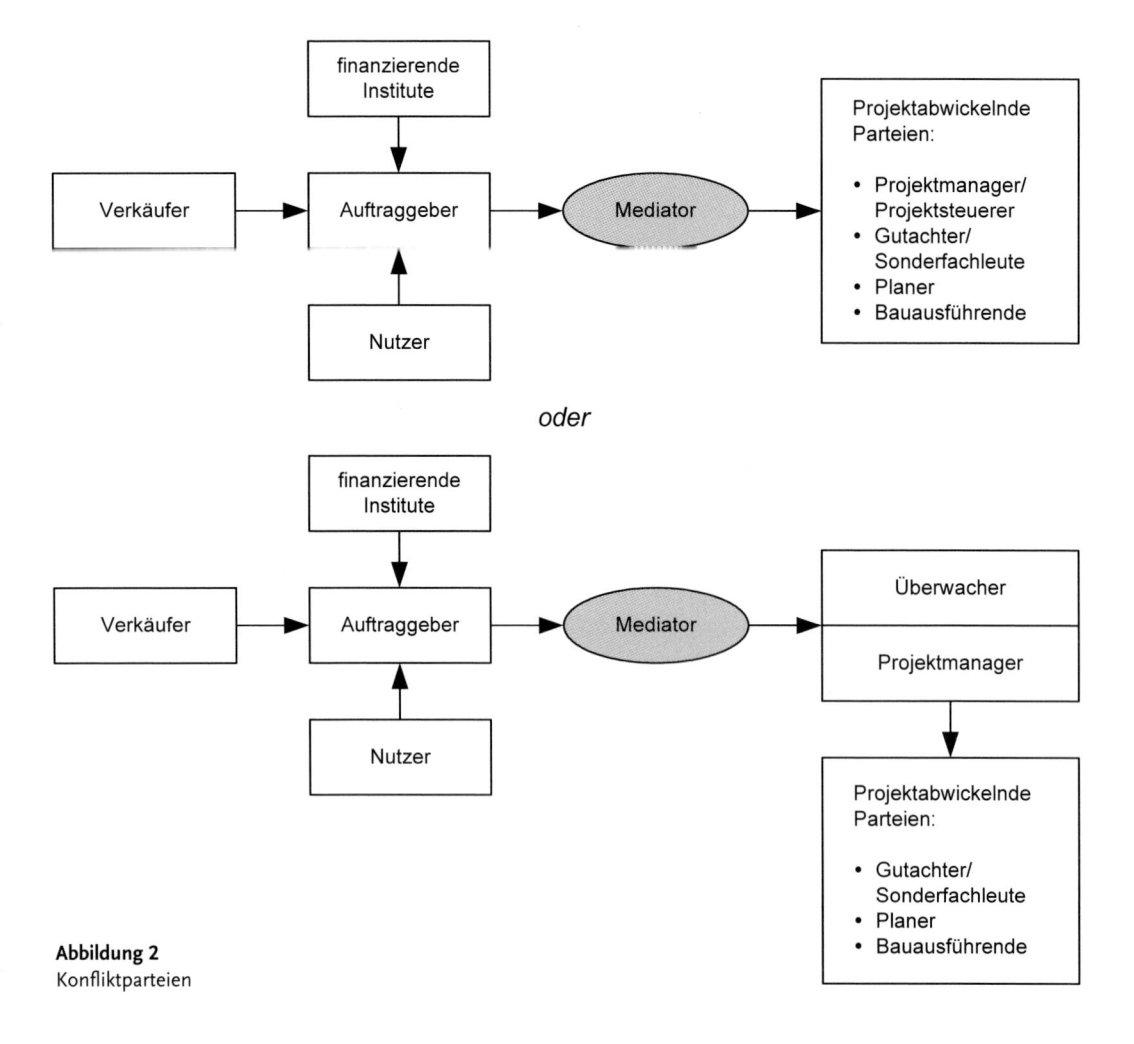

**Abbildung 2**
Konfliktparteien

# 5
# Spezielle Konflikte in der Bauausführung

*Rainald von Franqué*

Die Betrachtung der Entwicklung der Bauwirtschaft, insbesondere in den letzten Jahren, ist geprägt durch Rechtsstreitigkeiten zwischen den Baubeteiligten im Zusammenhang mit der Durchführung von Bauvorhaben. Ursache für diese Rechtsstreitigkeiten sind Konflikte, die während der Bearbeitung der Maßnahmen auftreten und während der Abwicklung der Maßnahme nicht gelöst werden können.   *Problematik*

Die Lösung wird bei einer „höheren Instanz", den Gerichten, gesucht. Dieses bedeutet ein Versagen der Konfliktparteien bei der Bewältigung ihrer Konflikte untereinander.

In diesem Kapitel sollen die Ursachen vertiefend betrachtet und Lösungswege aufgezeigt werden. Wie bereits im vorstehenden Kapitel ausgeführt, beinhalten Bauverträge ein dezidiertes Netzwerk an gegenseitigen Mitwirkungspflichten, um Konflikte zu vermeiden.

Diese werden nachfolgend dargestellt. Der weiteren Betrachtung werden folgende Begriffsdefinitionen zugrunde gelegt:

| | |
|---|---|
| Bauherr (AG): | Privatperson oder Institution, die ein Interesse an der Errichtung einer Immobilie hat. Sie ist Auftraggeber (AG) für die Planer und ausführenden Unternehmen (AN). Sie ist entscheidungsbefugt bei der Abwicklung von Verträgen. |
| Planer: | Freiberufler oder Unternehmen, der oder das die Planung und Überwachung der Durchführung von Bauvorhaben als Erfüllungsgehilfe des AG durchführt. |
| Unternehmer (AN): | Ausführendes Unternehmen unterschiedlicher Rechtsformen, das mit der Durchführung von Baumaßnahmen und ggf. Planungsleistungen vom AG beauftragt ist. Der AN führt Bauleistungen im eigenen Unternehmen aus oder lässt diese durch Nachunternehmer (NU) erbringen. |
| Dritte: | Dritte im weitesten Sinne, die entscheidend durch ihr Handeln bzw. Nichthandeln die Realisation eines Bauvorhabens beeinflussen. Zu ihnen gehören Behörden, Nachbarn, Nutzer usw. |

## 5.1
**Darstellung der gegenseitigen Pflichten im Bauvertrag sowie Gründe für die Verletzung solcher Pflichten**

*Vertragspflichten*  Bei der konventionellen Abwicklung von Projekten ist der AG einerseits mit dem Planer und andererseits mit dem AN vertraglich gebunden. Auf ein ggf. bestehendes Vertragsverhältnis zwischen AG und Dritten wird im Folgenden der Übersichtlichkeit wegen nicht weiter eingegangen.

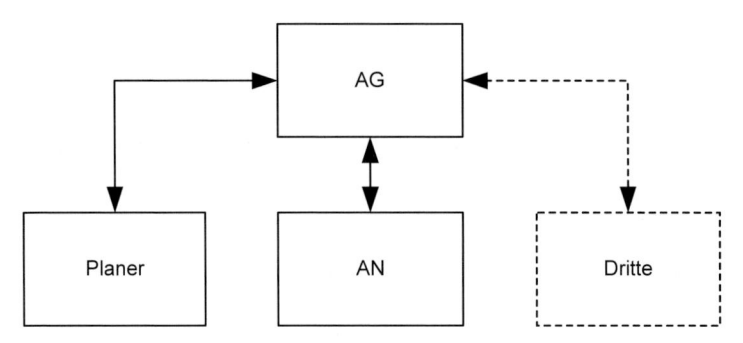

**Abbildung 1**
Vertragliche Bindung der Beteiligten

Abbildung 1 zeigt, dass zwischen den mit dem AG vertraglich verbundenen Partnern keine Vertragsverhältnisse bestehen, so dass etwaige Konflikte, die durch ein Fehlverhalten in einem Vertragsverhältnis entstehen und sich im anderen ausbreiten, aufgrund der rechtlichen Gegebenheiten konsequent immer über den AG abgewickelt werden müssen.

Es zeigt sich daher eine Diskrepanz zwischen der vertraglichen Situation und den tatsächlichen Interaktionen der Beteiligten, wie sie sich bei der Abwicklung eines Bauvorhabens darstellen.

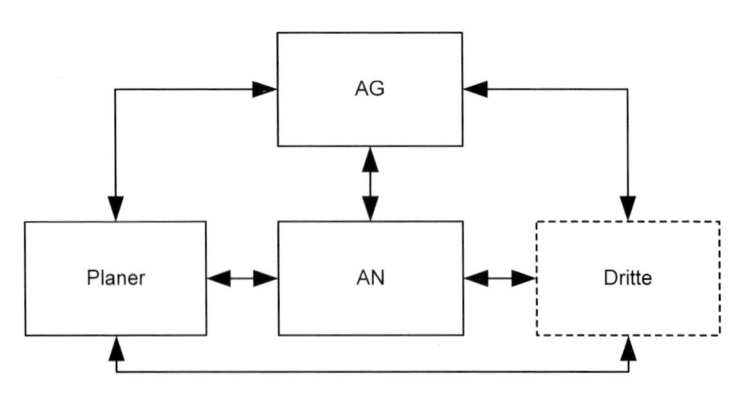

**Abbildung 2**
Tatsächliche Zusammenarbeit der Beteiligten

Abbildung 2 spiegelt eine sinnvolle Zusammenarbeit, d. h. Kooperation der Beteiligten wider. Die Beteiligten kommunizieren nach Erfordernis untereinander, es wird davon ausgegangen, dass auftretende Konflikte unter den Beteiligten direkt gelöst werden. Insofern gehen die Erfordernisse einer reibungsarmen Projektabwicklung über die Vertragsverhältnisse hinaus.

Es stellt sich für Konfliktbewältigungsverfahren die Frage, inwieweit die zwischen den Parteien bestehende vertragliche Situation die praktische Zusammenarbeit fördert oder behindert. Bei der nachfolgenden Darstellung der typischen Vertragssituationen ergeben sich Konfliktschwerpunkte, die Ansätze für eine baubegleitende Mediation bilden.

### 5.1.1
**Gegenseitige Pflichten im Planervertrag**

Zwischen dem AG und dem Planer werden in der Regel Verträge ausgehandelt, die oft auf von den Vertragspartnern erarbeiteten Vertragsmustern basieren. Bei den Planerverträgen handelt es sich in der Regel um Werkverträge nach BGB, wobei die Honorarfrage nicht der Vertragsfreiheit unterliegt, sondern durch die HOAI eingeschränkt ist. Immer wieder gehen beide Vertragsparteien darüber hinaus von der irrigen Annahme aus, dass durch die HOAI vertragliche Leistungen des Planers definiert sind, obwohl die HOAI lediglich die Honorierung der Leistungen regelt. Über die Güte und den Umfang des „Vertragssolls" gibt die HOAI keinen Aufschluss. Daher sind die Vertragsparteien gehalten, auch beim Planervertrag das Leistungssoll und Vertragsziele zu vereinbaren. Anderenfalls wird es zum Streit über Umfang und Qualität der Leistung kommen.

Über eine allgemeine Verpflichtung des AG zur vollständigen Leistungsbeschreibung sowie zur Festlegung seiner Projektziele hinaus, hat er rechtzeitig ganz generell gesehen *alle Entscheidungen zu treffen, die notwendig sind, um den Planungsprozess inhaltlich, d. h. im Hinblick auf den Entwurf zu steuern.*

*Verpflichtung des AG zur Leistungsbeschreibung als wesentlicher Vertragsinhalt*

Der AG kann grundsätzlich jederzeit Einfluss auf den Planungsprozess nehmen, soweit der Entwurfsgedanke zwischen ihm und dem Planer noch nicht abschließend definiert ist. In diesem Entscheidungsprozess sind beide Vertragsparteien besonders aufeinander angewiesen, zumal die Planungsziele zum Teil noch nicht klar umrissen sind. Aus dieser Abhängigkeit des Planers entsteht nicht selten Machtmissbrauch auf der Auftraggeberseite. Rechtliche Regulative greifen zu kurz. Nach §§ 642, 643 BGB bzw. entsprechenden vertraglichen Regelungen kann der Planer den AG zwar unter Fristsetzung zur *Mitwirkung* auffordern, mit der weitreichenden Konsequenz einer Vertragsbeendigung bei weiterem Fristablauf sowie Entschädigungsansprüchen. Dieses Mittel wird vom AG jedoch in der Regel als „Kriegserklärung" empfunden.

Mitwirkung des Bestellers (AG)

§ 642 [Mitwirkung des Bestellers]
(1) „Ist bei der Herstellung des Werkes eine Handlung des Bestellers erforderlich, so kann der Unternehmer, wenn der Besteller durch das Unterlassen der Handlung in Verzug der Annahme kommt, eine angemessene Entschädigung verlangen."

*Annahmeverzug bei Versäumnis von Mitwirkungshandlungen des AG*

Anstelle mitzuwirken wird der AG Fehler in der Planerleistung suchen und sie in vielen Fällen finden oder zumindest dies behaupten.

Damit stehen die vertraglichen Pflichten von AG und Planer nicht in einem symbiotischen Verhältnis, sondern werden Grundlage für handfeste inhaltliche Konflikte, die in einem frühem Projektstadium auftreten und die weitere Abwicklung erheblich belasten.

*Freigabe der Planungsleistung als AG-Pflicht*

Neben den ständigen Mitwirkungspflichten des AG zur *Freigabe der Planung* gehören auch

- die Ablaufsteuerung der vom AG beauftragten Sonderfachleute (z. B. Tragwerksplaner etc.; vgl. hierzu Abbildung 1),
- die Abnahme der Planungsleistungen und
- die Vergütung derselben.

Bei den letzten beiden Mitwirkungspflichten handelt es sich um vertragliche Pflichten, so dass bei Fehlverhalten (z. B. Verzug) die entsprechenden rechtlichen Sanktionen, wie z. B. Leistungsverweigerung, Kündigung, Schadensersatz, etc. greifen.

Konfliktursachen in der Abwicklung eines Planervertrages liegen damit in der Entwicklung der Werkleistung, nämlich der Planung sowie in den klassischen Konfliktursachen, wie Verweigerung der Abnahme sowie Vergütung der Leistungen. Einen zusätzlichen Schwerpunkt bildet das Ineinandergreifen der Planungsleistung der Sonderfachleute (z. B. Tragwerksplaner) und des Architekten. Zwar hat der Architekt die Sonderfachleute zu koordinieren und deren Leistung zu integrieren, aufgrund der unterschiedlichen Vertragsverhältnisse ist er jedoch nicht berechtigt, bei verzögerten Leistungen die Sonderfachleute in Verzug zu setzen, Mängel ihrer Leistungen zu verfolgen, etc. Diese vertraglichen Rechte obliegen dem Auftraggeber und sind im Verhältnis zum Architekten Mitwirkungspflichten, um einen reibungslosen Verlauf zu gewährleisten. Da dem Auftraggeber in vielen Fällen die Sachkenntnis fehlt und er mithin zwischen die Stühle des Sonderfachmanns und des Architekten gerät, kann der Auftraggeber trotz klarer Rechtslage keine sichere Entscheidung treffen. Der Ansatz der Baumediation läge daher in der Vermittlung der Interessen der Sonderfachleute, des Architekten und des Auftraggebers.

Die Planungsleistung greift nicht selten auch in den Bauablauf ein. Entscheidet sich der Auftraggeber für eine baubegleitende Planung, schafft er für den Bauablauf erhebliches Konfliktpotenzial, da die klassische Bauabwicklung davon ausgeht, dass eine fertige Planung der Bauabwicklung zugrunde gelegt werden kann. Liefert der Auftraggeber nunmehr nach Vertragsabschluss Planungen, so gibt es Streit über

- die Frage, ob durch die Planung Änderungen des bisherigen Bausolls angegeben wurden und
- die Planung nicht rechtzeitig genug vorgelegt wurde, so dass hieraus Behinderungen entstehen.

Da zudem aus Baubehinderung Schadensersatz- oder Mehrvergütungsansprüche des AN resultieren können, ist dieser Fall prädestiniert für die mediative Abwicklung. Der Ansatz der Baumeditation läge mithin in den zwei Bereichen, nämlich der vor

Baubeginn in Form der Prophylaxe vereinbarten Zurückhaltung der Beteiligten bei baubegleitender Planung als auch in der Beilegung von Streitigkeiten im Falle von Änderungen und Behinderungen durch die Planung.

Resultiert darüber hinaus aus der Planung, dass die Baugenehmigungsbehörden nachträgliche Auflagen erlassen, die den Planungs- und Bauablauf belasten, so könnte hier unter Einbeziehung der Behörde eine Mediation stattfinden.

**Fazit:** Die Konfliktfelder in der Planung liegen in:

- der Auseinandersetzung der einzelnen Planer zur Erreichung der Vertragsziele,
- der Auseinandersetzung der Planer mit dem Auftraggeber über das Leistungssoll sowie die rechtzeitige Freigabe ihrer Planung,
- der verzögerten Planungsleistung,
- der nicht genehmigungsfähigen bzw. nur unter Auflagen genehmigungsfähigen Planung,
- der nicht ausreichenden Beratung als vertragliche Pflichtverletzung der Planer,
- der verzögerten und nachträglich ergänzten baubegleitenden Planung,
- der verzögerten oder Nichtvergütung der Planungsleistung durch den Auftraggeber sowie sämtliche Probleme im Rahmen der mangelhaften Leistung im Übrigen.

### 5.1.2
**Gegenseitige Pflichten im Bauvertrag**

Bauverträge werden in der Regel als BGB-Verträge oder VOB/B-Verträge abgeschlossen. Die VOB/B enthält im Verhältnis zum BGB weitergehende oder eingeschränkte Rechte und Pflichten. Die gegenseitigen Interessen der Vertragsparteien wurden gegeneinander abgewogen, so dass sich die Vertragsparteien bei der Vereinbarung der VOB/B als Ganzes bereits auf einen weitreichenden Kompromiss eingelassen haben.

Die VOB/B wird aufgrund der Änderung des BGB zum 01.01.2002 noch angepasst werden.

Die wesentlichen Pflichten des Bauvertrages nach BGB sind:
- Erbringung der vertragsgerechten Leistung (Bausoll) und Gegenleistung (Vergütung),
- Verpflichtung des AG zur Abnahme der Leistung,
- Verpflichtung des AN zur Nacherfüllung (Mängelbeseitigung oder Neuherstellung) seiner Leistung, wenn er sie mangelhaft erbracht hat,
- Mitwirkung des AG in der erforderlichen Form,
- Vorbehaltserklärung bei der Abnahme.

Das BGB nennt keine einzelnen Leistungen oder Mitwirkungspflichten. Diese sind daher durch den Vertrag ergänzend zu regeln. Da Bauprozesse trotz ihrer Komplexität immer wiederkehrende Erfordernisse aufwerfen, wurden diese in der VOB/B zusammengefasst und im Verhältnis zum BGB ausführlicher geregelt. Das BGB setzt daher eine erheblich größere Kooperationsbereitschaft der Vertragspartner als die VOB/B voraus, da es viel Interpretationsspielraum eröffnet.

Der VOB/B-Vertrag basiert wie der BGB-Vertrag ebenfalls auf dem BGB. Die VOB/B (Verdingungsordnung für Bauleistungen) ist einer Allgemeinen Geschäftsbedingung gleichzusetzen und muss daher vereinbart werden. Die VOB/B soll den Besonderheiten des Vertragswesens bei Bauvorhaben zwischen AG und AN Rechnung tragen.

Die VOB/B enthält daher u. a. Regelungen zu:
- Art und Umfang der Leistung,
- Art der Vergütung (Werklohn), Abrechnung und Zahlung,
- Ausführungsunterlagen und Ausführung,
- Arten und Durchführung der Abnahme der Leistung,
- Gewährleistung und Sicherheitsleistungen,
- Kündigungen und Verfahren bei Streitigkeiten.

### 5.1.3
### Gründe für die Verletzung vertraglicher Pflichten

*Vertragsverletzungen* Die Gründe für die Verletzung vertraglicher Pflichten bei der Abwicklung eines Bauvorhabens sind vielfältig, sie lassen sich aber bei genauerer Betrachtung in einzelne Kategorien zusammenfassen:

1. Die Abweichung zwischen „Projektzielen"[1] als Zielvorstellungen des AG und den vertraglichen „Leistungszielen", sowie der Leistungsbeschreibung des einzelnen Vertrags.

2. Das Abwälzen von Risiken auf den Vertragspartner oder Dritte (beim AG insbesondere durch entsprechende Vertragsgestaltung und beim AN insbesondere durch die Bindung nicht ausreichend leistungsstarker Nachunternehmer).

3. Das fachliche Unvermögen des AG bzw. seines Planers, das Projektziel im Sinne des AG darzustellen (z. B. mangelhafte Planung, lückenhafte Ausschreibung etc.).

4. Das Unvermögen des AN, aufgrund mangelhafter fachlicher und/oder personeller Situation, das Projektziel im Sinne des AG zu erreichen.

5. Das Unvermögen beider Partner, auf Einflüsse dritter Seite oder höherer Gewalt schnell und fach- und vertragsgerecht zu reagieren.

In der Summe der bei der Abwicklung von Bauvorhaben vorgefundenen Konflikte treten meistens alle fünf Kategorien in unterschiedlicher Intensität auf.

---

[1] Das Projektziel ist die Umsetzung der umfänglichen Interessen bzw. Bedürfnisse des AG in seinem Projekt. Im Idealfall ist das Projektziel mit dem Leistungsziel bzw. Vertragssoll identisch. Dies bedeutet, dass dann durch die Realisierung des Projektes sämtliche Bedürfnisse des AG erfüllt werden. Im Normalfall wird durch die Beschreibung des Leistungsziels das Projektziel nicht vollständig erfasst, da nur die Positionen (unter mediativem Aspekt) beschrieben werden.

Die Regelwerke wie BGB, VOB/B etc. bieten Sanktionsmöglichkeiten bei erkennbaren Pflichtverletzungen des Vertrages. Solange die Pflichtverletzung sich allerdings nicht dem oder den Vertragspartnern offenbart, kann nicht rechtzeitig eingegriffen werden, weshalb der bereits mehrfach beschriebene Domino- oder Lawineneffekt eintritt und eine breite Basis für einen typischen Konflikt in der Bauabwicklung gelegt ist.

Wie bereits ausgeführt, bieten BGB und VOB/B nur Sanktionsmöglichkeiten, wenn die Kooperation zwischen den Vertragsparteien bzw. am Projekt Beteiligten versagt.

Fazit ist, dass für eine Vielzahl von Konflikten weder VOB/B noch BGB als ein zur Ursachenprävention taugliches Mittel gedacht waren und daher diesen Anspruch nicht erfüllen.

### 5.1.4
**Typische Konfliktbereiche Qualitätsmängel, Nachträge, Verzug**

Die typischen Konfliktbereiche bei der Durchführung von Bauverträgen wurden bei der Ursachenbeschreibung bereits angesprochen. Hier soll die „normale" Behandlung von Konflikten beispielhaft verdeutlicht werden. Darüber hinaus soll versucht werden, die Hinter- und Beweggründe bei den Beteiligten nachzuvollziehen bzw. zu beleuchten.

*Typische Konflikte*

Zur Veranschaulichung wurde ein fiktives Fallbeispiel gewählt, um die Konfliktbereiche darzustellen, bei dem sich der Leser vielleicht in dem einen oder anderen Teilnehmer wiedererkennen kann:

> Es soll ein Gebäude saniert werden. Die Nutzer werden während der Maßnahme außerhalb des Gebäudes anderweitig untergebracht. Das Zustandekommen dieser „Baufreiheit" ist mit enormen Anstrengungen des AG verbunden gewesen. Der AG hat sich mit dem Nutzer nach erheblichen Diskussionen auf einen verbindlichen Rückzugstermin geeinigt. Es hatte lange Diskussionen über den Umfang der Maßnahme gegeben. Insbesondere durch fehlende Zugänglichkeit konnten teilweise Untersuchungen über die Bausubstanz nicht erfolgen.
>
> Der AG schreibt (durch seinen Planer) u. a. Mauerwerksarbeiten im Rahmen eines sog. Bauhaupt-Leistungsverzeichnisses aus. Bestimmte Leistungen können dem Umfang nach nur geschätzt, andere überhaupt nicht erfasst werden. Der AN unterbreitet ein Angebot für die gesamte Leistung. Es kommt zum Vertragsabschluss, wobei die VOB/B und ein pönalisierter Endtermin vereinbart wird.
>
> Die Arbeiten beginnen, als der AN feststellt, dass er eigentlich überhaupt keine Kapazitäten für die Durchführung der Arbeiten hat. Um den AG „zu beruhigen" zieht er von verschiedenen Baustellen Maurer ab. Die anderen Baustellen stellen die Mitarbeiter, die sie entbehren können – d. h. die unproduktivsten – ab. Es wird nicht beachtet, ob die Mitarbeiter für die spezifische Leistung auf der neuen Baustelle geeignet sind.
>
> Mit dieser Maßnahme schafft sich der Bauleiter beim Objektüberwacher ein gewisses Vertrauen. Bei der Überprüfung der Kalkulationsdaten stellt der Bauleiter fest, dass mit dem Einsatz der eigenen Mitarbeiter die Mauerwerksarbeiten defizitär abgeschlossen werden.
>
> Während die Mauerwerksarbeiten anlaufen und sich die Mitarbeiter in das Bauvorhaben langsam einarbeiten, sucht der AN einen Nachunternehmer (NU). Hierbei stellt er fest,

dass der Umfang der Leistung nach seiner Meinung erheblich von dem vertraglichen Bausoll abweicht[2].

Durch die während der Bauausführung erkennbar werdenden Leistungen wird die zeitige Vorlage der Ausführungsunterlagen für den Planer immer problematischer. Für das geringe Honorar kann er aber nur Hilfskräfte einsetzen, die nicht die erforderliche Leistung bringen.

Der AN stellt die ersten „Nachträge" für den Leistungsbereich Mauerwerksarbeiten. Da er weiß, dass die Preise des Vertrages beim Einsatz seiner eigenen Mitarbeiter nicht auskömmlich sind, bietet er die Nachträge so an, dass die unauskömmlichen Preise des bestehenden Vertrages dadurch „geheilt" werden sollen.

In der Befürchtung, durch die Pönale finanziell benachteiligt zu werden, meldet er sicherheitshalber Behinderung wegen fehlender Ausführungsunterlagen an.

Inzwischen hat der AN einen NU gefunden, der die unauskömmlichen Preise noch erheblich unterbietet. Die Pönale reicht der AN seinem NU weiter. Die Mitarbeiter des NU sind eigentlich völlig ungeeignet für die Mauerwerksarbeiten, die durch den AN zu erbringen sind.

Dennoch zieht der AN seine eigenen Mitarbeiter ab, da die Baustelle seines Erachtens durch einen Polier (kommt zweimal in der Woche auf die Baustelle) und einen Bauleiter (nimmt wöchentlich an der Baubesprechung teil und macht anschließend einen Rundgang) gut besetzt ist.

Dem Objektüberwacher (Architekt) bleibt der Wechsel nicht verborgen. Er stellt fest, dass die Qualität mangelhaft ist, er teilt dies dem AN mit und fordert Abhilfe. Darüber hinaus fordert er den AN auf, sicherzustellen, dass der vereinbarte Endtermin gehalten wird.

Nach Überprüfung der Nachtragsangebote stellt der Planer fest, dass die Nachträge zwar nicht der Höhe, aber dem Grunde nach eigentlich gerechtfertigt sind.

Bei einer Diskussion zwischen AG und seinem Planer macht der AG den Planer für die Nachträge verantwortlich und teilt ihm mit, dass er – sofern die Termine oder Kosten überschritten werden – den Planer zur Verantwortung ziehe.

Das Binden des NU durch den AN hat sich inzwischen als völliges Fiasko herausgestellt. Die Mitarbeiter können die Mindestanforderungen an die Qualität nicht erfüllen. Der AN fordert den NU zur Abhilfe auf. Dieses Ansinnen wird vom NU einfach ignoriert. Der AN leitet die Kündigung des Bauvertrages ein. Nach Rücksprache mit seinem Rechtsanwalt setzt der AN dem NU eine Frist zur Mängelbeseitigung und danach eine Nachfrist. Anschließend kündigt er dem NU und ist sicher, dass er den ihm entstandenen Schaden vor Gericht durchsetzen kann. Er übergibt die Unterlagen seinem Rechtsanwalt.

Die Maurer hätten allerdings auch gar nicht effizient arbeiten können, weil der Planer weiterhin Probleme mit der rechzeitigen Erstellung der Ausführungsunterlagen hatte. Der AN meldet prophylaktisch weitere Behinderungen an.

Während der Zeit der Kündigungseinleitung durch den AN hat der NU bereits seine Mitarbeiter abgezogen. Auf Anraten hat der AN während des Laufs der Fristen keine Arbeiten durch eigene Mitarbeiter ausführen lassen, sondern sich bemüht, einen anderen NU zu binden.

---

[2] Dies ist ein bedenklicher Aspekt. Der Objektüberwacher (Architekt) verliert „Informationsvorsprung" gegenüber dem AN. Er wird gezwungen auf die Aktivitäten des AN zu reagieren und ist nicht mehr „Herr des Geschehens". Dies bedeutet für ihn einen Autoritätsverlust sowohl gegenüber AN als auch AG.

Die Nachträge werden von dem Planer nicht bearbeitet, weil ihm noch keine Argumentation eingefallen ist, die ihn von der Verantwortung für die Mehrkosten entbindet. Die Behinderungsschreiben werden mit Inverzugsetzungen beantwortet. Es entwickelt sich ein reger Schriftverkehr mit Behinderungsschreiben und Inverzugsetzungen.

Während einer Unterredung zwischen Planer und AN entspinnt sich eine erregte Diskussion über die gestellten Nachträge. Der AN teilt mit, dass alle Formalien korrekt erfüllt worden seien und er auf die formale Beauftragung dränge. Der Planer entgegnet, dass die Nachträge völlig aus der Luft gegriffen seien und weder der Ursache noch der Höhe nach gerechtfertigt wären. Man geht im Zorn auseinander.

Während vorher noch einigermaßen auf die Einhaltung des Vertrages geachtet wurde, entwickelt sich ein Wettlauf zwischen Objektüberwacher und AN um die Anzahl der versandten Briefe. Hatten vorher mündliche Absprachen einen gewissen Stellenwert, werden jetzt alle Briefe vorab per Fax versandt, anschließend als Einschreiben geschickt und sicherheitshalber gemailt.

Die Lage spitzt sich in der Zeit zu, in der überhaupt keine Mauerwerksarbeiten mehr durchgeführt werden.

In einer Krisensitzung zwischen AG und Objektüberwacher wird festgestellt, dass der vorgesehene Endtermin nicht mehr zu halten ist. Der Disput zwischen AG und Planer über die Kosten tritt in den Hintergrund und wird sicherheitshalber nicht von dem Objektüberwacher angesprochen. Der AN wird im Einvernehmen zwischen Planer und AG als Verantwortlicher für das Dilemma festgestellt.

Auf Anfrage durch den AG teilt der Objektüberwacher mit, dass alle Formalien zur Kündigung des AN gegeben sind und alle Kosten zu Lasten des AN gehen werden.

Der AG kündigt den Vertrag unter Bezugnahme auf § 8.3 VOB/B. Auf beiden Seiten werden für einen umfänglichen Rechtsstreit alle notwendigen Unterlagen gesammelt und geordnet. Der AN teilt mit, dass er die Kündigung als sog. freie Kündigung nach § 8.1 VOB/B interpretiere und stellt seine Schlussrechnung auf. Wichtig ist ihm vor allen Dingen, seinen „entgangenen Gewinn" genau zu beziffern.

Beide Seiten binden erhebliches Personal um sicherzustellen, dass sie „gewinnen".

Selbst wenn es sich bei dem Beispiel um eine triviale Situation handelt, ist es für das Thema erforderlich, den Gesamtverhalt möglichst detailliert zu beschreiben, um dessen Komplexität zu würdigen. Der Ausgang des Streites ist unerheblich. Fest steht dagegen, dass weder AG, Planer/Objektüberwacher noch AN das erreicht haben, was ihr eigentliches Ziel war. Keiner der Konflikte wurde (vor allem zeitnah) gelöst. Konflikte wurden vertagt oder verdrängt, bis eine Lösung auf dem gütlichen Wege verbaut war. Alle haben in der „Verzweiflungstat Rechtsstreit" ihre Unfähigkeit zur gemeinsamen Konfliktbewältigung bewiesen.

Das angeführte Beispiel kann als Strickmuster für fast alle Konflikte bei der Abwicklung von Bauverträgen herangezogen werden. Darüber hinaus wird erkennbar, dass die Konflikte bei der Ausführung auftraten, allerdings ihre Ursache bereits im Vorfeld der Maßnahme hatten. Dies machte sich erst bei der Ausführung bemerkbar, obwohl die Verstöße bereits im Vorfeld initiiert wurden und bei deren Verursachung sowohl der Planer, als auch der AG einen erheblichen Anteil tragen.

*Beurteilung*   Dem Leser werden die Konflikte nicht neu sein, zu beachten ist allerdings die Ursache:

### § 1 VOB/B: Art und Umfang der Leistung

Durch die fehlende Grundlagenermittlung ist das Leistungsverzeichnis unvollständig und beschreibt das Projektziel nicht umfänglich.

> *Ursache:* Nicht die mangelhafte Leistung des Planers, sondern die fehlenden Voraussetzungen durch den AG, der wiederum auf Dritte angewiesen war, führten zur mangelhaften Beschreibung der Leistung.

### § 2 VOB/B: Vergütung

Durch überhöhte Forderungen für zusätzliche Leistungen kommt es zum Widerstand durch den AG und der von ihm eingesetzten Überwacher (Planer und Objektüberwacher).

> *Ursache:* Die Fehlkalkulation des AN, wonach die Leistungen der Mauerwerksarbeiten unterkalkuliert waren. Das „Heilen" dieses Umstandes durch Nachträge ist nicht zulässig. Ob die Vertragspreise überhaupt auskömmlich gewesen sind, ist zumindest zweifelhaft. Hier liegt die Mitverantwortung aber auch bei dem Planer und dem AG, die auf die Unauskömmlichkeit des Preises hätten hinweisen können.

### § 3 VOB/B: Ausführungsunterlagen

Durch fehlende rechtzeitige Übergabe der Ausführungsunterlagen kommt es zur Behinderung der Ausführung.

> *Ursache:* In dem verspäteten Beginn der Bearbeitung der Ausführungsunterlagen, dies wiederum bedingt durch die Behinderung der Bearbeitung des Planers durch den AG bzw. einem Dritten. Die personelle Situation des Planers verschärfte den Zustand noch.

### § 4 VOB/B: Ausführung

Der AN führte die Arbeiten nicht im eigenen Unternehmen durch, die Qualität ist u. a. dadurch mangelhaft.

> *Ursache:* Der AN war nicht auf die Erbringung der vertraglich geschuldeten Leistung eingerichtet. Hätte der AG dies im Vorfeld gewusst, ist zumindest zweifelhaft, ob der AN den Auftrag erhalten hätte. Der Einsatz des NU offenbarte dies, wodurch der Argwohn des AG hinsichtlich der Leistungsfähigkeit des AN geweckt wurde. Durch die zweifelhafte Auskömmlichkeit der Preise trägt zumindest der Planer einen Anteil an der Ursache des Konflikts.

### § 5 VOB/B: Ausführungsfristen

Der AN hat durch sein Handeln den bereits entstandenen Verzug nicht ausgeglichen und den Endtermin gefährdet.

> *Ursache:* Der AN war durch die Wahl des NU anschließend gar nicht mehr Herr des Geschehens. Zwar stand er in der Pflicht, konnte diese aber nicht erfüllen, ohne seinerseits die Formalien (der Vertragskündigung) gegenüber seinem NU nicht zu verletzen. Darüber hinaus wäre wegen fehlender Unterlagen der Endtermin ohnehin nicht mehr zu halten gewesen.

## § 6 VOB/B: Behinderung und Unterbrechung der Ausführung

Durch fehlende Ausführungsunterlagen kommt es zur Behinderung bei der Ausführung.

> *Ursache:* Einerseits in der mangelhaften Vorbereitung durch den Planer, andererseits ist es lediglich ein vorgeschobener Grund des AN, um von seinem eigenen Unvermögen zur fristgemäßen Leistungserbringung abzulenken.

Das Scheitern des Vertrages lässt sich nicht auf einzelne Vertragsverletzungen einer Seite reduzieren. Erst die Summe der Handlungen aller Beteiligten hat zu der Eskalation geführt. Mit dem obigen Beispiel ist eine typische „Palette" von Konflikten beschrieben. An dieser Stelle ist allerdings eine Bewertung des § 8 VOB/B, Kündigung durch den AG unerlässlich, da die Kündigung eine zentrale Bedeutung für das Verhalten der Vertragsparteien hat. Maßgeblich hierbei ist § 8.3 VOB/B (sog. Entzug des Auftrages wegen Verzugs). Die Konsequenzen der Kündigung, wie sie durch die VOB/B aufgezeigt sind, sind nicht – wie bereits beschrieben – auf einen Interessenausgleich aufgebaut, sondern sollen vielmehr festlegen, wer eindeutig die „Schuld" am Scheitern des Vertrages und den daraus resultierenden Kosten trägt.

*Summe der Fehler führt zur Eskalation*

Da die Kündigung durch die genannten Paragraphen mit erheblichen Rechtsfolgen für die Partei verbunden ist, die „Schuld" an dem Scheitern des Vertrages hat und in vielen Fällen existenzgefährdend sein kann, wird zu einem bestimmten Zeitpunkt, an dem das gegenseitige Vertauen zerstört ist, versucht, die Verantwortlichkeit des Scheiterns dem Vertragspartner zuzuschieben. Es sei stets auch auf die persönlichen Konsequenzen der beteiligten Personen verwiesen, sofern sie nicht in der Lage sind, das eigene Unternehmen von Forderungen der Gegenseite freizuhalten.

Die Begründung der Kündigung des Vertrages hat zentrale Bedeutung und ist entscheidend für die rechtlichen Folgen. Die VOB/B versucht in § 8 die Schuldfrage komprimiert zu beantworten, kann aber den komplexen Sachverhalt nicht berücksichtigen und muss dadurch zu kurz greifen.

> „Der Ausspruch einer „außerordentlichen" Kündigung bedarf zu seiner Wirksamkeit nicht, dass der AG die die Kündigung rechtfertigenden Gründe im Einzelnen schlüssig darlegt. Vielmehr genügt es, wenn in der Erklärung für den Empfänger erkennbar zum Ausdruck kommt, weshalb der AG den Bauvertrag aus welchem wichtigen Grunde kündigt."[3]

Dies ist richtig. Eine tatsächlich umfängliche und abschließende Begründung wäre schon in dem trivialen Beispiel von oben schlicht unmöglich. Dies bedeutet in der Konsequenz, dass der Konflikt nun nicht mehr gelöst, sondern nur noch in Form eines Urteiles bei einem Rechtsstreit beendet wird. Der optimale Fall für den einzelnen Beteiligten ergibt sich dann, wenn die gesamte „Schuld" dem anderen Vertragspartner zugesprochen wird und man sich selbst schadlos hält. Aber auch in diesem Fall konnte durch die Kündigung nicht wirklich das eigene originäre Ziel erreicht, sondern nur Schaden ferngehalten werden.

---

[3] Vygen in Ingenstau/Korbion, VOB Kommentar (B § 8, Rdn. 3), 14. Auflage, Werner Verlag, Düsseldorf 2001.

Ein letzter Aspekt soll am Rand erwähnt werden, obwohl seine Gewichtung nicht unterschätzt werden darf. Durch die Konflikte bei der Bauabwicklung, die im immer mehr zur Normalität werdenden Fall im Rechtsstreit enden, ist ein Vertrauen zwischen allen Beteiligten meist endgültig zerstört. Dass der AN Folgeaufträge durch den AG erhält, ist eher unwahrscheinlich. Aber auch die Reputation des AG sowie seines Planers leidet unter dem Streit. Insbesondere dauerhafte Qualitätsmängel an seinem Werk können dem AG bei der Beurteilung durch Dritte Probleme bereiten.

### 5.1.5
**Spezielle Konfliktbereiche bei der Abwicklung der Planung**

*Besondere Konflikte*

Neben der einleitend beschriebenen Problematik sollen die besonderen Umstände der Beteiligten beleuchtet werden. Hierbei handelt es sich um Konfliktursachen, die einer Seite der Beteiligten schwerpunktmäßig zugeordnet werden können, obwohl die Konsequenzen sich letzten Endes auf alle Beteiligten auswirken.

#### 5.1.5.1 Planungsfehler und Planungsverzug als Konfliktgrundlagen sowie Lösungsansätze in der Mediation

Wie bereits im obigen Beispiel angeschnitten, treten bei den Bauvorhaben stets wieder die Problemfelder Planungsfehler und Planungsverzug auf. Dies gilt insbesondere für komplexe und terminlich bzw. kostenmäßig anspruchsvolle Bauvorhaben.

In der Leistungsphase 1 soll der Planer

> „... die Vorstellungen des Bauherren in einen bauordnungsrechtlich, wirtschaftlich und vor allem technisch vertretbaren und darüber hinaus überhaupt ausführbaren Rahmen (zu) bringen."[4]

Sofern auf die HOAI als Leistungsbeschreibung vertraglich Bezug genommen wurde, hätte der Planer nach der vorzitierten Formulierung bei der Grundlagenermittlung das Bauvorhaben in seinem Wesen und mit seinen Umständen erfassen müssen. Als Negativmuster kann auch hier das vorangegangene Beispiel herangezogen werden, da in diesem von der Planerseite die Grundlagenermittlung nicht mit der erforderlichen Tiefe erbracht wurde.

Die Suche nach den Gründen hierfür führt in der Regel zu dem Ergebnis, dass

- der Planer zu leichtfertig auf eine fundierte Grundlagenermittlung verzichtet, sofern sie nicht vom AG verlangt wird, oder
- dieser sie in der erforderlichen Tiefe sogar für überflüssig hält oder
- der AG diese aus Kosten- oder Zeitgründen einspart und sich der Planer hiergegen nicht wehrt.

Es darf nicht unbeachtet bleiben, dass die Honorierung der betreffenden Leistungsphase 1 (Grundlagenermittlung) im Gesamtkontext der HOAI mit lediglich 3 % des Gesamthonorars der tatsächlich erforderlichen Leistung nicht gerecht wird. Die Be-

---

[4] Aus: Hesse/Korbion/Mantscheff/Vygen, RN 32 zu § 15; HOAI Kommentar, 5. Auflage, Verlag C. H. Beck 1996.

trachtung von Zuschlägen wird nicht vertieft. Die Verlockung zur Optimierung des Honorars, hier nicht gründlich zu arbeiten, besteht, obwohl die Haftung dennoch verbleibt, wenn der Planer den AG nicht deutlich und ausführlich über die Konsequenzen belehrt hat bzw. sogar die Weiterführung der Leistungen verweigert. Die sich daraus ergebenden Konflikte während der Bearbeitung der Durchführung werden zu diesem Zeitpunkt verkannt oder verdrängt. Da es sich aber – wie der Name bereits aussagt – um die Erarbeitung der Grundlagen für das Bauvorhaben handelt, ist das Auftreten von Konflikten während der Durchführung der weiteren Leistungen vorprogrammiert.

Da vielen Planern dieser Umstand nicht klar ist oder verdrängt wird, ist hier ein Ansatz der Mediation zu sehen. Die Planer müssen beim Mediationsverfahren über ihre eigene Haltung reflektieren und den anderen Beteiligten gegenüber offen sein. Mit Hilfe des Mediators ist es daher möglich, das Verständnis der weiteren Beteiligten für Erfordernis einer ordentlichen Grundlagenermittlung und die hierfür notwendige Zeit zu erreichen. Dies beinhaltet selbstverständlich dann auch eine ausreichende Honorierung derselben.

Sofern die Grundlagen für die ordnungsgemäße Durchführung des Bauvorhabens ermittelt sind und der Planer leistungsfähig ist, wird sich die Problematik des Planungsverzuges erübrigen, da der Planer den Anforderungen der Planung im zeitlichen Bezug Rechnung tragen kann.

### 5.1.5.2 Entscheidung über Zielkonflikte in der Planung aus Auftraggebersicht

Eine der originären Aufgaben des AG im Planungsprozess ist das Fällen von Entscheidungen. In der Regel sind diese Entscheidungen in ihrer Wirkung weitreichend und müssen daher gut abgewogen sein. Neben besonderen Entscheidungswegen, die bei vielen AG unternehmensbedingt sind, benötigen AG auch ohne diese für die Entscheidungsfindung die erforderliche Zeit und die entsprechenden Grundlagen.

Die Planer haben beiden Randbedingungen Rechnung zu tragen. Hier werden auch die meisten Fehler gemacht bzw. die Erfordernisse des AG durch die Planer nicht ausreichend berücksichtigt. Werden die Anfragen der Planer nach Entscheidungen zu kurzfristig gestellt, hat der AG nicht die Möglichkeit, die Grundlagen hinreichend für eine besonnene Entscheidung zu prüfen. Unter terminlichen Druck gesetzt, werden im Zweifel für das Projekt falsche Entscheidungen gefällt.

Weiterhin sind die meisten Entscheidungen bei der Durchführung von Bauvorhaben nicht außergewöhnlich, d. h. von dem spezifischen Bauvorhaben geprägt, sondern stellen lediglich eine immer wiederkehrende Abfolge von Tätigkeiten dar, die bei jeder Art von Projekten auftreten. Demzufolge handelt es sich bei der mangelhaften Umsetzung typischer Entscheidungsprozesse in der Regel um fehlende Routine, Zeit und/oder Disziplin des Planers.

Zu Zeitverzögerung führen stets auch Entscheidungsgrundlagen der Planer, die den Erfordernissen des AG nicht entsprechen. Oft ist es schlichte Unkenntnis über die Entscheidungsmechanismen des spezifischen AG auf Seiten der Planer. Auch hier sprechen die am Projekt Beteiligten zu wenig miteinander. Dies führt dazu, dass die Entscheidungsgrundlagen von dem AG nicht verwandt werden können und von

*Entscheidungsprozesse des AG sind besonders störanfällig!*

den Planern überarbeitet werden müssen, obwohl der Inhalt ggf. durchaus als Entscheidungsgrundlage hätte herhalten können.

Weiteres Problem ist oft die fehlende Begleitung des AG bei der Durchführung seiner Entscheidungen. Obwohl die Planer ein zentrales Interesse an schnellen Entscheidungen haben, begnügen sie sich nicht selten mit der Bereitstellung von Entscheidungsgrundlagen, mit der Erwartung, dass damit ihre Leistung erfüllt sei und die Entscheidung selbst eine Bringschuld des AG ist. Insbesondere in den Fällen, in denen ein Zielkonflikt bei der Bearbeitung des Bauvorhabens auftritt, z. B. zwischen entwurflichem Ansatz und Kosten der Bauausführung, ist der AG besonders auf die Zu- und Zusammenarbeit seiner Planer angewiesen, da sich hier erhebliche Konsequenzen und Konflikte aus seinen Entscheidungen ergeben können.

Die Mediation kann bei der Durchführung der Maßnahme den weiteren Beteiligten die Zwänge des AG klar und verständlich werden lassen. Mit einer aktiven, auch technisch-wirtschaftlich fundierten Unterstützung des AG durch seine Planer wird der AG in die Lage versetzt, Entscheidungen abgesichert und kurzfristig zu fällen, um so das Projekt zielgerichtet durchzuführen. Es entsteht eine Win-win-Situation.

### 5.1.5.3 Baubegleitende Planung als besonderes Konfliktpotenzial

Ein immer wiederkehrendes Phänomen ist die baubegleitende Planung, auch als „Synchronplanung" bezeichnet. Hierbei handelt es sich um die mit einem größeren oder kleineren Vorlauf zur Ausführung parallel laufende Planung eines Bauvorhabens.

Kernproblem und Grundursache für Konflikte ist hierbei die umstandsbedingte, mangelhafte Beschreibung der Vertragsleistung und der damit einhergehenden Unsicherheit hinsichtlich der Ausführung sowie der fehlenden Möglichkeit der Optimierung der Maßnahmen sowohl durch die Planer, als auch die ausführenden Unternehmen.

Bei dieser Art von Bearbeitung eines Projektes sind die Konflikte bereits vorprogrammiert, sofern die Beteiligten diesem Umstand nicht Rechnung tragen. Hier ist insbesondere der Planer gefordert, die Grundlage für eine konfliktfreie Abwicklung zu gewährleisten, indem er den AG über die erhebliche Unsicherheit hinsichtlich Kosten, Qualitäten und Termine aufklärt. Die Synchronplanung bedingt eine fehlende abschließende Beschreibung des Vertragssolls.

Die Erfahrung lehrt, dass versucht wird, Projekte, bei denen eine Synchronplanung erforderlich wird, mit den gleichen Mechanismen wie denen eines konventionellen Bauvorhabens abzuwickeln. Dies ist allerdings nicht möglich, es sei denn, der bauausführende Unternehmer würde die Risiken hieraus freiwillig übernehmen.

Insbesondere bei der Synchronplanung besteht ein hohes Konfliktpotenzial, das durch konventionelle Bearbeitungsmuster schwer zu beherrschen ist. Daher ist der Ansatz der Mediation an dieser Stelle besonders sinnvoll, da das Übervorteilen eines Beteiligten ausgeschlossen und gleichzeitig gewährleistet wird, dass die Beteiligten gemeinsam ihr Projektziel erreichen.

Durch die Mediation wird sichergestellt, dass den Beteiligten die unsicheren Randbedingungen des Projektes klar und fassbar werden. Die sich aus den Randbedingungen ergebenden Unsicherheiten hinsichtlich Termine, Kosten und Qualitäten können im Konsens gewertet und berücksichtigt werden, um ein optimales Ergebnis des Projektes unter den gegebenen Randbedingungen zu gewährleisten, die aber von vornherein bei der Projektzeitbestimmung auch Berücksichtigung finden. Allerdings wird hierfür i. Allg. eine „sachverständige" Mediation erforderlich sein.

### 5.1.6
**Spezielle Konflikte bei der Durchführung von Bauvorhaben**

Die Konflikte im Rahmen der Baudurchführung haben ihre Schwerpunkte in den Themen „Nachträge, Mängel, Verzug" und „Zahlungen". In den meisten Fällen treten die Konflikte parallel auf und bedingen eine Verschärfung des Konflikts. Das Thema Mängel ist nachvollziehbar und wird nachfolgend daher nicht weiter behandelt.

#### 5.1.6.1 Nachträge[5]
Soll ein Bauvertrag zustande kommen, so einigen sich AG und AN über den Umfang und die Vergütung der Leistung. Ohne diese Einigung über den Leistungsumfang kommt der Vertrag nicht zustande. Werden allerdings während der Ausführung des Vertrages weitere – im Voraus – nicht bekannte Leistungen erforderlich, so ist der AN gehalten, diese Arbeiten auszuführen, auch wenn er daran kein Interesse hat. Darüber hinaus muss er darauf achten, dass er durch die VOB/B bestimmte Prozeduren einhält, um überhaupt einen Vergütungsanspruch für diese erforderlich werdenden Leistungen durchsetzen zu können.

Dies bedeutet, dass dem AN zugemutet wird, eine Leistung auszuführen, hinsichtlich deren Vergütung zum Zeitpunkt der Ausführung zumindest bei dem AN eine erhebliche Unsicherheit bestehen kann, weil immer Streit um die Frage der Berechtigung dem Grunde und/oder der Höhe nach seiner Forderungen entstehen kann.

Statt durch kurzfristige – formale – Beauftragung die Situation zu entschärfen und das Risiko für den AN überschaubar zu halten, ist es inzwischen leider die Regel, dass zusätzliche und geänderte Leistungen (Nachträge) durch den AG bzw. dessen Planer gefordert werden, aber die Beauftragung oder die Vergütungsvereinbarung erst sehr verspätet oder gar nicht erfolgt.

Erfolgt die Beauftragung bzw. die Vergütungsvereinbarung nicht zügig und ist das Vertrauen zwischen AG und AN ohnehin angespannt, kommt es in der Regel zu erheblichen Konflikten, da der AN sich nicht darauf verlassen kann oder will, dass der AG bereit ist, die Nachträge zu vergüten.

Das dadurch bedingte zögerliche Verhalten des AN gegenüber den weiteren Forderungen des AG sowie der Versuch der Einsparung von Kosten an anderer Stelle, verbunden mit in der Regel schwer erkennbaren Qualitätsminderungen, kann dadurch teilweise erklärt werden. Hinzu kommt, dass bei Planung und Objektüberwachung durch ein und denselben Planer dieser im direkten Verhältnis versucht, eigene Pla-

---
[5] Nicht definiert, aber im Sinne von §§ 2 Nr. 5, 6, 7 und 8 VOB/B zu verstehen.

nungs- und Ausschreibungsmängel zu vertuschen, indem er trotz fehlender Vollmacht den AN zur Ausführung der Nachträge bewegt. Teilweise wird dem AN auch gedroht, bei zukünftigen Vergaben nicht mehr berücksichtigt zu werden.

Nachträge sind daher zentrale und nachhaltige, bis weit nach dem Abschluss eines Bauvorhabens währende Konflikte.

#### 5.1.6.2 Verzug

Ein stetes und umfangreiches Konfliktfeld bei der Abwicklung von Bauvorhaben sind immer wieder die Verzüge. Hierbei handelt es sich um die zeitliche Abweichung der Ausführung des Bauvorhabens im Verhältnis zu dem vorgesehenen Zeitfenster.

Die Gründe und die Konsequenzen für Verzüge sind mannigfaltig. Deren Darstellung würde den hier möglichen Rahmen sprengen. Daher soll an dieser Stelle das Augenmerk auf die Handhabung dieser Verzüge unter dem Aspekt der Mediation gelegt werden.

Die Terminkette für die Umsetzung der Maßnahme wird in der Regel im Vorfeld der eigentlichen Durchführung zumindest grob festgelegt. Diese groben Festlegungen sind entsprechend den zeitlichen bzw. baubetrieblichen Randbedingungen des Bauvorhabens zu präzisieren und dann auch durch die Beteiligten zu beachten.

Erfahrungsgemäß werden die terminlichen Vorgaben zu Beginn der Durchführung subjektiv als nicht so streng empfunden als sie objektiv tatsächlich sein können. Insbesondere leichte terminliche Verzüge im Kontext mit der Gesamtterminplanung werden oft leichtfertig von den Beteiligten geringgeschätzt, mit dem Hinweis „das kriegen wir schon hin". Das darauf folgende Handeln steht im Missverhältnis dazu, da in der Regel keine Aktionen gezeigt werden, um den Verzug einzuholen und damit auszugleichen.

Erschweren kann die Einsicht der Handlungsnotwendigkeit, wenn hinsichtlich der Verzugsursachen unterschiedliche Auffassungen bestehen, was zu einer passiven Haltung der Beteiligten führt.

Von Verzug wird inkonsequenterweise erst gesprochen, wenn die sich daraus ergebenden Konsequenzen entweder gar nicht oder nur unter spürbarem finanziellen Aufwand abgestellt werden können. Auch hier greift wiederum der Mechanismus des Selbstschutzes der Beteiligten, indem sie versuchen, die Ursache und mithin die Verantwortlichkeit von der eigenen Verpflichtung fern zu halten.

Eine gemeinsame und konstruktive Behebung des Verzuges wird durch die Minimierung der eigenen Verantwortlichkeit verbaut, da die resultierenden Kosten „verteilt" werden müssen und keine Partei diese zu tragen bereit ist.

Dass dieses Verhalten dem Bauvorhaben zum Nachteil gereicht, liegt auf der Hand. Die sachverständige Mediation bietet den Beteiligten die Möglichkeit, im Sinne des Projektes eine Lösung zu finden, die allen Beteiligten gerecht wird; dies einerseits bei der Beobachtung sich anbahnender Konflikte durch Verzüge und andererseits durch Mediation im konkret aufgetretenen Verzug.

An dieser Stelle sei noch der Hinweis erlaubt, dass in vielen Fällen bei einem wirklichen Lösungswillen der Beteiligten Verzüge durch bauablauftechnische Änderungen ohne oder nur mit geringem finanziellen Aufwand abgestellt werden können, sofern eine zügige Bearbeitung des Problems erfolgt.

### 5.1.6.3 Zahlungen

Ein weiteres Konfliktfeld ist der Bereich der Zahlungen. Der AN geht bei der Durchführung eines Bauvorhabens in erhebliche finanzielle Vorleistung. Demzufolge muss er sich darauf verlassen können, dass seine vertraglichen Forderungen auch zeitnah beglichen werden.

Allzu oft werden diese vertraglichen Verpflichtungen seitens des AG aus Nachlässigkeit oder bewusst nicht eingehalten, ohne dass die tatsächlichen Konsequenzen dem AG klar sind.

Durch die üblicherweise bestehende niedrige Kapitaldeckung der Bauunternehmen ist der AN auf die Zahlungen angewiesen. Erhält er diese nicht, so ist der Fortbestand des Unternehmens bedroht, zumindest aber ist die reibungslose Abwicklung des Bauvorhabens gefährdet.

Diese Gefährdung spiegelt sich in der zögerlichen und ggf. qualitätsmindernden Abwicklung des Bauvorhabens und der damit einhergehenden Konflikte zwischen AN und AG wider.

## 5.2
## Kaufmännische und technische Lösungsansätze in der Mediation

### 5.2.1
### Allgemein

Schon nach dem vorstehend angeführten Beispiel steht fest, dass das Extrahieren und Lösen von einzelnen Konflikten aus dem Gesamtkontext nicht möglich ist. Zu sehr stehen die einzelnen Konflikte im Kontext zueinander und lassen sich dadurch nur schwer getrennt voneinander lösen. Die Mediation bietet hierbei einen Ansatz:

*Lösungsansätze*

> „Es geht nicht nur um die rasche Beilegung eines konkreten Problems, sondern um die Aufdeckung der Tiefenstruktur eines Konfliktes, damit eine nachhaltige Bereinigung möglich ist."[6]

Dies bedingt, dass das Hinzuziehen eines Mediators oder Mediatorenteams nur zur Lösung eines bestimmten Problems keine wirkliche bzw. zumindest nicht die alleinige Konfliktlösungsstrategie nach der obigen Definition ist. Falsch wäre auch, das Augenmerk auf zwei Konfliktpartner zu fokussieren, ohne die weiteren, mittelbar Beteiligten, bei der Konfliktlösung einzubeziehen.

Dies alles führt zu der Einsicht, dass es vernünftig ist, ein Bauvorhaben unter Mediationsaspekten so komplex zu betrachten, wie es durch seine Eigenart und die Beteiligten strukturiert ist. Die Mediation sollte auch präventiv eingreifen, bevor das gegenseitige Vertrauen der Vertragspartner in Mitleidenschaft gezogen ist. Darüber hinaus muss die Mediation durch Begleitung des Bauvorhabens sicherstellen, dass die Vertrauensbasis bestehen bleibt.

Nennen wir dieses Verfahren „baubegleitende Mediation".

---

[6] Mediation, Lehrbuch für Psychologen und Juristen, Montada/Kals, Beltz PVU, Weinheim 2001.

Ziel dieses Verfahrens ist die kontinuierliche Begleitung eines Bauvorhabens durch einen Mediator/Mediatorenteam und die Mediation in Konfliktfällen (Einzelfallmediation). Durch die Begleitung des Mediators ist die Konfliktprävention während der Bearbeitung des Bauvorhabens möglich. Sollte diese nicht in allen Fällen fruchten, erfolgt die Mediation in konkreten Konflikten.

Es stellt sich nun die Frage nach dem Erreichen einer solchen Konfliktprävention durch Einschalten eines Mediators/Mediatorenteams. Hierbei stehen zwei Aspekte im Vordergrund. Kaufmännische und technische Belange entscheiden über das Erreichen des Projektzieles für jeden Beteiligten. Bei der vereinfachten Darstellung der Baubeteiligten mit AG, Planer und AN und Unterlegung dieser mit ihren klassischen Projektzielen, wie z. B. der Gewinnmaximierung, ist es trotzdem möglich, einen Interessenausgleich zu erreichen. Dieser ist unter der Wahrung des eigenen Vorteils des jeweiligen Beteiligten möglich, wenn sich die Beteiligten nicht ausschließlich auf Kosten eines Dritten ihren Vorteil verschaffen wollen. Unter kaufmännischen Aspekten ist es also erforderlich, dass die Beteiligten dem Partner ebenfalls einen Vorteil bzw. die Vermeidung wirtschaftlicher Nachteile zubilligen. Ist dies gewährleistet, führt dies dazu, dass die Beteiligten bereit sind, einen Ausgleich der Interessen selbst herbeizuführen. Der Mediator dient hierbei lediglich als Katalysator, um den Einigungsprozess einzuleiten bzw. zu beschleunigen.

Unter dem Aspekt der kaufmännisch-technischen Begleitung des Bauvorhabens erscheint es einleuchtend, dass der Mediator Erfahrung auf dem Gebiet der einzelnen Bau- oder Projektphasen und den unterschiedlichen Blickwinkeln mitbringt. Hierdurch ist er in der Lage, die kaufmännisch-technischen Probleme und Konfliktpotenziale zu erkennen und die Beteiligten rechtzeitig zu einer Lösung zu animieren, bevor ein konkreter Konflikt auftritt bzw. sich eingetretene Konflikte weiter verschärfen.

In dem obigen Beispiel wäre sicherlich der Mediator auf das Problem der unvollständigen Planung eingegangen und hätte die Beteiligten zu einer ausreichenden Berücksichtigung des Problems bei der weiteren Bearbeitung des Projektes bewegt.

Basis für die erfolgversprechende Mediation ist die Bereitschaft der Beteiligten, sich dem Mediationsgedanken des Ausgleichs der Interessen zu öffnen und zu der Entscheidung zu gelangen, dadurch zu einer sog. „Win-win"-Situation gelangen zu können. Gleichzeitig wird damit deutlich, dass es zwischen einer sachverständigen Mediation und einer leistungsmäßig entsprechend angelegten Projektsteuerung beim hier beschriebenen Einsatz auch inhaltlich Überschneidungen geben kann.

### 5.2.2
**Projektabwicklung (Phase 2)[7] mit Mediation**

*Projektabwicklung*  Wie bereits hinreichend beschrieben, erfordert die Abwicklung eines Bauvorhabens eine erhebliche Öffnung der Beteiligten gegenüber den anderen Beteiligten. Die Projektabwicklung entspricht dagegen den bekannten Mustern.

---

[7] Einteilung der Phasen gem. Kap. II.4, U. von Minckwitz.

Es bietet sich an, sich an einem bewährten Leistungsbild der Projektabwicklung zu orientieren. Hierzu kann der Rahmen des Leistungsbildes[8] der Projektsteuerer herangezogen werden. Dieses unterscheidet fünf Projektphasen:

1. Projektvorbereitung
2. Planung
3. Ausführungsvorbereitung
4. Ausführung
5. Projektabschluss

Während dieser Phasen wird der Blick des Mediators auf unterschiedliche Schwerpunkte gelenkt.

### 5.2.2.1 Projektvorbereitung

Bei der Vorbereitung klären die Beteiligten mit Hilfe des Mediators in Einzel- oder Gruppengesprächen die jeweiligen Interessen bzw. Grundlagen des Projekts:

- die Ziele der einzelnen Beteiligten,
- der vorhandene Wille der Beteiligten, das Bauvorhaben im Einvernehmen realisieren zu wollen (inkl. Abschätzung des Konfliktpotenzials),
- die Diskussion und einvernehmliche Festschreibung der Ziele als Grundlagen, die als sog. „bench-marks" zur Zielerreichung dienen sollen.

Die ermittelten Grundlagen werden schriftlich festgehalten und durch die Beteiligten sanktioniert. Im Einzelnen wird daraus gemeinsam abgeleitet:

- die Form des Umgangs miteinander,
- die Organisation des Bauvorhabens durch Festlegung von Regelkreisen und Notfallprozeduren,
- die Festlegung der Schriftform und des allgemeinen Ablaufs,
- Vertragssoll[9] der einzelnen Beteiligten (unter dem Aspekt der Kosten, Termine und Qualitäten) als Grundlage für die abzuschließenden Verträge.

Die Projektvorbereitung hat im Mediationsverfahren unter dem Aspekt der Konfliktpräventionen einen zentralen Charakter und fordert von den Beteiligten ein Höchstmaß an Offenheit. Es zwingt sie nämlich, ihre tatsächlichen Bedürfnisse gegenüber den anderen Beteiligten offen zu legen. So können je nach Situation beispielsweise Honorare von Planern oder Angebote von Unternehmen offen „zur Diskussion stehen".

Es kann nicht oft genug darauf hingewiesen werden, dass sämtliche Diskussionen und Festlegungen lediglich das Ziel verfolgen, die Beteiligten zur erfolgreichen Ab-

---

[8] § 204 AHO, Leistungsbild Projektsteuerung, aus Untersuchungen zum Leistungsbild des § 31 HOAI und zur Honorierung für die Projektsteuerung, AHO-Fachkommission, Bundesanzeiger 1996.
[9] Unter Vertragssoll ist die allgemeine Beschreibung der Leistung zu verstehen und nicht eine Vertragsbearbeitung im Sinne des RberG.

wicklung ihres Projektes zu führen. Die Verschwiegenheit des Mediators ist oberstes Gebot (vgl. auch unter Kap. III.2.6.1).

Der Mediator wird von den Beteiligten in den Informationskreislauf eingebunden. Dadurch wird sichergestellt, dass der Mediator im Zuge der Konfliktprävention bereits auf sich anbahnende Konflikte reagieren kann.

### 5.2.2.2 Planung

Bei der Planung beginnt die eigentliche Mediatorentätigkeit. Der sachverständige Mediator begleitet die Planung unter technisch-kaufmännischem Aspekt. Er kann z. B. auf Wunsch der Parteien die Planung auf Zielkonflikte überprüfen. In festgelegten Zeitabschnitten oder außerordentlich, bei sich anbahnenden Konflikten, führt er mit den Beteiligten Diskussionen, um das Konfliktpotential auszuräumen, d. h. Planungsmängel, Verzug, fehlende Entscheidungen des AG werden Gegenstand der Mediation. Dies erfolgt in Mediationssitzungen, die durch die Beteiligten oder den Mediator einberufen werden können.

### 5.2.2.3 Ausführungsvorbereitung

Neben der Projektvorbereitung ist die Ausführungsvorbereitung unter dem Aspekt der Konfliktprävention die wichtigste Projektphase.

Der sachverständige Mediator kann z. B. auf Wunsch der Parteien diese bei der Fertigstellung der Leistungsverzeichnisse und Verdingungsunterlagen begleiten, wenn diese auf Konformität mit den Zielvorgaben überprüft werden und damit die Eindeutigkeit der Unterlagen gewährleistet werden soll. Ziel ist es außerdem, den Bieter bzw. dann Vertragspartner in den Gesamtablauf der Mediation einzubinden. Die Prozeduren, die in der Projektvorbereitung festgelegt worden sind, werden im Einvernehmen überprüft und ggf. für die Ausführung einvernehmlich abgeändert.

Sofern die ausführenden Firmen nicht bereits im Vorfeld festgelegt worden sind, ist diese Phase die kritischste. Es muss jetzt entschieden werden, mit welchen Unternehmen das Bauvorhaben realisiert wird. Die Unternehmen müssen wiederum bereit sein, sich auf eine neue Art der Abwicklung, d. h. die Mediation einzulassen.

Insbesondere für ausführende Unternehmen ist das Öffnen zu dem mediativen Ansatz außerordentlich anspruchsvoll. Sich auf einem sehr engen Markt bewegend fällt es schwer, sich seinem Gegenüber zu „offenbaren". Ist ein Unternehmen gefunden, wird es in die Regelkreise integriert. Diese Prozedur wird für alle zur Disposition stehenden Gewerke durchgeführt.

### 5.2.2.4 Ausführung

Bei der Ausführung müssen sich die Festlegungen bewähren. Der Mediator begleitet das Bauvorhaben. Durch die bereitgestellte Information der Beteiligten ist er in der Lage, sich anbahnende oder auftretende Konflikte zu erkennen. In regelmäßigen oder außerordentlichen Besprechungen werden Konflikte diskutiert und ausgeräumt.

### 5.2.2.5 Projektabschluss

Der Projektabschluss ist für alle Beteiligten wichtig. Durch die begleitende Mediation sollen die Beteiligten alle zu ihrem Projektziel gelangen. Nach Fertigstellung der

Maßnahme ist dies durch die Beteiligten festzustellen und zu bewerten. Die Bewertung erfolgt bei einer Projektabschlussbesprechung.

### 5.2.3
**Fazit**

Bei der Durchführung der Mediation stellt sich die Frage nach der Umsetzung der Ziele der Beteiligten in einem Vertragswerk, das allen Interessen der Beteiligten Rechnung trägt.

Es folgt, dass die rein kaufmännisch-technische Bearbeitung der Konfliktbearbeitung bzw. -prävention zu kurz greift. Eine juristische Betrachtung und Begleitung ist insbesondere bei größeren und großen Bauvorhaben unerlässlich. Selbst durch einen versierten Techniker kann der komplexe juristische Sachverhalt eines umfänglichen Bauvorhabens nur mangelhaft erfasst werden, wobei standesrechtliche Belange nicht einmal berücksichtigt werden.

Es ergibt sich die Notwendigkeit, bei der Abwicklung von Bauvorhaben beide Seiten, die kaufmännisch-technische und die juristische, ausreichend zu vertreten.

### 5.3
**Zusammenführen der juristischen, technischen und kaufmännischen Lösungsansätze**

Den zentralen Ansatz bieten die Bereiche Projektvorbereitung und Ausführungsvorbereitung. Hier wird der Grundstein für eine reibungslose Abwicklung der Bauvorhaben gelegt. Basis sind hier Verträge, die den Zielen der Beteiligten Rechnung tragen aber gleichzeitig sicherstellen, dass die Projektziele erfasst und nicht aus den Augen verloren werden. *Schematisierte Durchführung*

„Das Mediatorenteam" sollte sich daher bei größeren Bauvorhaben aus einem Team von Juristen, Technikern und Kaufleuten zusammensetzen, die in Form der Co-Mediation das Bauvorhaben begleiten. Bei der begleitenden Mediation wird so sichergestellt, dass der Mediator einerseits die Hintergründe von Konflikten kennt und andererseits er diese aus verschiedenen Blickrichtungen werten kann, um zu einer umfassenden Beurteilung gelangen zu können. Dieses ist erforderlich, um die Beteiligten bei einem Konflikt kurzfristig zur Konfliktbeilegung leiten zu können.

Für die Konfliktprävention setzt der Mediator die oben beschriebenen Mittel ein. Ist für die Prävention oder einen konkreten Konflikt die Durchführung des Mediationsverfahrens erforderlich, kann die praktische Abwicklung schematisiert werden. Diese soll im Folgenden beschrieben werden.

### 5.4
**Vertragsfortschreibung unter Mediationsgesichtspunkten**

Das Ergebnis einer erfolgreichen Mediation wird von dem Mediator in einem Bericht festgehalten und dieser durch die Beteiligten bestätigt. Der Bericht beinhaltet:

- Darstellung des Konfliktes
- Beschreibung der gefundenen Lösung des Konfliktes

Auf das Ergebnis der Mediation fußend, schließen die Konfliktbeteiligten eine Vereinbarung ab. Diese Vereinbarung beschreibt, wie der Konflikt gelöst wurde. Sie wird Vertragsbestandteil als Erweiterung des Vertrages zwischen zwei Vertragspartnern.

Sind von einem Konflikt mehr als zwei Beteiligte betroffen, so wird die Vereinbarung von allen Beteiligten des Konfliktes als Erweiterung in ihr bestehendes Vertragswerk aufgenommen.

## 5.5
### Projektabschluss unter Mediationsgesichtspunkten

*Fazit* Der Projektabschluss unter Mediationsgesichtspunkten ist für alle Beteiligten als Fazit außerordentlich wichtig. Die Beteiligten werden spätestens hier feststellen, dass das Bauvorhaben wesentlich reibungsloser abgewickelt worden ist, als dies bei konventioneller Bearbeitung der Fall gewesen wäre.

Bei der Projektabschlussbesprechung wird das Ergebnis der Abwicklung diskutiert. Hierbei wird den Beteiligten deutlich werden, dass sie die Konflikte selbst beigelegt haben. Dem Mediator kam lediglich die Funktion eines Katalysators bei der Beilegung zu.

Die Bewertung soll die Beteiligten vom Vorteil des Mediationsverfahrens für das Projekt und das eigene Unternehmen endgültig überzeugen, da insbesondere davon auszugehen ist, dass sich bei der ersten Durchführung einer Maßnahme die Beteiligten bis zum positiven Abschluss dem Verfahren reserviert gegenüber stehen.

Ein weiterer Aspekt liegt in der zu erwartenden „Teambildung" der Beteiligten, sofern sie sich auf das Verfahren eingelassen haben und gemeinsam einen Erfolg errungen haben. Das gemeinsam erreichte Ziel des Projekts hat die individuellen Ziele der Einzelnen mit eingeschlossen.

Das während der Durchführung der Maßnahme vertiefte Vertrauen der Beteiligten zueinander kann eine hervorragende Basis für die Durchführung von weiteren Maßnahmen sein.

Dies bedeutet, dass das Mediationsverfahren ein erster Schritt zu einer vertrauensbasierten Bauabwicklung hin ist und die Konflikte dort zeitnah löst, wo sie entstehen und die Beteiligten sich ihrer eigentlichen Aufgabe widmen lässt, der Durchführung von preiswerten und für alle wirtschaftlichen Baumaßnahmen.

# III
# Mediation in Deutschland

1 Abgrenzung zu anderen Konfliktbewältigungsverfahren
 *Silke Hertel*

2 Rechtliche Grundlagen und Risiken der Mediation
 *Alexandra Riemann*

3 Sachverständigenwesen in Deutschland – Kombinationsmodelle mit Mediation
 *Lothar Ruf*

# 1
# Abgrenzung zu anderen Konfliktbewältigungsverfahren

*Silke Hertel*

Die Mediation als außergerichtliches Konfliktbewältigungsverfahren, in dem die Parteien unter Einbeziehung eines neutralen Dritten aktiv und eigenverantwortlich gemeinsam eine Lösung erarbeiten, bietet gerade bei Streitigkeiten im Bauwesen viele Vorteile. Dennoch ist sie nicht geeignet, jeden am Bau auftretenden Konflikt befriedigend zu lösen. Vielmehr hängt der Erfolg der Konfliktbewältigung maßgeblich davon ab, ob das zu dem jeweiligen Konflikt passende Konfliktbewältigungsverfahren gewählt wurde. Daher soll ein Überblick über die verschiedenen Konfliktlösungsmöglichkeiten gegeben werden. Anhand der Beschreibung des Wesens sowie der Vor- und Nachteile der dargestellten Verfahren soll die Entscheidung erleichtert werden, ob die Mediation oder aber ein anderes Konfliktbewältigungsverfahren für einen bestimmten Konflikt das geeignete Verfahren ist.

## 1.1
## Verhandeln und Moderation

Streng genommen handelt es sich beim Verhandeln und der Moderation nicht um „Konfliktbewältigungs*verfahren*", da der Konflikt nicht mittels eines strukturierten Verfahrens nach vorgegebenen Regeln gelöst wird. Verhandlung und Moderation stellen jedoch Konfliktbewältigungs*möglichkeiten* dar, mit denen gegebenenfalls eine Konfliktlösung erzielt werden kann. Daher sollen sie im Rahmen dieses Beitrages kurz vorgestellt werden.

### 1.1.1
### Verhandeln

Verhandeln ist seit Jahrtausenden ein bedeutsamer Vorgang und mit dem Handel untrennbar verbunden. Gehandelt wurde ursprünglich vor allem mit Nahrungsmitteln, in der Folgezeit in zunehmendem Maße mit den verschiedensten materiellen Gütern, aber auch immateriellen Gütern, wie Wissen und Ideen. Verhandeln ist heute Bestandteil des täglichen Lebens und beschränkt sich nicht nur auf den Handel im engeren Sinne, den Austausch von Gütern und Waren. So verhandelt man darüber, welchen Film man sich gemeinsam im Kino oder Fernsehen ansieht, wie eine zu erledigende Arbeitsaufgabe (z. B. die Planung eines Objektes) am besten gelöst wird oder wer in welchem Umfang einen bestimmten Schaden (z. B. Feuchtigkeit im Bauwerk) zu vertreten hat.

*Handeln und Verhandeln*

Verhandeln ist eine wechselseitige Kommunikation mit dem Ziel, eine Übereinkunft zu erreichen, wenn man mit der anderen Seite sowohl gemeinsame als auch

*Definition*

gegensätzliche Interessen hat.[1] Soll dieses Ziel erreicht werden, müssen sich die Verhandlungspartner einigen.

Die Einigung kann auf Druck (z. B. durch Androhung der Nichterteilung des Auftrages oder der Kündigung des Vertrages) zustande kommen. Ergebnisse, die unter Druck oder Ausnutzung einer gegenüber dem Verhandlungspartner stärkeren Position erzielt werden, bergen allerdings die Gefahr, dass sie nur einseitig akzeptiert werden und der Konflikt bzw. die „Uneinigkeit" früher oder später wieder aufbricht und mit größerer Härte ausgetragen oder an anderer Stelle fortgesetzt wird. So kann die Vereinbarung eines niedrigen Werklohns auf Druck des Auftraggebers dazu führen, dass nachfolgend verstärkt über Nachtragsforderungen des Auftragnehmers gestritten wird, weil dieser versucht, über Nachtragsforderungen den Gewinn hereinzuholen, der ihm durch Nachgeben im Zuge der Verhandlungen über den Werklohn entgangen ist.

Verhandeln mit dem Ergebnis einer für alle Seiten zufriedenstellenden Lösung ist nicht leicht zu beherrschen. Die einen Erfolg versprechende Verhandlungsmethodik muss erlernt werden. Dabei ist zu berücksichtigen, dass eine Einigung nur schwer zu erreichen ist, wenn menschliche Probleme und zwischenmenschliche Konflikte von Konflikten in der Sache nicht getrennt werden können. Des Weiteren hindert das Aufbauen von Positionen und das Festhalten an diesen Positionen eine einvernehmliche Konfliktlösung. Menschen tendieren dazu, eingenommene Positionen nur in seltenen Fällen wieder aufzugeben. Eine zufriedenstellende und damit dauerhafte einvernehmliche Lösung kann aber nur dann erreicht werden, wenn nicht um Positionen gestritten wird, sondern die hinter den Positionen verdeckten Interessen in den Vordergrund gerückt werden. Diese Gesichtspunkte werden beim Verhandeln nur selten beachtet.

*Harte und weiche Verhandlungsart*

Bekannt sind in der Regel zwei Verhandlungsmethoden: die harte und die weiche. Derjenige, der die weiche Verhandlungsart anwendet, will persönliche Konflikte vermeiden und macht daher eher Zugeständnisse, um so eine Übereinkunft zu erzielen. Die Suche nach einer friedlichen Lösung endet oft mit dem Gefühl, ausgenutzt zu werden. Derjenige, der hart verhandelt, will gewinnen. Er glaubt, dass die Partei besser fährt, die die extremere Position einnimmt und länger durchhält. Dies führt aber oft dazu, dass die andere Partei ebenso hart verhandelt und die Beziehungen der Parteien dadurch beeinträchtigt werden.[2]

*Sachbezogenes Verhandeln*

Die dritte Verhandlungsart ist die Methode des sachbezogenen Verhandelns (sog. Harvard-Konzept). Sie ist hart in der Sache und weich zum Menschen. Die Streitfragen werden nach ihrer Bedeutung und ihrem Sachgehalt entschieden. Die Parteien feilschen nicht um Positionen, sondern konzentrieren sich auf ihre Interessen. Orientiert an ihren Interessen entwickeln sie Optionen, die allen Parteien zum Vorteil gereichen. Wo sich Interessen widersprechen, werden neutrale Beurteilungskriterien herangezogen, um ein faires Ergebnis zu erzielen. Die Methode des sachgerechten Verhandelns kann bereits dann zum Erfolg führen, wenn mindestens eine Partei sie

---

[1] Fisher/Ury/Patton, Das Harvard-Konzept: Sachgerecht verhandeln – erfolgreich verhandeln, Frankfurt 2000, S. 15.
[2] Fisher/Ury/Patton, a. a. O., S. 16.

beherrscht. Sie wird jedoch dadurch erleichtert, dass die anderen Konfliktparteien sie ebenfalls beherrschen und anwenden.[3]

## 1.1.2
**Moderation**

In der Regel verhandeln die Parteien zunächst ohne Unterstützung durch Dritte und versuchen auf diesem Wege, eine Einigung zu erzielen. Gelingt dies nicht, dann wird gelegentlich ein Moderator zu den Verhandlungen hinzugezogen.

Bei der Moderation fungiert eine dritte Person als Vermittler zwischen den Parteien. Der Moderator steuert die Verhandlungen und wirkt mit bei der Auflösung von verhärteten Positionen und Kommunikationsschwierigkeiten wie Missverständnissen oder der Weigerung, die Verhandlungen fortzusetzen. Seine Aufgabe besteht darin, dafür zu sorgen, dass die Parteien das Augenmerk auf die inhaltliche und sachliche Auseinandersetzung richten.

*Definition*

Im Unterschied zur Mediation versucht der Moderator nicht, den Parteien dazu zu verhelfen, die hinter den aufgebauten Positionen verdeckten Interessen herauszuarbeiten und diese bei der Konfliktlösung zu berücksichtigen. Er unterstützt die Parteien lediglich auf der kommunikativen Ebene, indem er dazu beiträgt, dass verhärtete Positionen aufgelöst und Kommunikationsprobleme überwunden werden. Daher muss er Kommunikationstechniken und die Methodik der Moderation beherrschen, nicht aber über Sach- oder Rechtskenntnisse auf dem dem Konflikt zugrunde liegenden Fachgebiet verfügen. Die Moderation folgt keinem strukturierten Verfahren und bedarf daher keiner festen Regeln. Ziel der Moderation ist ein Konsens der Parteien. Im Zentrum steht jedoch nicht die Qualität des Ergebnisses. Insbesondere ist die Moderation nicht darauf ausgerichtet, die wahren Interessen der Parteien in die Einigung mit einzubeziehen.

*Abgrenzung zur Mediation*

## 1.1.3
**Fazit**

Eine alle Parteien zufriedenstellende Lösung kann nur erreicht werden, wenn die Methoden des Verhandelns bzw. der Moderation richtig beherrscht werden. Dies ist in der Praxis selten der Fall. Die wahren Interessen der Parteien werden bei der Lösungsfindung regelmäßig nicht berücksichtigt, so dass eine Konfliktlösung für die Zukunft nicht erzielt werden kann. Des Weiteren ist festzustellen, dass beim Fehlen fester Regeln Verhandlungen leichtfertiger abgebrochen werden. Ein strukturiertes Verfahren führt eher dazu, dass die Parteien dieses bis zum Ende fortsetzen. Daher ist eine Konfliktbewältigung mittels eines strukturierten Verfahrens, wie z. B. der Mediation, im Vergleich zum (bloßen) Verhandeln und der Moderation im Zweifel erfolgversprechender.

---

[3] Fisher/Ury/Patton, a. a. O., S. 16 ff.

## 1.2
### Verfahren vor staatlichen Gerichten

Die am Bau Beteiligten versuchen regelmäßig, auftretende Konflikte zunächst durch außergerichtliche Verhandlungen zu lösen. Scheitern Verhandlungen, dann werden in der Bauwirtschaft noch relativ selten alternative Konfliktbewältigungsverfahren herangezogen. Stattdessen wird sogleich der Gerichtsweg beschritten. Daher führt der Beitrag an dieser Stelle mit dem sog. „letzten Schritt" fort, der gerichtlichen Inanspruchnahme des Gegners.

### 1.2.1
### Klageverfahren

Der endgültigen Durchsetzung berechtigter Ansprüche dient das Hauptsacheverfahren. Andere gerichtliche Verfahren, die lediglich die Klärung einzelner Tatsachen (selbständiges Beweisverfahren) oder die Sicherung der Ansprüche (einstweiliger Rechtsschutz) zum Gegenstand haben, werden nachfolgend erläutert. Das Hauptsacheverfahren, das mit einer Klage eingeleitet wird, wird Klageverfahren genannt.

#### 1.2.1.1 Einleitung und Ablauf des Klageverfahrens

*Klage oder Mahnantrag*
Ein gerichtliches Hauptsacheverfahren kann durch die Erhebung einer Klage oder den Antrag auf Erlass eines Mahnbescheides eingeleitet werden. Erhebt der Gegner Widerspruch gegen den Mahnbescheid, kann der Antragsteller die Durchführung des streitigen Verfahrens beantragen. Das weitere Verfahren läuft im Wesentlichen so ab, wie wenn der Antragsteller Klage erhoben hätte. Jedenfalls bei größeren Streitigkeiten wird sich der Gegner gegen den Mahnbescheid zur Wehr setzen. Aus diesem Grunde wird häufig sogleich die Klage eingereicht. Da die Besonderheiten des Mahnverfahrens in Baustreitigkeiten eine untergeordnete Rolle spielen, wird von weiteren Ausführungen hierzu abgesehen.

*Weiterer Ablauf des Verfahrens*
Nach Klageerhebung und Einreichung der einleitenden Schriftsätze wird durch das Gericht mindestens eine mündliche Verhandlung anberaumt. Bis zur abschließenden Entscheidung in der ersten Instanz finden im Allgemeinen weitere Schriftsatzwechsel und gegebenenfalls Beweisaufnahmen wie z. B. durch Einholung eines Sachverständigengutachtens statt. Die Grundzüge werden den meisten – leidgeprüften – im Bauwesen Tätigen bekannt sein. Daher soll an dieser Stelle auf weitere Ausführungen zum Ablauf des Verfahrens verzichtet werden.

#### 1.2.1.2 Nachteile des Klageverfahrens

*Lange Verfahrensdauer*
Gerichtsverfahren ziehen sich häufig über einen Zeitraum von vielen Monaten oder gar Jahren hin. Ursache hierfür ist nicht allein die viel bescholtene Überlastung der Gerichte. Vielmehr führen vor allem die den Baustreitigkeiten zugrunde liegenden komplizierten Sachverhalte, welche häufig mit schwierigen Rechtsfragen einhergehen, umfangreiche Schriftsatzwechsel sowie die Einholung aufwendiger Sachverständigengutachten zu einer langen Prozessdauer. Des Weiteren trägt die Einlegung von

Rechtsmitteln wie Berufung und Revision zu einer langen Verfahrensdauer bei. Die Einlegung von Rechtsmitteln wird dadurch gefördert, dass die Instanzgerichte die Sache „schnell vom Tisch" haben möchten und infolgedessen fehlerhafte Entscheidungen fällen, die die Prozessparteien nicht hinnehmen wollen.

Die Kosten, die ein gerichtliches Verfahren verursacht, sind nicht kalkulierbar, im Allgemeinen aber wesentlich höher als bei anderen Konfliktbewältigungsverfahren. Die Höhe der Gerichts- und Anwaltskosten ist abhängig vom Streitwert sowie ferner davon, ob und in welchem Umfang Beweis erhoben und ob letzten Endes ein Vergleich geschlossen wird. Zieht sich das Verfahren über mehrere Instanzen hinweg, dann vervielfachen sich diese Kosten. Nicht zu unterschätzen sind die Kosten, die neben den Anwalts- und Gerichtskosten bei den Parteien direkt anfallen. Diese bzw. deren Mitarbeiter müssen den Prozessstoff aufarbeiten, was in der Regel sehr zeitaufwendig ist, so dass hierdurch weitere immense Kosten verursacht werden können und Arbeitspotenzial gebunden wird. *Kosten*

Trotz des Zeit- und Kostenaufwandes steht am Ende eines gerichtlichen Verfahrens zumeist keine Konfliktlösung, die die Parteien als eine solche empfinden. Mit der Einleitung eines gerichtlichen Verfahrens geben die Parteien die Entscheidung über die Regelung des Konfliktes aus der Hand. Zwar sind viele Richter bemüht, den Rechtsstreit sachgerecht zu lösen. Sofern sie jedoch nicht einer auf Bausachen spezialisierten Kammer oder einem entsprechenden Senat angehören, fehlen ihnen häufig die erforderlichen baurechtlichen Kenntnisse und auch das Verständnis für technische Sachverhalte und Zusammenhänge. Bau- und Architektenrecht haben sich mit den Jahren u. a. aufgrund vieler einzelfallbezogener Entscheidungen immer mehr zu einer Spezialmaterie entwickelt, die jemand, der nicht ständig damit befasst ist, kaum beherrschen kann. *Entscheidung in den Händen eines häufig nicht spezialisierten Gerichts*

Als weiterer Nachteil des gerichtlichen Verfahrens gestaltet sich das Problem, dass das Bau- und Architektenrecht trotz umfangreicher Regelungen und Rechtsprechung für viele technische und baubetriebliche Sachverhalte keine befriedigende Lösung bietet. Ein komplexer Sachverhalt muss auf den Teil reduziert werden, der unter die geltenden Normen gefasst werden kann. Dies schließt eine Berücksichtigung sämtlicher Aspekte, die in dem Konflikt eine Rolle spielen, aus. Somit wird zumeist eine Entscheidung nur über einen Teil des Konfliktes getroffen. *Entscheidung nur über einen Teil des Konfliktes*

Gegenstand eines gerichtlichen Verfahrens kann lediglich ein in der Vergangenheit abgeschlossener Sachverhalt sein. Die Gestaltung der Beziehung für die Zukunft kann damit nicht erzielt werden. In der Regel wird daher durch eine gerichtliche Entscheidung der eigentliche Konflikt nicht gelöst, weil er sich nicht in abgeschlossenen Sachverhalten erschöpft. Dementsprechend sind zumeist beide Parteien mit dem Ausgang des Rechtsstreits unzufrieden, so dass das Aufkommen neuer Konflikte vorprogrammiert ist. Selbst der Abschluss eines Vergleiches – häufig erst in der zweiten oder nach der dritten Instanz – ändert daran nichts. Denn oftmals lassen sich die Parteien widerwillig auf einen vom Gericht eindringlich nahegelegten Vergleich ein, um einen weiteren als den ohnehin angefallenen Kosten- und Zeitaufwand zu vermeiden. *Keine Konfliktlösung für die Zukunft*

Der Streit vor Gericht wird nicht selten mit aller Härte ausgetragen und führt daher häufig zur Zerstörung von Geschäftsbeziehungen. Gerade dies möchten jedoch

*Zerstörung von Geschäftsbeziehungen; Imageverlust* viele Unternehmen in der Baubranche vermeiden, da man sich zwangsläufig auf einer der nächsten Baustellen wieder trifft bzw. sich die Chance auf die Erteilung lukrativer Aufträge und die Möglichkeit der nochmaligen Beauftragung eines zuverlässigen Vertragspartners nicht verbauen möchte. Da die Verfahren vor den staatlichen Gerichten öffentlich sind, kann die Tatsache, dass ein Rechtsstreit geführt wird, bekannt werden und so einen Imageverlust der Parteien nach sich ziehen.

*Probleme bei der Sachverhaltsermittlung und beim Beweisantritt* Defizite bei der Sachverhaltsermittlung erschweren bei allen Konfliktbewältigungsverfahren das Erreichen einer zufriedenstellenden Konfliktlösung. Je länger sich ein Verfahren hinzieht, desto mehr bereiten mangelndes Erinnerungsvermögen oder gar die Nichterreichbarkeit von Zeugen Probleme. Eine schlechte Dokumentation wirkt sich allerdings in Verfahren vor den staatlichen Gerichten besonders gravierend aus. Denn hier müssen sämtliche Tatsachen, die den geltend gemachten Anspruch begründen, vom Anspruchsteller dargelegt und im Bestreitensfalle bewiesen werden. Ansonsten ist der Anspruch unbegründet, und die Klage wird insoweit abgewiesen. Der Erfolg hängt somit maßgeblich davon ab, ob geeignete Beweismittel, insbesondere eine ordentliche Dokumentation zur Verfügung stehen.

Will der Auftragnehmer beispielsweise einen Anspruch auf zusätzliche Vergütung nach § 2 Nr. 5 VOB/B einklagen, muss er Tatsachen vortragen, die die Anordnung einer geänderten Leistung durch den Auftraggeber belegen, und hierfür Beweis anbieten. Gleiches gilt für die übrigen Tatbestandsvoraussetzungen des § 2 Nr. 5 VOB/B. Da Anordnungen selten schriftlich, sondern regelmäßig mündlich ergehen, kann im Nachhinein ohne eine ausführliche Dokumentation meist nicht mehr nachvollzogen werden, wer wann welche Anordnung getroffen hat. Gelingt die Darlegung dieser Tatsachen nicht und stehen im Bestreitensfalle keine entsprechenden Beweismittel zur Verfügung, dann verliert der Auftragnehmer den Prozess. Aussichtsreicher ist die Geltendmachung des Anspruchs dann, wenn ein ausführliches Besprechungsprotokoll oder ein interner Vermerk vorliegt, aus dem sich ergibt, an welchem Tag eine bestimmte Person auf Seiten des Auftraggebers zu einer bestimmten Änderung in der Ausführung der Leistung aufgefordert hat. Anhand dieser Unterlagen können der möglicherweise weit in der Vergangenheit zurückliegende Sachverhalt ermittelt und die Erinnerung der Zeugen aufgefrischt werden.

*Einbeziehung mehrerer am Konflikt Beteiligter nur eingeschränkt möglich* Eine Beteiligung Dritter am Verfahren ist nur eingeschränkt möglich. Zwar können mehrere Personen als Streitgenossen gemeinschaftlich klagen oder verklagt werden. Dies setzt jedoch voraus, dass sie hinsichtlich des Streitgegenstandes in Rechtsgemeinschaft stehen oder aus dem selben tatsächlichen und rechtlichen Grund berechtigt oder verpflichtet sind. So können beispielsweise Gesamtschuldner oder Hauptschuldner und Bürge gemeinschaftlich verklagt werden.

Nicht direkt am Streit beteiligte Dritte können unter bestimmten Voraussetzungen entweder freiwillig oder infolge einer Streitverkündung einer der Parteien zur Unterstützung beitreten. So kann die Partei, die für den Fall eines ihr ungünstigen Ausgangs des Rechtsstreits einen Anspruch auf Gewährleistung oder Schadloshaltung gegen einen Dritten erheben zu können glaubt, dem Dritten gerichtlich den Streit verkünden. Ein typischer Fall der Streitverkündung in Bauprozessen ist die Streitverkündung des vom Auftraggeber auf Schadensersatz in Anspruch genommenen objektüberwachenden Architekten gegenüber einem ausführenden Unternehmen.

Erhebt der Auftraggeber z. B. mit der Begründung, das Bauwerk weise Ausführungsmängel im Dachbereich auf, eine Schadensersatzklage gegen den Architekten, weil Fehler in der Objektüberwachung diese Mängel mitverursacht haben sollen, dann kann der Architekt dem Unternehmen, das die Dachdeckungsarbeiten ausgeführt hat, den Streit verkünden. Denn wenn das Gericht die Mangelhaftigkeit der Dachdeckungsarbeiten sowie diesbezüglich Überwachungsfehler des Architekten feststellen und den Architekten zur Zahlung von Schadensersatz verurteilen sollte, steht dem Architekten gegen das ausführende Unternehmen ein Anspruch auf Schadloshaltung zu. Das ausführende Unternehmen kann infolge der Streitverkündung dem Streit auf Seiten des Architekten beitreten und diesen bei der Abwehr der Klage in der Argumentation unterstützen, dass keine Ausführungsmängel vorlägen. Verliert der Architekt den Prozess, dann kann der Architekt das ausführende Unternehmen auf Erstattung des Schadensbetrages in Anspruch nehmen. Hierfür muss er einen neuen Prozess gegen das ausführende Unternehmen anstrengen, wobei die Feststellungen aus dem Erstprozess dem Prozess zwischen dem Architekten und dem ausführenden Unternehmen zugrunde zu legen sind. Dies gilt unabhängig davon, ob das ausführende Unternehmen dem Streit beigetreten ist oder nicht.

Die Streitverkündung hat somit lediglich Auswirkungen auf einen gegebenenfalls nachfolgenden Prozess. Eine Berücksichtigung vieler am Bau Beteiligter mitsamt all ihren Interessen kann in einem gerichtlichen Verfahren nicht erfolgen.

#### 1.2.1.3 Vorteile des Klageverfahrens

Ein Gerichtsverfahren bringt jedoch nicht ausschließlich Nachteile mit sich. Ein bedeutender Vorteil besteht darin, dass am Ende des Verfahrens in jedem Falle eine Entscheidung ergeht. Sofern außergerichtliche Verhandlungen nicht möglich oder gescheitert sind, kann somit eine rechtskräftige Entscheidung erzwungen werden, aus der vollstreckt werden kann. Dies ist deshalb von Bedeutung, da die Durchsetzung eines Anspruchs nicht im Wege der Selbsthilfe des Gläubigers, sondern allein mit staatlichem Zwang erfolgen darf. Voraussetzung für die Zwangsvollstreckung ist jedoch ein vollstreckbarer Titel, wie z. B. ein Urteil oder ein vor dem Gericht abgeschlossener Vergleich. Des weiteren gewährleistet ein gerichtliches Verfahren durch den verfassungsrechtlich verankerten Anspruch auf rechtliches Gehör und ein faires Verfahren eher die Gewähr dafür, dass eine im Vergleich zu ihrem Vertragspartner besonders schwache Partei ihre berechtigten Interessen durchsetzen kann.

*Rechtskräftige Entscheidung; Vorteile für schwache Parteien*

Darüber hinaus können in den Verfahren vor den staatlichen Gerichten grundsätzliche Rechtsfragen geklärt werden. Daher bietet sich der Gang vor die staatlichen Gerichte dann an, wenn ein Präzedenzfall geschaffen, also ein rechtliches Problem für eine Vielzahl von Fällen gelöst werden soll.

*Klärung von Grundsatzfragen*

#### 1.2.1.4 Fazit

Ein Klageverfahren vor den staatlichen Gerichten ist dann zu empfehlen, wenn außergerichtliche Verhandlungen nicht möglich oder gescheitert sind und eine rechtskräftige Entscheidung erzwungen werden soll, aus der vollstreckt werden kann. Des weiteren eignet sich ein gerichtliches Verfahren dann, wenn zwischen den Parteien ein erhebliches Machtungleichgewicht herrscht und die schwächere Partei ihre berechtigten Interessen durchsetzen möchte. Darüber hinaus bietet es sich an, wenn eine grundsätzliche Rechtsfrage für eine Vielzahl von Fällen entschieden werden soll. Im Übrigen kann der Weg eines gerichtlichen Verfahrens dann beschritten werden, wenn die Rechtslage einigermaßen klar ist und gute Erfolgsaussichten bestehen und darüber hinaus eine weitergehende Geschäftsbeziehung mit dem Gegner nicht besteht oder zu erwarten ist. Angesichts der vielen Nachteile, die vorangehend dargestellt wurden, sollte vor Erhebung einer Klage allerdings ernsthaft geprüft werden, ob nicht ein anderes Verfahren den Konflikt voraussichtlich schneller und befriedigender lösen kann.

### 1.2.2
### Einstweiliger Rechtsschutz

#### 1.2.2.1 Inhalt und Zweck der gesetzlichen Regelung

*Effektiver Rechtsschutz*

Um berechtigte Ansprüche notfalls im Wege der Zwangsvollstreckung durchsetzen zu können, muss ein gerichtliches (Hauptsache-)Verfahren durchgeführt werden. Dies erstreckt sich abgesehen von den vorangehend dargestellten Ursachen schon allein aufgrund seiner Konzeption über einen gewissen Zeitraum hin. Somit besteht die Gefahr, dass die Verwirklichung von Ansprüchen trotz Obsiegens vereitelt oder wesentlich erschwert wird. Um dieser Gefahr zu begegnen, hat der Gesetzgeber mit den §§ 916 ff. ZPO die Möglichkeit eröffnet, einstweiligen Rechtsschutz zu erlangen. Auch in Bausachen kann ein schnelles Handeln erforderlich sein, um vollendete Tatsachen zu verhindern und zukünftigen Schaden zu vermeiden.

Die beiden im Gesetz geregelten Arten des einstweiligen Rechtsschutzes sind der Arrest zur Sicherung der Zwangsvollstreckung wegen Geldforderungen sowie die einstweilige Verfügung zur Sicherung eines Individualanspruchs und der einstweiligen Regelung eines streitigen Rechtsverhältnisses. In beiden Verfahren können die Entscheidungen des Gerichts ohne mündliche Verhandlung ergehen. Die Anspruchsvoraussetzungen sowie die Voraussetzungen für die Eilbedürftigkeit bzw. Notwendigkeit einer einstweiligen Regelung bedürfen nicht des vollen Beweises, sondern lediglich der Glaubhaftmachung (§ 920 Abs. 2 ZPO). Dies bedeutet, dass das Gericht vom Vorliegen der Voraussetzungen nicht überzeugt sein muss, sondern eine überwiegende Wahrscheinlichkeit genügt. Zugelassen sind lediglich präsente Beweismittel (z. B. mitgebrachte Zeugen, die Vorlage von Schriftstücken sowie Versicherungen an Eides Statt). Eine gerichtliche Prüfung und Entscheidung kann innerhalb kürzester Zeit ergehen. Sie gewährt jedoch nur vorläufig Rechtsschutz. Die endgültige Entscheidung bleibt dem Hauptsacheverfahren vorbehalten.

#### 1.2.2.2 Arrest

*Sicherung der Zwangsvollstreckung wegen Geldforderungen*

Der Arrest dient der Sicherung der Zwangsvollstreckung in das bewegliche oder unbewegliche Vermögen des Schuldners. Gesichert werden können Geldforderungen oder Ansprüche, die in Geldforderungen übergehen können (§ 916 ZPO). In der Baupraxis kommen beispielsweise Ansprüche auf Zahlung von Werklohn, Vorschuss für eine Ersatzvornahme sowie Schadensersatz in Betracht. Ansprüche, die in Geldforderungen übergehen können, sind z. B. Ansprüche auf Nachbesserung und Ersatzvornahme.

Zulässig ist der Arrestantrag nur dann, wenn zu befürchten ist, dass ohne den Erlass eines Arrestes die Vollstreckung eines Urteils vereitelt oder wesentlich erschwert würde (§ 917 ZPO). Dies kann etwa bei Verschleuderung oder Beiseiteschaffen von Vermögen, verschwenderischem Lebenswandel, unstetem Wohnsitz oder Wegzug ins Ausland der Fall sein.[4] Kein Grund für die Anordnung des Arrestes liegt dagegen vor, wenn die bereits bestehende schlechte Vermögenslage unverändert andauert oder bei Gläubigerkonkurrenz die Gefahr besteht, dass andere Gläubiger dem Anspruchsteller zuvorkommen und das Gesamtvermögen des Schuldners nicht zur Befriedigung ausreicht.[5]

### 1.2.2.3 Einstweilige Verfügung

Die einstweilige Verfügung dient der Sicherung von Individualansprüchen, d. h. anderen als Geldansprüchen oder solchen, die in Geldansprüche übergehen können. Sie unterscheidet zwischen der sog. Sicherungsverfügung (§ 935 ZPO) und der sog. Regelungsverfügung (§ 940 ZPO).

Gegenstand der Sicherungsverfügung kann etwa die Sicherung von Ansprüchen auf Herausgabe (z. B. von Ausführungsunterlagen wie Plänen und Baugenehmigungsunterlagen[6]), Unterlassung (z. B. des Entfernens angelieferter Baustoffe, Baugeräte oder Gerüste) und Duldung (z. B. des Aufstellens eines Gerüstes auf dem Nachbargrundstück) sein. Bedeutsam ist vor allem die Sicherung des Anspruchs auf Eintragung einer Bauhandwerkersicherungshypothek. Nach § 648 Abs. 1 Satz 1 BGB kann der Unternehmer eines Bauwerks für seine Forderungen aus dem Vertrag die Einräumung einer Sicherungshypothek an dem Baugrundstück verlangen, wenn der Auftraggeber Eigentümer des Grundstücks ist. Dieser Anspruch kann im Wege der einstweiligen Verfügung durch Eintragung einer Vormerkung in das Grundbuch gesichert werden. Die Vormerkung schützt den Anspruch auf Eintragung der Sicherungshypothek, weil Verfügungen, die diesen Anspruch gefährden und zeitlich nach der Vormerkung getroffen werden, dem Unternehmer gegenüber unwirksam sind. Des Weiteren wahrt die Vormerkung den Rang der Sicherungshypothek. Der endgültige Anspruch auf Eintragung der Sicherungshypothek muss im Hauptsacheverfahren durchgesetzt werden.

*Sicherung von Individualansprüchen*

Mit der Regelungsverfügung kann in Bezug auf ein streitiges Rechtsverhältnis die Regelung eines einstweiligen Zustandes erreicht werden. So kann beispielsweise dem Unternehmer mittels einer einstweiligen Verfügung untersagt werden, mit der vertragswidrigen Ausführung der Leistung fortzufahren[7].

*Einstweilige Regelung streitiger Rechtsverhältnisse*

Die Sicherungsverfügung ist nur dann zulässig, wenn zu befürchten ist, dass durch eine Veränderung des bestehenden Zustandes die Verwirklichung des Rechtes des Antragstellers vereitelt oder wesentlich erschwert werden könnte. Der Erlass einer

---

[4] Münchener Kommentar zur ZPO – Heinze, 2. Aufl., München 2001, § 917 Rdnr. 5 (m.w.N.).
[5] BGH NJW 1996, 321 (324).
[6] OLG Köln NJW-RR 1998, 1097.
[7] OLG München BauR 1987, 598.

Regelungsverfügung setzt die Notwendigkeit voraus, wesentliche Nachteile abzuwenden, drohende Gewalt zu verhindern oder den Rechtsfrieden in sonstiger Weise zu sichern. Solche Umstände sind etwa dann anzunehmen, wenn der Architekt oder ein sonstiger am Bau Beteiligter Bauunterlagen, die für die Durchführung des Bauvorhabens dringend erforderlich sind, nicht herausgibt.[8] Das Erfordernis der Dringlichkeit ist ferner dann gegeben, wenn der Unternehmer die vertragswidrige Ausführung der Leistung unbeirrt fortführt und dadurch die Verwirklichung des Rechts des Auftraggebers auf vertragsgerechte Herstellung wesentlich erschwert wird. Die Erschwerung kann darin liegen, dass mit dem Fortschreiten der Arbeiten die Wiederherstellung des vertragsgemäßen Zustandes immer kostspieliger wird.[9]

#### 1.2.2.4 Vor- und Nachteile des einstweiligen Rechtsschutzes

*Umgehender gerichtlicher Rechtsschutz; vorläufige Maßnahmen; Risiko der Schadensersatzpflicht*

Arrest und einstweilige Verfügung bieten die Möglichkeit, umgehend gerichtlichen Rechtsschutz zu erhalten, wenn anderenfalls die Gefahr bestünde, dass die Verwirklichung eines Anspruchs vereitelt oder wesentlich erschwert würde. Es handelt sich allerdings nur um vorläufige Maßnahmen. Eine endgültige Entscheidung bleibt dem Hauptsacheverfahren vorbehalten, welches neben dem Verfahren des einstweiligen Rechtsschutzes zulässig ist und vom Schuldner erzwungen werden kann. Der Antragsteller setzt sich dem Risiko der Verpflichtung zur Zahlung von Schadensersatz an den Antragsgegner aus. Eine Schadensersatzpflicht besteht nach § 945 ZPO insbesondere dann, wenn sich die angeordnete Maßnahme als von Anfang an ungerechtfertigt erweist.

#### 1.2.2.5 Fazit

Eine endgültige Konfliktlösung kann im Wege des einstweiligen Rechtsschutzes nicht erreicht werden. Dieser Weg bietet sich lediglich in Eilfällen an, wenn die Gefahr besteht, dass anderenfalls die Verwirklichung berechtigter Ansprüche vereitelt oder zumindest wesentlich erschwert würde.

### 1.2.3
### Selbständiges Beweisverfahren

#### 1.2.3.1 Inhalt und Zweck der gesetzlichen Regelung

*Beweissicherung*

Durch das Rechtspflege-Vereinfachungsgesetz ist mit Wirkung zum 01.04.1991 an die Stelle des bis dahin geltenden Beweissicherungsverfahrens das selbständige Beweisverfahren getreten. Das bis zu diesem Zeitpunkt geltende Recht diente entsprechend seiner Bezeichnung allein der Beweissicherung. Auch nach dem nunmehr geltenden Recht kann ein selbständiges Beweisverfahren nach § 485 Abs. 1 ZPO während oder außerhalb eines Streitverfahrens angestrengt werden, wenn zu befürchten ist, dass ein Beweismittel verloren geht oder die Verwertung erschwert wird. Dies kann beispielsweise der Fall sein, wenn sich der Zustand eines Bauwerkes infolge des Baufortschritts verändert und daher Mängel von Vorgewerken durch die Ausfüh-

---

[8] OLG Köln NJW-RR 1998, 1097.
[9] OLG München BauR 1987, 598.

rung von nachfolgenden Arbeiten nicht mehr oder nur schwer festgestellt werden können.

Neben dem Zweck der Beweissicherung verfolgt die Regelung über das selbständige Beweisverfahren auch das Ziel, die Gerichte von vermeidbaren Prozessen zu entlasten und gerichtliche Verfahren zu beschleunigen. So ist nach § 485 Abs. 2 ZPO ein Antrag auf Durchführung eines selbständigen Beweisverfahrens zulässig, wenn eine Partei ein rechtliches Interesse daran hat, dass der Zustand oder Wert einer Sache (Nr. 1), die Ursache eines Sachschadens oder Sachmangels (Nr. 2) und/oder der Aufwand für die Beseitigung eines Sachschadens oder Sachmangels (Nr. 3) festgestellt wird.

*Prozessvermeidung*

Ein rechtliches Interesse ist dann anzunehmen, wenn die Feststellung der Vermeidung eines Rechtsstreits dienen kann. Nach der Rechtsprechung ist der Begriff des rechtlichen Interesses weit zu fassen. Dies wird damit begründet, dass nach der Lebenserfahrung nie ausgeschlossen werden kann, dass die Parteien eines Rechtsstreits von der Prozessführung Abstand nehmen, wenn eine prozesserhebliche Frage durch ein Sachverständigengutachten vorab geklärt ist.[10] Die Zulässigkeit eines selbständigen Beweisverfahrens ist daher von Ausnahmefällen abgesehen nicht deshalb zu verneinen, weil der Antragsgegner erklärt, er lehne jegliche gütliche Einigung ab.[11] Ein rechtliches Interesse ist somit nahezu immer gegeben.

Das selbständige Beweisverfahren nach § 485 Abs. 2 ZPO ist jedoch nur zulässig, wenn noch kein Rechtsstreit über die Hauptsache anhängig ist. Zulässiges Beweismittel ist ausschließlich das schriftliche Sachverständigengutachten. Beweisthemen können nur die in § 485 Abs. 2 Nr. 1 bis Nr. 3 ZPO geregelten Fragen sein. Dabei kann der Sachverständige auch Feststellungen über die Verursachungsquote aus technischer Sicht bei einem von mehreren Beteiligten verursachten Baumangel treffen.[12]

Nach § 492 Abs. 3 ZPO kann das Gericht die Parteien zur mündlichen Erörterung laden, wenn eine Einigung zu erwarten ist. Das Gericht kann hierbei versuchen, die Parteien zu einem Vergleich zu bewegen. Der im Rahmen der mündlichen Erörterung geschlossene und ins Protokoll aufgenommene Vergleich ist ein Vollstreckungstitel gemäß § 794 Abs. 1 Nr. 1 ZPO. Führt das Verfahren nicht zu einer gütlichen Einigung, dann ist das Beweisergebnis des selbständigen Beweisverfahrens im nachfolgenden Hauptsacheverfahren nach § 493 Abs. 1 ZPO wie ein vor dem Gericht des Hauptsacheverfahrens erhobener Beweis zu behandeln. Das Ergebnis der Beweisaufnahme kann also im Hauptsacheverfahren verwendet werden.

### 1.2.3.2 Vor- und Nachteile sowie Anwendungsbereich in der Praxis

Das selbständige Beweisverfahren dient allein der Klärung von Tatsachenfragen, wobei – sofern nicht der Verlust oder die erschwerte Benutzung des Beweismittels zu befürchten ist (§ 485 Abs. 1 ZPO) – das Beweisthema auf ganz bestimmte Fragen beschränkt ist (§ 485 Abs. 2 Nr. 1 bis Nr. 3 ZPO). Zwar kann der Richter im Erörterungstermin Hinweise zur Rechtslage erteilen. Dies ist jedoch nur eingeschränkt möglich,

*Klärung von Tatsachen*

---

[10] OLG Bamberg NJW-RR 1995, 893; Kammergericht BauR 1992, 403.
[11] OLG Hamm MDR 1999, 184; OLG Oldenburg MDR 1995, 746.
[12] OLG München BauR 1998, 363.

da er im Rahmen des selbständigen Beweisverfahrens lediglich Kenntnis von Teilaspekten des Konfliktes erlangt und daher in Bezug auf den Gesamtkonflikt keine Beurteilung abgeben kann. Dementsprechend ist in der Praxis zu beobachten, dass sich die Richter sehr zurückhaltend verhalten und häufig keinerlei Rechtsfragen erörtern.

Ein Risiko des selbständigen Beweisverfahrens besteht darin, an einen Sachverständigen zu geraten, der es als lästiges Übel empfindet, ein Gerichtsgutachten erstellen zu müssen. Denn der Sachverständige erhält dafür nur eine geringe Entschädigung nach dem Gesetz über die Entschädigung von Zeugen und Sachverständigen (ZSEG). Dies wirkt sich sowohl auf die Qualität als auch die Dauer der Erstellung des Gutachtens aus. Im Vergleich zum Privatgutachten hat das Gerichtsgutachten für die Parteien dagegen den Vorteil, dass es kostengünstiger ist und in einem eventuell nachfolgenden Prozess wie ein dort erhobener Beweis verwendet werden kann.

Von Nachteil ist, dass sich das selbständige Beweisverfahren, das nicht als beschleunigtes Verfahren ausgestaltet ist, über einen längeren Zeitraum hinziehen kann. Am Ende steht dennoch lediglich ein Beweisergebnis. Ein vollstreckbarer Titel kann hingegen im Wege des selbständigen Beweisverfahrens nicht erlangt werden. Ausgenommen ist der Fall, dass die Parteien im Rahmen der mündlichen Erörterung vor Gericht einen Vergleich schließen. Daher besteht die Gefahr, dass nach Durchführung des selbständigen Beweisverfahrens und des sich anschließenden Hauptsacheverfahrens beim Prozessgegner nicht mehr vollstreckt werden kann, weil dieser in der Zwischenzeit zahlungsunfähig bzw. insolvent geworden ist.

Bedeutung hat das selbständige Beweisverfahren im Bauwesen insbesondere bei Streitigkeiten über Mängel oder Schadensersatz.

#### 1.2.3.3  Fazit

Das selbständige Beweisverfahren kann dann ein geeignetes Konfliktbewältigungsverfahren sein, wenn eine Einigung außergerichtlich nicht erzielt werden kann und die Gefahr besteht, dass eine Veränderung des Zustandes der Sache bevorsteht, die dazu führt, dass der Zustand später nicht mehr oder nur noch schwer feststellbar ist. Im übrigen kann die Einleitung eines selbständigen Beweisverfahrens dann zweckmäßig sein, wenn allein tatsächliche Fragen wie das Vorliegen von bzw. die Ursache für einzelne Mängel zu klären sind und eine gütliche Einigung im Rahmen von außergerichtlichen Verhandlungen nicht erzielt werden kann. Da insoweit prozesserhebliche Fragen vorab geklärt werden können, kann das selbständige Beweisverfahren dazu dienen, die Erfolgsaussichten eines kostenintensiven Hauptsacheprozesses abzuschätzen und diesen gegebenenfalls zu vermeiden.

Da das selbständige Beweisverfahren nicht auf die Klärung von Rechtsfragen ausgerichtet, häufig jedoch eine Abgrenzung zwischen Tatsache- und Rechtsfragen schwierig ist bzw. diese miteinander verknüpft sind, sind im Zweifel eher andere Konfliktbewältigungsverfahren zu empfehlen. Das selbständige Beweisverfahren kann wie das Klageverfahren lediglich Teilaspekte eines Konfliktes berücksichtigen. Die Lösung von komplexen Konflikten, die in der Regel sowohl Tatsachen- als auch Rechtsfragen zum Gegenstand haben, kann mit dem selbständigen Beweisverfahren nicht erreicht werden.

## 1.3
Schiedsgerichtsverfahren

### 1.3.1
Wesen des Schiedsgerichtsverfahrens

Die Parteien können vereinbaren, dass sie alle Streitigkeiten zwischen ihnen in Bezug auf ein bestimmtes Rechtsverhältnis der Entscheidung durch ein Schiedsgericht unterwerfen. Dadurch können sie sich der staatlichen Gerichtsbarkeit entziehen. Das Schiedsgericht entscheidet den Rechtsstreit anstelle des staatlichen Gerichts.

### 1.3.2
Schiedsvereinbarung als Voraussetzung

Voraussetzung dafür, dass die Entscheidung über einen Rechtsstreit einem Schiedsgericht übertragen werden kann, ist eine wirksame Schieds(gerichts)vereinbarung. Diese kann sowohl bei Vertragsschluss für künftig entstehende Streitigkeiten als auch nach Entstehen eines Konfliktes geschlossen werden. Da es nach Ausbruch einer Streitigkeit eher selten möglich sein wird, einvernehmliche Regelungen hinsichtlich des Verfahrens zu treffen, empfiehlt es sich, bereits bei Vertragsschluss eine Schiedsvereinbarung abzuschließen und sich über die Gestaltung des Verfahrens zu einigen, sofern man im Streitfall ein Schiedsgerichtsverfahren durchführen möchte.

*Schiedsvereinbarung*

### 1.3.3
Gesetzliche Rahmenbedingungen und Möglichkeiten der Ausgestaltung des Verfahrens

Durch das Gesetz zur Neuregelung des Schiedsgerichtsverfahrens wurde das in den §§ 1025 ff. ZPO geregelte schiedsrichterliche Verfahren mit Wirkung zum 01.01.1998 reformiert. Die Neuregelung orientiert sich an dem UNCITRAL-Modellgesetz, welches von der UN-Vollversammlung allen Mitgliedsstaaten zur Übernahme in ihr nationales Recht empfohlen wird. Dadurch soll die Akzeptanz des deutschen Schiedsverfahrensrechts bei ausländischen Vertragspartnern erhöht werden.

*Gesetzliche Rahmenbedingungen*

Abgesehen von einigen zwingenden Vorschriften ist es den Parteien gestattet, das Verfahren frei zu regeln. Von verschiedenen Institutionen wurden Verfahrensordnungen entwickelt, die die Parteien ihrer Schiedsgerichtsvereinbarung zugrunde legen können. Diejenigen, die für Baustreitigkeiten von Bedeutung sind, werden nachfolgend vorgestellt. In ihren Grundzügen weisen sie allerdings keine erheblichen Unterschiede auf. Die meisten Verfahrensordnungen sind auf eine zügige Durchführung des Verfahrens ausgerichtet und beabsichtigen eine gütliche Beilegung des Rechtsstreits.

*Verfahrensgestaltung durch die Parteien*

Üblicherweise beginnt das Schiedsgerichtsverfahren mit dem Zugang des Antrags bei der anderen Partei, dass die Streitigkeit im Schiedsgerichtsverfahren durchgeführt werden soll. Der Antrag muss die Parteien und den Streitgegenstand bezeichnen, einen Hinweis auf die Schiedsvereinbarung enthalten sowie einen Schiedsrichter benennen.

*Beginn des Verfahrens*

*Benennung des Schiedsgerichts durch die Parteien*

Die meisten Verfahrensordnungen sehen vor, dass das Schiedsgericht nach Wahl der Parteien aus einem Einzelschiedsrichter oder einem Dreier-Schiedsgericht besteht. Beim Dreier-Schiedsgericht benennt jede Partei einen Schiedsrichter, die sich wiederum auf einen Vorsitzenden einigen. Sofern sich die Parteien nicht auf eine Person als Einzelschiedsrichter bzw. die von den Parteien benannten Schiedsrichter nicht auf den Vorsitzenden einigen können, erfolgt die Benennung des Einzelschiedsrichters bzw. des Vorsitzenden regelmäßig durch einen Dritten. Der Dritte wird in der Schiedsgerichtsvereinbarung bzw. in der dieser zugrunde liegenden Verfahrensordnung bezeichnet. Die für die Bauwirtschaft bedeutenden Verfahrensordnungen sehen vor, dass der Einzelschiedsrichter und der Vorsitzende des Dreier-Schiedsgerichts (Voll-)Juristen sein müssen. In internationalen Streitigkeiten ist es möglich, das Schiedsgericht mit Richtern verschiedener Nationalitäten zu besetzen.

*Ablauf des Verfahrens*

Der Ablauf eines Schiedsgerichtsverfahrens ist dem Verfahren vor den staatlichen Gerichten sehr ähnlich. Die Parteien und das Schiedsgericht haben jedoch die Möglichkeit, das Verfahren flexibler zu gestalten. So können die Parteien beispielsweise Fristen für die einzureichenden Schriftsätze festlegen. Sie können vereinbaren, dass ohne mündliche Verhandlung allein aufgrund der Schriftsätze und angebotenen Beweismittel entschieden werden soll. Ferner können sie vorgeben, dass der Rechtsstreit in einzelne Themenkomplexe aufgeteilt und hierüber jeweils gesondert verhandelt werden soll. Soweit die Verfahrensregeln nicht von den Parteien festgelegt werden oder diesbezüglich zwingende Vorschriften existieren, bestimmt sie das Schiedsgericht nach freiem Ermessen (§ 1042 Abs. 4 ZPO).

*Vorläufige und sichernde Maßnahmen*

Wie im Verfahren vor den staatlichen Gerichten kann das Schiedsgericht, sofern die Parteien nichts anderes vereinbart haben, nach § 1041 Abs. 1 ZPO vorläufige oder sichernde Maßnahmen anordnen, die es in Bezug auf den Streitgegenstand für erforderlich hält. Allerdings schließt nach § 1033 ZPO eine Schiedsvereinbarung die Möglichkeit, vor oder nach Beginn des Schiedsgerichtsverfahrens einstweiligen Rechtsschutz bei den staatlichen Gerichten zu erlangen, nicht aus. So kann parallel zu einem Schiedsgerichtsverfahren der Erlass eines Arrestes oder einer einstweiligen Verfügung oder ein selbständiges Beweisverfahren vor einem staatlichen Gericht beantragt werden.

*Geheimhaltung; Einbeziehung Dritter*

Das Schiedsgerichtsverfahren ist nicht öffentlich. Das Schiedsgericht ist zur Verschwiegenheit verpflichtet. Hinzugezogene Personen, wie z. B. Sachverständige sind zur Verschwiegenheit zu verpflichten. Dritte können in ein Schiedsgerichtsverfahren nur einbezogen werden, wenn sie sich der Schiedsvereinbarung und damit dem Schiedsgericht unterworfen haben.

*Schiedsspruch als Vollstreckungstitel*

Das Schiedsgerichtsverfahren endet durch einen Schiedsspruch. Vergleichen sich die Parteien während des schiedsrichterlichen Verfahrens, dann hält das Schiedsgericht den Vergleich in der Form eines Schiedsspruches mit vereinbartem Wortlaut fest. Der Schiedsspruch – auch der mit vereinbartem Wortlaut – hat nach § 1055 ZPO unter den Parteien die Wirkungen eines rechtskräftigen gerichtlichen Urteils. Eine Aufhebung des Schiedsspruches kommt nur in seltenen Fällen bei Vorliegen einer der Voraussetzungen des § 1059 Abs. 2 ZPO in Betracht. So kann ein Schiedsspruch von einem staatlichen Gericht beispielsweise dann aufgehoben werden, wenn die Schiedsvereinbarung ungültig ist oder das rechtliche Gehör der Parteien verletzt wurde. Die Zwangsvollstreckung aus dem Schiedsspruch setzt voraus, dass dieser von einem staatlichen Gericht für vollstreckbar erklärt worden ist. Ein Schiedsspruch mit vereinbartem Wortlaut kann mit Zustimmung der Parteien auch von einem Notar für vollstreckbar erklärt werden.

### 1.3.4
**Schiedsgerichtsordnungen**

Für nationale Bauvorhaben sind vor allem folgende Schiedsgerichtsordnungen von Bedeutung:

- **SGO Bau**
  Die „Schiedsgerichtsordnung für das Bauwesen einschließlich Anlagenbau (SGO Bau)"[13] wird gemeinsam von der Deutschen Gesellschaft für Baurecht e. V. und dem Deutschen Beton- und Bautechnik-Verein e. V. herausgegeben. Sie hat in der Bauwirtschaft weite Verbreitung gefunden. Die neueste Fassung der SGO Bau datiert von November 2000.

- **SOBau**
  Die Arbeitsgemeinschaft für privates Bau- und Architektenrecht im Deutschen Anwaltverein hat unter der ausdrücklichen Zielsetzung der gütlichen und zügigen Beilegung von Konflikten im Februar 1998 die „Schlichtungs- und Schiedsordnung für Baustreitigkeiten (SOBau)"[14] herausgegeben. Die Besonderheit gegenüber anderen Schiedsgerichtsordnungen besteht darin, dass dem Schiedsgerichtsverfahren ein Schlichtungsverfahren vorgeschaltet ist. Die SOBau enthält ferner Regelungen für ein isoliertes Beweisverfahren, welches der Feststellung des Zustandes eines Bauwerkes, der Ursache eines Schadens, eines Baumangels, einer Behinderung oder Bauverzögerung sowie des Aufwandes für die Beseitigung bzw. der entstandenen Kosten dient.

- **Schiedsgerichtsordnung der DIS**
  Die Deutsche Institution für Schiedsgerichtsbarkeit e. V. (DIS) hat ebenfalls eine Schiedsgerichtsordnung[15] entwickelt, deren neueste Fassung vom 01.07.1998 datiert. Bei der DIS, zu welcher sich Spitzenverbände der gewerblichen Wirtschaft, Wirtschaftsverbände, wissenschaftliche Einrichtungen und Praktiker zusammengeschlossen haben, handelt es sich um ein sogenanntes institutionelles Schiedsgericht. Institutionelle Schiedsgerichte stellen den Parteien bestimmte Organisationsstrukturen zur Verfügung. Die Schiedsgerichtsordnung der DIS wurde zwar nicht

---

[13] Zu beziehen über die Deutsche Gesellschaft für Baurecht e. V., Kettenhofweg 126, 60325 Frankfurt am Main oder den Deutschen Beton- und Bautechnik-Verein e. V., Kurfürstenstraße 129, 10785 Berlin; abgedruckt in der ZfBR 2001, 357.

[14] Zu beziehen über die Arbeitsgemeinschaft für privates Bau- und Architektenrecht im Deutschen Anwaltverein, Littenstraße 11, 10179 Berlin; abgedruckt in der NZBau 2001, 191.

[15] Zu beziehen über die Deutsche Institution für Schiedsgerichtsbarkeit e. V., Adenauerallee 148, 53113 Bonn.

speziell für Baustreitigkeiten konzipiert. Da allerdings viele Industrie- und Handelskammern Mitglied im DIS sind, wird deren Verfahrensordnung auch im Bauwesen häufig vereinbart. Nach der Schiedsgerichtsordnung der DIS sind die Parteien bei der Auswahl und Benennung der Schiedsrichter frei. Auch im übrigen können die Parteien das Verfahren weitgehend selbst gestalten. Lediglich bestimmte Verfahrenshandlungen, wie z. B. die Einreichung der Klage sind gegenüber der DIS-Geschäftsstelle vorzunehmen, wofür die DIS eine (streitwertabhängige) Bearbeitungsgebühr verlangt.

Auch für den Bereich der internationalen Schiedsgerichtsbarkeit sind verschiedene Verfahrensordnungen entwickelt worden. Da diese für Bauvorhaben in Deutschland so gut wie keine Rolle spielen, soll lediglich die Schiedsgerichtsordnung der Internationalen Handelskammer (ICC) erläutert werden, die bei internationalen Streitigkeiten insbesondere über die FIDIC-Standardvertragsbedingungen des öfteren zur Anwendung gelangt.

- **FIDIC-Standardvertragsbedingungen; Schiedsgerichtsordnung der ICC**
  Vielen Verträgen über die Errichtung internationaler Bauvorhaben werden die Standardvertragsbedingungen der FIDIC[16] (Fédération Internationale des Ingénieurs-Conseils) zugrunde gelegt. Diese sehen vor, dass im Streitfalle zunächst das Verfahren der Dispute Adjudication[17] durchgeführt wird. Ist eine der Parteien mit der Entscheidung des Dispute Adjudication Boards nicht zufrieden, dann kann ein Schiedsgerichtsverfahren eingeleitet werden. Die FIDIC-Standardvertragsbedingungen verweisen hinsichtlich der Durchführung des Schiedsgerichtsverfahrens auf die Schiedsgerichtsordnung der Internationalen Handelskammer (Rules of Arbitration of the International Chamber of Commerce).[18] Dieser Verweis ist ein Grund dafür, dass bei internationalen Streitigkeiten häufig der Internationale Schiedsgerichtshof der Internationalen Handelskammer (ICC) in Paris angerufen wird.

  Beim Internationalen Schiedsgerichtshof der ICC (im folgenden „Gerichtshof" genannt) handelt es sich wie bei der DIS um ein institutionelles Schiedsgericht. Der Gerichtshof, dessen Mitglieder vom Rat der Internationalen Handelskammer

---

[16] FIDIC, Conditions of Contract for Construction, First Ed. 1999; FIDIC, Conditions of Contract for Plant and Design-Build, First Ed. 1999; FIDIC, Conditions of Contract for EPC/Turnkey Projects, First Ed. 1999; FIDIC, Short Form of Contract, First Ed. 1999; alle über den Buchhandel zu beziehen.

[17] Siehe unten Ziff. 1.5.4.

[18] Die Langfassungen der FIDIC-Standardvertragsbedingungen sehen die Durchführung eines Schiedsgerichtsverfahrens nach der Schiedsgerichtsordnung der Internationalen Handelskammer jeweils in Clause 20.6 vor. Die Kurzfassung (Short Form of Contract) empfiehlt in Clause 15.3 in Verbindung mit dem Appendix die Durchführung eines Schiedsgerichtsverfahrens nach der UNCITRAL-Schiedsgerichtsordnung, lässt aber auch ein Verfahren nach der Schiedsgerichtsordnung der Internationalen Handelskammer zu. Die Schiedsgerichtsordnung der Internationalen Handelskammer kann bezogen werden bei der International Chamber of Commerce, 38 Cours Albert 1er, 75008 Paris.

bestellt werden, entscheidet den Rechtsstreit also nicht selbst. Die Schiedsgerichtsordnung räumt dem Gerichtshof jedoch weitreichende Befugnisse ein, so dass dieser einen bedeutenden Einfluss auf das Verfahren ausübt. Das Verfahren nach der Schiedsgerichtsordnung der ICC weicht von den Schiedsgerichtsverfahren, die der Darstellung in diesem Kapitel im Übrigen zugrunde liegen, zum Teil erheblich ab. Vorliegend sollen im Rahmen einer kurzen Vorstellung des Verfahrens nach der Schiedsgerichtsordnung der ICC lediglich einige wesentliche Besonderheiten aufgezeigt werden.

Das Schiedsgerichtsverfahren beginnt mit dem Eingang der Klage beim Sekretariat des Gerichtshofes. Der Beklagte muss binnen 30 Tagen mit der „Klageantwort" auf die Klage erwidern.

Die Parteien können wählen, ob die Streitigkeit durch einen Einzelschiedsrichter oder durch drei Schiedsrichter entschieden werden soll. Soll das Verfahren durch einen Einzelschiedsrichter durchgeführt werden und können sich die Parteien nicht auf einen gemeinsamen Einzelschiedsrichter einigen, wird dieser vom Gerichtshof ernannt. Soll der Rechtsstreit durch drei Schiedsrichter entschieden werden, benennt jede Partei einen Schiedsrichter. Der Gerichtshof ernennt dann den Vorsitzenden des Dreier-Schiedsgerichts, wenn nicht die Parteien ein Benennungsverfahren festlegen und dieses zur Benennung des Vorsitzenden führt. Sämtliche von den Parteien benannten Schiedsrichter müssen vom Gerichtshof bestätigt werden. Der Gerichtshof berücksichtigt bei der Ernennung und Bestätigung der Schiedsrichter deren Befähigung für das Amt sowie deren Unabhängigkeit.

Der Ort des Schiedsverfahrens wird, falls diesbezüglich keine Regelung der Parteien existiert, durch den Gerichtshof festgelegt. Die Verfahrenssprache und das anwendbare Recht hingegen bestimmt das Schiedsgericht, soweit die Parteien hierüber keine Vereinbarung getroffen haben.

Nach Bildung des Schiedsgerichts und Zahlung des Kostenvorschusses übergibt das Sekretariat des Gerichtshofes die Akten an das Schiedsgericht. Dieses erstellt sodann den „Schiedsauftrag". Der „Schiedsauftrag" enthält insbesondere eine zusammenfassende Darstellung des Vorbringens der Parteien und ihre Anträge sowie in der Regel eine Liste der zu entscheidenden Streitfragen. Sobald der „Schiedsauftrag" von dem Schiedsgericht und den Parteien unterzeichnet oder vom Gerichtshof genehmigt worden ist, ist die Geltendmachung von neuen Ansprüchen, die nicht vom „Schiedsauftrag" umfasst sind, ausgeschlossen, es sei denn, das Schiedsgericht lässt die Geltendmachung solcher Ansprüche zu.

Eine weitere Besonderheit besteht darin, dass das Schiedsgericht den Schiedsspruch dem Gerichtshof zur Prüfung vorlegen muss. Ein Schiedsspruch kann erst dann ergehen, wenn der Gerichtshof diesen hinsichtlich seiner Form genehmigt hat. Zwar sind dem Gerichtshof auch inhaltliche Anmerkungen gestattet. Der Erlass des Schiedsspruchs ist jedoch nicht von der Genehmigung durch den Gerichtshof in Bezug auf den Inhalt des Schiedsspruchs abhängig.

### 1.3.5
### Vor- und Nachteile des Schiedsgerichtsverfahrens

*Engagierte und fachkompetente Schiedsrichter*

Ein wesentlicher Vorteil des Schiedsgerichtsverfahrens gegenüber den Verfahren vor den staatlichen Gerichten besteht darin, dass die Parteien die Zusammensetzung des Schiedsgerichts selbst bestimmen und somit im Baurecht erfahrene und mit den technischen und wirtschaftlichen Besonderheiten vertraute Schiedsrichter, die in der Regel auch engagierter sind, auswählen können. Da die Schiedsrichter zumeist fachlich kompetent und außerdem bemüht sind, eine sachgerechte Konfliktlösung zu finden, genießen sie größeres Vertrauen, so dass auch aus diesem Grunde eine gütliche Einigung eher zustande kommt als bei dem Gang vor die staatlichen Gerichte.

*Verfahrensdauer; Flexibilität*

Die Verfahrensdauer ist dadurch, dass das Verfahren in einer Instanz abgeschlossen wird und das Verfahren flexibler gestaltet werden kann, in der Regel kürzer als bei Verfahren vor den staatlichen Gerichten. Die Tatsache, dass es lediglich eine Instanz gibt und ein Schiedsspruch nur unter sehr eingeschränkten Voraussetzungen aufgehoben werden kann, kann allerdings auch als Nachteil empfunden werden, weil es keine Möglichkeit gibt, Fehlentscheidungen in der nächsten Instanz zu korrigieren.

*Imagewahrung*

Da Schiedsgerichtsverfahren nicht dem Prinzip der Öffentlichkeit unterliegen, ist die Gefahr eines Imageverlustes erheblich niedriger.

*Kosten*

Was die Kosten anbetrifft, so wirkt sich die Tatsache, dass das Verfahren – wenn es nicht ausnahmsweise zur Aufhebung kommt – in einer Instanz beendet ist, kostengünstig aus. Auf der anderen Seite sind die Honorare für die Schiedsrichter im Allgemeinen höher als die Gebühren für die staatlichen Gerichte. Unter Kostengesichtspunkten lohnt sich ein Schiedsgerichtsverfahren daher eher bei Streitigkeiten mit einem hohen Streitwert.

*Ähnlichkeit mit Verfahren vor den staatlichen Gerichten*

Der Ablauf eines Schiedsgerichtsverfahrens gleicht von den hier beschriebenen Unterschieden abgesehen im Wesentlichen dem Verfahren vor den staatlichen Gerichten. Eine Ausnahme hiervon bildet wie dargelegt nur das Verfahren nach der Schiedsgerichtsordnung der ICC. Daher kann im Übrigen hinsichtlich der Vor- und Nachteile auf die Ausführungen zum Klageverfahren vor den staatlichen Gerichten verwiesen werden. Insbesondere hat auch das Schiedsgerichtsverfahren den Nachteil, dass Gegenstand lediglich ein in der Vergangenheit abgeschlossener Sachverhalt ist, der auf denjenigen Teil reduziert wurde, der unter die geltenden Normen gefasst werden kann. Trotz der Möglichkeit, über die Zusammensetzung des Schiedsgerichts frei zu bestimmen, und trotz der Tatsache, dass das Schiedsgericht in der Regel auf eine gütliche Einigung hinwirkt, wird die Regelung des Konfliktes letzten Endes von Dritten und nicht von den Parteien selbst vorgenommen.

## 1.3.6
### Fazit

Die Regelung eines Konfliktes mittels eines Schiedsgerichtsverfahrens eignet sich vor allem bei großen Bauvorhaben bzw. bei komplexen Streitigkeiten, wenn außergerichtliche Verhandlungen nicht erfolgversprechend oder gescheitert sind und eine rechtskräftige Entscheidung erzielt werden soll, aus der vollstreckt werden kann.

## 1.4
### Schiedsgutachtenverfahren

### 1.4.1
#### Wesen des Schiedsgutachtens

Mit einem Schiedsgutachten können die Parteien einzelne Elemente eines Rechtsverhältnisses verbindlich feststellen lassen. Die Möglichkeit, ein Schiedsgutachten einzuholen, beruht auf § 317 Abs. 1 BGB, wonach die Bestimmung einer Leistung einem Dritten überlassen werden kann. In entsprechender Anwendung kann einem Dritten die Befugnis übertragen werden, Tatsachen – wie z. B. das Vorliegen von Mängeln oder die Höhe einer Nachtragsforderung – für die Parteien verbindlich festzustellen. Die Befugnis des Dritten muss sich nicht auf die Ermittlung von Tatsachen beschränken. Ihm kann auch die Aufgabe übertragen werden, einzelne Rechtsfragen zu beurteilen.[19] Wie weit die Aufgabe bzw. Befugnis des Dritten reicht, hängt vom Inhalt der Schiedsgutachtenvereinbarung ab.

*Feststellung einzelner Elemente eines Rechtsverhältnisses*

### 1.4.2
#### Schiedsgutachtenvereinbarung als Voraussetzung

Voraussetzung dafür, dass die Parteien ein bindendes Schiedsgutachten einholen können, ist eine wirksame Schiedsgutachtenvereinbarung. Die Parteien können die Person des Schiedsgutachters entweder selbst bestimmen oder die Benennung einer neutralen Stelle, z. B. der zuständigen Industrie- und Handelskammer übertragen.

*Schiedsgutachtenvereinbarung*

Findet sich in einem Vertrag eine Vereinbarung, wonach die Entscheidung über bestimmte Streitpunkte einem Dritten übertragen wird, dann ist die Frage, ob es sich um eine Schiedsgutachtenvereinbarung oder eine Schiedsgerichtsvereinbarung handelt, nicht immer einfach zu beantworten. Besonders dann, wenn die Feststellung von Tatbestandselementen eines Anspruchs von einer rechtlichen Beurteilung abhängt, kann die Abgrenzung zwischen einer Schiedsgutachtenvereinbarung und einer Schiedsgerichtsvereinbarung sehr schwierig sein.

*Abgrenzung zur Schieds(gerichts)vereinbarung*

Die ganz herrschende Meinung stellt darauf ab, welche Wirkung die Feststellung des Dritten nach dem Willen der Parteien haben soll.[20] Beabsichtigen die Parteien

---
[19] BGH NJW 1975, 1556.
[20] Staudinger-Mader, Kommentar zum BGB, 13. Aufl., Berlin 1995, § 317 Rdnr. 32.

die Entscheidung eines Rechtsstreits, die der Überprüfung durch ein staatliches Gericht entzogen sein soll, dann handelt es sich um eine Schiedsgerichtsvereinbarung. Ergibt sich hingegen bei Auslegung der Abrede, dass eine Überprüfung auf offenbare Unrichtigkeiten bzw. Unbilligkeiten durch ein staatliches Gericht möglich sein soll, dann liegt eine Schiedsgutachtenvereinbarung vor. Denn ein Schiedsgutachten ist entsprechend § 319 Abs. 1 BGB nicht – aber auch nur dann nicht – verbindlich, wenn es offenbar unrichtig ist.

*Schiedsgutachtenvereinbarung in Allgemeinen Geschäftsbedingungen wirksam?*

Da Schiedsgutachtenklauseln Einwendungen gegen die Richtigkeit des Gutachtens beschränken und den Rückgriff auf den staatlichen Rechtsschutz weitgehend ausschließen, können sie in Allgemeinen Geschäftsbedingungen unwirksam sein. Dies ist dann der Fall, wenn in Folge der im praktischen Ergebnis weitgehenden Unangreifbarkeit eines Fehlgutachtens für den Kunden ein Risiko verbunden ist, das diesen unangemessen benachteiligt.[21]

### 1.4.3
### Überprüfung durch ein staatliches Gericht

*Verbindlich, wenn nicht offenbar unrichtig*

Ein Schiedsgutachten ist entsprechend § 319 Abs. 1 BGB dann nicht verbindlich und kann durch eine gerichtliche Entscheidung ersetzt werden, wenn es offenbar unrichtig ist. Offenbar unrichtig ist ein Schiedsgutachten, wenn sich die Unrichtigkeit einem sachkundigen Betrachter sofort aufdrängt.[22]

Da es für die Frage, ob das Schiedsgutachten offenbar unrichtig ist, nur darauf ankommen kann, ob dem Schiedsgutachter bei der Beurteilung des ihm vorgelegten Materials offenbare Fehler unterlaufen sind, ist im Rahmen der Überprüfung neuer Sachvortrag der Parteien nicht zu berücksichtigen. Vielmehr ist bei der Entscheidung der Frage, ob ein Schiedsgutachten offenbar unrichtig ist, von dem Sach- und Streitstand auszugehen, den die Parteien dem Schiedsgutachter zur Beurteilung vorgelegt haben.[23]

Wird bei Vorliegen einer wirksamen Schiedsgutachtenabrede Klage erhoben, ohne zuvor ein Schiedsgutachten eingeholt zu haben, dann ist die Klage als zur Zeit unbegründet abzuweisen.[24]

### 1.4.4
### Fazit

Das Schiedsgutachterverfahren dient nicht der Entscheidung eines Rechtsstreits, sondern ist auf die Feststellung einzelner Tatbestandsmerkmale gerichtet. Daher eignet es sich zur Lösung solcher Konflikte, bei denen lediglich Tatsachen im Streit stehen. In diesen Fällen kann ein Schiedsgutachten eine schnelle Streiterledigung herbeiführen. Häufig werden sich Konflikte jedoch nicht auf streitige Tatsachen be-

---

[21] BGH NJW 1992, 433 für den Fertighauslieferungsvertrag; OLG Düsseldorf BauR 1995, 559 für den Bauträgervertrag.
[22] BGH NJW 1979, 1885; BGH NJW-RR 1993, 1034; OLG Düsseldorf NZBau 2001, 207.
[23] BGH NJW 1979, 1885; OLG Düsseldorf NZBau 2001, 207.
[24] BGH NJW-RR 1988, 1405; OLG Düsseldorf NJW-RR 1999, 1667.

schränken. Nicht selten liegen komplexe Konflikte vor, bei denen Tatsachen- und Rechtsfragen miteinander verknüpft sind. In solchen Fällen kann der Konflikt nicht durch ein Schiedsgutachten beigelegt werden, da dieses nicht auf eine umfassende Konfliktlösung ausgerichtet ist. Sofern eine Schiedsgutachtervereinbarung getroffen wird, sollte daher darauf geachtet werden, dass diese so formuliert ist, dass ein Schiedsgutachten lediglich zur Klärung von Tatsachen einzuholen ist.

## 1.5
## Schlichtung

### 1.5.1
### Wesen der Schlichtung

Das Wesen der Schlichtung besteht darin, dass versucht wird, einen Konflikt unter Anleitung des Schlichters als neutralem Dritten zu lösen. Ziel der Schlichtung ist die gütliche Einigung der Parteien. Kommt eine solche Einigung im Laufe des Schlichtungsverfahrens nicht zustande, unterbreitet der Schlichter den Parteien einen Schlichtungsvorschlag, auch Schlichterspruch genannt. Dieser Schlichtungsvorschlag bzw. Schlichterspruch ist im Gegensatz zum Schiedsspruch im Schiedsgerichtsverfahren nicht verbindlich. Vielmehr können sich die Parteien entscheiden, ob Sie den Schlichtungsvorschlag annehmen oder ablehnen.

Die klare Einordnung eines konkreten Verfahrens unter den Begriff der Mediation oder den der Schlichtung ist häufig nicht möglich. Dies liegt daran, dass die Schlichtung der Mediation vom Ziel her sehr ähnlich ist und es allgemeingültige Verfahrensstrukturen weder für die Mediation noch für die Schlichtung gibt. Hinzu kommt, dass die Begriffe der Mediation und der Schlichtung nicht einheitlich verwendet werden. Die verschiedenen Schlichtungs- und Mediationsordnungen stimmen in ihren Grundzügen weitgehend überein, sind aber im Einzelnen doch unterschiedlich ausgestaltet. Je nach Ausgestaltung hat ein Verfahren mehr oder weniger den Charakter einer Schlichtung oder einer Mediation.

*Abgrenzung zur Mediation*

Nach der hier zugrunde gelegten Begriffsdefinition liegt der erste Unterschied darin, dass bei der Mediation den Parteien eine aktivere Rolle zukommt, wohingegen der Schlichter die Leitung des Verfahrens in die Hand nimmt und versucht, die Parteien auf eine Konfliktlösung hinzuführen. Der zweite wesentliche Unterschied besteht darin, dass die Grundlage für die Konfliktlösung bei der Schlichtung streitige Ansprüche und damit zumeist festgefahrene Positionen sind. In der Regel werden – anders als bei der Mediation – die wahren Hintergründe des Konfliktes nicht hinterfragt, so dass eine umfassende Lösung des Gesamtkonfliktes nicht erzielt werden kann. Zwar kann auch der Schlichterspruch von der geltenden Rechtslage abweichen und eine im Vergleich zu dieser kreativere Lösung beinhalten, welche den Interessen der Parteien besser gerecht wird. Da im Rahmen der Schlichtung die wirklichen Interessen der Parteien nicht umfassend hinterfragt werden, zwingt er jedoch die Parteien zumeist zu einem Kompromiss, der auf gegenseitigem Nachgeben beruht.

### 1.5.2
### Voraussetzung für die Schlichtung

*Schlichtungs-vereinbarung oder Regelung in der Berufs-ordnung der Berufskammer*

Die Durchführung einer Schlichtung setzt eine entsprechende Schlichtungsvereinbarung voraus. Ausgenommen hiervon sind Schlichtungsverfahren vor den Berufskammern der Architekten und Ingenieure, wenn die einschlägige Berufsordnung eine Regelung enthält, wonach bei Streitigkeiten der Schlichtungsausschuss der Kammer anzurufen ist. Ist die Durchführung eines Schlichtungsverfahrens lediglich in der Berufsordnung vorgesehen, hat der Gang zum staatlichen Gericht ohne vorherige Anrufung des Schlichtungsausschusses allein standesrechtliche Konsequenzen. Liegt hingegen eine Schlichtungsvereinbarung vor, dann ist die Erhebung einer Klage vor Durchführung des Schlichtungsverfahrens unzulässig.[25] Dritte können nur dann in das Schlichtungsverfahren einbezogen werden, wenn sie diesem zustimmen.

### 1.5.3
### Möglichkeiten der Ausgestaltung des Verfahrens

*Bestellung des Schlichters*

Die Bestellung des Schlichters bzw. des Schlichtergremiums ist in den einzelnen Berufs-, Geschäfts- bzw. Verfahrensordnungen unterschiedlich geregelt. Im übrigen können sich die Parteien auf einen Schlichter einigen oder einen Dritten bestimmen, der den Schlichter benennt. Bei den Schlichtern handelt es sich fast immer um Personen, die über die erforderlichen Kenntnisse im Bau- und Architektenrecht verfügen und mit den technischen und wirtschaftlichen Besonderheiten im Bauwesen vertraut sind.

*Verfahrens-gestaltung; Geheimhaltung*

Entsprechend der Möglichkeit, das Schlichtungsverfahren frei zu gestalten, sind die Verfahrensordnungen der einzelnen Institutionen sehr unterschiedlich und lassen oftmals dem Schlichter einen weiten Spielraum. Daher kann ein üblicher Verfahrensablauf nicht dargestellt werden. Ebenso wie bei Schiedsgerichtsverfahren sind die Verhandlungen nicht öffentlich.

*Vergleich als Vollstreckungs-titel*

Schließen die Parteien im Rahmen des Schlichtungsverfahrens einen Vergleich, so kann aus diesem dann vollstreckt werden, wenn es sich bei der Schlichtungsstelle um eine anerkannte Gütestelle im Sinne des § 794 Abs. 1 Nr. 1 ZPO handelt[26], oder wenn die Parteien im Schlichtungsverfahren einen Anwaltsvergleich im Sinne des § 796 a ZPO geschlossen haben und dieser von dem zuständigen Gericht bzw. einem Notar für vollstreckbar erklärt wurde. Der Abschluss eines Anwaltsvergleiches setzt allerdings voraus, dass beide Parteien im Schlichtungsverfahren durch Rechtsanwälte vertreten sind.

---

[25] BGH IBR 2000, 195.
[26] Vgl. hierzu nachfolgende Ausführungen zu den Bauschlichtungsstellen.

## 1.5.4
**Schlichtungsordnungen**

- **SOBau**
Die bereits erwähnte „Schlichtungs- und Schiedsordnung für Baustreitigkeiten (SOBau)"[27] der Arbeitsgemeinschaft für privates Bau- und Architektenrecht im Deutschen Anwaltverein enthält in den §§ 8 bis 10 SOBau Regelungen über das dem Schiedsgerichtsverfahren vorgeschaltete Schlichtungsverfahren. Die SOBau lässt dem Schlichter, der bereits in der Schlichtungs- und Schiedsvereinbarung benannt wird, bei der Gestaltung des Verfahrens viel Raum. Lehnt eine Partei die Schlichtung ab, erscheint sie nicht zur Schlichtungsverhandlung oder wird der Schlichtungsvorschlag abgelehnt, dann kann das Schiedsgerichtsverfahren eingeleitet werden. Sofern sich die Parteien damit einverstanden erklären, kann der Schlichter in dem nachfolgenden Schiedsgerichtsverfahren als Schiedsrichter tätig werden. Das in den §§ 11 bis 13 der SOBau geregelte isolierte Beweisverfahren kann auch im Rahmen der Schlichtung durchgeführt werden.

- **Bauschlichtungsstellen**
Träger der Bauschlichtungsstellen sind meist Verbände, die häufig institutionelle (ständige) Schlichtungsstellen eingerichtet und eigene Verfahrensordnungen entwickelt haben. Ein Teil dieser Schlichtungsstellen wurde von den Landesjustizverwaltungen als Gütestelle im Sinne des § 794 Abs. 1 Nr. 1 ZPO anerkannt. Infolgedessen kann aus Vergleichen, die vor diesen Gütestellen abgeschlossen werden, vollstreckt werden. Solche als Gütestellen anerkannte Schlichtungsstellen für das Bauwesen bestehen etwa in Bremen, Hamburg, Hessen, Niedersachsen, Nordrhein-Westfalen und Rheinland-Pfalz.[28]

- **Berufskammern der Architekten und Ingenieure**
Die meisten Berufskammern der Architekten und Ingenieure haben zur Vermittlung bei Streitigkeiten von Kammerangehörigen untereinander Schlichtungsstellen eingerichtet. Von einigen Ausnahmen abgesehen kann nach den Verfahrensordnungen auch zwischen Kammerangehörigen und Dritten vermittelt werden, sofern diese ihrer Einbeziehung in das Schlichtungsverfahren zustimmen. Die Regelungen über den Ablauf des Schlichtungsverfahrens sind in den einzelnen Verfahrensordnungen unterschiedlich.

- **FIDIC-Standardvertragsbedingungen: Dispute Adjudication**
Nach den Standardbedingungen der FIDIC[29], die häufig Verträgen über die Errichtung internationaler Bauvorhaben zugrunde gelegt werden, wird im Streitfall zunächst das Verfahren der Dispute Adjudication durchgeführt. Dieses Verfahren stellt das internationale Gegenstück zur Schlichtung dar. Dem Dispute Adjudication

---

[27] Siehe oben Ziff. 1.3.4.
[28] Siehe Zöller-Stöber, Zivilprozessordnung, 22. Aufl., Köln 2001, § 797 a Rdnr. 1.
[29] Siehe oben Ziff. 1.3.4.

Board, das aus einem oder drei Mitgliedern besteht, kommt jedoch eine im Vergleich zum Schlichter weitaus stärkere Stellung zu. Die Parteien sind verpflichtet, dem Dispute Adjudication Board alle erforderlichen Informationen zur Verfügung zu stellen und ihm Zugang zur Baustelle zu gewähren. Das Dispute Adjudication Board kann eigene Ermittlungen anstellen. Es legt das Verfahren fest und entscheidet über seinen eigenen Zuständigkeits- und Aufgabenbereich. Es ist verpflichtet, innerhalb von 84 Tagen eine Entscheidung zu treffen. Die Entscheidung des Dispute Adjudication Board ist bindend, wenn keine der Parteien innerhalb einer Frist von 28 Tagen erklärt, dass sie damit nicht einverstanden ist. Gibt eine der Parteien eine solche Erklärung ab, dann soll zunächst anderweitig versucht werden, eine einvernehmliche Lösung zu finden. Kommt eine außergerichtliche Einigung nicht zustande, schließt sich ein Schiedsgerichtsverfahren an.[30]

### 1.5.5
**Vor- und Nachteile des Schlichtungsverfahrens**

*Flexibilität; geringe Kosten; kurze Verfahrensdauer; kompetente Schlichter; Spielraum bei der Entscheidungsfindung;*

Bei der Schlichtung handelt es sich um ein flexibles, je nach Verfahrensordnung mehr oder weniger vorgegebenes Verfahren, welches kostengünstig und – sofern die Parteien ernsthaft an einer einvernehmlichen Konfliktlösung interessiert sind – zügig durchgeführt werden kann. Da die Schlichter zumeist im Bauwesen erfahren und fachkundig sind, ist es ihnen eher als dem staatlichen Gericht möglich, ohne Einholung eines aufwendigen Sachverständigengutachtens einen Lösungsvorschlag zu unterbreiten, der von beiden Parteien akzeptiert wird. Die Schlichtung lässt zur Regelung des Konfliktes einen weiteren Spielraum als ein (Schieds-) Gerichtsverfahren. So muss der Schlichtungsvorschlag nicht strikt der geltenden Rechtslage folgen.

*Geheimhaltung; Imagewahrung;*

Da die Verhandlungen nicht öffentlich sind, können Geheimhaltungsinteressen gewahrt und Imageverluste vermieden werden.

*ernsthafter Wille zur Einigung als Voraussetzung; keine Präzedenzwirkung*

Die erfolgreiche Durchführung eines Schlichtungsverfahrens setzt allerdings die Bereitschaft und den Willen beider Parteien voraus, eine einvernehmliche Konfliktlösung herbeizuführen. Im Gegensatz zu den Verfahren vor dem staatlichen Gericht oder einem Schiedsgericht kann – was für sämtliche außergerichtliche Konfliktbewältigungsverfahren gleichermaßen zutrifft – eine Entscheidung nicht erzwungen werden. Scheitert der Schlichtungsversuch, dann muss zur Klärung des Konfliktes unter Umständen ein gerichtliches Verfahren nachfolgen. Da ein Schlichtungsverfahrens keine Präzedenzwirkung entfalten kann, ist von einer Schlichtung abzusehen, wenn ein rechtliches Problem für eine Vielzahl von Fällen gelöst werden soll.

*Baubegleitende Schlichtung*

Eine Schlichtung kann baubegleitend durchgeführt werden. Allerdings basiert die Schlichtung in der Regel auf von den Parteien aufgebauten Positionen. Im Rahmen der Schlichtung wird der diesen Positionen zugrunde liegende Sachverhalt bewertet. Da die Schlichtung nicht darauf abzielt, die hinter den Positionen liegenden wahren

---

[30] Die Ausführungen stellen die Dispute Adjudication dar, wie sie in den Langfassungen der FIDIC-Standardvertragsbedingungen (dort jeweils Clause 20 in Verbindung mit den Procedural Rules) geregelt ist. Die Kurzfassung (Short Form of Contract) enthält nur ein vereinfachtes Verfahren, die sog. Adjudication (Clause 15 in Verbindung mit den Procedural Rules).

Interessen der Parteien herauszuarbeiten, kann sie im Gegensatz zur Mediation keine Lösung des Gesamtkonfliktes herbeiführen, welche die Interessen der Parteien angemessen berücksichtigt. Abhängig von der Verfahrensordnung und der Person des Schlichters spielt dieser eine aktive Rolle und wirkt maßgeblich an der zu erzielenden Einigung mit. Die Parteien selbst tragen somit zur Konfliktlösung weniger bei als bei der Mediation. Eine Konfliktlösung für die Zukunft ist daher nur eingeschränkt möglich.

*Entscheidung nur über einen Ausschnitt des Konfliktes; Konfliktlösung für die Zukunft nur eingeschränkt möglich*

### 1.5.6
### Fazit

Die Schlichtung kann dann ein geeignetes Konfliktbewältigungsverfahren sein, wenn die Parteien mittels eines günstigen und schnellen Verfahrens eine außergerichtliche Einigung anstreben, wobei sie die aktive Unterstützung eines neutralen Dritten zur Entscheidungsfindung wünschen. Die Geeignetheit ist allerdings auf die Fälle beschränkt, in denen die Parteien nicht auf eine selbst erarbeitete, umfassende Konfliktlösung bedacht sind, sondern die Lösung eines konkreten Konfliktes anstreben. Da je nach Ausgestaltung des Verfahrens bzw. der Person des Schlichters das Schlichtungsverfahren entweder dem Schiedsgerichtsverfahren oder aber dem Mediationsverfahren sehr ähnlich sein kann, können Aussagen, für welche Konfliktfälle „die Schlichtung" das geeignete Konfliktbewältigungsverfahren ist, nicht pauschal getroffen werden. Vielmehr muss anhand der speziellen Verfahrensordnung beurteilt werden, ob sie für einen konkreten Konflikt eine angemessene Lösung bieten kann.

### 1.6
### Obligatorische Streitschlichtung nach § 15 a EGZPO und Güteverhandlung nach § 278 ZPO

### 1.6.1
### Obligatorische Streitschlichtung nach § 15 a EGZPO

Aufgrund des Gesetzes zur Förderung der außergerichtlichen Streitbeilegung vom 15.12.1999 ist am 01.01.2000 der neue § 15 a EGZPO in Kraft getreten. Dadurch wird den Ländern die Möglichkeit eröffnet, die Zulässigkeit einer Klage in bestimmten Fällen von der vorherigen Durchführung einer außergerichtlichen Streitschlichtung abhängig zu machen (sog. obligatorische Streitschlichtung). Ziel des Gesetzgebers ist neben der Entlastung der Zivilgerichte die einvernehmliche Streitbeilegung durch die Parteien.

Ob mit dieser Regelung die außergerichtliche Streitbeilegung tatsächlich wirksam gefördert werden kann, erscheint fraglich. Jedenfalls in Bausachen ist die Bedeutung des obligatorischen Streitschlichtungsverfahrens bisher äußerst gering. Denn zum einen obliegt die Ausgestaltung des Ob und Wie eines solchen Vorverfahrens im Einzelnen den Landesgesetzgebungen, von denen bisher nur wenige aktiv geworden sind.[31] Zum Anderen ist der Anwendungsbereich des Güteverfahrens stark eingeschränkt. So sind ihm vermögensrechtliche Streitigkeiten nur bis zu einem Streitwert von 1.500,00 DM unterworfen. Außerdem ist das Güteverfahren nicht anwendbar, wenn die Parteien nicht in demselben Bundesland wohnen oder ihren Sitz oder eine Niederlassung haben.

Erfreulich ist immerhin, dass der Gesetzgeber zumindest einen Versuch der Förderung der außergerichtlichen Konfliktlösung unternommen hat.

### 1.6.2
**Güteverhandlung nach § 278 ZPO**

Einen weiteren Versuch der Förderung der gütlichen Streitbeilegung durch den Gesetzgeber beinhaltet das Zivilprozessreformgesetz, das am 01.01.2002 in Kraft getreten ist. Nach dem neuen § 278 Abs. 2 ZPO geht der mündlichen Verhandlung in der ersten Instanz eine obligatorische Güteverhandlung voraus. Dies gilt nur dann nicht, wenn bereits ein Einigungsversuch vor einer außergerichtlichen Gütestelle stattgefunden hat oder die Güteverhandlung erkennbar aussichtslos erscheint. Bei der Güteverhandlung nach § 278 Abs. 2 ZPO handelt es sich um einen Schlichtungsversuch innerhalb des gerichtlichen Verfahrens. Allerdings kann das Gericht nach § 278 Abs. 5 Satz 2 ZPO den Parteien in geeigneten Fällen eine außergerichtliche Streitschlichtung vorschlagen. Stimmen die Parteien dem Vorschlag zu, ordnet das Gericht für die Dauer des Schlichtungsversuchs das Ruhen des Verfahrens an.

Es bleibt abzuwarten, ob die Einführung der obligatorischen Güteverhandlung ihr Ziel erreichen und dazu führen wird, dass mehr Streitigkeiten als bislang gütlich beigelegt werden.

### 1.7
**Anrufung der vorgesetzten Stelle nach § 18 Nr. 2 VOB/B**

Entstehen bei VOB-Verträgen mit Behörden Meinungsverschiedenheiten, so kann der Auftragnehmer nach § 18 Nr. 2 VOB/B zunächst die der auftraggebenden Stelle unmittelbar vorgesetzte Stelle anrufen. Dieses Verfahren findet nur dann Anwendung, wenn der Auftraggeber ein öffentlicher Auftraggeber mit einem hierarchischen Behördenaufbau ist (z. B. Bund, Länder). Der Zweck der Regelung besteht darin, Meinungsverschiedenheiten dadurch beizulegen, dass bis dahin noch „unbefangene" Personen in die Streitigkeit eingeschaltet werden. Bei § 18 Nr. 2 VOB/B handelt es sich um eine „Soll-Vorschrift", d. h. der Auftragnehmer ist nicht gezwungen, ein solches Verfahren durchzuführen.[32]

---

[31] Bislang sind dies Baden-Württemberg, Bayern, Brandenburg, Hessen, Nordrhein-Westfalen, Saarland, Sachsen-Anhalt und Schleswig-Holstein.
[32] Der Auftragnehmer kann aber nach Vorschriften außerhalb der VOB/B gezwungen sein, ein Verfahren nach § 18 Nr. 2 VOB/B einzuleiten (siehe Ingenstau/Korbion – Joussen, VOB-Kommentar, 14. Aufl., Düsseldorf 2001, B § 18 Nr. 2 Rdnr. 49).

Wird ein solches Verfahren durchgeführt, dann gilt die Entscheidung der vorgesetzten Stelle als anerkannt, wenn der Auftragnehmer nicht innerhalb von zwei Monaten nach Eingang des Bescheides Einspruch beim Auftraggeber erhebt und dieser ihn auf die Ausschlussfrist hingewiesen hat.[33] Legt der Auftragnehmer Einspruch ein, dann ist der Versuch zur Beilegung der Streitigkeit gescheitert. Den Parteien bleibt die Möglichkeit, die Erhebung einer Klage oder andere Konfliktbewältigungsverfahren anzustrengen.

Vorteile des Verfahrens nach § 18 Nr. 2 VOB/B können darin gesehen werden, dass es für den Auftragnehmer kostenfrei ist und zügig – auch baubegleitend – durchgeführt werden kann. Letzteres setzt allerdings den ernsthaften Willen insbesondere der vorgesetzten Stelle zur schnellen Entscheidungsfindung voraus. Der erhebliche Nachteil des Verfahrens besteht darin, dass es sich bei der vorgesetzten Stelle nicht um einen unabhängigen Dritten handelt. Vielmehr steht diese im Lager des Auftraggebers. Eine objektive, die Interessen beider Seiten gleichermaßen wahrende Entscheidung ist daher nicht gewährleistet. Nicht selten müssen Auftragnehmer feststellen, dass die Durchführung des Verfahrens nach § 18 Nr. 2 VOB/B zu einer Verzögerung geführt hat, ohne dass eine sachgerechte Entscheidung gefallen und die Meinungsverschiedenheit beigelegt wäre.

Sofern der Auftragnehmer meint, ein Scheitern und damit einhergehende Verzögerungen in Kauf nehmen zu können und keine Anhaltspunkte dafür ersichtlich sind, dass die vorgesetzte Stelle beim Auftraggeber sowieso nur dessen Interessen berücksichtigen wird, kann die Durchführung eines Verfahrens nach § 18 Nr. 2 VOB/B versucht werden. In den meisten Fällen werden jedoch andere Konfliktbewältigungsmöglichkeiten erfolgversprechender sein.

## 1.8
## Zusammenfassung

Das Konfliktbewältigungsverfahren, mit dem sich alle Streitigkeiten befriedigend lösen lassen, gibt es nicht. Vielmehr muss anhand der Zielsetzung und Ausgestaltung der einzelnen Verfahren entschieden werden, welches Konfliktbewältigungsverfahren für einen bestimmten Konflikt das geeignete ist. Die vorangehende Übersicht beschränkt sich auf zivilrechtliche Streitigkeiten. Im öffentlichen Recht existieren teilweise dieselben oder ähnliche Möglichkeiten.

Über die dargestellten Vor- und Nachteile hinaus können weitere Gesichtspunkte bei der Auswahl des geeigneten Konfliktbewältigungsverfahrens eine Rolle spielen. Zum Beispiel vermag nicht jedes Verfahren den Eintritt der Verjährung eines Anspruchs zu verhindern. Soll eine Versicherung (etwa eine Berufshaftpflichtversicherung für einen Schaden) eintreten, muss vorab geklärt werden, ob und in welchem Umfang diese bei Durchführung der einzelnen Verfahren zur Leistung verpflichtet bzw. bereit ist.

---

[33] Nach der VOB/B 2002, die frühestens zum 01.08.2002 in Kraft treten wird, soll die Einspruchsfrist drei Monate betragen.

Die außergerichtlichen Konfliktbewältigungsarten bieten den Parteien die Möglichkeit, das Verfahren jedenfalls weitgehend frei zu gestalten. Sofern die Parteien beabsichtigen, ihre Streitigkeiten außergerichtlich zu lösen, sollten sie von dieser Möglichkeit Gebrauch machen. Denkbar ist auch eine Kombination verschiedener Konfliktbewältigungsverfahren. Es empfiehlt sich, bereits bei Vertragsschluss entsprechende Regelungen zu vereinbaren. Zwar liegt zu diesem Zeitpunkt der konkrete Konflikt noch nicht vor. Es ist jedoch weitaus einfacher, bereits bei Vertragsschluss einvernehmlich vernünftige Regelungen über die Bewältigung etwa auftretender Streitigkeiten zu treffen als nach Ausbruch des Konfliktes. Insbesondere bei größeren Bauvorhaben sollte eine Konfliktlösung mittels solcher außergerichtlicher Verfahren in Betracht gezogen werden, die zügig und baubegleitend durchgeführt werden können, um so eine schnelle Lösung zu finden, Eskalationen möglichst zu vermeiden und für den weiteren Verlauf eine reibungslose Zusammenarbeit zu gewährleisten.

# 2
# Rechtliche Grundlagen und Risiken der Mediation

*Alexandra Riemann*

Mediation ist ein freiwilliges, nicht gesetzlich normiertes, auf von den Beteiligten einvernehmlich disponierbaren Regeln und Abläufen basierendes Verfahren. Vorgegebene Formvorschriften oder eine zwingend einzuhaltende gesetzliche Verfahrensordnung gibt es nicht. Die Beteiligten entscheiden nicht nur selbst, ob sie ein Mediationsverfahren durchführen, sie bestimmen auch den Verfahrensablauf im Rahmen ihrer Eigenverantwortlichkeit für die Konfliktlösung selbst mit. Um gleichwohl bestmöglichen Rechtsschutz und Rechtssicherheit zu gewährleisten, sollten juristische Grundlagen bekannt sein und beachtet werden.

## 2.1
### Einbindung der Projektbeteiligten

Bei allen in der Baubranche tätigen Berufsgruppen besteht Einigkeit, dass die Vielzahl von Konflikten während der Planungs- und Bauphase alleine mit rechtlichen Auseinandersetzungen und Gerichtsprozessen nicht zu bewältigen ist. Zum einen stellt das gerichtliche Verfahren grundsätzlich einen Zweiparteienprozess dar und vermag mithin nicht alle vom Konflikt mittelbar oder unmittelbar Betroffenen einzubeziehen. Aber auch die überlange Verfahrensdauer und die Höhe der Kosten – gerade bei der aufgrund fehlender Fachkenntnis des Gerichts erforderlichen Einholung von Sachverständigengutachten – sowie insbesondere der Umstand, dass der Ausgang des Verfahrens oft für die Parteien nicht kalkulierbar ist, machen deutlich, dass das gerichtliche Verfahren häufig keine angemessene Lösung zur Konfliktbewältigung am Bau bietet.

Nicht zuletzt ist es aber auch die Komplexität der Vorgänge und die dadurch erschwerte Sachverhaltsermittlung und -darstellung, die Konflikte im Bauwesen nahezu unjustiziabel macht. Man denke beispielsweise an die Aufarbeitung und Dokumentation von Behinderungen und Bauverzugschäden. Dies gilt künftig aufgrund der am 01.01.2002 in Kraft getretenen Zivilprozessreform noch in erheblich verstärktem Maße, da § 529 Abs. 1 Nr. 1 Zivilprozessordnung (ZPO) in seiner neuen Fassung die grundsätzliche Bindung des Berufungsgerichts an die in der ersten Instanz festgestellten Tatsachen bestimmt.[1] Die Möglichkeit, im Unterliegensfalle eine zweite Tatsacheninstanz anzurufen, und damit die Chance, weitere Sachverhaltsausführungen machen zu können, ist nur noch eingeschränkt gegeben. Das Berufungsverfahren wird im Wesentlichen auf eine Fehlerkontrolle des erstinstanzlichen Ur-

*ZPO-Reform*

---

[1] Zivilprozessordnung, geändert durch das Gesetz zur Reform des Zivilprozesses (Zivilprozessreformgesetz-ZPO-RG) vom 27.07.2001, Bundesgesetzblatt Jahrgang 2001, Teil I, Nr. 40, 1887 ff.

teils und damit auf Rechtsfragen beschränkt.² Die gesamte Stofffülle ist folglich im erstinstanzlichen Verfahren aufzuarbeiten, Prozesse erster Instanz werden sich hierdurch noch weiter verlangsamen, Bauprozesse vor Gericht als Weg einer interessengerechten Konfliktlösung somit praktisch ausgeschaltet.

Gute Gründe daher, von einem staatlichen Gerichtsverfahren abzusehen und die Konfliktlösung über ein außergerichtliches, alternatives Streitbeilegungsverfahren, wie die Mediation, zu suchen. Hat man sich selbst für die Durchführung eines Mediationsverfahrens entschieden, gilt es jedoch, auch den Konfliktgegner von einem gerichtlichen Verfahren abzuhalten und ihn in ein Mediationsverfahren einzubinden.

*Kooperations-* Der Bundesgerichtshof hat die Notwendigkeit der einvernehmlichen Beilegung
*pflicht der* von Streitigkeiten außerhalb gerichtlicher Verfahren zur interessengerechten Konflikt-
*Parteien* lösung und -bewältigung im Bauwesen erkannt und den Parteien eines VOB/B-Bauvertrages³ Kooperationspflichten auferlegt:

> „(1) Nach der Rechtsprechung des Bundesgerichtshofs sind die Vertragsparteien eines VOB/B-Vertrages während der Vertragsdurchführung zur Kooperation verpflichtet. Aus dem Kooperationsverhältnis ergeben sich Obliegenheiten und Pflichten zur Mitwirkung und gegenseitigen Information.
>
> Die Kooperationspflichten sollen u. a. gewährleisten, dass in Fällen, in denen nach der Vorstellung einer oder beider Parteien die vertraglich vorgesehene Vertragsdurchführung oder der Inhalt des Vertrages an die geänderten tatsächlichen Umstände angepasst werden muss, entstandene Meinungsverschiedenheiten oder Konflikte nach Möglichkeit einvernehmlich beigelegt werden.
>
> ... Entstehen während der Vertragsdurchführung Meinungsverschiedenheiten über die Notwendigkeit oder die Art und Weise einer Anpassung, ist jede Partei grundsätzlich gehalten, im Wege der Verhandlung eine Klärung und einvernehmliche Lösung zu versuchen."⁴

In vorzitiertem Urteil sah der Bundesgerichtshof eine Verletzung der Kooperationsverpflichtung einer Vertragspartei darin, dass diese den Vertrag fristlos gekündigt hat, ohne sich zuvor um eine einvernehmliche Beilegung des Konfliktes bemüht zu haben mit der Folge, dass der Bundesgerichtshof die fristlose Kündigung als unwirksam ansah. Die fehlende Bereitschaft zu kooperativem Verhandeln wird mithin von der Rechtsprechung sanktioniert, „Kompromisslosigkeit kann zu Eigentor führen".⁵

Ist bereits ein gerichtliches Verfahren anhängig, kann das Gericht gemäß der seit dem 01.01.2002 geltenden Neufassung des § 278 Abs. 5 S. 2 ZPO den Parteien in geeigneten Fällen eine außergerichtliche Streitschlichtung vorschlagen. Nach der Begründung zum Gesetzesentwurf wird auch die Mediation als ein solches außergerichtliches Streitschlichtungsverfahren angesehen.⁶ Gleichwohl gibt auch diese Gesetzesänderung dem Gericht lediglich die Möglichkeit, mit Einverständnis der

---

² Vgl. BT-Dr. 14/3750, S. 38, S. 40 ff., S. 71 ff.
³ VOB/B: Verdingungsordnung für Bauleistungen Teil B: Allgemeine Vertragsbedingungen für die Ausführung von Bauleistungen.
⁴ Bundesgerichtshof, Urteil vom 28.10.1999 – VII ZR 393/98, BauR 2000, S. 409, 410 = IBR 2000, S. 110 mit Anmerkungen Prof. Friedrich Quack.
⁵ So Prof. Friedrich Quack in seinen Urteilsanmerkungen IBR 2000, S. 110.
⁶ BT-DR. 14/4722, S. 84.

Parteien alternativ zum Gerichtsprozess ein Mediationsverfahren anzuregen. Eine bindende Verweisungskompetenz des Gerichts hingegen besteht nicht.

Trotz dieser Grundsatzentscheidung des Bundesgerichtshof: eine Pflicht zur Durchführung eines Mediationsverfahrens lässt sich hieraus nicht ableiten. Hiergegen spricht schon das Prinzip der Freiwilligkeit des Mediationsverfahrens, hängt doch der Erfolg einer Mediation in besonderem Maße von der Bereitschaft der Verfahrensbeteiligten ab, produktiv und eigenverantwortlich an der Verfahrensgestaltung und dem Ergebnis mitzuwirken.

*Keine Pflicht zur Mediation*

### 2.1.1
**Vertragliche Verpflichtung zur Durchführung eines Mediationsverfahrens**

Will man andere Projektbeteiligte daher zur Durchführung eines Mediationsverfahrens verpflichten, kann dies lediglich im Wege der Vereinbarung erfolgen. Da eine Vereinbarung zu kooperativem Zusammenwirken im Rahmen eines Mediationsverfahrens umso unwahrscheinlicher wird, je fortgeschrittener der Konflikt ist, empfiehlt es sich, die Weichen möglichst früh – spätestens sofort nach, am besten jedoch noch vor Auftreten eines Konflikts – zu stellen.

Bereits bei Vertragsschluss – d. h. noch in einem konstruktiven, konfliktfreien Verhandlungsklima – sollte daher daran gedacht werden, die gegenseitige Verpflichtung zur Durchführung eines Mediationsverfahrens im Konfliktfall zu regeln. So wie in vielen Bauverträgen eine Schiedsklausel vereinbart wird, sollte eine Mediationsklausel des Inhalts eingefügt werden, dass die Beteiligten erst dann ein Gerichtsverfahren einleiten dürfen, wenn der Versuch einer Konfliktbereinigung im Wege der Mediation gescheitert ist. Eine derartige Klausel könnte etwa auszugsweise wie folgt lauten, ist aber in jedem Fall individuell auf den Vertrag, das Bauvorhaben, die Vertragsparteien sowie Art und Form der beabsichtigten Mediation abzustimmen:

*Praxistipp: Bereits in Vertrag Mediationsklausel aufnehmen!*

> „Können die Parteien auftretende Streitigkeiten im Zusammenhang mit der Durchführung dieses Vertrages nicht innerhalb eines Monats gütlich beilegen, so werden sie vor Anrufung eines ordentlichen Gerichts ein Mediationsverfahren durchführen."

Die näheren Details, wie die Verfahrensstruktur, die Bestimmung der Konflikte, die der Mediation unterstellt werden sollen, die Auswahl des Mediators und der die Parteien repräsentierenden Personen sowie weitere von den Parteien gewünschte Voraussetzungen sollten ebenfalls bereits an dieser Stelle geregelt werden, um eine eindeutige Bindung der Parteien zu erzielen.[7] Des Weiteren ist festzulegen, ob man sich auf eine projektbegleitende Mediation einigt, was den Vorteil hat, dass der Mediator bereits bei aufkeimenden Konflikten mit dem Sachverhalt und den Umständen des Bauvorhabens vertraut ist, oder ob dieser erst im Konfliktfall hinzugezogen werden soll.

Da sich eine Rechtsprechung zum praktischen Umgang mit Mediationsklauseln noch nicht entwickelt hat, empfiehlt es sich, Musterklauseln anerkannter Organisationen, die sich mit der Mediation befassen, zu verwenden[8], oder Juristen mit der

---

[7] Siehe hierzu auch: Hertel, Kap. I.5.
[8] Z. B. der Gesellschaft für Wirtschaftsmediation und Konfliktmanagement e. V. (gwmk), des Bundesverbandes Mediation in Wirtschaft und Arbeitswelt e. V. (BMWA) o. ä.

individuellen Ausarbeitung der Klauseln und Abstimmung mit dem Gesamtvertrag zu beauftragen.

### 2.1.2
**Wirksamkeit von Mediationsklauseln in Allgemeinen Geschäftsbedingungen**

Die Zulässigkeit der Verwendung und die Wirksamkeit von Mediationsklauseln in Allgemeinen Geschäftsbedingungen wurden von der Rechtsprechung bislang noch nicht behandelt. Für die Verwendung von Schiedsklauseln in Allgemeinen Geschäftsbedingungen hat der Bundesgerichtshof entschieden, dass diese im Geschäftsverkehr zwischen Unternehmen im Allgemeinen nicht überraschend im Sinne des § 305 c BGB[9] sind und den unternehmerischen Vertragspartner auch nicht unangemessen benachteiligen, sofern sie diesem vollwertigen Rechtsschutz ermöglichen.[10] Solange eine Mediationsklausel in Allgemeinen Geschäftsbedingungen dem Vertragspartner daher den jederzeitigen Zugang zu staatlichen Gerichten oder Schiedsgerichten durch Abbruch des Mediationsverfahrens erlaubt, dürfte eine derartige Klausel bei Verwendung gegenüber gewerblich und selbständig beruflich Tätigen auch der Inhaltskontrolle des § 307 BGB standhalten.[11]

§ 1031 Abs. 5 ZPO bestimmt, dass Schiedsvereinbarungen, soweit nicht gewerbliche oder selbständig beruflich Tätige, sondern Verbraucher beteiligt werden sollen, in einer speziellen, von den Parteien eigenhändig unterzeichneten Urkunde enthalten sein müssen, die andere Vereinbarungen als solche, die das schiedsrichterliche Verfahren betreffen, nicht enthalten darf. Mithin ist eine Schiedsvereinbarung in Allgemeinen Geschäftsbedingungen gegenüber Verbrauchern nicht wirksam möglich. Die Vorschrift soll den Verbraucher davor schützen, sich bei Unterzeichnung umfangreicher Verträge einer Schiedsvereinbarung zu unterwerfen, ohne dies zu merken[12] Dieser Rechtsgedanke ist zum Schutze des Verbrauchers analog auch auf Mediationsvereinbarungen anzuwenden.

Solange eindeutige Rechtsprechung zur Verwendung und Wirksamkeit von Mediatonsklauseln in Allgemeinen Geschäftsbedingungen noch nicht vorliegt, sollte stets die Verpflichtung zur Durchführung eines Mediationsverfahrens vor Einleitung eines gerichtlichen Verfahrens in einer individuell ausgehandelten vertraglichen Vereinbarung geregelt werden. Nur so lässt sich auch der Grundsatz der Freiwilligkeit eines Mediationsverfahrens wahren, welcher letztlich in erheblichem Maße mitbestimmend für den Erfolg des Mediationsverfahrens ist.

Will man gleichwohl eine Mediationsverpflichtung in Allgemeine Geschäftsbedingungen aufnehmen, so ist diese mit dem jederzeitigen Rücktrittsrechts des Vertragspartners vom Mediationsverfahren und damit der jederzeitigen Möglichkeit zur Einleitung eines gerichtlichen Verfahrens (oder Schiedsgerichtsverfahrens) zu verbinden.

---
[9] Welcher in seinem Wortlaut § 3 AGB-Gesetz entspricht, welches mit Inkrafttreten des Schuldrechtsmodernisierungsgesetzes zum 01.01.2002 in das BGB integriert wurde.
[10] Vgl. BGH vom 10.10.1991 – III ZR 141/90, NJW 1992, S. 575, 576.
[11] So auch Wagner in Betriebs Berater, Beilage 2 zu Heft 16/2001, S. 30 ff.
[12] Zöller – Geimer, ZPO, 22.Aufl., § 1031, Rdnr. 35.

## 2.1.3
**Einbindung aller am Projekt Beteiligten**

Wer die Ursachen von Störungen des Bauablaufs untersucht, wird feststellen, dass häufig mehrere Projektbeteiligte für einen Konflikt (mit-)ursächlich und/oder von dessen Folgen betroffen sind. Die Einbeziehung aller Beteiligten erweist sich in der Praxis schwierig, sollte jedoch im Hinblick auf die Umsetzbarkeit des Mediationsergebnisses angestrebt werden. Sie lässt sich nur dadurch gewährleisten, dass in die Verträge mit allen Projektbeteiligten eine Mediationsklausel aufgenommen wird, die diesen auferlegt, im Konfliktfall vor Einschaltung staatlicher Gerichte eine Lösung über die Mediation zu versuchen. Darüber hinaus sind die jeweiligen Vertragspartner durch entsprechende Regelungen im Vertrag zu verpflichten, in ihre eigenen Verträge mit projektbeteiligten Dritten – z. B. Subunternehmern – ebenfalls Mediationsklauseln aufzunehmen oder, wo dieses nur schwer möglich ist (z. B. bei den Haftpflichtversicherungen), anderweitig auf die Beteiligung des Dritten an einem Mediationsverfahren hinzuwirken.

## 2.1.4
**Einbindung entscheidungsbefugter Personen**

Besonderes Augenmerk sollte auf die Auswahl der am Mediationsverfahren teilnehmenden Vertreter der Parteien gelegt werden, d. h. der Personen, die letztendlich am runden Tisch sitzen. Diese sollen nicht nur fachliche Kompetenz besitzen, sondern auch mit dem Bauvorhaben und den Konfliktumständen vertraut sein. Da der Erfolg einer Mediation nicht zuletzt von der Grundeinstellung der Teilnehmer sowie deren Kommunikationsbereitschaft abhängt, sollte die Teilnahme grundsätzlich freiwillig erfolgen. Der Grundsatz der Freiwilligkeit wird sich bei der Delegierung von Vertretern größerer Unternehmen oder der öffentlichen Hand nicht immer in der Person des entsandten Vertreters einhalten lassen. Hier sind Geschick und stille Überzeugungskraft des Mediators gefragt. Wichtig ist, dass die entsandten Vertreter entscheidungsbefugt sind und ohne Rücksprache mit weiteren Unternehmensorganen verbindliche Vereinbarungen treffen können. Nur so lässt sich vermeiden, dass ein langwierig ausgehandeltes Mediationsergebnis letztendlich am Widerspruch Dritter scheitert.

Bei einer außerordentlich hohen Zahl von Konfliktbetroffenen – so z. B. in umweltrechtlichen oder städtebaulichen Verfahren sowie in nachbarrechtlichen Belangen – empfiehlt es sich, um eine praktikable Durchführung des Mediationsverfahrens sicherzustellen, entsprechende Interessengruppen zu bilden, die jeweils einen Vertreter in die Mediation entsenden.

## 2.1.5
**Wirkung und Durchsetzbarkeit von Mediationsklauseln**

Haben sich die Projektbeteiligten bei Abschluss des Vertrages auf die Durchführung eines Mediationsverfahrens im Konfliktfall geeinigt, garantiert dies nicht, dass sie dann, wenn der Konflikt tatsächlich aufgetreten ist und sich die Fronten verhärtet haben, noch gesprächsbereit und „mediationsmotiviert" sind. Daher stellt sich die Frage nach der rechtlichen Durchsetzbarkeit einer Mediationsklausel.

Die Aufnahme einer Mediationsklausel in den Vertrag verpflichtet die Parteien untereinander lediglich, vor Anhängigmachung der Streitigkeit bei Gericht zunächst eine außergerichtliche Streitbeilegung durch Beiziehung eines Mediators zu versuchen. Verstöße gegen die vertragliche Mediationsverpflichtung oder gegen den vereinbarten Verfahrensablauf, z. B. das unentschuldigte Fernbleiben von einer anberaumten Sitzung, können, soweit der Vertrag dies vorsieht, mit Vertragsstrafen sanktioniert werden. Die Parteien sind hingegen nicht gehindert, das Mediationsverfahren jederzeit als gescheitert zu beenden und sodann in der Folge ein gerichtliches Verfahren anzustrengen.

*Gerichtsverfahren trotz Mediationsklausel?*

Sperrt eine Meditationsklausel jedoch auch den sofortigen Weg zu den staatlichen Gerichten ohne vorherigen Mediationsversuch? Gerichtlich entschieden wurden diese Frage bislang nur für das Schlichtungsverfahren. Haben die Vertragsparteien durch Aufnahme einer Schlichtungsklausel vereinbart, dass bei Meinungsverschiedenheiten vor Anrufung des staatlichen Gerichts zunächst ein Schlichtungsversuch unternommen werden soll, so hat das dennoch angerufene Gericht eine vor Durchführung eines Schlichtungsverfahrens erhobene Klage als „derzeit unzulässig" zurückzuweisen. Dies allerdings nur, wenn sich die beklagte Partei vor Eintritt in die mündliche Verhandlung auf die Schlichtungsklausel einredeweise beruft. Von Amts wegen hingegen hat das Gericht die Schlichtungsklausel nicht zu beachten.[13] Für eine Mediationsklausel kann nichts Anderes gelten.

## 2.2
### Stellenwert von Rechten und Rechtsansprüchen in der Mediation

*Wichtig: Kenntnis der Rechtslage!*

Ziel der Mediation ist es, für die am Verfahren beteiligten Parteien interessen- und sachgerechte Lösungen zu erarbeiten. Mediation ist in erster Linie interessenorientiert, nicht rechtorientiert. Dies bedeutet jedoch nicht, dass Recht und Rechtsansprüche in der Mediation ignoriert werden dürfen. Denn eine Mediation kann nur dann erfolgreich sein und eine wirkliche Alternative zum streitigen gerichtlichen oder schiedsgerichtlichen Verfahren bieten, wenn die gemeinsam erarbeitete Lösung in der Gesamtbetrachtung für die Parteien ein „Mehr" bietet als die gerichtliche Durchsetzung juristischer Ansprüche. Hierzu aber muss sich jede Partei über die Rechtslage im Klaren sein. Sie muss nicht nur ihre eigene Verhandlungsposition realistisch einschätzen können, sie muss auch bewerten können, ob und inwieweit sie auf Rechtsansprüche verzichtet, und durch welche anderweitigen Vorteile dieser Verzicht kompensiert wird. Ohne die Kenntnis der eigenen rechtlichen Ansprüche ist ein eigenverantwortliches Handeln der Parteien nicht möglich.

---

[13] BGH, Urteil vom 18.11.1998 – VIII ZR 344/97, IBR 2000, S. 195 = VersR 2000, S. 116; auch OLG Düsseldorf, Urteil vom 28.01.1992 – 24 U 123/91, IBR 1992, S. 405.

## 2.2.1
### Hinzuziehen von Rechtsanwälten

Die Mediation als nicht förmliches Verfahren setzt die anwaltliche Vertretung der Beteiligten nicht zwingend voraus. Da eine Mediation, wie oben beschrieben, jedoch nur sinnvoll erscheint, wenn jede Partei über die Rechtslage informiert ist, sollten sich die Beteiligten zumindest im Vorfeld und zur Vorbereitung des Mediationsverfahrens umfassend über ihre Rechte und Pflichten sowie eventuelle Gefahren des Mediationsverfahrens durch ihre Anwälte beraten lassen.

*Rechtsanwälte als „passive Unterstützung" in der Mediation*

Ob und in welcher Form die Beteiligten ihre Anwälte darüber hinaus in den Ablauf des Mediationsverfahrens einbeziehen, entscheiden die Beteiligten selbst. Die meisten Konflikte aus der Projektabwicklung werden aufgrund ihrer Relevanz und Komplexität die Hinzuziehung der Anwälte notwendig machen. Dies gilt insbesondere dort, wo es um Vertragsgestaltung oder die Auslegung von Verträgen geht. Stets jedoch sollte dem Anwalt im Mediationsverfahren lediglich die Rolle des „passiven Unterstützers" zukommen.

Beschließt man, anwaltliche Berater bereits zu Beginn des Mediationsverfahrens beizuziehen, kann es von Vorteil sein, diesen den einleitenden Sachvortrag unter Darstellung der juristischen Sichtweise der Partei zu überlassen. In getrennten Einzelsitzungen können die beteiligten Parteien mit ihren Rechtsanwälten zwischendurch den bisherigen Verhandlungsverlauf reflektieren und erste Lösungsalternativen andenken. Eine andere mögliche Variante ist es, die Rechtsanwälte erst in der Abschlussphase des Mediationsverfahrens – als „Fairnesskontrolle" – einzuschalten. Letztendlich wird die Hinzuziehung der anwaltlichen Berater zur vertraglichen Ausgestaltung des Mediationsergebnisses erforderlich sein.

In welcher Funktion und in welchem Umfang die Beteiligten ihre Rechtsanwälte in das Mediationsverfahren einbeziehen wollen, bestimmen sie selbst. So besteht grundsätzlich auch die Möglichkeit, dass sich die Beteiligten im Mediationsverfahren gänzlich durch ihre Rechtsanwälte vertreten lassen und persönlich selbst gar nicht an den Gesprächen mit dem Mediator teilnehmen. Hierbei jedoch besteht die Gefahr, dass abermals die juristische Lösung einer zukunftsgerichteten interessengerechten Lösungsfindung im Wege steht. Der anwaltliche Vertreter sollte in diesem Fall mit umfassender Entscheidungsbefugnis und Vollmacht zum Abschluss einer Vereinbarung ausgestattet sein.

## 2.2.2
### Hinweise des Mediators auf die Rechtslage

Die Frage, ob der Mediator verpflichtet ist, die Parteien auf die Rechtslage hinzuweisen, stellt sich in der Regel nur, wenn dieser selbst Jurist ist, und wird strittig beantwortet. Gegen rechtliche Hinweise des Mediators spricht das Prinzip der Neutralität und Allparteilichkeit sowie die Funktion des Mediators als Vermittler, nicht jedoch als konfliktentscheidender Schlichter oder Schiedsrichter. Ist der Mediator Rechtsanwalt, kann ihn jedoch bereits aus berufsrechtlichen Aspekten die Pflicht treffen, in Einzelfragen auf die Rechtslage, z. B. die drohende Verjährung, den Ablauf von Klagefristen, etc. hinzuweisen, da er bei Unterlassen für hierdurch entstehende Schäden zivilrechtlich haftet.[14]

In den Verfahren, in denen die Parteien durch Anwälte beraten oder vertreten sind, erübrigen sich rechtliche Hinweise des Mediators in der Regel.

### 2.3
### Hinzuziehung von Sachverständigen

Ob in juristischen, in baubetrieblichen oder insbesondere in technischen Fragen, das Mediationsverfahren wird häufig an einem Punkt angelangen, an dem sich Fragen nicht mehr durch kooperatives Verhandeln klären lassen, sondern der Beratung durch einen Sachverständigen bedürfen. Es empfiehlt sich daher, bereits in der Vereinbarung zur Durchführung der Mediation eine Festlegung zu treffen, ob, in welcher Form und insbesondere mit welcher Bindungswirkung im Bedarfsfalle Sachverständige hinzugezogen werden. Da Sachverständige in der Regel nur nach Zahlung eines Kostenvorschusses tätig werden, ist auch bereits im Voraus eine Regelung zur Kostentragung zu treffen.

Zu beachten ist, dass ein im Rahmen der Mediation eingeholtes Sachverständigengutachten nicht auch ein später eingeschaltetes Gericht bindet, auch wenn die Beteiligten vereinbart haben, dass das eingeholte Gutachten zwischen ihnen interne Bindungswirkung entfalten soll. Das im Rahmen der Mediation eingeholte Gutachten stellt, auch wenn es von den Beteiligten gemeinschaftlich beauftragt wurde, im Hinblick auf seine Bindungswirkung ein Privatgutachten dar. Wird daher die Einholung eines die Parteien auch in einem nachfolgenden Gerichtsverfahren bindenden Gutachtens angestrebt, so stehen hierfür andere Verfahrensalternativen, so das Schiedsgutachten oder Beweissicherungsverfahren[15] zur Verfügung.

Für das Verhandlungsergebnis wichtige Vorfragen lassen sich jedoch auch dadurch klären, dass sich die Beteiligten auf die Einholung eines für sie in letzter Konsequenz nicht bindenden Privatgutachtens einigen. Dies entspricht auch dem Prinzip der Freiwilligkeit und Eigenverantwortlichkeit des Mediationsverfahrens. Einigen sich die Beteiligten auf einen kompetenten, neutralen Gutachter, der das Vertrauen aller beteiligten Parteien genießt und der die Standpunkte aller Beteiligten umfassend in seine Beurteilung einbezieht, so sind die Chancen, auf Grundlage des Sachverständigenergebnisses eine Einigungsmöglichkeit zu finden, positiv. Denn kaum eine Partei wird davon ausgehen, dass ein in einem anschließenden Gerichtsverfahren eingeschalteter Sachverständiger zu einem wesentlich anderen Ergebnis kommen wird, als der von den Beteiligten gemeinschaftlich im Mediationsverfahren beauftragte Gutacher.[16]

Gelingt es den Beteiligten nicht, sich auf einen gemeinsamen Gutachter zu einigen, besteht die Möglichkeit, dass jede Partei einen Sachverständigen ihres Vertrauens beauftragt, und zwar mit gleichlautenden, im Mediationsverfahren gemeinsam formulierten Fragestellungen. Gelangen diese zum gleichen Ergebnis, wird auch dies

---

[14] Vgl. OLG Hamm, Urteil vom 20.10.1998, MDR 1999, S. 836.
[15] Siehe hierzu näher: Hertel, Kap III.1.
[16] So auch Stubbe, Betriebs-Berater 2001, S. 685 ff., 691.

die Bereitschaft der Parteien, sich auf Grundlage der Begutachtungen zu einigen, wesentlich erhöhen.[17]

## 2.4
### Bindungswirkung und Durchsetzbarkeit von Mediationsergebnissen

Am Ende einer erfolgreichen Mediation soll eine eindeutige, umsetzbare Abschlussvereinbarung der Parteien zur Lösung des Konflikts stehen. Zwar widerspricht es grundsätzlich dem Sinn und Zweck einer außergerichtlichen, freiwilligen, eigenverantwortlichen und kooperativen Konfliktbereinigung, die gefundene Lösung zwangsweise durchsetzen zu müssen. Gleichwohl sollte nicht versäumt werden, das Mediationsergebnis rechtlich abzusichern und die – auch zwangsweise – Umsetzung und Durchsetzbarkeit der Vereinbarung zu regeln, um künftige, weitere Auseinandersetzungen insoweit überflüssig zu machen. Hierfür bieten sich mehrere Möglichkeiten an, deren Auswahl je nach Konfliktgebiet und -lösung zu erfolgen hat.

### 2.4.1
### Die Abschlussvereinbarung

Die am Mediationsverfahren teilnehmenden Parteien können selbst – ggf. unter Vermittlung des Mediators – das Ergebnis ihrer Verhandlungen in einer Vereinbarung festhalten. Zu Beweiszwecken sollte diese immer schriftlich erfolgen. Die privatschriftliche Abschlussvereinbarung kann mit vertraglichen Sanktionen bei Nichterfüllung der festgelegten Verpflichtungen, wie z. B. Vertragsstrafen, Rücktrittsrechten, Sonderkündigungsrechten etc. ausgestattet werden.

Vereinbarungen können in ihrer Wirksamkeit an gesetzliche Formvorschriften gebunden sein. Wichtigster Anwendungsfall ist § 311 Abs. 1 BGB, der für sämtliche Verpflichtungen einer Partei zum Erwerb oder zur Veräußerung von Grundstücken oder grundstücksgleichen Rechten die notarielle Beurkundung verlangt. *Formvorschriften beachten!*

Nachteil einer lediglich zwischen den Parteien geschlossenen Vereinbarung ist, dass diese nicht direkt vollstreckbar ist. Wie jeder andere Vertrag schafft die privatschriftliche Abschlussvereinbarung lediglich eine Anspruchsgrundlage für den Berechtigten, Forderungen aus dieser Vereinbarung gerichtlich einzuklagen. Soweit die Anspruchsberechtigung vollumfänglich im Vereinbarungstext selbst (oder in ergänzenden Urkunden) erfasst ist, ergibt sich für den Anspruchsteller die Möglichkeit der Klage im Urkundsprozess gemäß § 592 ff. ZPO, welche den Vorteil hat, dass der Kläger schneller als im normalen Klageverfahren zu einem vollstreckbaren Titel gelangen kann.

Wesentlich ist daher, dass die zwischen den Parteien abschließend getroffenen Regelungen eindeutig und klar formuliert werden. Zumindest in komplexen Streitigkeiten sollte auf die Teilnahme von Juristen bei der Abfassung der Vereinbarung nicht verzichtet werden, um die Umsetzbarkeit des Verhandlungsergebnisses zu gewährleisten. *Wichtig: Eindeutige und klare Formulierungen!*

---

[17] Hierzu auch Steffen Kraus „Rational-kooperatives Verhandeln" in Kapellmann/Vygen, Jahrbuch Baurecht 1998, S. 137 ff., 175.

### 2.4.2
**Die notarielle Vollstreckungsunterwerfung gemäß § 794 Abs. 1 Nr. 5 ZPO**

Wollen die Parteien mit der Vereinbarung unmittelbar eine Vollstreckungsgrundlage schaffen, ist dies möglich, indem die Vereinbarung notariell beurkundet wird und der Notar eine Klausel aufnimmt, nach der sich der Schuldner wegen des zu bezeichnenden Anspruchs der sofortigen Zwangsvollstreckung unterwirft. Insbesondere im Mediationsergebnis geregelte Zahlungsansprüche sind auf diese Weise unmittelbar durchsetzbar.

### 2.4.3
**Der Prozessvergleich gemäß § 794 Abs.1 Nr. 1 ZPO**

Eine unmittelbare Vollstreckungsmöglichkeit bieten gemäß § 794 Abs.1 Nr.1 ZPO Vergleiche, die vor einem deutschen Gericht oder einer von der Landesjustizverwaltung eingerichteten oder anerkannten Gütestelle geschlossen werden, sowie Vergleiche, die richterlich protokolliert werden. Diese Variante, die Durchsetzbarkeit des Mediationsergebnisses zu sichern, bietet sich dann an, wenn die Parteien bereits in einen gerichtlichen Prozess involviert sind und die Mediation während des gerichtlichen Verfahrens oder während dessen Ruhen – z. B. auf Anraten des Gerichts – durchgeführt haben.

### 2.4.4
**Der Anwaltsvergleich gemäß § 796 a ZPO**

Auch durch Anwaltsvergleich können sich die Parteien der sofortigen Zwangsvollstreckung unterwerfen. Dies ist jedoch nur dann wirksam möglich, wenn alle an der Vereinbarung beteiligten Parteien durch Rechtsanwälte vertreten sind. Der im Namen und mit Vollmacht der vertretenen Parteien von den Rechtsanwälten abgeschlossene Vergleich ist bei einem Amtsgericht zu hinterlegen, bei dem eine der Parteien zum Zeitpunkt des Vergleichsabschlusses ihren allgemeinen Gerichtsstand hat. Der Anwaltsvergleich kann dann aufgrund eines Antrags an das für die Hauptsache zuständige Prozessgericht oder durch einen Notar, der den Vergleich mit Zustimmung der Parteien ebenfalls in Verwahrung genommen hat, für vollstreckbar erklärt werden.

Der Vorteil des Anwaltsvergleiches liegt darin, dass die Parteien, welche in komplexen Mediationsverfahren ohnehin in der Regel anwaltlich vertreten sind, weder von vornherein einen Notar hinzuziehen müssen, noch einen Vergleich vor staatlichen Gerichten schließen müssen, um die zwangsweise Durchsetzbarkeit der Vereinbarung sicherzustellen. Hierdurch werden nicht zuletzt auch Kosten gespart.

### 2.4.5
**Umsetzbarkeit des Mediationsergebnisses in öffentlich-rechtlichen Konflikten**

Umfasst die Mediation auch öffentlich-rechtliche Konflikte, z. B. auf dem Gebiet der Planfeststellung, von Bebauungsplänen oder in Umweltrecht, so stößt die Umsetzbarkeit von Meditationsergebnissen auf Grenzen. Dies gilt insbesondere im Bereich der gebundenen Verwaltung, wo den beteiligten Behörden Verhandlungsspielräume lediglich in engen Ermessensgrenzen zur Verfügung stehen. Vielfach bedürfen im Rahmen der Mediation ausgehandelte Ergebnisse der Genehmigung überörtlicher Rechts- und Fachaufsichtsbehörden. Selbst da, wo sich die Parteien auf den Abschluss eines öffentlich-rechtlichen Vertrages geeinigt haben, darf dieser nicht gegen das aus § 56 VwVfG[18] abgeleitete Verbot sachwidriger Kopplung verstoßen, welches zur Nichtigkeit von Verträgen führt, soweit mit diesen hoheitliche Entscheidungen von wirtschaftlichen Gegenleistungen abhängig gemacht werden. Manchmal können daher Mediationsvereinbarungen im öffentlich-rechtlichen Bereich keine unmittelbar durchsetzbare Bindungswirkung entfalten, sondern lediglich Empfehlungen für den Entscheidungsträger darstellen. Insbesondere dort, wo eine Umsetzung lediglich durch die Beschlussfassung eines demokratisch legitimierten Gremiums (z. B. Parlament, Stadt- und Gemeinderat) möglich ist, vermag das im Mediationsverfahren ausgehandelte Ergebnis jedoch eine mittelbare, faktische und politische Bindungswirkung zu entfalten, z. B. aus Angst vor negativen Reaktionen aus der Öffentlichkeit.

## 2.5
**Verjährung von Ansprüchen während des Mediationsverfahrens**

Durch das zum 01.01.2002 in Kraft getretene Gesetz zur Modernisierung des Schuldrechts wurde das Verjährungsrecht grundlegend geändert. Das neue Verjährungsrecht findet auf alle am 01.01.2002 bestehenden und noch nicht verjährten Ansprüche Anwendung. Aufgrund der Herabsetzung der regelmäßigen Verjährungsfrist von bislang 30 Jahren auf nunmehr nur noch 3 Jahre, ist der Frage der Verjährung noch höhere Bedeutung beizumessen als bisher. Gleichwohl bleibt festzuhalten: Je früher der Mediator entweder projektbegleitend oder in einem aufgetretenen Konflikt einbezogen wird, desto weniger stellt sich die Problematik der Anspruchsverjährung während dem Mediationsverfahren.

*Änderung des Verjährungsrechts ab 01.01.2002*

Während der Lauf der Verjährungsfrist bislang nur durch gerichtliche Geltendmachung des Anspruchs unterbrochen wurde[19], galt dies bei der Inanspruchnahme außergerichtlicher Schlichtungsverfahren nicht. Die sich hieraus ergebende Problematik wurde vom Gesetzgeber erkannt und nunmehr in § 203 BGB[20] aufgefasst. Schweben zwischen den Parteien Verhandlungen über den Anspruch oder die den Anspruch begründenden Umstände, so ist die Verjährung nach § 203 BGB gehemmt, bis eine der Parteien die Fortsetzung der Verhandlungen verweigert. Die Verjährung tritt dann frühestens drei Monate nach dem Ende der Verhandlungen ein. Nicht gesetzlich definiert wird, was im Einzelnen unter den Begriff der „Verhandlungen"

---

[18] Verwaltungsverfahrensgesetz.
[19] Oder durch Geltendmachung bei einer durch die Landesjustizverwaltung eingerichteten oder anerkannten Gütestelle, vgl. 209 BGB in der bis zum 31.12.2001 geltenden Fassung.
[20] In der seit 01.01.2002 durch Inkrafttreten des Gesetzes zur Modernisierung des Schuldrechts geltenden Fassung.

fällt, doch wird man einem Mediationsverfahren grundsätzlich den Verhandlungscharakter nicht absprechen können. In jedem Fall sollte schriftlich fixiert werden, dass gerade die Ansprüche, die der drohenden Verjährung unterliegen, Inhalt der Mediation sind. Die Vorschrift des § 203 BGB definiert darüber hinaus weder den Verhandlungsbeginn noch die Fortsetzungsverweigerung, so dass auch bezüglich des zeitlichen Rahmens der Verjährungshemmung erhebliche Unsicherheiten bestehen. Daher sollte über § 203 BGB hinaus zwischen den Parteien vorsorglich eine Vereinbarung geschlossen werden, welche Beginn und Ende der Verjährungshemmung genau definiert, so z. B. das Ende der Hemmung an die Kündigung des Mediationsvertrages als förmliche Beendigung der Mediation knüpft.

Die Hemmung der Verjährung bewirkt, dass der Zeitraum, während dessen die Verjährung gehemmt ist, d. h. der durch Beginn und Ende genau definierte Zeitraum des Mediationsverfahren, in die Verjährungsfrist nicht eingerechnet wird.[21]

§ 205 BGB[22] regelt die Hemmung der Verjährung, solange der Schuldner aufgrund einer Vereinbarung mit dem Gläubiger vorübergehend zur Verweigerung der Leistung berechtigt ist. Vor Beginn der Mediation sollten die Parteien daher auch eine Absprache darüber treffen und schriftlich fixieren, dass der Anspruch einstweilen, d. h. bis zum Abschluss der Mediation, nicht geltend gemacht wird (sog. Stillhalteabkommen).

Während nach dem bis zum 31.12.2001 geltenden Recht die einverständliche Verlängerung von Verjährungsfristen (mit Ausnahme der Gewährleistungsfristen im Kauf- und Werkvertragsrecht sowie im Frachtgeschäft nach §§ 407 ff. HGB) unzulässig und somit auch ein vorheriger Verzicht des Schuldners auf die Einrede der Verjährung nicht wirksam möglich war[23], lässt § 202 BGB nunmehr ausdrücklich auch Vereinbarungen zwischen den Parteien zu, die die Verjährung verlängern. Auch von dieser Möglichkeit sollte bei drohender Verjährung zwischen den Parteien durch schriftliche Vereinbarung vor Beginn des Mediationsverfahrens Gebrauch gemacht werden.

### 2.6
**Sicherung der Vertraulichkeit**

Im Gegensatz zu einem gerichtlichen Verfahren findet das Mediationsverfahren unter Ausschluss der Öffentlichkeit statt. Dies hat für die Parteien insbesondere bei sensiblen Konflikten den Vorteil, dass die Öffentlichkeit weder vom Konflikt selbst noch von dessen Lösung etwas erfährt und somit die Gefahr von Imageverlusten nicht besteht, soweit Mediatoren und Beteiligte das Verfahren und dessen Inhalte vertraulich behandeln.

Auch der Erfolg einer Mediation hängt grundsätzlich vom Vertrauen der Parteien untereinander sowie gegenüber den Mediatoren ab, da nur ein vollständiger Informationsfluss sowie die Aufdeckung der tatsächlichen Beweggründe, Absichten und Ziele der Parteien eine interessengerechte Lösungsfindung zulassen.

---

[21] § 209 BGB in der seit dem 01.01.2002 geltenden Fassung.
[22] In der seit dem 01.01.2002 geltenden Fassung.
[23] § 225 BGB alter Fassung.

## 2.6.1
**Verschwiegenheit und Neutralität des Mediators**

Übereinstimmend gehen die Parteien, wenn sie sich auf die Durchführung eines Mediationsverfahrens einigen, von der Neutralität, Objektivität und Unvoreingenommenheit des Mediators sowie insbesondere von seiner Verschwiegenheit aus. Dies gilt nicht nur im Hinblick auf die Öffentlichkeit, sondern auch im Hinblick auf die anderen an der Mediation beteiligten Parteien, wenn es z. B. die Ergebnisse von vereinbarungsgemäß mit dem Mediator geführten Einzelgesprächen zu wahren gilt.

Wird ein Rechtsanwalt als Mediator tätig, so unterliegt er den Regeln des anwaltlichen Berufsrechts.[24]

Nach § 43 a Abs. 2 Bundesrechtsanwaltsordnung (BRAO)[25] ist der Rechtsanwalt zur Verschwiegenheit verpflichtet. Die Verschwiegenheitspflicht bezieht sich auf alles, was dem Rechtsanwalt in Ausübung seines Berufes, mithin auch als Anwaltsmediator, bekannt geworden ist, außer es handelt sich um offenkundige Tatsachen, die ihrer Bedeutung nach keiner Geheimhaltung bedürfen. Die Verschwiegenheitspflicht gilt gegenüber jedermann und wird nicht durch die Beendigung des Mandats bzw. des Mediationsverfahrens begrenzt, sondern gilt zeitlich uneingeschränkt auch darüber hinaus. Verstößt der Rechtsanwaltsmediator gegen seine Verschwiegenheitspflicht, so macht er sich gemäß § 203 Strafgesetzbuch (StGB) strafbar.

*Anwaltliche Verschwiegenheitspflicht auch in der Mediation*

§ 43 a Abs. 4 BRAO[26] bestimmt, dass der Rechtsanwalt keine widerstreitenden Interessen vertreten darf. Diesem Gebot kommt der Rechtsanwaltsmediator nach, solange er nicht das Interesse eines Beteiligten durchzusetzen versucht, sondern er als neutraler Vermittler im Auftrag aller Beteiligten tätig wird, um diesen zur gemeinsamen, interessengerechten Lösung ihres Konflikts zu verhelfen. Der Grundsatz der Allparteilichkeit des anwaltlichen Mediators wird letztendlich auch durch die Bestimmungen des § 45 Abs. 1 Nr. 3, Abs. 2 Nr. 2 BRAO geschützt, welche dem Anwalt sowohl verbieten, als Mediator tätig zu werden, wenn er bereits zuvor in der selben Angelegenheit für eine der beteiligten Parteien als Anwalt tätig war, als auch während des Mediationsverfahrens oder nach dessen Beendigung für eine der beteiligten Parteien in der selben Angelegenheit anwaltlich tätig zu werden. Das Vertretungsverbot des Anwalts bezieht sich auf alle Angelegenheiten, die zumindest teilweise auf einem identischen Sachverhalt beruhen, d. h. deren Streitgegenstand sich mit dem in der Mediation erörterten Konflikt deckt oder zumindest überschneidet. § 356 StGB stellt in Konsequenz hierzu den Parteiverrat des Rechtsanwalts unter Strafe.

Verschwiegenheitspflichten bestehen kraft Gesetzes lediglich noch für die weiteren in § 203 StGB aufgeführten Personengruppen, von denen als Mediatoren im Bauwesen allenfalls noch staatlich anerkannte Berufspsychologen (§ 203 Abs. 1 Nr. 2 StGB) in Betracht kommen mögen. Andere Berufsgruppen, so Ingenieure, Architekten, Projektsteuerer, Baubetriebler, Wirtschaftsberater etc., haben zwar teilweise entspre-

---

[24] Vgl. § 18 Berufsordnung für Rechtsanwälte, welche die Mediation ausdrücklich erwähnt und in den Rahmen der anwaltlichen Tätigkeit einbezieht.
[25] Auch § 2 Berufsordnung für Rechtsanwälte.
[26] Auch § 3 Berufsordnung für Rechtsanwälte.

chende Schweigepflichten in ihre Verbandssatzungen aufgenommen, direkte Schutzwirkung im Hinblick auf die am Mediationsverfahren Beteiligten entfalten die Satzungen jedoch nicht. Werden diese Berufsgruppen als Mediatoren tätig, ist es daher erforderlich, dass sie sich gegenüber den Verfahrensbeteiligten in einer Vertraulichkeitsvereinbarung ausdrücklich verpflichten, über die im Mediationsverfahren offengelegten Tatsachen sowie die dort geführten Verhandlungen strikte Verschwiegenheit zu wahren. Die Durchsetzbarkeit einer solchen Vertraulichkeitserklärung bleibt jedoch – nicht nur im Hinblick auf die Beweisbarkeit eines Verstoßes gegen diese – fraglich. Ein Verstoß gegen die vereinbarte Verschwiegenheitsverpflichtung kann allenfalls durch eine ebenso ausdrücklich geregelte Vertragsstrafe pönalisiert oder, soweit durch den Verstoß ein Schaden entstanden ist, durch die Geltendmachung von Schadensersatzansprüchen kompensiert werden.

Für den Fall, dass der Mediator nicht nur die Gespräche zwischen den Beteiligten vermitteln und lenken soll, sondern für die Beteiligten auch nach außen gegenüber Dritten auftreten soll, ist er von seiner Schweigepflicht zu entbinden. Zur gegenseitigen Absicherung der Beteiligten sollte in der Vertraulichkeitserklärung vereinbart werden, dass eine wirksame Entbindung des Mediators von seiner Verschwiegenheitsverpflichtung nur durch alle Beteiligten gemeinschaftlich erfolgen kann. Werden mehrere Mediatoren gemeinsam in einem Mediatorenteam tätig, so ist daran zu denken, diese auch untereinander von ihrer Schweigepflicht zu entbinden.

### 2.6.2
**Verschwiegenheit der Parteien untereinander**

Auch für die beteiligten Parteien des Mediationsverfahrens besteht untereinander grundsätzlich keine Vertraulichkeits- und/oder Verschwiegenheitsverpflichtung. Diese lässt sich lediglich – ebenso wie zwischen den Beteiligten und dem nichtanwaltlichen Mediator – kraft ausdrücklicher Vereinbarung herbeiführen. Deren Einhaltung lässt sich auch zwischen den Beteiligten lediglich durch die Vereinbarung von Vertragsstrafen sichern. Im Fall des Verstoßes kann der betroffenen Partei ein Schadensersatzanspruch zustehen.

In der zwischen den Parteien zu treffenden Vertraulichkeitsvereinbarung ist ausdrücklich zu regeln, auf welche Personen sich die Schweigepflicht bezieht, so ggf. auch auf Mitarbeiter, Sekretärinnen, die Protokolle der Mediationssitzungen oder anderweitigen Schriftverkehr entgegennehmen oder ausfertigen, etc. Auch der Umfang der Schweigepflicht der am Verfahren unmittelbar teilnehmenden Personen bedarf der näheren Definition. Dabei ist zu bedenken, dass die teilnehmenden Personen oftmals gegenüber Mitgesellschaftern oder übergeordneten Organen ihres Unternehmens zur Berichterstattung verpflichtet sind. Ebenso sind Informationspflichten gegenüber Versicherungen zu berücksichtigen.

## 2.6.3
### Vertrauensschutz im Hinblick auf ein späteres gerichtliches oder schiedsgerichtliches Verfahren

Die Problematik der Vertraulichkeit des Mediationsverfahrens stellt sich besonders dann, wenn die Mediation scheitert und sich ein gerichtliches oder schiedsgerichtliches Verfahren anschließt.

*Vertrauensschutz bei Scheitern der Mediation?*

Die grundsätzliche Offenheit der Parteien sowohl gegenüber dem Mediator als auch gegenüber den anderen am Mediationsverfahren Beteiligten setzt voraus, dass die Parteien darauf vertrauen können, dass die ihrerseits im Rahmen des Mediationsverfahrens Preis gegebenen Informationen in einem nachfolgenden gerichtlichen Verfahren nicht gegen sie verwandt werden können. Anderenfalls bestünde letztlich die Gefahr des Missbrauchs eines Mediationsverfahrens als Quelle sonst unzugänglicher Informationen.

Über eine Verschwiegenheitserklärung der Mediatoren und Beteiligten hinaus sollte eine Vertraulichkeitsvereinbarung daher für alle Beteiligten das Verbot enthalten, in einem eventuell nachfolgenden gerichtlichen Verfahren den Mediator und andere Mediationsbeteiligte als Zeugen zu benennen, im Rahmen des Mediationsverfahren erlangte Beweismittel (Urkunden, etc) zu verwenden sowie durch andere Beteiligte oder den Mediator in der Mediation gemachte Äußerungen zu zitieren und zum eigenen Parteivortrag im gerichtlichen Prozess zu machen.

Fraglich bleibt, welche Wirkung eine solche Vereinbarung in einem nachfolgenden Gerichtsverfahren entfaltet. Unproblematisch lässt sich diese Frage beantworten, soweit Rechtsanwälte als Mediatoren tätig werden, da diesen im Strafverfahren gemäß § 53 Abs. 1 Nr. 3 Strafprozessordnung und im zivilrechtlichen Verfahren gemäß § 383 Abs. 1 Nr. 6 Zivilprozessordnung[27] ein Zeugnisverweigerungsrecht zusteht. Der Anwaltsmediator kann hinsichtlich der Tatsachen, deren Kenntnis er im Rahmen der Mediation erlangt hat, die Aussage als Zeuge im nachfolgenden gerichtlichen Prozess verweigern. An dieses Aussageverweigerungsrecht des Rechtsanwalts ist das Gericht gebunden.

Für andere Berufsgruppen, die als Mediatoren tätig sind, sowie für die Beteiligten selbst hingegen ergibt sich aus dem Gesetz kein unmittelbares Zeugnisverweigerungsrecht. Solange von der Rechtsprechung nicht abschließend geklärt wurde, ob von den Parteien im Rahmen der Mediation getroffene Vertraulichkeitsvereinbarungen in gerichtlichen Nachfolgeprozessen Bestand haben und von den Gerichten zu beachten sind, mit der Folge, dass Parteivortrag oder Beweisantritte, die gegen die Vertraulichkeitsvereinbarung verstoßen, vom Gericht unbeachtet bleiben, verbleibt diesbezüglich für die Beteiligten der Mediation ein Restrisiko.[28] Soweit das vertragsbrüchige Verhalten einer Partei, die entgegen der Abrede Inhalte des Mediationsverfahrens in das nachfolgende gerichtliche Verfahren einbringt, für die andere Partei zu einem Schaden führt, kommen Schadensersatzansprüche wegen Pflichtverletzung in Betracht.

---
[27] Welcher gemäß § 98 VWGO auch im verwaltungsgerichtlichen Verfahren Anwendung findet.
[28] Vgl. hierzu Wagner, NJW 2001, S. 1398 ff., welcher sich für die Wirksamkeit entsprechender Prozessverträge ausspricht; auch Groth/v. Bubnoff, NJW 2001, S. 338 ff .

## 2.7
### Kosten des Mediationsverfahrens

Gegenüber einem gerichtlichen Verfahren ist die Mediation in Baukonflikten in der Regel mit einem weitaus geringeren Kostenaufwand verbunden.

### 2.7.1
### Vergleich zu Prozesskosten

Wird ein Rechtsanwalt als Mediator tätig, so besteht Uneinigkeit darüber, ob diesem Gebühren nach der Bundesrechtsanwaltsgebührenordnung (BRAGO) zustehen[29]. Da § 18 der Berufsordnung für Rechtsanwälte die Mediation in den Katalog der anwaltlichen Tätigkeitsfelder aufgenommen hat, wird man dem Anwalt jedoch mangels anderweitiger Honorarvereinbarung Gebühren nach der BRAGO zugestehen müssen. Unklar bleibt jedoch, welche Gebührentatbestände der BRAGO Anwendung finden, insbesondere ob dem als Mediator tätigen Rechtsanwalt über die allgemeine Geschäftsgebühr gemäß § 118 Abs. 1 Nr. 1 BRAGO auch noch eine Besprechungsgebühr gemäß § 118 Abs. 1 Nr. 2 BRAGO und – bei erfolgreichem Zustandekommen einer Abschlussvereinbarung – eine Vergleichsgebühr gemäß § 23 BRAGO zusteht. Soweit darüber hinaus Inhalt des Mediationsverfahrens nicht lediglich einzelne bezifferbare Ansprüche sind, sondern – gerade bei Einbeziehung mehrerer Beteiligter – umfassende Sachverhaltskomplexe, ergeben sich bei Anwendung der BRAGO bereits Schwierigkeiten, den Gegenstandswert, nach dem sich die Gebühren berechnen, zu bestimmen. In aller Regel treffen daher auch als Mediatoren tätige Rechtsanwälte konkrete Honorarvereinbarungen.

Soweit Rechtsanwälte mit anderen Berufsträgern in einem Mediationsteam gemeinsam tätig werden oder Mitglieder anderer Berufsgruppen, wie Ingenieure, Architekten, Baubetriebler allein als Mediatoren fungieren, findet die BRAGO keine Anwendung, so dass eine Abrede über das Honorar zu treffen ist. Am gebräuchlichsten hierbei ist die Honorarberechnung nach Stunden- oder Tagessätzen. Die Stundensätze liegen erfahrungsgemäß zwischen 75,00 EUR und 300,00 EUR, die Tagessätze entsprechend bei 750,00 EUR bis 2.500,00 EUR (und mehr), abhängig von Komplexität, Zeitaufwand und Streitwert sowie davon, ob es sich um Privat- oder – wie meist in der Baubranche – um Firmenkunden handelt. Preisbestimmend ist darüber hinaus, ob lediglich ein Meditator oder ein aus mehreren Personen bestehendes Mediatorenteam tätig wird.

Gleichwohl stellt die Mediation im Gegensatz zum gerichtlichen Verfahren kostenmäßig in den meisten Fällen die günstigere Variante dar. So ergeben sich bei Durchführung eines gerichtlichen Verfahrens bei einem Streitgegenstand von 150.000,00 EUR (dieser Wert wird in Baustreitigkeiten in der Regel leicht erreicht) und ausgehend davon, dass eine Beweisaufnahme stattfindet und das Verfahren mit einem Urteil endet, bei vollständigem Unterliegen Prozesskosten in erster Instanz in Höhe von 13.567,82 EUR. Bei Durchführung eines Berufungsverfahrens und ausgehend

---

[29] Bejahend OLG Hamm, Urteil vom 20.10.1998, MDR 1999, S. 836.

davon, dass auch in zweiter Instanz eine Beweisaufnahme stattfindet[30], erhöht sich das Kostenrisiko um weitere 18.359,69 EUR auf insgesamt 31.927,51 EUR. Hinzuzurechnen sind Auslagen für Zeugen sowie insbesondere für die gerichtliche Einholung von Sachverständigengutachten.

Bei einem Streitwert von 500.000,00 EUR beläuft sich bei gleichem Verfahrensablauf das Prozesskostenrisiko erster Instanz auf 28.154,28 EUR, bei Durchführung einer zweiten Instanz auf insgesamt 71.566,37 EUR.[31] Selbst bei Inansatzbringung von Stundenhöchstsätzen der Mediatoren sowie zusätzlicher Hinzuziehung eigener Rechtsanwälte der Parteien werden daher die Kosten der Mediation, welche auf eine zügige, interessengerechte Konfliktlösung hinzielt, weit dahinter zurückbleiben.

Haben die Parteien durch die Mediation eigenverantwortlich und einvernehmlich eine ihren Interessen entsprechende und zukunftsorientierte Lösung ihres Konflikts gefunden, fallen Kosten für eine Nachprüfung des Ergebnisses durch eine zweite Instanz von vorneherein nicht an.

### 2.7.2
**Ersparnis sog. „weicher Kosten"**

Neben den in der Regel erheblichen Liquiditäts- und Zinsvorteilen, die eine rasche, zielgerichtete Konfliktlösung mit sich bringt, lassen sich durch die Durchführung eines Mediationsverfahrens in hohem Maße auch firmeninterne Kosten einsparen. So darf nicht unbeachtet bleiben, dass bei Durchstreiten eines gerichtlichen Prozesses über mehrere Instanzen Projektbeteiligte, Sachbearbeiter oder firmeninterne Rechtsabteilungen oftmals über Jahre hinweg mit der Vorbereitung und Abwicklung des Gerichtsverfahrens befasst sind. Der enorme Zeitaufwand, der mit der firmeninternen Aufarbeitung des Sachverhalts, dem Durchforschen umfangreichen Akten- und Dokumentationsmaterials nach prozesserheblichem Schriftverkehr oder Beweismitteln, der Abstimmung von Schriftsatzentwürfen mit den Prozessanwälten, und schließlich der Teilnahme an mündlichen Verhandlungen und Beweisterminen verbunden ist, schlägt sich letztendlich in erheblicher Weise auch kostenmäßig für die Parteien nieder.

Bei einer projektbegleitenden Mediation, bei der der Mediator nicht zielgerichtet zur Lösung eines bereits entstandenen Konflikts eingesetzt wird, sondern das Bauvorhaben während der gesamten Projektlaufzeit begleitet, sind die für den Mediator aufzubringenden Kosten für die Parteien zwar höher, stellen aber gleichwohl eine – ggf. auch durch Monatspauschalen zu vergütende – überschaubare Größe dar. Da der projektbegleitend eingesetzte Mediator Konflikte bereits im Keim zu erkennen vermag und so den Parteien bereits frühzeitig zu einer Lösung verhelfen kann, sind den anfallenden Kosten bei erfolgreicher Mediation beispielsweise ersparte bzw. geringgehaltene

---

[30] Nach der Zivilprozessreform ab dem 01.01.2002 wird jedoch eine Beweisaufnahme in der zweiten Instanz nur noch selten erfolgen.
[31] Alle Beträge sind berechnet nach den Sätzen der Bundesrechtsanwaltsgebührenordnung in den alten Bundesländern; finden die Gebührensätze der neuen Bundesländer Anwendung, so verringern sich die errechneten Prozesskosten um den jeweiligen 10%-igen Abschlag.

Planungs- und Baukosten, vermiedene Verzugsschäden sowie die Einsparung von Personalkosten für umfangreiche Dokumentationstätigkeiten entgegenzuhalten. Auch das durch die sofortige Konfliktlösung geschmälerte Insolvenzrisiko stellt letztlich für alle am Projekt Beteiligten einen erheblichen Kostenvorteil dar.

*Kostennachteil nur bei Scheitern der Mediation*

Ein Kostennachteil infolge der Mediation entsteht schließlich nur dann, wenn diese scheitert, da sich die für die Mediation aufgewandten Kosten sodann als zusätzliche Kosten darstellen. Da die Quote erfolgreicher Mediationsverfahren allgemein jedoch mit über 50 %, mit 70 % und sogar mit 75 % genannt wird[32], scheint das Kostenrisiko einer Mediation im Hinblick auf die sich durch die Mediation bietenden Vorteile gering.

### 2.7.3
**Kostentragung**

Da der Mediator von den Parteien gemeinsam beauftragt wird, haften diese für das Honorar des Mediators nach § 421 BGB als Gesamtschuldner. Üblicherweise werden die Kosten des Mediators unabhängig von der Interessenlage und unabhängig vom Ergebnis der Mediation geteilt. Abweichende Vereinbarungen können jedoch sowohl von vorneherein im Mediationvertrag als auch in der Abschlussvereinbarung getroffen werden. Solche abweichenden Vereinbarungen können unter Umständen insbesondere bei der Einbeziehung mehrerer Projektbeteiligter in das Mediationsverfahren sachgerecht sein.

Rechtsschutzversicherungen und Berufshaftpflichtversicherungen haben die Mediation bislang nicht ausdrücklich in ihre Versicherungsverträge aufgenommen, so dass die Frage der Kostenerstattung durch die Versicherer bislang offen steht. In jedem Fall sollte bei Einschaltung des Mediators Rechtsschutzversicherungen und Berufshaftpflichtversicherungen die Kostenersparnis aufgezeigt und auf diese Weise versucht werden, diese zu einer Kostenübernahme zu bewegen.

### 2.8
**Mediation als Verstoß gegen das Rechtsberatungsgesetz?**

In Deutschland gibt es bisher weder eine Berufsordnung für Mediatoren noch ist der Begriff des Mediators – sowie auch der Mediation – gesetzlich definiert oder rechtlich geschützt. Dies hat zur Folge, dass sich grundsätzlich Angehörige jeder Berufsgruppe unabhängig von ihrer Ausbildung sowie ihren Vorkenntnissen Mediator nennen können. Neben den Rechtsanwälten sind auf dem Gebiet der Mediation zum einen insbesondere Angehörige der psychosozialen Berufe, wie z. B. Psychologen und Pädagogen tätig, zum anderen aber auch Betriebswirte, Unternehmensberater und Wirtschaftsprüfer, Finanzfachleute sowie im Bereich der Baubranche ebenfalls Ingenieure und Architekten. Konflikte mit dem Rechtsberatungsgesetz können immer

---

[32] Über 50 %: Günther/Hoffer in Henssler/Koch, S. 393; 75 %: Steinbrück, Anwaltsblatt 1999, S. 574, 578; 70 %: Luer in Tagesspiegel Oktober 2001.

dann entstehen, wenn als Mediatoren keine Rechtsanwälte, sondern Angehörige anderer Berufsgruppen tätig werden.

Ziel des Rechtsberatungsgesetzes ist es, zum Schutz der Rechtssuchenden vor unqualifiziertem Rechtsrat und im Interesse einer reibungslosen Abwicklung des Rechtsverkehrs fachlich ungeeignete und unzuverlässige Personen von der geschäftsmäßigen Besorgung fremder Rechtsangelegenheiten fernzuhalten.[33] Eine erlaubnispflichtige Besorgung fremder Rechtsangelegenheiten im Sinne des § 1 Abs. 1 S. 1 Rechtsberatungsgesetz liegt immer dann vor, wenn eine geschäftsmäßige Tätigkeit darauf gerichtet und geeignet ist, konkrete fremde Rechtsangelegenheiten zu verwirklichen oder konkrete fremde Rechtsverhältnisse zu gestalten.[34]

Das Rechtsberatungsgesetz regelt daher den Kreis derjenigen Personen, die neben den eigentlich rechtsberatenden Berufsgruppen, d. h. insbesondere den Rechtsanwälten, Notaren, Behörden, Insolvenzverwaltern oder Nachlasspflegern[35] Rechtsberatung betreiben dürfen, in dem es die geschäftsmäßige Besorgung fremder Rechtsangelegenheiten einschließlich der Rechtsberatung einer behördlichen Erlaubnispflicht unterstellt. Eine Rechtsberatungserlaubnis für Mediatoren sieht das Gesetz nicht vor[36].

Sowohl das Landgericht Hamburg[37] als auch das Landgericht Rostock[38], und in zweiter Instanz auch das OLG Rostock[39], hatten sich auf entsprechende Klagen aus der Anwaltschaft hin mit der Frage auseinanderzusetzen, ob den jeweiligen Beklagten die Tätigkeit als Mediator zu untersagen sei, weil diese ohne die nach dem Rechtsberatungsgesetz erforderliche Erlaubnis im Rahmen ihrer Mediatorentätigkeit fremde Rechtsangelegenheiten besorgen. In beiden Fällen waren nicht anwaltliche Mediatoren tätig, so im Fall, den das Landgericht Hamburg zu entscheiden hatte, ein Diplom-Volkswirt und Diplom-Ingenieur, im Fall, den das Landgericht Rostock – bestätigt durch das Oberlandesgericht Rostock – entschied, trat der Beklagte als Geschäftsführer einer Firma „Wirtschaftsdienste" als Mediator und Berater für Marketing auf. In beiden Fällen untersagten die Gerichte den Mediatoren ihre Tätigkeit aufgrund eines Verstoßes gegen das Rechtsberatungsgesetz[40]. Während das Landgericht Hamburg seine Entscheidung darauf stützte, dass Mediatoren im Allgemeinen fremde Rechtsangelegenheiten besorgen und daher einer Erlaubnis nach dem Rechtsberatungsgesetz bedürfen, stellte das Landgericht Rostock differenzierter auf die Umstände des Einzelfalls ab. So sei sowohl der Auftrag der Medianten an den Mediator maßgeblich als auch das „Wie" der mediativen Leistung des Mediators. Solange sich die Mediation ohne inhaltliche Behandlung von rechtlichen Fragestellungen auf

---

[33] BVerfGE 41, 378, 390; 75, 246 ff.; 75, 284 ff.
[34] BGH, Urteil vom 30.03.2000, I ZR 289/97, NJW 2000, S. 2108.
[35] Vgl. Art. 1 § 3 Rechtsberatungsgesetz.
[36] Vgl. Art. 1 § 1 Rechtsberatungsgesetz.
[37] LG Hamburg, Urteil vom 29.02.2000 – 312 O 323/99, NJW-RR 2000, S. 1514.
[38] LG Rostock, Urteil vom 11.08.2000 – 5 O 67/00, NJW-RR 2001, S. 1290 = BB, 2001, S. 698 = AnwBl 2001, S. 178.
[39] OLG Rostock, Urteil vom 20.06.2001 – 2 U 58/00, BB 2001, S. 1869.
[40] Im Fall des OLG Rostock darüber hinaus auch wegen Verstoßes gegen das Gesetz gegen den unlauteren Wettbewerb.

den rein psychosozialen Bereich des Konflikts beschränkt, ist nach der Entscheidung des Landgerichts Rostock grundsätzlich kein Verstoß gegen das Rechtsberatungsgesetz anzunehmen. In Fällen der Mediation von Zahlungsstreitigkeiten oder zurückgehaltenen Werklohnzahlungen in Baurechtsstreitigkeiten hingegen handelt es sich nach der Entscheidung des Landgerichts Rostock um Rechtsangelegenheiten im Sinne des Art. 1 § 1 Rechtsberatungsgesetz, da diese sowohl auf die Rechtsverwirklichung als auch auf die Rechtsgestaltung gerichtet sind. Letztlich sei auch die Abschlussvereinbarung bei erfolgreicher Mediation Rechtsgestaltung, da durch diese ein bestimmtes Rechtsverhältnis neu geschaffen wird.

Auch das Oberlandesgericht Rostock, welches die Entscheidung des Landgerichts Rostock auf die Berufung des betroffenen Mediators hin bestätigte, weist in seiner Urteilsbegründung darauf hin, dass im Gegensatz zu anderen Gebieten, wie etwa des Familien- oder Strafrechts, wo die Parteien allein mit psychologischer und pädagogischer Hilfestellung im nicht rechtlichen Bereich einer Konfliktlösung zugeführt werden können, dies auf dem Gebiet des Baurechts nicht zutrifft. Vielmehr werden auf dem Gebiet des Bau- und Werkvertragsrechts die Parteien im Rahmen einer Mediation nur dann zum Abschluss eines Vergleiches oder einer Vereinbarung bewogen werden können, wenn ihnen vor Augen geführt wurde, ob und welche Rechte durchsetzbar sind und wie die Beweischancen in einem gerichtlichen Prozess liegen. Aus diesem Grunde ist nach dem Urteil des OLG Rostock in der Tätigkeit des Mediators in Form der Hilfe bei der außergerichtlichen Streitbeilegung durch Berücksichtigung rechtlicher Gesichtspunkte und der Unterstützung bei der Abfassung einer schriftlichen Mediationsvereinbarung stets eine Besorgung fremder Rechtsangelegenheiten zu sehen. Der auf dem Gebiet von Baurechtsstreitigkeiten tätig werdende nicht anwaltliche Mediator verstößt mithin gegen Art. 1 § 1 Rechtsberatungsgesetz.[41]

Kein Verstoß gegen das Rechtsberatungsgesetz ist hingegen gegeben, wenn z. B. ein Mediator aufgrund seiner psychosozialen Spezialkenntnisse interdisziplinär mit einem Anwaltsmediator (oder anderen berechtigten Personen nach dem Rechtsberatungsgesetz) rechtlich gelagerte Mediationsfälle gemeinsam bearbeitet oder die Medianten während der Mediation jeweils begleitend durch Parteianwälte zu den anstehenden Rechtsfragen beraten sind, so dass sich der Mediator auf seinen nicht rechtlichen Spezialbereich in der Mediation, d. h. auf die reine Moderation, beschränkt.[42]

*Praxistipp: Mediatorenteam beauftragen!*

In komplexen Baustreitigkeiten, in welchen sich die Einbeziehung rechtlicher Belange nicht vermeiden lässt, sondern in der Regel gerade angestrebt wird, indem eine Alternative zur gerichtlichen Auseinandersetzung gesucht wird, empfiehlt es sich, zur Vermeidung von Konflikten mit dem Rechtsberatungsgesetz daher stets, einen Anwaltsmediator beizuziehen. Dieser kann optimalerweise im Team mit fachkompetenten Bauingenieuren, Baubetrieblern, Projektsteuerern, o. ä. Personen im Rahmen einer Co-Mediation tätig werden. Anderenfalls läuft die Mediation Gefahr, im Wege der einstweiligen Verfügung durch gerichtliche Untersagung der Tätigkeit des nicht anwaltlichen Mediators gestoppt zu werden.

---

[41] So OLG Rostock, a. a. O.
[42] So auch LG Rostock, a. a. O.

## 2.9
### Haftung der Mediatoren

Obgleich auch im Vertragsverhältnis zwischen Mediator und Mediant die allgemeinen, haftungsrechtlichen Grundsätze gelten, sind Haftungsfälle aus dem Bereich der Mediation in der Rechtsprechung nicht bekannt.

Grundlage der Haftung sind die mit dem zwischen den Medianten und dem Mediator geschlossenen Vertrag entstehenden Pflichten. Verletzt der Mediator seine gegenüber den Medianten bestehenden vertraglichen Pflichten – auch neben- und nachvertragliche Pflichten – so haftet er für die Schlechterfüllung seiner Aufgaben wegen dieser Pflichtverletzung.[43] Wurde ein Vertrag zwischen Mediator und Medianten noch nicht abgeschlossen, kommt eine Haftung im vorvertraglichen Verhandlungsstadium nach den Grundsätzen der culpa in contrahendo (Verschulden bei Vertragsschluss) in Betracht.[44] Letztlich trifft den Mediator bei schuldhafter Verletzung absoluter Rechtsgüter sowie bei einem Gesetzesverstoß die deliktische Haftung gemäß § 823 ff. BGB.

### 2.9.1
### Haftung des Mediators für Scheitern der Mediation?

Nach vorgenannten Grundsätzen kann auch eine Haftung des Mediators für das Scheitern der Mediation in Betracht kommen, so etwa, wenn ein Ergebnis aufgrund von Verfahrensfehlern des Mediators, unfähiger Verhandlungsführung oder schuldhafter Verzögerung scheitert, weil eine Partei die Mediation kündigt. Gleichwohl wird in derartigen Fällen nur schwer nachweisbar sein, dass und wie sich die Parteien bei einer ordnungsgemäß durchgeführten Mediation geeinigt hätten und dass durch das Scheitern der Mediation kausal ein Schaden entstanden ist. Darüber hinaus stellt allein die entgangene oder verringerte Chance einer Einigung nach der herrschenden Meinung in der einschlägigen juristischen Literatur keinen ersatzfähigen Schaden dar.[45] Zu denken ist jedoch an eine Haftung hinsichtlich der für die gescheiterte Mediation bereits vergeblich aufgewandten Kosten.

### 2.9.2
### Haftung auch bei erfolgreicher Mediation

Endet die Mediation hingegen erfolgreich und mit einer abschließenden von den Parteien eigenverantwortlich zur Konfliktlösung getroffenen Vereinbarung, bleibt für eine Haftung des Mediators für das Mediationsergebnis kaum Raum. Gleichwohl schließt auch eine erfolgreiche Mediation Haftungsfälle nicht aus. Ist der Mediator –

---

[43] Bisher unter dem Gesichtspunkt der sog. positiven Vertragsverletzung, welche seit 01.01.2002 in § 280 BGB Niederschlag gefunden hat; so grundsätzlich auch OLG Hamm, Urteil vom 20.10.1998, MDR 1999, 28 U 79/97, S. 836.
[44] Gemäß §§ 280, 311 Abs. 2, 241 Abs. 2 BGB in der seit dem 01.01.2002 geltenden Fassung.
[45] Henssler, in: Henssler/Koch, Mediation in der Anwaltspraxis, § 3, Rdnr. 43; Koch, ebenda, § 8, Rdnr. 22 mit weiteren Nachweisen.

insbesondere der anwaltliche Mediator – mit der Abfassung des Mediationsergebnisses in Form einer abschließenden Vereinbarung betraut, haftet er für Formmängel, welche die Vereinbarung insgesamt unwirksam machen können oder ggf. Zwangsvollstreckungsmöglichkeiten verhindern. Gleiches gilt für Lücken im Vertragstext sowie die Nichtigkeit der Vereinbarung wegen Verstoßes gegen gesetzliche Vorschriften oder die guten Sitten (§§ 134, 138 BGB).

Auch nach Abschluss der Mediation bestehen für den Mediator noch Vertraulichkeits- und Verschwiegenheitspflichten hinsichtlich der im Rahmen der Mediation erlangten Kenntnisse. Verstößt er nachweislich gegen diese nachvertraglichen Obliegenheiten, kommt ebenso eine Haftung nach den Grundsätzen der Pflichtverletzung in Betracht.

### 2.9.3
**Haftung des Mediators wegen unterlassener Hinweise auf die Rechtslage**

Problematisch und umstritten ist die Frage, inwieweit den Mediator während der Mediation Hinweispflichten treffen, bei deren Unterlassen für die Medianten schwerwiegende rechtliche Nachteile und Schäden entstehen, so z. B. bei drohender Verjährung oder dem Verlust von Beweismitteln. So hielt das Oberlandesgericht Hamm[46] den Mediator für verpflichtet, beide Parteien über ihre jeweiligen Rechte und Pflichten umfassend zu unterrichten, unabhängig davon, ob dies die Mediation erschwert oder gar unmöglich macht. Diese Entscheidung ist in der einschlägigen Literatur umstritten. Richtig wird man wohl sowohl nach dem eindeutigen Auftrag der Medianten an den Mediator zu differenzieren haben als auch danach, ob die Medianten durch jeweilige Rechtsanwälte als Parteivertreter in der Mediation vertreten sind oder nicht.

### 2.9.4
**Schadensersatz**

Die Darlegung sowie der Nachweis eines Schadens obliegt stets demjenigen, der diesen geltend macht, mithin dem Medianten. Dies gilt sowohl für den Nachweis des Verschuldens des Mediators, der Kausalität sowie des Schadenseintritts und der Schadenshöhe.

Für Rechtsanwälte besteht gemäß Berufsordnung[47] die Pflicht zum Abschluss und zur Unterhaltung einer Berufshaftpflichtversicherung. Nach einem Beschluss der Haftpflichtversicherer ist die Mediation seit dem 01.12.1996 als Teil anwaltlicher Tätigkeit vom Versicherungsumfang erfasst. Dies trifft bei anderen Berufsgruppen nicht uneingeschränkt zu, so dass vor Beauftragung der Mediatoren ein Versicherungsnachweis für die Tätigkeit als Mediator gefordert werden sollte. Vertraglich können jedoch Haftungsbeschränkungen der Mediatoren vereinbart werden.

Schadensersatzansprüche der Medianten gegenüber dem anwaltlichen Mediator verjähren gemäß § 51 b BRAO binnen einer Frist von drei Jahren. Für nicht anwaltliche

---

[46] OLG Hamm, Urteil vom 20.10.1998, 28 U 79/97, MDR 1999, S. 836.
[47] § 51 BRAO.

Mediatoren gelten die allgemeinen Verjährungsregeln des BGB, so dass nach § 195 BGB ebenfalls von einer regelmäßigen Verjährungsfrist von drei Jahren auszugehen ist.

## 2.10
**Internationale Projekte**

Ein wesentlicher Anteil der Leistungen der Deutschen Bauindustrie wird im Ausland erbracht. Namhafte deutsche Bauunternehmen sind nicht nur im europäischen Raum, sondern beispielsweise auch in Ländern des arabischen, asiatischen oder afrikanischen Auslands bei Großbauvorhaben und im Anlagenbau, beim Bau von Flughäfen, Staudämmen sowie beim Straßen- und Tunnelbau tätig. Das ohnehin bereits hohe Konfliktpotenzial im Bauwesen wird bei Bauvorhaben mit internationalem Bezug durch die Vielzahl beteiligter Unternehmen mit unterschiedlichen vertraglichen Beziehungen, Nationalitäten und Rechtssystemen noch gesteigert. Dies kann dazu führen, dass im Streitfall auf das eigene Vertragsverhältnis nicht nur das materielle Recht eines anderen Staates Anwendung findet, sondern die Parteien auch gezwungen sind, sich der Prozessordnung ausländischer Gerichte unterwerfen zu müssen. Selbst bei Hinzuziehung lokaler Anwälte birgt ein im Ausland geführter Prozess daher oft nicht vorhersehbare Risiken.

Um diesen Unwägbarkeiten zu entgehen, enthalten internationale Bauverträge vielfach Schiedsklauseln, mit denen sich die Vertragsparteien für den Streitfall auf eine überparteiliche Schiedsordnung, z. B. der der internationalen Handelskammer (ICC)[48] einigen. Dies bietet neben dem Vorteil, sich nicht auf die Gerichtsbarkeit des anderen Vertragspartners einlassen zu müssen, auch die Möglichkeit, international besetzte Gremien mit einschlägiger fachlicher Kompetenz als Schiedsgerichte auswählen zu können.

Auch die FIDIC-Bauvertragsbedingungen der internationalen Vereinigung Beratender Ingenieure[49], welche bei internationalen Projekten oftmals bereits der Ausschreibung zugrunde gelegt werden oder als Allgemeine Geschäftsbedingungen Vertragsinhalt werden, sehen vor, dass noch vor Anrufung eines ebenfalls vorgesehenen Schiedsgerichts ein vorgeschaltetes Gremium, aus ein oder drei Personen bestehend[50], zunächst den Sachverhalt ermittelt und eine Entscheidung trifft, welche lediglich dann bindend wird, wenn die Vertragsparteien nicht innerhalb von 28 Tagen das Schiedsgericht anrufen. Die Konfliktlösung wird mithin zwar den staatlichen Gerichten entzogen, die Entscheidung obliegt gleichwohl übergeordneten Gremien.

Wollen die Parteien auch bei internationalen Projekten einvernehmlich unter Hilfestellung neutraler Dritter selbst eigenständige Lösungen im Konfliktfall entwickeln,

---
[48] Siehe hierzu näher Hertel, Kap. III.1.3.4.
[49] Abgedruckt bei Nicklisch/Weick, VOB/B, 3. Aufl., Anhang II, siehe hierzu näher Hertel, Kap. III.1.5.4.
[50] So genanntes „Dispute Adjudication-Board".

bietet die Mediation neben den bislang im internationalen Bauvertragswesen gebräuchlichen Schiedsgerichts- und Schiedsverfahren eine wirkliche Alternative. Sie ermöglicht den beteiligten Parteien, die zugrundeliegende Verfahrensordnung sowie die Wahl des Mediators oder die Zusammensetzung eines Mediationsteams gänzlich selbst einvernehmlich zu bestimmen und zu regeln, was insbesondere bei der Einbeziehung nicht nur zweier Vertragsparteien, sondern mehrerer am Bau Beteiligter Vorteile bieten kann.

Einigen sich die Beteiligten – ggf. bereits bei Vertragsabschluss – auf die Durchführung einer Mediation im Konfliktfall, sollte bereits mit Vereinbarung der Mediationsklausel eine Einigung auf die Verhandlungssprache in der Mediation sowie die Wahl des Ortes, an dem die Sitzungen stattfinden, festgelegt werden.

Darüber hinaus kann eine einvernehmlich festgelegte Verfahrensordnung in der Mediation individuell den Problemen der faktischen Distanz der Beteiligten, die möglicherweise über mehrere Länder oder sogar Kontinente verstreut sitzen, durch neue Wege der Kommunikation begegnen. Hier ist nicht nur an vermehrte Einzelgespräche des Mediators mit den Parteien zu denken, sondern auch an die Nutzung neuer Medien, wie des Internets oder der Schaltung von Telefonkonferenzen.

Erhöhte Anforderungen sind an die Auswahl des Mediators oder des Mediatorenteams zu stellen. So mag es sich zur Wahrung der Allparteilichkeit des Mediators anbieten, dass sich dieser in seiner Nationalität von den Streitparteien unterscheidet oder sich das Mediatorenteam aus den Nationalitäten aller Streitbeteiligten zusammensetzt. Nur so lässt es sich letztendlich vermeiden, dass – gerade bei einem wirtschaftlichen Ungleichgewicht der Parteien – die Mediation letztlich zu einem Politikum wird. Der Mediator hat darüber hinaus nicht nur Sachkompetenz aufzuweisen, sondern im Hinblick auf die Beteiligung verschiedener Nationalitäten auch kulturelle und gegebenenfalls religiöse Kenntnisse, um kulturell bedingte Differenzen aufzuklären und so Barrieren zwischen den Konfliktbeteiligten abzubauen. Letztlich dürfen auch – gerade bei Großvorhaben – diplomatische Belange nicht unberücksichtigt bleiben.

Endet das Mediationsverfahren erfolgreich und werden im Wege einer Abschlussvereinbarung einer Partei Zahlungen oder andere Leistungen zugesagt, sollte zur Sicherung der vereinbarten Ansprüche auch an die Erbringung entsprechender Sicherheitsleistungen (in Form von Bürgschaften, Pfandrechten, o. ä.) gedacht werden, da die Zwangsvollstreckung außerhalb der EU-Staaten oftmals nur erschwert oder gar nicht mittels staatlicher Hilfe möglich ist.

Für den Fall des Scheiterns der Mediation ist zu regeln, welche staatlichen Gerichte oder Schiedsgerichte zuständig sein sollen und nach welchem nationalen materiellem Recht und Prozessrecht der Streitfall zu entscheiden ist.

Zur Formulierung grenzüberschreitender Mediationsvereinbarungen sollte auf die Hilfe international tätiger Rechtsanwälte oder im Bereich der internationalen Mediation tätiger Organisationen, welche eigene Verfahrensordnungen entwickelt haben, keinesfalls verzichtet werden.

# 3
# Sachverständigenwesen in Deutschland – Kombinationsmodelle mit Mediation

*Lothar Ruf*

## 3.1
### Einleitung

Die zunehmende Komplexität aller Lebensbereiche erzeugt auch ein immer größer werdendes Konfliktpotenzial innerhalb der komplexen Systeme.

*Komplexität und Konfliktpotenzial*

Dies trifft insbesondere das Feld des Bauwesens, in dem diese Effekte besonders ausgeprägt zutage treten; kennt man doch kaum einen zweiten Wirtschaftsbereich, in dem Systembeteiligte und Systemaufbau von Produkt zu Produkt so stark variieren, jeweils neu angelegt und ausgeprägt werden müssen und damit auch zu immer neuen – teils zu überraschend neuen – Konflikten Anlass geben.

Kommt noch eine bestimmte, diesen Effekt nährende konjunkturelle Bodensatzmischung aus Wettbewerbsdruck, niedrigen Preisen und geringer Zahl von Projektinitiationen hinzu, wächst ein bunter Strauß des Konfliktpotenzials heran, auf dessen Bewältigung man sich vorbereiten darf und muss.

Da die überwiegende Zahl der Konflikte im Bauwesen technisch-wirtschaftlichen Ursprungs sind bzw. technisch-wirtschaftliche Grundlagen oder Bezüge haben, kommt dem technischen und wirtschaftlichen Sachverstand zur Vorbereitung und Begleitung der Konfliktbewältigung eine zentrale Rolle zu.

*Technisch-wirtschaftlicher Sachverstand*

Dieser Sachverstand wird in bewährter Weise schon seit geraumer Zeit durch Sachverständige zur Verfügung gestellt. Findet man diese Sachverständige oder diesen Sachverstand selbstverständlich in vielen Ingenieurbüros, nimmt die Gruppe der öffentlich bestellten und vereidigten Sachverständigen eine besonders bedeutsame Rolle ein.

Alle Formen der Konfliktbewältigung, die in diesem Handbuch beschrieben werden, sind auf diesen technisch-wirtschaftlichen Sachverstand angewiesen und ziehen je nach Bedarf entsprechend geeignete Sachverständige hinzu.

*Unterstützung der Mediation*

Dies betrifft vor allem die verschiedenen Gerichte, aber mit Sicherheit auch alle Formen der Mediation, es sei denn, die Mediatoren wären selbst sachverständig – oder die Sachverständigen wären in persona gleichfalls Mediatoren; wobei die zuletzt genannten integrativen Konstellationen zweifelsohne die Ideallösung darstellen würden.

Nur am Rande bemerkt: auch in den integrativen Konstellationen ist auf eine exakte Trennung der Sachverständigen- und Mediatoreneigenschaft Wert zu legen, weshalb die Trennung durch Verteilung auf verschiedene Personen zur Sicherstellung dessen einen nicht zu unterschätzenden Charme besitzt.

### 3.2
### Die Sachverständigentätigkeit

*Entschädigung versus Leistungshonorar*

In ihren Anfängen war die Sachverständigentätigkeit eine „Nebentätigkeit" für einen besonders versierten Fachmann, die zum Beispiel vom hoheitlichen Stellen gegen „Entschädigung" gefordert wurde ähnlich einer Zeugenaussage und nicht gegen ein Leistungshonorar. So ist das Zustandekommen der relativ niedrigen Entschädigungssätze des Zeugen- und Sachverständigen-Entschädigungs-Gesetzes (ZSEG) zu erklären, die auch heute in keiner Weise mit marktgerechten Vergütungssätzen korrelieren.

Durch die zunehmende komplexe Technisierung, die damit anwachsende Flut von Normenwerken und Richtlinien und die steigende Konfliktzahl und -bereitschaft wurde gerade im Bauwesen eine so starke Nachfrage nach Sachverständigenleistungen erzeugt, dass die Sachverständigentätigkeit zum eigenen Berufsbild avancierte.

Da die Sachverständigentätigkeit in der Regel Meinungsbildung und Entscheidungen im Zuge von Konfliktbewältigungen wesentlich beeinflusst (im forensischen Bereich sind Sachverständigengutachten in der Regel Grundlage für Urteile[1]), sind an Sachverständige sehr hohe bis höchste Anforderungen zu stellen, was sich in den verschiedenen Sachverständigenordnungen entsprechend niederschlägt.

### 3.3
### Allgemeine Voraussetzungen für Sachverständige

*Fachliche und persönliche Voraussetzungen*

Zu den wesentlichen Voraussetzungen für die Sachverständigentätigkeit gehören:

- ein überdurchschnittliches Fachwissen,
- eine absolut integre Haltung,
- Objektivität,
- die Fähigkeit, Gutachten nachvollziehbar und verständlich zu erstatten,
- wirtschaftliche und persönliche Unabhängigkeit sowie
- Einfühlungsvermögen, Erfahrung und Fingerspitzengefühl.

Damit liegt ein wichtiger Teil der Voraussetzungen auch im persönlich-charakterlichen Bereich.

Der Sachverständige hat dabei stets die Rolle des Entscheidungshelfers, die Rolle eines Entscheidungsträgers steht ihm im Regelfall nicht zu.

Ob diese Voraussetzungen bei einem bestimmten Sachverständigen gegeben sind, kann nur aus der Bezeichnung „Sachverständiger" nicht abgeleitet werden.

Als „Sachverständiger" kann sich jeder bezeichnen, der „von einer Sache etwas versteht" (oder zu verstehen glaubt); geschützt sind nur bestimmte Bezeichnungen,

---

[1] Vgl. Pieper, Helmut, Prof. Dr. jur.: Forschungsbericht zum Sachverständigenbeweis, Technisches Sachverständigenwesen, VDE-Verlag GmbH. Berlin, 1978: sinngem.: 96 % aller Urteile folgen positiv oder tendenziell positiv den meist schriftlich abgegebenen Gutachten, ohne dass der Richter, der das Tatsachen- und Beweismaterial im Grundsatz frei zu würdigen hat, in einen besonderen Gedankenaustausch mit dem Sachverständigen eintrat.

wie „öffentlich bestellter und vereidigter Sachverständiger", die durch die entsprechenden Bestellungskörperschaften (IHK, Handwerkskammern, Architekten- und Ingenieurkammern) verliehen wird.

Es ist also stets zu empfehlen, auf derartig legitimierte Sachverständige zurückzugreifen, um ein Höchstmaß an Sicherheit bezüglich der Eignung und Zuverlässigkeit eines Sachverständigen zu erhalten.

## 3.4
**Der öffentlich bestellte Sachverständige**

Eine öffentliche Bestellung eines Sachverständigen erfolgt vorrangig im öffentlichen Interesse und nicht vorrangig im Interesse des Sachverständigen.

Grundlage der Bestellung ist für die meisten Bausachverständigen § 36 der Gewerbeordnung bzw. § 91 der Handwerksordnung. Die Bestellung wird in fast allen Bundesländern für den freiberuflichen und gewerblichen Bereich durch die zuständige Industrie- und Handelskammer, für den handwerklichen Bereich durch die jeweilige Handwerkskammer durchgeführt. *Bestellungsgrundlagen*

Die Bestellungsfachgebiete sind zumindest im IHK-Bereich bundesweit standardisiert (ca. 200); jede IHK publiziert hierzu entsprechende Listen in Verbindung mit den jeweiligen Sachverständigenverzeichnissen (mittlerweile selbstverständlich auch über diverse Anbieter im Internet bundes- und europaweit[2]).

Die Voraussetzungen für eine öffentliche Bestellung im Bereich der Industrie- und Handelskammern sind in der jeweiligen Sachverständigenordnung niedergelegt, die in den meisten Fällen auf der sog. „Muster-Sachverständigenordnung" des DIHT (Deutscher Industrie- und Handelskammertag) basiert.

Beispielauszug aus der Muster-Sachverständigenordnung:

> „§ 2 Öffentliche Bestellung
> 1. Die öffentliche Bestellung hat den Zweck, Gerichten, Behörden und der Öffentlichkeit besonders sachkundige und persönlich geeignete Sachverständige zur Verfügung zu stellen, deren Aussagen besonders glaubhaft sind.
> 2. Die öffentliche Bestellung umfasst die Erstattung von Gutachten und andere Sachverständigenleistungen wie Beratungen, Überwachungen, Prüfungen, Erteilung von Bescheinigungen sowie schiedsgutachterliche und schiedsrichterliche Tätigkeiten."[3]

Voraussetzungen für eine öffentliche Bestellung sind nach den meisten Sachverständigenordnungen u. a. folgende: *Bestellungsvoraussetzungen*

- es muss ein Bedarf an Sachverständigenleistungen für das Sachgebiet bestehen,
- das Alter des Sachverständigen muss zwischen 30 und 62 Jahren liegen,
- es dürfen keine Bedenken gegen die Eignung bestehen,
- er muss überdurchschnittliche Fachkenntnisse, praktische Erfahrung und die Fähigkeit, Gutachten zu erstatten, besitzen,

---
[2] Z. B. http://svv.ihk.de, ca. 7000 Sachverständige.
[3] Mustersachverständigenordnung des DIHT 06/2001.

- er muss über die erforderlichen Einrichtungen verfügen,
- er muss in geordneten wirtschaftlichen Verhältnissen leben,
- er muss die Gewähr für Unparteilichkeit, Unabhängigkeit, sowie für die Einhaltung der Pflichten eines öffentlich bestellten Sachverständigen bieten.

*Sachverständi-gen-Pflichten*  Bei der Heranziehung eines öffentlich bestellten Sachverständigen, z. B. im Rahmen eines Mediationsverfahrens, darf man die Erbringung der Sachverständigenleistungen nach folgenden Kriterien/Pflichten erwarten (was im Übrigen ebenfalls in den Sachverständigenordnungen sowie in Merkblättern des DIHT[4] niedergelegt ist):

### Unabhängigkeit und Unparteilichkeit

- Frei von jeglichen unsachlichen persönlichen Einflüssen.
- Unterlassung von Handlungen und Maßnahmen, die den bloßen Anschein der Parteinahme erwecken könnten.
- Keine isolierte Kontaktaufnahme mit nur einer Partei.
- Außer der Entschädigung oder Vergütung keine unmittelbaren oder mittelbaren Vorteile im Zusammenhang mit der Gutachtenerstattung annehmen.
- Kein Vertragsverhältnis, das den Anschein einer Beeinträchtigung der Unparteilichkeit und Unabhängigkeit begründen könnte.
- Kein Gutachten für mehrere Parteien in derselben Sache (Ausnahme: z. B. Schiedsgutachten).

### Weisungsfreiheit

- Keine Entgegennahme/Berücksichtigung von Wünschen und Weisungen, die das Gutachtenergebnis beeinflussen könnten.

### Gewissenhaftes Handeln

- Prüfung, ob der Gutachtenauftrag in den Bereich der Bestellung fällt.
- Prüfung, ob der Auftrag in der gesetzten Frist oder in angemessener Zeit bearbeitet werden kann.
- Prüfung, ob der Gutachtenauftrag verweigert werden sollte[5] bzw. Aufklärung über Befangenheitsgründe.[6]
- Unverzügliche Bestätigung der Auftragsannahme sowie Unterlageneingang.
- Hinweis, wenn die voraussichtlichen Gutachtenkosten in einem auffälligen Missverhältnis zum Kostenvorschuss bzw. Streitwert stehen.

---

[4] Deutscher Industrie- und Handelstag (DIHT): Merkblatt des DIHT, Richtlinien zur Muster-Sachverständigenordnung des DIHT, jeweils aktualisiert.

[5] Verweigerungsgründe analog Zeugnisverweigerung ggü. Gerichten, Verwaltungsbehörden (vgl. §§ 408 Abs. 1 Satz 1, 383, 384 ZPO und §§ 76 Abs. 1 Satz 1, 52, 53 StPO) – Verwandtschaft, Heirat, Verschwägerung, Geheimnisoffenbarung.

[6] Besorgnis der Befangenheit (vgl. §§ 408 Abs. 1 Satz 2 ZPO, 76 Abs. 1 Satz 2 StPO) – freundschaftliche/geschäftliche Beziehungen zu einer Partei, Dienstverhältnis oder persönliche/wirtschaftliche Abhängigkeit zu einer Partei, erfolgtes Tätigwerden in gleicher Sache für anderen Auftraggeber.

- Unterrichtung des Auftraggebers über Verzögerungen.
- Objektivität hinsichtlich des zu begutachtenden Sachverhalts.

**Persönliche Gutachtenerstattung**

- Gutachten müssen auf der besonderen fachlichen und persönlichen Qualifikation des Sachverständigen beruhen.
- Hilfskräfte nur zur Vorbereitung einsetzbar, deren Ergebnisse sind durch den Sachverständigen zu überprüfen.
- Alle Ergebnisse unter der alleinigen Verantwortung der Person des Sachverständigen, Schlussfolgerungen darf nur der Sachverständige selbst ziehen.

**Nach bestem Wissen und Gewissen**

- Der neueste Stand der Wissenschaft, der Lehre und der Erfahrungen der Praxis ist zu beachten. Abweichungen sind zu begründen.
- Persönliche Gutachtenerstattung.

Das vorstehende Pflichtenheft kann dem Auftraggeber des Sachverständigen, also beispielsweise dem Mediator, auch als Checkliste für Vertragsgestaltung und -erfüllung dienen.

Nur der öffentlich bestellte Sachverständige ist berechtigt (und im Übrigen verpflichtet) einen standardisierten Rundstempel zu führen; er besitzt einen Sachverständigenausweis, den er auf Verlangen vorzulegen hat. Aus beidem – Rundstempel und Ausweis – gehen Fachgebiet und Stelle der Bestellung und Vereidigung hervor.

**Abbildung 1**
Rundstempel eines öffentlich bestellten und vereidigten Sachverständigen
(Anmerkung: die Stempelfarbe ist nicht festgelegt, zumeist hat sich jedoch grün eingebürgert)

**Entlastung der Gerichte**

> „Wann kann ein öffentlich bestellter Sachverständiger helfen?
> Immer, wenn eine unabhängige fachliche Information oder Beratung benötigt wird, ein Schaden beurteilt, eine Sache bewertet, ein fachlicher Streit außergerichtlich geklärt oder der tatsächliche Zustand eines Gegenstandes zu Beweiszwecken festgestellt werden soll.

> Das Gutachten eines öffentlich bestellten Sachverständigen genießt erhöhte Glaubwürdigkeit. Deshalb bietet es oft die Grundlage für eine gütliche außergerichtliche Einigung."[7]

*Beratung* Auch die Erteilung von Auskünften und Ratschlägen (häufig telefonisch) gehört zum Tagesgeschäft eines Sachverständigen. Diese Auskünfte dienen den Auskunftssuchenden häufig der Vorbereitung und Orientierung bei der Entscheidung bez. der Art eines einzuschlagenden Lösungsweges im Konfliktfall: Soll der Rechtsweg beschritten werden? Sollte man besser auf einen Kompromiss eingehen?

In vielen Fällen wird aus derartigen Auskünften eine regelrechte Beratung durch den Sachverständigen. Alleine durch die Aufklärung der Parteien durch den Sachverständigen über technisch-wirtschaftliche Zusammenhänge und Sachverhalte kann in Konfliktsituationen mäßigend eingewirkt und gegebenenfalls sogar ein Rechtsstreit vermieden werden. Somit kann die Sachverständigentätigkeit entlastend für die ordentlichen Gerichte wirken.

In diesem Anwendungsfall sind sich Sachverständiger und Mediator wohl am nächsten.

Bei der Suche nach einem öffentlich bestellten und vereidigten Sachverständigen können folgende Quellen hilfreich sein:

- Deutscher Industrie- und Handelskammertag:   http://www.diht.de
- Institut für Sachverständigenwesen e.V.:   http://www.ifsforum.de
- IHK-Sachverständigenverzeichnis:   http://svv.ihk.de

*Freie Sachverständige* ## 3.5
## Der freie Sachverständige

Wie bereits im vorigen Kapitel zu Bedenken gegeben, unterliegt die Bezeichnung „Sachverständiger" keinem besonderen Namens- oder Begriffsschutz.

Jeder, der sich also für sachkundig in einem bestimmten Gebiet hält, kann sich als Sachverständiger bezeichnen, in der Praxis zumeist als so genannter „Freier Sachverständiger".

Dass bei derartigen Sachverständigen in vielen Fällen Vorsicht geboten ist, liegt nahe. Vor Beauftragung sollte die Person des Sachverständigen und deren Fachkenntnis genau geprüft werden, soweit dies überhaupt möglich ist.

Nur der Vollständigkeit halber: auch in der Gruppe der freien Sachverständigen existieren hervorragende und zu empfehlende Fachleute, alleine muss man sie finden.

Keinesfalls sollte man sich durch Zugehörigkeit zu irgendwelchen Sachverständigenverbänden oder -gemeinschaften, durch ein „Zertifikat" oder durch die Führung und Anwendung von Stempeln (z. B. Oval-Stempel), ähnlich den Rundstempeln, die den öffentlich bestellten Sachverständigen vorbehalten sind, von derartigen Überprüfungen vor Beauftragung abbringen lassen.

---

[7] IfS Institut für Sachverständigenwesen: Öffentlich bestellte Sachverständige, Wissenswertes in 10 Tipps. Köln, 1990.

Alleine die öffentliche Bestellung oder amtliche/staatliche Anerkennung garantiert die bereits erfolgte strenge Überprüfung eines Sachverständigen in fachlicher und persönlicher Hinsicht durch die Bestellungs-Körperschaft/staatliche Stelle und zwar in einem in den letzten Jahren zunehmend schärfer werdenden Auswahlverfahren, was durchaus erfreulich ist.

## 3.6
### Der gerichtliche Sachverständige

Zum gerichtlichen Sachverständigen kann nach freier Wahl des Gerichts jedermann herangezogen werden, der vom Gericht als geeignet beurteilt wird, einen sachverständigen Beitrag zur Wahrheitsfindung zu leisten.

*Gerichtliche Sachverständige*

Sofern für die zu beurteilende Fragestellung Personen als Sachverständige öffentlich bestellt sind, sollen andere Personen nur dann gewählt werden, wenn besondere Umstände dies erfordern.

Der gerichtliche Sachverständige erbringt seine Leistungen in der Regel unbeeidigt; er kann durch das Gericht in besonderen Fällen im Einzelfall beeidigt werden. Beim öffentlich bestellten Sachverständigen erfolgt dies durch die übliche Berufung auf den geleisteten Eid am Ende eines Gutachtens.

Da die Sachverständigenheranziehung im Rahmen einer Mediation keinen gerichtlichen Charakter trägt und zudem das Themengebiet des gerichtlichen Sachverständigenwesens ein außerordentlich weites ist, wird hier lediglich auf die einschlägige Fachliteratur verwiesen[8].

## 3.7
### Der amtlich anerkannte Sachverständige

Aufgrund besonderer gesetzlicher Bestimmungen können Sachverständige in bestimmten Bereichen amtlich anerkannt werden. Die amtliche Anerkennung erfolgt dabei von zuständigen Landesbehörden. Sie werden in diesem Fall hoheitlich tätig auf der Grundlage eines gesetzlich festgelegten Pflichtenkatalogs.

*Amtlich anerkannte Sachverständige*

Beispiele: Überprüfung von Kraftfahrzeugen, Aufzügen, Druckbehältern, usw.

## 3.8
### Der staatlich anerkannte Sachverständige

In bestimmten Bundesländern wurden staatlich anerkannte, in Bayern der „verantwortliche" Sachverständige eingeführt. Aufgabengebiete sind die Prüfung von Schall und Wärmeschutz, baulichem Brandschutz und Standsicherheit. Sie werden von den

*Staatlich anerkannte Sachverständige*

---

[8] Z. B.: DIHT: IHK-Merkblatt für den Sachverständigen, jeweils aktuell.
Jessnitzer, K.: Der gerichtliche Sachverständige, Carl Heymanns Verlag. Köln, 1980.

Landesbaubehörden oder den Architekten- und Ingenieurkammern anerkannt. Ihre Tätigkeit richtet sich nach einem entsprechend festgelegten Pflichtenkatalog.

### 3.9
### Der zertifizierte Sachverständige

*Zertifizierte Sachverständige*

Im Rahmen der Europäischen Normung wurde durch die EU-Mitgliedstaaten die Normenreihe 45000 eingeführt, die in Deutschland als DIN-Norm übernommen wurde. Danach können sich Sachverständige zusätzlich zu ihrer bereits vorhandenen Qualifikation zertifizieren lassen. Die Zertifizierungsstelle muss dabei entsprechend der EN-Norm 45013 akkreditiert sein, zum Beispiel durch den Deutschen Akkreditierungsrat[9].

Zertifizierte Sachverständige müssen bestimmte persönliche und fachliche Voraussetzungen erfüllen, sowie persönlich geeignet sein. Sie unterliegen während der Zeit der Zertifizierung einem umfangreichen Pflichtenkatalog mit Überwachung durch die Zertifizierungsstelle. Die Zertifizierung ist jeweils auf einen bestimmten Zeitraum befristet und kann nach bestimmten Regularien verlängert werden.

Weitere Informationen zum zertifizierten Sachverständigen siehe z. B. über die *Ifs GmbH für Sachverständige*[10].

### 3.10
### Sonstige Sachverständige

*Sonstige Sachverständige*

Neben den bereits benannten Arten von Sachverständigen können sich Sachverständige in privatrechtlichen Verbänden zusammenschließen. Die Voraussetzungen für eine Anerkennung derartiger Verbände wurden vom Bundesgerichtshof in seiner Entscheidung vom 23.05.1984 (NJW 84,2000 365) festgelegt.

### 3.11
### Der Sachverständige und Mediator

*Spannungsfeld Sachverständiger-Mediator*

In Kap. I.1.3[11] dieses Buches werden Definitionen der Mediation erläutert. Der Tenor einzelner Kriterien der dort dargestellten Grundsätze lässt Parallelen zu den Anforderungen an Sachverständige wie in Kap. III.3.3 dargestellt (z. B. Unabhängigkeit, Objektivität, Integrität, usw.) erkennen.

---

[9] Über: TGA-Trägergemeinschaft für Akkreditierung GmbH, Gartenstr. 6, 60594 Frankfurt/Main.
[10] http://www.ifsforum.de.
[11] Vgl. Kap. I.1.3, und dort:
Flucher Th., Mediation im Planungs-, Bauwesen – Potenziale und Grenzen, 1998;
Zilleßen H., Friedensmacht Europa, 2001.

Auf der Homepage der Architektenkammer Thüringen findet sich im Rahmen einer Seminareinladung (Seminar *„Schlichtung und Mediation am Bau – ein neues Tätigkeitsfeld für den Sachverständigen?!!!"*) folgende Äußerung:

> „Das Berufsbild des qualifizierten Sachverständigen bietet beste Voraussetzungen für den Einsatz als Mediator. Hier sind seine besondere Sachkunde, seine Objektivität und Neutralität gefordert."[12]

Ob der Mediator auch über Fachkenntnisse (z. B. sachverständige Fachkenntnisse) verfügen soll, wird kontrovers diskutiert[13]. Es kann die Meinung vertreten werden, dass ein Mediator, der über spezielle Fachkenntnisse verfügt, sich möglicherweise zum Nachteil der Mediation in die Lösungsfindung des Konfliktes einmischen könnte.

Auf dem Hintergrund dieses Spannungsfeldes wurden bereits in Kap. I.1.3 zwei Fälle unterschieden:

In einem ersten Fall wird ein Mediator gleichzeitig sachverständig tätig und integriert sich aktiv in die Lösungsfindung. Als Voraussetzung wird das Einverständnis der Konfliktparteien gesehen.

Im zweiten Fall konzentriert sich der Mediator nur auf die Mediation und arbeitet nicht aktiv an der Lösungsfindung mit. Dieser Fall dürfte vor allem dann Anwendung finden, wenn es bereits zu einer Eskalation zwischen den Parteien gekommen ist.

Auf der Grundlage dieser Sachverhalte sind drei Modelle für den Einsatz von Sachverständigen mit/neben Mediatoren denkbar:

## Modell 1: Der neben dem Mediator beauftragte Sachverständige

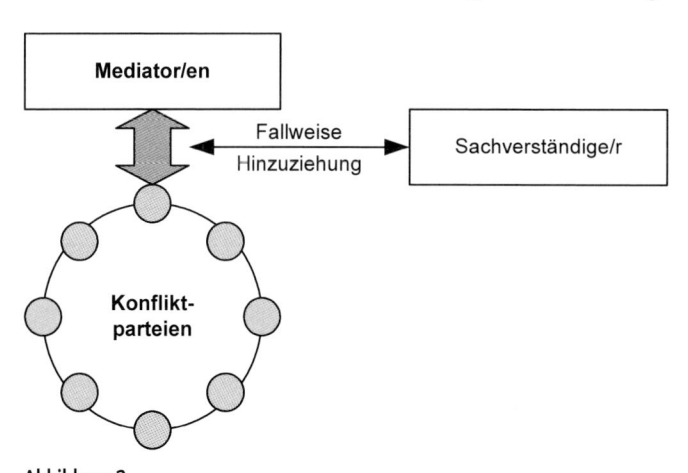

**Abbildung 2**
Modell 1: Sachverständiger neben Mediator

---
[12] Homepage der Architektenkammer Thüringen, http://www.architekten-thueringen.org, 2002.
[13] Vgl. Kap. I.1.5.

Bei Baumediationen wird in vielen Fällen die Hinzuziehung eines technischen Sachverständigen erforderlich sein. Auf die Person des Sachverständigen sollten sich die Parteien fallspezifisch einvernehmlich einigen, ggf. unter Zuhilfenahme einer besonderen Auswahlklausel im Mediationsvertrag.

Der Sachverständige wird nach entsprechender Auswahl zur Beantwortung bestimmter technischer Fragen im Einzelfall beauftragt. Sachverständiger und Mediator sind in diesem Fall vollständig getrennt, der Mediator betreibt nur Mediation und arbeitet nicht aktiv an der Lösungsfindung mit, der Sachverständige beantwortet nur die ihm gestellten technischen Fragen im Einzelfall.

**Modell 2: Der Mediator und der Sachverständige als Team**

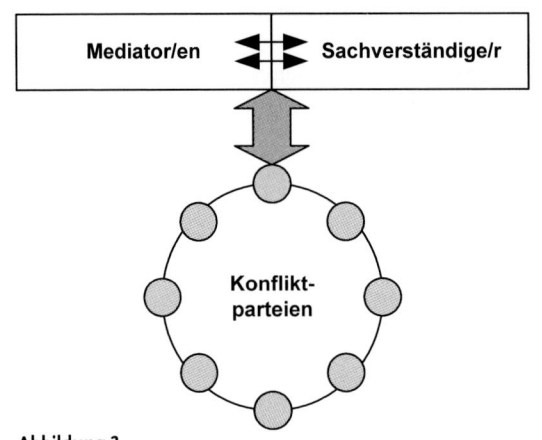

**Abbildung 3**
Modell 2: Team Sachverständiger und Mediator

Um die Vorlaufzeit zwischen dem Auftreten eines Konfliktes und dem Einsetzen der Mediation möglichst gering zu halten, kann eine baubegleitende Mediation sinnvoll sein und installiert werden.

Hierzu sollte ein Mediator(enteam) ggf. bereits in Verbindung mit einem oder mehreren technischen Sachverständigen baubegleitend bestimmt und „vorgehalten" werden, die im Konfliktfall kurzfristig aktiviert werden können.

Dieses Modell entspricht im Grunde dem Modell 1, lediglich sind die Personen des Mediators und Sachverständigen bereits vor Eintritt der Konfliktsituation bestimmt und womöglich auch bereits vertraglich gebunden.

Auch in diesem Fall sind Sachverständiger und Mediator operativ getrennt. Der Mediator arbeitet nicht aktiv an der Lösungsfindung mit.

## Modell 3: Der Sachverständige als Mediator

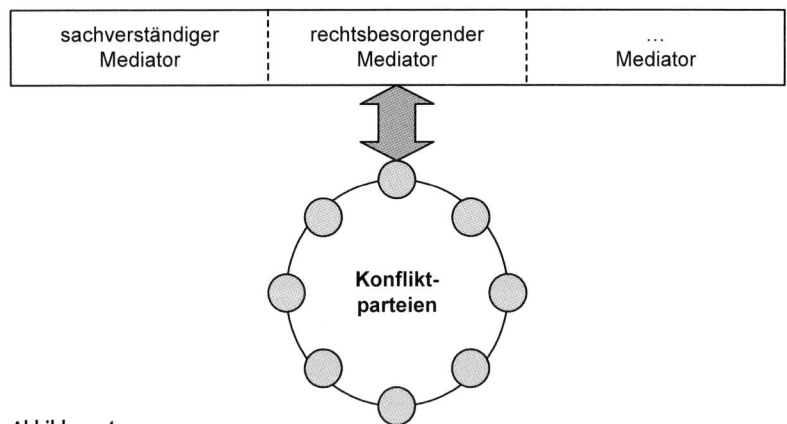

*Modell 3*

| sachverständiger Mediator | rechtsbesorgender Mediator | ... Mediator |

**Abbildung 4**
Modell 3: Sachverständiger = Mediator

Sofern die Konfliktparteien dieses befürworten, kann ein Sachverständiger als Mediator beauftragt werden. Der Sachverständige kann seine Fachkompetenz zur Unterstützung der Lösungsfindung unmittelbar einbringen. Dabei ist es aber unabdingbare Voraussetzung, dass der Sachverständige alle Anforderungen an die Qualifikation als Mediator erfüllt, das heißt, im günstigsten Fall eine entsprechende Ausbildung und Erfahrung im Bereich der Mediation vorweisen kann.

Im Grunde entspricht dieser Modellfall vielen Situationen und Aufgabenstellungen, mit denen sich ein Sachverständiger im Rahmen seiner praktischen Tätigkeit ohnehin häufig konfrontiert sieht: Vermitteln zwischen Streitparteien, Moderieren in Ortsterminen und streitigen Gesprächsrunden, objektives Informieren über allgemeingültige Zusammenhänge, Ausloten von Kompromissmöglichkeiten, usw.

Da ein Sachverständiger im Regelfall ein Techniker sein wird, ist rechtlichen Belangen, wie z. B. der Übereinstimmung mit den Anforderungen des Rechtsberatungsgesetzes, unbedingt Augenmerk zu schenken.

Mediation kann (für den Techniker untersagte) Rechtsbesorgung sein, wenn der Mediator dem Medianten „bei dem Abschluss von Vereinbarungen behilflich ist, indem er die zwischen den Medianten vereinbarten Ergebnisse oder Teilergebnisse schriftlich fest hält."[14]

Aus diesem Grunde ist stets im Einzelfall zu prüfen, ob nicht zweckmäßigerweise besser ein Mediatorenteam zum Einsatz gelangt, das neben dem Sachverständigen aus mindestens einem weiteren Mitglied besteht, das zur Rechtsbesorgung befugt ist. Im Falle, dass u. a. rechtsbesorgende Tätigkeiten im Rahmen der geplanten Mediation zu erbringen sind, wäre solches zwingend erforderlich.

Den Konfliktparteien ist es im Einzelfall anheim gestellt, das für ihre Situation am besten geeignete Modell auszuwählen.

---

[14] OLG Rostock, 2 U 58/00, 20.06.2001, veröffentlicht in: ZKM-Zeitschrift für Konfliktmanagement, 4/2001, S. 192, Centrale für Mediation (Hrsg.), Unter den Ulmen 96–98, 50968 Köln.

# IV
# Mediation in der Schweiz

1 Bauen und Mediation in der Schweiz
   *Peter Bösch*

2 Status der Mediation in der Schweiz
   *Thomas Flucher*

# 1
# Bauen und Mediation in der Schweiz

*Peter Bösch*

## 1.1
### Einleitung

Streitigkeiten rund um die Planung und Erstellung von Bauten und Anlagen werden auch in der Schweiz heftig geführt. An Gerichte und Betroffene stellen sie teilweise große Anforderungen. Hauptgründe dafür sind:  *Problem*

- Es sind meist nicht nur zwei, sondern mehrere Parteien beteiligt (mehrere Nachbarn, Baubewilligungsbehörden, Unternehmer, Architekten, Planer etc.).
- Vielfach spielen neben Sachfragen auch starke Emotionen mit (Streit um das eigene Heim, Ängste wegen Umwelteinflüssen etc.).
- Es geht zum Teil vordergründig um Kleinigkeiten, welche sich aber letztlich zu einem großen Problem summieren und aufwändige Verfahren nach sich ziehen.
- Bei Großprojekten sind Probleme oft so komplex, dass im Prinzip nur die beteiligten Parteien einen gangbaren Weg finden können.

Dass es neben dem üblichen Rechtsweg für die Konfliktlösung mit der Mediation eine Alternative gäbe, ist in der Schweiz kaum bekannt.  *Fragen*

In meinem Beitrag möchte ich zunächst speziell für Nicht-Schweizer darlegen:

- Wie das Bauen in der Schweiz rechtlich geregelt ist.

Anschließend behandle ich:

- Wie in der Schweiz die staatlichen und die quasistaatlichen Streitbeilegungswege verlaufen.
- Wie es um das noch zarte Pflänzlein Mediation in der Schweiz bestellt ist.

## 1.2
### Rechtliche Regelung des Bauens in der Schweiz

In der Schweiz sind die Rechtsnormen für das Bauen über einen langen Zeitraum gewachsen. Darum sind sie stark aufgesplittert und schlecht koordiniert.

Im öffentlich-rechtlichen Bereich sind sowohl Gesetze des Bundes, gestützt auf Kompetenznormen der Bundesverfassung (u. a. Art. 73 ff. BV), als auch kantonale und kommunale Vorschriften maßgebend.  *Öffentliches Recht*

Das eidgenössische Raumplanungsgesetz (RPG) legt als Rahmengesetz Planungsgrundsätze (Typen von Bauzonen und Nicht-Bauzonen, Umfang von Bauzonen, kein

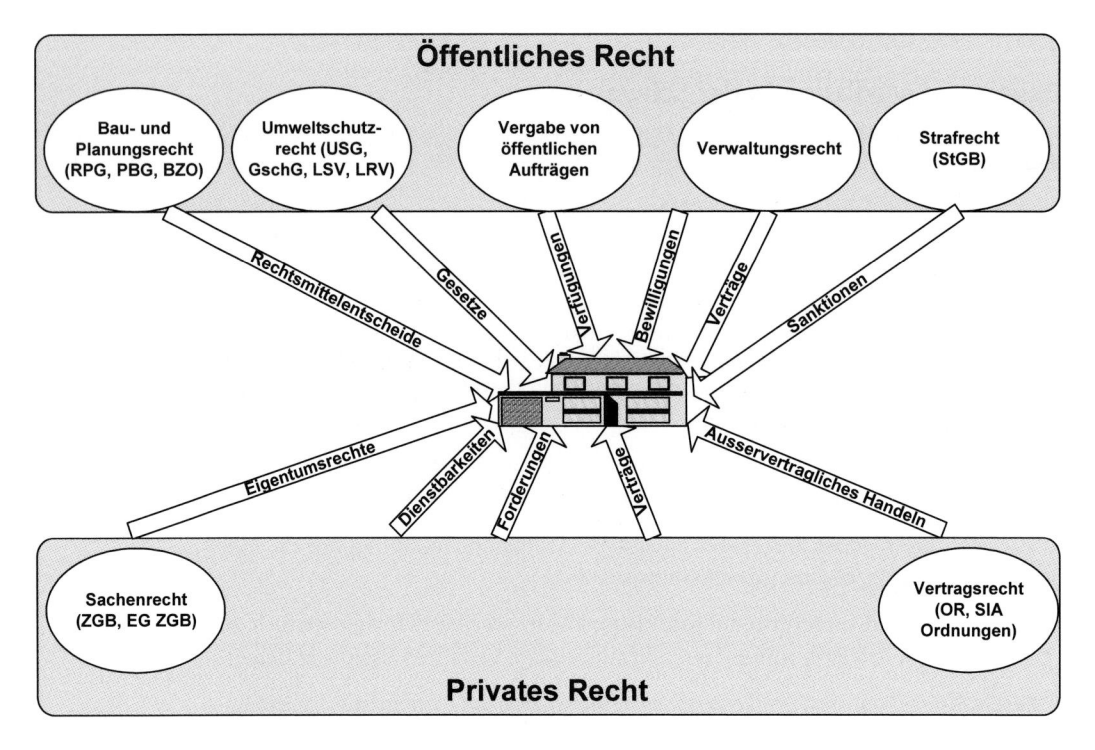

**Abbildung 1**
Einfluss des Rechts auf das Bauen

Bauen ohne Bewilligung, Entschädigung für Planungseingriffe) fest.[1] Dieser Rahmen wird dann durch die kantonalen Baugesetze, welche sich je nach Kanton sehr stark unterscheiden, ausgefüllt. Im Kanton Zürich ist es das Planungs- und Baugesetz (PBG). Die Vorgaben auf eidgenössischer und kantonaler Stufe verfeinern dann noch kommunale Bau- und Zonenordnungen (BZO).

Der Umweltschutz ist durch das eidgenössische Umweltschutzgesetz (USG) samt den zugehörigen Verordnungen und das Gewässerschutzgesetz (GSchG) praktisch abschließend (Luftreinhaltung, Lärm, Bodenverschmutzung, Strahlenbelastung, Gewässerschutz etc.) geregelt.

Die Rechtsbereiche öffentliches Planungs- und Baurecht bzw. Umweltrecht überschneiden sich darüber hinaus oft in der praktischen Anwendung.

*Privatrecht*   Bestimmungen über die Formen des Grundeigentums und die Nutzung von Grundstücken, das klassische Sachenrecht also, finden sich im eidgenössischen Zivil-

---

[1] Fritzsche Christoph/Bösch Peter: Zürcher Planungs- und Baurecht, 3. Aufl., Wädenswil 2000; Haller Walter/Karlen Peter: Raumplanungs-, Bau- und Umweltrecht, Bd. I, 3. Aufl., Zürich 1999; Hänni Peter: Planungs-, Bau- und besonderes Umweltschutzrecht, 4. Aufl., Bern 2002.

gesetzbuch (ZGB).² Das ZGB verweist aber auf für die Nachbarn bedeutende Fragen, wie hoch Mauern, Bäume und Sträucher sein dürfen, auf kantonale Regelungen (meist in Einführungsgesetzen zum ZGB [EG ZGB]).³

Die klassischen Bauverträge sind letztlich im Schweizerischen Obligationenrecht (OR)⁴ umschrieben; der Grundstückskaufvertrag in Art. 216 ff., die Miete und Pacht in den Art. 253 ff. und der Werkvertrag in Art. 363 ff. Beim Architektenvertrag, der im OR nicht geregelt ist, diskutieren Lehre und Rechtsprechung immer noch, ob er ein Werkvertrag oder ein Auftrag oder keines von beiden ist.⁵

Bei Bauverträgen spielen sodann technische Normen und Ordnungen (Allgemeine Geschäftsbedingungen) des Schweizerischen Architekten- und Ingenieurvereins (SIA) eine große Rolle. Bei Werkverträgen wird meist auf die Norm SIA 118 verwiesen.⁶ Die Architekten und Ingenieurverträge stützen sich für ihre Verträge und Honorarfragen auf die Ordnungen SIA 102 (für Architekten)⁷, 103 (für Bauingenieure) ab.

*SIA-Normen*

## 1.3
### Rechtliche Vorgänge beim Bauen

Für das Bauen auf einem Grundstück braucht es in aller Regel eine Baubewilligung. Das Verfahren, welches zu einer solchen Baubewilligung führt, wird Baubewilligungsverfahren genannt. Es beginnt mit der Einreichung des Baugesuchs und endet mit der Abnahme des bewilligten Baus. Auf Seiten des Staates sind je nach Art des Vorhabens Behörden der Gemeinde, des Kantons oder des Bundes zuständig. Dabei sind unter Umständen für ein bestimmtes Vorhaben gleichzeitig Bewilligungen mehrerer Behörden erforderlich.

*Von der Planung bis zur Fertigstellung*

Damit aber gebaut werden kann, laufen neben dem Baubewilligungsverfahren noch zahlreiche andere rechtliche Vorgänge ab. Diese anderen Vorgänge muss ein Bauherr ebenfalls im Auge behalten. Beschäftigt er sich nur mit dem Baubewilligungsverfahren allein, so läuft er Gefahr, dass sein Bauvorhaben Schiffbruch erleidet. Dies auch, wenn sich im eigentlichen Baubewilligungsverfahren keine Schwierigkeiten zeigen. Betrachtet man das Bauen in einem weiteren Zusammenhang, so lassen sich folgende Phasen und Vorgänge unterscheiden (vgl. Abbildung 2).

---

[2] Tuor Peter/Schnyder Bernhard/Schmid Jörg: Das Schweizerische Zivilgesetzbuch, 11. Aufl., Zürich 1995, S. 593 ff.
[3] Sommer Monika: Nachbarrecht, Zürich 1995, S. 71 ff.; Lindenmann Alfred: Bäume und Sträucher im Nachbarrecht, Zürich 1988.
[4] Guhl Theo/Koller Alfred/Schnyder Anton K./Druey Jean Nicolas: Das Schweizerische Obligationenrecht, 9. Aufl., Zürich 2000.
[5] Gauch Peter: Vom Architekturvertrag, seiner Qualifikation und der SIA Ordnung 102, in: Gauch Peter und Tercier Pierre (Hrsg.), Das Architektenrecht, 3. Aufl., Freiburg 1995, S. 1–38.
[6] Gauch Peter: Der Werkvertrag, 4. Aufl., Zürich 1996; Gauch Peter: Kommentar zur SIA-Norm 118, Art. 157–190, Zürich 1991; Gauch Peter (Hrsg.): Kommentar zur SIA-Norm 118, Art. 38–156, Zürich 1992.
[7] Egli Anton: Das Architektenhonorar, in: Gauch Peter und Tercier Pierre (Hrsg.), Das Architektenrecht, 3. Aufl., Freiburg 1995, S. 295–360.

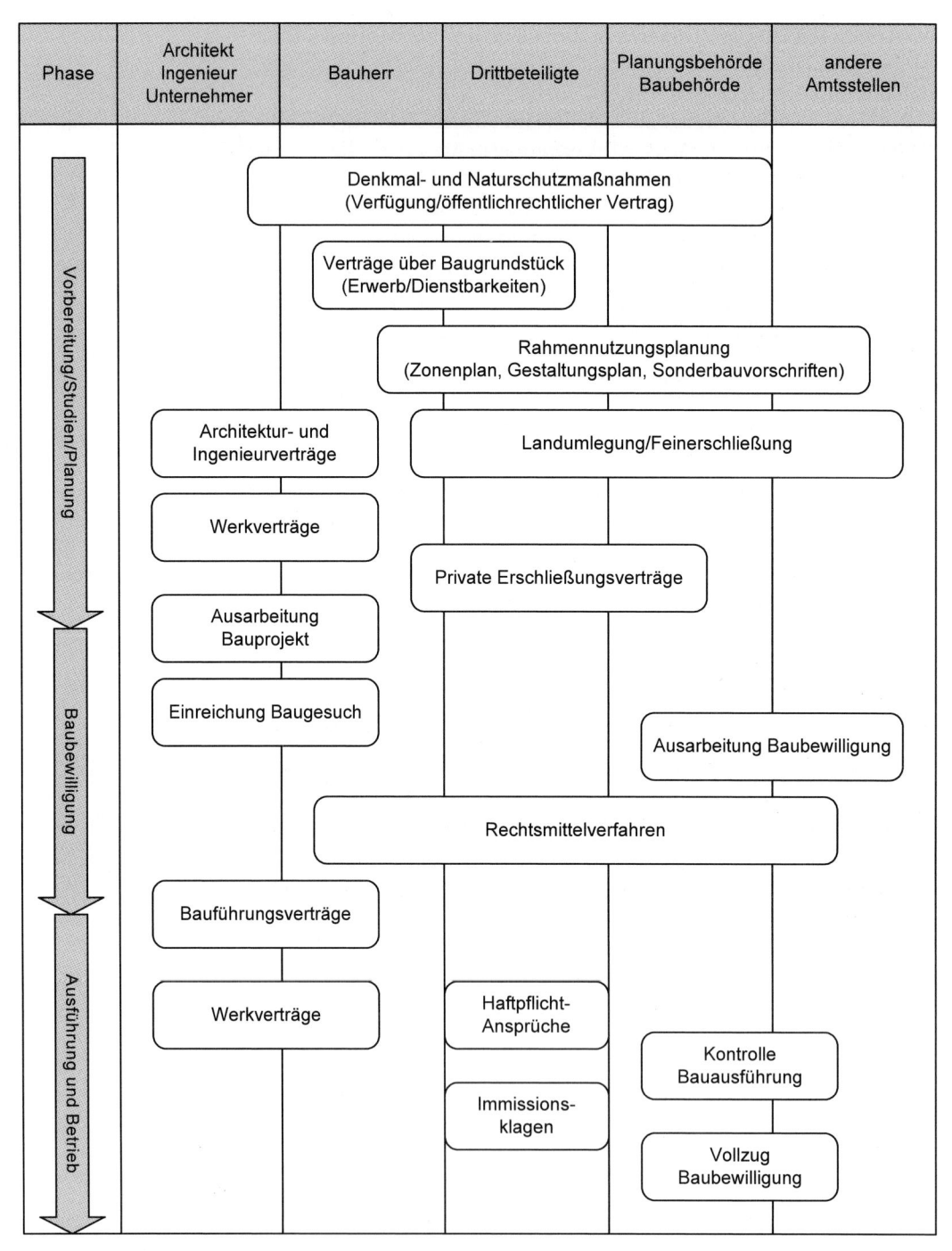

| Phase | Architekt Ingenieur Unternehmer | Bauherr | Drittbeteiligte | Planungsbehörde Baubehörde | andere Amtsstellen |
|---|---|---|---|---|---|
| **Vorbereitung/Studien/Planung** | | Denkmal- und Naturschutzmaßnahmen (Verfügung/öffentlichrechtlicher Vertrag) | | | |
| | | Verträge über Baugrundstück (Erwerb/Dienstbarkeiten) | | | |
| | | Rahmennutzungsplanung (Zonenplan, Gestaltungsplan, Sonderbauvorschriften) | | | |
| | Architektur- und Ingenieurverträge | Landumlegung/Feinerschließung | | | |
| | Werkverträge | | | | |
| | Ausarbeitung Bauprojekt | Private Erschließungsverträge | | | |
| **Baubewilligung** | Einreichung Baugesuch | | | Ausarbeitung Baubewilligung | |
| | | Rechtsmittelverfahren | | | |
| **Ausführung und Betrieb** | Bauführungsverträge | | | | |
| | Werkverträge | | Haftpflicht-Ansprüche | Kontrolle Bauausführung | |
| | | | Immissions-klagen | Vollzug Baubewilligung | |

**Abbildung 2**
Rechtliche Vorgänge beim Bauen

## 1.3.1
**Vorbereitungsphase**

Je nach Eigenschaften des Baugrundstücks hat der Bauherr eine Reihe von Schritten zu unternehmen, bis er überhaupt ein Baugesuch einreichen kann. Eine bei Weitem nicht abschließende Aufzählung:

*Vor dem Bau*

- Für das Bauvorhaben muss das Grundstück in einer geeigneten Bauzone liegen. Je nach dem ist noch eine Zonenplanänderung oder ein Sondernutzungsplan (Gestaltungsplan, Sonderbauvorschriften) zu erwirken.[8]
- Beim Baugrundstück oder den darauf stehenden Bauten handelt es sich vielleicht um ein Natur- oder Denkmalschutzobjekt. Vor dem Bauen sind somit zuerst Schutzmaßnahmen (Naturschutz, Denkmalschutz) zu klären.[9]
- Nötig ist auch eine genügende Erschließung. Diese kann, soweit noch nicht vorhanden, durch einen sogenannten Quartierplan[10] oder durch einen privaten Erschließungsvertrag[11] erreicht werden.
- Um das Bauvorhaben ausführen zu können, müssen mit Nachbarn unter Umständen Verträge über den Erwerb von Grundstücken und Grundstücksteilen oder Ausnützungstransfers abgeschlossen werden.[12] Notwendig ist allenfalls auch die Änderung oder Aufhebung von bauhindernden Dienstbarkeiten (Aussichts- oder Villenservitute, Bauverbote, größere Abstände als in der Bauordnung vorgeschrieben etc.).[13]
- Die Zustimmung der Nachbarn muss eventuell eingeholt werden, damit ein Bauherr die zonengemäßen Abstände unterschreiten darf.[14]
- Auch wenn mit den Nachbarn keine privatrechtlichen Vereinbarungen getroffen werden müssen, empfiehlt sich für Bauherren, trotzdem mit diesen das Gespräch zu suchen. Damit kann eine gute nachbarliche Beziehung erhalten oder aufgebaut werden. Ein gutes Einvernehmen mit den Nachbarn ist immer noch die beste Rekursprophylaxe.
- Der Bauherr selbst muss je nach Art des Bauvorhabens einen Architekten und weitere Spezialisten für Raumplanung, Verkehr, Statik, Immissionen und Altlastenbereinigungen beauftragen. Diese Personen haben die Vorstudien für das Bauprojekt zu betreiben und dann das Bauprojekt auszuarbeiten.[15]

---

[8] Fritzsche/Bösch (FN 1), S. 94 f.; Haller/Karlen (FN 1), S. 45 f.
[9] Fritzsche/Bösch (FN 1), S. 143 f.; Haller Walter/Karlen Peter: Raumplanungs- und Baurecht, 2. Aufl., Zürich 1992, S. 91 f.
[10] Fritzsche/Bösch (FN 1), S. 129 f.
[11] Störi Fridolin: Grob- und Feinerschließung durch die Grundeigentümer, in: PBG aktuell 3/96, S. 5 ff.
[12] Probleme rund um den Grundstückkauf sind in Koller Alfred (Hrsg): Der Grundstückkauf, 2. Aufl., St. Gallen 2001, behandelt.
[13] Bösch Peter: Grundbuch und Baubewilligungsverfahren, in: ZBl 1993, S. 493 f.
[14] Bösch Peter (FN 13), S. 487.
[15] Fragen rund um Architekten- und Ingenieurverträge werden im Sammelband Gauch Peter/Tercier Pierre (Hrsg.): Das Architektenrecht, 3. Aufl., Freiburg 1995, abgehandelt.

### 1.3.2
### Bewilligungsphase

*Auf dem Weg zur Bewilligung*

Das Baubewilligungsverfahren läuft in verschiedenen Phasen ab.[16] In der Regel setzt der Bauherr dieses Verfahren mit der Einreichung eines Baugesuches in Gang. Es muss der kommunalen Baubehörde, dem Gemeinderat oder einer Baukommission eingereicht werden. Dann wird das Vorhaben, soweit möglich, ausgesteckt (Baugespann) und in den amtlichen Publikationsorganen ausgeschrieben. Die Baubehörde holt alsdann Vernehmlassungen zum Baugesuch von diversen Amtsstellen ein (Feuerpolizei, Verkehrspolizei, Amt für Raumplanung und Vermessung etc.). Auf Grund dieser Vernehmlassungen entscheidet die Baubehörde. Sie erteilt eine Bewilligung, eine teilweise Bewilligung oder spricht eine Verweigerung aus. Eine Bewilligung wird in den meisten Fällen von zahlreichen Nebenbestimmungen (Bedingungen, Auflagen, Vorbehalte) begleitet. In der Stadt Zürich können es selbst bei kleineren Bauvorhaben bis zu 50 Nebenbestimmungen sein. An den baurechtlichen Entscheid und auch an die weiteren Entscheide der Baubehörden schließt sich danach unter Umständen das Rechtsmittelverfahren an, welches der Bauherr, ein Nachbar oder auch weitere Betroffene (z. B. Umweltverbände) einleiten können.[17]

Manche Baubewilligungen benötigen auch noch die Zustimmung von kantonalen Instanzen. Große Infrastrukturvorhaben sind durch Bundesstellen zu bewilligen (Eisenbahnen, Flugplätze etc.). Bei einer Beteiligung von kantonalen und eidgenössischen Instanzen müssen die verschiedenen Entscheide koordiniert werden.[18]

### 1.3.3
### Ausführungs- und Betriebsphase

*Bau und Betrieb*

Nach Erhalt der Baubewilligung hat der Bauherr die verschiedenen Nebenbestimmungen der Baubewilligung zu erfüllen, vor allem solche Nebenbestimmungen, welche vor Baubeginn zu erfüllen sind. In dieser Phase braucht der Bauherr wiederum in der Regel einen Architekten und weitere Spezialisten, welche die Ausführungsplanung besorgen. Spätestens hier kommen auch die Bauunternehmer ins Spiel.

In dieser Phase überprüft die Baubehörde die Ausführung des Baus in periodischen Abständen (Schnurgerüst, Rohbau etc.), namentlich auf die Einhaltung der bewilligten Pläne und der verschiedenen Nebenbestimmungen der Baubewilligung hin.[19] Stellt sie Abweichungen fest, ordnet sie Vollzugsmaßnahmen an.[20] Allenfalls

---

[16] Fritzsche/Bösch (FN 1), S. 446 ff.; Mäder Christian: Das Baubewilligungsverfahren, in: Zürcher Studien zum Verfahrensrecht, Nr. 93, Zürich 1991, S. 111 f.
[17] Fritzsche/Bösch (FN 1), S. 543 f.; Mäder Christian: Zur Bedeutung der VRG-Revision für das Raumplanungs- und Baurecht sowie das Enteignungsrecht, in: PBG aktuell 1/1998, S. 5 f.
[18] Vgl. Hubmann/Trächsel/Michèle: Die Koordination von Bewilligungsverfahren für Bauten und Anlagen im Kanton Zürich, in: Zürcher Studien zum öffentlichen Recht Nr. 116, Zürich 1995; vgl. auch Griffel Alain: Verfahrenskoordination im öffentlichen Recht – Wo stehen wir heute?, in: recht 18 (2000), S. 225 ff.
[19] Mäder (FN 17), S. 305 ff.
[20] Mäder (FN 17), S. 325 ff.

kommen auch noch Strafbehörden zum Zug, da das Bauen ohne Bewilligung nach
§ 340 PBG strafbar ist.[21]

Mit Nachbarn muss sich ein Bauherr auseinandersetzen, wenn er im Rahmen der
Bauarbeiten sein Eigentum überschreitet, z. B. übermäßige Immissionen verursacht
oder Schäden an Nachbargrundstücken verursacht (Rutschungen, Risse in Bauten
etc.).[22]

## 1.4
### Streitigkeiten im Zusammenhang mit dem Bauen

Wie dargelegt, laufen, bis ein Bau steht, eine Reihe von Vorgängen ab. Diese Vorgänge bedingen sich teilweise. Teilweise laufen sie parallel ab. Dass in dieses Verfahrensräderwerk an zahlreichen Stellen Sand, sprich Konfliktstoff geraten kann, liegt auf der Hand. Für die Beseitigung des Konfliktsandes und die Schmierung des Verfahrensräderwerks steht eine Reihe von Streitbeilegungsmechanismen zur Verfügung. Manche dieser Mechanismen stellt der Staat zur Verfügung. Es gibt aber auch zusätzliche alternative Streitbeilegungsmöglichkeiten.

### 1.4.1
#### Konfliktfelder

Im Zusammenhang mit der Planung, der Erstellung und dem Betrieb von Bauten und Anlagen sind drei Konfliktfelder auszumachen. Neben gemeinsamen Merkmalen unterscheiden sich die drei Felder in einigen Punkten.

*Konfliktbereiche*

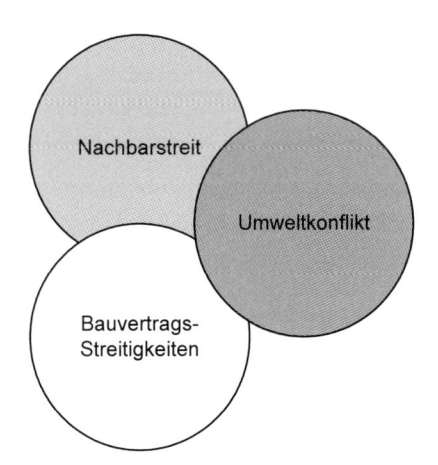

**Abbildung 3**
Konfliktfelder beim Bauen

---
[21] Mäder (FN 17), S. 355 ff.
[22] Schmid Jörg: Bauimmissionen, in: Baurechtstagung, Band I, Gesamtveranstaltungen, Fribourg 1997, S. 52 f.

#### 1.4.1.1 Nachbarstreit

Kennzeichen des Nachbarstreits[23] sind:

*Kennzeichen Nachbarstreit*
- Beteiligt sind Personen, die neben- oder untereinander wohnen.
- Es sind relativ wenige Personen beteiligt.
- Die Auswirkungen des betreffenden Vorhabens sind lokal.
- Die Beziehung zwischen Nachbarn ist eine soziale Dauerbeziehung.
- Emotionale Aspekte spielen eine große Rolle.
- Das Streitobjekt ist ein kleinerer bis mittlerer Bau bzw. Anlage.
- Der Nachbarstreit ist in vielem mit dem Familienstreit verwandt.

#### 1.4.1.2 Umweltkonflikt

Kennzeichen des Umweltkonflikts[24] sind:

*Kennzeichen Umweltkonflikt*
- Beteiligt sind Personen, die in einem mittleren bis größeren Umkreis des betreffenden Baues oder der Anlage wohnen.

- Es schalten sich auch Umweltschutzverbände ein.

- Es sind relativ viele Beteiligte.

- Die Auswirkungen des betreffenden Vorhabens sind mindestens regional.

- Das Vorhaben hat auch politische Dimensionen.

- Emotionale Aspekte spielen insofern eine große Rolle, als teilweise existenzielle Ängste bestehen (Angst vor Atomenergie, vor Boden- und Gewässerverschmutzung, vor Strahlen).

- Das Streitobjekt ist ein mittlerer bis größerer Bau bzw. Anlage.

- Der betreffende Bau oder die Anlage muss häufig irgendwie oder irgendwo gebaut werden (Endlagerung von Atomabfällen, Sonderabfallverbrennungsanlage, Mobilfunkanlage).

Manche Umweltkonflikte nehmen die Dimension einer politischen Auseinandersetzung an.

#### 1.4.1.3 Bauvertragsstreitigkeit

Kennzeichen der Bauvertragsstreitigkeit sind:

*Kennzeichen Bauvertragsstreitigkeit*
- Beteiligt sind in erster Linie Personen, die einen Bauvertrag (Kauf, Werkvertrag, Auftrag, Architekten- oder Ingenieurvertrag, General- oder Totalunternehmervertrag) untereinander abgeschlossen haben. Zusätzlich kommen noch Personen

---

[23] Vgl. Bösch Peter: Der Nachbarstreit und dessen Beilegung, Mediation – ein neuer Weg, in: SJZ 1998, S. 77–85 und 105–110.

[24] Vgl. Siegwart Karine: Umweltmediation – Nachhaltige Entwicklung zur Lösung von Umweltkonflikten, in: Schindler Benjamin/Schlauri Regula (Hrsg.), Auf dem Weg zu einem einheitlichen Verfahren, Zürich 2001, S. 331 ff.

ins Spiel, welche nur mit einer der beiden Vertragsparteien in vertraglicher Beziehung stehen (z. B. der Subunternehmer ist nicht Vertragspartner des Bauherrn).

- Es sind relativ wenige Personen beteiligt.
- Die Beziehung unter den Parteien kann einmalig sein, aber auch dauerhaft konzipiert sein (Unternehmer – Lieferant, Architekt – immer wieder berücksichtigter Bauunternehmer).
- Es stellen sich häufig komplizierte bautechnische Fragen, die innerhalb kurzer Zeit gelöst werden sollten, um die Fertigstellung des betreffenden Bauwerkes sicherzustellen.
- Emotionale Aspekte spielen unter Umständen eine große Rolle (langjährige Geschäftsbeziehung, welche sich zur Freundschaft entwickelt).

Die Bauvertragsstreitigkeit unterscheidet sich von den übrigen Vertragsstreitigkeiten nur durch das Vertragsobjekt (= Bau oder Anlage).

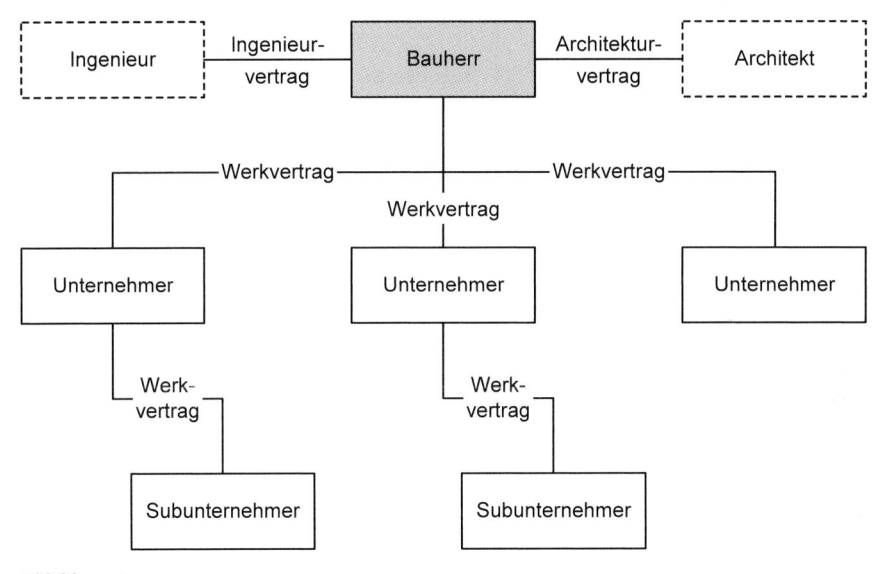

**Abbildung 4**
Schema bei Bauverträgen

## 1.4.2
**Streitbeilegung durch staatliche und quasistaatliche Instanzen**

Über die Streitbeilegungsmöglichkeiten durch staatliche und quasistaatliche Instanzen gibt das untenstehende Schema Auskunft.

Aus dem etwas verwirrenden Schema ist ersichtlich, dass für manche Streitigkeiten verschiedene staatliche und quasistaatliche Streitbeilegungswege zur Verfügung stehen.

## Vorgang

- Denkmal-/Naturschutz (Verfügung/Vertrag)
- Nutzungsplanung (Zonenplan etc.)
- Feinerschließung/Landumlegung
- Verträge über Baugrundstück (Erwerb/Dienstbarkeiten)
- Architekturverträge
- Ingenieurverträge
- Private Erschließungsverträge
- Bauführungsverträge
- Baubewilligung
- Werkverträge
- Haftpflichtansprüche
- Immissionsklagen
- Vollzug Baubewilligung

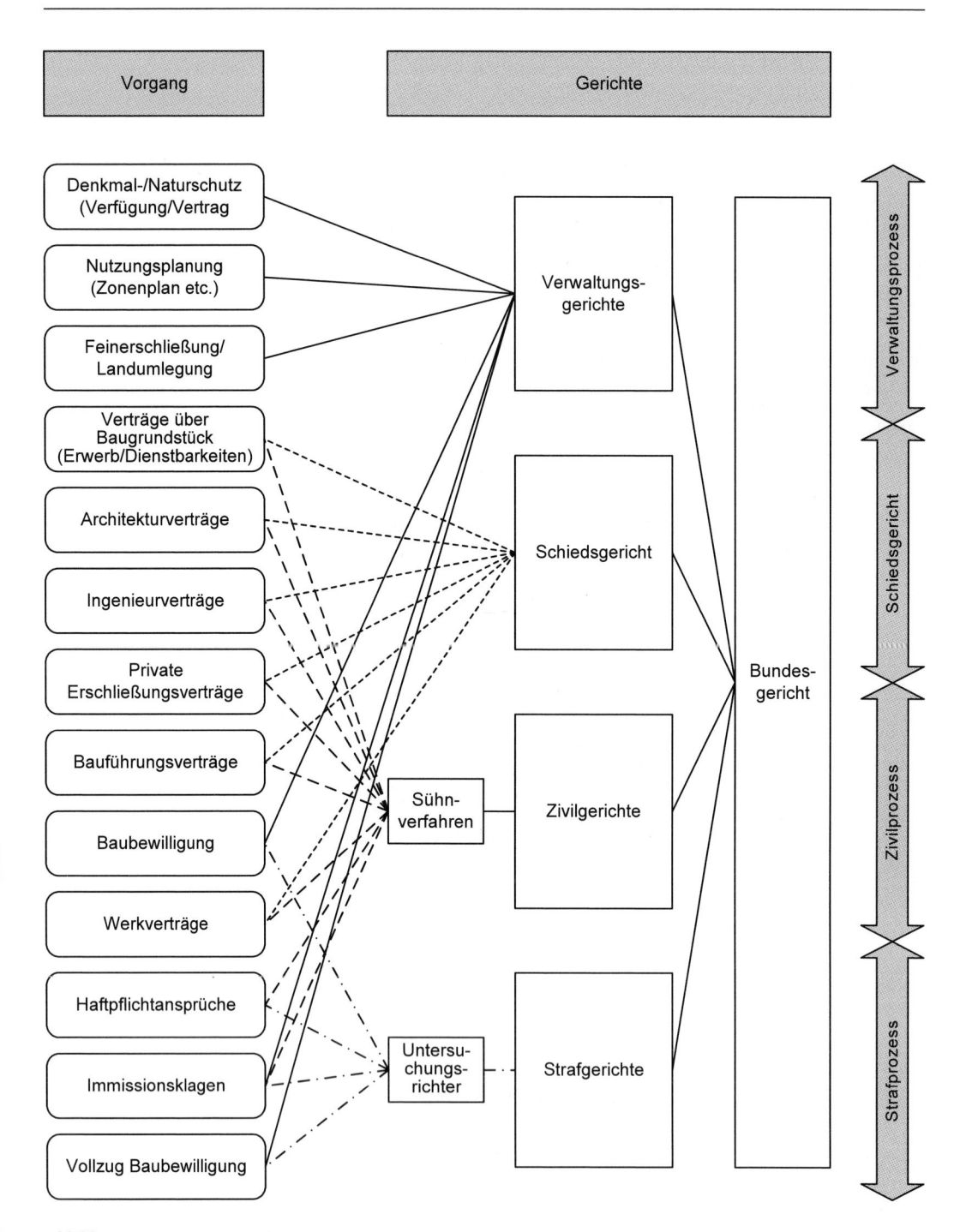

## Gerichte

- Verwaltungsgerichte
- Schiedsgericht
- Sühnverfahren
- Zivilgerichte
- Untersuchungsrichter
- Strafgerichte
- Bundesgericht

Verwaltungsprozess | Schiedsgericht | Zivilprozess | Strafprozess

**Abbildung 5**
Staatliche und quasistaatliche Streitbeilegungswege

### 1.4.2.1 Zivilprozess

Von Bauvorhaben Betroffene haben auf Grund der Rechtsordnung Rechte und Pflichten. Falls bestritten, muss in einem Erkenntnisverfahren der Bestand dieser Rechte und Pflichten festgestellt werden. Dieses Erkenntnisverfahren wird Prozess genannt. Soweit es um Bestand und Pflichten geht, welche im Privatrecht gründen, läuft dieses Verfahren im Zivilprozess ab.[25]

*Eigenheiten Zivilprozess*

Im Zivilprozess werden damit Streitfragen behandelt, welche sich anhand von privatrechtlichen Normen (ZGB, OR, EG zum ZGB etc.) beantworten lassen.[26] Im Zivilprozess werden im Zusammenhang mit dem Bauen etwa folgende Streitigkeiten behandelt:

- Verträge über das Baugrundstück
- Architektenverträge
- Ingenieurverträge
- Private Erschließungsverträge
- Werkverträge
- Haftpflichtansprüche, dies auch dann, wenn allenfalls die Haftpflicht des Kantons oder der Gemeinde in Frage käme[27]
- Immissionsklagen, soweit sie sich auf privatrechtliche Normen, z. B. des ZGB und OR, abstützen[28]

Der Zivilprozess ist ein Zweiparteienverfahren. Es stehen sich Kläger und Beklagter gegenüber, und ein Gericht entscheidet autoritativ.

Der Zivilprozess wird wesentlich von der Dispositionsmaxime geprägt. Das heißt, die Prozessparteien entscheiden, welche Streitpunkte zu beurteilen sind. Der Kläger bestimmt einerseits mit seiner Klage, welcher Anspruch, in welchem Umfang und zu welcher Zeit eingeklagt werden soll. Der Beklagte andererseits hat es umgekehrt in der Hand, diese Streitpunkte durch Anerkennung ganz oder teilweise aus der Welt zu schaffen.[29] Die Parteien sind sodann auf Grund der Verhandlungsmaxime gehalten, den Prozessstoff zu beschaffen. Sie müssen die relevanten Behauptungen und Beweismittel liefern.[30]

Was können nun Zivilprozesse zur Beilegung von Baustreitigkeiten beitragen? Erster Stolperstein ist die Frage der Zuständigkeit der Zivilgerichtsbarkeit. Abgrenzungsprobleme zwischen öffentlichem und privatem Recht ergeben sich zum Beispiel bei

---

[25] Vgl. Guldener Max: Schweizerisches Zivilprozessrecht, 3. Aufl., Zürich 1979, S. 30 f.
[26] Vgl. Guldener (FN 25), S. 30 f.
[27] Weber-Dürler Beatrice: Die Staatshaftung im Bauwesen, in: Baurechtstagung, Band II, Wahlveranstaltungen, Fribourg 1997, S. 55 f.
[28] Schmid (FN 22) S. 52 f.; Die Problematik des Nebeneinanders von öffentlich-rechtlichen und privatrechtlichen Immissionsnormen legen dar: Meyer Jacques: La protection du voisin contre les nuisances: choisir entre la voie civile et la voie adminstrative, in: URP 2001, S. 411 f.; Ettler Peter: Zur Rechtswegwahl im Immissionsschutzrecht: Anmerkungen eines Prozessualisten, in: URP 1997, S. 292 f. und Raselli Niccolò: Berührungspunkte des privaten und öffentlichen Immissionsschutzes, in: URP 1997, S. 271 f.
[29] Vgl. Guldener (FN 25), S. 148 f.
[30] Vgl. Guldener (FN 25), S. 159 f.

Immissionen (Hundegekläff, Betrieb eines Bordells).[31] Die Gerichte sind angesichts der Belastung schnell einmal bereit, Prozesse mangels Zuständigkeit abzuweisen. Denn ein solcher Verfahrensentscheid ist schneller und leichter zu begründen als ein materieller Entscheid.

Weitere Stolpersteine bilden die Dispositionsmaxime und die Verhandlungsmaxime. Entscheiden wird das Zivilgericht nur über Fragen, die ihm von den Parteien vorgelegt werden. Es ist nicht zuletzt auf die Arbeitsbelastung zurückzuführen, dass Gerichte sich strikt an die vorgelegten Streitfragen halten. Der Baustreit in seiner ganzen Breite wird allenfalls im Rahmen von fakultativen Vergleichsverhandlungen vor Gericht ausgelotet. Mit der Beschränkung auf die vorgelegten Streitfragen bleiben noch schwelende Konfliktpunkte oder emotionale Probleme unangetastet. Wird die eine oder andere Frage im Zivilprozess entschieden, so sind die restlichen Streitpunkte unbearbeitet. Der Baustreit ist nicht beigelegt, der nächste Prozess vorprogrammiert.

#### 1.4.2.2 Strafprozess

*Eigenheiten Strafprozess*

Immissionen, Tätlichkeiten, Manipulationen an Regierapporten von Bauunternehmern und Sachbeschädigungen haben auch eine strafrechtliche Komponente. Einen Strafprozess können die Parteien durch eine Strafklage in Gang setzen. Der Strafprozess endet mit einer Verurteilung, einem Freispruch oder einer Einstellung des Verfahrens.[32] Mit einer Strafklage im Nachbarstreit erreicht ein Grundeigentümer, dass sein Nachbar allenfalls eine Strafe erhält. Dies verschafft dem Strafkläger zwar eine gewisse Genugtuung. Beim verurteilten Nachbar bleibt dafür ein Groll gegen den Strafkläger zurück. Rachegedanken werden damit geschürt. Gegenstand von möglichen Strafprozessen im Zusammenhang mit Bauen wäre etwa eine Ehrverletzung, ein Eingriff in die körperliche Integrität oder das Bauen ohne Bewilligung.

Über Zivilansprüche wird im Strafprozess mit Ausnahme von Schadenersatzansprüchen nicht entschieden.[33] Zudem werden auch solche Schadenersatzansprüche bei größerer Komplexität auf den Zivilweg verwiesen. Strafprozesse erstrecken sich sodann regelmäßig nur auf einen kleinen Teilbereich des Baustreits. Eine Ausnahme machen allenfalls Bemühungen von Untersuchungsrichtern oder Gerichten, Strafverfahren durch Vergleiche zu erledigen (Rückzug der Strafanzeige bzw. Desinteressementerklärung des Opfers einer Straftat gegen Konzessionen des Straffälligen). Solche Vergleiche können auch privat- oder öffentlich-rechtliche Probleme erfassen.

---

[31] Illustrative Beispiele für solche Zuständigkeitsstreitigkeiten sind der Hahn im Winterthurer Einfamilienhausquartier, dessen Lärm sogar das Schweizerische Bundesgericht beschäftigte, obwohl er im Zeitpunkt des Urteils schon längst im Ewigen Freiluftgehege weilte (URP 1996 Nr. 14), das Holzfass, welches als Unterschlupf für Jugendliche in Wallisellen diente (URP 1993 Nr. 18) oder die Auseinandersetzungen um die Bekämpfung des Sumpfkrebses in einem Weiher in Küsnacht (ZH) (URP 1999 Nr. 1).
[32] Schmid Niklaus: Strafprozessrecht, 2. Aufl., Zürich 1997, S. 3 ff.
[33] Vgl. Schmid Niklaus (FN 32), S. 145 f.

### 1.4.2.3 Verwaltungsprozess
Im Verwaltungsprozess werden etwa folgende Fragen entschieden:

- Rekurs gegen einen Rahmennutzungs- oder Sondernutzungsplan
- Rekurs gegen Baubewilligung
- Immissionsklagen
- Entscheide über Entschädigungen aus materieller Enteignung bei Bauverboten wegen Planungsmaßnahmen

*Eigenheiten Verwaltungsprozess*

Die Verwaltungsinstanzen sind grundsätzlich nur für die Behandlung von Fragen des öffentlichen Rechts zuständig. Zivilrechtliche Fragen werden allenfalls als Vorfragen behandelt.[34] Wie bei den Zivilgerichten, nur mit umgekehrten Vorzeichen, sind die Verwaltungsinstanzen schnell einmal bereit, auf Beschwerden mangels Zuständigkeit nicht einzutreten.

Ähnlich wie im Zivilprozess werden im Verwaltungsprozess grundsätzlich nur die von den Parteien vorgelegten Streitfragen entschieden.[35] Auch in diesem Verfahren bleiben schwelende Konfliktpunkte stehen. Es gibt zwar im Verwaltungsprozess die Möglichkeit, in- und außerhalb des Prozesses Vergleichsverhandlungen zu führen.[36] Der Spielraum für Vergleichsverhandlungen ist aber häufig eingeschränkt. Denn auf Grund zwingender Vorschriften muss nämlich in vielen Fällen auch eine Behörde als Dritte im Bunde mitwirken.

### 1.4.2.4 Schiedsgerichtsbarkeit
Fragen des Privatrechts, aber auch des Verwaltungsrechts, soweit diese einer freien Regelung durch die privaten Prozessparteien zugänglich sind, können auch vor ein Schiedsgericht getragen werden.[37] Schiedsgerichte sind quasistaatliche Streitbeilegungsinstanzen, da deren Entscheide mindestens teilweise mit Nichtigkeitsbeschwerden durch staatliche Gerichte überprüft und die Urteile durch staatliche Maßnahmen vollzogen werden können.[38] Auch Schiedsgerichte entscheiden nur die ihnen unterbreiteten Rechtsfragen. Es besteht damit ebenfalls in diesem Bereich die Gefahr, dass nur einzelne Punkte entschieden werden, der Baustreit aber weiter schwelt. Der enge Entscheidungsspielraum von Schiedsgerichten kann allerdings etwas erweitert werden, wenn das Schiedsgericht auf Antrag der Parteien nicht nach dem Gesetz, sondern nach „Billigkeit" entscheidet.[39] Damit ist das Schiedsgericht

*Eigenheiten Schiedsgerichtsprozess*

---

[34] Vgl. dazu Bösch (FN 13), S. 483 f.; Kölz Alfred/Bosshart Jürg/Röhl Martin: Kommentar zum Verwaltungsrechtspflegegesetz des Kantons Zürich, 2. Aufl., Zürich 1999, N 1 ff. zu § 1 VRG.
[35] Kölz Alfred/Häner Isabelle: Verwaltungsverfahren und Verwaltungsrechtspflege des Bundes, 2. Aufl., Zürich 1998, S. 36 ff.
[36] Vgl. Cavelti Ulrich: Gütliche Verständigung vor Instanzen der Verwaltungsrechtspflege, in: AJP 1995, S. 175–178; Richli Paul: Zu den Gründen, Möglichkeiten und Grenzen für Verhandlungselemente im öffentlichen Recht, in: ZBl 1991, S. 381 ff.
[37] Zum Schiedsgerichtsverfahren vgl. Rüede Thomas/Hadenfeldt Reimer: Schweizerisches Schiedsgerichtsrecht nach Konkordat und IPRG, 2. Aufl., Zürich 1993.
[38] Vgl. Rüede/Hadenfeldt (FN 37), S. 327 ff. und S. 312 ff.
[39] Vgl. Rüede/Hadenfeldt (FN 37), S. 279 ff.

von der Anwendung des materiellen Rechts enthoben. Für den Bereich der Bauvertragsstreitigkeiten hat der SIA die Norm 150 eine Richtlinie für das Verfahren vor einem Schiedsgericht geschaffen.[40, 41]

#### 1.4.2.5 Probleme der staatlichen und quasistaatlichen Streitbeilegung

Hauptnachteile bei den vorne behandelten staatlichen und quasistaatlichen Prozessverfahren sind:

*Probleme bei Prozessen*

- Es werden in der Regel nur Rechtsfragen aus dem betreffenden Rechtsgebiet entschieden (Zivilprozess = Zivilrecht; Verwaltungsprozess = Verwaltungsrecht). Ein Urteil einer Gerichtsinstanz erfasst nur einen Teilausschnitt des ganzen Problems. Entscheiden mehrere Instanzen in der gleichen Sache (z. B. Zivilgericht und Verwaltungsgericht), besteht die Gefahr, dass sich die Entscheide widersprechen.[42] Eine ganzheitliche Lösung des Baustreits lässt sich kaum erreichen.

- Prozessverfahren sind meistens nur Momentaufnahmen. Entschieden wird, was im Zeitpunkt des Prozesses aktuelle Streitfrage ist. Streitpunkte, welche in den Prozess nicht eingebracht wurden oder erst später auftauchten, bleiben unbehandelt. Der Prozess dient somit vor allem der Vergangenheitsbewältigung und ist nur selten zukunftsgerichtet.

- Partei in Prozessen ist nur, wer klagt oder beklagt wird, bzw. Beschwerde führt oder Beschwerdegegner ist. Weitere Streitbeteiligte können im Rahmen eines Zivilprozesses oder in der Regel auch eines Verwaltungsprozesses gar nicht einbezogen werden. Eine nachhaltige Beilegung des Streites kann nicht erreicht werden.

- Prozessverhandlungen müssen vom Richter immer in Anwesenheit von beiden Parteien vorgenommen werden. Separatgespräche sind, außer die Parteien stimmen ausdrücklich zu, nicht möglich.[43]

- Die Entscheide in Prozessverfahren führen dazu, dass die eine Partei im gleichen Maße gewinnt, wie die andere verliert. Häufig stehen nach geschlagener Schlacht sogar beide Parteien als Verlierer da. Prozesse sind praktisch immer Nullsummenspiele.[44]

---

[40] Inderkum Hansheiri: Zur Schiedsgerichtsbarkeit des SIA, in: In Sachen Baurecht, zum 50. Geburtstag von Peter Gauch, Beiträge aus dem Seminar für schweizerisches Baurecht, Universität Freiburg, Band 2, Freiburg 1989, S. 187 ff.

[41] Laut Auskunft von Fürsprecher Jürg Gasche, Chef des Rechtsdienstes des SIA, vom 16.7.2001 wurden im Jahr 2000 sechs abgeschlossene Schiedsfälle gemeldet. Es dürfte aber eine gewisse Dunkelziffer bestehen.

[42] Bsp.: Das Zürcher Obergericht entschied, dass eine Dienstwohnung in einem öffentlichen Gebäude dem privaten Mietrecht unterstehe. Das Verwaltungsgericht wandte für eine andere Dienstwohnung in der gleichen Gemeinde Verwaltungsrecht an (vgl. RB 1994 Nr. 29).

[43] Für den Zivilprozess: Guldener (FN 25) 16 f.; ZR 96 Nr. 8. Im Verwaltungsprozess gilt der gleiche Grundsatz.

[44] Breidenbach Stephan: Mediation (Struktur, Chancen und Risiken von Vermittlung im Konflikt), Köln 1995, S. 71 f.; Gottwald Walther: Stadien, Strategien und Maximen in Verhandlungen, in: Gottwald Walther/HAFT Fritjof (Hrsg.): Verhandeln und Vergleichen als juristische Fertigkeiten, 2. Aufl., Tübingen 1992, S. 79 f.

- Prozesse belasten die beteiligten Parteien, außer es handelt sich um passionierte Streithähne oder -hennen, physisch und psychisch. Streit mit Nachbarn oder langjährigen Geschäftspartnern vergällt die Lebensfreude. Die Belastung ist auch darum verheerend, weil beispielsweise Nachbarn oder Anwohner einer großen Anlage in der Regel auch nach Prozessende immer noch dort wohnen bleiben oder arbeiten müssen. Das nachbarliche Verhältnis ist in der Regel eine Dauerbeziehung. Der unterlegene Nachbar hat den Gegenstand seiner Niederlage auch nach dem Prozess immer vor Augen.

- Baustreitigkeiten, welche in Prozessen ausgetragen werden, können sehr teuer werden, da meist aufwändige Beweisverfahren unerlässlich sind. In Zürich ist beispielsweise in einem Zivilprozess mit einem Streitwert von 50.000 SFr mit Gerichtskosten von ca. 7.000 SFr und Anwaltskosten für jede Partei von ca. 8.600 SFr zu rechnen.[45] Sind mehrere Prozesse, mehrere Instanzen oder höhere Streitwerte im Spiel, steigen die Kosten weiter stark an. Dazu kommen noch Kosten, welche bei den Parteien selbst anfallen. Diese Kosten, welche als Transaktionskosten bezeichnet werden, sind also hoch, besonders dann, wenn es vordergründig um Kleinigkeiten geht.[46] Auch die Baurekurskommission und das Verwaltungsgericht im Kanton Zürich fordern heutzutage beträchtliche Gebühren. Bei der Baurekurskommission beträgt die Gerichtsgebühr in einem normalen Nachbarrekurs schon 3.000 SFr.

- Prozessverfahren bei Baustreitigkeiten können sehr lange dauern. Für solche Streitigkeiten stehen in der Regel verschiedene Prozesswege (Zivil-, Straf- oder Verwaltungsprozess) offen. Die Urteile können über drei bis vier Instanzen weitergezogen werden.

- Gerichte wollen ihre Prozesse möglichst rasch und einfach erledigen. Sie konzentrieren sich deshalb häufig auf Formalien (Zuständigkeit, Legitimation, Fristen etc.) und nicht auf eigentliche Konfliktinhalte.

## 1.5
### Mediation im Besonderen

Bis vor einigen Jahren herrschte im Baubereich die Meinung vor, Konflikte zwischen Behörden, Bauherren und Drittbeteiligten seien mit Verfügungen und Urteilen zu lösen. Diese Konfliktlösungsmöglichkeiten sind starr, bringen bei den Betroffenen Akzeptanzprobleme, sie haben die geschilderten Nachteile. Sie sichern vor allem in komplexen Sachverhalten kaum eine sachgerechte Lösung.

Aus diesen Gründen empfiehlt sich als Alternative die Mediation.

---

[45] Schätzung anhand der vom Zürcher Anwaltsverband herausgegebenen Tabellen zu den Gebührenverordnungen (Ausgabe 1997).
[46] Breidenbach (FN 44), S. 107 f.

### 1.5.1
**Anwendungsbereiche**

Mögliche Anwendungsbereiche für Mediation können sein:

*Anwendungen*
- Aushandlungen von Festlegungen in Nutzungsplanungen (Gestaltungspläne) zwischen betroffenen Grundeigentümern und Behörde.

- Ausmaß von Schutzmaßnahmen bei Natur- und Denkmalschutzobjekten im Rahmen des Erlasses von Schutzverfügungen oder dem Abschluss von verwaltungsrechtlichen Verträgen.

- Festlegungen im Umweltbereich (Sanierungsmaßnahmen, Branchenvereinbarungen etc.).[47]

- Streitigkeiten zwischen Nachbarn.[48]

- Auseinandersetzungen zwischen Bauvertragspartner.[49]

- Baubewilligungsverfahren, bei welchen Entscheid und Auflage verschiedener Behörden koordiniert werden müssen.[50]

### 1.5.2
**Spielraum der Mediation**

*Grenzen der Mediation* Die Konfliktlösung mit Mediation im Bereich des Bauens hat einen großen Spielraum, aber auch Grenzen:

- Nur wenn die Parteien über den Streitgegenstand frei verfügen können, können sie sich darüber auch frei vereinbaren. Lediglich der von der Gesetzgebung gesetzte Rahmen muss eingehalten bleiben (Verbot des Rechtsmissbrauchs und gesetzwidriger Verträge). Frei verfügbar ist in der Regel der Streitgegenstand, wenn es um privatrechtliche Probleme geht (Einräumung von Näherbaurechten, Verzicht auf die Geltungmachung von Immissionsabwehransprüchen, Konzessionen im Rahmen von Bauverträgen etc.). Nicht frei verfügbar ist in der Regel aber der Streitgegenstand, wenn die Mitwirkung einer Behörde zwingend ist.

---

[47] Maegli Rolf: Konfliktbewältigung durch Verhandlungen/Werkstattbericht aus dem Kanton Solothurn, in: URP 1992, S. 192 f.; Maegli Rolf: Vereinbarungen zwischen Staat und Wirtschaft im Umweltschutz – Möglichkeiten und Grenzen, in: URP 1997, S. 363 ff.; Neff Markus: Verhandlungslösungen – Einsatzmöglichkeiten von alternativen Verfahrensmethoden und Konfliktmittlung (Alternative Dispute Resolution) bei der Realisierung von Großprojekten, in: URP 2001, S. 368 ff.; Siegwart (FN 24), S. 327 f.; RENN Ortwin: Die Bedeutung der Kommunikation und Mediation bei der Entscheidung über Risiken, in: URP 1992, S. 275.
[48] Bösch (FN 23).
[49] Walter Hans Peter: Der Baustreit, in: Baurechtstagung, Band I, Gesamtveranstaltungen (Fribourg 1997), S. 37 f.
[50] Vgl. Hubmann/Trächsel (FN 18).

- Ist für eine Einigung die Mitwirkung einer Behörde notwendig (Beispiel: Erfordernis einer Baubewilligung), so können die privaten Beteiligten über den Streitgegenstand zwar nicht mehr frei verfügen. Dennoch sind auch hier Verhandlungen möglich und zulässig. Bei Verhandlungen zwischen Behörde und Privaten muss der von der Gesetzgebung gesetzte Rahmen eingehalten bleiben. Die Behörde darf das ihr zustehende Ermessen nicht überschreiten und nicht die Interessen Dritter verletzen. In vielen Bereichen des öffentlichen Bau- und Umweltschutzrechts ist dieses Ermessen jedoch relativ weit[51] und kann von den Baubehörden durchaus zugunsten einer Verhandlungslösung eingesetzt werden.[52]

Bedingung für das Gelingen einer Verhandlung ist aber auch, dass die Partner fair verhandeln und dass nicht eine der Parteien wesentlich stärker ist als die andere. Sind diese Bedingungen nicht gegeben, besteht die Gefahr, dass das ausgehandelte Verhandlungsergebnis nicht trägt, und der Konflikt früher oder später mit noch größerer Vehemenz aufbricht.

### 1.5.3
**Stand der Bau- und Umweltmediation in der Schweiz**   *Anwendungsfälle*

Die Bau- und Umweltmediation wurde als noch zartes Pflänzlein bezeichnet. Damit versteht sich, dass es noch nicht sehr viele Mediationen in der Schweiz gab, über welche berichtet werden kann. Immerhin findet sich in diesem Werk folgende Fallschilderung: Kap. VI.1, Beispiel 1: Mediationsverfahren Erschließung eines neuen Kiesabbaugebietes in der Ostschweiz.

Im Bereich Gemeinwesen- oder Quartiermediation laufen in der Schweiz verschiedene Projekte (Lausanne und Basel). Hilfreich sind solche Modelle bei großen sozialen und kulturellen Gegensätzen.[53, 54]

Daneben bestehen in verschiedenen Bereichen Bemühungen und Initiativen, die Mediation auch in der Baubranche zu fördern.

#### 1.5.3.1 VSS-Empfehlung
Die Erstellung und Änderung von Großbauten (Eisenbahnen, Wasserkraftwerke, Autobahnen, Flugplätze etc.) erstreckt sich in der Regel auf längere Zeit. Zahlreiche Beteiligte müssen zusammen arbeiten. Dabei tauchen häufig schwerwiegende Konflikte auf.

---

[51] So ist das Ermessen weit bei der Ausgestaltung von Vollzugsmaßnahmen, bei der ästhetischen Beurteilung von Bauvorhaben oder beim Erlass von Umweltschutzmaßnahmen.
[52] Richli (FN 36), S. 381 ff.
[53] Vgl. die Hinweise bei Projekte und Konzepte zur Nachbarschaftsmediation, bei <http://www.nachbarschaftsmediation.de/projekte/projekte.htm>, besucht am 13.6.2001.
[54] Beck Philipp: Le premier Centre de médiation de quartier ouvert à Lausanne, in: Plädoyer 2/96, S. 51; Bonstein Samuel: Spécificité de la médiation de quartier, in: Riklin Franz: Mediation: ein Weg in der Strafjustiz, Luzern 2001, S. 6 ff..

*Schlichtung bei Infrastrukturbauten*

Die herkömmliche Streiterledigung im Baubereich setzt in der Regel erst nach Abschluss der (mehrjährigen) Bauarbeiten ein. Es besteht die Gefahr, dass Beweisprobleme auftauchen und die Bauarbeiten blockiert werden. Bauunternehmer können zudem aus Angst, Aufträge zu verlieren, ihre berechtigten Ansprüche gegenüber Grossbauherren kaum durchsetzen. Die Vereinigung Schweizerischer Strassenfachleute (VSS) hat sich diesem Problem angenommen. Sie hat ein Streiterledigungsmodell geschaffen und dazu die Empfehlung 641 510 ausgearbeitet.[55, 56] Das Modell arbeitet in drei Phasen:

- Schlichtungsversuch auf der Baustelle unter den Beteiligten (Phase 1).
- Schlichtung durch drei von den Beteiligten bestimmte Schlichter, wobei die Schlichter konkrete Lösungsvorschläge unterbreiten sollen (Phase 2).
- Beurteilung durch ein Schiedsgericht oder das ordentliche Gericht (Phase 3).

Bei der Schlichtungsverhandlung in der Phase 2 handelt es sich nicht um eine reine Mediation, in welcher die Parteien und nicht der Schlichter selber ja die Lösung erarbeiten sollen. Dieses Modell nähert sich dem Med-Arb-System an, wo der Schlichter bei Scheitern der Verhandlungen einen Schiedsspruch fällt.[57] Es liegt auf der Hand, dass ein Schlichter, der am Schluss ohnehin einen Lösungsvorschlag präsentieren muss, kaum die Gelassenheit aufbringt, die Parteien selbst die Streitlösung erarbeiten zu lassen. Eine Streitlösung, welche die Parteien nicht selbst erarbeitet haben, sondern von einem Schlichter vorgeschlagen wird, stösst unter Umständen auf Akzeptanzprobleme und ist für eine nachhaltige Befriedung hinderlich. Es findet in diesem System eine problematische Vermischung zwischen Mediation und Schiedsgerichtsverfahren statt. Die Verantwortung der Parteien, den Konflikt zu lösen, verschiebt sich zum Schlichter.

### 1.5.3.2 SIA Ordnung 112

*Mediationsklausel in Honorarverträgen*

Im Dezember 2000 verabschiedete der SIA die Ordnung SIA 112.[58] Diese Ordnung schafft ein Modell für Leistungsbeschreibungen von Architekten und Ingenieure. Zu diesem Modell wurden auch Allgemeine Vertragsbedingungen (AVB) aufgestellt.

Ziff. 13 dieser AVB der SIA Ordnung 112 empfiehlt den Vertragsparteien, in ihren Verträgen eine Mediationsklausel einzufügen:

---

[55] Hürlimann Roland: Mediation bei Infrastrukturvorhaben – Das neue Streiterledigungsmodell nach der VSS-Empfehlung 641 510, in: SIA Nr. 41/1999, S. 30 ff.
[56] Laut Auskunft von Roland Hürlimann wurde die VSS-Empfehlung in verschiedenen Verträgen umgesetzt, teilweise in abgewandelter Form.
[57] Definition des Med-Arb-System (Kombination von Mediation und Schiedsgerichtsbarkeit) bei <http://www.disputeresolution.com/def3.html>, besucht am 16.07.2001: «Med/Arb is a hybrid of mediation and arbitration where the neutral becomes an arbitrator if a voluntary resolution is not reached».
[58] Vgl. Gasche Jürg/Bösch Peter: Neue Grundlagen für die Gestaltung von Planerverträgen – Das Leistungsmodell und die revidierten Leistungs- und Honorarordnungen des SIA, in: Baurecht 1/2001, S. 3 ff.

> „Sofern schriftlich vereinbart, ist über allfällige sich aus dem vorliegenden Vertrag ergebende Streitigkeiten (einschließlich solche über das gültige Zustandekommen des Vertrages, dessen Rechtswirksamkeit, Abänderung oder Aufhebung) ein Mediationsverfahren durchzuführen."

Nach dem Konzept der AVB der Ordnung SIA 112 kommt es nicht ohne Weiteres zu einer Mediation. Die Konfliktbeilegung mit Mediation muss im betreffenden Vertrag ausdrücklich mit einer Mediationsklausel schriftlich vereinbart werden. Im neuen SIA-Formularvertrag ist eine solche Klausel vorgeschlagen. Eine solche Klausel kann etwa auch so formuliert werden:

> „Alle aus dem oder in Verbindung mit dem vorliegenden Vertrag sich ergebenden Differenzen sind durch Mediation beizulegen. Bis zur Beendigung der Mediation wird auf das Einleiten ordentlicher Klagen verzichtet."

Mediationsklauseln können natürlich auch außerhalb des Anwendungsbereichs der SIA Ordnung 112 eingesetzt werden. Die besonderen Eigenheiten von Bauvertragsstreitigkeiten (Mehrparteienkonflikte, Beweisschwierigkeiten, Bedürfnis nach rascher Streiterledigung und nach Bewahrung der Geschäftsbeziehungen) legen es nahe, in Verträgen eine Mediationsklausel einzubauen. Damit wird der Weg für eine alternative und kooperative Konfliktlösung geebnet.

Möglich ist auch eine Mediation zu vereinbaren, wenn ein Konflikt bereits aufgetaucht ist. In der Schweiz ist derzeit noch umstritten, ob eine solche Mediationsklausel ähnlich wie eine Schiedsgerichtsklausel verbindlich ist. Mit anderen Worten: es ist nicht klar, ob eine Partei zur Teilnahme an einer Mediation verpflichtet werden kann, bevor sie einen Gerichtsprozess einleiten darf.[59] Dies ist aber auch nicht von zentraler Bedeutung. Denn unabhängig von der Rechtsnatur ist die psychologische Wirkung einer Mediationsklausel nicht zu unterschätzen. Es macht nämlich einen wesentlichen Unterschied in der Einstellung zu einem Vertrag, ob die Parteien:

- mit komplizierten Gerichtsstands-, Schiedsgerichts- und Rechtwahlklauseln kund tun, dass sie bei Streitigkeiten gerichtlich gegeneinander vorgehen wollen;
- oder mit dem Einbau einer Mediationsklausel von allem Anfang an den Weg für eine kooperative Konfliktlösung ebnen.

Die Ordnung SIA 112 und die zugehörigen AVB enthalten aber für Mediationen keine Verfahrensordnungen. Dies bleibt den Parteien und dem von ihnen gewählten Mediatoren überlassen. Damit sind auch fallspezifische Anpassungen immer möglich.

---

[59] Nach einem Entscheid des Zürcher Kassationsgerichts (ZR 2000 Nr. 2) ist eine Prozesspartei nicht verpflichtet, vorgängig eines Gerichtsverfahrens ein vereinbartes Schlichtungsverfahren durchzuführen (vgl. auch Eiholzer Heiner: Die Streitbeilegungseinrede, in: Arbeiten aus dem juristischen Seminar der Universität Freiburg Schweiz, Freiburg 1998, S. 181 ff.). Ganz klar für die Verbindlichkeit einer Schlichtungsklausel sprach sich aber für Deutschland der BGH aus (NJW 1999, S. 647).

### 1.5.3.3 Einbau von Mediationselementen in staatlichen und quasistaatlichen Streitbeilegungsverfahren

Mediationsklauseln weisen die Parteien auf die Möglichkeit einer alternativen Streitbeilegung hin, bevor ein Streit entstanden ist.

Es lohnt sich aber auch mediative Elemente ins Spiel zu bringen, wenn der Prozess bereits läuft. Bemühungen des Autors dieses Beitrages und weiterer Kolleginnen und Kollegen, Mediation im Baubereich zu fördern, beschlagen drei Bereiche:

#### Mediationswochen am Bezirksgericht Zürich

*Mediationswochen*    In den USA und Australien werden bei Gerichten ein oder zwei Mal jährlich „settlement weeks" oder Mediationswochen durchgeführt. In dieser Woche werden alte verfahrene Prozesse an außenstehende Mediatoren verwiesen.[60] In Anlehnung an die „settlement weeks" initiierte der Autor dieses Beitrages und Dr. James T. Peter den Versuch „Mediation am Bezirksgericht Zürich".[61] In diesem Versuch wurden im Frühjahr 2001 beim Bezirksgericht Zürich hängige Fälle durch auswärtige Mediatoren geschlichtet. Dies war der erste Versuch dieser Art in Kontinentaleuropa. Dieser Versuch beruhte auf doppelter Freiwilligkeit. Die Fälle wurden durch die Richter des Gerichts ausgewählt. Alle Parteien der ausgewählten Fälle mussten mit der Mediation einverstanden sein. In 72 Fällen wurden die Parteien angefragt, ob sie an einer Mediation teilnehmen wollten. Fünf Fälle konnten mediiert werden, bei einem konnte eine Einigung gefunden werden. Auch wenn das Resultat enttäuschend war, wurden beim Gericht, bei den Anwälten und bei den Prozessparteien die Chancen der Mediation besser bewusst.

#### Änderungen in Prozessordnungen

*Einbau von Mediationselementen*    Gegenwärtig laufen die Arbeiten für eine eidgenössische Zivilprozessordnung, welche die Prozessordnungen der 26 Kantone ablösen soll. Darin sollen die Gerichte neu die Möglichkeit haben, geeignete Prozesse an einen außenstehenden Mediator zu überweisen.[62] Ein entsprechender Vorschlag ist derzeit bei der Expertenkommission deponiert.

---

[60] Vgl. Sander Frank: Gerichtliche und außergerichtliche Streitbeilegung – Überblick über die Erfahrungen in den USA (Deutsche Übersetzung): in: Gottwald Walther/Strempel Dieter (Hrsg.): Streitschlichtung – Rechtsvergleichende Beiträge zur außergerichtlichen Streitbeilegung (Köln 1995), S. 32 f.

[61] Vgl. dazu im Einzelnen: James T. Peter/Peter Bösch: Pilotversuch am Bezirksgericht Zürich, ZKM 2/2002, S. 73 ff.; ein Modellversuch wurde auch bei verschiedenen Gerichten in Niedersachsen gestartet (vgl. die Website <http://www.centrale-fuer-mediation.de/info.htm>, besucht am 01.07.2002).

[62] Dieckmann Jochen: Neue gesetzgeberische Wege zur außergerichtlichen Streitschlichtung, in: <http://www.jm.nrw.de/stat_jm/themen/streitschl/1.2.2.1(Aufsatz-ZG).html>, besucht am 16.07.2001. Er weist auf entsprechende schon bestehende Regelungen in Frankreich und England/Wales hin.

### Verfahrensmittler für Planungs- und Baubewilligungsverfahren

In der laufenden Revision des Zürcher Planungs- und Baugesetzes soll die Möglichkeit geschaffen werden, in komplizierten Planungs- und Bewilligungsverfahren die Verfahrenskoordination einem von den Beteiligten und der Verwaltung unabhängigen Dritten zu übertragen.[63]

*Mediator bei Planung und Bau*

## 1.6
### Schlussbetrachtungen

Gegenüber den USA, England oder Australien ist die Schweiz im Bereich Baumediation ca. 20–30 Jahre im Rückstand.

Gründe dafür sind:

- Die Chancen, welche die Mediation im Bereich Bauen bietet, sind zu wenig bekannt.
- Konstruktives Konfliktverhalten wird in der Schweiz nicht wie in den USA teilweise schon im Kindergarten gelehrt.[64] Das schlägt sich letztlich im Konfliktverhalten der Erwachsenen nieder.
- Die Gerichte arbeiten in den Augen der Baubeteiligten wohl zu schnell und zu gut. Die Anwälte sind noch zu billig. Der Leidensdruck, alternative Streitbeilegungswege zu suchen, ist noch zu klein.

Es sind in letzter Zeit einige Schritte gemacht worden, dass wohl aus dem kleinen Pflänzlein Mediation bald ein stattlicher Baum im Streitlösungswald wachsen wird.

---

[63] Dies in Anlehnung an die Vorschläge des Fördervereins Umweltmediation e. V. (vgl. Studienbrief Umweltmediation – Eine Interdisziplinäre Einführung, Bonn o. J., S. 206 ff.).
[64] Davenport Noah: Gesprächs- und Streitkultur in der Schule – Wege zur praktischen Partnerschafts-, Demokratie- und Friedenserziehung, in: Geissler Peter/Rückert Klaus (Hrsg.): Mediation – die neue Streitkultur, Kooperatives Konfliktmanagement in der Praxis, Giessen 2000, S. 205 ff.

# 2
# Status der Mediation in der Schweiz

*Thomas Flucher*

## 2.1
### Die Konfliktkultur der Schweiz

Die Entwicklung und Verbreitung der Mediation ist in hohem Maße von der Konfliktkultur der Gesellschaft abhängig. Diese steht wiederum in einer Wechselbeziehung mit dem politischen Grundverständnis des Landes. Besonders prägend dürften dabei die historischen Erfahrungen eines Landes im Umgang mit Konflikten auf die aktuelle Konfliktkultur wirken.

Bei der Analyse der Konfliktkultur einer Gesellschaft kann zwischen der Kultur im Umgang mit kollektiven, öffentlichen Konflikten und der Kultur im Umgang mit Konflikten im privaten Bereich unterschieden werden. Der Autor geht auf die „kollektive Konfliktkultur" (wie wird im öffentlichen, politischen Bereich mit Konflikten umgegangen) in Kap. IV.2.1.1 ein und thematisiert die „individuelle Konfliktkultur" (wie gehen die Einzelpersonen mit Konflikten im privaten Bereich um) in Kap. IV.2.1.2. Die These lautet: In der Schweiz ist die öffentliche Konfliktkultur – geprägt durch die geschichtlichen Erfahrungen – hoch entwickelt, wogegen die private Konfliktkultur durch Konfliktvermeidung geprägt ist und einen tieferen Entwicklungsstand aufweist. Die Konfliktkultur in Wirtschaft und Arbeitswelt liegt in ihrem Entwicklungsstand zwischen demjenigen im öffentlichen und im privaten Bereich und ist in sich sehr uneinheitlich. Der Umgang mit Konflikten in der Wirtschaft wird durch Menschen geprägt, die Erfahrungen mit den öffentlichen wie den privaten Konfliktverhaltensmustern einbringen.

*Kollektive und individuelle Konfliktkultur*

Als Merkmale für ein „hohes Niveau" der Konfliktkultur werden in diesen Betrachtungen folgende Kriterien angenommen:

- eigenverantwortliche und konstruktive Konfliktbearbeitung
- Streben nach einvernehmlichen Win-win-Lösungen
- Befriedigung der Interessen möglichst aller Beteiligter
- fairer, kooperativer Umgang zwischen den Konfliktparteien
- angepasste Vorgehensweisen zur Konfliktregelung, die der Reflexion und Aushandlungsprozessen zugänglich sind

Als Merkmale für ein „tiefes Niveau" der Konfliktkultur sind:

- destruktive Vorgehensweise
- Verdrängung des Konflikts
- Gewinner-Verlierer-Modell
- Freund-Feind-Schemata
- Schuldprinzip anstatt befriedigende Lösungssuche

*Konstruktive Konfliktkultur:*
- *eigenverantwortlich*
- *lösungs- und zukunftsorientiert*
- *interessenorientiert*
- *Win-win-Lösungen*
- *fairer Umgang*

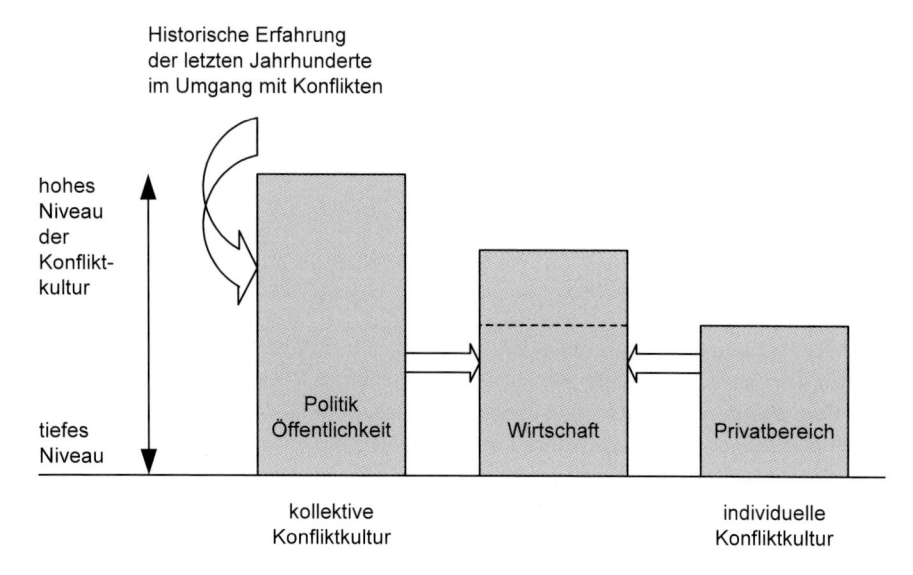

**Abbildung 1**
Niveau der kollektiven- und der individuellen Konfliktkultur in der Schweiz

### 2.1.1
**Der freund-eidgenössische Kompromiss oder die öffentliche, politische Konfliktkultur**

*Entscheidfällung durch Betroffene selbst*

In ihrer bemerkenswerten Geschichte war die Schweiz teilweise Spielball in den Wogen der europäischen Wirren, teilweise Akteurin mit Integrationsfunktion. Dabei wurde ein tief verwurzeltes Misstrauen gegenüber zentralistischen Regierungssystemen, gegen Machtballung sowie Indoktrination und Zensur entwickelt. Noch heute herrscht die tiefe Überzeugung, dass die Basisdemokratie das zweckmäßigste und gerechteste politische System sei. Eines der zentralen Prinzipien der Basisdemokratie ist die Subsidiarität: Die Entscheide sollen auf der tiefstmöglichen Ebene, am besten durch alle Betroffenen selbst gefällt werden, beispielsweise durch eine Volksabstimmung. Dem liegt die Annahme zugrunde, dass die Betroffenen selbst ihre Interessen wahrnehmen können und die Auswirkungen der vorgeschlagenen Lösungen am besten kennen.

*Berücksichtigung der Interessen aller Teilgebiete*

Für das Verständnis der schweizerischen Konfliktkultur ist ein Blick auf die Entstehungsgeschichte der Schweiz als Nation aufschlussreich. Der Schweizerische Bundesstaat wird verschiedentlich als „Willensnation" bezeichnet. Er entstand durch den Zusammenschluss von damals souveränen Kleinstaaten. Dieser Zusammenschluss war nur möglich, wenn ein System sicherstellt, dass die Interessen aller Teilgebiete berücksichtigt werden. Dies setzt ein gutes Instrumentarium zur Entscheidfindung bei Konflikten und gegensätzlichen Interessen voraus. In der Verfassung des Bundesstaates wurde den Prinzipien des Föderalismus und des Schutzes der Minderheiten ein hoher Stellenwert eingeräumt.

Diese „Willensnation" bildete weder eine geographische noch eine kulturelle Einheit. Vielmehr mussten die Mentalitäten von vier Sprachregionen und noch mehr Kulturregionen integriert werden. Der Zusammenhalt der Nation erforderte und erfordert ein gutes Fingerspitzengefühl im Umgang mit Konflikten und Befindlichkeiten.

Schließlich sei das seit jeher verwurzelte Misstrauen gegen obrigkeitliche Entscheide durch Gerichte genannt. Die Legitimation von Entscheiden bedarf der demokratischen Abstützung. Der faire, offene Diskurs hat deshalb in der Schweiz Tradition.

*Basis demokratische Legitimation von Entscheidungen*

All diese Faktoren wirkten sich zusammen fördernd auf die kollektive Konfliktkultur in der Schweiz aus. Strukturell umgesetzt wurden die beschriebenen Grundüberzeugungen des Konkordanzprinzips in der Exekutive, im Zweikammersystem des Parlamentes und im Verfahren der Volksabstimmung, das bei wichtigen Fragen nicht allein das Volks- sondern auch das Ständemehr erfordert.

Im Ständerat besitzt jeder Kanton (alte Sprache „Stand") zwei Sitze, unbesehen der Einwohnerzahl. Der kleine Kanton Schwyz ist mit zwei Personen im Ständerat vertreten, genau gleich wie der Kanton Zürich. Die Interessen der kleinen Kantone sind (gemessen an der Einwohnerzahl) in den Entscheidfindungen des Ständerates somit überproportional berücksichtigt.

*Beispiel Ständerat*

Die sieben Mitglieder des Bundesrates, (das höchste politische Gremium) werden seit 1942 nach der so genannten „Zauberformel" in gleichbleibender Zusammensetzung 2 + 2 + 2 + 1 aus den vier stärksten Parteien gewählt. Es herrscht eine ausgeprägte Konkordanz-Regierung, im Gegensatz zu dem eher kontradiktorischen, viel öfter anzutreffenden politischen Systemen von „Regierung und Opposition". Für den politischen Erfolg in der Schweiz wird von den Kandidaten neben einem ausgeprägten eigenen Profil auch eine hohe Integrationsfähigkeit gefordert. Die Erfahrungen des Konkordanzsystems im Vergleich zum kontradiktorischen haben gezeigt, dass Entscheidungen zwar lange, oft mühsame Diskussionsprozesse benötigen, aber dafür einen stärkeren Rückhalt in der gesamten Bevölkerung und eine höhere Nachhaltigkeit aufweisen. Wenn heutzutage rasche politische Entscheidungen erforderlich sind, werden die Grenzen dieses Systems sichtbar.

*Konkordanz-Regierung*

Zusammenfassend kann die kollektive Konfliktkultur der Schweiz wie folgt charakterisiert werden:

> Es besteht eine hohe Sensibilität im öffentlichen Umgang mit gegensätzlichen Interessen, unterschiedlichen Mentalitäten und Kulturen. Es sind ausgeklügelte politische Abläufe entwickelt worden, um Konflikte gemeinsam zu regeln, unter gebührender Beachtung von Machtungleichgewichten insbesondere bei Minderheiten. Es besteht eine tiefe Überzeugung, dass Konflikte eigentlich nur unter Mitwirkung aller Betroffener und in Konsens mit den Beteiligten nachhaltig gelöst werden können.

*Hochentwickelte „öffentlich-politische" Konfliktkultur*

### 2.1.2
**Die individuelle Konfliktkultur der Schweiz**

Bezüglich der individuellen Konfliktkultur, d. h. wie verhält sich die Schweizerin, der Schweizer bei privaten Konflikten, nimmt der Autor keine wesentlichen Unterschiede zu den benachbarten deutschsprachigen Ländern wahr. Über die Bäume, die in Nachbars Garten Laub oder Schatten werfen, die Katze, die in sein Gemüsebeet pin-

*Tieferes Niveau der Konfliktkultur im Privatbereich*

kelt und die Schwester, welche die verstorbene Mutter nie pflegte und nun ausgerechnet das Familiengeschirr beansprucht – darüber wird in der Schweiz mit genauso großer und zunehmender Begeisterung gestritten wie in den Nachbarländern.

*Mittleres Niveau in der Privatwirtschaft*

In der Privatwirtschaft besteht eine hohe Bereitschaft, Konflikte zu vermeiden und eine hohe Hemmschwelle, gerichtlich gegeneinander vorzugehen. Dies mag neben dem dargelegten Einfluss der hohen öffentlichen Konfliktkultur auch mit der „Kleinheit des Landes" und das „Aufeinanderangewiesensein" zusammenhängen.

*Nährboden für Mediation*

Insgesamt lässt sich die Konfliktkultur in der Schweiz, als guter Nährboden für alternative Konfliktlösungsmodelle wie Mediation, wie folgt zusammenfassen (vgl. dazu auch Abbildung 1):

- Die *„öffentlich-politische Konfliktkultur"* ist hochentwickelt, stark konsensorientiert und es besteht ein feines Sensorium im Umgang mit Minderheiten.

- Die *„individuelle Konfliktkultur"* im Privatbereich wird mit der Verarmung der direkten Kommunikation zunehmend durch Intoleranz geprägt. Sie entfernt sich von der Tradition, die Probleme am Wirtshaustisch im Gespräch miteinander zu lösen.

- Die *„Konfliktkultur im Wirtschaftsbereich"* liegt im Entwicklungsstand zwischen den beiden obgenanten Bereichen und weist beträchtliche Unterschiede auf.

## 2.2
### Entwicklung der Mediation in den Anwendungsgebieten

*Verschiedene Quellen der Mediation*

Die heutige Methode der Mediation kennt weltweit viele unterschiedliche Quellen. Diese findet man in Vermittlungsweisheiten aus dem asiatischen und dem indianischen Kulturkreis sowie dem Schamanismus, Aspekten des Havard-negociation-concept. Weitere Beiträge lieferten religiöse, friedenstiftenden Aktivitäten der Quäker, politisch-diplomatische Vermittlungsansätze, unterschiedliche psychologische Elemente aus der Verhaltensforschung, systemischer- und Gestalttherapie, etc. Die Liste lässt sich fast beliebig fortsetzen.

*Zusammenwachsen der Mediationsfelder*

Auch in der Schweiz ist die Mediation in den unterschiedlichen Anwendungsgebieten nicht aus einem einheitlichen „Mediationskern" heraus entstanden, sondern hat sich aus unterschiedlichen Richtungen herkommend „zusammenentwickelt". Erst in jüngerer Zeit herrscht in den unterschiedlichen Anwendungsfeldern das Bewusstsein vor, dieselbe Tätigkeit, nämlich Mediation auszuüben. Der Entwicklungsstand in den einzelnen Anwendungsgebieten ist sehr unterschiedlich, weshalb sie in den folgenden Kapiteln separat beleuchtet werden. Einen groben Überblick über die Verbreitung in den einzelnen Anwendungsgebieten versucht Abbildung 2 zu vermitteln. Die Breite steht für die Anzahl der Mediationsverfahren in den einzelnen Anwendungsgebieten im entsprechenden Jahr. Umfangreiche Verfahren, wie sie etwa im Bereich der politischen oder der Umweltmediation stattfinden, sind entsprechend stärker berücksichtigt. Die Familienmediation ist aus grafischen Gründen verkleinert dargestellt, sie macht mehr als die Hälfte der gesamten Mediationstätigkeit in der Schweiz aus. Die Darstellung erhebt keinen Anspruch auf wissenschaftliche

## 2 Status der Mediation in der Schweiz

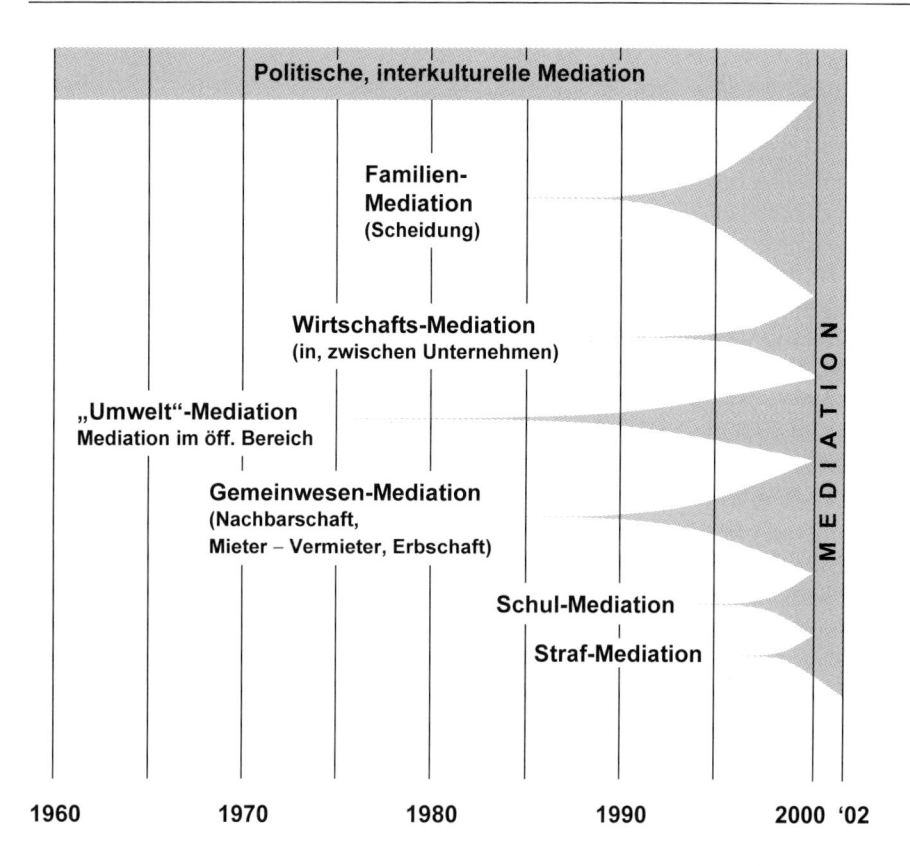

**Abbildung 2**
Entwicklung der Mediation in den verschiedenen Anwendungsgebieten

Präzision, sondern soll die Entwicklungstendenzen in den verschiedenen Feldern verdeutlichen.

### 2.2.1
### Politische, interkulturelle Mediation

Eine lange Tradition besitzt die Schweiz als neutraler Kleinstaat im Bereich der politischen Mediation: Dem Anbieten von Vermittlungsdienstleistungen an andere Nationen. Aus den Mikroerfahrungen der „interkulturellen Mediation" im eigenen Land zwischen frankofoner, allemannischer und mediterraner Mentalität ergab sich die Neigung zur weltweiten interkulturellen Mediation. Das Erscheinungsbild der Mediationsaktivitäten in diesem Bereich hat sich über die Jahrhunderte gewandelt. Der Umfang ist jedoch in den letzten Jahrzehnten in ähnlichem Rahmen geblieben. Dieses „Anbieten der guten Dienste" wurde nach den Kenntnissen des Autors selten als Mediation bezeichnet, obwohl im Vorgehen große Ähnlichkeit besteht.

*Politische Vermittlungsdienste als neutraler Kleinstaat*

### 2.2.2
### Mediation im öffentlichen Bereich (Umweltmediation)

*Impulse durch „Mitwirkung" in der Raumplanung*

Die Mediation im politischen Bereich war Ausgangspunkt für die „Mediation im öffentlichen Bereich". Sie wird auch mit dem Namen „Umweltmediation" bezeichnet, da es sich oft um Konflikte im Zusammenhang mit Umweltauswirkungen handelt. Mediationsähnliche Verfahren haben im öffentlichen Bereich seit den 70er-Jahren insbesondere mit der Verankerung der „Mitwirkung" im Raumplanungsgesetz stetig zugenommen. Diese gesetzliche Vorschrift basiert auf der Erkenntnis, dass hoheitliche Raumplanung der Verwaltung – auch bei noch so großer Sorgfalt und Sachkompetenz – die wirklichen Interessen der betroffenen Gemeinden oder Bezirke nicht vollständig berücksichtigen kann. Dazu wurde das so genannte „Gegenstromprinzip" entwickelt. Im „top-down"-Ansatz basiert die Raumplanung auf grundsätzlichen, großräumigen Betrachtungen. Der „bottom-up"-Ansatz orientiert sich an den konkreten individuellen Bedürfnissen der Beteiligten in Quartieren und Gemeinden. Es wurde bemerkenswerterweise keine Hierarchie zwischen „top-down" und „botton-up" festgelegt. Die Durchführung von Mediation bei Interessenkonflikten ist zwar nicht explizit erwähnt, aber durchaus im Sinne der gesetzlichen Bestimmungen. Sie wird zunehmend in Anspruch genommen (vergleiche z. B. Kap. VI.2, Beispiel 10 „Kooperative Projektkoordination in der Stadtentwicklung Olten Südwest").

*Partizipation, Kooperation und Mediation*

In der Diskursethik haben sich drei Begriffe für kooperative Ansätze im öffentlichen Bereich etabliert:

- Die bereits erwähnte „Mitwirkung" oder „Partizipation", die insbesondere im Verhältnis zwischen planender Behörde und der Öffentlichkeit stattfindet.

- Die „Kooperation", welche sich auf das Verhältnis zwischen planender Behörde und Projektinteressenten bezieht. In diesen Kooperationsverfahren werden unterschiedlichste Methoden mit mehr oder weniger ausgeprägtem vermittelnden Charakter angewendet.

- Mediation als einzelne Konfliktregelungsmethode ist noch nicht sehr verbreitet, da mit der vorgeschriebenen Partizipation und freiwilligen kooperativen Elementen ein Großteil der Konflikte frühzeitig konsensorientiert geregelt werden können. In den letzten Jahren zeigte sich jedoch, dass Planungsverfahren und größere Bauvorhaben immer öfter blockiert oder lange verzögert werden, was zunehmend zum Einsatz von Mediation führte. Mediation findet entweder zwischen planenden Behörden und Projektinteressenten oder zwischen planenden Behörden und der Öffentlichkeit statt. In seltenen Fällen finden Mediationen unter allen drei Gruppen statt. In diesem Fall sind spezifische Mechanismen zum Einbezug der Öffentlichkeit wie z. B. Focusgruppen notwendig.

*Beispiel Nutzungsplanverfahren*

In der nachfolgenden Darstellung werden am Beispiel des Nutzungsplanverfahrens die gesetzlich verankerte Partizipation und die Einsatzmöglichkeiten freiwilliger weitergehender Schritte aufgezeigt. Der Nutzungsplan regelt meist auf Gemeindestufe parzellenscharf und eigentümerverbindlich die zulässige Landnutzung durch den Erlass verschiedener Zonen.

## 2 Status der Mediation in der Schweiz

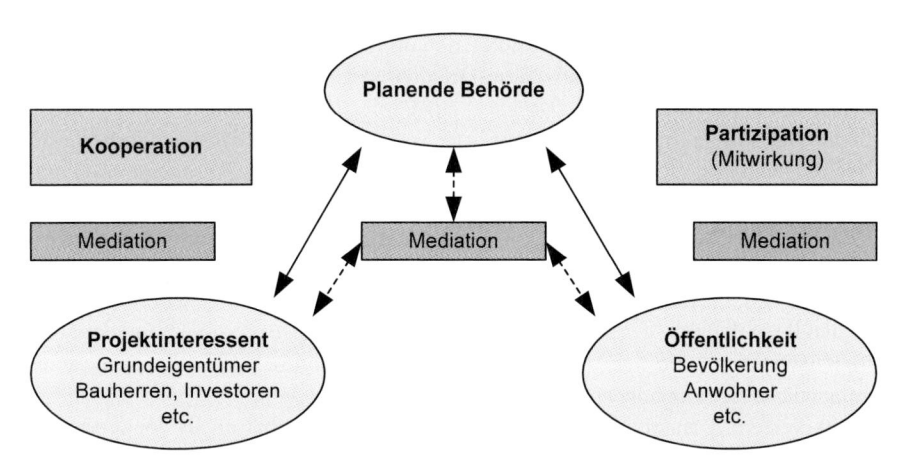

**Abbildung 3**
Partizipation, Kooperation und Mediation zwischen den Beteiligten im Planungsverfahren

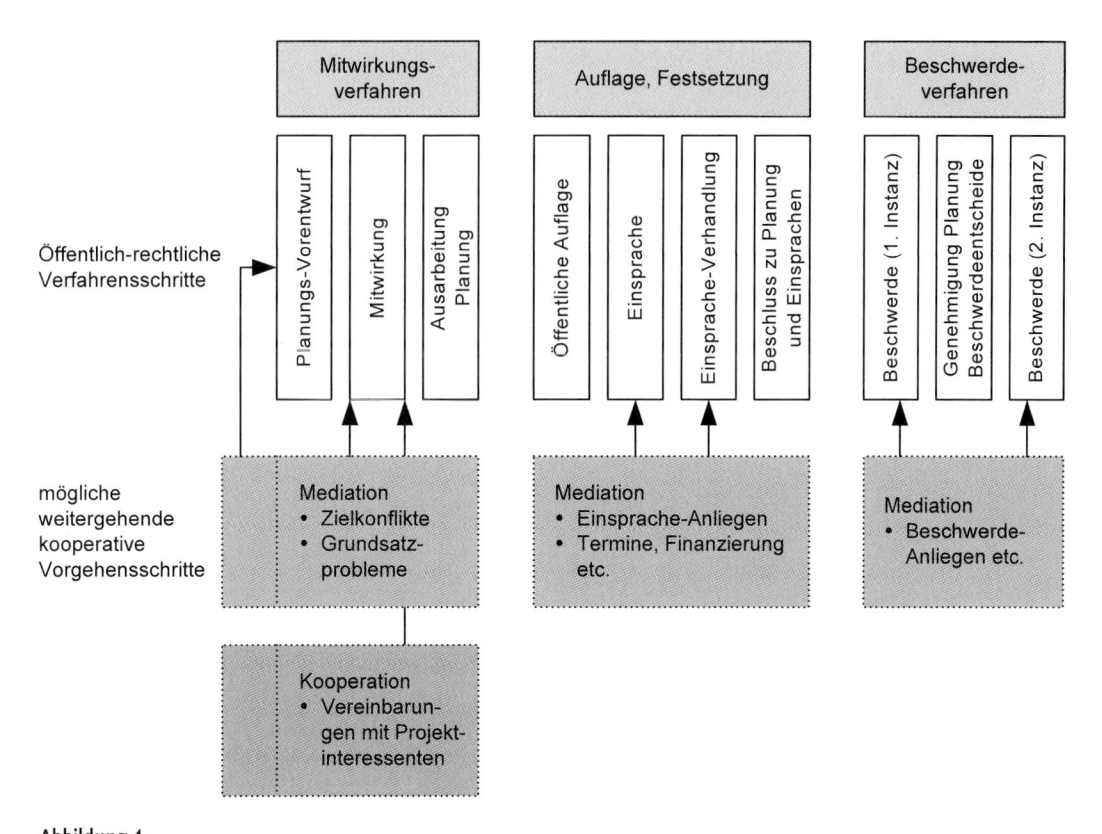

**Abbildung 4**
Einsatzstellen für weitergehende kooperative oder mediative Vorgehensschritte im öffentlich-rechtlich festgelegten Verfahren zur Erstellung und Genehmigung eines kommunalen Nutzungsplans

*Mediationen in vielen Anwendungsgebieten*

Die „Mitwirkung" und „Kooperation" in Planungsverfahren trugen dazu bei, dass sich der Gedanke von kooperativen und meditativen Vorgehensweisen auch auf andere Gebiete des öffentlichen Bereiches ausdehnte. So fanden in folgenden Bereichen Mediationen und mediationsähnliche Verfahren statt: Altlastensanierung und Deponienachsorge, Risikotechnologien wie Atomkraft, Infrastrukturbauten wie Flughäfen, Bahnlinien, Schießplätzen, im Energiesektor oder im Bereich der Mobiltelefonie. Die Planungsverfahren von Wasserkraftanlagen scheiterten oft an dem erbitterten Widerstand der jeweils betroffenen Bevölkerung. Die Unzufriedenheit mit diesem Schema unter allen Beteiligten führte 1995 dazu, dass sich 16 Umweltverbände im Rahmen des sogenannten „Energiefriedens" mit dem Verband der Elektrizitätswerke auf ein der Mediation sehr nahe stehendes Verfahren zur Bereinigung zukünftiger Konflikte einigten.

*Mediationsklausel in Musterverträgen und bei Großprojekten*

Ein weitere Ansatzpunkt ist die Verankerung der Mediation in den Vertragsformularen des SIA (Schweizerischer Verein der Ingenieure und Architekten). Auch in den größten derzeit laufenden Bauvorhaben des Bundes, dem Bau der beiden Eisenbahntunnels am Gotthard und Lötschberg wurde ein dreistufiges Schlichtungsverfahren auf den Baustellen eingerichtet.

### 2.2.3
### Familienmediation

*Starker Impuls durch Familienmediation*

Wie in vielen anderen Ländern kam auch in der Schweiz der stärkste Impuls zur Verbreitung der Mediation aus dem Anwendungsbereich der Trennungs- und Scheidungskonflikte. Erste Scheidungsmediationen fanden in den 80er-Jahren in der französischen Schweiz statt. Die Mediation gelangte über Frankreich und Einzelpersonen, die in Kanada die Familienmediation kennen gelernt hatten, in die Schweiz. Ende der 80er begann sich die Mediation in der Deutschschweiz zu verbreiten, 1988 öffnete die Scheidungsberatung Bülach, welche in der Durchführung von Familienmediationen eine Pionierrolle innehatte ihre Tore. Weitere Meilensteine waren 1990 die Gründung der zweiten Scheidungsberatung in Winterthur, 1992 die Gründung des schweizerischen Vereins für (Familien) Mediation (SVM) und 1993 das erste Angebot für Familienmediationsausbildungen in der Schweiz durch das IEF Zürich (heute Institut für systemische Entwicklung und Fortbildung). Die Verbreitung der Familienmediation und damit der Mediation insgesamt ging wesentlich von einigen zentralen Pionieren wie Mme Valentine Lenoir Degoumois, Professorin für Jugendstrafrecht in Genf, Prof. DDr. Josef Duss-von Werdt in Zürich und Luzern, Dr. Peter Balscheit Gerichtspräsident Baselland, Renate Vogel und Christoph Wieser in Zürich, Marianne Galli im Tessin und weiteren Personen im deutsch- und französischsprachigen Raum aus. Eine sprunghafte Zunahme der Scheidungsmediation war im Jahre 1995 zu verzeichnen, als die ersten in der Schweiz umfassend ausgebildeten ScheidungsmediatorInnen ihre volle Tätigkeit entfalteten. Bemerkenswert sind die deutlichen regionalen Unterschiede in der Verbreitung der Mediation. So werden in den „Ursprungsgebieten" wie Genf, Tessin und im Raum Zürich/Winterthur heute über 10 % aller Scheidungen und Trennungen anhand von einvernehmlich in Mediationen erarbeiteten Konventionen durchgeführt. In anderen insbesondere ländlichen Regionen sinkt dieser Anteil auf unter 1 %.

In der Schweizer Bevölkerung wird Mediation zuerst mit Trennungs- und Scheidungskonflikten in Zusammenhang gebracht, da sie auch heute noch den bei weitem überwiegendem Teil aller Mediationen ausmacht. Einem großen Teil der Bevölkerung ist bekannt, dass es Mediation als konsensorientiertes Verfahren gibt. Die Möglichkeit, Mediation auch in anderen strittigen Konflikten als Methode einzusetzen, ist noch wenig bekannt. Mit der momentanen Vielzahl von Artikeln und Veröffentlichungen wird sich dieses Informationsdefizit verringern.

*Informationsstand in der Bevölkerung*

Bei der Diskussion der neuen Scheidungsgesetzgebung in Jahre 1999/2000 war die Aufnahme von Mediation als Möglichkeit oder sogar Voraussetzung für den gerichtlichen Akt der Trennung oder Scheidung ein heißdiskutiertes Thema. Es wurde letztendlich knapp abgelehnt und nur die Regelung der Zeugnisverweigerung von MediatorInnen in allfälligen späteren Gerichtsverfahren aufgenommen. Diese schützt die FamilienmediatorInnen konsequent vor dem Missbrauch der Mediation als Informationsquelle in einem allfälligen späteren Gerichtsverfahren.

*Gesetzliche Verankerung*

Die lange Tradition und die weite Verbreitung der Familienmediation haben dazu geführt, dass in diesem Bereich die Ausbildungsstandards, die Anerkennung und die Qualitätssicherung vorbildlich geregelt sind und seit Jahren bestens funktionieren.

*Vorbildliche Ausbildungsstandards*

### 2.2.4
**Gemeinwesen- und Nachbarschaftsmediation**

Die Vermittlung in privaten Streitigkeiten war in der Vergangenheit auch mit kirchlichen Kreisen und lokalen politischen Instanzen verbunden. Der Dorfpfarrer oder auf der politischen Ebene auch der Gemeindepräsident sind Persönlichkeiten, die bei Streitigkeiten oft angefragt wurden und in mehr oder weniger mediativer Weise Konflikte schlichteten.

*Historische Vermittlungsinstanzen: Gemeindepräsident, Pfarrer*

Für Konflikte im Bereich des Mietwesens kennt die Schweiz zudem die so genannten Mietschlichtungsstellen, die als vermittelnde Instanz dem Gerichtsverfahren vorgeschaltet sind. Die Vorgehensweise der Schlichtungsstellen, deren Aufgabe es ist, zwischen den Parteien zu vermitteln, hängt wesentlich von den durchführenden Personen ab. Einige in Mediation ausgebildete Mitglieder von Schlichtungsstellen führen in der ersten Phase mediationsähnliche Verhandlungen durch. Diese unterscheiden sich aber dennoch in einem wesentlichen Punkt von der Mediation, indem die Durchführung dieses Verfahrens zwingend ist. Das Resultat der Schlichtung ist entweder eine Einigung oder die Feststellung, dass keine Einigung erzielt werden konnte, womit der Weg zu den ordentlichen Gerichten offen ist.

*Mietschlichtungsstellen*

Wahrscheinlich entwickelte sich die Mediation im Bereich der Nachbarschaftskonflikte (insbesondere in der Deutschschweiz) nur zögerlich, weil lokale Institutionen (Gemeindepräsident, Pfarrer, Schlichtungsstelle) bereits gewisse schlichtende Funktionen wahrnehmen. In der französischsprachigen Schweiz waren immerhin schon in den 80er-Jahren die sogenannten „maison de la médiation" in Funktion, die teilweise unentgeltlich Nachbarschaftsmediationen anboten. Es ist auch in der Medi-

*Nachhaltige Konfliktregelung für Nachbarschafts- und Erbschaftskonflikte* ation im privaten Bereich eine Zunahme in einem noch nicht so gefestigten Bereich festzustellen. Dies mag damit zusammenhängen, dass viele Nachbarschaftskonflikte einen hohen emotionalen Anteil aufweisen und für eine Regelung durch Mediation prädestiniert sind. Auch der Vorteil der nachhaltigen Konfliktregelung und Befriedung unter der Parteien ist für die nächsten Jahrzehnte des Zusammenlebens als Nachbarn äußerst vorteilhaft. Diese Aussage gilt in verstärktem Maß auch für die Erbschaftsmediation, da Nachbarschaftsverhältnisse im schlimmsten Fall veränderbar, Verwandtschaftsverhältnisse jedoch bekanntlich unkündbar sind.

Die beginnende Verlagerung von eskalierten Streitigkeiten im Privatbereich von den Gerichten zur Mediation wird von Gerichtspräsidenten und Anwälten zunehmend begrüßt, da sie zu einer Entlastung der überbelegten Gerichte von „emotionsdominierten Fällen" führen, die oft sehr viel Zeit in Anspruch nehmen und auf der Sachebene vergleichsweise Bagatellen betreffen.

### 2.2.5
### Wirtschaftsmediation

*Mediation in und zwischen Unternehmen*

Unter Wirtschaftsmediation werden in diesem Buch Konfliktregelungen in der Privatwirtschaft verstanden, es geht somit insbesondere um Konflikte zwischen Unternehmen. Im Bereich der Konflikte zwischen Unternehmen und Behörden besteht eine Überschneidung zur Mediation im öffentlichen Bereich, welche im Kap. IV.2.2.2 behandelt wird. Ebenfalls in den Bereich der „Wirtschaftsmediation" fallen innerbetriebliche Konflikte, inklusive dem vieldiskutierten „Mobbing".

*Wirtschaftsmediationen sind oft nicht öffentlich bekannt*

Die Wirtschaftsmediation in der Schweiz steht bezüglich Bekanntheit gegen außen noch am Beginn ihrer Karriere. Das Bild in der Öffentlichkeit ist jedoch etwas verzerrt, da es eine hohe „Dunkelziffer" gibt. Es werden neben den öffentlich bekannten Wirtschaftsmediationen eine stattliche Anzahl weiterer Konflikte in Rahmen von Mediationen geregelt. Als Unternehmen ist es – etwas salopp ausgedrückt – erstens nicht schick, Konflikte zu haben, und zweitens diese nicht als der Stärkere zu gewinnen, sondern als „Weichei" in der Mediation zu regeln. Diese etwas übertriebene Skizze einer alter Führungsdoktrin führt dazu, dass Mediation in der Wirtschaft sehr willkommen und notwendig, aber doch noch nicht sehr verbreitet ist.

*Vorteile der Mediation für die Wirtschaft: Kosten-, Zeit- und Energieeffizienz, beziehungserhaltend*

Jüngste Beispiele von Debakeln nationalen Ausmaßes (z. B. Kuoni, Swissair) in denen unter anderem durch ungebremste und rücksichtslose Konfliktaustragung jahrelang aufgebaute Werte wie Sicherheit, Goodwill und Börsenkotierung zerschlagen wurden, haben aber eindeutig zu einem Umdenken auf der Topmanagementebene geführt. Die Doktrin ändert vom „Kampf des unbesiegbaren Mächtigen" zum „Erfolgreichen mit Sozialkompetenz", der sich nicht heroisch auf das Schlachtfeld stürzt, sondern zuerst prüft, ob nicht effizientere Wege daran vorbei zum Ziel führen. Diese Entwicklung ist nicht weiter erstaunlich, da die Besonderheiten der Konfliktlösung mit Mediation wie Kosten-, Zeit- und Energieeffizienz sowie die Erhaltung von Beziehungen mit den Zielsetzungen der Wirtschaft decken. Aus der jedes Jahr deutlich ansteigenden Zuwachsrate an Mediationsverfahren in der Wirtschaft ist anzunehmen, dass sich die Mediation im privatwirtschaftlichen Bereich innerbetrieblich und in Konflikten mit anderen Unternehmen sehr rasch weiter verbreiten wird.

Dem Autor sind aus eigener Erfahrung und den Informationen von KollegInnen Mediationen insbesondere in der EDV-Branche, im Bau- und Planungswesen, im Banken- und Versicherungssektor, bei Fluggesellschaften und bei vielen innerbetrieblichen Konflikten bekannt. Innerbetrieblich werden beispielsweise eine Vielzahl von Arbeitnehmer- Arbeitgeberkonflikten, Belästigung am Arbeitsplatz, Konflikte in Führungsgremien, Konflikte beim Wechsel von Kaderpersonen etc. mit Mediation geregelt. Die steigende Nachfrage der Mediation zeigt sich auch darin, dass die Nachfrage nach Mediationsausbildungen im Wirtschafts- und Verwaltungsbereich bedeutend angestiegen ist.

*Anwendungsgebiete: EDV, Bau und Planung, Banken, Versicherungen, innerbetrieblich und extern*

### 2.2.6
**Strafmediation**

Unter Strafmediation wird Mediation im Zusammenhang mit Straftaten verstanden, wobei dies vor einer Strafanzeige, während eines Gerichtsverfahrens oder auch nach dem Rechtsspruch erfolgen kann. Im Bereich der Straftaten liegt das Ziel des Mediationsverfahrens etwas anders als in den übrigen Anwendungsfeldern. Soweit dies jeweils möglich ist, soll einen Ausgleich für geschehenes Unrecht erreicht werden. Der Inhalt dieses Ausgleichs ist eines der zentralen Themen der Mediation. Ein weiterer wesentlicher Bestandteil ist die Begegnung von Täter und Opfer. In gewissen Bereichen von Delikten, wie beispielsweise Formen von körperlicher Gewalt soll die Mediation auch einen Beitrag zur Verarbeitung und Bewusstwerdung beim Täter leisten. Die MediatorInnen in diesem Bereich besitzen meist eine Grundausbildung in Sozialwissenschaften, Sozialarbeit, Sozialpädagogik, Psychologie, Jura sowie Zusatzausbildungen wie z. B. Coaching, Organisationsentwicklung, Therapie. Das in Österreich unter dem Namen „Außergerichtlicher Tatausgleich" (ATA) bekannte Vorgehen und das deutsche Modell „Täter-Opfer-Ausgleich" (TOA) zählen ebenfalls zum Bereich der Strafmediation.

*Mediation bei Straftaten*

In der Schweiz sind erste Ansätze der Strafmediation (wie in vielen anderen Anwendungsgebieten) aus der französischen Schweiz, insbesondere der „médiation pénale" in Genf bekannt. Mitte der 90-er Jahre haben auch in verschiedenen Kantonen der Deutschschweiz Vorbereitungen für die Durchführung von Mediationen bei Straftaten begonnen (TAWI-Projekt, Bern, Projektarbeit in Basel, Versuch in der Vollzugsanstalt Saxerriet, usw.). Zu erwähnen ist, dass praktisch all unsere europäischen Nachbarländer die Mediation als Diversion gesetzlich erfolgreich verankert haben. Eine Vorreiterrolle gebührt sicher unserem österreichischen Nachbarn sowie den diversen Fachstellenarbeiten in Deutschland im außergerichtlichen Tatausgleich resp. der Täter-Opfer-Arbeit.

*Médiation pénale in der französichen Schweiz*

In Zürich ist ein Pilotprojekt in Gang, welches die Implementierung einer Fachstelle für Strafmediation im Kanton Zürich vorsieht. Das Modell verfolgt die vorgerichtliche Mediation sowie den Aufbau einer neutralen Fachstelle für Strafmediation außerhalb der Verwaltungen. Das Pilotprojekt erwuchs aus einem Teilprojekt der Führungsreform der kantonalen Justizdirektion und einem Projekt der evangelisch-reformierten Landeskirche. Das heutige Konzept bildet gleichsam eine Synthese der diversen Vorarbeiten und Konzepte. Eine breitabgestützte Trägerschaft

*Pilotprojekt Strafmediation Zürich*

im Verein Strafmediation Zürich (VSMZ), am 26.09.2001 gegründet, repräsentiert die verschiedenen Interessen und involvierten Fachgebiete sowie Disziplinen.

In der Pilotzeit arbeitet die Fachstelle vorerst mit Antragsdelikten, wobei der Konfliktkonstellation mehr Gewicht bei der Bearbeitung zugemessen wird als dem eigentlichen strafrechtlichen Delikt. Das Angebot richtet sich vornehmlich an Ersttäter/Ersttäterinnen, welche eine strafrechtlich relevante Tat der unteren bis mittleren Kriminalität begangen haben.

*Voraussetzungen für das Mediationsverfahren*

Für die Falltauglichkeit braucht es kein eigentliches Geständnis im strafrechtlichen Sinn; Voraussetzung jedoch ist eine grundsätzliche Anerkennung der Tat. Die angeschuldigte Person muss bereit sein, eine materielle und/oder immaterielle Wiedergutmachung zu leisten. Zudem muss die Bereitschaft bestehen, sich mit der Tat und den Tatfolgen intensiv auseinander zusetzen. Umgekehrt muss die geschädigte Person zu einer Täterkonfrontation bereit sein. Im Mediationsprozess erfährt sie allerdings eine Stärkung und erhält die Möglichkeit, ihre Forderungen und Befindlichkeit einzubringen, wo sie im herkömmlichen Strafverfahren bestenfalls als Zeuge oder Zeugin einvernommen würde. Die Teilnahme ist für beide Parteien freiwillig und kann jederzeit durch triftige Gründe abgebrochen werden. Bei geglücktem Ausgleich wird eine schriftliche Vereinbarung zuhanden der Strafuntersuchungsbehörden, welche weiterhin die Herrschaft über das Strafverfahren ausübt, festgehalten. In diesem Fall wird das Verfahren eingestellt und auf einen Eintrag im Strafregister verzichtet.

Eine entsprechende gesetzliche Verankerung in der Strafprozessordnung ist als Entwurfsvorschlag eingereicht. Im materiellen Jugendstrafrecht hat die Mediation bereits den Weg durchs Parlament angetreten. Die Revision des materiellen Strafrechts im Erwachsenenbereich sieht die Wiedergutmachung ebenfalls vor. Zusammenfassend kann festgestellt werden, dass sich die Mediation hierbei in der Versuchsphase befindet und die weitere Entwicklung wesentlich von diesen Erfahrungen abhängt.

### 2.2.7
**Schulmediation**

*Médiateurs, peermediation und Konfliktlotsen*

Erste Ansätze der Schulmediation sind in den 80er-Jahre aus der Westschweiz bekannt. Die damaligen „médiateurs" waren ausgebildete Erwachsene, die Schülern bei der Stellen- und Berufswahl halfen, bei gesundheitlichen/psychischen Problemen Therapien vermittelten und auch Konfliktregelung im heutigen Verständnis der Mediation durchführten. In den 90er-Jahren kam via der in Amerika wohnhaften Schweizerin Noa Zanolli-Davenport das Modell der Peermediation und durch verschiedene Kontakte mit Deutschland das Konfliktlotsenmodell in die Schweiz. Beiden Modellen ist der Ansatz gemeinsam, dass Gleichaltrige als Mediatoren fungieren.

*Konfliktkapitäne*

Ebenfalls in dieser Dekade begannen konkrete Pilotmodelle der Schulmediation in der Ostschweiz. Beispielsweise das Modell der „Konfliktkapitäne". Die Idee dieses Projekts war, dass nicht Erwachsene die Schüler in der Pausenplatzmediation ausbildeten, sondern wenige Jahre ältere Lehrlinge diese Funktion übernahmen. Die Vorteile dieses Modells sind die höhere Akzeptanz des Ausbilders, der in seiner Sprache, seinen Interessen und seiner Gedankenwelt viel näher bei den Schülern liegt und als Vorbild gilt, da er auf dem Berufsweg den Schülern einen Schritt voraus ist.

Im prämierten Projekt „Win-win-Schulmediation Ostschweiz" wählen die Schüler Mitschüler im gleichen Schulhaus, die zu „Konfliktlotsen" ausgebildet werden. Schüler, die Streitigkeiten haben, können anschließend einen Mediator aus einer anderen Klasse zur Konfliktregelung beiziehen. In diesem seit 1999 laufenden Projekt werden ebenfalls die Lehrpersonen ausgebildet, um die nachhaltige Implementation zu gewährleisten. Ebenfalls in diesem Zeitraum wurde in der Stadt Zürich das Projekt „Peace-Maker", eine Form der Pausenplatzmediation ähnlich dem Frankfurter Konfliktlotsenmodell mit dem Hauptfocus Gewaltprävention gestartet.

*Win-win-Schulmediation, Peace-maker, INDUME*

Das Modell „Integration durch Mediation" (INDUME) in der Ostschweiz verfolgt das Ziel der Einführung anderer Konfliktverhaltensmuster in der Integration von Menschen aus anderen Kulturen. Zu diesem Zweck werden die Schlüsselpersonen (Dolmetscher, Fremdenpolizeimitarbeiter, Fachstellenleiter etc.) mit dem Gedanken der Mediation vertraut gemacht.

Erste Ausbildungen in peermediation fanden 1997, Ausbildungen für Lehrer in Schulmediation 1998 beide im Raum Zürich statt. Heute existieren verschiedene Sensibilisierungskurse und Weiterbildungen in der gesamten Schweiz.

*Ausbildungen Schulmediation*

Insgesamt scheint sich der Gedanke des mediativen Umganges mit Konflikten auf vielen Wegen in der Schule, der Lehrlingsausbildung und auch in den Kindergärten zu verbreiten. Es stehen dabei eher das Sensibilisieren für das Thema Konflikte, das tägliche Üben konstruktiver Umgangsformen im Vordergrund als die Durchführung klassischer Mediationen durch außenstehende erwachsene Mediatoren. Zu Hoffnung Anlass gibt die Feststellung mehrerer Trainer, die sowohl Schüler als auch Erwachsene in mediativem Handeln ausbilden, dass jüngere Leute eher einen schnelleren und direkteren Zugang zum mediativen Umgang mit Konflikten finden.

*Hoffnungsvoller Ausblick*

Der Autor dankt folgenden Personen für Korrekturlesungen und die wertvolle Unterstützung zu den Kapiteln über die unterschiedlichen Anwendungsgebiete: Sylvie Berchthold-Remund, DDr. J. Duss-von Werdt, Andreas Hausheer, Yvonne Hofstetter, Markus Murbach, Christof Wieser.

## 2.3
**Verbandswesen und Ausbildungen**

### 2.3.1
**Dachverband Mediation und Vereine**

Nach jahrelanger Aufbauarbeit ist es in der Schweiz gelungen, im Sommer 2000 im „schweizerischen Dachverband Mediaton" die maßgeblichen Vereinigungen, die sich mit professioneller Mediation in den unterschiedlichen Feldern beschäftigen, zusammenzuführen.

*Schweizerischer Dachverband Mediation SDM*

Spezialisert auf den Mediationsbereich des vorliegenden Buches haben sich die IVKM (Internationale Vereinigung für Konfliktmanagement und Mediation), die das Mediations-Know-how im öffentlichen Bereich und in der Wirtschaftsmediation im Pla-

**SDM**
FSM
**Schweizerischer Dachverband Mediation**
Fédération Suisse des Associations de Médiation
Federazione Svizzera della Associazioni di Mediazione

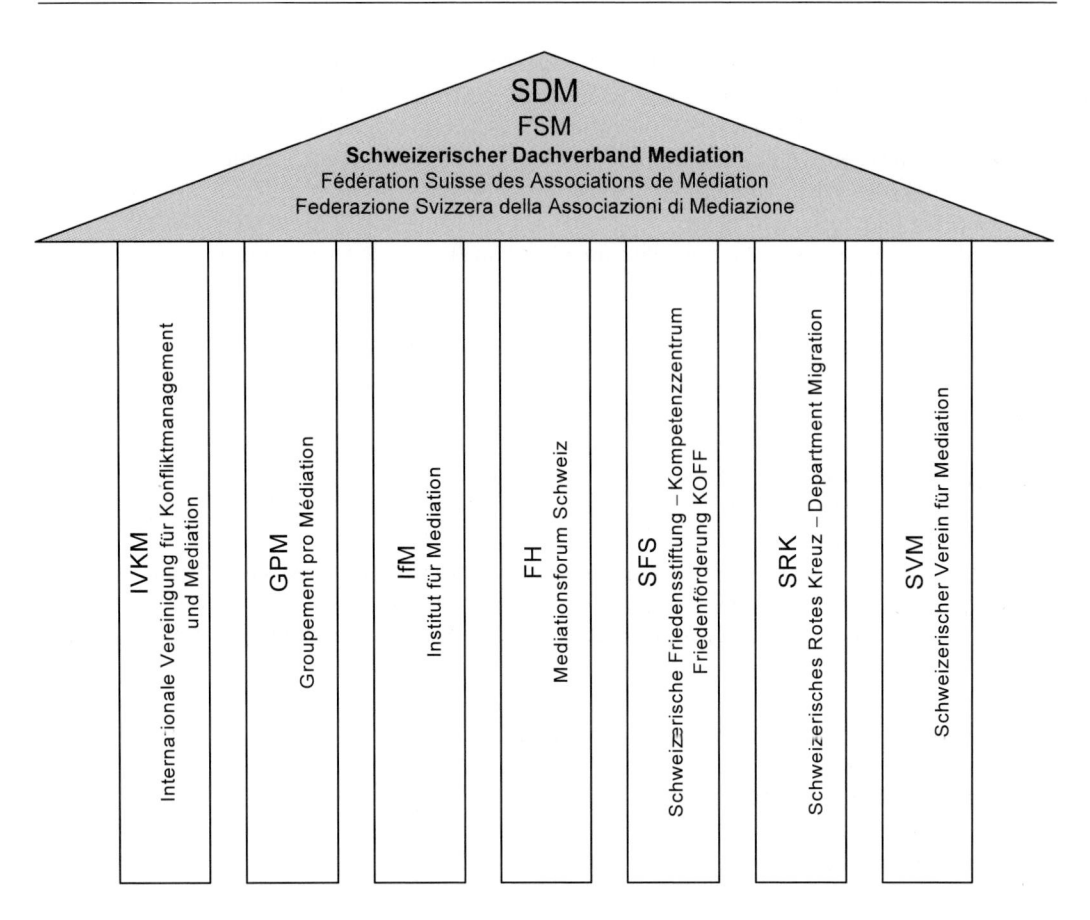

- **IVKM** — Internationale Vereinigung für Konfliktmanagement und Mediation
- **GPM** — Groupement pro Médiation
- **IfM** — Institut für Mediation
- **FH** — Mediationsforum Schweiz
- **SFS** — Schweizerische Friedensstiftung – Kompetenzzentrum Friedenförderung KOFF
- **SRK** — Schweizerisches Rotes Kreuz – Department Migration
- **SVM** — Schweizerischer Verein für Mediation

**Abbildung 5**
Schweizerischer Dachverband Mediation und die fünf Trägervereine bzw. Institutionen

*IVKM:* nungs- und Bauwesen insbesondere in den Ländern D, A, CH zusammenführt, und
*Wirtschafts-* im Umweltbereich die FGU, eine Untergruppe des IfM. Im Schulbereich und im
*und Umwelt-* Bereich der Strafmediation sind zum Zeitpunkt der Herausgabe des vorliegenden
*mediation im* Buches Vereine in Gründung, aber noch nicht Mitglied des Dachverbandes. Weitere
*Planungs- und* Vereinigungen sind in Verhandlung bezüglich der Aufnahme im Dachverband.
*Bauwesen*

### 2.3.2
**Mediationsausbildungen**

*Breites Ausbil-* Das Angebot umfassender Mediationsausbildungen, die sinngemäß dem sich ein-
*dungsangebot* bürgernden Qualitätslevel des europäischen Forums (200 Stunden Ausbildung fest-
*und große* gelegten Inhalts, plus Praxis und Supervision) entspricht, ist mittlerweile vielfältig.
*Nachfrage* In der Schweiz existieren mehr als fünf anerkannte Familienmediationsausbildungen

und mindestens zwei umfassende Mediationsausbildungen im Bereich Umwelt, Verwaltung, Wirtschaft und Politik. Die Ausbildungen werden sowohl von privaten Instituten als auch von Fachhochschulen oder staatlichen Trägerschaften der Verwaltung angeboten. Der Umfang der Ausbildungen reicht von 200–600 Std. und erstreckt sich berufsbegleitend über ein bis drei Jahre. Die Nachfrage nach Mediationsausbildungen außerhalb des Familienbereichs war in den letzten Jahren höher als das Angebot. Es werden mehrere disziplinenübergreifende, modular aufgebaute Ausbildungen angeboten.

## 2.4
## Ausblick

Konflikte im Bereich des Planungs- und Bauwesens fallen entweder unter das Kapitel Wirtschaftsmediation oder wenn öffentliche Stellen, die Verwaltung oder weitere nicht privatwirtschaftliche Institutionen beteiligt sind, unter den Bereich „Mediation im öffentlichen Bereich". Die Mediation im öffentlichen Bereich, die bereits auf eine sehr lange Tradition zurückblicken und im Bereich der Raumplanung mit spezifischen Gesetzgebungen unterstützt wurde, nimmt kontinuierlich zu. Es zeigt sich, dass große Planungs- oder Bauvorhaben unter Einbezug kooperativer Verfahren wesentlich effizienter und für alle Beteiligten befriedigender abgewickelt werden können. Allfällige Stolpersteine, die zu Blockaden und aufwändigen Gerichtsverfahren in späteren Phasen führen würden, können damit großteils frühzeitig erkannt und ausgeräumt werden. Im Bereich der Wirtschaftsmediation in und zwischen Unternehmern ist eine verstärkte Zunahme zu beobachten, da sich die Kosten- und Zeiteffizienz sowie die Erhaltung von Beziehungen als Merkmale der Konfliktlösung mit Mediation mit den generellen Zielen in der Wirtschaft decken. Auch bei der Behebung innerbetrieblicher Konflikte ist eine starke Zunahme zu verzeichnen. In diesem Fall ist die Nachhaltigkeit der Konfliktlösung durch Mediation, welche eine gute Zusammenarbeit zwischen Mitarbeitern in Teams, Geschäftsleitungen wieder ermöglicht, der ausschlaggebende Faktor zur Wahl dieses Verfahrens. Ein Großteil der Mediationen findet noch hinter verschlossenen Türen statt und dringt nie in die Öffentlichkeit. Vereinzelt beginnen jedoch Unternehmen, die Konfliktregelung durch Mediation als Ausdruck einer modernen Unternehmenskultur publik zu machen. Mediation im öffentlichen Bereich und Wirtschaftsmediation bewegen sich in der generellen Tendenz der Zunahme von Mediation als Konfliktregelungsmethode in allen Anwendungsbereichen.

*Entwicklungstendenz: Zunahme der Mediation in allen Anwendungsgebieten*

# V
# Mediation in Österreich

1 Rechtliche Rahmenbedingungen für Mediation in Österreich
  *Hermann Aspöck*

2 Mediation in Österreich – Status
  *Anita Zieher*

# 1
# Rechtliche Rahmenbedingungen für Mediation in Österreich

*Hermann Aspöck*

## 1.1
**Mediation Allgemein**

### 1.1.1
**Vorbemerkung**

Die Anwendung der Mediation bzw. mediativer Verfahren begann in Österreich Mitte der 80er-Jahre und zwar – wenn auch noch nicht als „Mediation" benannt – in Form des außergerichtlichen Tatausgleiches (ATA), der als Modellversuch im Jugendstrafrecht bereits 1985 startete und gesetzlich Ende der 80er-Jahre im Jugendgerichtsgesetz verankert wurde. Anfang der 90er-Jahre wurde dieser Modellversuch auch im allgemeinen Strafrecht für Erwachsene angewandt und war auch hier erfolgreich, so dass seit 01.01.2000 im österreichischen Strafrecht die Möglichkeit der „Diversion" gegeben ist. Mit diesem Verfahren ist es möglich, Straftaten mit geringen Strafandrohungen – insbesondere geringfügige Eigentums- und Sachbeschädigungsdelikte – durch Vereinbarungen zwischen Opfer und Täter zu regeln, ohne eine Strafe auszusprechen. Auf diese Weise wird bei positivem Abschluss des Verfahrens der Lebenslauf des Täters nicht durch eine Vorstrafe belastet.

*Außergerichtlicher Tatausgleich/Diversion*

Etwa zeitgleich mit dem Erwachen des Interesses für Mediation in der Bundesrepublik Deutschland, möglicherweise durch dieses Interesse ausgelöst, begann die Beschäftigung mit der Mediation durch Juristen, Psychotherapeuten und Psychologen Anfang der 90er-Jahre auch in Österreich.

Mittlerweile ist der Bekanntheitsgrad der Mediation in der Bevölkerung entsprechend groß, wobei die konkrete Anwendung des Mediationsverfahrens in allen Bereichen der Mediation bisher unter den Erwartungen geblieben ist. Dies hat mehrere Gründe. Einer davon könnte sein, dass die „österreichische Seele" einen nicht ganz vorurteilsfreien Zugang zur Psychotherapie hat. Es reicht scheinbar aus, dass im Mediationsverfahren die Befindlichkeit der Psyche angesprochen werden kann und somit auch dieses Verfahren – obwohl es sich von Therapie ganz klar abgrenzen muss – als in deren Nähe befindlich empfunden wird.

*Anwendung/Mediation*

### 1.1.2
**Rechtliche Bestimmungen/Gesetzliche Regelungen**

Staatliche Normen, in denen die Mediation erwähnt ist, haben in Gesetzen und Verordnungen erst ab Ende der 90er-Jahre Eingang gefunden, wobei sich dieser Unterabschnitt auf die allgemeinen Bestimmungen beschränkt, während die berufsspezifischen positivrechtlichen Regelungen im Abschnitt 1.2. näher betrachtet werden.

*Lebens- und Sozialberatung*  Eine erste Erwähnung der Mediation findet sich im Zusammenhang mit dem in der Gewerbeordnung geregelten bewilligungspflichtigen gebundenen Gewerbe der „Lebens- und Sozialberatung".[1] Aufgrund einer Verordnungsermächtigung über die Erbringung des Befähigungsnachweises für dieses Gewerbe hat der Bundesminister für wirtschaftliche Angelegenheiten am 10.07.1998 die entsprechende Verordnung erlassen[2], in deren Vorschriften die Lehrinhalte der Mediation angeführt sind. Näheres zu diesen Bestimmungen siehe Abschnitt 1.2.1.

Im Eherechtsänderungsgesetz 1999 (EheRÄG 1999) wurden in dessen § 99 (im Unterabschnitt „Folgen der Scheidung") Regelungen hinsichtlich der Verschwiegenheitspflicht des Mediators aufgenommen und deren Verletzung unter strafrechtliche Sanktion gestellt.[3] Der Gesetzgeber formuliert in dieser Gesetzesbestimmung als Ziel der Mediation

*Gesetzliche Definition*  „die Erzielung einer gütlichen Einigung über die Scheidung und deren Folgen" und definiert den Mediator als einen „berufsmäßig und auf der Grundlage einer fachlichen Ausbildung in Mediation vermittelnden Dritten".

Ferner beinhaltet die Regelung des § 99 eine Verjährungshemmung von Fristen zur Geltendmachung von Ansprüchen im Zusammenhang mit der Scheidung.[4] Auf die Fragen der Verschwiegenheitspflicht wird näher im Abschnitt 1.1.4. eingegangen.

Schließlich findet sich eine an die vorstehende Regelung des § 99 EheRÄG 1999 angelehnte Bestimmung für das Pflegschaftsverfahren im KindRÄG 2001[5], das mit dem 01.07.2001 in Kraft getreten ist.

*Umweltverträglichkeit*  Mit der Erlassung des Umweltverträglichkeitsprüfungsgesetzes im Jahre 1993 wurde die Richtlinie 85/337/EWG des Rates vom 27.06.1985 über die Umweltverträglichkeitsprüfung bei bestimmten öffentlichen und privaten Projekten umgesetzt.[6]

Durch ein Gesetz aus dem Jahre 2000, das aufgrund eines Initiativantrages zustande gekommen ist, wurden Änderungen dieses Gesetzes vorgenommen. Dieses trägt nunmehr die Bezeichnung „Umweltverträglichkeitsprüfungsgesetz 2000" – UVP-G 2000. Diese rechtlichen Bestimmungen sind bei baulichen Maßnahmen zur Verwirklichung eines Vorhabens zu beachten, wobei die Begriffsbestimmungen des § 2 des zitierten Gesetzes folgende Definition enthalten, die übersichtshalber wörtlich zitiert wird:

> „(2) Vorhaben ist die Errichtung einer Anlage oder ein sonstiger Eingriff in Natur und Landschaft unter Einschluss sämtlicher damit in einem räumlichen und sachlichen Zusammenhang stehender Maßnahmen. Ein Vorhaben kann ein oder mehrere Anlagen oder Eingriffe umfassen, wenn diese in einem räumlichen und sachlichen Zusammenhang stehen."

---

[1] § 127 Zi. 20 sowie §§ 261 bis 263 je GewO.
[2] BGBl. II 1998/221.
[3] EheRÄG 1999, BGBl. I 1999/125 vom 22.07.1999.
[4] Ausführlich bei Grünberger, ÖJZ 2000, 55.JGH 2, S. 50 ff.
[5] BGBl. I 2000/135, Kindschaftsrechtsänderungsgesetz 2001.
[6] BGBl. 697/1993, geändert durch BGBl. 773/1996.

In der Novelle des UVP-G 2000 wurde auch der § 16 abgeändert, der das Verfahren nach dem UVP-G 2000 regelt und darin normiert, dass bei großen Interessenskonflikten die Behörde die Möglichkeit hat („kann die Behörde …"), das Verfahren auf Antrag zur Einschaltung eines Mediationsverfahrens zu unterbrechen. Der Behörde wird die Möglichkeit (nicht die Verpflichtung) eingeräumt – sofern das Ergebnis des Mediationsverfahrens der Behörde übermittelt wird – dieses im Rahmen der gesetzlichen Möglichkeiten im weiteren Genehmigungsverfahren und in der Entscheidung zu berücksichtigen.[7]

Im Zuge der Anerkennung und Ermöglichung der Mediation durch das EheRÄG 1999 (siehe oben) und § 39 c des Familienlastenausgleichsgesetzes 1967 (FLAG 1967) hat das Bundesministerium für soziale Sicherheit und Generationen Ausführungsrichtlinien zur Mediation erlassen, die allerdings nur auf den Bereich der Mediation in familienrechtlichen Konfliktfällen, für welche die Inanspruchnahme von Förderungen gemäß § 39 c FLAG in Betracht kommt, beschränkt sind. Unter Berücksichtigung der *Europäischen Charta zur Ausbildung von Familienmediatoren im Bereich von Trennung und Scheidung* finden sich Bestimmungen, einerseits über die Durchführung der Mediation – die in diesem Falle im Wesentlichen nur als Co-Mediation durchgeführt werden kann, wobei einer der Mediatoren aus der juristischen und einer der Mediatoren aus der psychosozialen Grundqualifikation stammt – und andererseits Bestimmungen über die Grundqualifikationen und die mediatorische Qualifikation sowie über die Ausbildung der Mediatoren.

*Ausführungsrichtlinie*
*§ 39 c FLAG*

*Ausbildung*

Die Bestimmungen des § 99 EheRÄG hinsichtlich der Verschwiegenheitspflicht des Mediators wurden auch in der Zivilprozessordnung (ZPO), § 320, berücksichtigt. Darüber hinaus wurde dort ein Vernehmungsverbot von Mediatoren hinsichtlich des im Mediationsverfahrens Anvertrauten normiert.

*Vernehmungsverbot*

Im § 460 Zi. 7 a ZPO (eingefügt mit EheRÄG 1999) sowie im § 182 e AußStrG (eingefügt mit KindRÄG 2001) sind Bestimmungen enthalten, die die Gerichte dazu anhalten, den Parteien Hilfen, die zu einer gütlichen Einigung führen können, anzubieten und auf entsprechende Hilfsangebote hinzuweisen, wobei hier wohl auch die Mediation vom Gesetzgeber gemeint ist.

*Mediation als Hilfe*

Abschließend kann gesagt werden, dass es derzeit somit weder eine gesetzliche Definition des Berufsbildes Mediator gibt, noch Bestimmungen über die Voraussetzungen, die zur Berufsausübung als Mediator erforderlich sind, wenn man von der vorbeschriebenen Richtlinie im Zusammenhang mit § 39 c FLAG absieht. Die Notwendigkeit einer derartigen gesetzlichen Regelung wurde sowohl in der Regierungserklärung als auch durch den Nationalrat im Zuge der Beschlussfassung über das KindRÄG 2001 erkannt. Dieser verabschiedete eine einstimmige Entschließung, die den Bundesminister für Justiz ersucht, dem Nationalrat einen Gesetzesvorschlag zuzuleiten, der den rechtlichen Rahmen und die rechtlichen Voraussetzungen für die Ausübung der Mediation regelt.

*Gesetzesvorschlag*

---

[7] BGBl. I 89/2000 vom 10.08.2000.

### 1.1.3
### Ausübungsbefugnis

*Grund-* Die im vorstehenden Unterabschnitt dargelegten Regelungen lassen erkennen, dass
*voraussetzungen* die Befugnis, Mediation als Beitrag zur Konfliktbehandlung anzubieten, einiger, den vorgenannten Regelungen zugrundeliegenden, **Grundvoraussetzungen** bedarf, wie

- der Betätigung in einem Quellberuf über einen entsprechenden Zeitraum (Praxiserfahrung), zusätzlich
- des Nachweises über den Abschluss einer Mediationsausbildung und
- der Sicherstellung der berufsmäßigen Ausübung der Mediation, sei es als Hauptberuf oder als Nebenberuf.[8]

*Quellberufe* In der vorzitierten Ausführungsrichtlinie zur Mediation entsprechend § 39 c FLAG des Bundesministeriums für soziale Sicherheit und Generationen sind unter den Quellberufen genannt:

a) im juristischen Bereich die Berufe der Rechtsanwälte, Notare und Richter; diesen gleichgestellt Angehörige rechtsbezogener Berufe mit Magisterium oder Doktorat der Rechtswissenschaften und einer beruflichen Funktion mit Aufgabenstellungen im familienrechtlichen Bereich,

b) im psychosozialen Bereich die Berufe der Psychotherapeuten, Psychologen mit abgeschlossenem Studium und diplomierte Sozialarbeiter in einer beruflichen Funktion mit Aufgabenstellung im familienbezogenen Bereich und

c) Angehörige psychosozialer Berufe mit vergleichbarer beruflicher Ausbildung wie b) mit entsprechendem Ausbildungsnachweis.[9]

Die Ausbildung zum Mediator wird von den verschiedensten Institutionen angeboten und reicht von Kursen mit geringer Stundenanzahl bis zu mehrsemestrigen Universitätslehrgängen.

### 1.1.4
### Verschwiegenheitspflicht

*Zentrale* Die Grundsätze der Transparenz, der Offenheit und der Fairness im Mediations-
*Bedeutung* verfahren bedingen, dass die Medianten uneingeschränkte Sicherheit darüber haben, dass den von ihnen im Verfahren erfolgten Offenlegungen absolute Vertraulichkeit zukommt. Das im Mediationsverfahren aufgebaute Vertrauen zum Mediator bzw. Mediatorenteam darf nicht durch die Möglichkeit einer (erzwingbaren) Aussage durch den Mediator über das Verfahren erschüttert werden. Der Verschwiegenheitspflicht des Mediators kommt somit zentrale Bedeutung im Mediationsverfahren zu. Dies ist

---

[8] Anhand der Regelungen der Mediation im EheRÄG 1999 wird dies ausführlich erläutert von Hopf/Stabentheiner in ÖJZ 54.Jg, Heft 23/23, S. 872 bzw. Grünberger in ÖJZ 55 Jg., Heft 2, S. 51.
[9] § 18 der Richtlinie.

auch daraus ableitbar, dass in den im Abschnitt 1.1.2. geschilderten bereits bestehenden positivrechtlichen Regelungen meist die Regelung der Verschwiegenheitspflicht einen wesentlichen Bestandteil dieser Bestimmungen bildet. Der oben bereits angesprochene § 320 Zi. 4 ZPO – bezugnehmend auf die Mediation des § 99 EheRÄG – beinhaltet somit konsequenterweise ein Vernehmungsverbot des Mediators im Prozess und stellt wie bereits erwähnt § 99 Abs. 2 EheRÄG die Verletzung dieser Verschwiegenheitspflicht des Mediators unter strafrechtliche Sanktionen (§ 301 Abs. 1 StGB).

Für die gewerbliche Mediation (siehe Abschnitt 1.2.1) im Rahmen der Lebens- und Sozialberatung normiert § 263 Gewerbeordnung (GewO) eine Verschwiegenheitspflicht, von der der Mediator allerdings durch die Medianten entbunden werden kann. *Standesrichtlinien*

In den berufsgruppenbezogenen Regelungen (siehe Abschnitt 1.2) – sie bestehen derzeit für Notare und Rechtsanwälte – ist die Verschwiegenheitspflicht im Zusammenhang mit der Übernahme einer Mediation des Notars/Rechtsanwalts in den dazu erlassenen Richtlinien gesondert geregelt und geht über die Verschwiegenheitspflicht, die diesen Berufsgruppen ansonsten zukommt, hinaus. Für Notare sieht Punkt 37 der STR 2000 die Berechtigung und Verpflichtung zur umfassenden Verschwiegenheit vor, von der der Notar auch **nicht** entbunden werden kann.[10]

Die Mediationsrichtlinie der Rechtsanwälte (§§ 63 bis 69 der Rechtanwaltsordnung) berechtigt und verpflichtet ebenfalls den Mediator zur umfassenden Verschwiegenheit, lässt allerdings eine Entbindung von der Verschwiegenheitspflicht zu, legt aber wiederum dem Rechtsanwalt die Pflicht auf, das Recht auf Verschwiegenheit in Anspruch zu nehmen.[11]

Beide Richtlinien bestimmen im Zusammenhang mit der Verschwiegenheitspflicht, dass weder Notar noch Rechtsanwalt als Mediator eigene Aufzeichnungen herausgeben dürfen. Erhaltene Unterlagen dürfen an die Parteien oder deren Vertreter zurückgestellt werden, nicht aber an Dritte oder an Gerichte (Behörden) herausgegeben werden.

Da Regelungen hinsichtlich der Verschwiegenheitspflicht des Mediators derzeit nur in Teilbereichen vorliegen, kann – wenn nicht die Verschwiegenheitspflicht aus berufsrechtlichen Vorschriften (z. B. Notare, Psychotherapeuten, Rechtsanwälte) geboten ist oder nach gesetzlichen Vorschriften besteht (EheRÄG 1999 und KindRÄG 2001) – nach derzeitiger Rechtslage nach Beendigung der Mediation ohne Mediationsvereinbarung der Richter in einem späteren Gerichtsverfahren den Mediator, im äußersten Falle auch mit Geldstrafen und Beugehaft, zur Aussage über Inhalte der Mediation zwingen. *Aussage über Mediationsinhalte*

Schon alleine aus diesem Grunde ist die beabsichtigte gesetzliche Regelung der Materie durch das Mediatorengesetz von äußerster Wichtigkeit und Dringlichkeit.

---

[10] Richtlinien der Österreichischen Notariatskammer, Standesrichtlinie 2000, Notariatsordnung Wagner/Knechtl MGA, 5. Aufl., S. 897.
[11] Vgl. Steinacher, AnwBL 2000/3, S. 127 f.

### 1.1.5
### Haftung des Mediators

*Mediations-vertrag*
Die Übernahme eines Mediationsauftrages wird im Allgemeinen durch einen Mediationsvertrag festgehalten und definiert (§ 66 Mediationsrichtlinie Rechtsanwälte, Punkt 35 der STR 2000 der Notare, § 11 der Ausführungsrichtlinie zur Mediation gemäß § 39 c FLAG). Darin werden Fragen geklärt, die das Verhältnis zwischen Mediator und Medianten sowie den Medianten untereinander in Bezug auf die konkrete Mediation regeln. Außerdem werden allgemeine Verfahrensbestimmungen festgelegt.

*Verfahrens-verantwortung*
Aufgabe des Mediators, für die dieser auch die Haftung zu übernehmen hat, ist es, die Verantwortung für das Verfahren zu übernehmen und auf die Einhaltung der allgemeinen Grundsätze des Mediationsverfahrens und etwaiger im Mediationsvertrag festgelegter Grundsätze zu achten. Der Mediator hat somit den Rahmen der Mediation zur Verfügung zu stellen. Die inhaltliche Konfliktbearbeitung und Konfliktbewältigung obliegt ausschließlich den Medianten.

*culpa in eligendo*
Der Mediator haftet außerdem für die strikte Einhaltung der Verschwiegenheitspflicht und hat dafür zu sorgen, dass diese auch von seinen Mitarbeitern eingehalten wird, wobei ihn hierbei ein Auswahlverschulden (culpa in eligendo) treffen kann.

*Aufklärungs-/Sorgfaltspflicht*
Schließlich kommen dem Mediator bei Durchführung seines Auftrages Aufklärungs- und Sorgfaltspflichten gegenüber den Medianten zu. Er hat darüberhinaus auch die Verantwortung für eher formale Tätigkeiten, wie die Bereitstellung der für die Mediation erforderlichen Räumlichkeiten, die terminliche Planung etc.[12] Der Mediator haftet für die Erfüllung des Mediationsvertrages. Dabei kommt ihm die

*Sachverständigenhaftung*
verschärfte Sachverständigenhaftung der §§ 1299 f ABGB zu, d. h. er hat für die typischen Eigenschaften eines Mediators einzustehen. Eine darüber hinausgehende Haftung ergibt sich möglicherweise aus seinem Quellberuf und den beruflichen Standesrichtlinien. Eine Haftung kann auch gegebenenfalls im Mediationsvertrag vereinbart werden, so dass etwa die beruflichen Erfahrungen des Mediators in die Mediation einzubringen sind (z. B. ein als Mediator ausgebildeter Informatiker wird in das Mediatorenteam zur Lösung des Konfliktes zwischen zwei Softwareherstellern einbezogen).

*Berufshaftpflicht*
Sofern im Bereich dieser Leistungsverpflichtungen des Mediators Fehler auftreten, trifft ihn die volle Haftung dafür. Bei einer zukünftigen Regelung eines Mediatorengesetzes sollte dafür Vorsorge getroffen werden, dass den Medianten aus derartigen Fehlern kein Nachteil erwächst. Wie bei rechtsberatenden Berufen der Abschluss von Haftpflichtversicherungen in bestimmten Höhen bereits vorgeschrieben ist[13],

---

[12] Ausführlich hierzu Fitsch in Juristische Ausbildungs- und Praxisvorbereitung/JAP 2/2000/2001 Manz S. 76, der die Verhandlungsbegleitung nach den individuell vereinbarten Grundsätzen als Hauptleistungspflicht, die Pflicht zur Geheimhaltung der während der Vermittlung zugänglichen Informationen als selbständige Nebenleistungspflicht und die weiteren genannten Pflichten als unselbständige Nebenleistungspflichten sieht.

[13] Z. B. Notare § 30 Abs. 3 NO, Mindestversicherungssumme 400.000 EUR.

# 1 Rechtliche Rahmenbedingungen für Mediation in Österreich

wird es auch Aufgabe des Mediatorengesetzes sein, derartige Vorschriften aufzunehmen.[14]

Abschließend kann zur Haftung des Mediators festgehalten werden, dass nach derzeitiger Rechtslage – sofern nicht eine Verpflichtung zum Abschluss einer Haftpflichtversicherung nach den berufsrechtlichen Vorschriften oder besonderen Bestimmungen gegeben ist – eine allgemeine Verpflichtung zum Abschluss einer Haftpflichtversicherung gesetzlich nicht gegeben ist, dies aber von einigen Organisationen als Voraussetzung für die Mitgliedschaft gefordert wird (z. B. ÖBM – Österreichischer Bundesverband der MediatorInnen).

*Haftpflichtversicherung/ Verpflichtung zum Abschluss*

## 1.1.6
**Mediationsvereinbarung/Durchsetzbarkeit**

Der Abschluss der Mediation erfolgt im allgemeinen durch eine Mediationsvereinbarung, die im wesentlichen als Punktation die Punkte des Konfliktes im Sinne der während des Mediationsverfahrens getroffenen Vereinbarungen festhält. Diese Mediationsvereinbarung ist im Allgemeinen nicht als klagsweise durchsetzbarer Vertrag anzusehen, da auch für diese Vereinbarung die Möglichkeit eines einseitigen Widerrufes oder auch einer einvernehmlichen Abänderung in einer Art Fortsetzung des Mediationsverfahrens besteht. Sind die Medianten im Mediationsverfahren nicht rechtsfreundlich vertreten, dann wird ihnen der Mediator die Möglichkeit geben, die zustandegekommene Mediationsvereinbarung durch ihre rechtlichen Berater überprüfen zu lassen.

Sofern die eingeholte Beratung die Medianten im Abschluss ihrer Mediationsvereinbarung bestärkt, wird der Wunsch seitens der Medianten entstehen, der getroffenen Vereinbarung auch rechtlich durchsetzbare Wirkung zu verleihen.

Um diese rechtliche Durchsetzbarkeit zu erreichen, wird es erforderlich sein, dass ein auf der Vereinbarung aufbauender Vertrag durch einen Angehörigen eines rechtsberatenden Berufes errichtet und durch die beiden Medianten abgeschlossen wird.

Soll diesem abgeschlossenen Rechtsgeschäft unmittelbare Durchsetzbarkeit zukommen, bietet sich die Möglichkeit, wenn das Rechtsgeschäft eine Leistungsverpflichtung oder Unterlassungsverpflichtung enthält, diese auch in Form eines so genannten vollstreckbaren Notariatsaktes, beurkundet durch einen Notar, abzuschließen, aufgrund welcher Urkunde sodann bei einem etwaigen Leistungsverzug ohne vorheriges Klageverfahren unmittelbar Exekution zur Erwirkung der Leistung geführt werden kann (§§ 3 und 3 a NO).

*Exekutionstitel*

---

[14] Fucik/Wiedermann Komponenten eines Mediatorengesetzes in: Kleindienst-Passweg-Wiedermann, Handbuch Mediation Register 3, Kap. 2.1.1.f, ferner § 16 Ausführungsrichtlinie zur Mediation gemäß § 39 c FLAG.

## 1.2
### Berufsgruppenbezogene Regelungen

#### 1.2.1
**Mediation als Gewerbe**

*Berufsmäßige Ausbildung*
Die Ausübung der Mediation kann sowohl hauptberufliche als auch nebenberufliche Tätigkeit sein, sie kann sowohl unselbständig (z. B. Mitarbeiter von sozialen Einrichtungen der Gebietskörperschaften) oder selbständig ausgeübt werden.

*Selbständige Ausübung*
Für die selbständige Ausübung der Mediation besteht nach derzeitiger Gesetzeslage die Möglichkeit der Ausübung im Rahmen eines freien Berufes (Notare, Rechtsanwälte, Wirtschaftstreuhänder, Architekten etc.) oder der Ausübung als selbständiges Gewerbe.

*Gewerbliche Mediation*
Wenn auch für die **gewerbliche Mediation** konkrete rechtliche Bestimmungen noch nicht bestehen, so wird diese derzeit im Rahmen des bewilligungspflichtigen gebundenen Gewerbes der Lebens- und Sozialberatung[15] ausgeübt und von den zuständigen Gewerbebehörden die Gewerbeberechtigung für die Ausübung des Gewerbes der Lebens- und Sozialberatung eingeschränkt auf die Ausübung der Mediation ausgestellt.

Der Begriff des bewilligungspflichtigen gebundenen Gewerbes besagt, dass zur Ausübung desselben ein **Befähigungsnachweis** erforderlich ist und darüber hinaus seitens der Behörde die Bewilligung zur Ausübung des Gewerbes zu erteilen ist (zuständige Behörde für die Erteilung der Bewilligung ist der Landeshauptmann [§ 177 GewO]), in den besonderen Bestimmungen für Lebens- und Sozialberater in den §§ 261 bis 263 der GewO sind der Umfang der Tätigkeit, die Bestimmung, dass auch Arbeitnehmer des Gewerbetreibenden die entsprechenden Qualifikationen aufweisen müssen, und schließlich eine Regelung hinsichtlich der Verschwiegenheit, wobei diese Bestimmung die Möglichkeit der Entbindung von der Verschwiegenheitspflicht vorsieht, enthalten.

Die Mediation selbst ist, wie bereits in Abschn. 1.1.2 ausgeführt, gesetzlich in der Gewerbeordnung nur indirekt verankert, nämlich als ein im Zuge der Ausbildung zur Lebens- und Sozialberatung zu unterweisender Gegenstand.[16]

*Bewilligungspflicht*
Als bewilligungspflichtiges gebundenes Gewerbe kann somit das Gewerbe der Lebens- und Sozialberatung eingeschränkt auf Mediation erst ausgeübt werden ab Vorliegen der gewerbebehördlichen Bewilligung.

#### 1.2.2
**Notare**

Das Berufsethos des Notars umfasst neben der Vertrauenswürdigkeit die Begriffe der Unparteilichkeit und der Rechtsfürsorge. Der unparteiliche Notar sieht seine Auf-

---

[15] § 127 Zi. 20 GewO.
[16] Lebens- und SozialberaterInnen Befähigungsnachweisverordnung BBGBl. II 1998/221 vom 10.07.1998.

gabe darin, zwischen den Parteien ausgewogene Rechtsverhältnisse herzustellen, d. h. insbesondere zu verhindern, dass bei einem unter seiner Mitwirkung zustande gekommenen Rechtsgeschäft welcher Art immer eine Partei von vornherein benachteiligt ist oder nach der vorhersehbaren Entwicklung der Dinge in Zukunft benachteiligt sein kann.[17]

Die Unparteilichkeit ist für die Ausübung des Berufes des Notars auch gesetzlich normiert.[18] Aus der Abgrenzung der Aufgabe zu anderen Professionen der Therapeuten, des Rechtsanwaltes, des Richters und des Schlichters, wie dies Heyns vornimmt[19], läßt sich ersehen, dass die Aufgaben des Notars verglichen mit den vorgenannten Professionen der Tätigkeit des Mediators von der grundsätzlichen Berufsauffassung des Notars her sehr ähnlich sind, wobei allerdings bei üblichen notariellen Vorgängen, wie Vertragsverhandlungen, Erbübereinkommen, gesellschaftsrechtliche Vorgänge etc. wohl im Allgemeinen eine Erarbeitung des Ergebnisses allein durch die Parteien nicht erfolgt, sondern diese Ergebnisse entweder bereits vorgegeben sind oder die Parteien unter Anleitung, zuweilen auch mit Vorschlägen des Notars, zu einem entsprechenden Ergebnis kommen. Hier unterscheidet sich die Tätigkeit des Notars von der des Mediators, der darauf zu achten hat, dass das Ergebnis der Mediation von den Medianten in Eigenverantwortung gefunden wird.

*Unparteilichkeit*

Durch das Notariats-Berufsrechtsänderungsgesetz 1999[20] wurde als weitere Berufstätigkeit des Notars die Tätigkeit als Mediator im Bereich der notariellen Berufsausübung in den §§ 5 Abs. 4 b NO aufgenommen.[21]

*Mediation als notarielle Tätigkeit*

Die Ausübung der Mediation im Notariat wurde in den Standesrichtlinien 2000[22] Artikel V geregelt, wobei die Möglichkeit der Ausübung der Mediation im Rahmen des notariellen Berufes an eine zusätzliche Ausbildung als Mediator geknüpft ist und ferner eine angemessene Weiterbildung und die Einhaltung der allgemein anerkannten Regeln für das Mediationsverfahren voraussetzt. Die Richtlinien legen ferner fest (Punkt 36.), dass der Notar zur Übernahme des Mediationsmandates nicht verpflichtet ist und wie die Medianten jederzeit berechtigt ist, das Mediationsverfahren abzubrechen; weiterhin wird der Notar in den Richtlinien verpflichtet, die Medianten sofort über Umstände zu informieren, die seine Unabhängigkeit, Allparteilichkeit und Neutralität beeinflussen könnten.

*Richtlinien*

Hinsichtlich der Verschwiegenheit regelt Punkt 37. der STR 2000, dass der Notar als Mediator zur Verschwiegenheit berechtigt und verpflichtet ist und von dieser Verpflichtung nicht entbunden werden kann.

Sofern der Notar von allen Medianten mit der rechtlichen Ausgestaltung des in der Mediation gefundenen Konsenses beauftragt wird, kann er hierüber eine Urkunde verfassen und sie über Auftrag der Beteiligten Gerichten oder Behörden vorlegen

---

[17] Meyer, Der Notar, Eigenverlag 1989, S. 22.
[18] § 7 NO.
[19] Heyns, Scheidung ohne Verlierer, Kösel Verlag, München 1993, S. 13.
[20] BGBl. I 1999/72 vom 30.04.1999.
[21] § 5 Abs. 4 b NO: Wird ein Notar als Mediator tätig, so hat er auch dabei die ihn als Notar treffenden Berufspflichten einzuhalten. Besondere Regelungen für Mediatoren nach anderen Rechtsvorschriften werden dadurch nicht berührt.
[22] STR 2000, Art. V, Punkte 32–39, vgl. NO MGA, 5. Aufl., S. 895 ff.

*Verschwiegenheit* (Punkt 38. STR 2000). Dagegen ist dem Notar, der als Mediator tätig war, die Beratung oder Vertretung nur *einer* Partei (oder eines Teiles der Parteien) in dieser oder einer damit zusammenhängenden Angelegenheit gegen andere Parteien der Mediation untersagt (STR 2000, Punkt 39.).

Die Förderung und Vertretung von NotarInnen und notariellen Berufsanwärtern (NotariatskandidatInnen) in der Ausbildung und in der Ausübung der Mediation, insbesondere auch im Bereich der Co-Mediation, hat sich die als Verein konstituierte **Gesellschaft für Mediation im Notariat** zum Ziel gesetzt, die für alle Notare und notarielle Berufsanwärter offen steht, sofern sie eine von dieser Gesellschaft anerkannte Ausbildung zum Mediator nachweisen können.

Die im April des Jahres 2001 in Salzburg abgehaltenen Europäischen Notarentage[23] haben sich des Themas „Der Notar und die konsensuale Streitbeilegung" angenommen. Das Ergebnis dieser Konferenz, die unter großer internationaler Beteiligung der Europäischen Notariate stattgefunden hat, verdeutlicht, dass die Mediation europaweit als wichtiger Beitrag des Notariates zur Konfliktregelung gesehen wird.

### 1.2.3
### Rechtsanwälte

Parteien, die sich in einem Konfliktfall an einen Rechtsanwalt wenden, erwarten primär, dass dieser ausschließlich ihre eigenen Interessen vertritt und erwarten somit, dass „ihr" Anwalt das Maximum für sie aus dem Konflikt „herausholt". Als Mediatoren tätige Anwälte sehen im Zusammenhang zunehmender Beschäftigung der Anwaltschaft mit Mediation das Aufeinandertreffen grundsätzlich divergenter Typen anwaltlichen Selbstverständnisses und zwar den Streitanwalt und den lösungsorientierten Anwalt. Ersterem wird es schwer fallen, in einem Konflikt die unparteiliche Rolle des Mediators zu übernehmen, für Letzteren wird die Übernahme der Rolle des unparteilichen Mediators durchaus möglich sein.[24]

*Mediation als anwaltliche Tätigkeit*  Die Tätigkeit des Rechtsanwalts als Mediator wurde durch Aufnahme der entsprechenden Bestimmung im § 8 der Rechtsanwaltsordnung als dessen Absatz 5 vorgenommen.[25] Zu dieser gesetzlichen Bestimmung hat der Rechtsanwaltskammertag vom 09.04.1999 die Mediationsrichtlinie beschlossen, die als Art. XII (§§ 63 bis 69) die Richtlinien für die Ausübung des Rechtsanwaltsberufes erweitert. In diesen Richtlinien wird festgestellt, dass die Ausübung der Mediation durch den Rechtsanwalt Kenntnisse über das Wesen und die Techniken der Mediation erfordert, wobei der

---

[23] Diese Veranstaltung wird alljährlich unter großer internationaler Beteiligung durch die Österreichische Gesellschaft für Information und Zusammenarbeit im Notariat (ÖGIZIN) als Veranstalter in Salzburg durchgeführt und die wissenschaftliche Konzeption durch die Österreichische Notariatsakademie vorgenommen.
[24] Steinacher, Grundsätzliches zum Rollenverständnis des Rechtsanwaltes in Kleindienst Passweg-Wiedermann, Handbuch Mediation Reg. 6 Kap. 1.1.
[25] § 8 Abs. 5 RAO „Wird ein Rechtsanwalt als Mediator tätig, so hat er auch dabei die ihn als Rechtsanwalt treffenden Berufspflichten einzuhalten. Besondere Regelungen für Mediatoren nach anderen Rechtsvorschriften werden dadurch nicht berührt."

österreichische Rechtsanwaltskammertag nach Anhörung der AVM (Anwaltsvereinigung für Mediation und cooperatives Verhandeln) Grundsätze der Aus- und Fortbildung festsetzt. Der Rechtsanwalt als Mediator ist zur Unabhängigkeit, Allparteilichkeit und Neutralität als Mediator verpflichtet und hat die Parteien sofort über Umstände zu informieren, die geeignet sind, die vorgenannten Voraussetzungen zu beeinflussen.

Die Ausübung der Mediation durch einen Rechtsanwalt ist anwaltliche Tätigkeit und der Rechtsanwalt ist auch als Mediator zur umfassenden Verschwiegenheit berechtigt und verpflichtet. Selbst wenn er von seiner Verschwiegenheitspflicht entbunden werden sollte, hat er sein Recht auf Verschwiegenheit in Anspruch zu nehmen.[26]

*Verschwiegenheit*

Der als Mediator tätige Rechtsanwalt hat mit ausdrücklicher Zustimmung aller Parteien die Möglichkeit, nach Abschluss der Mediation eine Vereinbarung mit dem rechtlich gebotenen Inhalt in der gesetzlichen Form zu verfassen. Dem als Mediator tätigen Rechtsanwalt ist es nicht möglich, nach Abschluss des Mediationsverfahrens einen der Medianten in der Angelegenheit der Mediation oder einer damit zusammenhängenden Causa einseitig zu beraten oder zu vertreten (§§ 67 und 68 der Mediationsrichtlinie).

### 1.2.4
**Wirtschaftstreuhänder**

Die frühere Wirtschaftstreuhänderberufsordnung (WTBO) wurde im Jahre 1999 vom Wirtschaftstreuhandberufsgesetz (WTBG) abgelöst, das seit 01.07.1999 in Kraft ist und folgende Wirtschaftstreuhandberufe aufweist:

- Wirtschaftsprüfer
- Buchprüfer
- Steuerberater
- selbständiger Buchhalter

In den meisten Fällen hat der Wirtschaftstreuhänder ein akademisches Studium der Rechts- und Handelswissenschaften absolviert und eine mindestens vierjährige Praxis in einer Wirtschaftskanzlei erworben.

Üblicherweise wird sich das typische Beratungsgespräch des Wirtschaftstreuhänders darauf beziehen, dass ein vom Mandanten gestelltes Problem analysiert wird und aufgrund der Sachkompetenz eine oder mehrere Lösungsmöglichkeiten angeboten werden.

In vereinzelten Fällen wird der Wirtschaftstreuhänder auch die Absichten der Partei zu erforschen haben. Dies könnte dann der Fall sein, wenn der Wirtschaftstreuhänder den Auftrag erhält, vertragsgestaltend zu wirken (z. B. der Wirtschaftstreuhänder wird zur Verfassung von Gesellschaftsverträgen beigezogen) oder wenn die Beratung die Wahl einer steuerlichen Rechtsformgestaltung betrifft. Aber auch bei diesen Tätigkeiten wird es nur selten der Fall sein, dass durch den Wirtschaftstreuhänder tatsächlich die Interessen der Partei im mediatorischen Sinne erforscht

---

[26] Ausführlich hierzu Steinacher in Anwaltsblatt 3/2000 „Die Mediationsrichtlinie", S. 124–131

werden. Es ergibt sich somit aus dem Spektrum der Tätigkeiten, dass sich das Anforderungsprofil an einen Wirtschaftstreuhänder und dessen Tätigkeit grundsätzlich vom Anforderungsprofil an einen Mediator und dessen Tätigkeit unterscheidet.[27]

*Wirtschafts-mediation*
Da bei Konfliktfällen der Wirtschaftsmediation das berufsmäßige Grundwissen des Wirtschaftstreuhänders nicht selten eine große Rolle spielen wird, ist zu empfehlen, bei komplexeren Wirtschaftsmediationen auch als Mediatoren ausgebildete Wirtschaftstreuhänder in das Mediatorenteam einzubeziehen. Daraus ergibt sich im Bereich der Wirtschaftsmediation für den als Mediator ausgebildeten Wirtschaftstreuhänder ein nicht unbedeutendes Betätigungsfeld.

### 1.3
### Co-Mediation

Die Durchführung eines Mediationsverfahrens kann entweder von einem einzelnen Mediator, von zwei Mediatoren gemeinsam oder von einem Team mit einer größeren Anzahl von Mediatoren durchgeführt werden. Ein Mediatorenteam wird wohl dann erforderlich sein, wenn im Rahmen der Mediation komplexe Themen zu behandeln sind (z. B. Umweltmediation) und eine Beteiligung von Mediatoren aus verschiedenen Grundberufen mit dem entsprechenden beruflichen Grundwissen erforderlich macht, um bei diesen vielseitigen Themen zu einer Lösung zu gelangen, die allen erforderlichen Betrachtungsweisen gerecht wird.

Die vorbeschriebene gerichtsnahe Mediation (siehe Abschnitt 1.1.1.) nach § 39 c FLAG verordnet zur Durchführung derartiger Mediationsverfahren das Prinzip der Co-Mediation (§ 8), wobei sich das Mediatorenteam aus Mediatoren zusammenzusetzen hat, die einerseits juristische und andererseits psychosoziale Grundqualifikationen aufweisen.

Zu den im vorstehenden Abschnitt V.1.2 angeführten berufsgruppenbezogenen Regelungen ist festzuhalten, dass, wenn Vorschriften über die Ausübung der Mediation bestehen, diese Regelungen den diesen Berufsgruppen Zugehörigen die Möglichkeit eröffnen, an Mediationen auch in Form von Co-Mediationen oder als Mediator in einem aus mehreren Personen bestehenden Mediatorenteam mitzuwirken.[28]

---

[27] Draxl, Ausbildung und Anforderungsprofils des Mediators in Kleindienst-Passweg-Wiedermann, Handbuch Mediation, Reg. 6, Kap. 2.2. und 2.6.
[28] Zum Berufsrecht der Notare: Grünberger, Mediation und notarielles Berufsrecht, NZ 3/2001, S. 156 zum Berufsrecht der Rechtsanwälte: Steinacher, Die Mediationsrichtlinie, Anwaltsblatt 3/2000, S. 125.

# 2
# Mediation in Österreich – Status

*Anita Zieher*

> „Woran arbeiten Sie?" wurde Herr K. gefragt. Herr K. antwortete: „Ich habe viel Mühe, ich bereite meinen nächsten Irrtum vor."[1]

Die Planung eines Projekts bedeutet für die Beteiligten viel Aufwand, sei es eine Betriebserweiterung, die Errichtung einer Eisenbahntrasse oder die Entwicklung eines regionalen Abfallwirtschaftskonzepts. Wenn das Projekt bei den Betroffenen auf Widerstand stößt, kann der Weg bis zur Realisierung mühsam werden. Die Mühsal ergibt sich oftmals aus einem fehlenden Verständnis für eine aktive Kommunikation zwischen Projektplaner, Unternehmen, BürgerInnen, politisch und administrativ Verantwortlichen. Durch mangelnde Berücksichtigung der Interessen aller Betroffenen, entstehen Irrtümer, die zwar menschlich, letztlich jedoch vermeidbar sind.

Umwelt- und Planungsfragen geraten immer wieder ins Zentrum von Konflikten. Unterschiedliche Interessen von BürgerInnen, Unternehmen, Kommunen und Verwaltung treten dabei zutage, stehen scheinbar im Widerspruch zueinander. Oftmals erscheint es schwierig, eine Lösung zu finden, die den Bedürfnissen nach Wahrung der Lebensqualität, dem Erhalt von Wirtschaftsstandorten und Arbeitsplätzen und dem Schutz von Natur und Landschaft Rechnung trägt. Mediation stellt einen erfolgversprechenden Weg dar, Konflikte bei der Planung umweltrelevanter Projekte einvernehmlich mit allen Beteiligten zu lösen. In Österreich wurden solche Konflikte in den letzten Jahren zunehmend mit Hilfe von Mediationsverfahren bearbeitet.

## 2.1
### Hintergrund

Verhandlungen sind als Weg der Entscheidungsfindung in Österreich traditionell gut verankert. Im Rahmen der Sozialpartnerschaft haben die Arbeitgeber- und ArbeitnehmerInnenverbände in der zweiten Republik in vielen Bereichen des gesellschaftlichen Lebens gemeinsam konsensuelle Regelungen gefunden. Dadurch wurden arbeitsbezogene Auseinandersetzungen von der Straße auf den Verhandlungstisch verlegt. Aufgrund dieser Konsenstradition verwundert es nicht, dass nahezu alle relevanten Entscheidungsträger im Umweltbereich Verhandlungsgespräche auch als gutes Mittel zur Lösung von Planungskonflikten betrachten.[2] Die größte Zustimmung

*Politische Konsenstradition in Österreich*

---

[1] Vgl. B. Brecht, (1986).
[2] Vgl. ÖGUT (1998), Wien, S. 51. Befragung für eine Studie der ÖGUT über Informationsstand Einstellung und Erwartungen zu Umweltmediation.: „Sind Sie der Meinung, dass Verhandlungen ein gutes Mittel zur Lösung von Konflikten sind?". Auf diese Frage antworteten 98% der im Zuge der Studie durchgeführten befragten Entscheidungsträger mit ja. Am wenigsten eindeutig fiel die Zustimmung bei den Umweltorganisationen bzw. Bürgerinitiativen mit 53 % aus.

*Neue Akteure für Umweltinteressen* kommt hier von den Kommunen, die größte Skepsis besteht auf Seiten der Umweltorganisationen und Bürgerinitiativen, für die das Protestverhalten auch ein Machtpotenzial birgt.

Bei Konflikten im Umweltbereich konnte sich ein der Sozialpartnerschaft ähnliches System der Konfliktregulierung nicht etablieren. Umweltpolitik und -bewusstsein haben sich erst relativ spät entwickelt und die InteressensvertreterInnen für Umweltanliegen waren – anders als im Arbeitsbereich – nicht als gleichberechtigte Verhandlungspartner vorgesehen. Umweltkonflikte haben in Österreich immer wieder politische Bedeutung erlangt und zu tiefgreifenden Veränderungen im gesellschaftlichen Bewusstsein geführt (z. B. die Auseinandersetzung um das Kraftwerk Hainburg 1984). Die Entwicklung eines Umweltbewusstseins in den 70er-Jahren hat zu Frontalkonfrontationen geführt, in denen zahlreiche Interessensgegensätze sichtbar wurden. Die neu hinzukommenden Akteure, die VertreterInnen von Umweltinteressen wurden lange Zeit nicht in den Entscheidungsprozess bei Projekten im öffentlichen Bereich einbezogen.

*Unzufriedenheit mit Genehmigungspraxis* In den letzten Jahren ist eine steigende Unzufriedenheit mit der Kultur des Aufeinanderprallens von Interessen bei Konflikten um umweltrelevante Vorhaben zu bemerken. Der herkömmliche Weg zur Lösung von Umweltkonflikten verläuft hauptsächlich über Verwaltungsverfahren, die Einspruchsmöglichkeiten vorsehen, jedoch kaum auf offenen Dialog, Information und Ausgleich gerichtet sind. Formale Entscheidungen und objektive Gutachten können jedoch die Ängste von BürgerInnen in Bezug auf geplante Projekte kaum verringern helfen.

Die Behörden wiederum sehen sich mit knappen Zeit- und Personalressourcen konfrontiert, was die Interessensabwägung bei der Beurteilung eines Projektantrags erschwert. Insgesamt ist der Eindruck vom Umgang mit umweltrelevanten Konflikten negativ: 60 % der von der ÖGUT 1998 Befragten haben von der gegenwärtigen Lösungspraxis bei Umweltkonflikten einen eher schlechten bzw. sehr schlechten Eindruck. Unzufriedenheit besteht vor allem mit der Länge der Verfahren, dem Kostenaufwand, dem Umgang der Beteiligten miteinander und der Art der Entscheidungsfindung.

Die Ziele der Wirtschaft wurden lange Zeit als diametral zu Umweltschutzzielen gesehen. Doch mittlerweile haben Annäherungen zwischen Wirtschafts- und Umweltinteressen stattgefunden. Das Umweltbewusstsein von Unternehmen ist gestiegen und auch Umweltorganisationen suchen vereinzelt nach Allianzen mit Branchen, um umweltpolitischen Forderungen Nachdruck zu verleihen (z. B. bei der Einführung von Ökosteuern).

*Hohe Befürwortung von Mediation* Das Bedürfnis nach friedlichen Lösungswegen wächst, gerade weil Wirtschaftsstandorte nicht gefährdet werden sollen, aber auch die Bedürfnisse in puncto Lebensqualität nicht zu kurz kommen dürfen. Dies wurde auch in der Befragung für die Studie der ÖGUT 1998 deutlich: 91 % der relevanten Akteurinnen und Akteure befürworteten einen Einsatz von Umweltmediationsverfahren und auch 82 % der Österreicherinnen und Österreicher hielten diesen für sinnvoll. Auch die Bereitschaft, sich selbst an einem solchen Verfahren zu beteiligen, war bei 93 % der befragten AkteurInnen ungewöhnlich eindeutig gegeben.

Im Zusammenhang mit der Finanzierung wird noch einmal die hohe Zustimmung für das Instrument Mediation deutlich: zwei Drittel der ÖsterreicherInnen halten die Kostenbeteiligung der öffentlichen Hand (Bund, Länder, Gemeinden) an einem solchen Verfahren für sinnvoll.

Eine Akzeptanz von Mediation im umweltrelevanten Planungsbereich ist damit in Österreich sowohl bei den Entscheidungsträgern als auch bei der Bevölkerung erkennbar.

Dementsprechend werden an die Durchführung von Mediationsverfahren bestimmte Erwartungen geknüpft: 93 % der AkteurInnen in Kommunen, Unternehmen und Bürgerinitiativen erwarten sich dadurch eine verbesserte Beziehung zwischen den Konfliktparteien, 80 % eine Demokratisierung der Entscheidungsprozesse. Drei Viertel der Befragten gehen davon aus, dass sich dadurch Projekte rascher realisieren lassen, wobei die Erwartungen bei den Umweltorganisationen bzw. Bürgerinitiativen hier am geringsten ausfallen.

*Erwartungen an Umweltmediation*

Die Hälfte der Befragten erwartet geringere Kosten durch die Mediation, die geringsten diesbezüglichen Erwartungen haben Unternehmen und Umweltorganisationen. 57 % erwarten einen geringeren Zeitaufwand, knapp die Hälfte aller Befragten erwartet einen geringeren Verwaltungsaufwand. Das Hauptargument für den Wunsch nach Mediation im Umweltbereich ist also nicht der reduzierte Aufwand, sondern der bessere, demokratischere Umgang aller Betroffenen miteinander.[3]

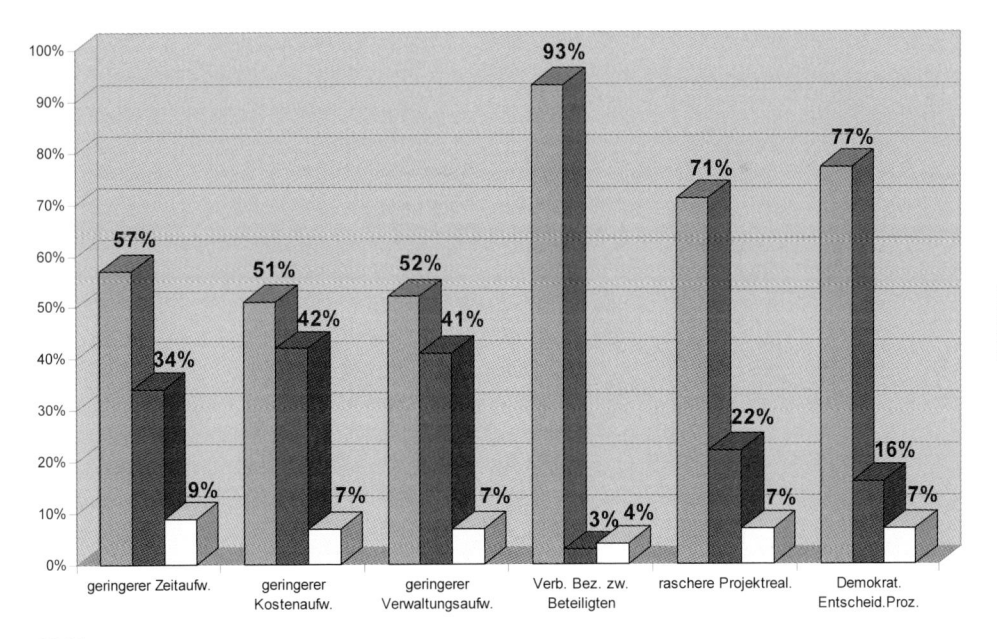

**Abbildung 1**
Erwartungen an Mediation bei umweltrelevanten Projekten![4]

---

[3] Vgl. ÖGUT (1998), S. 80 ff.
[4] Datengrundlage: vgl. ÖGUT (1998), Ergebnisse der Untersuchung (nicht veröffentlicht).

## 2.2
## Entwicklung

Mediation als Methode zur Beilegung von Planungskonflikten wird in Österreich seit Mitte der 90er Jahre intensiver genutzt. Davor gab es mediationsähnliche Verfahren, die vor allem auf mehr öffentlichkeitsarbeitsorientierte Kommunikation mit der Bevölkerung setzten. Ein Manko dabei waren nach wie vor die fehlende verbindliche Berücksichtigung der Anliegen der BürgerInnen im Planungsprozess.

Das Besondere bei Mediationsverfahren ist die gemeinsame Suche aller von einem Projekt Betroffenen nach vertretbaren Lösungen, wobei dieser Prozess unter Leitung eines neutralen Dritten stattfindet. Die Mediationstätigkeit durch einen neutralen Dritten ist eine relativ neue Komponente bei umweltrelevanten Konflikten, von Rechts wegen sind diese nicht vorgesehen. Hauptaufgabe der MediatorInnen ist es, den kontinuierlichen Dialog zu fördern, auf die Einhaltung der Vereinbarungen zu achten und alle Gruppen gleichwertig zu behandeln. Das Verfahren findet oft im Zusammenhang mit einem rechtlichen Genehmigungsvorgang statt, Mediation ersetzt das behördliche Verfahren jedoch nicht, sondern trägt zur besseren Vorbereitung des Verfahrens bei.

*Steigende Bekanntheit*

Die Studien der ÖGUT ergaben, dass die relevanten AkteurInnen im Umweltbereich – wenn auch nicht die Bevölkerung – den Begriff Mediation kennen, jedoch nicht im selben Ausmaß die Funktionsweise und Charakteristika dieses Verfahrens (siehe Abbildung 2). Der Begriff Mediation wird in Österreich derzeit diffus und uneinheitlich verwendet. Nur die wenigsten Verfahren waren bisher als Mediation bezeichnet worden.

**Abbildung 2**
Ein Missverständnis beginnt sich aufzuklären![5]

---

[5] Aus: Zieher/ÖGUT und BMLFUW (Hrsg.), 2000, S. 11. (Klaus Pitter).

Mediationsverfahren im Bau- und Planungswesen wurden in der österreichischen Literatur (Studien der ÖGUT, Diplomarbeiten, Dissertationen, etc.) bislang unter dem Begriff Umweltmediation zusammengefasst. Dazu zählten Verfahren im Zusammenhang mit Projekten, bei denen neben Wirtschafts- und sozialen Interessen Aspekte des Umweltschutzes, der Lebensqualität und (natur-)räumlichen Entwicklung im Vordergrund stehen, wobei der Begriff Umwelt hier sehr weit gefasst wird.

1999 hat die ÖGUT eine Studie im Auftrag des Umweltministeriums durchgeführt, um praktische Erfahrungen in Österreich zu dokumentieren und zu analysieren. Die wichtigsten Ergebnisse sollen hier kurz dargestellt werden. *Praktische Erfahrungen*

In Österreich haben seit Beginn der 90er Jahre rund 30 Umweltmediations- und mediationsähnliche Verfahren stattgefunden. Der Großteil endete mit einer einvernehmlichen Lösung, selbst bei Fällen mit einer jahrelangen Konfliktgeschichte. Mehr als die Hälfte der Mediations- und mediationsähnlichen Verfahren wurde seit 1997 initiiert. Mediation wird seither als Konfliktregelungsverfahren immer häufiger angewendet. Das erste Mediationsverfahren führte 1996 das Zementwerk Leube durch, das Mediationsgremium tritt seither auch bei nachfolgenden Änderungen oder neuen Betriebsprojekten mit Erfolg zusammen. Das größte abgeschlossene Verfahren in Österreich fand im Zusammenhang mit der Errichtung der Hochleistungsstrecke Gasteinertal (siehe Kap. VI.1, Beispiel 2) statt. Das seit Herbst 2000 laufende Mediationsverfahren beim Flughafen Wien (siehe Kap. VI.1, Beispiel 3) stellt das bislang aufwendigste Verfahren dar. *Langjährige Konflikte gelöst*

Der wichtigste Anwendungsbereich für Umweltmediation ist der Infrastrukturbereich Verkehr/öffentlicher Raum. Mediation kommt ferner bei Projekten aus der Abfallwirtschaft, bei der Errichtung bzw. Erweiterung von Betriebsanlagen und dem Infrastrukturbereich Telekommunikation zum Einsatz.

Die Initiative für die Anwendung von Mediation zur Konfliktbeilegung ging meist vom Projektwerber aus, gefolgt von der Anregung durch kommunale PolitikerInnen. In den meisten Fällen war die Motivation der BürgerInnen zur Beteiligung an dem Verfahren geprägt von einer Kontrahaltung in Bezug auf Projekte, von denen eine Existenzbedrohung oder Beeinträchtigung der menschlichen Gesundheit befürchtet wurde. Die Frage war in den meisten Fällen jedoch nicht ob, sondern wie die Projekte verwirklicht werden sollten. Die Projektvorschläge orientierten sich deshalb an der Machbarkeit. Als Motivation für die Beteiligung oder Initiierung des Verfahrens spielte auch der Wunsch eine Rolle, Diskussionen von der emotionalen auf eine sachliche Ebene zu bringen. *Initiative durch Projektwerber und Politik*

Der Ablauf der Mediationsverfahren wurde im Vorhinein durch Zielsetzungen, Verhaltensregeln, etc. strukturiert. In jedem Verfahren gab es mindestens ein Verhandlungsgremium. Die meisten Verfahren konnten binnen eines Jahres abgeschlossen werden. Ein Verfahrensbeginn zu einem frühen Zeitpunkt des Konflikts wirkte sich positiv auf die Dauer der behördlichen Genehmigungsverfahren aus. *Klare Verfahrensstruktur bewährt sich*

Als Richtgröße für die Kosten eines Mediationsverfahren wurde von den Beteiligten ein Betrag im Promillebereich der Projektsumme genannt, bei kleineren Projektvorhaben (Industrie- und Gewerbeprojekten) im einstelligen Prozentbereich der Projektsumme. Die Finanzierung der Mediationsverfahren wurde entweder allein vom Projektwerber oder gemeinsam mit öffentlichen Körperschaften (Gemeinden, Land, Bund) getragen.

*Positive Beurteilung*  Die Beurteilung des Verfahrensprozesses fällt bei den meisten Beteiligten sehr positiv aus. Besonders häufig wurden in den Gesprächen die Offenheit (speziell von Projektwerbern), die Transparenz und die Rolle der Vermittlungsperson positiv hervorgehoben. Die Verbesserung des Vertrauensverhältnisses im Laufe des Verfahrens wurde als wichtiger Effekt genannt. Die intensive Zusammenarbeit in einem partizipativen Diskussionsprozess hat in den meisten Fällen zu einer Entkrampfung des Verhältnisses zwischen Projektwerbern und Betroffenen geführt.

Als kritische Punkte, die den Fortgang des Verfahrens gefährdeten, wurden z. B. die Nichteinhaltung von Spielregeln, Zeitdruck, das Zurückhalten von Informationen und eigenständige Presseaktivitäten einzelner Beteiligter genannt.

Die Erfahrungen zeigen, dass die Einbeziehung aller Betroffenen, die professionelle Vermittlungstätigkeit durch MediatorInnen, klare Verfahrensstrukturen und die Verbindlichkeit der Vereinbarungen entscheidende Erfolgsfaktoren für Umweltmediationsverfahren darstellen.

*Mediation im UVP-Gesetz 2000*  Einen rechtlichen Quantensprung stellt die Verankerung der Mediation im Umweltverträglichkeitsprüfungs-Gesetz 2000 dar. Damit wurde Projektwerbern die Möglichkeit eingeräumt, dieses formale Prüfungsverfahren zur Durchführung eines Mediationsverfahrens zu unterbrechen.[6] Zur Anwendung kam diese Möglichkeit bislang nicht. Damit ist jedoch eine wichtige Grundlage geschaffen, um dieses Konfliktlösungsinstrument im Falle einer Pattsituation zum Einsatz zu bringen.

## 2.3
## Status

Die wachsende Bekanntheit von Mediation regt das öffentliche Interesse an dieser neuen Möglichkeit zur Regelung von Umweltkonflikten an. In den letzten Jahren lässt sich in Österreich eine zunehmende Thematisierung bemerken, als Indikatoren dafür sind Berichterstattungen in den Medien, Veranstaltungen, Ausbildungen und Forschungstätigkeit zu nennen.

*Stärkere öffentliche Thematisierung*  Seit 1999 gab es zahlreiche Veranstaltungen (Konferenzen, Seminare, Workshops, Vorträge), bei denen sich Interessierte über Umweltmediation informieren konnten. Im November 2001 fand in Wien das erste europäische Symposium „Umweltmediation in Europa – Neue Wege der Konfliktlösung und Partizipation" statt. In verschiedenen österreichischen Zeitungen und Zeitschriften sind Artikel zum Thema erschienen. Besonders großes Medieninteresse rief das Mediationsverfahren Flughafen Wien hervor.

---

[6] Die entsprechenden Gesetzespassagen sind unter www.oegut.at/themen/mediation/gesetz.html zu finden.

Die Zahl von Ausbildungsangeboten für Mediation vergrößerte sich in Österreich kontinuierlich. Die Anbieter sind Universitäts- und Bildungseinrichtungen, private Institute und Vereine. Die speziellen Aspekte der Umweltmediation bilden in den meisten Ausbildungen einen peripheren Bestandteil (z. B. Seminarmodule im Ausmaß von acht Stunden).

*Allgemeine Ausbildung, wenig Spezialangebot*

Bei der Ausbildung zum European General Mediator des Interdisziplinären Instituts für Forschung und Fortbildung (IFF) in Klagenfurt beschäftigen sich die Teilnehmenden in einem Modul im Ausmaß von 30 Stunden mit der praktischen Durchführung eines Mediationsverfahrens im Umweltbereich. Im Herbst 2001 begann ein Lehrgang der Kammer der Architekten und Ingenieurkonsulenten für Wien, Niederösterreich und Burgenland in Zusammenarbeit mit dem Institut für Interdisziplinäre Forschung und Fortbildung, der insbesondere ZiviltechnikerInnen in puncto Konfliktmanagement schulen soll (Stundenausmaß: 200 Stunden). Die Zahl der MediatorInnen, die in Österreich bereits an einem Umweltmediationsverfahren beteiligt waren, dürfte bei ca. 20 liegen.

Hinsichtlich der Forschungsaktivitäten zum Thema Mediation bei öffentlichen, umweltrelevanten Projekten Ende der 90er Jahre waren die Aufträge des österreichischen Umweltministeriums an die Österreichische Gesellschaft für Umwelt und Technik (ÖGUT) maßgeblich. Die Schwerpunkte lagen bei der Ermittlung der Einstellung gegenüber diesem neuen Instrument sowie der Beobachtung und Analyse von Mediationsverfahren. Die Publikation der Ergebnisse hat wesentlich zur öffentlichen Thematisierung und Sensibilisierung in Österreich beigetragen. Ziel der Forschungsarbeiten war es immer, die daraus gewonnenen Erkenntnisse an potenzielle Nutzer von Mediation weiterzugeben. So wurde z. B. „Das Handbuch Umweltmediation" an sämtliche Gemeinden Österreichs verschickt, mit dem Hintergrund, dass kommunale politische Entscheidungsträger oftmals der Motor für eine Konfliktlösungsinitiative sind. Erstmals führte die ÖGUT im Auftrag des Umweltministeriums eine wissenschaftliche Begleitforschung zu einem Mediationsverfahren durch (Mediationsverfahren Hochleistungsstrecke im Gasteinertal). Eine weitere Begleitforschung wird derzeit beim Mediationsverfahrens Flughafen Wien durchgeführt.

*Forschung – Schub durch Umweltministerium und ÖGUT*

Die Österreichische Gesellschaft für Umwelt und Technik (ÖGUT) ist eine überparteiliche Plattform von Organisationen der Wirtschaft, Verwaltung und Umweltseite. Der Verein fördert Lösungen, die Umwelt und Wirtschaft nutzen und ist von seinem Gründungsauftrag her auf die Vermeidung von Konflikten und den Abbau von Spannungen zwischen Umwelt und Wirtschaft ausgerichtet. Die ÖGUT übt jedoch keine projektbezogene Mediationstätigkeit aus, sondern versteht sich als Koordinierungsstelle für Fragen rund um das Thema Mediation, Strategische Umweltprüfung und Partizipation.

## 2.4
## Ausblick

Die Entwicklung in Österreich wirkt vielversprechend. In Gesprächen mit PolitikerInnen, BehördenvertreterInnen wird das Interesse an dieser Form der Konsensfindung spürbar. Dass sich weitere Kreise bereits mit dem Thema befassen, zeigt auch die Bereitschaft von Unternehmen, Interessensvertretungen und Ministerien, Informationsaktivitäten (Broschüren, Konferenzen) finanziell zu unterstützen.

Neben dem gestiegenen öffentlichen Interesse an Umweltmediation deuten einige rechtliche Entwicklungen auf eine stärkere Etablierung des Instruments in den nächsten Jahren hin.

Auf nationaler Ebene eröffnete das UVP-Gesetz 2000 neue Möglichkeiten zur Beilegung von Projektkonflikten. International nimmt die Erkenntnis Form an, dass die Umsetzung einer nachhaltigen Entwicklung der Beteiligung von BürgerInnen bedarf. So sieht die (von der EU noch nicht ratifizierte) Aarhus Konvention der UN-ECE neben einem besseren Zugang zu Umweltinformation und der gerichtlichen Durchsetzung von Umweltrechten eine verstärkte Öffentlichkeitsbeteiligung bei Projekten, Programmen und Plänen vor. Auch das EU-Weißbuch zur Umwelthaftung verweist auf Mediation als Möglichkeit zur Beilegung von Konflikten.

Die Einbeziehung von BürgerInnen ist mittlerweile bei der Erarbeitung von Plänen und Programmen im Planungsbereich unverzichtbar. Mediation eröffnet einen Erfolg versprechenden Weg, Planungen mit dauerhaften Ergebnissen in einem strukturierten Dialog mit den Beteiligten durchzuführen, sei es bei der Erweiterung eines Holzbetriebs, der Entwicklung eines städtischen Verkehrsplanungskonzeptes oder bei der Erarbeitung regionaler Leitbilder.

Um die Akzeptanz und Erfolgschancen von Mediation zu erhöhen, ist es notwendig, weiterhin praktische Erfahrungen mit Mediation zu evaluieren, Informationen über Funktionsweise, Chancen und Grenzen dieser Konfliktregelungsform weiterzugeben. Die Auswertung von Fragebögen[7], die im Juni 2001 österreichweit verschickt wurden, zeigt, dass nach wie vor ein großes Bedürfnis nach Informationen über praktische Mediationsbeispiele und andere Formen einvernehmlicher Konfliktregelung besteht. Darüber hinaus ist es wichtig, dass VertreterInnen aus Politik, Wirtschaft, Verwaltung, Umwelt und Planung über aktuelle Entwicklungen berichten und miteinander Diskussionen über Voraussetzungen für einen besseren Umgang mit Umweltkonflikten führen.

*Offene Fragen*   Der Nutzen von Mediation geht über den monetären Wert, der sich aus der Konfliktbeilegung und Projektrealisierung ergibt, hinaus und beinhaltet ein demokratisches Lernpotenzial. Es ist jedoch auch wichtig, die Grenzen und Risiken zu sehen, die damit verbunden sind. So erfreulich die Zahl konsensualer Einigungen in Österreich bislang war, so notwendig ist es auch, die tatsächliche Umsetzung der Ergebnisse zu evaluieren. Ebenso wichtig ist es, missbräuchlicher Verwendung des Begriffs entgegenzuwirken, Rahmenbedingungen zu diskutieren sowie Überlegungen

---

[7] Unveröffentlichter Endbericht der ÖGUT zum Projekt „Das Handbuch Umweltmediation" (2001) an das Bundesministerium für Land- und Forstwirtschaft, Umwelt und Wirtschaft.

anzustellen, wie ein Machtausgleich zustande kommen kann. Skepsis an der Mediation gab es insbesondere bei Bürgerinitiativen wegen der fehlendenden Verbindlichkeit der Ergebnisse von Mediationsverfahren. Mittlerweile wurde durch die Absicherung von Mediationsergebnissen in Form zivilrechtlicher Verträge eine klarere Form der Verbindlichkeit gefunden. Trotzdem hat der Gesetzgeber Überlegungen anzustellen, wie Mediation im Verhältnis zum öffentlich-rechtlichen Entscheidungssystem zu werten ist, wo es Synergien geben kann, ohne die Eigenständigkeit der Behörden zu beeinträchtigen.

Die Herausforderung für die BürgerInnen besteht darin, das Selbstvertrauen in die eigene Entscheidung zu erlernen. Mediationsverfahren stellen auch in diesem Punkt einen sozialen Lernprozess dar. Der markante Unterschied zu anderen Formen der BürgerInnenbeteiligung besteht darin, dass die BürgerInnen nicht nur informiert oder befragt werden bzw. mit den Entscheidungsträgern in einen unverbindlichen Diskussionsprozess treten, sondern dass alle Betroffenen in einem ergebnisorientierten Verfahren am Verhandlungstisch Platz nehmen. Die Entscheidungskompetenz bleibt bei Behörden und Politik, diese hat jedoch Begründungsbedarf, falls sie die Vereinbarungen nicht umsetzt. Die BürgerInnen tragen die Verantwortung mit.

Mediationsverfahren bedeuten einen hohen Aufwand für alle Beteiligten. Die Erfahrungen in Österreich zeigen jedoch, dass sich die im Sinne einer allgemein zufriedenstellenden Lösung investierten Ressourcen rasch amortisieren. Projektakzeptanz, Erhalt von Lebensqualität und sozialer Friede lohnen die Mühe.

## 2.5
### Literatur

Österreichische Gesellschaft für Umwelt und Technik (1998). Umweltmediation in Österreich – Informationsstand, Einstellung, Erwartungen, Wien.

Österreichische Gesellschaft für Umwelt und Technik (1999). Umweltmediation – Praktische Erfahrungen in Österreich, Wien.

Österreichische Gesellschaft für Umwelt und Technik in Zusammenarbeit mit dem Bundesministerium für Land- und Forstwirtschaft, Umwelt und Wasserwirtschaft (Hrsg.) (2001). Das Handbuch Umweltmediation, Wien.

Bertolt Brecht (1986). Geschichten, Suhrkamp Verlag Frankfurt am Main.

Förderverein Umweltmediation (Hrsg.) (1998). Umweltmediation, Bonn.

Geißler, Peter/Klaus Rückert (Hrsg.) (2000). Mediation – die neue Streitkultur – Kooperatives Konfliktmanagement in der Praxis, edition psychosozial, Gießen.

Klammer, Gerda/Peter Geißler (Hrsg.) (1999). Mediation. Einblicke in Theorie und Praxis professioneller Konfliktregelung, Falter Verlag, Wien.

Töpel, Elisabeth/Alfred, Pritz (Hrsg.) (2000). Mediation in Österreich, Orac Verlag, Wien.

Zieher, Anita (1999). Akzeptanz von Mediation im Umweltbereich, in: Konsens 4, 224–228.

Zieher, Anita (2000). Praktische Erfahrungen mit Umweltmediation in Österreich, in: Zeitschrift für Konflikt-Management 3, 113–118.

Zieher, Anita (2001). Umweltmediation als Weg zu dauerhaften Lösungen, in: Raum, Österreichische Zeitschrift für Raumplanung und Regionalpolitik 41, 27–29.

Zilleßen, Horst (1998). Mediation. Kooperatives Konfliktmanagement in der Umweltpolitik. Westdeutscher Verlag, Opladen/Wiesbaden.

# VI
# Praxisberichte von Mediationen und mediationsähnlichen Verfahren

## VI.1
## Praxisberichte Mediationsverfahren

Beispiel 1: Mediationsverfahren Erschließung eines neuen Kiesabbaugebietes in der Ostschweiz
*Hansueli Müller*

Beispiel 2: Mediationsverfahren Tauern-Eisenbahnachse im Gasteinertal
*Thomas Flucher*

Beispiel 3: Mediationsverfahren Erweiterung des Flughafens Wien
*Ursula König*

Beispiel 4: Mediationsverfahren Erweiterung eines Sägewerkes in Ybbs an der Donau
*Anton Hütter*

Beispiel 5: Mediation der Bauverzögerungen beim Senioren- und Pflegeheim
*Norbert Fackler, Christina Lenz*

# Beispiel 1
# Mediationsverfahren Erschließung eines neuen Kiesabbaugebietes in der Ostschweiz

*Hansueli Müller-Yersin*

## 1
## Vorgeschichte

Die Planung der ABAG für die Erweiterung ihres Kiesabbaugebietes hatte bereits Mitte der 70er-Jahre begonnen. In einem dem Sortierwerk nahegelegenen Gebiet wurden große, abbauwürdige Kiesvorkommen festgestellt. Darauf wurde zur Erschließung des neuen Abbaugebietes die Talstraße durch das benachbarte Altbachtobel geplant. Diese sollte gleichzeitig das Zentrum von Kirchberg/SG vom LKW-Verkehr des Kieswerkes entlasten. *15 Jahre Planung*

Dem Straßenprojekt der Talstraße durch das Altbachtobel erwuchs in lokalen Naturschutzkreisen Widerstand, weil im Lebensraumschongebiet Altbachtobel (kantonaler Richtplan) erhebliche landschaftliche Eingriffe durch Infrastrukturbauten sowie zusätzliche Lärm- und Abgasemissionen befürchtet wurden (vgl. Abbildung 1; Lageplan ABAG). Das Projekt wurde durch Einsprachen lokaler Kreise mehrmals verzögert. Nachdem sich im Siedlungszentrum Kirchberg mehrere Unfälle mit LKW's mit schweren Körperverletzungen ereigneten, polarisierte sich die Diskussion zunehmend und der Ruf nach einer Umfahrungsstraße wurde immer lauter. *Polarisierung*

Seit Beginn der Planungsarbeiten hatten sich die gesetzlichen Rahmenbedingungen erheblich verändert. So wurden u. a. das Eidgenössische Gewässerschutzgesetz und das Eidgenössische Umweltschutzgesetz in Kraft gesetzt. Dadurch verschärften sich insbesondere für die ursprünglich geplante Nachnutzung des Abbauareales als Multikomponenten-Deponie und für Eingriffe in Fließgewässer die Bewilligungsanforderungen. *Neue Gesetze*

Als 1992 das Abbauplanverfahren für die Erweiterung des Kiesabbaugebietes und das Straßenprojekt für die Talstraße erneut öffentlich aufgelegt wurde, erhoben der WWF Schweiz und die kantonale WWF-Sektion Einsprache und anschließend Beschwerde gegen die Baubewilligung der Gemeinde und gegen die kantonale Bewilligung des Abbauplanes.

Inzwischen waren die bewilligten Kiesabbauvorräte der ABAG weitgehend aufgebraucht und bei den Bewilligungsbehörden war ein kleineres Notabbauprojekt für die Kiesversorgung des Werkes (angrenzend an die alte Abbaufläche) beantragt worden. *Notabbaugebiet*

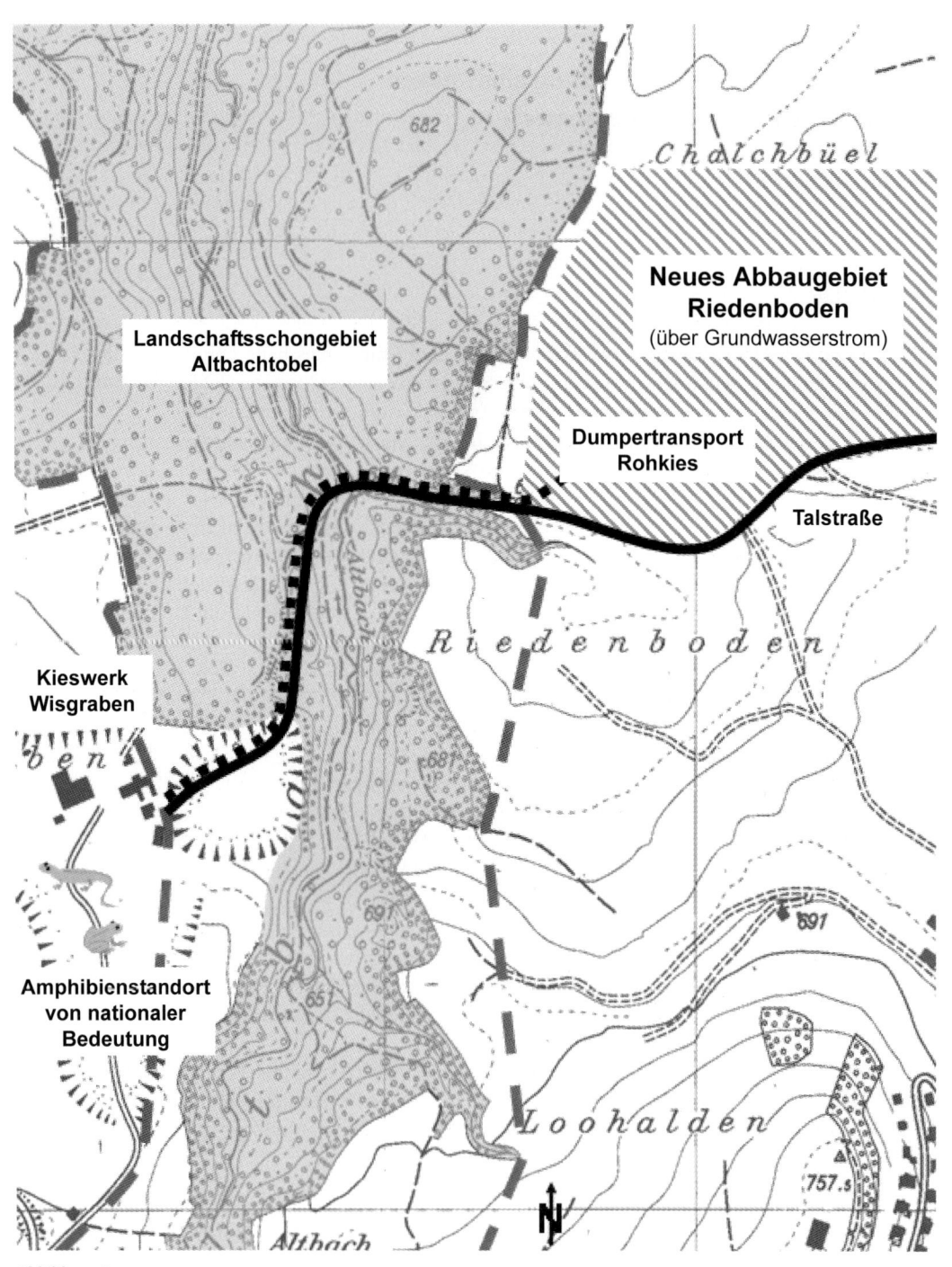

**Abbildung 1**
Mediation ABAG: Ausgangslage

## 2
## Mediation als Lösungsansatz

Im Anschluss an eine erfolglose Einigungsverhandlung im Beschwerdeverfahren und einer gemeinsamen Begehung im Gebiet vereinbarten die Parteien, die bestehenden Konflikte im Rahmen einer Mediation anzugehen und die hängigen Verfahren zu sistieren. Die verfahrensleitende kantonale Justizbehörde und die kommunalen Bewilligungsbehörden befürworteten dieses Vorgehen.

*Befürwortende Haltung der Behörden*

Auf Anregung des Mediators wurde nach einer ersten konstituierenden Sitzung, in welcher der Mediationsprozess erläutert wurde und die Anwesenden sich auf die grundlegenden Spielregeln und Grundsätze einigten, die Mediation in folgender Zusammensetzung durchgeführt:

| Parteien: | VerhandlungsteilnehmerInnen: | |
|---|---|---|
| ABAG, Kieswerk am Altbach | Zwei Vertreter der Firmenleitung | *3-mal zwei Parteienvertreter* |
| WWF St. Gallen/WWF Schweiz | Die Vertrauensanwältin des WWF und der Regionalsekretär WWF/SG | |
| Gemeindebehörden Kirchberg/SG | Der Gemeindepräsident und der Sekretär des Gemeinderates | |

| Beobachter: | | |
|---|---|---|
| Kantonale Behörden | Ein Vertreter des verfahrensleitenden Justizdepartements und ein Vertreter des Amtes für Umweltschutz SG | *Kantonale Behörde als Beobachter* |

Nur zeitweise und themenspezifisch wurden zudem Vertreter weiterer kantonaler Instanzen beigezogen. Zu verschiedenen Themenkreisen wurden Gutachten von neutralen Fachberatern eingeholt. Die Fragestellungen und Beurteilungskriterien für die Gutachten wurden von den Parteien gemeinsam festgelegt.

## 3
## Hauptsächliche Konfliktpunkte

Zu Beginn der Verhandlungen waren sich die Parteien lediglich darin einig, dass ein Kiesabbau im Erweiterungsgebiet Riedenboden/Chalchbüel sinnvoll sei und dass der Siedlungsraum Kirchberg vom LKW-Verkehr entlastet werden solle. Bezüglich aller anderen Aspekte des Projektes bestanden tiefgreifende Meinungsverschiedenheiten und die Nachwirkungen der vorangegangenen, langwierigen Auseinandersetzungen belasteten die Verhandlungsatmosphäre.

*Meinungsverschiedenheiten*

Seitens des WWF wurde die Notwendigkeit einer Erschließungsstraße durch das geschützte Altbachtobel in Frage gestellt, weil Alternativstandorte für das Sortierwerk nicht geprüft worden seien. Auch die Nachnutzung des Areales als Multikomponenten-

*WWF*

**Tabelle 1**
Konfliktpunkte, Zwischenabklärungen und Einigungsergebnisse

| Konfliktpunkte | Zwischenabklärungen/ geprüfte Alternativen | Einigungsergebnis |
|---|---|---|
| 1. Notwendigkeit/ Bedarfsnachweis für den Bau der Talstraße | Verlegung Sortierwerk in das neue Abbaugebiet (betriebliche und ökonomische Machbarkeitsabklärungen durch Treuhandfirma) | Der Bau der Talstraße ist unumgänglich. Das Sortierwerk bleibt am alten Standort bestehen. |
| 2. Redimensionierung Talstraße | Transport Rohkies zum Sortierwerk mit Seilbahn oder Förderband (technische Machbarkeit, Wirtschaftlichkeit, Vorprojekt Förderband) | Das Rohkies wird mit einem Förderband (parallel zur Talstraße) zum Sortierwerk transportiert. |
| | Einspurige Teilstrecken mit Lichtsignal-Anlage (detaillierte Verkehrsprognosen und Modellsimulation Lichtsignal) | Die Talstraße wird durchgehend doppelspurig gebaut. |
| 3. Landschaftliche Eingliederung der Talstraße im Altbachtobel | Variantenprüfung der Linienführung (Begehungen, Vorprojekt der neuen Linienführung) | Abschnittsweise Trasse-Verlegungen und Höhenanpassungen (verbesserte landschaftliche Eingliederung). |
| | *Subkonflikt (kant. Amtsstellen):* Teilverlegung Seitenbach *oder* große Steilhangrodung | Geringfügige Verlegung des Seitenbaches kombiniert mit Sanierung der Altlast unter dem Gerinne (alte Kehrichtdeponie); erhebliche Verkleinerung der Rodungsfläche. |
| 4. Folgenutzung: Multikomponenten-Deponie | Risikoanalyse und Haftungsfragen (Hydrogeologisches Gutachten: Abbaugebiet im Einzugsgebiet einer Grundwasserfassung) | Wiederauffüllung des Abbaugebietes nur mit sauberem Aushubmaterial (Eingangskontrolle, kein Einsatz von wassergefährdenden Stoffen im Abbaugebiet) und Anpassung der landschaftlichen Endgestaltung. |
| 5. Rückbau der Talstraße und Entfernen der nicht mehr erforderlichen Kunstbauten | | Die Talstraße wird nach der Kiesausbeutung Riedenboden/ Chalchbüel im Bereich des Altbachtobels zur Forststraße (Naturstraße) rückgebaut. Das Förderband wird abgebaut und die Eingriffe renaturiert. |
| 6. Ökologische Ausgleichs- und Ersatzmaßnahmen | Zusammenstellen und Bereinigen der Liste der erforderlichen Ausgleichs- und Ersatz-Maßnahmen | Die Liste der ökologischen Ausgleichs- und Ersatzmaßnahmen ist integraler Bestandteil der neuen Bewilligungen. |

deponie wurde grundsätzlich bestritten (Grundwasserschutz). Zudem wurde argumentiert, den z. T. gravierenden Eingriffen in den Amphibienstandort von nationaler Bedeutung stünden ungenügende Ersatz- und Ausgleichsmaßnahmen gegenüber.

Seitens des Kieswerkes wurde auf die betriebliche Notlage hingewiesen (schwindende Kiesreserven) und mit der drohenden Schließung des Werkes argumentiert. Die Betreiberfirma des Werkes forderte eine rasche Bewilligung des neuen Abbauplanes und der Erschließungsstraße. *ABAG, Kieswerk*

Die Gemeindevertreter wiesen auf die unhaltbare Verkehrsbelastung im Zentrum hin und dass sie eine Lösung anstrebten, welche den weiteren Betrieb des Kieswerkes am Ort ermögliche (Arbeitsplätze, Steuereinnahmen). Anderseits zeigten sie auch Verständnis für die Schutzanliegen im Altbachtobel (Naherholungsgebiet von regionaler Bedeutung). *Gemeinde Kirchberg*

Aufgrund dieser Ausgangssituation wurden zuerst die folgenden hauptsächlichen Konfliktpunkte zusammengestellt, wie sie z. T. bereits in den Rechtsschriften dargelegt worden waren:

- LKW-Verkehr durch das Siedlungszentrum von Kirchberg für den Abtransport der Sortierprodukte und das Zuführen des Wiederauffüllungsmaterials
- Bau einer neuen Straße durch das Altbachtobel (Lebensraumschongebiet)
- Transporte von Rohkies zum Sortierwerk mit Großdumpern
- geplante Folgenutzung des Abbaugebietes als Multikomponentendeponie
- mangelhafte Ersatz- und Ausgleichsmaßnahmen für die Eingriffe in Natur und Landschaft

*Hauptsächliche Konfliktpunkte*

## 4
**Entscheidungshierarchie**

Wegen der bestehenden Wechselbeziehungen unter den einzelnen Konfliktpunkten war allen VerhandlungsteilnehmerInnen klar, dass sich Teilentscheide in einem Bereich auch in anderen Bereichen auswirken. Deshalb galt es, in einem ersten Schritt eine gemeinsame Wahrnehmung dieser Wechselbeziehungen zu erarbeiten und daraus eine mögliche Entscheidungshierarchie herzuleiten.

Diese ersten gemeinsamen Schritte nahmen einige Zeit in Anspruch, da sich die Parteien nur langsam von den alten positionalen Kampfhaltungen lösen konnten. Durch die Darstellungen ihrer Konfliktwahrnehmungen entstand jedoch ein zunehmend klareres Bild des gesamten Konfliktsystems, und gleichzeitig wurden auch die Interessenlagen der Parteien deutlicher.

Aufgrund dieser gemeinsam erarbeiteten, neuen Konfliktwahrnehmung konnte eine erste (revidierbare) Entscheidungshierarchie hergeleitet werden. Diese erleichterte den Einstieg in die eigentlichen Detailverhandlungen zu den einzelnen Konfliktpunkten. Sie diente während der ganzen Mediation als Referenzstruktur und Orientierungshilfe. Sie wurde mehrmals entsprechend dem jeweiligen Kenntnisstand angepasst. Gleichzeitig konnten so auch die Fortschritte des Konfliktlösungsprozesses sichtbar gemacht werden. *Revidierbare Entscheidungshierarchie*

## 5
### Ablauf der Mediation

Der gesamte Mediationsprozess dauerte knapp zwei Jahre (1992/1993). Etwa einen Monat nach Beginn der Verhandlungen wurde die ABAG an die Holderbank Cement und Beton Schweiz (heute Holcim Schweiz) verkauft. Diese Handänderung hatte zur Folge, dass die neuen Managementverantwortlichen an den Mediationsverhandlungen teilnahmen.

## 6
### Vier Hauptverhandlungen und viele Zwischenschritte

Nach der konstituierenden Sitzung fanden im Verlauf der Mediation vier Hauptverhandlungen zu je einem halben Tag statt. Zwischen den Hauptverhandlungen wurden entsprechend den Beschlüssen der vorangegangenen Sitzung die Unterlagen zu den hängigen Entscheiden aufgearbeitet und/oder Unterthemen anhand von gemeinsamen Begehungen vor Ort geklärt.

*Talstraße unverzichtbar*
So wurde nach der ersten Sitzung bei einer Treuhandfirma ein Gutachten in Auftrag gegeben, um die betriebswirtschaftlichen Auswirkungen und die ökonomische Machbarkeit einer Verlegung des Sortierwerkes in das neue Abbaugebiet abzuklären. Aufgrund dieses Gutachten wurde in der zweiten Hauptverhandlung von allen Parteien der Grundsatzentscheid gefällt, dass das Sortierwerk am alten Standort belassen wird und demzufolge die Talstraße durch das Altbachtobel gebaut werden muss, um den Siedlungskern von Kirchberg vom LKW-Verkehr zu entlasten.

*Rohkiestransport mit Förderband*
In der Folge ging es bei den Verhandlungen in erster Linie darum, wie der abgebaute Rohkies zum Sortierwerk gebracht soll. Nachdem diverse Optionen (z. B. Seilbahn über das Altbachtobel) aus ökonomischen und landschaftlichen Gründen ausgeschieden waren, wurde die vom WWF favorisierte „Variante Förderband" in technischer und ökonomischer Sicht durch eine Projektstudie genauer überprüft. Die Studie zeigte, dass die „Variante Förderband" technisch machbar und sich gegenüber der Variante „Dumpertransport" kostenmäßig sogar eher günstiger präsentierte. Dadurch fiel der Entscheid zugunsten der Rohkiestransporte mittels Förderband allen Parteien leicht, konnte doch damit etwa die Hälfte der Lärm- und Abgasbelastung im Altbachtobel vermieden werden.

*Talstraße durchgehend doppelspurig*
Die Frage, ob die Talstraße durchgehend oder zumindest in landschaftlich heiklen Abschnitten einspurig gebaut werden kann, wurde durch einen außenstehenden Verkehrs-Experten anhand aktueller Verkehrsfrequenzen und mittels einer Einspur-/Gegenverkehr-Simulation geprüft. Die Ergebnisse zeigten, dass unter den gegebenen Verhältnissen die Nachteile von Einspurstrecken sowohl in verkehrstechnischer als auch ökologischer Sicht größer sind im Vergleich zu durchgehender Doppelspurigkeit.

*Neues Straßenprojekt*
Bei mehreren gemeinsamen Begehungen konnte vor Ort schließlich die landschaftliche Eingliederung des Straßenverlaufes diskutiert werden. Nachdem sich die ABAG bereit erklärt hatte, eine Altlast an einem Seitenbach zu sanieren (Kehricht-Deponie aus den 50er Jahren), konnten die kantonalen Bewilligungsbehörden einer geringfü-

gigen Verlegung des Seitenbaches zustimmen. Durch diese Verlegung des Seitenbaches konnten die erforderlichen Rodungseingriffe in diesem Abschnitt sehr stark reduziert werden. Die Beschlüsse der Begehungen wurden in Form eines revidierten Straßenprojektes durch ein Ingenieurbüro aufgezeichnet.

Ein hydrogeologisches Gutachten zeigte, dass das Abbaugebiet Riedenboden/ Chalchbüel über einem Grundwasserstrom liegt, welcher eine Trinkwasserfassung speist. Aus naheliegenden Gründen verzichtete die ABAG auf die Folgenutzung der Grube als Multikomponentendeponie (Gefahr der Beeinträchtigung der Trinkwasserfassung, Haftungsfragen) und es wurden einvernehmlich strenge Sicherheitsvorkehren für den Kiesabbau und die Wiederauffüllung mit sauberem Aushubmaterial (Eingangskontrollen) beschlossen. *Wiederauffüllung mit sauberem Aushub*

Schließlich wurden an der letzten Hauptverhandlung für die verbleibenden Eingriffe in die Natur- und Landschaftswerte großzügige, über die gesetzlichen Mindestanforderungen hinausgehende Ersatz- und Ausgleichsmaßnahmen festgelegt und die weiteren Auflagen hinsichtlich Rekultivierung und Rückbau der Infrastruktur nach Abschluss des Kiesabbaues resp. der Wiederauffüllung vereinbart. *Ersatzmaßnahmen und Rückbau*

## 7
### Die Einigungsergebnisse

Die zweijährige Mediation führte zu einem in wesentlichen Teilen überarbeiteten und verbesserten Projekt, dem alle am Prozess beteiligten Parteien zustimmen konnten. Der intensive Planungsdiskurs wurde begrüßt und festgehalten, dass auch zukünftig versucht werden soll, Meinungsverschiedenheiten auf diesem Weg zu klären. *Verbessertes Projekt*

### 7.1
### Die Ergebnisse aus der Sicht der Parteien

Die Ergebnisse der Mediation sind in großen Zügen zusammengefasst in der Tabelle 1. Sie widerspiegelt die hauptsächlichen Entscheidungsschritte, welche im Verlauf der Mediation durchlaufen wurden und fasst die jeweils erforderlichen Zwischenabklärungen zusammen.

Aus der Sicht der Parteien präsentieren sich die Ergebnisse der Mediation etwa folgendermaßen:

Die ABAG erhielt die angestrebten Bewilligungen für die Kiesausbeutung Riedenboden/Chalchbüel und den Bau der Erschließungsstraße mit den Auflagen, wie sie im Rahmen der Mediation vereinbart worden waren. Sie konnte die befürchtete Betriebsschließung abwenden und ihren Betrieb im Anschluss an den Notabbau weiterführen. *Weiterführung des Kiesabbaus*

Für die Gemeinde Kirchberg ergab sich eine starke Reduktion der LKW-Fahrten durch den Siedlungskern. Die Wünsche bezüglich der Anschlüsse der Wanderwege und Forststraßen an die Talstraße wurden vollumfänglich berücksichtigt und die Kehrichtaltlast im Altbachtobel konnte saniert werden. Auch blieb ihr der Arbeitgeber und Steuerzahler ABAG erhalten. *Verkehrsentlastung im Siedlungskern, Erhalt der Arbeitsplätze*

*Optimiertes Projekt und Ersatzmaßnahmen*

Der WWF nahm in Kauf, dass die Talstraße durch das Schongebiet gebaut wird, erreichte aber, dass das Projekt in landschaftlicher Hinsicht wesentlich optimiert wurde: Gegenüber dem ursprünglichen Projekt sind bedeutend weniger Verkehrsaufkommen und Emissionen im Schongebiet entstanden und die nötigen Rodungseingriffe sind mehr als halbiert worden. Der WWF setzte sich erfolgreich für den Schutz des Grundwassers ein und trug dazu bei, dass nur kontrolliert sauberer Aushub für die Wiederauffüllung der Grube verwendet wird. Er erreichte zudem, dass eine umfassende Liste von Ersatz- und Ausgleichsmaßnahmen für die verbleibenden Eingriffe in Natur und Landschaft als Teil der Bewilligungen verankert worden sind und umgesetzt werden.

## 7.2
### Mediationsvereinbarung/Sicherung des Vollzugs

*Vollzugssicherung*

Alle getroffenen Abmachungen wurden am Schluss der Mediation in einer detaillierten Mediationsvereinbarung zusammengestellt und von allen Parteien unterzeichnet. Die Inhalte dieser Vereinbarung, die neuen Projektpläne und die Liste der vereinbarten Ersatz- und Ausgleichsmaßnahmen wurden von den Bewilligungsbehörden als Auflagen oder gar als integrale Bestandteile in die von ihnen ausgefertigten Bewilligungen aufgenommen. Dadurch wurden die in der Mediation vereinbarten Abmachungen offiziell anerkannt und der Vollzug öffentlich-rechtlich gesichert.

## 8
### Erfolgsfaktoren für die Mediation ABAG

Zweifelsohne hat die subjektive und objektive Notlage des Kiesabbauunternehmens ABAG und die lange, erfolglose – von Rechtsstreitigkeiten begleitete – Planung dazu beigetragen, dass sowohl seitens der ABAG als auch bei Behörden und Opponenten des Projektes die Bereitschaft nach alternativen Konfliktlösungsansätzen gewachsen ist und „die Zeit reif war" für eine Mediation. Wichtig für das Gelingen waren aber noch weitere Faktoren, welche im Folgenden kurz erläutert werden.

## 8.1
### Spielregeln und Grundsätze

*Verhandlungsgrundsätze*

Die zu Beginn gemeinsam beschlossenen Spielregeln und Grundsätze für die Mediation erleichterten den Einstieg in die Verhandlungen. Neben den üblichen Abmachungen betreffend Umgangsformen waren dies die zentralen Grundsätze:

- Mediation ist ein freiwilliger und verletzlicher Prozess. Allseitige Achtsamkeit kann in heiklen Situationen weiterhelfen.

- Mangelndes Vertrauen zwischen den Verhandlungspartnern und/oder fehlende sachliche Entscheidgrundlagen sollen/müssen angesprochen und gleichwertig aufgearbeitet werden.

- Die Darstellung des Blickwinkels und des Umfeldes einer Aussage erleichtert das Verstehen.
- Die Verhandlungsinhalte und Zwischenergebnisse sind bis zum Abschluss der Verhandlungen vertraulich.
- Die Verhandlungsergebnisse werden (erst) bei Abschluss einer Vereinbarung für die Parteien bindend.

## 8.2
### Vergangenheit achten/Zukunft gestalten

Um den Zugang zu den subjektiven und objektiven Anliegen und Befürchtungen der jeweils anderen Parteien zu ermöglichen, war es sehr hilfreich, die Leidensgeschichte des Projektes und die bisherigen Planungsansätze gemeinsam Revue passieren zu lassen und dabei auch alle „unbequemen Fragen" zuzulassen, um anschließend gemeinsam die zukünftigen Entscheidungsabläufe zu skizzieren.

*Zukunftsorientiert*

## 8.3
### Referenzstruktur für den Entscheidungsprozess

Es zeigte sich, dass die sorgfältige Konfliktanalyse und die daraus hergeleitete (revidierbare) Entscheidungshierarchie für den Gesamtprozess als Referenzstruktur von großer Bedeutung war. Insbesondere konnten dadurch Unterschiede in der Konfliktwahrnehmung sichtbar gemacht werden und die Wechselbeziehungen der Teilkonflikte geklärt werden. Das half später immer wieder, auftretende Missverständnisse leichter zu hinterfragen und sie (meist) klären zu können. Gleichzeitig war dies eine Möglichkeit, die Ziele und Interessen der Parteien präziser herauszuarbeiten und darzustellen.

*Referenzstruktur*

## 8.4
### Genaues Ansprechen der Konflikte

Auch das genaue Ansprechen und Klären der Konfliktthemen und ihrer Hintergründe (Fragen jederzeit erlaubt) half wesentlich zum besseren Verstehen der jeweils anderen Parteianliegen. Das präzise Nachfragen aller VerhandlungsteilnehmerInnen trug erheblich zur Verbesserung der Verhandlungsatmospäre bei.

*Konflikte präzis benennen*

## 8.5
### Tragfähigkeit der Teilentscheide überprüfen

Wichtig war es in diesem komplexen Entscheidungsgefüge, die gemeinsam erarbeiteten Teilentscheide periodisch durch gezieltes Nachfragen des Mediators und Gegenfragen der Parteien untereinander auf ihre Tragfähigkeit zu prüfen. Einerseits wurde dadurch die Gültigkeit der bisherigen Entscheidungen gefestigt, und anderseits das Vertrauen der Parteien untereinander und ihr Vertrauen in den Entscheidungsprozess gestärkt.

*Teilentscheide überprüfen*

### 8.6
**Fachkompetenz und Kreativität der Verhandlungspartner nutzen**

*Kompetenz und Kreativität fördern*

Aufgrund der zunehmend besseren Verhandlungsatmosphäre und der hohen Fachkompetenz war es den Parteien möglich, inhaltlich gegensätzliche Lösungsansätze offen und kreativ zu evaluieren und daraus z. T. neue, gemeinsam erarbeitete Projektelemente herzuleiten. Da auch Behördenvertreter an den Verhandlungen teilnahmen, wurde laufend sichergestellt, dass die neuen Projektteile auch bewilligungs- und vollzugsfähig ausgestaltet wurden.

### 8.7
**Gefühlsechter und humorvoller Umgang**

*Gefühlsecht und humorvoll*

Die Verhandlungsatmosphäre wurde in keiner Phase ernsthaft blockiert durch „verbissene Ernsthaftigkeit". Dazu haben die VerhandlungsteilnehmerInnen immer wieder durch ihre glaubwürdigen, achtungs- und humorvollen Kommentare an die Gegenpartei(en) beigetragen.

### 8.8
**Win-win-Situationen bewusst wahrnehmen**

*Win-win-Situationen*

Die TeilnehmerInnen nahmen – trotz teilweise grundsätzlich verschiedenen Ausgangspunkten – die Mediationsverhandlungen in zunehmendem Maße als Möglichkeit wahr, nach Lösungen zu suchen, welche möglichst alle Interessen berücksichtigen. Dies führte in einigen Fällen auch zu (zunächst) unerwarteten Resultaten und zu Ansätzen für Verbesserungen des Projektes. Im Verlauf der Mediation konnten so technische und ökologische Projektoptimierungen erzielt werden, welche alle befriedigten und die oft über den gesetzlich geforderten Minimalrahmen hinausgingen.

### 8.9
**Begleitung und Unterstützung des Entscheidungsprozesses durch die Behörden**

*Unterstützung durch Behörden*

Ganz wesentlich für den erfolgreichen Verlauf der Mediation war die befürwortende Haltung der Behörden. Ihre Beteiligung als Partei (Gemeinde Kirchberg) und als Prozessbeobachter (kantonale Instanzen) sicherte laufend, dass die Verhandlungsergebnisse den Rahmen des behördlichen Ermessensspielraumes einhielt und die öffentlichen Interessen gewahrt wurden. Gleichzeitig bestand stets die Möglichkeiten, die öffentlich-rechtliche Sicherung der Ergebnisse (Vollzugssicherung) zu diskutieren. Dadurch wurde das Vertrauen der Konfliktparteien in den Verhandlungsprozess gestärkt.

Gleichzeitig konnten die Behörden ihrerseits hoffen, durch eine gemeinsam erarbeitete Konfliktlösung nach den vielen Jahren und Wirren der vorangegangenen Planungsabschnitte eine administrative Entlastung zu erreichen.

## 9
## Aktuelle Situation des Projektes

Die Talstraße durch das Schongebiet Altbachtobel wurde in der Zwischenzeit entsprechend dem revidierten Projekt gebaut und der Kiesabbau im Riedenboden hat begonnen. Von den Ersatzmaßnahmen wurde als erstes ein großes Amphibienersatzbiotop im Riedenboden gebaut. Auch ein Teil der übrigen Ersatz- und Ausgleichsmaßnahmen sind entsprechen dem Projektfortschritt bereits umgesetzt worden. Eine ökologische Betriebsbegleitung und eine Wirkungskontrolle der getroffenen Maßnahmen wurde in die Wege geleitet. 1999 wurde das gesamte Projekt des Kiesabbaues der ABAG durch die Stiftung Umwelt und Wirtschaft ausgezeichnet.

*Projekt weitgehend umgesetzt*

Die Parteien haben nach Abschluss der Verhandlungen anlässlich einer Pressekonferenz die Medien informiert und vor einem Jahr an einem Symposium der Universität St. Gallen teilgenommen, wo sie über ihre Erfahrungen als Akteure in diesem Mediationsfall berichteten. Sie sind in gutem gegenseitigen Kontakt und informieren sich gegenseitig über wichtige Entscheide, so z. B. kürzlich über die geplante Sanierung des Sortierwerkes und den dadurch bedingten reduzierten Kiesabbau im neuen Abbaugebiet.

*Gegenseitiger Kontakt der Parteien*

## 10
## Schlussbemerkungen

Aufgrund der positiven Erfahrungen im Mediationsfall ABAG kann nicht zwingend darauf geschlossen werden, dass Mediation in allen ähnlich gelagerten Fällen zum Ziele führen wird. Allerdings wird daraus deutlich, wie wichtig bei öffentlich-rechtlichen Auseinandersetzungen das Einbeziehen der Verwaltung auf allen betroffenen Ebenen für Mediationen dieser Art sind.

Wenn vorgängig eine fachgerechte Fall-Evaluation (inkl. Berücksichtigung möglicher Ausschlussgründe) gemacht wird, so kann gesagt werden, dass Mediation wahrscheinlich in vielen Fällen dazu beitragen kann, die Projektplanung und -realisierung schneller, konstruktiver und kostengünstiger abzuschließen, als dies möglich wäre, wenn einzelne oder mehrere Teilentscheide durch Gerichtsverfahren entschieden werden müssen. Dies trifft besonders bei mehrstufigen Entscheidverfahren zu.

# Beispiel 2
# Mediationsverfahren Tauern-Eisenbahnachse im Gasteinertal

*Thomas Flucher*

## 1
## Zusammenfassung

Die beiden Jahrzehnte brodelnden Konflikte um die Tauern-Eisenbahnachse im Gasteinertal konnten im Rahmen eines Mediationsverfahrens geregelt werden. Thomas Flucher, Horst Zilleßen, Ursula König und Stefan Kessen leiteten das Mediationsverfahren unter den 14 Konfliktparteien. Die Konfliktparteien hielten die Umsetzung der in der Mediaton erzielten Konsenslösungen in einem rechtsverbindlichen gegenseitig unterzeichneten Vertrag fest.

*Jahrzehntelanger Konflikt im Mediationsverfahren verbindlich geregelt*

## 2
## Die Konflikte

### 2.1
### Die verkehrspolitische Sichtweise der Bundesbahnen

Österreich verpflichtete sich im völkerrechtlich verbindlichen EU-Beitrittsvertrag zum doppelspurigen Ausbau der Tauernachse als Nord-Süd-Korridor von Süddeutschland nach Norditalien – Slowenien – Kroatien. Die österreichische Bundesregierung erklärte 1989 die Strecke zwischen Salzburg und Villach als Hochleistungsstrecke für den Personen- und Gütertransport.

*Die Tauernachse als Bestandteil der TEN-Netze*

Von den wenigen noch einspurigen Abschnitten auf der gesamten Tauernachse liegen zwei im Gasteinertal, einer in der Gemeinde Bad Gastein, einer in der Gemeinde Bad Hofgastein. Durch die kurzen einspurigen Abschnitte wird die Kapazität der gesamten Nord-Süd-Achse erheblich gemindert. Aus eisenbahntechnischer Sicht entspricht ein Lückenschluss dieser kurzen einspurigen Abschnitte einer naheliegenden Logik.

*Einspurige Abschnitte in Bad Hofgastein und Bad Gastein*

Die österreichischen Bundesbahnen planten entsprechend ihren Vorgaben (der Betriebsfähigkeit, der Wirtschaftlichkeit und der Umweltverträglichkeit) Linienführungen in den beiden Gemeinden Bad Hofgastein und Bad Gastein. In Bad Hofgastein war eine Begradigung der heutigen eng an die Talflanke angeschmiegten Strecke vorgesehen (vgl. Abbildung 13, Variante 1). Diese beinhaltet längere Hangbrücken zur Überquerung der Seitentäler. Das Vorprojekt in Bad Gastein sah eine Linenführung parallel zur heutigen einspurigen Strecke durch den Ortskern, versehen mit hohen Lärmschutzwänden vor (vgl. Abbildung 14). Das zweite Vorprojekt sah eine Linienführung mit einem kurzen Tunnel im Ortsbereich vor und anschließend eine Talquerung mit einer hochliegenden Bogenbrücke (vgl. Abbildung 13).

*ÖBB-Projekte Bad Hofgastein und Bad Gastein*

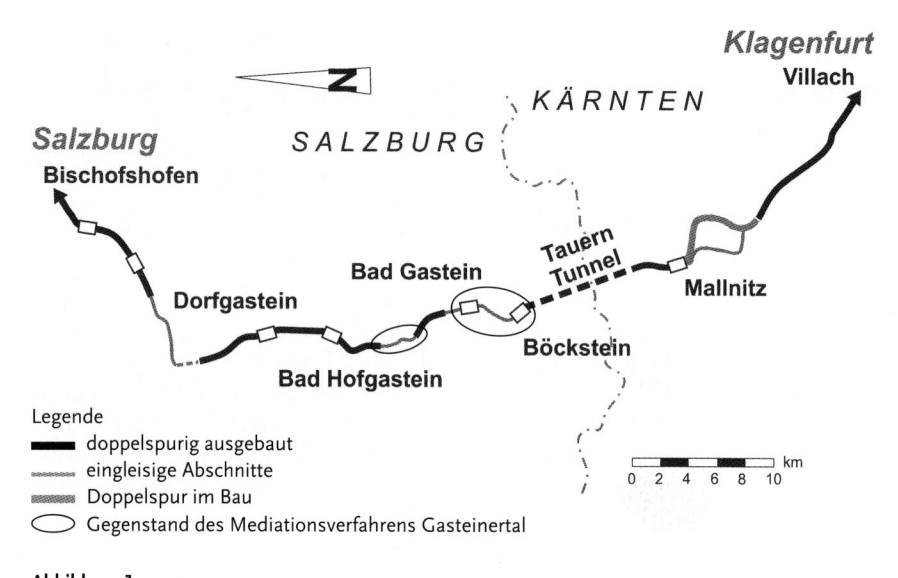

**Abbildung 1**
Die Tauern-Eisenbahnachse als Nord-Süd-Verbindung (Ausbau Stand 1999)

*Heftiger Widerstand*

Alle Projekte stießen auf heftigsten Widerstand bei der Bevölkerung und den Gemeinden des Gasteinertals.

### 2.2
### Die Sichtweise der Kur- und Tourismusregion Gasteinertal

*Ruhe und Landschaftsbild als zentrale Werte der Kur- und Tourismusregion*

Das Gasteinertal bildet vom Dorf Gastein bis zum Talende in Böckstein bei Bad Gastein eine der größten und bekanntesten Kur- und Tourismusregionen in Mitteleuropa. Die bereits über Jahrhunderte dauernde Nutzung der vielen Thermal- und Heilquellen im Gasteinertal führte zu einer Monokultur der Erwerbsstruktur im Kur- und Tourismusbereich. Die höchsten Güter für die Attraktivität als Kurregion sind das Naturerlebnis, das Landschaftsbild, die Höhenluft und besonders für die rekonvaleszenten Kurgäste, die Ruhe – ein Gut, das im mitteleuropäischen Alltagslebensraum immer rarer wird.

*Lärmzunahme durch Verdoppelung der Kapazität und Zunahme des Güterverkehrs in der Nacht*

Die Gasteiner verbanden mit dem Doppelspurausbau der Gleisstrecken auf den Gemeindegebieten von Bad Gastein und Bad Hofgastein erhebliche zusätzliche Lärmbelästigungen und die Beeinträchtigung der Landschaft durch neue Hangbrücken. Mit dem Doppelspurausbau wird die Kapazität der Strecke mehr als verdoppelt. Die Achse ist insbesondere für den emissionsreicheren Gütertransport vorgesehen, welcher mit der Just-in-time-Produktion zunehmend auch über den sogenannten „Nachtsprung" abgewickelt wird. Mit dem Projekt verbindet sich also ein wesentliches Potenzial zur Erhöhung der Lärmimmissionen – zusätzlich zu den heute schon vorhandenen. In einzelnen Streckenabschnitten liegen die Immissionen heute bereits im Bereich der Grenzwerte oder darüber.

**Abbildung 2**
Blick auf Bad Gastein Richtung Süden (Hohe Tauern)

Die beiden Kapitel zur Sichtweise des Konfliktes stehen symbolisch für die unterschiedlichen Perspektiven, aus denen der Konflikt wahrgenommen wird:

- die Perspektive der Bahngesellschaft, die den Auftrag zum Lückenschluss der Tauernachse hat und
- die Perspektive der Bewohner, die ihre Lebensgrundlagen für ihre Erwerbstätigkeit gefährdet sehen.

*Perspektiven des Konfliktes*

Den am Konflikt Beteiligten die Sichtweise anderer Konfliktparteien und damit einen Perspektivenwechsel zu ermöglichen, ist eine der wesentlichen Aufgaben der MediatorInnen.

*Perspektivenwechsel*

## 2.3
### Die zentralen Konfliktpunkte

Die Gasteiner Bevölkerung sah mit den Projekten des Doppelspurausbaus ihre zentrale Wirtschafts- und Lebensgrundlage insbesondere im Bereich Landschaftsbild und Ruhe massiv gefährdet. In verstärktem Maße traten die Befürchtungen beim vorgestellten Projekt mit großen Hangbrücken in Bad Hofgastein auf (vgl. Abbildung 13, Variante 1). Die etwas erhöht an der Talflanke liegende Bahnlinie ist vom Dorf im Talboden aus sehr direkt wahrnehmbar. Exemplarisch sind die Befürchtungen der Bad Hofgasteiner in der Fotomontage (Abb. 3) dargestellt.

*Konfliktpunkte:*
- *Lärm*
- *Auswirkungen auf Landschaftsbild*
- *Immissionen Bauphase*

**Abbildung 3**
Befürchtete Landschaftsauswirkungen der Hangbrücken, in einer Fotomontage der Bürgerinitiative Bad Hofgastein (Quelle: Bürgerinitiative Lebenswertes Gasteinertal Bad Hofgastein)

Der Bevölkerung Bad Gastein wurde 1996 von den Österreichischen Bundesbahnen (ÖBB) das Projekt mit dem zweite Gleis entlang der hundert Jahre bestehenden Einspurtrasse durch den Ortskern vorgestellt (vgl. Abbildung 14). Der Lärmschutz entsprechend den Bundesgrenzwerten wurde mit bis zu sechs Meter hohen Lärmschutzwänden gewährleistet. Zentrale Punkte für den massiven Widerstand von Gemeinde, Bürgerinitiativen, Kurverbänden etc. in Bad Gastein waren die Zerschneidung des Dorfkerns durch die Lärmschutzwände und die über den Grenzen für Salzburger Kurorte liegenden Lärmimmissionen. Ein weiteres Konfliktfeld eröffnete sich mit der Frage, welche Grenzwerte Gültigkeit haben sollen, die nationalen oder die im Bundesland Salzburg für seine Kurregionen festgelegten. Auch wurden die Berechnungsgrundlagen angezweifelt und mit den künftigen Kapazitäten die Gefahr eines noch wesentlich höheren Lärmpegels georted. Ein weiterer Konfliktpunkt waren die Immissionen während der mehrjährigen Bauphase: wie Lärm durch LKW-Verkehr, Beeinträchtigung von Orts- und Landschaftsbild durch die Bauinstallationsplätze etc. Ein Ausbleiben von Stammgästen während einer oder zweier Saisons führt meist zu definitivem Verlust der Gäste an die „Ersatzstandorte". Die beträchtlichen Immissionen während der Bauphase stellten daher für mehrere Betriebe eine existenzbedrohende Gefährdung dar.

*Weiterer Eskalationspunkt: UVP-Pflicht*

Ein weiterer Eskalationspunkt war die Frage, ob die beiden Projekte einer Umweltverträglichkeitsprüfung (UVP) unterzogen werden müssen. Die Gasteiner verbanden damit die Hoffnung auf Einbezug und Mitsprache in der Planung, die ÖBB die Befürchtung der Verlängerung der Genehmigungsverfahren um Jahre.

## 2.4
## Konfliktgeschichte und -status

Ins Blickfeld einer breiteren Öffentlichkeit gelangte der Konflikt, als die ÖBB ihre Projektplanungen im Bereich Bad Hofgastein und die Projektstudien zu Bad Gastein 1996 vorstellten. Die Projektpräsentation endete in tumultartigen Szenen, aus denen die vehemente Ablehnung der Projektinhalte und der Vorgehensweise (Vorwurf der mangelnden Information) deutlich wurde. Daran konnte auch die spätere Präsentation verbesserter Projekte nichts mehr ändern. Aufgrund verschiedener Vorkommnisse war das Vertrauensverhältnis Mitte der 90er-Jahre sowohl von Seiten der ÖBB als auch bei beiden Gemeinden, der Bevölkerung und weiteren Beteiligten zerstört. In der Folge wurden mehrere Bürgerinitiativen gegen die Projekte gegründet und es herrschte eine solcher Aufruhr im Tal, dass sich der Landeshauptmann von Salzburg im Januar 1997 veranlasst sah, die höchsten politischen Vertreter des Landes und die Vertreter der ÖBB zum Tauernbahn-Gipfel einzuladen.

*Vehementer Widerstand – Gründung von Bürgerinitiativen*

Parallel zum Streit um die Streckenführung verlief der Konflikt um die Pflicht zur Durchführung einer UVP für die beiden Streckenabschnitte. Dieser begann im November 1991, als der Entwurf des österreichischen Umweltverträglichkeitsprüfungs-Gesetzes (UVP-G) in Begutachtung ging. Es war die allgemeine Erwartungshaltung der Gasteiner Bevölkerung, dass dieses neue UVP-G eine umweltgerechte Projektplanung ermöglichen würde. Insbesondere erhofften sie sich von der UVP-Pflicht ein Mitspracherecht, das die Berücksichtigung der regionalen Interessen der Bevölkerung des Gasteinertals sicherstellt. Die ÖBB verbanden mit der Durchführung einer UVP eine Verlängerung des Genehmigungsverfahrens um Jahre und beeinspruchten deshalb den Entscheid des Landes Salzburg zur UVP-Pflicht der beiden Steckenabschnitte. Der Rechtsstreit wurde über alle Instanzen bis Höchstgericht weitergezogen, und aus Gastein wurde sogar eine Anfrage an die zuständige EU-Kommission zur Klärung der Sachlage gerichtet. Der Rechtsstreit involvierte viele Stellen vom Land Salzburg und dessen Umweltanwaltschaft, das damalige Bundesministerium für Wissenschaft und Verkehr (BMWV ab 1999 BMVIT), den Umweltsenat etc. Die rechtliche Auseinandersetzung war ebenfalls mit einem regen Schriftwechsel, einer Vielzahl involvierter Anwälte verbunden und nahm zeitlich, monetär und emotional beträchtliche Ressourcen aller Beteiligten in Beschlag.

*Konfliktgeschichte UVP-Pflicht*

Das Mediationsteam Flucher/Zilleßen/Kessen/König traf am Beginn des Mediationsverfahrens einen hocheskalierten und bei den Parteien tief eingefleischten Konflikt an. Die Jahre der juristischen Auseinandersetzung hatten bei vielen Beteiligten tiefe Spuren hinterlassen. Bei einigen Konfliktparteien waren sogar Existenzängste bezüglich der über mehrere Generationen aufgebauter Kurbetriebe – ihrer direkten wirschaftlichen Lebensgrundlage – spürbar. Dieser Umstand trug – unbesehen, ob diese Gefährdungseinschätzung geteilt wird oder nicht – zusätzlich zu einer sehr explosiven Konfliktdynamik bei.

*Hocheskalierter Konflikt*

## 2.5
## Konfliktbeteiligte

*14 Konfliktparteien als Vertreter von über 100 Konfliktbeteiligten*

In der Grob-Konfliktanalyse des Mediationsteams wurde klar, dass es sich um einen Konflikt mit einer Vielzahl von Beteiligten (mehrere hundert Personen) handelt. Da eine Mediation mit einer so hohen Anzahl Direktbeteiligten nicht möglich ist, wurde die Teilnahme von Vertretern ganzer Interessengruppen vorgesehen. Mit dieser Zusammenfassung konnte die Anzahl auf eine arbeitsfähige Größe von 14 Konfliktparteien reduziert werden. Eine Übersicht der am Mediationsverfahren beteiligten Konfliktparteien ist in Abbildung 5 und Abschnitt 3.4 wiedergegeben.

*Sicherstellung Rückbindung*

Bei Mediationsverfahren mit Vertretern von Interessengruppen ist es wichtig, die Vorgehensweise der Rückbindung der Vertreter zu der Gesamtheit der jeweilgen Interessengruppe zu klären. „Wie" dies abläuft liegt in der Verantwortung der Vertreter der Interessengruppe – „dass" die Rückbindung stattfindet und im Rahmen des Verfahrens transparent gemacht wird, gehört zum Verantwortungsbereich des Mediationsteams. In Gastein wurde an den Plenumssitzung periodisch über Rückbindungsveranstaltungen und deren Resultate berichtet.

## 3
## Mediationsteam, Vertrag und Finanzierung, Konfliktparteien

## 3.1
## Auswahlverfahren und Zusammensetzung des Mediationsteams

*Ausschreibung der Mediation, Offerte und Hearing*

Nachdem der erste Mediationsversuch mit Direktbeauftragung an der mangelnden Erfahrung des ersten Mediationsteams scheiterte, wählten die damaligen Konfliktparteien den Weg einer Ausschreibung im Einladungsverfahren. Von den in Vielparteienkonflikten erfahrenen angeschriebenen Mediatoren gingen insgesamt acht Bewerbungen mit Offerte ein. Vertreter der Konfliktparteien nahmen eine Vorbewertung nach den Kriterien Erfahrung/Ausbildung Mediation, den Referenzen Mediation, Zusatzkompetenz im technischen und Umwelt-Fachbereich und dem vorgeschlagenen Vorgehenskonzept vor. Sie fällten in einem zweistufigen Verfahren den Entscheid, die beiden Bestplatzierten zu einem Hearing mit allen Konfliktparteien einzuladen. Nach dem Hearing entschieden sich die Konfliktparteien einstimmig zur Auftragserteilung an das Team Flucher/Zilleßen/Kessen/König.

*Zusammenstellung des Mediationsteams*

Die Zusammenstellung des Mediationsteams entstand nach der Anfrage an den Autor und dessen Konfliktbeurteilung. Diese ergab, dass es sich um einen hocheskalierten Vielparteienkonflikt mit 14 Parteien und voraussichtlich komplexer Themenvielfalt in den Bereichen Umwelt, Planung, Volkswirtschaft etc. handelt. Für die Zusammenstellung eines erfolgreichen Mediationsteams ist primär die Kompetenz und Erfahrung in der Mediation von Konflikten ähnlicher Größenordnung und sekundär Grundlagenkenntnisse im Sachgebiet des Konfliktes von Bedeutung. Thomas Flucher kontaktierte als Mediator und Ingenieur im Bau- und Umweltbereich Prof. Horst Zilleßen, renommierter Umweltmediator. Sie beschlossen, sich gemein-

*Beispiel 2: Mediationsverfahren Tauern-Eisenbahnachse im Gasteinertal*

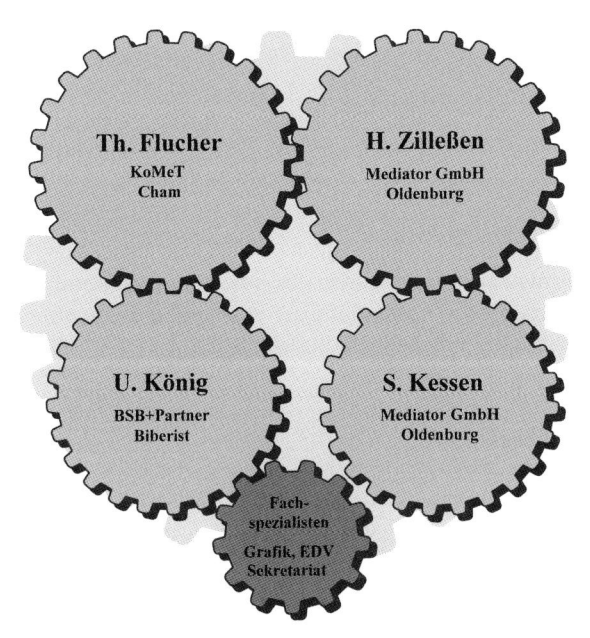

**Th. Flucher** — KoMeT Cham
**H. Zilleßen** — Mediator GmbH Oldenburg
**U. König** — BSB+Partner Biberist
**S. Kessen** — Mediator GmbH Oldenburg
Fachspezialisten Grafik, EDV, Sekretariat

**Abbildung 4**
Das vierköpfige Mediationsteam Gasteinertal

sam mit je einem/einer erfahrenen Mediations-MitarbeiterIn zu bewerben, was zu der Zusammensetzung des Mediationsteams gemäß Abbildung 4 führte.

## 3.2
### Mediationsvertrag mit allen Konfliktparteien

Das Mediationsteam schloss mit allen Konfliktparteien zusammen den so genannten Mediationsvertrag ab, in welchem der Auftrag an das Mediatorenteam formuliert ist. Der Grundauftrag lautete: „Das Mediationsteam ist beauftragt, die Konfliktparteien in allparteilicher Weise zu unterstützen, das Konfliktthema konsensual zu regeln." Nachfolgend sind die zentralen Inhalte des Mediationsvertrages aufgelistet.

**Mediationsvertrag**
zwischen Mediationsteam und Konfliktparteien

- Auftrag der Konfliktparteien (Auftraggeber) an das Mediationsteam (Auftragnehmer), sie in der eigenverantwortlichen Regelung des Konfliktes allparteilich zu unterstützen
- Zielsetzung des Verfahrens
- Gegenstand des Verfahrens
- Leistungen des Auftragnehmers
- Kostenteilungsschlüssel

*Inhalt des Mediationsvertrages*

- Honorar, Rechungs- und Zahlungsmodalitäten
- Leistungsänderung, Unterbruch
- Vertraulichkeit, Umgang mit Öffentlichkeit/Medien
- Salvatorische Klausel
- Haftung, Versicherung
- Mediationsklausel, Gerichtsstand
- Unterschrift aller Konfliktparteien und Mitglieder des Mediationsteams[1]

Die in Mediationsverfahren bisher kaum angewandte Methode des Vertrages mit allen Konfliktparteien und die konsequente Anwendung der Philosophie des gemeinsamen Auftrages an das Mediationsteam haben sich bestens bewährt.

### 3.3
### Finanzierung des Mediationsverfahrens

*Kostenschlüssel des Mediationsverfahrens Gasteinertal*

Die Konfliktparteien im Gasteinertal einigten sich auf einen Finanzierungsschlüssel der eine breite Verteilung der Verfahrenskosten auf fünf Parteien vorsah (vgl. Prozentzahlen in Abbildung 5).

Der Kostenschlüssel wurde auf das Honorar des Mediationsteams und die durch alle Konfliktparteien zu finanzierenden Aufträge an externe Fachleute angewendet. Die ÖBB boten an, die Kosten für Untersuchungen, welche sie für die Eingaben im nachfolgenden Verwaltungsverfahren sowieso benötigten, zu übernehmen.

### 3.4
### Konfliktparteien und Vertretung im Mediationsverfahren

*Vertreter von 14 Konfliktparteien*

Am Mediationsverfahren konnten aufgrund der hohen Anzahl Direktbeteiligter nur die Vertreter ganzer Interessengruppen ins Verfahren eingebunden werden. Damit konnte eine arbeitsfähige Größe des Mediationsplenums mit 14 Konfliktparteien geschaffen werden, die je einen bis drei Vertreter entsandten.

Welche Interessengruppe wieviele Vertreter in die Mediation entsenden darf, ist zu Beginn des Verfahrens oft ein heißdiskutiertes Thema. Wenn dann deutlich wird, dass es in der Mediation nicht um Machtverhältnisse für Abstimmungen sondern um Teamarbeit auf dem Weg der gemeinsamen Konsenssuche geht, verebben die Diskussionen meist rasch wieder.

*Status als Beobachter und Auskunftsperson in der Mediation*

Das Bundesministerium für Verkehr, Innovation und Technologie (BMVIT) und der Regierungsvertreter des Bundeslandes Salzburg nahmen in einem Status als Beobachter und Auskunftsperson an der Mediation teil. Der Zweck dieses Spezialstatus' war die wertvolle Mitarbeit dieser Bundesstellen in der Konsenserarbeitung zu ermöglichen und gleichzeitig Rollenkonflikte zu vermeiden.

---

[1] Weiterführende Angaben zu Vertrags- und zu Finanzierungsmöglichkeiten sind zu finden in Flucher, Th., ZKM 4/2001, „Vertrags- und Finanzierungsmodelle in Vielparteienmediationen", Köln, Centrale für Mediation, „ISSN 1439–2127.

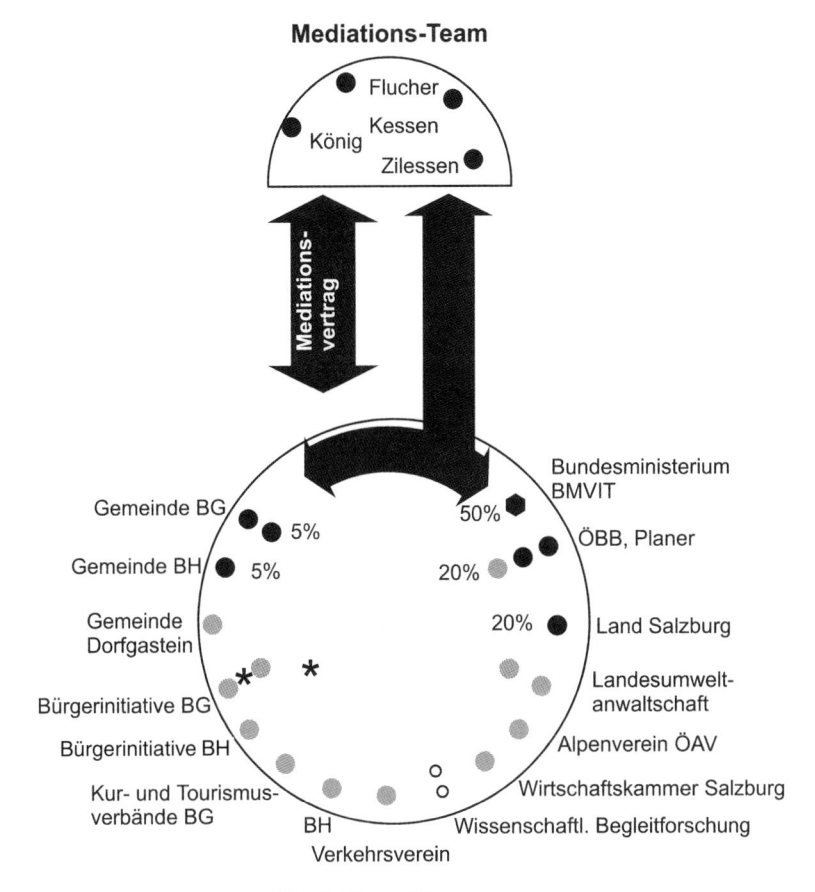

*Beispiel 2: Mediationsverfahren Tauern-Eisenbahnachse im Gasteinertal* 315

**Mediations-Team**

- Flucher
- König
- Kessen
- Zilessen

Mediationsvertrag

**Mediations-Plenum**

- Gemeinde BG 5%
- Gemeinde BH 5%
- Gemeinde Dorfgastein
- Bürgerinitiative BG
- Bürgerinitiative BH
- Kur- und Tourismusverbände BG
- BH Verkehrsverein
- Bundesministerium BMVIT 50%
- ÖBB, Planer 20%
- Land Salzburg 20%
- Landesumweltanwaltschaft
- Alpenverein ÖAV
- Wirtschaftskammer Salzburg
- Wissenschaftl. Begleitforschung

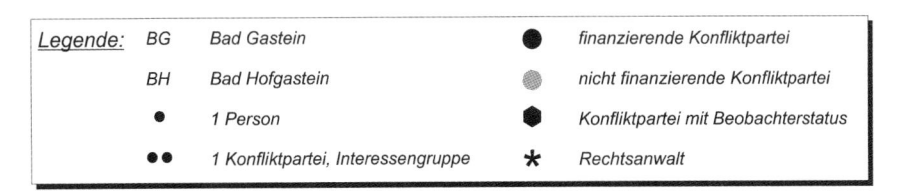

| Legende: | | |
|---|---|---|
| BG | Bad Gastein | ● finanzierende Konfliktpartei |
| BH | Bad Hofgastein | ◯ nicht finanzierende Konfliktpartei |
| • | 1 Person | ⬢ Konfliktpartei mit Beobachterstatus |
| •• | 1 Konfliktpartei, Interessengruppe | * Rechtsanwalt |

**Abbildung 5**
Konfliktbeteiligte, Vertragsverhältnisse und Finanzierung.
Mediationsverfahren Doppelspurausbau Eisenbahn-Tauernachse im Gasteinertal

Die im Mediationsverfahren Gasteinertal beteiligten Personen und Konfliktparteien sind nachstehend aufgelistet:

| Konfliktpartei | Vertreter im Mediationsverfahren |
|---|---|
| Bundesministerium für Verkehr, Innovation und Technologie (BMVIT) | Dr. K. J. Hartig (Beobachterstatus) |
| Österreichische Bundesbahnen (ÖBB) Planer der ÖBB (Büro Spirk&Partner) | DI Th. Thüringer Ing. W. Schreinmoser DI W. Spirk DI W. Halbritter |
| Land Salzburg | DI H. Frischenschlager (1. Teil) DI J. Leitner (2. Teil) |
| Salzburger Landesumweltanwaltschaft (LUA) | Dr. W. Wiener Dr. A. Rössler |
| Wirtschaftskammer Österreich – Sektion Tourismus (WKÖ) | P. Salzmann |
| Marktgemeinde Bad Hofgastein | B. Lang DI M. Köstinger |
| Gemeinde Bad Gastein | M. Gruber D. Huber G. Steinbauer |
| Gemeinde Dorfgastein | R. Trauner K. Harlander |
| Kur- und Fremdenverkehrsverband Bad Hofgastein | E. Tscherne |
| Kur- und Fremdenverkehrsverband Bad Gastein | F. Weichenberger |
| Bürgerinitiative Lebenswertes Gasteinertal – Bad Hofgastein | DI Chr. Köstinger |
| Österreichischer Alpenverein – Sektion Bad Gastein (ÖAV) | Dipl. BW F. Hermann |
| Wissenschaftliche Begleitforschung (Österr. Ges. für Umwelt und Technik ÖGUT) | Dr. A. Zieher Mag. M. Bartel |

## 4 Vorgehenskonzept und Organisationsstruktur der Mediation

### 4.1 Vorgehenskonzept

Mit der Offerte zur Durchführung des Meditationsverfahrens reichte das Mediationsteam bereits das nachfolgend beschriebene Vorgehenskonzept ein. Darin wird der Ablauf grob in drei Phasen gegliedert:

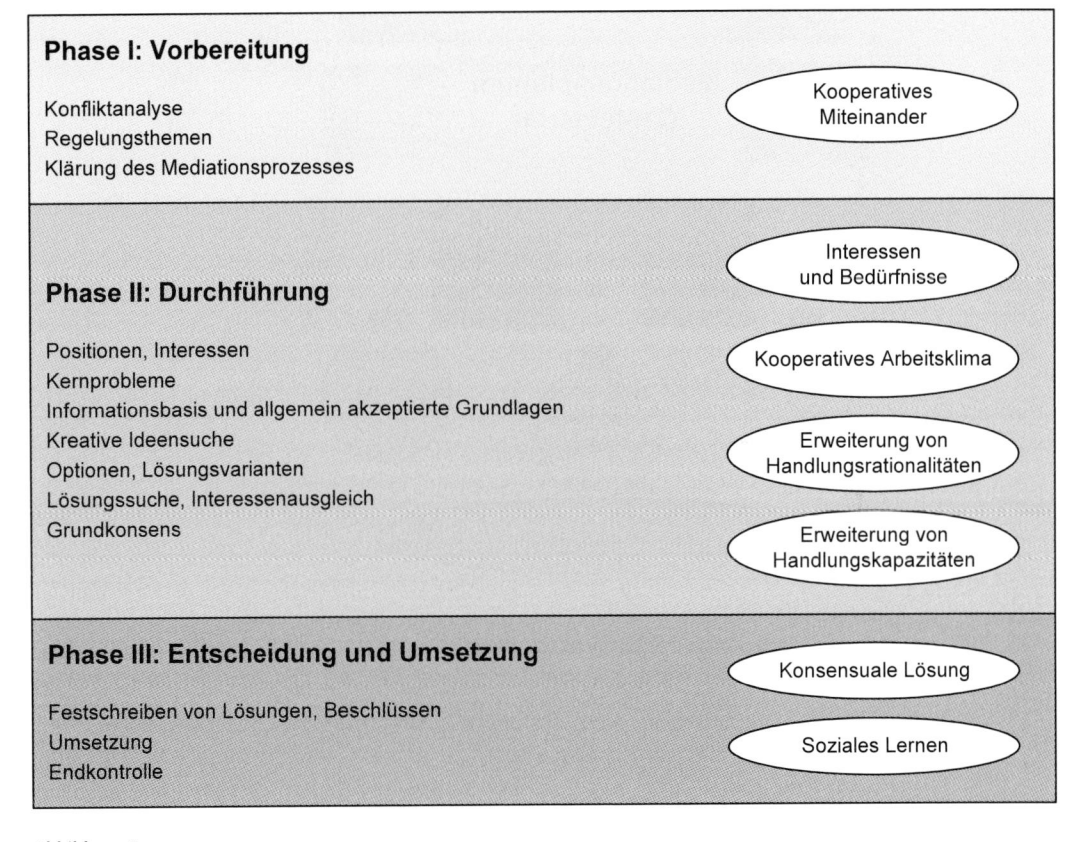

*Drei Phasen der Mediation*

**Phase I: Vorbereitung**
Konfliktanalyse
Regelungsthemen
Klärung des Mediationsprozesses

- Kooperatives Miteinander

**Phase II: Durchführung**
Positionen, Interessen
Kernprobleme
Informationsbasis und allgemein akzeptierte Grundlagen
Kreative Ideensuche
Optionen, Lösungsvarianten
Lösungssuche, Interessenausgleich
Grundkonsens

- Interessen und Bedürfnisse
- Kooperatives Arbeitsklima
- Erweiterung von Handlungsrationalitäten
- Erweiterung von Handlungskapazitäten

**Phase III: Entscheidung und Umsetzung**
Festschreiben von Lösungen, Beschlüssen
Umsetzung
Endkontrolle

- Konsensuale Lösung
- Soziales Lernen

**Abbildung 6**
Phasen des Mediationsverfahrens

Diesen drei Phasen vorangestellt ist die so genannte „Initiierungs-Phase". Eine detailliertere Beschreibung dieses generellen Ablaufmodells eines Mediationsverfahrens ist in Kapitel I.3.2 „Ablaufmodell Mediation" zu finden.

## 4.2 Organisationsstruktur

*Dreistufige Organisationsstruktur:*
- *Mediations-Plenum,*
- *Arbeitskreise*
- *Externe Fachleute*

Das Mediationsteam legte dem Verfahren eine dreistufige Organisationsstruktur, bestehend aus Mediationsplenum, Arbeitskreisen und externen Fachleuten, zugrunde.

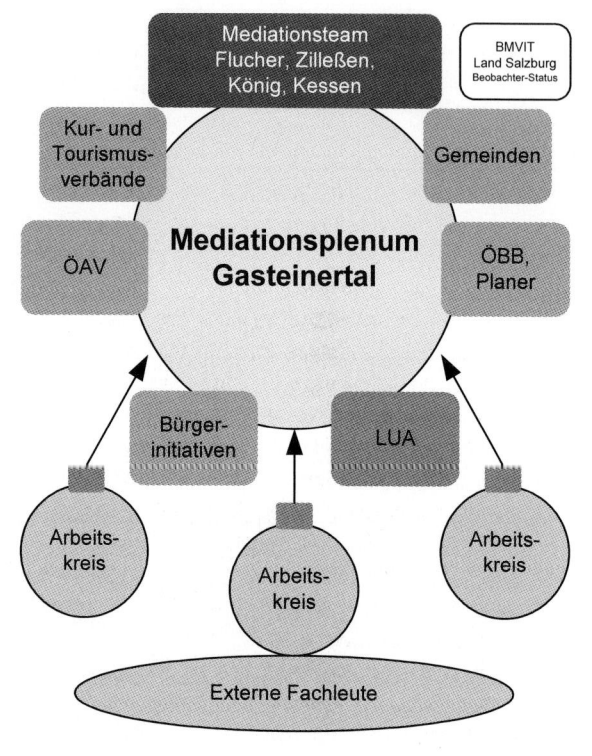

**Abbildung 7**
Organisationsstruktur des Mediationsverfahrens

*Plenum*

Das Mediationsplenum stellt das zentrale Organ der Beschlussfassung und der Konsenserarbeitung dar. Im Plenum sind alle Konfliktparteien vertreten. Die Plenumssitzungen finden in der Regel monatlich statt und dauern zwischen drei Stunden und einem ganzen Tag.

*Unterteilung in Teilprobleme und Bearbeitung durch Arbeitskreise*

Komplexe und vielschichtige Konfliktthemen präsentieren sich zu Beginn oft als nicht zu lösender Problemknäuel. Das Zerteilen in kleinere Teilprobleme soll eine Bearbeitung und das stufenweise Finden von Teilkonsensen ermöglichen. Die Bearbeitung solcher Teilbereiche und deren Vorstellung im Plenum ist die Aufgabe der Arbeitskreise. Die Möglichkeit zur Bildung von Arbeitskreisen wurde zu Beginn mit der dreistufigen Struktur geschaffen. Im Laufe des gesamten Verfahrens wurden vier Arbeitskreise zu folgenden Themen gegründet:

- Arbeitskreis Kriterien
- Arbeitskreis Varianten Bad Hofgastein
- Arbeitskreis Varianten Bad Gastein
- Arbeitskreis Lärm

Als dritte Ebene der Organisationsstruktur wurde die Möglichkeit vorgesehen, externe Fachleute zur Behandlung spezifischer Detailfragen beizuziehen. In Konfliktbereichen, in denen Informationsgrundlagen fehlen oder strittig sind, ist die Beauftragung externer Fachleute durch das gesamte Plenum sinnvoll. In der über zehnjährigen Konfliktgeschichte Gasteinertal wurde bereits eine Vielzahl von Gutachten durch verschiedene Parteien in Auftrag gegeben. Die Gutachten aus der Konfliktzeit fanden aber nie bei allen Parteien Anerkennung. Aus diesem Grunde wurden schlussendlich zu neun zentralen Fragestellungen vom Mediationsplenum Aufträge an externe Fachleute vergeben. Es handelte sich dabei um Themen wie: Volkswirtschaftliche Auswirkungen der Linienführungsvarianten, Auswirkungen auf das Landschaftsbild, Lärmkataster der Linienführungsvarianten, Lärmausbreitung in engen Tälern und meteorologische Auswirkungen, humanmedizinische Auswirkungen von Lärm, etc.

*Externe Fachleute*

Große Mediationsrunden bringen in der Regel bereits im Plenum der Konfliktparteien ein großes und ausreichendes Potenzial an Know-how mit, um die meisten anstehenden Fachthemen in ausreichender Tiefe zu diskutieren. In der Mediation gilt es „nur" noch, dieses große Potenzial an Wissen und Ideen für die gemeinsame Lösungsfindung zu aktivieren und zu nutzen. Die Konfliktparteien selbst sind grundsätzlich die besten Experten für ihr konkretes Problem.

*Konfliktparteien sind die Experten für ihr Problem*

Zwischen den professionell mit Eisenbahnverfahren inkl. Umweltverträglichkeitsprüfung befassten Parteien wie Projektwerber und Ministerium einerseits sowie den Gemeinden und Bürgerinitiativen andererseits bestand bezüglich des eisenbahntechnischen und verfahrensjuristischen Know-hows ein Ungleichgewicht. Solche Ungleichgewichte führen zu Anspannungen und Ohnmachtsgefühlen, welche den Erfolg einer Mediation be-, oft sogar verhindern. Es ist Aufgabe des Mediationsteams, solche Ungleichgewichte durch geeignete Maßnahmen auszugleichen. Dies kann von der Kommunikationsunterstützung in den Sitzungen durch das Mediationsteam bis zur Beistellung von geeigneten Fachleuten reichen. Im Verfahren Gasteinertal wurde den Bürgerinitiativen und Gemeinden ein im Verfahrensrecht spezialisierter Rechtsanwalt beigestellt und von den finanzierenden Parteien bezahlt. Die auf den ersten Blick kurios erscheinende Unterstützung und Finanzierung der „Gegenpartei" durch einen Fachmann war bei tieferem Mediationsverständnis eine weise, vorausdenkende Fairness. Sie bewirkte bei den nicht täglich mit solchen Problemen befassten Parteien die nötige Sicherheit und damit Offenheit für die gemeinsame Lösungssuche und Konsensfindung.

*Ausgleichen von Machtungleichgewichten*

## 5
## Konkreter Ablauf des Mediationsverfahrens

### 5.1
### Vorbereitungsphase

Die erste Phase des Verfahrens begann Mitte April 1999 mit der Grobkonfliktanalyse, die zunächst aus intensiven Einzelgesprächen mit allen Teilnehmern des Plenums bestand. In diesen Gesprächen wurde die in Abschnitt 2.3 dieses Beispiels dargestellte Vorgeschichte aufgearbeitet, und es wurde eine erste Übersicht über die Konfliktsituation und die jeweiligen Interessen der Konfliktparteien erarbeitet.

*Resultate Grobkonfliktanalyse*  Die Grobkonfliktanalyse durch das Mediationsteam in der Vorbereitungsphase des Verfahrens ergab zusammengefasst folgende Resultate:

*14 Konfliktparteien*
- Am Konflikt im Gasteinertal sind ca. 14 Interessengruppen beteiligt. Pro Interessengruppe werden aus verschiedenen Gründen teilweise mehr als eine Person am Verfahren teilnehmen. D. h. im Plenum (Mediationsplenum) werden über 20 Personen plus das Mediationsteam anwesend sein.

- Die Konfliktstruktur ist vielschichtig und beinhaltet untereinander eng vernetzte Konfliktfelder.

*Themenbereiche, vernetzte Konfliktstruktur*
- Es spielen Umweltaspekte (Lärm, Landschaftsbild, Bauimmissionen etc.), technische Aspekte (Möglichkeiten der Linienführung aufgrund technischer Parameter, Geologie, Thermalquellen etc.) und volkswirtschaftliche Aspekte eine Rolle.

- Das Gesamtproblem kann voraussichtlich nicht als Ganzes gelöst werden. Es müssen Teilprobleme herausgeschält und einzeln geregelt werden, um den Gesamtkonflikt lösen zu können.

*Hocheskalierter Konflikt, tiefes Misstrauen*
- Der Konflikt ist hocheskaliert. Die vergangenen zurückliegenden zehn Jahre Konfliktgeschichte auf juristischer Ebene und in der Presse sowie die starke emotionale Betroffenheit der Beteiligten haben tiefe Spuren hinterlassen. Ein wesentlicher Faktor für den Erfolg des Mediationsverfahrens wird sein, ob es gelingt, die tiefen Gräben des Misstrauens zu überbrücken.

*Machtungleichgewicht*
- Die im Verfahren vertretenen Parteien beschäftigen sich teilweise professionell mit Eisenbahnbau, Verfahrensfragen, Umweltfragen, andere Interessengruppen sind das erste Mal mit dieser Thematik konfrontiert. Die Teilnehmer besitzen auch unterschiedliche Ressourcen, um an den Verfahren teilnehmen zu können (Zeit, Finanzen, Sekretariatsbackoffice, Infrastruktur etc.). Ein weiterer Erfolgsfaktor des Mediationsverfahrens ist die Frage, ob der Machtausgleich bei so unterschiedlichen Voraussetzungen der Interessengruppen zu Beginn des Verfahrens hergestellt werden kann.

*Gemeinsame Konfliktanalyse*  Der zweite Schritt der gemeinsamen Konfliktanalyse erfolgte auf der 1. Sitzung des Plenums am 19. Mai 1999 in der Weise, dass die Teilnehmer gleich zu Beginn ihre Wünsche und Ideen, ihre Ziele und Perspektiven zum Thema „Die Zukunft des Gasteinertals – Grundlagen, Probleme, Perspektiven" stichwortartig auf Karten schrieben, die an eine Pinnwand geheftet wurden. Auf diese Weise wurden die Bedürfnisse und Interessen verdeutlicht, die die Teilnehmer des Mediationsverfahrens mit diesem Thema verbanden, und es wurden zugleich auch Kriterien sichtbar, die bei der Suche nach konsensualen Lösungen helfen konnten.

In einem dritten Schritt hat dann das Mediationsteam wieder mit Hilfe von Pinnwandkarten seine Ergebnisse der Grobkonfliktanalyse vorgestellt, die in einer intensiven Diskussion mit dem Plenum ergänzt und strukturiert sowie schließlich einstimmig verabschiedet wurde. Damit hatte das Mediationsplenum auf seiner 1. Sitzung einen entscheidenden Schritt in Richtung auf eine kooperative Konfliktbearbeitung getan: Es hatte gemeinsam die wesentlichen Konfliktthemen herausgearbeitet und die relevanten Einflussfaktoren bestimmt und konnte auf dieser Basis die Strategie der weiteren Bearbeitung des Konflikts (vgl. Vorgehensstrategie im folgenden Abschnitt) festlegen.

An den ersten Sitzungen wurden ebenfalls die Regeln der Zusammenarbeit und der Mediationsvertrag des Mediationsteams mit den Konfliktparteien (vgl. Abschnitt 3.2 dieses Beispiels) teils heftig diskutiert und revidiert. Die gemeinsame Verabschiedung und Unterzeichnung erfolgte an den folgenden Sitzungen. Die klare explizite Auftragserteilung aller Konfliktparteien an das Mediationsteam war in späteren heiklen Phasen ein wichtiges Fundament für die Zusammenarbeit.

## 5.2
**Die Phase der Konsenserarbeitung (Durchführung)**

Im konkreten Konflikt wählte das Mediationsteam eine dem Ingenieurwesen entliehene und adaptierte Vorgehensweise des Systems-Engineering. Dabei werden Varianten zur Lösung des Problems kreiert und in einer Vorauswahl die Anzahl der Varianten reduziert. Die verbleibenden werden genauer ausgearbeitet sowie deren Auswirkungen ermittelt. Diese Arbeit wurde im Mediationsverfahren großteils in den beiden Arbeitskreisen „AK Varianten Bad Hofgastein" und „AK Varianten Bad Gastein" als Vorbereitung für die Entscheidungen im Plenum geleistet.

*Gemeinsame Lösungskreation und Vorauswahl der Varianten*

Die kreative Ideensuche begann in den ersten Sitzungen der Arbeitskreise „Varianten" mit der Aufforderung an die Teilnehmer, auf Pinwandkarten festzuhalten, welche Anforderungen die Bahntrasse generell erfüllen muss. Anschließend wurde abgefragt, welche Konflikt- bzw. Gefahrenbereiche bei der Trassenplanung zu berücksichtigen bzw. zu vermeiden sind (für Letzteres stehen z. B. die Heilquellen, vgl. dazu auch Abbildung 14). Auf der Basis der Ergebnisse ihrer diesbezüglichen Überlegungen haben die Teilnehmer für Bad Gastein zunächst einen Korridor definiert, in dem die Trasse sinnvoller Weise verlaufen müsste. Für den Bereich Bad Hofgastein führten die Ergebnisse des entsprechenden Arbeitskreises zur Optimierung der bisherigen Trassenvarianten und zur Kreation der neuen Linienführungsvariante 4.

*Kreative Ideensuche*

Im Anschluss an die 4. Sitzung des Mediationsplenums am 16.11.1999 konnte eine Pressemitteilung herausgegeben werden, mit der die Stufe „Kreative Ideensuche" gleichsam offiziell abgeschlossen werden konnte. Sie hatte für die Bereiche Bad Gast-

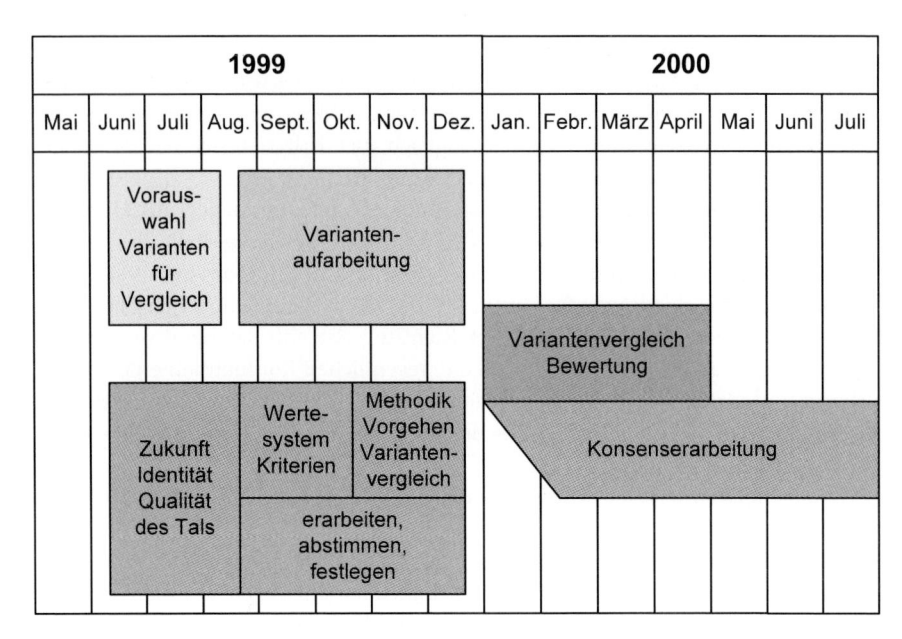

|  | 1999 | | | | | | | 2000 | | | | | | |
|---|---|---|---|---|---|---|---|---|---|---|---|---|---|---|
| Mai | Juni | Juli | Aug. | Sept. | Okt. | Nov. | Dez. | Jan. | Febr. | März | April | Mai | Juni | Juli |

**Abbildung 8**
Vorgehensstrategie im Mediationsverfahren

ein und Bad Hofgastein zu neuen Linienführungsvarianten geführt, die – so die Presseerklärung – „... im nächsten Schritt des Mediationsverfahrens jeweils einem gemeinsamen Vergleich unterzogen werden. Als Grundlage für diesen Vergleich dient ein gemeinsam erarbeiteter und verabschiedeter Kriterienkatalog, in den das Wissen, die Erfahrungen und Interessen aller Beteiligten eingeflossen sind".

*Abbildung aller Interessen im Kriterienkatalog*

Parallel zur Variantenkreation und Aufarbeitung machte sich der Arbeitskreis „Kriterien" Gedanken, nach welchen Kriterien schlussendlich die Varianten verglichen werden sollen. Die Hauptaufgabe des AK war, aus dem vollständigen Bild der Interessen aller Konfliktparteien einen umfassenden Kriterienkatalog abzuleiten. Erste Vorarbeiten dazu wurden der ersten Mediationssitzung entnommen. Diese Aufgabe konnte die Arbeitsgruppe in der hochemotionalisierten Anfangsphase jedoch nicht umstandslos ausführen. Um gleichzeitig die Kraft für Lösungsräume zu aktivieren (einem aus der lösungsorientierten Kurzzeittherapie adaptierten Instrument), ermittelte das Mediationsteam zunächst gemeinsam mit den Konfliktparteien die „wünschbare Zukunft" des Tales. Ein Aspekt, der immer wieder auftauchte war, die Identität des Gasteinertales erhalten. In der Arbeitsgruppe fragte das Mediatorenteam nach, welche zu erhaltenden Werte denn das Gasteinertal ausmachten. Aus dieser Arbeit wurde ein Wertesystem abgeleitet, worin die zentralen für das Gasteinertal wichtigen Kriterien zusammengestellt waren. Das Wertesystem enthielt die Interessen aller Konfliktparteien wertneutral nebeneinander aufgelistet. Aus dem Wertesystem erarbeiteten die Konfliktparteien gemeinsam mit dem Mediationsteam anschließend den Kriterienkatalog mit ca. 100 Teilkriterien.

Die gemeinsame Ausarbeitung des Kriterienkatalogs war ein grundsätzlicher Schritt der gegenseitigen Anerkennung aller Interessen. Dies wiederum stellt nach dem Transformationsansatz der Mediation einen der wesentlichen Schritte auf dem Weg zu einem Gesamtkonsens dar.

*Gegenseitige Anerkennung der Interessen*

Wie fasste doch ein Gasteiner an einer Sitzung den Stand der Befindlichkeiten zusammen: „Wir streiten nicht mehr gegeneinander sondern miteinander."

Eine grundsätzliche Erkenntnis des Plenums war, dass die technischen und die Umweltkriterien das Kriterium volkswirtschaftliche Auswirkungen direkt beeinflussen. Die Kriterien müssen separat für die Bauphase und die Betriebsphase (den Betrieb der doppelspurigen Tauernachse) beurteilt werden.

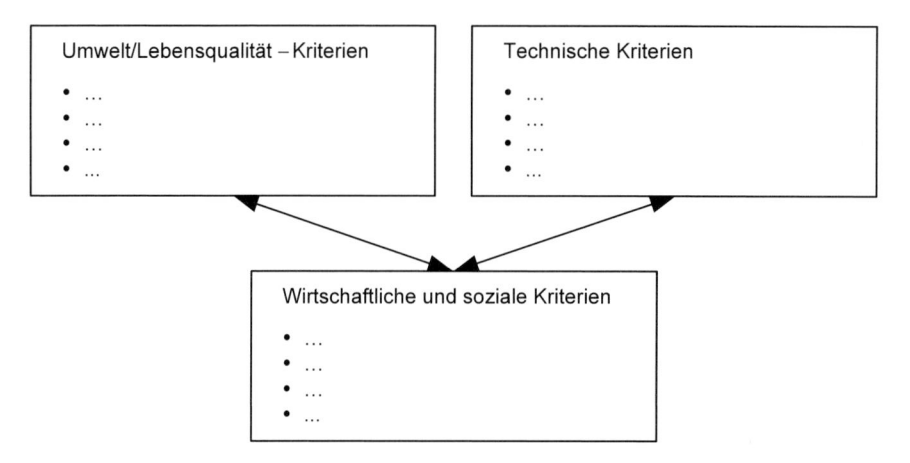

**Abbildung 9**
Grobstruktur des Kriterienkatalogs

Diese Vorgehensweise mit der Erarbeitung von Lösungsvarianten und mit Kriterienbildung ist nicht neu. Neu hieran ist die mediative Adaption der Methode, in der die Kriterien zur Beurteilung aus den Interessen der Konfliktparteien hergeleitet wurden und die Vergleichsmethodik und die Varianten konsequent von den Konfliktparteien selbst erarbeitet wurden. Der Kriterienkatalog ist bezüglich seiner Präsizion der Formulierung universitären Ansprüchen vielleicht nicht gewachsen und wurde bewusst auch nicht nachträglich überarbeitet. Der Wert dieses Kriterienkatalogs liegt darin, dass er

*Mediativer Variantenvergleich*

- von allen Konfliktparteien gemeinsam erarbeitet wurde und ihre Interessen abbildet,
- von allen Konfliktparteien vollumfänglich verstanden wird,
- von allen Konfliktparteien als vollständiges Abbild aller Interessen anerkannt ist.

Dasselbe gilt für die Methodik des Vorgehens zum Vergleich der Varianten. Viele Erfahrungen mit nummerischen Bewertungssystemen zeigen unbefriedigende Resultate, indem mit gewichteten Punktesummen eine Scheinobjektivität erzeugt wird

*Gemeinsam entwickelte Methodik*

und die dahinter stehenden Argumente verloren gehen.[2] Die Arbeitskreise legten mit dem Mediationsteam folgende Methodik fest:

- In einer vergleichenden Tabelle werden die Argumente zu den Unterschieden der Varianten dargelegt.
- Eine Bezifferung wird nur bei eindeutig nummerisch fassbaren Teilkriterien vorgenommen.

|  | *Variante 1* Ausbau der Bestandsstrecke | *Variante 2* Hangtrasse Visotschnig | *Variante 3b* Langer Tunnel (Haitzing – Angertalbrücke) | *Variante 3a* Kurzer Tunnel (Haltestelle BH Angertalbrücke) | *Variante 4* Tunnel mittel (Haitzing – Gehöften Premstall) |
|---|---|---|---|---|---|
| *Baudauer* | 54 Monate | 54 Monate | 35 Monate | 30 Monate | 30 Monate |
| *Erholungsgebiet* | Starke Beeinträchtigung (Kneippweg, Fitnesslehrpfad Bereich Pyrkerhöhe; Vogellehrpfad; diverse Wanderwege mit Beginn Haltestellenweg; Weitmoserschloss und Umgebung; diverse Wanderwege mit Beginn Hundsdorf) | Starke Beeinträchtigung (Kneippweg, Fitnesslehrpfad Bereich Pyrkerhöhe; Vogellehrpfad; diverse Wanderwege mit Beginn Haltestellenweg; Weitmoserschloss und Umgebung; diverse Wanderwege mit Beginn Hundsdorf) | Keine Beeinträchtigung | Mittlere Beeinträchtigung (Kneippweg, Fitnesslehrpfad Bereich Pyrkerhöhe; diverse Wanderwege mit Beginn Haltestellenweg) | Keine Beeinträchtigung |

**Abbildung 10**
Zwei Kriterien aus der Vergleichstabelle; ein nummerisch vergleichbares Teilkriterium und ein qualitativ verbal zu vergleichendes Kriterium

*Durchführung des Variantenvergleichs*

Das Ausfüllen des Kriterienkatalogs (insgesamt ca. 500 Felder je für Bad Hofgastein und für Bad Gastein) und die Einigung zu diesen insgesamt 1.000 Textteilen nahm viel Zeit in Anspruch, war aber gleichzeitig ein weiterer zentraler Teil neuer Erkenntnisse, des gegenseitigen Verständnisses und damit der Konsensfindung. Dieser ausführliche Katalog diente später auch dazu, Dritten die Überlegungen, die zur gewählten Lösung führten, nachvollziehbar darzulegen.

---

[2] Detaillierte Angaben zur Methodik des mediativen Variantenvergleichs: vgl. Flucher Th., Aspekte der Umweltmediation am Beispiel des Mediationsverfahrens Gasteinertal, in Rückert K. (Hrsg.) Mediaton die neue Streitkultur, Wien 1999.

Die Arbeitskreise erwiesen sich als dem Plenum vergleichbare Ebenen der wechselseitigen Verständigung und Anerkennung der Konfliktparteien und haben viel zum Abbau des zu Beginn sehr tiefen Misstrauens unter den Beteiligten beigetragen. Es haben vom Juni 1999 bis zum Dezember 2000 je sechs getrennte und weitere fünf gemeinsame Sitzungen der beiden Arbeitskreise „Varianten" stattgefunden. Hinzu kamen sieben Sitzungen des Arbeitskreises „Kriterien" sowie die zwei erwähnten Sitzungen des Arbeitskreises „Lärm". Das Mediationsplenum hat bis Ende 2000 zehnmal getagt (vgl. Abschnitt 5.3 dieses Beispiels). Durch die Vielzahl der Begegnungen ergab sich eine hohe Intensität und Effektivität der Sitzungen; zudem hat direkte Kommunikation der Konfliktparteien bei gemeinsamen Aktivitäten außerhalb der Sitzungen – wie Begehungen und gemeinsame Mahlzeiten – bewirkt, dass die Beteiligten trotz der langen Konfliktgeschichte gegenseitigen Respekt vor einander und Vertrauen in die Redlichkeit der Absichten jedes Einzelnen ungeachtet unterschiedlicher Interessen aufbauen konnten.

*Arbeitsweise als wichtige zusätzliche Verständigungsart*

Auf der Basis des im Januar 2000 verabschiedeten Kriterienkatalogs wurden in den folgenden drei Sitzungen des Plenums im Februar, März und Juni sowie in den parallel dazu laufenden Sitzungen der beiden Arbeitskreise „Varianten" die Grundlagen zur Regelung des Konflikts, d. h. für die Entscheidung über die Trassenvarianten für Bad Gastein und Bad Hofgastein erarbeitet. Das am Verfahren mitbeteiligte Planungsbüro der ÖBB arbeitete die neuen Lösungsideen in Planskizzen um, die die erforderliche Planungstiefe für die Variantenentscheidung aufwiesen. Dass zwischen dem Abschluss der kreativen Lösungssuche im November 1999 bis zur endgültigen Auswahl der Varianten im Oktober 2000 fast ein ganzes Jahr verstrich, hatte aber noch andere Ursachen. Neben der Ausarbeitung der Planskizzen zu den Varianten wurden weitere Fachberichte zu neun Themenbereichen erstellt. Diese stellten einerseits wichtige Entscheidungsgrundlagen dar und wurden in ausführlicher Form, insbesondere zur Dokumentation nach außen erstellt. Von besonderer Bedeutung war dabei eine volkswirtschaftliche Betrachtung der Frage, ob die erwarteten Mehrkosten für die im Mediationsverfahren gefundenen Trassenvarianten (Tunnellösungen) ausgeglichen werden könnten durch den dadurch vermeidbaren Verlust an Steuereinnahmen, der ohne diese Lösungen aufgrund eines zurückgehenden Tourismus zu erwarten wäre. Auf die Untermauerung dieser und anderer Fragen durch externe Fachberichte haben die Teilnehmer besonderen Wert gelegt. Dies geschah im Bewusstsein, dass eine klare öffentlich nachvollziehbare Begründung der in der Mediation erarbeiteten Konsenslösung unabdingbar ist. Diese öffentliche Nachvollziehbarkeit ist grundsätzlich bei kooperativer Konfliktlösung im öffentlichen Bereich notwendig, um die angestrebte Verbindlichkeit der Konsenslösungen zu erlangen. Diese Überlegung hat das Mediationsplenum auch in der Absicht bestärkt, die Ergebnisse des Verfahrens in einem ausführlichen Endbericht zu dokumentieren.

*Lösungssuche, Interessenausgleich*

Nachdem sich bereits im November 1999 abgezeichnet hatte, dass große Aussicht bestand, das Mediationsverfahren zu einem einvernehmlichen Ergebnis zu führen, endete der 7. Schritt mit der Formulierung der gefundenen Lösungen. Das Plenum einigte sich in der Plenumssitzung vom 9. Februar 2000 auf einen „Letter of intent", in dem es die Zwischenergebnisse (Linienführungen in Bad Gastein und in Bad Hofgastein) sowie die beabsichtigten Schritte zur Umsetzung des Endergebnisses festhielt.

*Konsensformulierung und -verabschiedung*

Für den Bereich Bad Hofgastein wurde Einigkeit dahingehend konstatiert, dass es eine Tunnellösung geben sollte, wobei das Nordportal des Tunnels bereits festgelegt werden konnte, über das Südportal aber noch entschieden werden musste. Im Bereich Bad Gastein einigte sich das Plenum auf eine Tunnellösung innerhalb eines Korridors im Stubnerkogel, auf die Lage der Talquerung im Bereich Böckstein und auf zwei Optionen für den Bahnhof Bad Gastein, über die noch abschließend entschieden werden sollte. Als endgültiges Ergebnis des Mediationsverfahrens wurde einmütig eine für das gesamte Tal zu erlassende Trassenverordnung angestrebt, über die zwischen den Gemeinden und Bürgerinitiativen im Gasteiner Tal und den ÖBB eine rechtsverbindliche Vereinbarung, also ein zivilrechtlicher Vertrag abgeschlossen werden sollte.

### 5.3
### Phase Vereinbarung und Umsetzung

*Verbindliche Vereinbarung der Konsenslösungen*

Mit der detaillierten Ausformulierung des Letter of intent, in dem die erarbeiteten Konsense für Bad Gastein und für Bad Hofgastein bereits festgehalten waren, beauftragte das Plenum den Rechtsanwalt der Gemeinden und Bürgerinitiativen. Dieser Entwurf bildete die Grundlage zur Lösung aller noch ausstehender Detailfragen. Da ganz grundsätzliche, teilweise neue Fragestellungen zu lösen waren wie z. B. die Sicherstellung der Rechtsnachfolge der unterzeichnenden Parteien bei Realisierungsfristen von mehreren Jahrzehnten wurden weitere Spezialisten seitens der ÖBB zugezogen. Diese Abklärungen und Entscheidfindungen nahmen einige Monate Zeit in Anspruch, was die Nerven der Beteiligten ein letztes Mal kräftig anspannte.

*Rechtsgültige Unterzeichnung der Mediationsvereinbarung*

Im Mai 2001 waren schließlich auch alle Detailprobleme bereinigt, so dass der Endbericht und vor allem die Mediationsvereinbarung als verbindlicher Vertrag rechtsgültig unterzeichnet werden konnten.

**Abbildung 11**
Abschlussfest des Mediationsverfahrens

*Beispiel 2: Mediationsverfahren Tauern-Eisenbahnachse im Gasteinertal* 327

Den Abschluss des Verfahrens bildete eine Pressekonferenz am 27. Juni 2001 unter Teilnahme der ranghöchsten Landespolitiker, der Bundesbehörden und weiterer renommierter Gäste. Die Krone setzten die Konfliktparteien diesem Abschluss auf, indem sie am Abend eine Bürgerinformation mit anschließendem großen Volksfest bis tief in die Nacht organisierten. Es wurde deutlich, dass die Gasteiner zwar hart im Streiten aber auch großzügig im Feiern der gemeinsamen Erfolge sind.

*Pressekonferenz und Abschlussfeier*

## 5.4
### Übersicht und zeitlicher Ablauf des Mediationsverfahrens

Die Konsenserarbeitung vom Auftrag an das Mediationsteam bis zum Erreichen des Grundsatzkonsenses und der Unterzeichnung des „Letter of intent" dauerte ein Dreivierteljahr (Mai 2000 – Februar 2001). Die Ausarbeitung der Linienführungsvarianten, der externen Fachberichte und des Endberichtes bis zur Verabschiedung derselben nahm nochmals acht Monate in Anspruch (Februar 2001 – Oktober 2001). Das Mediationsverfahren inklusive der Ausarbeitung der Berichte erstreckte sich somit über eine Dauer von anderthalb Jahren. Dies ist einerseits ein langer Zeitraum, und andererseits wird dieser im Vergleich zur Konfliktdauer von etwa zehn Jahren und der Hoffnungslosigkeit zu Beginn des Verfahrens überhaupt konsensuale Lösungen zu finden, relativiert.

*Zehn Jahre Konfliktgeschichte 3/4 Jahre Mediation bis zum Konsens*

Zum Erfolg des Mediationsverfahrens hat wesentlich beigetragen, dass der Mediationsprozess ohne starren vorgegebene Zeitplan abgewickelt werden konnte und sich jeder Verfahrensbeteiligte ohne Hast ganz auf diese neue Vorgangsweise

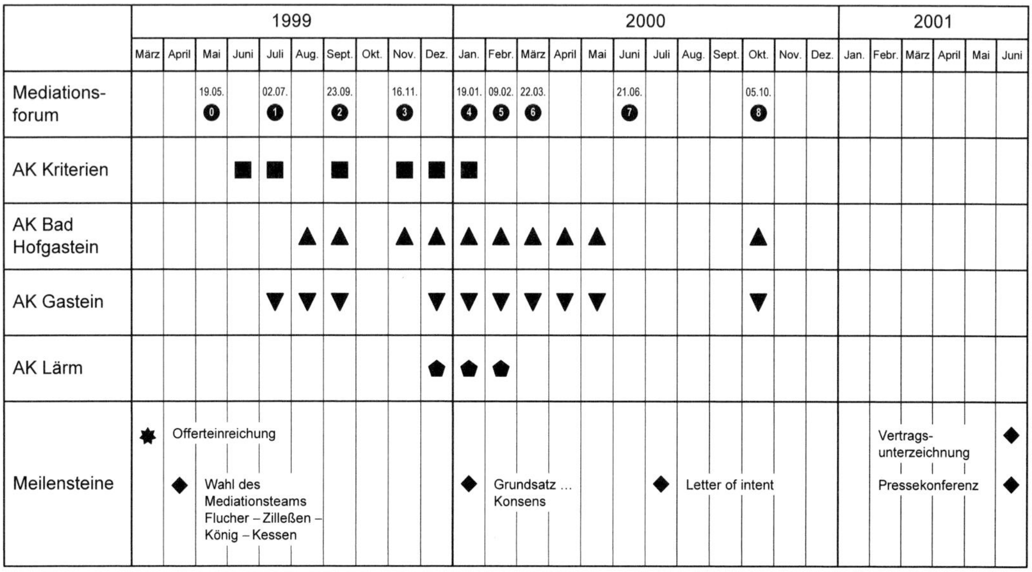

**Abbildung 12**
Ablaufplan des Mediationsverfahrens von Mai 1999 bis Oktober 2000

einlassen konnte. Die für den Konsens meist erforderliche Erweiterung des eigenen Blickwinkels und der Schritt, die Gegner der letzten zehn Jahre Konfliktgeschichte neu als Partner im „Lösungsfindungsteam" willkommen zu heißen, sind nicht zu unterschätzende innere Prozesse. Diese beanspruchen einen bestimmten, je nach Person unterschiedlich langen Zeitraum. Die Kunst des Mediationsteams ist es, das Tempo des Mediationsverfahrens so zu steuern, dass sowohl diejenigen denen alles viel zu schnell geht, als auch diejenigen denen alles viel zu langsam voranschreitet, aktiv im Verfahren dabeibleiben.

Mediation ist wesentlich mehr, als auf einer gedanklichen Skala zwischen 1 und 10 bei 6.2 einen Kompromiss zu finden.

*Barrieren abbauen*

Mediation heißt, Barrieren gegenüber seinen ärgsten Gegnern abbauen, heißt, den anderen zuhören, die anderen zu akzeptieren. Mediation heißt auch, die eigenen Denkblockaden auflösen, kreative Schöpfungsprozesse mit dem Know-how und der Energie einer ganzen Gruppe (der ehemaligen Gegner) und den MediatorInnen zu erleben. Mediation heißt schlussendlich, seine Kommunikations- und Konfliktmuster zu überdenken/zu verändern, Selbstverantwortung zu übernehmen, sich vom Konflikt zu verabschieden und meist auch ein Stück Frieden zu schaffen.[3]

Dies alles, insbesondere die persönlichen Prozesse brauchen Zeit. Der Lohn für die Anstrengungen als Person und der Arbeit als Gruppe ist die Nachhaltigkeit der Lösung, die Sicherheit, unter Berücksichtigung aller Interessen die beste gefunden zu haben. Diese gefestigte innere Überzeugung, die beste der möglichen Lösungen gefunden zu haben, setzt Kräfte frei und beschleunigt meist die Umsetzung in erheblichem Maße.

*Hinweis:* In den Abschnitten 4 und 5 dieses Beispiels wurden mit der freundlichen Genehmigung von Prof. Zilleßen einzelne Textpassagen aus seinem Beitrag „kooperative Konfliktbearbeitung mit 15 Parteien – Herausforderungen der Umweltmediation am Beispiel des Mediationsverfahrens im Gasteinertal" der Publikation „Frieden macht Europa" übernommen.

## 6
**Ergebnisse des Mediationsverfahrens im Gasteinertal**

*Inhaltlicher Konsens vertraglich vereinbart*

Hier ist zunächst auf die inhaltlichen Konsense bezüglich der Linienführung im Bad Gastein und der Linienführung in Bad Hofgastein hinzuweisen. Dieses sind – in einer für Umweltmediationsverfahren in Europa wahrscheinlich erstmaliger Weise – eindeutig und rechtsverbindlich in detaillierten Mediationsvereinbarungen festgehalten. Des Weiteren ist in den unterzeichneten Mediationsvereinbarungen das 

*Procedere zur einvernehmlichen Lösung künftiger Probleme*

Procedere festgehalten, wie in der Realisierungsphase auftauchende neue Probleme gelöst werden. Sie geben den Gemeinden, Kurvereinen, Bürgerinitiativen etc. die Sicherheit, dass die Projekte vor der Einreichung in die Behördenverfahren ihnen zur Kenntnis gebracht werden und im Mediationsverfahren entsprechend den getroffenen Vereinbarungen ausgeführt werden. Bei eventuell im Verfahren notwen-

---

[3] Aus dem Referat von Th. Flucher am Mediationskongress in Wien, 1999.

digen Projektänderungen (mit soweit reichenden Konsequenzen, dass sie zentrale Interessen von Beteiligten tangieren) tritt eine Kerngruppe zusammen und versucht das Problem zu lösen. Falls dies nicht gelingen sollte, wird ein kurzes Mediationsverfahren einberufen, um das anstehende Teilproblem einvernehmlich zu lösen. Die ÖBB haben mit dem vorliegenden Vertrag die Sicherheit, dass die Gemeinden die Trassenbänder für die Konsenslösungen in ihren Flächenwidmungsplänen festhalten und bei Einsprachen Unterstützung leisten, um einvernehmliche Regelungen zum entsprechenden Punkt zu finden. Diese und viele weitere Details dieses Vertrags stellen einen Meilenstein für die kooperative Umsetzung von Infrastrukturprojekten dar.

Der „Endbericht Mediationsplenum Gasteiner Tal zur Trassenfindung für den Neubau der Tauernbahn im Bereich Gasteiner Tal" enthält im ersten Teil den ausführlichen Bericht des Mediationsplenums über den Ablauf des Verfahrens, das Ergebnis und die Begründung desselben einschließlich eines ca. 120 Seiten umfassenden Kriterienkatalogs. Im zweiten Teil sind Gutachten zu neun Themenbereichen enthalten, die im Verfahren beauftragt, weitgehend auch dort vorgestellt und erörtert wurden und die den Prozess der Entscheidungsfindung inhaltlich abgesichert haben. Im dritten Teil finden sich die technischen Berichte und Pläne zu den verschiedenen Varianten, die im Laufe des Mediationsverfahrens eingehend erörtert wurden. Dieser von allen Teilnehmern des Mediationsverfahrens unterzeichnete Endbericht schließt als Mediationsvereinbarung das Verfahren ab. Er stellt das erste sichtbare Ergebnis eines Mediationsverfahrens dar, das einen zehn Jahre währenden Konflikt einer Regelung zugeführt hat.

*Endbericht zur nachvollziehbaren Dokumentation der Entscheidungsfindung*

Über diese der unmittelbaren Konfliktregelung dienenden Ergebnisse hinaus hat das Mediationsverfahren vor allem eine Kooperationsbasis geschaffen, die den Interessen des Tales ebenso dienlich ist wie denen der ÖBB. Zu Beginn des Verfahrens wurde der von den ÖBB und dem zuständigen Ministerium bestellte Planungsingenieur von den Gemeinden und vor allem von den Bürgerinitiativen vehement abgelehnt. Im Laufe des Verfahrens konnte das ihm anfangs entgegen prallende Misstrauen vollkommen abgebaut werden. Inzwischen sind sich alle Beteiligten darin einig, dass alle aktuellen und weiteren Planungsschritte nur in enger Abstimmung zwischen Planer, Gemeinden und Bürgerinitiativen vollzogen werden. Damit ist sichergestellt, dass in Zukunft eine Konfrontation wie zu Beginn des Konflikts zuverlässig unterbunden werden kann, dass die Interessen des Tals stets berücksichtigt werden und ebenso die Planungen der ÖBB zügig umgesetzt werden können.

*Gute Kooperationsbasis für Projektumsetzung und Zukunft*

Für die ÖBB hat das Mediationsverfahren darüber hinaus für die Planungen der Baumaßnahmen im Tal wesentliche Grundlagen bereitgestellt, die sie nun bei der Umsetzung des Mediationsergebnisses nutzen können. Für das Tal sind in diesem Zusammenhang wichtige Daten erhoben worden, die eine solide Basis für die weitere Entwicklung des Tales in ökonomischer, ökologischer, sozialer und kultureller Hinsicht darstellen.

*Sozialer Friede im Tal*

Angesichts dieser Ergebnisse kann mit ziemlicher Sicherheit erwartet werden, dass das Mediationsverfahren in Bezug auf das Verhältnis des Tals zu den ÖBB dauerhaft zum sozialen Frieden beigetragen hat.

## 7
**Besonderheiten des Mediationsverfahrens Gasteinertal**

Was als Besonderheit in der Mediaiton bezeichnet wird, ist eine subjektive Einschätzung. Im Folgenden werden einige Aspekte beschrieben, die im Vergleich mit den Erfahrungen des Autors in seinen bisher durchgeführten Verfahren und dem „state of the art" in der Mediation in Europa hervorstechen.

*Umfang Konfliktthema:*
- *Kosten 600 Mio. EUR*
- *Realisierungsdauer über 20 Jahre*
- *Komplexität*

Der finanzielle Umfang des Konfliktgegenstandes in Bad Gastein mit ca. 134 Mio. EUR und in Bad Hofgastein mit 400 bis 480 Mio. EUR (gesamte Realisierungskosten) sehr hoch. Bemerkenswert ist ebenfalls die lange Projektdauer von Planungsbeginn bis Umsetzungsende, welche in Bad Gastein über 25 Jahre und in Bad Hofgastein ca. 20 Jahre beträgt. Neben dem großen Umfang der Konfliktgegenstände in Bad Gastein und in Bad Hofgastein stechen sie auch durch die Komplexität und vernetzten Themenvielfalt der Problematik hervor. Es mussten die bahntechnischen, bautechnischen und Umweltaspekte einbezogen werden. Die Problemkreise des Kurtourismus, volkswirtschaftliche Abklärungen, sowie der umweltpolitische Realisierungsaspekt und viele weitere Themen mussten vernetzt behandelt werden.

*10-jährige hocheskalierte Konflikte*

Die Konfliktdauer von ca. zehn Jahren und die Intensität, mit der dieser sowohl in der Öffentlichkeit („Presseschlacht") als auch im juristischen Prozess auf dem Weg über alle Stufen bis Höchstgericht ausgetragen wurde, ist zwar nicht einmalig, aber doch außergewöhnlich. Von der Konfliktdynamik her ist er als langjährig und hoch eskaliert zu bezeichnen.

*Kosten Mediationsteam 0,1 % des Streitgegenstandes, 1/13 der Projektrealisierungszeit*

Die Kosten des vierköpfigen Mediationsteams betrugen 0,1 % der Realisierungssumme des Streitgegenstandes oder ca. 0,7 % der Planungskosten. Die Konfliktlösung im Mediationsverfahren nahm mit anderthalb Jahren ca. 1/13 der gesamten Realisierungsdauer in Anspruch. Es wurde sogar unabhängig von der Zeitdauer durch österreichische Fachleute in der Realisierung von Infrastruktur Großprojekten die Einschätzung geäußert, dass die Realisierung der zweigleisigen Tauernachse ohne die Konsense des Mediationsverfahrens gar nicht möglich gewesen wäre.

*Doppelmediationsverfahren zu zwei Konflikten*

Im Gasteinertal wurden in einem Mediationsverfahren zwei unterschiedliche Konfliktgegenstände behandelt. Sie unterschieden sich in der Thematik, der geographischen Lage, dem Planungsstand und dem Umfang. Es ist zwar nicht außergewöhnlich, dass mehrere Themen im Rahmen desselben Mediationsverfahrens behandelt werden, zwei so umfangreiche und komplexe Konflikte würden aber im Normalfall in zwei separaten Mediationsverfahren einer Lösung zugeführt.

*Breite Verteilung der Finanzierung*

Als Innovation und Besonderheiten in mediativer Hinsicht können die Unterzeichnung des Mediationsvertrages zwischen Mediationsteam und den Parteien durch alle (finanzierende und nicht finanzierende) Konfliktparteien bezeichnet werden. Auch die breite Verteilung der Finanzierung auf fünf Parteien ist außergewöhnlich. Als letzter Punkt ist die intensive strategische Vorbereitung vor Beginn des Mediationsverfahrens und die laufende Koordination des Vorgehens innerhalb des Mediationsteams während des Mediationsverfahrens zu erwähnen. Alle drei Aspekte haben aus der Sicht des Autors wesentlich zum Erfolg der beiden Mediationsverfahren beigetragen.

Im Umweltsmediationsverfahren ist es oft nicht möglich oder werden nicht von Anfang an konsequent alle Klippen umschifft, um einen rechtsverbindlichen Vertrag als Endresultat zu erhalten. In den beiden Mediationsverfahren im Gasteinertal war dies von Anfang an erklärtes Ziel und die Mediation wurde darauf ausgerichtet: Erstens inhaltlich Konsense zu erarbeiten, zweitens diese rechtsverbindlich zu vereinbaren und drittens die Umsetzung (inkl. der Schwierigkeit allfälliger Projektänderung) gemäß den vereinbarten Konsenslösungen sicherzustellen.

*Rechtsverbindliche Vereinbarung der Umsetzung der Konsenslösungen*

## 8
## Schlussbetrachtungen

Im Rückblick ist den Konfliktparteien zu gratulieren, dass sie sich 1998 – als Mediation in so umfangreichen Konflikten noch nicht zu einem gängigen Vorgehen zählte – ohne Ausnahme für diesen Weg entschieden. Die Entscheidungskompetenz zu Konflikten mit der Mediaton wieder ganz in die eigenen Hände zu nehmen, erfordert Mut.

An den Konflikten im Gasteinertal wurde exemplarisch aufgezeigt, dass die Methode der Delegation der Konfliktlösung an Außenstehende nicht zum Ziel führte. Sowohl die Delegation an die Richter führte in einem langwierigen, aufreibenden Weg nicht zu einer eigentlichen Lösung. Auch der Versuch, die Entscheidung einem mit einem „objektiven Variantenvergleich" neutralen Fachmann zu übertragen, scheiterte.

Erst die gemeinsame, eigenverantwortliche Lösungssuche im Mediatonsverfahren unter Einbezug aller Konfliktbeteiligter brachte die gewünschten Lösungen und darüber hinaus ein Stück des Friedens und der Ruhe in das schöne Gasteinertal zurück.

Die Geschichte der Entstehung und Regelung der Konflikte im Gasteinertal bestätigt die Theorie, dass eskalierte Konflikte nur unter Mitwirkung der Betroffenen fair und nachhaltig gelöst werden können.

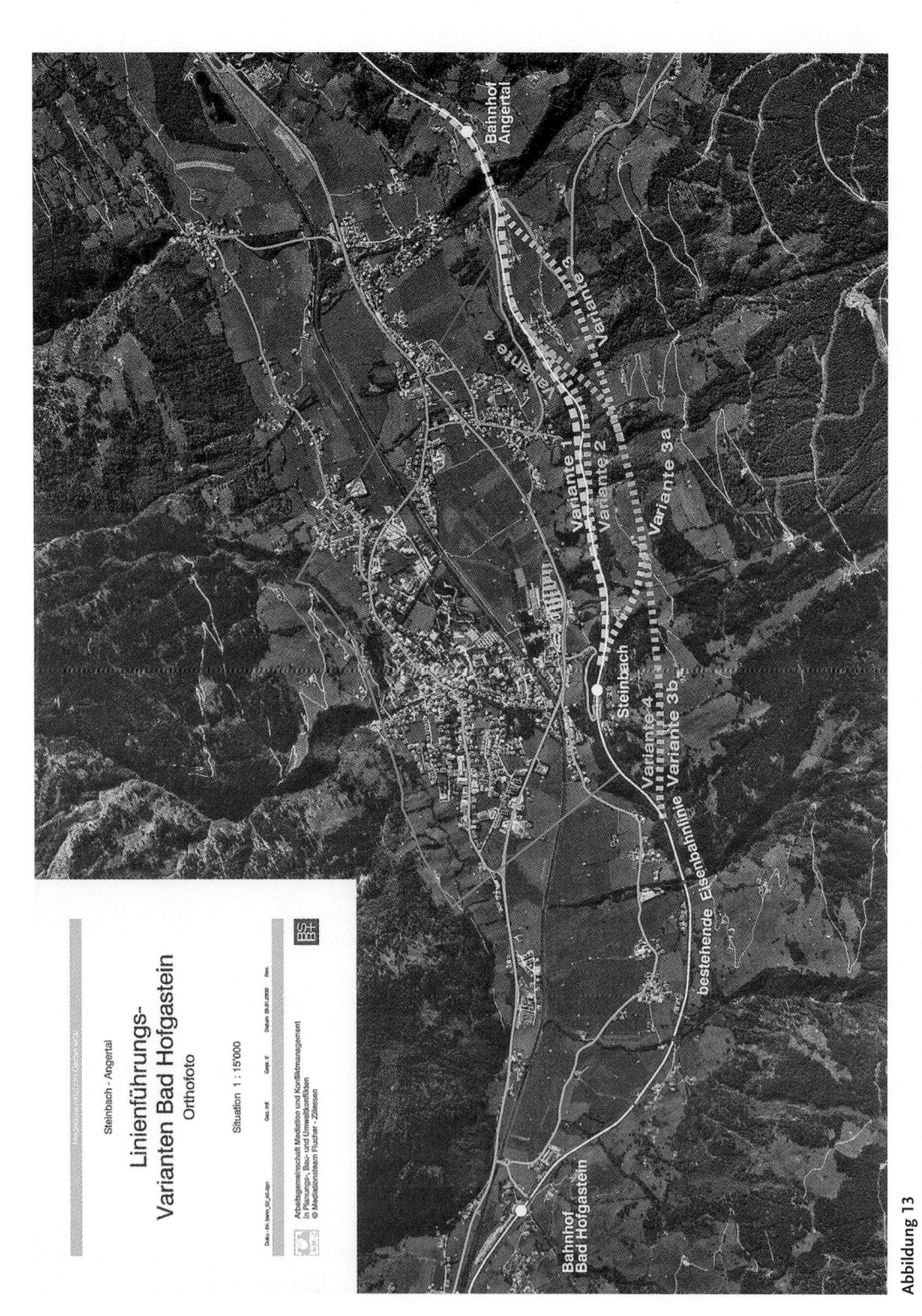

**Abbildung 13**
Situation und Linienführungsvarianten der geplanten Eisenbahntrasse in Bad Hofgastein

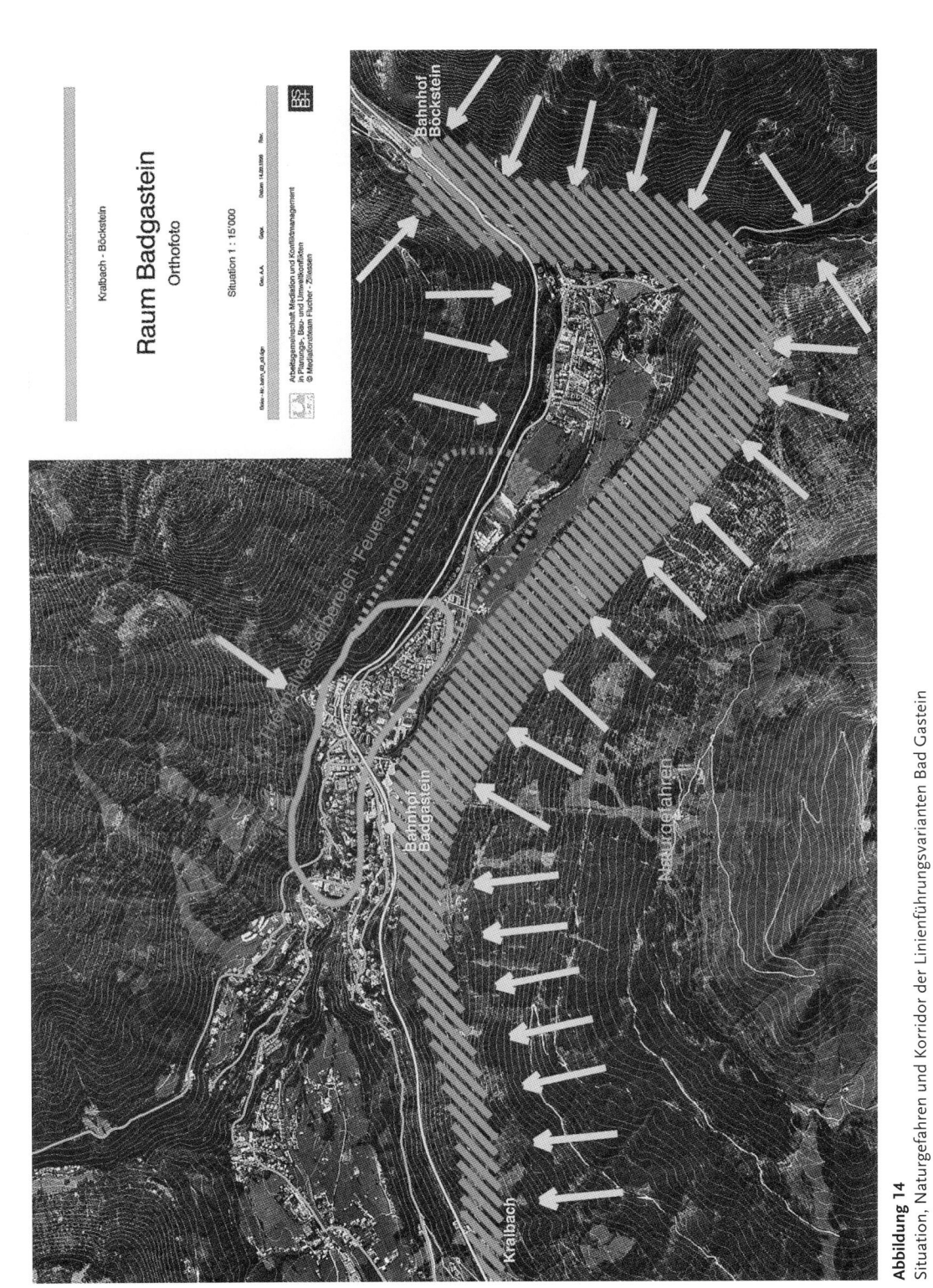

**Abbildung 14**
Situation, Naturgefahren und Korridor der Linienführungsvarianten Bad Gastein

# Beispiel 3
# Mediationsverfahren Erweiterung des Flughafens Wien

*Ursula König*

## 1
### Warum Mediation für den Flughafen Wien?

Die Flughafen Wien AG plant eine Erweiterung durch ein dritte Landepiste, um die zukünftigen Kapazitäten im internationalen Flugverkehr bewältigen zu können und somit als Aktiengesellschaft wettbewerbsfähig zu bleiben. Dieses Projekt berührt, wie in ähnlichen Vorhaben, zahlreiche Interessen: So sind z. B. die Länder Wien und Niederösterreich sind u. a. als Share-holder betroffen, die Anrainer und die umliegenden Gemeinden klagen vor allem durch die Lärmbelästigung und die damit einhergehenden Folgen für Gesundheit und Entwicklungsmöglichkeiten.

Die Idee zu einem Mediationsverfahren geht auf den Frühling 2000 zurück. Das eigentliche Verfahren begann mit der Bestellung des Mediationsteams im Herbst 2000. Im Jahr 2002 wird das Verfahren voraussichtlich abgeschlossen werden.

### 1.1
### Die Ausgangssituation in der Ostregion Wien – Niederösterreich

Die Ostregion Wien – Niederösterreich besitzt keine scharfe geographische Abgrenzung. Im Allgemeinen versteht man darunter die Agglomeration südlich von Wien entlang der Südautobahn sowie nach Osten entlang der Donau bis an die slowakische Grenze, die nur ca. 80 km von Wien entfernt ist. Entlang des Donauufers ist zwischen Wien und Hainburg a. d. Donau der Nationalpark Donauauen von Bedeutung. *Hintergrund*

Die Region ist geprägt von einer hohen Bevölkerungsdichte in und südlich von Wien und großen landwirtschaftlichen Zonen in Niederösterreich entlang der Donau mit zahlreichen Dörfern mit ca. 1000 Einwohnern. Wirtschaftlich ist die Region vielfältig entwickelt – Industrie, Gewerbe, Landwirtschaft und Tourismus. Der Flughafen Wien ist ein Wirtschaftsfaktor. Eine hohe Dynamik ist in Zukunft insbesondere durch eine weitere Ostöffnung im Zuge der geplanten EU-Erweiterung zu erwarten. In nächster Zukunft sind Regionalentwicklung und insbesondere Verkehrspolitik die herausragenden Aufgaben für die Politik in Wien und Niederösterreich. Von der Bevölkerung wird vor allem die stetig steigende Verkehrsbelastung – Stau, Verkehrszusammenbrüche, Lärm, Emissionen – als zentrales Problem wahrgenommen, für das keine Lösung in Sicht zu sein scheint.

Aus demokratiepolitischer Sicht ist ein Projekt in der Ostregion hervorzuheben, das die Politik nachhaltig beeinflusst hat: Der geplante Kraftwerksbau in Hainburg an der Donau, der u. a. einen Verlust von Aulandschaften und Erholungsraum zur Folge gehabt hätte. Der Widerstand der Bevölkerung (eine Besetzung der Au im November 1984) hatte das Projekt verhindert, auf politischer Ebene zu Köpferollen geführt und auch die politische und juristische Landschaft verändert: Die Partei der Grünen wurde gegründet, ein UVP-Gesetz ausgearbeitet.

Eine Bundestrasse (B301) an der Grenze zwischen Wien und Niederösterreich, die den Süden und den Osten der Region verbinden soll, war ein kontroverses Projekt, das gemäß UVP-Gesetz Ende der 90er-Jahre durchgeführt wurde. Dieses Projekt hat bei vielen Beteiligten Frustration hervorgerufen, die auch in anderen Planungen und Projekten sichtbar wird. Es hat auch klar die Möglichkeiten und Grenzen einer Öffentlichkeitsbeteiligung im behördlichen Genehmigungsverfahren aufgezeigt. Insbesondere die Bürgerinitiativen zeigten sich enttäuscht über ihre geringen Mitwirkungs- und Mitgestaltungsmöglichkeiten.

## 1.2
### Die Motivation zur Mediation

*Chancen und Erwartungen*

Allen Beteiligten war von Beginn weg klar, dass die Gegensätze enorm sind. In der Polarisierung zwischen Schwarz und Weiß – dritte Piste ja oder nein – war das dazwischenliegende Farbspektrum – akzeptable Regelungen – verloren gegangen. Zu den Erwartungen an das Mediationsverfahren, die von fast allen VertreterInnen der Interessengruppen geäußert wurden, gehört die Erfüllung der scheinbar offensichtlichen Bedürfnisse des Zuhörens der Anderen, des Verstanden werdens – aber auch die Erwartungen, Zusammenhänge zu erkennen, das Ohnmachtsgefühl zu verlieren, mitentscheiden zu können und Mitverantwortung für die Zukunft zu übernehmen.

Ein Vertreter des Flughafens bemerkte während einer Pressekonferenz, dass er sich nicht vorstellen könne, in der heutigen Zeit ein derartiges Infrastrukturprojekt ohne Mediation realisieren zu können. Natürlich schätzte jede Interessengruppe ihre Chancen auf Verwirklichung ihrer Interessen anders ein. Die Beteiligten hatten allerdings mit dem Hintergrund ihrer unterschiedlichen Erfahrungen in der Vergangenheit in einem Mediationsverfahren für sich Chancen erkannt, ihre Interessen und Bedürfnisse zu verwirklichen. Und schließlich war ein wesentlicher Motivationsfaktor, dass alle Parteien großes Interesse daran haben, in Zukunft gut nachbarschaftliche Beziehungen zu erhalten. Damit war die Basis für die freiwillige Teilnahme geschaffen.

## 2
### Die Vorbereitungen zum Verfahren

*Initiative und Ausschreibung*

Eine Besonderheit des Mediationsverfahrens Flughafen Wien ist die Vorbereitung des Mediationsprozesses durch einen Prozessprovider[1]. In einer ca. sechs Monate dauernden Vorbereitungsphase bildeten VertreterInnen einiger, für das Zustande-

---

[1] Die Idee des Prozessproviders stammt aus dem anglikanischen Raum. Im deutschen Sprachraum wurde zum Beispiel das Verfahren Abfallwirtschaftsprogramm Berlin von einem Prozessprovider initiiert.

kommen des Prozesses wesentlichen Interessengruppen, ein Gremium[2], das unter der Leitung des Prozessproviders die prinzipielle Bereitschaft zu Mediation klärte und als zweiten wesentlichen Schritt eine Ausschreibung zur Wahl eines Mediationsteams durchführte.

Die Ausschreibung wurde im August 2000 im gesamten deutschsprachigen Raum u. a. über das Internet verbreitet. Die Vorbereitungsgruppe legte darin klare Kriterien für das Mediationsteam fest, wie z. B.:

- internationale Zusammensetzung
- Erfahrungen mit Mediation in Großprojekten
- gemischt geschlechtliches Team von drei Personen

Supervision war von Beginn an als Unterstützung für das Mediationsteam vorgesehen, um einen optimalen Ablauf in dem schwierigen Projekt zu erreichen. Eine weitere Besonderheit in dem Verfahrens ist, eine verfahrensbegleitende Forschung nicht nur zuzulassen sondern zu fördern.

Aus den Bewerbungen wurden vier Teams für ein Hearing eingeladen und von den TeilnehmerInnen der Vorbereitungsgruppe ausgewählt. Besonders hervorzuheben ist, dass die Vorbereitungsgruppe viel Wert auf die Zustimmung der Bürgerinitiativen legte, die auch als ZuhörerInnen an dem Hearing teilnehmen konnten.

Die Vorbereitungsgruppe hatte das Mediationsteam Fürst-König-Zilleßen gewählt. Die endgültige Bestellung erfolgte erst in der ersten Sitzung des Mediationsforums, da grundsätzlich alle TeilnehmerInnen des Mediationsverfahrens dem Mediationsteam ihr Vertrauen aussprechen mussten.

Die Vorbereitungsgruppe löste sich mit der Konstituierung des Forums auf. Das konstruktive Klima der Sitzungen der Vorbereitungsgruppe wirkte im Forum fort.

## 3
**Die Fundamente des Mediationsverfahrens**

Bis zur ersten Forumssitzung erfolgte in der Konfliktanalyse die strukturelle Klärung des Prozesses, insbesondere die Identifizierung weiterer Interessengruppen, welche im Verfahren vertreten sein sollten. Das Mediationsteam führte dazu mit allen Interessengruppen einzeln Vorgespräche. In diesen Gesprächen erläuterten die VertreterInnen der einzelnen Gruppen ihre Erwartungen, Positionen und Interessen, und der Ablauf, die Möglichkeiten eines Mediationsverfahrens sowie die Rolle der InteressenvertreterInnen und des Mediationsteams wurden geklärt.

*Konfliktanalyse*

Gemeinsam mit der Vorbereitungsgruppe wurde vom Mediationsteam eine Auftaktveranstaltung zur Information der Öffentlichkeit über Ziele und Inhalte des Mediationsverfahrens geplant und mit ca. 200 Personen durchgeführt. Durch diese Auftaktveranstaltung konnten weitere Interessenträger festgestellt werden, die

*Erster Kontakt mit der Öffentlichkeit*

---

[2] Dieses Gremium wurde Vorbereitungsgruppe genannt und setzte sich aus zwölf Personen zusammen, welche die Flughafen Wien AG, die Länder Wien und Niederösterreich, die Bürgerinitiativen und die Umweltanwaltschaften Wien und Niederösterreichs vertraten.

ebenfalls in das Mediationsverfahren eingebunden werden mussten. Im Rahmen der Veranstaltung gelang es dem Mediationsteam durch geschickte Aufteilung in Kleingruppen, die den Betroffenen wichtigsten Themen zusammenzustellen, die im Laufe des Mediationsverfahrens behandelt werden sollten. Die Liste dieser Themen diente gemeinsam mit den Themen der ForumsteilnehmerInnen in weiterer Folge als Basis für den inhaltlichen Rahmen des Mediationsverfahrens.

*Erste Sitzung des Mediationsforums*

Die erste Sitzung des Mediationsforums fand am 18. Januar 2001 statt. Zu dieser Sitzung wurden 50 Konfliktparteien[3] eingeladen, die mit ihren VertreterInnen und teilweise StellvertreterInnen teilnahmen. Auf Grund der großen Anzahl von Beteiligten wurde schnell klar, dass für dieses Verfahren eine besondere Architektur entworfen werden musste, in der sich alle Beteiligten einbringen können, aber eine effiziente Arbeitsweise möglich wird.

In der ersten Sitzung konnten die Interessen der Beteiligten aufgezeigt und die thematische Basis des Mediationsverfahrens gelegt werden. Der wichtigste Beschluss des Forums in dieser Sitzung betraf die Prioritätenreihung der Themen des Mediationsverfahrens.

*Mediationsvereinbarung*

In zwei weiteren Forumssitzungen wurde die „Architektur" des Verfahrens vereinbart und eine Mediationsvereinbarung geschlossen, die von allen Interessengruppen unterzeichnet wurde.

In der Präambel der Mediationsvereinbarung ist bereits weit über eine allgemeine Willensbekundung hinaus die gegenseitige Anerkennung der unterschiedlichen Interessen verankert. Zweiter, zentraler Punkt der Präambel ist die Übereinkunft, ein Mediationsverfahren durchzuführen.

Die Mediationsvereinbarung enthält darüber hinaus im Wesentlichen den Gegenstand und das Ziel des Mediationsverfahrens, Regeln zur Zusammenarbeit, die Aufgaben verschiedener Gremien und des Mediationsteams, Regelungen zu Protokollen, ExpertInnen und zur Öffentlichkeitsarbeit.

Der Gegenstand des Mediationsverfahrens wurde wie folgt formuliert, wobei die zwei zeitlichen Ebenen, Status quo und die Zukunft, wesentlich sind:

> „Gegenstand des Mediationsverfahrens sind die gegenwärtigen Auswirkungen des Flughafens Wien sowie dessen wesentliche umweltrelevanten Projekte und Ausbauvorhaben und deren Auswirkungen."[4]

Die drei Ziele des Verfahrens sind kurz gefasst Konsens – Vertrag – Umsetzung. Hervorzuheben sind zwei Grundsätze: Erstens, dass bereits in der Mediationsvereinbarung die vertragliche Absicherung enthalten ist, um die Verbindlichkeit zu

---

[3] Die Konfliktparteien wurden in folgende Gruppen unterteilt: Nachbarschaftsbeirat bestehend aus den Bürgermeistern von acht Gemeinden Niederösterreichs und ein Vertreter der Gemeinde Wien, sechs Bezirksvorstehungen Wiens, neun verschiedene regionale und überregionale Bürgerinitiativen, Flugbetrieb mit Flughafen Wien AG, Austrian Airlines und Austro-Control, Bundesländer Wien und Niederösterreich, Umweltanwaltschaften Wien und Niederösterreich, drei Siedlervereine, Nationalpark Donau Auen, Politische Parteien aus Wien und Niederösterreich, Kammern-Verbände-Interessenvertretungen (Wirtschaftskammer, Arbeiterkammer, Landwirtschaftskammer, Tourismusverband Wien, Niederösterreich Werbung, Standortunternehmer, StandortarbeitnehmerInnen).

[4] Vereinbarung über das Mediationsverfahren Flughafen Wien, Schwechat, 1. März 2001.

*Beispiel 3: Mediationsverfahren Erweiterung des Flughafens Wien*    339

```
                    Mediationsteam
                  Fürst - König - Zilleßen

   Kammern,                              Gemeinden NÖ
   Verbände, etc.

                                         Bezirksvor-
   Land Wien                             stehungen Wien
   Land NÖ        Mediationsforum
                   Flughafen Wien
                                         Flughafen AG
   Politische                            AUA, ACG
   Parteien

   BIs und                               Nationalpark
   Siedlervereine

                    UA Wien
                    und NÖ
```

**Abbildung 1**
Die beteiligten Interessengruppen
AUA = Austrian Airlines Group
ACG = Austro Control (Flugsicherung)
BI    = Bürgerinitiativen
NÖ   = Niederösterreich
UA   = Umweltanwaltschaften

gewährleisten. Zweitens, dass die Umsetzung als notwendiger Teil des Verfahrens begriffen wird[5]:

> „Die Ziele des Mediationsverfahrens sind:
> - Das Erarbeiten von einvernehmlichen Lösungen in einem fairen Verfahren, die zum Ziel haben, die Belastungen durch den Flugverkehr für die betroffene Bevölkerung und die Umwelt akzeptabel zu gestalten;
> - Die Ausarbeitung und Unterzeichnung eines Mediationsvertrages, welcher die gefundenen Lösungen verbindlich festhält;
> - Die Einrichtung geeigneter Abläufe und Kontrollmittel zur Unterstützung und Absicherung der Umsetzung der vereinbarten Lösungen."[6]

---

[5] Vorbildwirkung dürfte hier das mittlerweile erfolgreich abgeschlossene Verfahren Gasteinertal haben (siehe Kap. VI.1, Beispiel 2).
[6] Vereinbarung über das Mediationsverfahren Flughafen Wien, Schwechat, 1. März 2001.

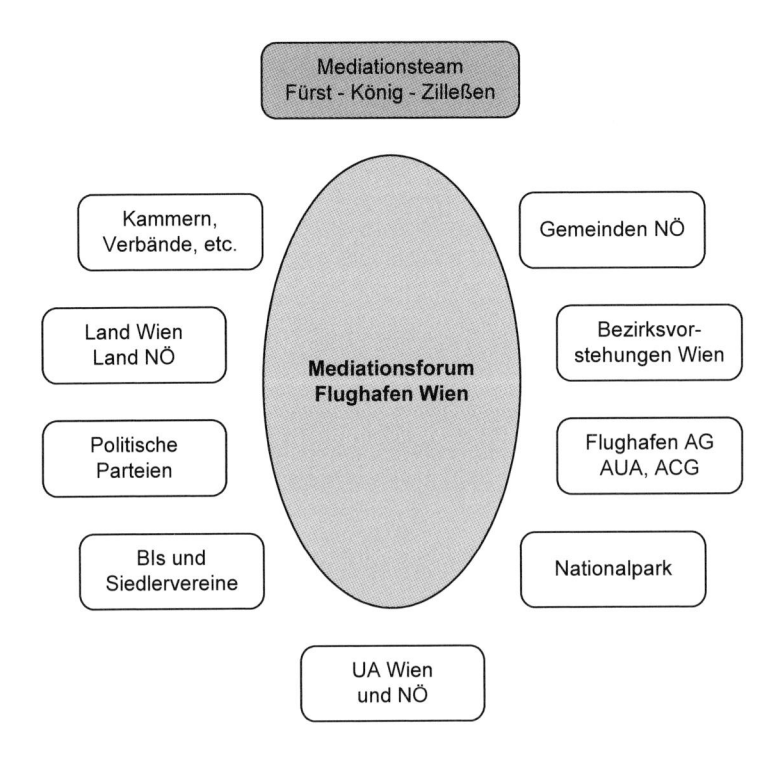

*Verträge* Verschiedene Verträge bilden das juristische Gerüst für das Verfahren. Neben der Mediationsvereinbarung wurde auch ein Werkvertrag mit dem Mediationsteam abgeschlossen, der von allen Beteiligten unterschrieben wurde und somit eindeutig die Beauftragung und das Vertrauen aller in eine konstruktive Leitung des Verfahrens durch das Team zum Ausdruck bringt. Weitere Verträge wurden mit einem Begleitforschungsteam und einem Supervisor für das Mediationsteam geschlossen.

## 4
## Die Architektur des Verfahrens

*Mediationsforum* Das zentrale strategische Gremium des Verfahrens ist das Mediationsforum. Es umfasst alle Interessengruppen. Nur dieses Gremium hat die Möglichkeit, inhaltliche Beschlüsse zu treffen. Beschlüsse können nur einvernehmlich gefasst werden, anderenfalls ist der Dissens festzuhalten.

*Arbeitsausschuss* Um eine arbeitsfähige Gruppengröße zu erreichen, in der tatsächlich mediative Gesprächsführung möglich wird und in der wesentliche inhaltliche Arbeit durchgeführt werden kann, wurde ein Arbeitsausschuss gebildet, der ca. 35 Personen umfasst. Im Wesentlichen wurden Gruppen wie die elf Bürgerinitiativen, die Bürgermeister der umliegenden Gemeinden, die Aviation-Gruppe und die Vertreter der politischen Parteien auf eine Gruppe von Delegierten reduziert, die durch intensive Rückbindung sicherstellen, dass alle anderen Forumsmitglieder ständig informiert bleiben und bei Bedarf eingebunden werden können. ZuhörerInnen werden bei den Sitzungen des Arbeitsausschusses zugelassen. Das ermöglicht einerseits eine bessere Rückbindung, andererseits wird dadurch prinzipiell allen Forumsmitgliedern ermöglicht, an dem Prozess der Mediation teilzuhaben.

*Arbeitskreise* Als drittes Gremium wurden Arbeitskreise installiert, welche die inhaltlichen Vorbereitungsarbeiten durchführen. In den Arbeitskreisen sind ca. 20 Personen beteiligt, ExpertInnen werden bei Bedarf zugezogen und auch hier sind ZuhörerInnen erwünscht.

*Prozess-Steuerungsgruppe* Der Arbeitsausschuss tagt in den wesentlichen inhaltlichen Arbeitsphasen des Mediationsverfahrens häufiger als das Mediationsforum. Die intensivste Arbeit findet in den Arbeitskreisen statt. Diese berichten in ungefähr ein- bis zweimonatigem Rhythmus an den Arbeitsausschuss bzw. an das Forum.

Um den Ablauf des Verfahrens effizient und zielorientiert zu gestalten, d. h. zum Beispiel Irritationen oder das Verfahren gefährdende Umstände frühzeitig zu erkennen und die Arbeitsabläufe zwischen den einzelnen Gremien flüssig zu gestalten, wurde eine Prozesssteuerungsgruppe installiert, die aus ca. zwölf Personen besteht.

*Vertreter des Mediationsforums* Der Prozessprovider wurde verfahrensbegleitend als Vertreter des Mediationsforums integriert. Durch seinen intensiven Kontakt zu den Beteiligten kann er sie darin beraten, ihre Anliegen optimal im Verfahren einzubringen, durch die Kooperation mit dem Mediationsteam kann das Verfahren effizienter gestaltet werden. Er besitzt eine Zwischenstellung, die das Mediationsteam wiederum darin unterstützt, eine notwendige Distanz und seine Allparteilichkeit zu wahren.

*Beispiel 3: Mediationsverfahren Erweiterung des Flughafens Wien* 341

Verfahrensbegleitend werden entsprechend den zu behandelnden Sachthemen externe ExpertInnen zur Unterstützung herangezogen. Die Beteiligten sind übereingekommen, dass Sachverständige gemeinsam ausgewählt und bestellt werden. Damit wird vermieden, dass sich der Konflikt in die Auseinandersetzung um verschiedene Gutachten verlagert.

*Externe ExpertInnen*

Das öffentliche Interesse an den Problemen um die Entwicklung der Region und den Ausbauplänen des Flughafens ist groß und auch durch dieses große öffentliche Interesse besitzt das Verfahren hohe politische Relevanz. Das Verfahren selbst ist mittlerweile gut bekannt. Die Forumsmitglieder werden den Rückhalt in einer größeren Öffentlichkeit brauchen, wenn einmal Entscheidungen anstehen. Deshalb wird von Beginn an eine offene und transparente Kommunikation über das Verfahren sowohl von den Forumsmitgliedern als auch von der allgemeinen Öffentlichkeit eingefordert.

*Kommunikation nach außen*

Neben Öffentlichkeitsveranstaltungen, die verfahrensbegleitend organisiert werden, ist eine umfassende und laufend aktualisierte Dokumentation des Verfahrens im Internet[7] zu finden. Dort finden sich neben umfangreichen Informationen zu einzelnen Themenbereichen auch die Protokolle der Sitzungen. Für jedermann besteht darüber hinaus die Möglichkeit, sich interaktiv einzubringen.

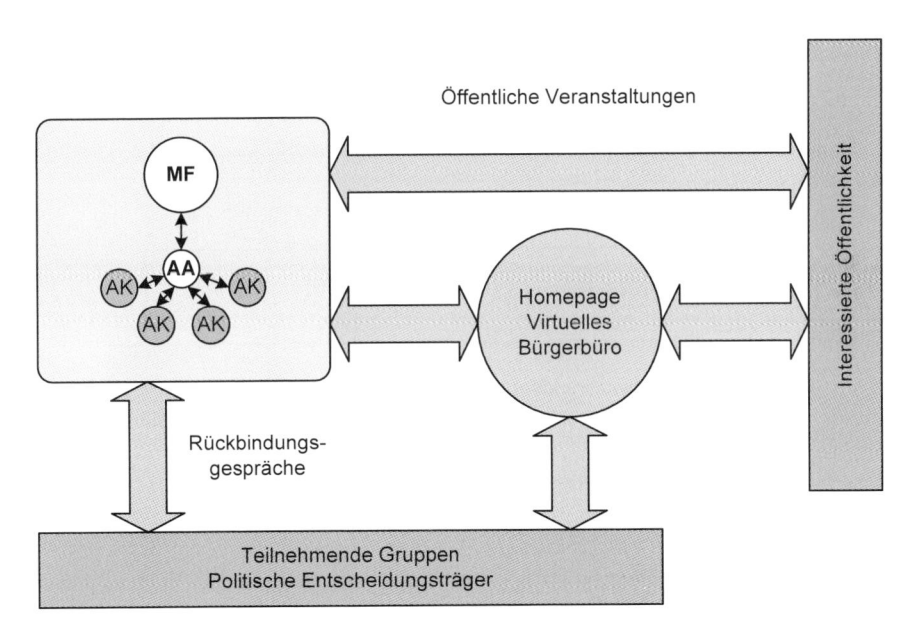

**Abbildung 2**
Die Kommunikationsstruktur des Mediationsverfahrens Flughafen Wien

---

[7] Die homepage findet man unter www.viemediation.at.

## 5
**Status quo**

Das Mediationsverfahren hat mit der Vorbereitung des Verfahrens im Oktober 2000 begonnen. Die Vorbereitungsphase wurde mit der ersten Sitzung am 18. Januar 2001 abgeschlossen. Anschließend daran begannen die Phasen der Themenbestimmung und der Klärung von Positionen und Interessen. Diese Arbeiten fanden in Forumssitzungen, aber auch zunehmend intensiver in Arbeitskreissitzungen statt. Im Frühjahr 2001 waren vor allem die inhaltlichen Arbeiten der Arbeitskreise Entwicklungsszenarien und Lärm von Bedeutung. Weiterhin waren noch inhaltliche Themen wie Verkehr und Umwelt zu bearbeiten. Im Herbst 2001 gelangte das Verfahren in die Phase, in der die Interessen an konkreten Kriterien für eine spätere Bewertung von Lösungsmöglichkeiten festgemacht und kreativ Optionen entwickelt wurden.

Im April 2002 wurde eine Zwischenbilanz gezogen werden. Alle Interessengruppen waren sich darin einig, dass – unabhängig von der Freiwilligkeit der Teilnahme, die ein jederzeitiges Aussteigen aus dem Verfahren ermöglicht – eine Zwischenbilanz ein gutes Instrument ist, um das Verfahren nach einem Jahr zu beurteilen und sich über die Fortsetzung oder Abbruch des Verfahrens gemeinsam klar zu werden.

Phase 1: Vorbereitung und Mediationsvertrag

Phase 2: Informations- und Themensammlung

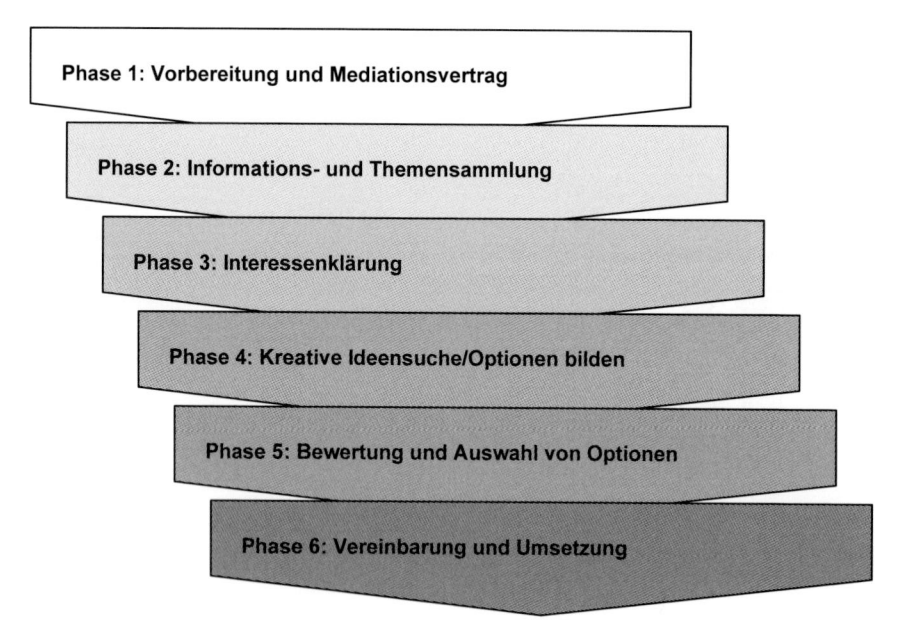

Phase 3: Interessenklärung

Phase 4: Kreative Ideensuche/Optionen bilden

Phase 5: Bewertung und Auswahl von Optionen

Phase 6: Vereinbarung und Umsetzung

**Abbildung 3**
Phasen des Mediationsverfahrens

## 6
## Schlüsselprobleme

Das Verfahren wartet mit zahlreichen Besonderheiten auf, die an alle – die beteiligten Interessengruppen aber auch das Mediationsteam – besondere Anforderung stellen. Im Folgenden sollen einige Schlüsselprobleme angesprochen werden. Da das Verfahren noch im Laufen ist, kann über die Lösungsmöglichkeiten derzeit nur begrenzt berichtet werden.

Es werden noch zahlreiche Lösungsansätze für Probleme im Laufe der dynamischen Entwicklung des Prozesses gefunden werden müssen. Die permanenten Veränderungen sind Teil des Miteinanders, auf das man sich in Mediationsverfahren einlassen muss. Unser Motto ist Flexibilität, ohne Prinzipien zu vergessen.

*Panta Rei*

### 6.1
### Framing in Theorie und Praxis

Jede MediatorIn kennt aus den Trainings einleuchtende Beispiele, wie durch ein falsches Setzen des Rahmens die Lösung nicht gefunden werden kann. Wesentliche Rahmensetzungen in dem Mediationsverfahren Flughafen Wien betreffen die komplexe Sachlage aber auch die komplexe Vernetzung der Beziehungsebenen. Wie geht man mit Framing in der Praxis um?

Auf der einen Seite steht der (zu) hohe Anspruch der Beteiligten, alle Zusammenhänge erfassen zu wollen und die Versuchung, alle Details zu klären, um mehr Sicherheit für die richtige Entscheidung zu erhalten. Je mehr Tiefe gewollt wird, desto mehr Zeit wird benötigt, desto größer ist die zu verarbeitende Informationsmenge. Auf der anderen Seite steht die eingeschränkte Möglichkeit des Mediationsforums Flughafen Wien, Entscheidungen zu treffen. So wird dieses Gremium nicht über den internationalen Flugverkehr oder die Besteuerung von Kerosin entscheiden können. Allerdings können und müssen Lösungen für das konkrete Problemfeld gefunden werden, das mit unbeeinflussbaren Faktoren vernetzt ist. War zu Beginn des Verfahrens eine gewisse Frustration angesichts der Themenfülle und der zahlreichen Einflussfaktoren feststellbar, so wurde in dem gemeinsamen Lernprozess nun mehr eine Fokussierung auf das für die Beteiligten Wesentliche möglich. Die Kunst bestand darin, gemeinsam mit den Beteiligten eine Themenabgrenzung zu schaffen, die nicht die Lösungsoptionen einschränkt, aber doch ein für das Gremium bearbeitbares Problem darstellt.

*Themenabgrenzung*

Ein Prinzip der Mediation ist, dass alle Interessen vertreten sein müssen, d. h. in weiterer Konsequenz, dass grundsätzlich alle, die Interessen in dem Problemfeld besitzen, einbezogen werden müssen. In der vorbereitenden Konfliktanalyse wurden vom Mediationsteam gemeinsam mit den Beteiligten die einzubeziehenden Gruppen festgelegt. Die Entscheidung konnte in vielen Fällen eindeutig gefällt werden. So zum Beispiel war eine tragfähige und umsetzbare Lösung das Ziel – daher mussten auch die für diese Entscheidungen zuständigen politischen Repräsentanten einbezogen bzw. sehr eng an das Verfahren angebunden werden. Nicht so eindeutig war schon die Frage der einzubeziehenden Gemeinden. Ist das Kriterium eine Betroffen-

*Kreis der Beteiligten*

heit in der derzeitigen Situation oder in der Zukunft – soweit diese überhaupt geahnt werden kann? Was soll als Maßstab für „Betroffenheit" dienen? Ähnliches galt für die große Anzahl lokaler Bürgerinitiativen. Als Lösungsansatz wurde versucht, das gute, aber komplexe Beziehungsnetz der Gruppen auszunützen und die Prozessarchitektur entsprechend der Größe des Kreises der Beteiligten zu gestalten. Dadurch sollen einerseits die Informationen aus dem Gremium nach außen fließen können, andererseits auch auf umgekehrtem Weg Bedürfnisse und Interessen artikuliert werden können.

Allerdings richtet sich das Augenmerk sofort auf zwei weitere Problemfelder – die Rückbindungsprozesse und die Vertraulichkeit der Beratungen.

### 6.2
**Rückbindungsprozesse als wichtiger Bestandteil des Mediationsverfahrens**

*Kontinuität des Prozesses*

Rückbindungsprozesse sind für alle Interessengruppen in allen Phasen des Mediationsverfahrens von höchster Bedeutung. Die VertreterInnen müssen die Vorgangsweise und die Einigungsprozesse an ihre Gruppierungen weitervermitteln, um das Mandat zu bestätigen und damit die Sicherheit für ihre Aufgaben in den nächsten Sitzungen zu gewinnen.

Es ist in dem Verfahren gelungen, oberste Entscheidungsträger nicht nur in den Forumssitzungen, sondern auch in den Arbeitskreissitzungen als VertreterInnen zu gewinnen. So nimmt zum Beispiel mindestens ein Vorstandsmitglied des Flughafens ständig teil. Das vermittelt allen anderen Beteiligten die Sicherheit, dass die Flughafen Wien AG das Verfahren wirklich ernst nimmt, und es sind Vertreter gewonnen, die Entscheidungsmandat besitzen. Ähnliches gilt für hohe politische Entscheidungsträger, die durch ihre Teilnahme die Tragfähigkeit des Ergebnisses ermöglichen.

Die VertreterInnen der Bürgerinitiativen sind, trotz guter interner Organisation, mit einer sehr heterogenen Basis konfrontiert. Sie müssen noch viel intensivere Gespräche führen, um ihre Rolle übernehmen zu können und ihrer Verantwortung gegenüber den anderen Forumsmitgliedern gerecht werden zu können.

Die Rückbindung in den Interessengruppen, aus denen oberste Entscheidungsträger teilnehmen, bedarf daher keiner zusätzlichen Unterstützung durch das Mediationsteam. Im Gegensatz dazu ist es eine der besonderen Aufgaben, diese Rückbindung in den heterogenen Gruppen zu unterstützen.

### 6.3
**Öffentlichkeitswirksamkeit und Vertraulichkeit – ein Widerspruch?**

Mediationsverfahren im öffentlichen Bereich stehen selbstverständlich im Blickfeld des öffentlichen Interesses. Die nicht öffentlichen Sitzungen bedeuten nicht, dass der Öffentlichkeit Informationen vorenthalten werden sollen.

*Vertrauen und Vertraulichkeit*

Eine Bedingung für einen guten Mediationsprozess ist allerdings, ein sicheres Umfeld zu schaffen: Aus einer Vertraulichkeit im und durch den Prozess gewinnen die Beteiligten Vertrauen. Bestimmt von einem freundlichen Umgang miteinander und effektiver Kommunikation wird es für die Beteiligten ermöglicht, Bedürfnisse auszusprechen, den Austausch von Informationen zu pflegen und kreative Lösungen zu generieren.

Das Verfahren ist bisher von einem sehr offenen Austausch von Informationen geprägt. Diese Bereitschaft hat bereits viel zu der guten Arbeitsatmosphäre beigetragen. Allein die Möglichkeit der Einsichtnahme in diverse Unterlagen baute bereits viele Spannungen ab und Vertrauen auf.

Für einige Unterlagen und Daten, die z. B. gesetzlichen Restriktionen über die Weitergabe unterliegen, aber als Arbeitsunterlage gebraucht werden, werden und wurden gesonderte Vereinbarungen getroffen. So ist keine Verbreitung über das Internet vorgesehen, oder Unterlagen werden erst dann weitergegeben, wenn notwendige Anonymisierungen vorgenommen wurden. Wichtig ist in diesem Zusammenhang, dass der Grund für die Vertraulichkeit offen gelegt wird.

*Politik und Öffentlichkeit*

Durch die Dokumentation des Verfahrens im Internet entsteht ein fließender Übergang zwischen Forum und allgemeiner Öffentlichkeit. Es ist aus der Sicht der Beteiligten unbestritten, dass die Information der Öffentlichkeit Teil der Aufgaben des Mediationsforums ist, um eine sorgsame Einbettung in das politische und gesellschaftliche Umfeld zu gewährleisten. Durch Offenheit und Transparenz soll das Vertrauen zwischen MediationsteilnehmerInnen und großer Öffentlichkeit hergestellt werden.

An der Grenze der Transparenz nach außen und der Vertraulichkeit nach innen stehen die Protokolle. So dienen Protokolle dazu, den internen Diskussionsverlauf festzuhalten, sie werden jedoch im Internet veröffentlicht, sobald der entsprechende Beschluss gefällt wurde. Somit stellt sich die Frage, was in den Protokollen festgehalten wird. Vielfach ist es aus Sicht der Mediation hilfreich, Meinungen und Stimmungen wiederzugeben um die TeilnehmerInnen im Entscheidungsfindungsprozess zu unterstützen. Für diejenigen Personen, die nicht an den Sitzungen teilgenommen haben, ist das oft schwer nachzuvollziehen. Auch wird die Bereitschaft, einmal etwas für die eigene Rolle Ungewöhnliches vorzuschlagen, durch eine Veröffentlichung beschnitten. Eine unreflektierte Weitergabe an die Öffentlichkeit könnte zu Missverständnissen und für die Betroffenen zu unangenehmen Konsequenzen führen.

An das Mediationsteam stellt sich die hohe Anforderung, in den Protokollen das festzuhalten, was dem Prozess nützt. Es muss darüber hinaus so formuliert sein, dass auch an der Sitzung nicht Beteiligte den Prozess nachvollziehen können. Es hat sich bereits gezeigt, dass es zu Missverständnissen kommen kann. Es wird nie gelingen, alle Formulierungen so zu wählen, dass die dahinterliegende Intention für jeden Leser klar ist.

Innerhalb des TeilnehmerInnenkreises können derartige Probleme vor allem durch intensive Rückbindung ausgeräumt werden. Darüber hinaus wird vor der Veröffentlichung auf der Homepage noch ein Beschluss durch das jeweilige Gremium gefällt. Als weitere Maßnahme wird aufklärende Information durch öffentliche Veranstaltungen, die von einzelnen Interessensgruppen oder vom Mediationsforum geplant werden, durchgeführt.

## 6.4
## Prozessverantwortung

Das Mediationsteam hat die Aufgabe, durch eine Balance der Prozessebene genauso wie der Beziehungs- und Sachebene den Konsensbildungsprozess zu unterstützen. Die Kompetenz besteht darin, im Augenblick entscheiden zu können, welche der Ebenen in den Vordergrund gerückt werden muss, um den Konflikt konstruktiv zu bearbeiten. Der Umgang mit der Beziehungsebene ist jeder MediatorIn geläufig, wenn auch in Sitzungen mit über 30 Personen sehr schwierig umzusetzen. Für das Verfahren Flughafen Wien soll hier die Prozessebene angesprochen werden:

*Projektmanagement*  Auf der Prozessebene gehört eine gut strukturierte Ablaufplanung sowie eine kontinuierliche Kontrolle des formellen Ablaufs, aber auch die Beachtung der informellen Nebenprozesse zu den entscheidenden Voraussetzungen. Insbesondere die Entscheidung, Vermittlungs- und Einzelgespräche zu führen, verlangt ein hohes Maß an strategischer Überlegung und intensiver Vorbereitung auf die Sitzungen. Die Erfolge aus dem Mediationsverfahren Gasteinertal haben in der Reflexion gezeigt, dass einer der Schlüssel zum Erfolg der Zusammenhalt des Forums als Ganzes war und nicht Verhandlungen bilateral „im Hintergrund" vorbereitet wurden.

Die Schwierigkeit während des Prozesses besteht darin, einerseits für das Team selbst klare und konkrete Zielsetzungen für den Prozess zu formulieren, andererseits die Dynamik der Entwicklung des Prozesses für den Prozess zu nutzen.

## 6.5
## Der Zusammenhalt der Gremien

*Dynamik von Großgruppen*  Die Größe des Mediationsforums auf Grund der sich entwickelnden Dynamik stellt besondere Herausforderungen an das Mediationsteam: Es ist der Zusammenhalt der Gremien einmal auf inhaltlicher Ebene zu gewährleisten. Das gelingt durch strategische Planung der Vernetzungen der Arbeitskreise mit dem Arbeitsausschuss und dem Mediationsforum und durch die Prozesssteuerungsgruppe. Wesentlich schwieriger gestaltet sich die Integration *aller* Beteiligten in die in der Mediation stattfindenden Entwicklungs- und Lernprozesse.

Derart große Gruppen zerfallen schnell in Untergruppen, insbesondere die aktiven TeilnehmerInnen versuchen sich als Schlüsselpersonen zu etablieren und dadurch – auch in bester Intention – ihre Vorstellungen über die Entwicklung des Verfahrens sowohl auf inhaltlicher aber auch auf prozesshafter Ebene zu verwirklichen. Die Aufgabe des Mediationsteams besteht darin, die Allparteilichkeit zu wahren. Dies bedeutet in diesem Zusammenhang, auf die Gruppendynamik zu reagieren und darauf zu achten, dass auch die stillen und weniger dynamischen VertreterInnen oder in gewissen Phasen im Hintergrund verbleibende Interessengruppen ihre gleichwertige Stellung im Prozess er- und behalten.

## 7
## Prinzipien der Mediation in der Praxis

Durch den bisherigen Erfolg[8] in der Zusammenarbeit als Team sehen wir die prinzipielle Vorgangsweise der Mediation bestätigt:
Der Weg zu einer kreativen Lösungssuche und einem Prozess, der die Konfliktkultur der Beteiligten positiv verändert, führt mit viel Geduld über effiziente Konfliktkommunikation und gut strukturierte Konfliktbearbeitung. Mediation wird nicht als Verhandeln und Feilschen um Kompromisse verstanden, sondern als Prozess, in dem die Fähigkeiten der Beteiligten eine Lösung zu finden aus der gegenseitigen Anerkennung der Bedürfnisse und Interessen stammt. Das konnte in der vorliegenden Situation um die Ausbaupläne des Flughafen Wien durch diese Art der Mediation geleistet werden.

Das Mediationsteam legt sehr großen Wert auf intensive Reflexion, die es erlaubt, immer wieder zu überprüfen, ob man den eigenen Prinzipien gerecht wird. Zwei dieser Prinzipien stellten das Mediationsteam in dem Mediationsverfahren Flughafen Wien vor besondere Aufgaben – die eigene Allparteilichkeit zu wahren und die Eigenverantwortung aller Beteiligten zu fördern und zu erhalten.

## 8
## Zusammenfassung

Das Verfahren verfügt von Beginn an über sehr gute Rahmenbedingungen für eine erfolgversprechende Mediation. Durch eine Vorbereitungsphase wurden die Idee und die Grundsätze der Mediation bekannt gemacht und die Entscheidung, sich auf dieses „Wagnis" einzulassen, schließlich allen TeilnehmerInnen des Forums erleichtert. Das hohe Engagement aus der Vorbereitungsphase konnte auf alle Beteiligten ausgedehnt werden.

Die Erwartung ist, dass alle als Gewinner den Prozess abschließen können und sich nicht Gewinner und Verlierer trennen oder gar nur Verlierer geschaffen werden. Das Ziel ist, den Vorteil in der Kooperation zu erkennen und zu nutzen und einen verbindlichen und tragfähigen Konsens zu erarbeiten. Dieser Prozess braucht Zeit und ist auch ein intensiver und nicht gerade leichter Lernprozess. Das Verfahren stellt auf Grund der Größe des Kreises der Beteiligten, der komplexen Sachlage und der politischen Relevanz somit höchste Ansprüche an das Mediationsteam als auch höchste Ansprüche an die Beteiligten.

*Kooperation statt Konfrontation*

Alle Beteiligten und das Mediationsteam werden in dem Verfahren dazulernen – auch aus den Fehlern. In derart großen und öffentlichkeitswirksamen Konflikten ist zu hoffen, dass der Lernprozess positive Auswirkungen auf die Art der Konfliktlösungen in einer offenen Gesellschaft hat.

---

[8] Siehe auch Kap. VI.1, Beispiel 2, Verfahren Gasteinertal.

Jedes Mediationsverfahren ist anders und entwickelt sich dynamisch. Auf dem Weg zum Abschluss werden noch viele innovative Ansätze entwickelt werden, die Anregungen für die erfolgreiche Konfliktregelung durch Mediation bei Großprojekten bieten werden.

# Beispiel 4
# Mediationsverfahren Erweiterung eines Sägewerkes in Ybbs an der Donau

*Anton Hütter*

## 1
**Ausgangssituation**

Im niederösterreichischen Ybbs an der Donau steht eines der größten Sägewerke Europas. Das Werk gehört zur Holzindustrie Schweighofer, die an vier Standorten in Österreich und an zwei Standorten in der Tschechischen Republik jährlich ca. zwei Millionen Festmeter Holz verarbeitet. Der Name Schweighofer hat in der österreichischen Holzindustrie eine lange Tradition und reicht zurück bis in das Jahr 1642. Heute gehört das ehemalige Familienunternehmen zu Europas größtem Papierkonzern Stora Enso, der 1998 aus einer Fusion des finnischen Unternehmens Enso mit dem schwedischen Unternehmen Stora hervorging. Die Division Holzindustrie (Stora Enso Timber) des Konzerns hat ihren Sitz in Brand im niederösterreichischen Waldviertel und macht mit 3600 Beschäftigten in acht europäischen Ländern einen Umsatz von ca. 1,2 Mrd. EUR.

*Holzindustrie*

Das verkehrstechnisch sehr günstig gelegene Werk in Ybbs, mit optimaler Anbindung an Schiene und Straße sowie eigenem Donauhafen, wurde 1984 in Betrieb genommen. Durch die stark kundenorientierte Ausrichtung, durch den Einsatz modernster Maschinen und durch eine erfolgreiche Exportstrategie (Japan, Italien, USA etc.) konnte die Produktion kontinuierlich gesteigert werden, was eine Ausweitung der Betriebszeiten und den weiteren Ausbau der Anlagen zur Folge hatte.

Die Betriebsstätte steht am Rande der Stadt Ybbs direkt an der Donau und ist dort von mehreren Wohnsiedlungen umgeben. Auch am gegenüberliegenden Donauufer befindet sich eine Siedlung mit hauptsächlich Einfamilienhäusern. Diese Situation führte dazu, dass seit Mitte der 90er-Jahre einige der betroffenen Anrainer verstärkt Beschwerde – vor allem über Lärmbelästigung – geführt haben und sich in weiterer Folge eine Bürgerinitiative konstituierte. Im Zuge der Konflikteskalation wurde ein Anwalt mit der Vertretung der Anrainerinteressen beauftragt, der dann in mehreren behördlichen Genehmigungsverfahren Einsprüche erhob und gegen einige Genehmigungen Berufung einlegte. Auch die lokalen Medien griffen die Thematik auf, sodass zur juristisch-gewerberechtlichen Ebene der Auseinandersetzung die öffentliche Ebene hinzukam.

*Lärmbelästigung und Bildung einer Bürgerinitiative*

Im Zuge dieser Eskalation verhärteten sich die Fronten und die Situation wurde von beiden Seiten als sehr unbefriedigend erlebt. Die Anrainer fühlten sich nicht ernstgenommen und empfanden eine Einschränkung ihrer Lebens- und Wohnqualität, während das Unternehmen in seiner wirtschaftlichen Entwicklung behindert wurde und sich immer wieder mit dieser Thematik auseinandersetzen musste, ohne zu konstruktiven Lösungen zu gelangen. Auch die Frage, ob die Anrainer mit

*Konflikteskalation*

ihrer Kritik die dringend notwendigen Arbeitsplätze in der Region gefährden, wurde gestellt und führte zu teilweise hitzigen Diskussionen.

## 2
## Auftragserteilung

*Auseinander-*
*setzung auf*
*juristischer*
*Ebene*

Die Auseinandersetzung auf der rein juristischen Ebene brachte keine wirklichen Fortschritte. Die Einsprüche führten dazu, dass Bescheide teilweise Auflagen enthielten, die für das Unternehmen ungünstig waren, aber den Anrainern keinen wirklichen Vorteil brachten. Auch der Versuch, den Konflikt auf die naturwissenschaftliche Ebene zu heben und mithilfe der gesetzlichen Grenzwerte und objektiver Messverfahren zu lösen, war nicht erfolgreich, da es durch die fehlende Gesprächsbasis keinen Konsens über die Auswahl des lärmtechnischen Sachverständigen und die Art der Erhebung der Messdaten gab.

*Entscheidung*
*für Mediation*

Mehrere Faktoren führten dazu, dass Anfang 1999 Bewegung in die verfahrene Situation kam. Bedingt durch die Fusion gab es Änderungen in der Unternehmensführung und in der Unternehmensstrategie der Firma Schweighofer und den klaren Willen, in dieser Sache einen Schritt weiter zu kommen. Von Seiten der Bürgerinitiative und von den Anrainern wurden ebenfalls deutliche Signale in Richtung einer kooperativen Konfliktregelung ausgesendet, und die Anwälte von Unternehmen und Bürgerinitiative unterstützten diese Tendenzen tatkräftig und trugen ihren Teil dazu bei, dass ein Mediationsverfahren als Möglichkeit ins Auge gefasst wurde.

Ein weiterer wesentlicher Faktor war die Gewinnung der Stadtgemeinde Ybbs als Partner für das Mediationsverfahren. Die Gemeinde hat naturgemäß großes Interesse daran, das Unternehmen als Wirtschaftsfaktor und wichtigen Arbeitgeber der Region zu unterstützen. Gleichzeitig ist es für die Stadtgemeinde Ybbs aber auch eine vorrangige Aufgabe, die Lebensqualität für die Bevölkerung zu schützen und wenn möglich zu verbessern. Bürgermeister Anton Sirlinger zeigte sich sehr engagiert und war bereit, sich auf ein neuartiges Verfahren einzulassen. Der Gemeinderat beschloss daher, die Patronanz für das Verfahren zu übernehmen und die Kosten für den Mediator zu tragen.

Die Konfliktparteien kamen daraufhin mit der Gemeinde Ybbs überein, ein Hearing zu veranstalten, bei dem mehrere Mediatoren eingeladen wurden, ihre Vorstellungen und Konzepte zu präsentieren. Ziel des Hearings war es, sich auf einen Mediator zu einigen und ihn mit der Leitung des Verfahrens zu beauftragen. Dieses Hearing fand im September 1999 statt und führte dazu, dass der Autor dieses Berichtes mit der Mediation beauftragt wurde. Es handelte sich dabei um eine Art Dreiecksvertrag zwischen Auftraggeber (Stadtgemeinde Ybbs), Mediator (Anton Hütter) und Mediationsteilnehmer (Verhandlungsrunde).

## 3
## Verfahrenskonzept

Zu Beginn des Verfahrens führte der Mediator eine Reihe von Einzelgesprächen, um sich einen Überblick über die Situation zu verschaffen, den Kontakt mit den einzelnen Beteiligten herzustellen und die unterschiedlichen Positionen, Interessen, Argumente und Streitgegenstände herauszuarbeiten. Ferner wurde ein Vorschlag für ein Verfahrenskonzept erstellt, das im Wesentlichen folgende Punkte enthielt:

*Beginn des Mediationsverfahrens*

| Phasen | Einzelne Schritte |
|---|---|
| Initiierung und Vorbereitung | • Konfliktanalyse, Auswahl der Verhandlungsteilnehmer und Klärung der Vertretungsbefugnisse<br>• Klärung des Ziels der Mediation<br>• Klärung organisatorischer und finanzieller Fragen<br>• Herstellen eines Bezuges zum verwaltungsrechtlichen bzw. politischen Entscheidungsprozess<br>• Festlegen des Verhandlungsablaufes, Organisation des Verfahrens (Ort, Zeit etc.)<br>• Erstellen einer Arbeitsvereinbarung (Verfahrensregeln, Geschäftsordnung) für die Verhandlungsrunde<br>• Einigung über den Einsatz von Sachverständigen |
| Verhandlung und Vermittlung | • Gemeinsame Problembeschreibung und Umformulieren von Positionen in Themen<br>• Auflisten und Strukturieren der relevanten Themen<br>• Kooperative Informationsbeschaffung, Informationsausgleich<br>• Gemeinsame Lösungssuche und Erweitern des Handlungsspielraumes |
| Übereinkunft und Umsetzung | • Gemeinsame Entscheidungen in Hinblick auf Bewertung von Lösungsoptionen auf der Grundlage der Interessen<br>• Maßnahmenkatalog und Entwerfen einer schriftlichen Mediationsvereinbarung<br>• Überprüfung des Maßnahmenkatalogs und der Vereinbarung (rechtlich, technisch, ökonomisch, ökologisch, sozial etc.)<br>• Klärung der Umsetzung und Vereinbarungen zur Umsetzungskontrolle<br>• Vereinbarung zur Lösung künftiger Streitigkeiten<br>• Vertrauensbildende Maßnahmen<br>• Vermitteln und Unterzeichnen der Ergebnisse, Bindung der Parteien<br>• Einbau des Ergebnisses in den verwaltungsrechtlichen bzw. politischen Entscheidungsprozess |

*Ablauf des Mediationsverfahrens*

## 4
## Zusammenstellung der Mediationsrunde

Der nächste Schritt war eine durch den Mediator geleitete, öffentliche Veranstaltung in der Stadthalle im Oktober 1999. Eingeladen wurde durch die Stadtgemeinde Ybbs in Form einer Postwurfsendung, die jeder Haushalt erhielt.

*Öffentliche Veranstaltung*

Ziel dieser Veranstaltung war es vor allem, die Mediationsrunde zusammenzustellen, d. h. den Kreis der Betroffenen zu klären und deren Repräsentanten zu benennen. Ein Dialogprozess verdient ja nur dann die Bezeichnung Mediation, wenn tatsächlich alle Interessenvertreter bereit sind, an einer gemeinsamen Lösung mitzuarbeiten. Eine weitere Zielsetzung der Veranstaltung bestand darin, die Öffentlichkeit über das Mediationsverfahren zu informieren, das Verfahren zu erklären, die zentralen Themen zu bestimmen sowie einen Termin für eine erste Zusammenkunft der Mediationsrunde festzulegen.

Diese Veranstaltung war insofern für den weiteren Verlauf der Mediation sehr wichtig, da bereits hier ein klares Signal in Richtung Transparenz und gegenseitiger Wertschätzung gesendet wurde. Sowohl Unternehmen als auch Anrainer und Bürgerinitiative sprachen die Themen deutlich an, zeigten aber immer auch Verständnis für die Interessen der Gegenseite. Sehr wichtig war in diesem Zusammenhang auch die Tatsache, dass der Bürgermeister von Ybbs voll und ganz hinter dem Mediationsverfahren stand und dem Verfahren dadurch zusätzliche Stabilität verlieh. Auch das Unternehmen signalisierte große Bereitschaft, den Konflikt konstruktiv anzugehen und zeigte das auch durch die Anwesenheit von Geschäftsleitung und Divisionsleitung.

*Mitglieder der Mediationsrunde*

Es zeigte sich, dass vor allem vier Anrainergruppen von den Lärmemissionen direkt betroffen waren. Jede Anrainergruppe entsandte zwei Personen (Sprecher und Stellvertreter) in die Mediationsrunde. Drei Personen repräsentierten das Unternehmen. Weiterhin nahmen der Anwalt der Bürgerinitiative und jener des Unternehmens am Verfahren teil sowie auf Wunsch der Anrainer und des Unternehmens die Stadtgemeinde Ybbs, vertreten durch den Bürgermeister und den Stadtamtsdirektor, als Unterstützer. Hinzu kam ein lärmtechnischer Sachverständiger, der von allen gemeinsam in der ersten Sitzung bestellt wurde. Die Mediationsrunde bestand also in ihrer vollen Besetzung (Parteien, Anwälte, Sachverständiger, Stadtgemeinde, Mediator) aus siebzehn Personen.

## 5
**Ziele des Mediationsverfahrens**

*Kick-off-Meeting der Mediationsrunde*

In der ersten Sitzung der Mediationsrunde (Kick-off-Meeting) ging es vor allem um die Zielsetzung des Verfahrens, um die Besprechung und den Beschluss einer Arbeitsvereinbarung, um die Festlegung der Verhandlungsgegenstände (Themenrangliste) und um die Frage der Organisation des Sachverständigenwesens. Im Einzelnen wurden folgende Ziele für das Mediationsverfahren festgelegt:

- die bestehenden Streitigkeiten im Verhandlungs- und Konsensweg auszuräumen und einen konstruktiven Dialog zwischen dem Unternehmen und den Anrainern zu finden,

- die Interessen und die Entwicklung des Betriebes einerseits und die Bedürfnisse der Anrainer im Hinblick auf Lebensqualität andererseits gleichermaßen zu berücksichtigen,

- wirtschaftlich zumutbare Lösungsmöglichkeiten im Hinblick auf Lärmverhinderung und Lärmdämmung zu finden und zu realisieren,

- im Falle einer Einigung die anhängigen Anrainerberufungen zurückzuziehen,
- Kommunikationsstrukturen zwischen Betrieb und Anrainer zu installieren, die im Anlassfall (z. B. Betriebserweiterung etc.) aktiviert werden können,
- einen Mediationsvertrag auszuarbeiten und zu unterzeichnen, welcher die gefundenen Lösungen verbindlich festhält.

Wesentlich war es auch, ganz zu Beginn bereits einen konkreten Termin für den angestrebten Abschluss des Verfahrens festzusetzen. Im Hinblick auf die Öffentlichkeitsarbeit kam man überein, die Medienarbeit zu allen das Mediationsverfahren und den Mediationsgegenstand betreffenden Themen ausschließlich gemeinsam zu organisieren und Alleingänge zu vermeiden. *Vereinbarung über Umgang mit Medien*

## 6
### Bezug zum gewerberechtlichen Verfahren

Es wurde vereinbart, während der Dauer des Mediationsverfahrens keine kontroversen Schritte in den anhängigen Behördenverfahren zu setzen. Die Behörden wurden über die Mediation informiert und es wurde ein gemeinsamer Antrag eingebracht, dass die im Berufungsstadium befindlichen Bewilligungsverfahren vorerst von der Behörde nicht weiter behandelt werden, da es Ziel der Mediation ist, bei Einigung die anhängigen Berufungen zurückzuziehen. Die Parteien kamen auch dahingehend überein, dass das Setzen kontroverser Behördenschritte, z. B. ein Antrag an die Behörde zweiter Instanz, die Verfahren wieder aufzunehmen, als Abbruch der Mediation gewertet wird.

## 7
### Befundaufnahme

Eine wichtige Aufgabe zu Beginn der Mediation war es, eine Problembeschreibung und eine Erhebung des Ist-Zustandes zu erstellen, die von allen akzeptiert wurde und die einen geeigneten Ausgangspunkt für die Lösungssuche darstellt. In diesem Zusammenhang kam dem Sachverständigen eine wesentliche Rolle zu, da nicht nur viel fachliche Erfahrung notwendig war, sondern auch die Fähigkeit gefordert war, die Interessenslagen der Beteiligten zu verstehen und die passenden Kommunikationsformen zu finden.[1] *Erhebung des Ist-Zustandes*

---

[1] Zur Rolle der Sachverständigen im Mediationsverfahren und bei Entscheidungsprozessen vgl. Anton Hütter/Josef Perger: Expertenwissen und Verwaltung. Kleine Schriftenreihe des Landesumweltanwaltes. Innsbruck 1994. Zu Grundsatzfragen der Mediation vgl.: Anton Hütter: Das Problem der Interessenabwägung: Eine philosophische Reflexion. In: Journal für Rechtspolitik (Hrsg. von H. Fischer, B.-C. Funk, R. Machacek, R. Miklau, H. Neisser, A. Noll, A. Pelinka, M. Wielan. In Zusammenarbeit mit der Österr. Parlamentarischen Gesellschaft) Jahrgang 7, Heft 3, 1999. Springer-Verlag, Wien New York, S. 160–168.

*Rolle von ExpertInnen*

In der Mediation spielt der Experte ja eine etwas andere Rolle als in stark formalisierten Verfahren. Sein Platz ist nicht mehr am „Altar", von dem aus er sein Wissen ausgibt, sondern er sitzt gemeinsam mit den verschiedenen Interessengruppen am runden Tisch. Ängste und Gefühle werden nicht als unwissenschaftlich abqualifiziert, sondern ernst genommen und als Realität anerkannt.

*Rahmenbedingungen der Lärmmessungen*

Für die Immissionsmessungen wurde vereinbart, dass Anrainervertreter, Mediator und Betriebsvertreter jeweils Zugang zu den Messstellen haben und sich dadurch jederzeit über die Messvorgänge informieren können. Da die Lärmsituation wesentlich von der jeweiligen Wetterlage und der Windrichtung abhängig war, wurde den Sprechern der Anrainergruppen das Recht eingeräumt, in Absprache mit dem Sachverständigen jeweils Tage und Zeitpunkte zu bestimmen, an denen die Messungen durchgeführt werden. Auch Position und Anzahl der Messpunkte sowie die Anzahl der Messungen je Messpunkt wurden festgelegt. Es wurde auch vereinbart, dass die Messungen so durchgeführt werden, dass sie in einem allfälligen Behördenverfahren als Dokumentation dienen können.

*Aufgaben des Sachverständigen*

Der Sachverständige hatte nicht nur die Aufgabe, den Befund zu erheben, sondern auch – gemeinsam mit den Betriebsvertretern – umsetzbare Verbesserungsvorschläge zu machen. Im Rahmen mehrerer Betriebsbegehungen wurden alle Lärmquellen im Betrieb geortet und deren Relevanz festgestellt. Das geschah unter anderem auch dadurch, dass das Ein- und Ausschalten verschiedener Lärmquellen an die Messstelle weitergemeldet wurde und dort dann die entsprechenden Auswirkungen festgestellt werden konnten.

## 8
## Ergebnisse

*Inhalte des Mediationsvertrags*

In insgesamt acht Sitzungen der Verhandlungsrunde und in einer Reihe von Arbeitskreissitzungen, Begehungen und Lärmmessungen wurden die anstehenden Probleme besprochen und Lösungen entwickelt. Zu Beginn tagte die Verhandlungsrunde im Sitzungssaal des Rathauses, später wechselte sie in den Besprechungsraum des Firmengebäudes. Das gesamte Verfahren erstreckte sich über einen Zeitraum von ungefähr einem Jahr.

Abgeschlossen wurde die Mediation mit einem Vertrag, in dem eine Reihe von Lärmschutzmaßnahmen verbindlich vereinbart wurden und deren Umsetzung durch eine Pönale sichergestellt wurde. Der Betrieb stimmte zu, bestimmte Anlagenteile in Lärmschutzausführung einzuhausen und dadurch eine Lärmdämmung zu realisieren, die über das gesetzlich erforderliche Ausmaß hinausgeht. Ferner wurden für die eingesetzten Bagger zusätzliche Lärmschutzpakete angeschafft und organisatorische Maßnahmen vereinbart, die die Lärmbelästigung möglichst gering halten sollen. Auf der anderen Seite zogen die Anrainer ihre Berufungen in den diversen gewerberechtlichen Verfahren zurück, so dass die Genehmigungsbescheide in Rechtskraft erwachsen konnten.

Ein wesentlicher Punkt des Einigungsvertrages waren auch Regelungen für künftige Betriebsanlagenerweiterungen und -änderungen. Es wurden Informationsmechanismen vereinbart, die sicherstellen, dass die Anrainer schon vor der Verhandlung im Verwaltungsverfahren ausreichende Informationen über die Vorhaben bekommen und schon im Vorfeld die Anrainerinteressen so weit berücksichtigt werden, dass im Verwaltungsverfahren seitens der Anrainer keine weiteren Einwendungen zu erwarten sind.

*Aufbau von Vertrauensbeziehungen*

Ferner haben diese Konsultationsmechanismen das für alle Vertragspartner wesentliche Ziel, gegenseitiges Vertrauen aufzubauen und Kontinuität sowie gutes Mit- und Nebeneinander zu sichern.

## 9
## Resümee

Im Vordergrund dieses Mediationsverfahrens standen großteils technische Fragen und bauliche Maßnahmen. Ein wesentliches Ergebnis der einjährigen gemeinsamen Arbeit waren aber auch Verbesserungen der gegenseitigen Kommunikation, des wechselseitigen Vertrauens und des Verständnisses füreinander. Es war bei aller Sachlichkeit des Verfahrens ein berührender und beeindruckender Moment, als auch noch die letzten Hürden überwunden werden konnten, der von allen unterzeichnete Vertrag am Tisch lag und das gelungene Projekt mit einer kleinen Feier abgeschlossen werden konnte.

Dieses Beispiel eines gelungenen Mediationsverfahrens zeigt deutlich, dass Mediation für die Bearbeitung von Konflikten im Bereich von Bauen und Planen, im Gewerbe- und Umweltbereich,[2] bei Verkehrs- und Nutzungsfragen etc. ein durchaus geeignetes Instrument ist. Handelt es sich um Belange, die bereits Gegenstand eines Verwaltungsverfahrens sind oder dies noch werden, ist zu empfehlen, möglichst früh das Mediationsverfahren zu starten und unter Einbeziehung der Verwaltungsbehörde den Themenbereich und den rechtlichen Rahmen abzustecken. Vor allem dann ist eine Mediation als Ergänzung zum Behördenverfahren angeraten, wenn das Risiko sehr hoch ist, das sonst den Beteiligten von der Verwaltungsbehörde eine nicht so sehr der spezifischen Situation Rechnung tragende Lösung aufgezwungen wird.

*Mediation als geeignetes Instrument im Bereich Bauen und Planen*

Zusammenfassend lässt sich sagen, dass im Bereich von Bauen und Planen, wo es viele und erbitterte Konflikte gibt, das Mediationsverfahren eine zielführende Vorgehensweise ist, zum Vorteil aller Beteiligten und zum Schutz der Umwelt. Nicht zuletzt auch deshalb, weil die Mediation mit einem Grundverständnis an das Thema Konflikt herangeht, das in unserer Alltagskultur eher selten ist: Konflikte sind nicht automatisch negativ, sie sind notwendig für Erneuerung und Weiterentwicklung.

---

[2] Im Hinblick auf die gesetzliche Situation im Umweltbereich in Österreich vgl. Dolp, Martin/ Soder, Barbara/Hütter, Anton: Mediation im österreichischen Umweltschutzrecht – Praktische Überlegungen für Vorhabenswerber, Beteiligte und Behörden aus Anlass des UVP-Gesetzes 2000. In: Recht der Umwelt, 2001/1, S. 11–15.

# Beispiel 5
# Mediation der Bauverzögerungen beim Senioren- und Pflegeheim

*Norbert Fackler*
*Christina Lenz*

## 1
### Sachverhalt

Die Bauherrin, Firma Kruse GmbH, will ein Senioren- und Pflegeheim errichten. Das Bauvorhaben ist in einem Landkreis in den neuen Bundesländern mit besonders hoher Arbeitslosigkeit geplant. Die Ausschreibung enthält keine Vertragsstrafen, was den Bewerbern als für sie ausgesprochen günstig erscheint. Es treten zwölf Firmen an. Anlässlich des Vergabegespräches weist der Geschäftsführer der Bauherrin, Raimund Falter, darauf hin, dass die Beschäftigung von ortsansässigen Baufirmen bevorzugt wird. Sie begründet dies damit, dass insbesondere der regionale Arbeitsmarkt entlastet werden würde, was neben dem sozialen Aspekt des Vorhabens an sich zusätzlich ein entsprechendes Image für das Projekt verschaffen würde.

Der günstigste Bieter erhält nach der umfangreichen Ausschreibung und einem vielversprechend erscheinenden Vergabegespräch den Zuschlag. Die Entscheider sind überzeugt, dass dieses Unternehmen, die Velex GmbH, von ihrer Unternehmensgröße und Erfahrung das beste Bauhauptunternehmen sein würde, um das Projekt gut und termingerecht fertigstellen zu können.

Nach Baubeginn stellt sich heraus, dass die Velex GmbH mit viel zu geringer Ausstattung an Arbeitern, Maschinen und Material die Arbeiten auf der Baustelle betreibt. Das Bauvorhaben gerät durch die Unterbesetzung der Baustelle massiv in Verzug. Der verantwortliche Geschäftsführer der Velex GmbH geht kurz nach Vergabe in Ruhestand. Sein Nachfolger, bisher Prokurist im Unternehmen, Hans Dornhagel, steigt zum Geschäftsführer auf und veranlasst laufend Behinderungsanzeigen. Der Syndikus der Bauherrin, RA Dr. Bauer, weist die Behinderungsanzeigen der Velex GmbH als vorgeschoben zurück, setzt seinerseits die erforderlichen Fristen nach VOB/B und droht mit Schadensersatzansprüchen in erheblicher Höhe.

Darüber hinaus werden statt der avisierten deutschen Arbeitslosen aus der Region ausschließlich ausländische Arbeiter einer in den alten Bundesländern ansässigen Subunternehmerin eingesetzt. Dies ruft das Befremden der ortsansässigen Bevölkerung hervor, da die Informationen in der Presse anderes anzukündigen schienen.

Da die Behinderungsanzeigen immer häufiger werden, an der Baustelle keinerlei Fortschritt zu verzeichnen ist und keiner der Termine des vertraglich vereinbarten Bauzeitenplanes eingehalten wird, regt Dr. Bauer eine Besprechung mit seiner Mandantin, der Kruse GmbH an. Sein Rechtsstandpunkt ist die erfolgreiche Durchsetzung der Schadensersatzansprüche, da er die Behinderungsanzeigen für vorgeschoben und haltlos beurteilt. Allerdings räumt er ein, dass ein Rechtsstreit zur Durchsetzung des Bauzeiten- und Fristenplanes das Bauvorhaben nur noch mehr verzögern würde.

Auch eine Entziehung des Auftrages nach VOB/B hätte zur Folge, dass erst ein neues Unternehmen beauftragt werden müsste. Bis dieses Unternehmen die Arbeiten wieder aufnehmen könnte, würden noch einmal weitere Monate vergehen. Die Mehrkosten würden wenigstens 30 % der gesamten Rohbaukosten betragen. Er schlägt daher eine außergerichtliche Konfliktlösung vor.

Die Velex GmbH zeigt sich jedoch stur und uneinsichtig bei dem Versuch des Syndikus, mit ihr zu verhandeln. Sie schiebt weiterhin sämtliche Schuld auf den Architekten, widrige Umstände der Gründung des Fundamentes und von ihr nicht zu vertretende Behinderungen. Nach diversen ergebnislosen Verhandlungen sieht sich die Kruse GmbH gezwungen, eine Klage einzureichen. Nach Zustellung dieser lenkt die Velex GmbH ein und möchte nun doch noch einen außergerichtlichen Versuch unternehmen. Die Anwälte beantragen das Ruhen des Verfahrens.

Syndikus Dr. Bauer hat schon einiges über Wirtschaftsmediation als Methode der außergerichtlichen Streitbeilegung gelesen. Um seine Auftraggeberin seriös zu beraten und diese Methode ggf. der Gegenseite vorschlagen zu können, will er sich zunächst kundig machen, ob die Mediation tatsächlich das geeignete Mittel ist, aus dieser verfahrenen Situation herauszukommen.

## 2
## Pre-Mediation

Sein Ziel ist, die Angelegenheit so rasch als möglich zu erledigen, damit der Bau weitergeführt werden könne. Darüber hinaus wäre es aus seiner Sicht wünschenswert, wenn die Konkurrenz nichts erfahren würde.

### 2.1
### Informationsphase

Dr. Bauer wendet sich zunächst an einen überregionalen Verband für Mediation, um die notwendigen Informationen einzuholen. Er erfährt in einer telefonischen Beratung, dass die Mediation für seinen Fall geeignet wäre und wie er geeignete Mediatoren finden könnte.

Die Vorteile gegenüber einem Gerichtsverfahren erschließen sich für Dr. Bauer unmittelbar: Die Entscheidungskontrolle verbleibt bei den Unternehmern, das Verfahren ist schnell und informell durchzuführen und schafft damit vielleicht die Möglichkeit, die Terminverzögerungen aufzuholen. Auch bleibt die Basis für eine weitere Geschäftsverbindung erhalten. Darüber hinaus könnten sich aus seiner Sicht durch die gemeinsam gefundene Lösung Folgekonflikte vermeiden lassen.

### 2.2
### Kontaktaufnahme zu den anderen Beteiligten

Daraufhin setzt sich Dr. Bauer mit der Velex GmbH in Verbindung und schlägt die Wirtschaftsmediation vor. Der neue Geschäftsführer Hans Dornhagel erkundigt sich bei seinem Rechtsanwalt Siegfried Schmidt, wie er die Möglichkeiten, mittels Mediation zu einer zeitnahen Lösungen zu gelangen, einschätzt. Auch RA Schmidt hat sich schon mit dieser Konfliktlösungsmethode im Rahmen einer Fortbildung auseinandergesetzt und würde dieses Verfahren gerne einmal in Anspruch nehmen. Siegfried Schmidt erinnert sich an eine Mandantin, die im Immobilienbereich von einer erfolgreichen Mediation berichtet hatte. Er fragt also bei dieser Bauberatungsfirma nach, mit wem sie damals zusammengearbeitet hätte. Der Geschäftsführer dieser Firma gibt ihm die Adresse der mmg, der Mediation Management Group in Oberhaching.

Er sei damals sehr überrascht gewesen, dass in einer für ihn aussichtslos erscheinenden Situation in kürzester Zeit eine hervorragende Lösung gefunden worden sei und er mit seinem damaligen Gegner heute in bestem Einvernehmen wieder große Projekte abwickeln würde.

Diese Empfehlung leitet RA Schmidt an seinen Kollegen Dr. Bauer weiter und beide vereinbaren einen Vorbesprechungstermin mit der mmg. Beide Rechtsvertreter sind sich einig, dass vor allem eine zeitnahe Regelung der Situation und die Vermeidung eines Gerichtsverfahrens erstrebenswert wären. Bei einer Erfolgsquote der Mediation von 85 % sei es den Versuch in jedem Fall wert.

Gerade auch die Erläuterungen, dass die Anwälte aktiv bei der Lösungsfindung mitarbeiten sollten und die abschließende vertragliche Fixierung wieder in ihren Händen liegen würde, überzeugt Dr. Bauer. Sie erhalten von der mmg zur Besprechung mit den Mandanten den Entwurf des Mediatorenvertrages. Dieser führt die Teilnehmer an der Mediation und die Mediatoren auf, sowie Gegenstand der Mediation und die Kostenvereinbarung.

Nach Durchsicht dessen und Rücksprache mit der Mandantschaft vereinbaren Dr. Bauer und RA Schmidt kurzfristig den ersten Termin mit den empfohlenen Mediatoren der mmg.

## 3
### Durchführung der Wirtschaftsmediation

### 3.1
### Eröffnung

Bereits zwei Tage nach der ersten Besprechung bei der mmg treffen Dr. Bauer mit Raimund Falter von der Kruse GmbH und Hans Dornhagel von der Velex mit RA Siegfried Schmidt im Büro in Oberhaching ein. Nachdem alle Platz genommen und sich mit Kaffee und Wasser bedient haben, wird der unterzeichnete Mediatorenvertrag übergeben. Nach einer kurzen Einführung des Mediatorenteams, bestehend aus Cristina Lenz und Norbert Fackler, über den Ablauf der Mediation und den wichtigen Prinzipien, wie Fairness, Offenlegung der entscheidungserheblichen Tatsachen und Interessen, werden die Rahmenbedingungen geklärt. Beiden Seiten ist es wichtig, schnell zu einer Lösung zu kommen, so dass eventuell erforderliche weitere Mediationssitzungen kurzfristig terminiert werden sollen – falls erforderlich auch einen ganzen Tag oder mit „open end".

Man wolle zunächst mit den verabredeten vier Stunden beginnen und dann entscheiden, wann der nächste Termin sein soll. Alle stimmen den Prinzipen zu und sind sich einig, dass das Ziel der Mediation eine für alle Beteiligten gute Lösung sein soll.

## 3.2
**Problemdarstellung**

Im Folgenden wird der Verhandlungsverlauf in Bezug auf die Darstellung der Parteien und die Interventionen der Mediatoren gekürzt wiedergegeben:

Das Mediatorenteam bittet nun die Herren Falter und Dornhagel, die Dinge darzustellen, die sie im Rahmen der Mediation regeln möchten. Raimund Falter beginnt mit folgender Ausführung: „Wir wollten ein Senioren- und Pflegeheim errichten, welches zu 80 % öffentlich gefördert und zu 20 % frei finanziert wird. Dafür wollten wir eine Firma einsetzen, die dazu von ihrer Erfahrung und ihren Ressourcen geeignet ist. Wir dachten, dass wir in der Velex GmbH eine solche gefunden hätten. Weiter legen wir gesteigerten Wert auf eine zügige und pünktliche Fertigstellung, wozu die Velex GmbH wohl nicht in der Lage zu sein scheint. Die vorhandenen Alten- und Pflegeheime sind nämlich baulich marode und deren Bewohner sollen schnellstmöglich in unsere neue Einrichtung umziehen.

Außerdem wollen wir mit dem Bauvorhaben erneut unser soziales Engagement zeigen und haben deshalb im Vergabegespräch klar zum Ausdruck gebracht, dass die regionalen arbeitslosen Arbeiter eingesetzt werden sollten und nicht irgendwelche billigen Gastarbeiter, um den Gewinn noch weiter zu maximieren.

Dass die Velex GmbH nicht korrekt arbeitet, zeigt sich ja auch schon daran, dass der alte Geschäftsführer Max Fleischmann kurz nach Vergabe nicht mehr ansprechbar war und jetzt Herr Dornhagel auf den Plan getreten ist.

Die Behinderungsanzeigen sind lächerlich. Wir wollen endlich mit dem ersten Abschnitt fertig werden, das Vorhaben ist enorm in Verzug. Wir fordern Schadensersatz. Falls die Velex nicht zahlt, werden wir unser Recht einklagen."

Nun bitten die Mediatoren Hans Dornhagel um die Darstellung aus seiner Sicht. Dieser reagiert gereizt: „Es ist eine Unverschämtheit zu behaupten, unsere Behinderungsanzeigen seien vorgeschoben. Wenn der Architekt und der Bauleiter ihren Aufgaben so wenig gewachsen sind, ist das schließlich nicht unsere Schuld. Wir haben trotzdem versucht, das Ding so weit fertigzubekommen, dass es winterfest gemacht werden kann. Das war aber nicht möglich, weil die geschätzte Bauherrin Änderungswünsche hatte und unsere Lieferanten auch nicht hexen können.

Da wir keinen Schaden verursacht haben, sondern im Gegenteil behindert wurden und das auch immer wieder kundgetan haben, werden wir umgekehrt Sie in Anspruch nehmen. Welche Arbeiter von unseren Subunternehmern eingesetzt werden, können wir nicht beeinflussen und werden uns auch diesbezüglich keine Vorwürfe machen lassen.

Außerdem bin ich als der neue Geschäftsführer der Velex GmbH in einem seriösen und guten Unternehmen tätig. Max Fleischmann, der noch mit den Vergabegesprächen betraut war, ist in Ruhestand gegangen und hat sich nicht abgesetzt. Das ist eine unglaubliche Unterstellung."

Bevor die Mediatoren auch die rechtliche Einschätzung der beratenden Rechtsanwälte hören wollen, fassen sie das Gesagte zusammen: „Sie beide sind die Geschäftsführer und wollten gemeinsam ein Bauprojekt, nämlich ein Senioren- und Pflegeheim, durchführen. Die Kruse GmbH ist dabei die Auftraggeberin und die Velex GmbH ist die Auftragnehmerin. Das Bauvorhaben ist zu 80 % öffentlich gefördert und zu 20 % wird es frei finanziert. Die Auftragnehmerin sollte Erfahrung und entsprechende Ressourcen für ein solches Großprojekt haben, damit der Bau zügig und pünktlich fertiggestellt werden kann. Mit diesem Projekt wollten Sie Ihr soziales Engagement zeigen und deshalb war es Ihnen wichtig, dass Arbeiter aus der Region beschäftigt werden sollten, um der Arbeitslosigkeit entgegenzuwirken.

Sie, Herr Falter, sahen diese Voraussetzungen bei der Velex GmbH verwirklicht. Sie, Herr Dornhagel, sind der Nachfolger des ehemaligen Geschäftsführers Max Fleischmann, der in Ruhestand gegangen ist. Dieser hatte den Auftrag für die Velex angenommen.

Das Ziel der Velex war ebenfalls das Senioren- und Pflegeheim plangerecht fertigzustellen. Dabei hat es verschiedene Schwierigkeiten gegeben. Darüber sind Sie beide sich einig. Nur über die Ursachen und Verantwortlichkeiten bestehen noch unterschiedliche Auffassungen. Sie sind beide als die verantwortlichen Geschäftsführer gewillt, nötigenfalls den Gerichtsweg zu beschreiten, sind aber hier zur Mediation gekommen, um eine Lösung zu finden, mit der Sie beide zufrieden sind und die es ermöglichen soll, den ersten Bauabschnitt noch fristgerecht – sprich vor Wintereinbruch – fertigzustellen. Ist das richtig so?"

Beide Herren stimmen dem mit einem Blick auf ihre Rechtsvertreter zu. Nun bittet das Mediatorenteam die Anwälte, ihren Rechtsstandpunkt kurz und prägnant darzulegen. RA Dr. Bauer ist der Auffassung, dass die Kruse GmbH selbstverständlich bei Gericht obsiegen würde, denn der Bauzeitenplan sei eindeutig vereinbart und Bestandteil des gesamten Vertrages geworden; darüber hinaus sei ja wohl unstreitig, dass das Vorhaben mehr als deutlich in Verzug sei. Außerdem habe man im Vergabegespräch klar gemacht, dass einheimische Arbeitnehmer eingesetzt werden sollten und dies mit ein Entscheidungskriterium für die Vergabe gewesen sei, die schließlich auch von der Kruse GmbH vor den Fördermittelgebern zu vertreten sei."

RA Siegfried Schmidt verneint Letzteres mit Nachdruck. Ein solches Kriterium sei nirgends schriftlich festgehalten worden, sondern bestenfalls ein Wunsch gewesen, auf den aber kein Anspruch bestünde. Er räumt zwar ein, dass der Bauzeitenplan Vertragsbestandteil sei, aber dessen Nichteinhaltung sei eben nicht von seiner Mandantin zu vertreten. Sie habe VOB-gemäß schriftlich und fristgerecht Behinderungsanzeigen an die Auftraggeberin geschrieben. Diese hätte dem jedoch nicht abgeholfen, was der Kruse GmbH anzulasten sei. Auch dies ließe sich vor Gericht beweisen, mit der Folge, dass die Velex GmbH obsiegen würde."

Die Mediatoren bedanken sich für die prägnante Darstellung und versichern sich auch hier, dass zu den divergierenden Rechtsauffassungen, die bei Gericht zu einem unterschiedlichen Ergebnis führen würden, beide Herren an einer raschen außergerichtlichen für beide Seiten erfreulichen Lösung interessiert sind, um die gerichtlichen Unwägbarkeiten zu vermeiden. Die Anwälte stimmen zu.

### 3.3
**Interessenerforschung**

Die Mediatoren bitten die Anwesenden nun mit einem Blick in die Zukunft zu formulieren, was für sie eine optimale Lösung wäre.

Hans Dornhagel nimmt dazu als erster Stellung: „Wir sind daran interessiert, das gesamte Bauvorhaben zur Zufriedenheit unserer Auftraggeberin abzuwickeln. Und ich möchte auch nicht für Dinge, die mein Vorgänger verursacht hat, verantwortlich gemacht werden. Ich habe nämlich nichts davon, dass er mit dem Auftrag seine Abfindungssumme positiv beeinflussen wollte."

Das Mediatorenteam reflektiert das: „Sie, Herr Dornhagel würden also gerne das gesamte Bauvorhaben in guter Kooperation mit Herrn Falter und der Kruse GmbH abwickeln, nicht nur das erste Teilstück? Dabei wäre es für Sie wichtig, gerade die Dinge zu klären, die Ihr Vorgänger vereinbart hat, damit Sie diesen angemessen nachkommen können." Nachdem er nickt, wird nun Herr Falter aufgefordert, zu sagen, was für ihn wichtig sei. Dieser sagt: „Wir möchten schnellstens mit dem ersten Bauabschnitt fertig werden, damit er winterfest gemacht werden kann und die Abschnitte zwei und drei, die demnächst vergeben werden, nahtlos anlaufen können. Wir haben schon eine Menge Bewohner, die zum avisierten Zeitpunkt einziehen möchten, teilweise ihre bisherige Bleibe gekündigt haben, in der Annahme, dass bei uns alles glattgehen würde. Außerdem würde dann die eigene Finanzierung so rückgeführt werden können, wie geplant."

Die Mediatoren fassen wieder zusammen: „Die Aufträge für den zweiten und dritten Abschnitt sind noch nicht vergeben. Hierfür möchten Sie eine Firma, bei der sie die Sicherheit haben, dass der Bau im Zeitplan abgewickelt wird. Sie würden die Kontinuität mit einer Firma, die schon auf der Baustelle tätig ist, und mit den örtlichen Verhältnissen schon gut vertraut ist, bevorzugen." Er schränkt seine Zustimmung jedoch ein wenig ein: „Ja, aber wenn es weiterhin die Velex GmbH wäre, ist für mich für eine weitere Zusammenarbeit Voraussetzung, dass die bisherigen Probleme restlos beseitigt würden."

Das Mediatorenteam fragt nach, was das genau für ihn bedeutet. Er führt aus: „Die Verzögerungen müssten umgehend aufgeholt werden und zwar so, dass die Baustelle winterfest gemacht werden kann. Für die nächsten Abschnitte müssten, wie ursprünglich geplant, genügend Männer und Maschinen zur Verfügung stehen. Dafür brauche ich wirklich Sicherheit, denn den Fördermittelgebern liegt so sehr am Schutz der Firmen, dass wir keine Vertragsstrafen mit aufnehmen konnten und damit auch keinerlei Handhabe haben.

Außerdem stellt die örtliche Bevölkerung seit Beginn des Bauvorhabens kritische Fragen, warum keine Arbeitslosen aus der Region beschäftigt würden. Es sei schließlich nicht zu übersehen, dass auf der Baustelle nicht ein deutscher Arbeitnehmer anzutreffen sei, sondern nur Arbeiter ohne Deutschkenntnisse. Dieser Vorwurf wurde nicht der Velex GmbH, der Bauhauptunternehmerin gemacht, sondern uns, der Bauherrin. Diese Animositäten wollten die Fördermittelgeber gerade verhindern. Es gibt nämlich Vorschriften, das Diskriminierungsverbot ausländischer Arbeitnehmer, welches besagt, dass, soweit diese legal in Deutschland beschäftigt werden, dies auch in Regionen mit höchster Arbeitslosigkeit erfolgen kann. Ein entsprechender Passus konnte also nicht in die Ausschreibung aufgenommen werden, obwohl ich das Ansinnen, die einheimischen Arbeitslosen zu unterstüzten, ebenso legitim finde.

Im Übrigen war all dies Gegenstand des Vergabegesprächs und wir haben darauf vertraut, dass die Versprechungen, die uns gemacht wurden, auch umgesetzt würden. Ich mache mich doch nicht der Presse und den Fördermittelgebern gegenüber lächerlich – die sind sowieso verstimmt, was sich auf die weitere Förderung ungünstig auswirken könnte."

Herr Dornhagel schaut überrascht. Von diesen Vereinbarungen hinsichtlich der einheimischen Arbeitnehmer wusste er nichts. Er hat den Auftrag zu einem Zeitpunkt übernommen, in dem der Subunternehmer, der die ausländischen Arbeitnehmer beschäftigt, schon beauftragt war. Diese seien nach seiner Kenntnis auch legal beschäftigte Leiharbeiter. Für RA Dr. Bauer und Raimund Falter wird nun einiges klarer.

Die Mediatoren formulieren die Interessen der Parteien erneut, um für alle Transparenz zu schaffen: „Sie Herr Falter wären bereit und würden sogar gern mit Herrn Dornhagel das gesamte Bauvorhaben fertigstellen, so sich das auch über die Vergabe für die nächsten Bauabschnitte ergibt, wenn Sie die Sicherheit hätten, dass genügend Männer und Maschinen zur Verfügung stehen und künftig mindestens auch einheimische Arbeiter eingesetzt werden würden, damit Sie den Fördermittelgebern gegenüber im Wort bleiben und auch die Presse dies positiv in ihrer Berichterstattung aufnehmen könnte. Sie Herr Dornhagel würden diesem Thema „Einsatz von einheimischen Arbeiter" gerne nachkommen, sind aber – zumindest für den ersten Bauabschnitt – an ihren Subunternehmer gebunden. Haben wir das richtig verstanden?"

Nachdem alle zustimmen und nach eingehender weiterer Diskussion der einzelnen Interessen ist soviel Sicherheit und Vertrauen zwischen den Parteien und den Rechtsvertretern gewachsen, dass der nächste Schritt erfolgen kann. Die Mediatoren schlagen vor, gemeinsam zu überlegen, wie die Ziele der Parteien verwirklicht werden könnten.

## 3.4
**Lösungsoptionen**

Es werden einige Spielvarianten angedacht. Das für alle befriedigendste Ergebnis scheint in folgender Option zu liegen: Die Velex GmbH wird einen weiteren Subunternehmer beauftragen, da ihre eigenen zusätzlichen Ressourcen auf anderen Baustellen gebunden sind, um den Bauzeitenplan doch noch bis zum Winter einzuholen. Der dafür erforderliche Mehraufwand wird von ihr getragen. Mit dem jetzt schon tätigen Subunternehmer soll ein Gespräch stattfinden, in dem geklärt werden soll, ob sofort mindestens auch einheimische Arbeiter beschäftigt werden könnten.

Dieser Umstand würde die Velex GmbH geneigt sein lassen, diese Subunternehmerin auch für die nächsten Abschnitte zu beschäftigen, allerdings nur, wenn sie dann überwiegend einheimische Arbeiter beschäftigen würde. Im Falle, dass eine solche Einigung nicht mit der Subunternehmerin erzielt werden könnte, würde die Velex GmbH als neue Subunternehmerin eine einheimische Firma beauftragen.

Wenn der Zeitplan wieder eingeholt würde, wird sich die Kruse GmbH bei der Vergabe der Abschnitte zwei und drei für die Velex GmbH einsetzten. Argumentativ kann vor den Fördermittelgebern dann vertreten werden, dass die Firma bisher gut gearbeitet hat, die wirtschaftlichste ist – sofern sie wieder ein entsprechendes Angebot abgibt – und sie geeignet wäre, da sie sich bereits mit den örtlichen Verhältnissen auskenne. Diese so für die Bauhauptunternehmerin bestehende Unsicherheit wird aus Sicht aller Beteiligten damit kompensiert, dass auch für die Bauherrin eine Unsicherheit darin besteht, dass auch weiterhin keine Vertragsstrafen vereinbart werden dürfen.

Die anwaltlichen Berater werden gebeten, diese Option mit ihren Mandanten zu besprechen. RA Siegfried Schmidt schlägt vor, erst das Gespräch mit der Subunternehmerin zu führen, um eine dann folgende Vereinbarung klar fassen zu können und nicht mit zu vielen Varianten verkomplizieren zu müssen. Dr. Bauer ist einverstanden und hält es auch für sinnvoll, noch einmal eine Nacht darüber zu schlafen. Es wird verabredet, am übernächsten Tag wieder zusammenzukommen.

### 3.5
**Vereinbarung**

Die zweite Mediationssitzung findet wie geplant statt. RA Siegfried Schmidt informiert die Beteiligten, dass die Besprechung mit der Subunternehmerin insofern nicht erfolgreich war, als sie nicht bereit ist, einheimische Arbeiter zu beschäftigen – auch nicht im Hinblick auf die kommenden Bauabschnitte, da sie sehr negative Erfahrungen gemacht hat, inländische und ausländische Arbeiter auf der gleichen Baustelle tätig werden zu lassen. Im Übrigen sei ihre Kalkulation zu eng für die teureren deutschen Arbeiter.

Er schlägt daher vor – sollte es im Rahmen der Vergabe zu einer weiteren Beauftragung kommen – eine günstige einheimische Firma unterzubeauftragen und eine Pressekonferenz zu veranstalten. Gemeinsam wird überlegt, ob und ggf. wie es begründet werden könnte, dass die diesbezüglichen Vorankündigen der Bauherrin im ersten Bauabschnitt nicht verwirklicht wurden. Die Beteiligten gehen davon aus, dass der im zweiten und dritten Abschnitt erfolgende Einsatz von einheimischen Arbeitern so positiv von der Presse und den Anwohnern bewertet werden würde, dass eine Rechtfertigung für die Vergangenheit gar nicht mehr erforderlich sei.

Es wird also vereinbart, so zu verfahren. Die Anwälte sollen eine entsprechende Vereinbarung mit aufschiebender Bedingung entwerfen, da es nicht allein im Ermessen der Bauherrin steht, die weiteren Aufträge zu erteilen.

Während die Arbeiten auf der Baustelle nun auf Hochtouren laufen, findet die letzte kurze Mediationssitzung statt, um die Vereinbarung zu besprechen und zu unterzeichnen. Alle stellen fest, dass aufgrund des gewonnenen Vertrauens bereits vor der Vereinbarung Maßnahmen in diesem Sinne umgesetzt werden.

Mit den gemachten Erfahrungen bewerten die Teilnehmer die Mediation mit einem neutralen Dritten oder in diesem Fall mit zwei neutralen Dritten als enorm hilfreich, da sich daraus bereits eine andere Verhandlungsdynamik ergeben würde.

Die Mediatoren hätten Fragen stellen können, die von der Gegenseite oder deren Vertreter nicht akzeptiert worden wären.

Nach der Mediation entscheiden sich die Beteiligten, eine Klausel in ihre weiteren Verträge aufzunehmen und auch in weiteren Fällen die Wirtschaftsmediation in Anspruch nehmen zu wollen.

**Chancen**

- Verhandlungsdynamik
- Psychodynamik
- Lösungsdynamik

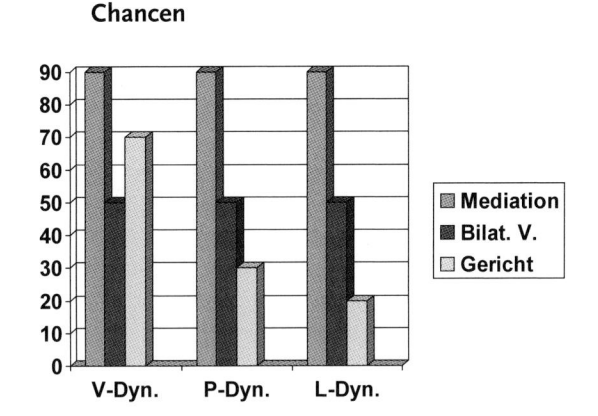

| | Mediation | Bilat. V. | Gericht |
|---|---|---|---|
| V-Dyn. | 90 | 50 | 70 |
| P-Dyn. | 90 | 50 | 30 |
| L-Dyn. | 90 | 50 | 20 |

## 4
**Fazit**

Wie meistens bei Konfliktfällen in der Wirtschaft liegt die Problematik im Zusammenspiel von Fakten und persönlichen Befindlichkeiten, die nicht genannt werden sollen aus Sorge, dass dies als Schwäche ausgelegt werden könnte, darüber hinaus in dem Umstand, dass allein die Inanspruchnahme eines Vermittlers von vielen als generelle Unfähigkeit zur Lösung von Problemen ausgelegt wird.

Wenn diese Bedenken jedoch überwunden sind, gewinnen diejenigen, die in einer Mediation beteiligt waren, die Erkenntnis, dass das Gegenteil der Fall ist. Es gehören mehr Mut, Rückgrat und Verhandlungskompetenz dazu, sich mit den Schwierigkeiten selbst zu beschäftigen und sie mit Unterstützung neutraler Vermittler eigenverantwortlich zu lösen, als die Konflikte nur auf Berater, wie z. B. Rechtsanwälte zu delegieren.

## VI.2
## Praxisberichte über mediationsähnliche Verfahren

Beispiel 6: Mediative Sachverständigenvermittlung zu Nachtragsforderungen beim Bau eines Straßentunnels
*Bernd Kochendörfer*

Beispiel 7: Bürgerbeteiligungsverfahren Gestaltung des Wiener Platzes in München
*Reinhard Sellnow*

Beispiel 8: Kooperative Planung zwischen Mediation und Moderation – Gestaltung des Bahnhofvorplatzes in Hamburg-Bergedorf
*Markus Troja*

Beipsiel 9: Vermittlungsverfahren zu Nachtragsforderungen beim Bau des DaimlerChrysler-Projekts am Potsdamer Platz in Berlin
*Günter Bauer*

Beispiel 10: Kooperative Projektkoordination in der Stadtentwicklung Olten Südwest
*Hansueli Remund*

## Beispiel 6
## Mediative Sachverständigenvermittlung zu Nachtragsforderungen beim Bau eines Straßentunnels

*Bernd Kochendörfer*

### 1
### Ausgangslage

Ein öffentlicher Auftraggeber (AG) hatte im Rahmen eines VOB-Vertrages (Verdingungsordnung für Bauleistungen) den Auftrag für die Erstellung einer Tiefbaumaßnahme (Tunnel und Anschlussbauwerke) an eine Arbeitsgemeinschaft von Bauunternehmen als Auftragnehmer (AN) erteilt. Im Zuge der Schlussrechnung konnte zwischen AG und AN keine Einigkeit über eine Reihe von Nachtragsforderungen erzielt werden. Der Versuch, die Meinungsverschiedenheiten mit dem nach § 18 VOB/B vorgesehenen Verfahren (Anrufung der der auftraggebenden Stelle unmittelbar vorgesetzten Stelle) beizulegen, hatte zu keiner Einigung geführt. Die strittigen Nachtragsforderungen hatten verschiedene Anspruchsgrundlagen, wie z. B.:

- Mehrforderungen des AN wegen baugrundbedingter Änderungen
- Mehr-/Minderkosten auf Grund von Änderungen während der Bauzeit
- Mehr-/Minderkosten wegen unterschiedlicher Auslegung der Leistungsbeschreibung einzelner Positionen
- Mehrforderungen des AN, die zwar vom AG dem Grunde nach anerkannt worden sind, aber der Höhe nach strittig waren, da auch die hinterlegte Ur-Kalkulation keinen hinreichenden Aufschluss über die Zusammensetzung der Einheitspreise nach den Kostenarten Lohn-, Stoff- und Gerätekosten bzw. Kosten der Fremdleistungen gab
- Mehrforderungen des AN wegen Umstellungen im Bauablauf, bedingt durch statische Probleme im Anschlussbereich von neuem und vorhandenem Bauwerk
- Mehrforderungen des AN wegen bauzeitbedingter Mehrkosten
- Forderungen des AN aus Verzugszinsen und Lohngleitung

Diese Aufzählung der Anspruchsgrundlagen, deren detaillierte Wertangaben hier nicht von Belang sind, verdeutlicht bereits, dass hier eine für komplexe Bauvorhaben typische „Gemengelage" gegeben war, die im Falle einer gerichtlichen Auseinandersetzung umfangreiche und langwierige Überprüfungen durch Gutachter/Sachverständige wahrscheinlich gemacht hätte. Hinzu kam, dass der AN zu den Mehrforderungen aus gestörtem Bauablauf bereits ein Parteigutachten vorgelegt hatte, zu dem der AG ausführlich und der Höhe nach strittig Stellung genommen hatte.

Diese Ausganglage ist eine typische Ursache für eine Vielzahl von Gerichtsverfahren, die sich nicht selten über mehrere Jahre und mehrere Instanzen erstrecken und in den meisten Fällen nur durch einen Vergleich beendet werden können. Typisch ist ferner, dass die Vertreter beider Parteien so zerstritten sind, dass ein Austausch von sachlich begründbaren Argumenten nicht mehr möglich ist. Auch im vorliegenden Fall war es so. dass die direkt am Projekt beteiligten Vertreter beider Parteien erklärt haben, nicht mehr miteinander verhandeln zu können (oder zu wollen).

## 2
### Interessenslage der Vertragsparteien

Beide Vertragsparteien standen vor der Entscheidung, sich entweder verklagen zu lassen (AG) oder Klage zu erheben (AN). Für die AN-Seite bestand ein zusätzlicher Handlungsdruck deshalb, weil Nachunternehmer ihrerseits drohten, ihre Mehrforderungen gegen den Hauptunternehmer auf dem Klageweg durchzusetzen. Den Weg eines formellen Schiedsgerichtsverfahrens wollten beide Parteien aus unterschiedlichen Gründen nicht beschreiten.

Vor diesem Hintergrund entstand die Überlegung, den Versuch zu unternehmen, unter Einschaltung eines Dritten die Streitigkeiten beizulegen und damit die gerichtliche Auseinandersetzung zu vermeiden. Es bestand Einvernehmen, eventuell auftauchenden Problemen hinsichtlich der standesrechtlichen und formalen Qualifikation eines Mediators von Beginn an dadurch zu begegnen, dass nicht ein reines Mediations- oder Moderationsverfahren gewählt wurde, sondern die im Herausgeberkapitel I.4 beschriebene mediative Sachverständigenvermittlung. Der noch einvernehmlich auszuwählende Dritte (Mediator) sollte sich hierbei auch in die fachtechnische Klärung der strittigen Nachtragsforderungen einbringen. Um dessen Neutralität zu unterstreichen, sollte der mediative Sachverständigenvermittler gemeinsam von den Vertragsparteien beauftragt und sein Einsatz von diesen auch zu gleichen Teilen vergütet werden.

Damit war die wesentliche Voraussetzung für ein mediationsähnliches Verfahren gegeben – beide Parteien waren gesprächs- und einigungsbereit.

## 3
### Aufgaben des mediativen Sachverständigenvermittlers

Im Hinblick auf die relative Neuartigkeit des Vorgehens, insbesondere für einen öffentlichen Auftraggeber, ist es nicht verwunderlich, dass sich die Bestimmung der Position, der Leistungen und der Befugnisse des mediativen Sachverständigenvermittlers über einen gewissen Zeitraum erstreckten. Unter Beteiligung des für die Aufgabe vorgesehenen mediativen Sachverständigenvermittlers wurden dann im Vertrag folgende, nachstehend auszugsweise wiedergegebene Grundsätze vereinbart:

- Gegenstand des Vertrages ist die Durchführung einer mediativen Sachverständigenvermittlung zu strittigen Nachträgen und Abrechnungspositionen gemäß Anlage zum Vertrag.

- Die Auftraggeber übertragen dem Auftragnehmer im Rahmen des Vertragsgegenstandes folgende Leistungen:

- Herstellen eines Dialoges zwischen ... (Vertragsparteien des VOB-Vertrages) ... mit dem Ziel einer Klärung und Herbeiführung eines Einvernehmens über die strittigen Nachtragsangebote und Abrechnungspositionen. Einzelheiten des Leistungsumfanges sind in den „Erläuterungen zur mediativen Sachverständigenvermittlung" und der „Auflistung der strittigen Nachtragsangebote/-positionen und Abrechnungspositionen" niedergelegt, die als Anlage zu diesem Vertrag Vertragsbestandteil werden.

- Der mediative Sachverständigenvermittler hat seine Leistungen fachlich objektiv, neutral und unabhängig von den Auftraggebern zu erbringen.

Die Teilnehmer an der mediativen Sachverständigenvermittlung wurden sowohl von den VOB-Vertragsparteien als auch vom mediativen Sachverständigenvermittler namentlich benannt. Ein wesentlicher Diskussionspunkt hierbei bestand darin, ob es der ausführenden Arbeitsgemeinschaft gestattet sein sollte, Vertreter ihrer Nachunternehmen in das Verfahren einzubeziehen. Dieses Bestreben ist vor dem Hintergrund zu sehen, dass in dem geplanten Verfahren nicht unbeträchtliche Mehrforderungen der Nachunternehmer gegen den Hauptunternehmer zu klären waren und der Hauptunternehmer ein – subjektiv verständliches – Interesse daran hatte, den Nachunternehmern unmittelbare Informationen über eventuelle Ablehnungsgründe ihrer Mehrforderungen zu vermitteln bzw. den Hauptunternehmer in der Problemlage zu entlasten, dass er nicht nur seine eigene Argumentation sondern auch umfassend die seiner Nachunternehmer einbringen musste.

In der Logik des beabsichtigten Verfahrens hätte die direkte Einschaltung der Nachunternehmer aber bedeutet, dass sich diese den Regelungen des Verfahrens hätten unterwerfen müssen. Gegen die „gleichrangige" Einbeziehung der Nachunternehmer sprach natürlich grundsätzlich auch, dass die Nachunternehmer in keinerlei vertraglicher Beziehung zum Auftraggeber des VOB-Vertrages stehen und eine solche Beziehung – auch nicht ansatzweise – in einem solchen Verfahren konstruiert oder geschaffen werden kann. Die Einbeziehung der Nachunternehmer wurde aus den o. g. Gründen dann auch nicht weiter diskutiert.

## 4
**Erläuterungen zur mediativen Sachverständigenvermittlung**

Als Anlage zum Vertrag wurden die nachstehend auszugsweise wiedergegebenen Erläuterungen vereinbart.

### Ausgangslage

Der AN (Arbeitsgemeinschaft) fordert die Vergütung von zusätzlichen Leistungen gemäß ihren Nachtragsangeboten und die Abrechnung von Leistungen nach ihren Abrechnungsunterlagen.

Der AG bestreitet die vorgenannten Forderungen dem Grunde und/oder der Höhe nach.

Die Parteien haben sich daher geeinigt, dass eine kritische Diskussion der einzelnen Überlegungen bezüglich der Grundannahmen der Forderungen und deren Ablehnung mit Hilfe einer mediativen Sachverständigenvermittlung geführt wird.

**Ziel der Mediation**

Aufgabe der unabhängigen Mediation ist die Herstellung eines Dialoges mit dem Ziel einer Klärung und Herbeiführung eines Einvernehmens über die Berechtigung der Forderungen oder deren Ablehnung.

**Vorgehensweise**

Die erforderlichen Klärungen sollen im Rahmen eines moderierten Dialoges zwischen der Arbeitsgemeinschaft und dem Auftraggeber herbeigeführt werden. Vorgesehen ist eine Projektrunde mit je einem ständigen Vertreter der Arbeitsgemeinschaft und des Auftraggebers, zu der je nach Thematik nur extern weitere sachverständige Personen hinzugezogen werden können.

**Zeitrahmen und Arbeitsphasen**

| | |
|---|---|
| *Einarbeitungsphase* | Für die Einarbeitung des mediativen Sachverständigenvermittler in die vorhandenen Unterlagen sind vier Wochen vorgesehen. |
| *1. Diskussionsrunde* | Die erste Diskussionsrunde dient der Ermittlung der strittigen Punkte, des Klärungsbedarfes und ggf. der Klärungsmöglichkeiten. Diese Phase wird vom mediativen Sachverständigenvermittler in schriftlicher Form in der Reihenfolge der strittigen, gesondert aufgelisteten Punkte bearbeitet. |
| *Klärungsphase* | In dieser Zwischenphase werden einzelne Maßnahmen zur weiteren Klärung strittiger Fragen durchgeführt. In Frage kommen die schriftliche Einholung von Auskünften und Stellungnahmen sowie die Beiziehung von weiteren Unterlagen seitens des mediativen Sachverständigenvermittlers oder die interne Klärung von Fragen bei der Arbeitsgemeinschaft einerseits und beim Auftraggeber andererseits.<br>Als Abschluss dieser Phase erstellt der Mediator einen schriftlichen Zwischenbericht. |
| *2. Diskussionsphase* | Die zweite Diskussionsphase in mündlicher Form dient der Besprechung der Ergebnisse des Zwischenberichtes mit dem Ziel, über möglichst viele Positionen Einvernehmen zu erzielen. Soweit ein derartiges Einvernehmen nicht erreicht werden kann, muss vom mediativen Sachverständigenvermittler geprüft werden, ob noch eine weitere Klärung versucht werden soll oder ob es bei der Feststellung des Dissenses bleiben soll. |

*Abschlussbericht*   Die Ergebnisse der Mediation sind in einem Abschlussbericht zusammenzufassen.

## 5
## Durchführung der mediativen Sachverständigenvermittlung

Nach Sichtung der ersten Unterlagen stand fest, dass es sich bei dem in der Diskussion befindlichen Volumen um ein Streitpotenzial von

- ca. 41 Nachträgen
- über 100 Einzelpositionen
- ca. 2,3 Mio. EUR Nettokosten

handelte, zu dem von beiden Parteien bereits umfangreichste Nachweise, gegenteilige Stellungnahmen, Gegenrechnungen, Stellungnahmen von Nachunternehmern etc. vorlagen.

Die exemplarische Erörterung einiger typischer Positionen führte vor dem Hintergrund des dabei erkennbaren Einigungswillens zur einvernehmlichen Festlegung, die ursprünglich vorgesehene Abarbeitung des Gesamtkomplexes in zwei Diskussionsphasen mit einer dazwischen liegenden Klärungsphase dahingehend abzuändern, dass eine Abfolge mehrerer Besprechungstermine vereinbart wurde. Diese Besprechungen dienten dazu,

- die Nachträge mit ihren Einzelpositionen und den dazu bereits vorliegenden Unterlagen Schritt für Schritt zu erörtern,
- bei den Positionen mit hinreichenden Nachweisen die Einigungsmöglichkeiten abzuklären,
- bei den Positionen mit noch offenen Fragen diese zu definieren und den Parteien zur Klärung bis zur nächsten Sitzung aufzugeben.

Die wesentlichen Schritte des Klärungsprozesses sowie die Einigungsvorschläge wurden fortlaufend dokumentiert. Der schrittweise vollzogene Prozess mit differenzierten Einigungsvorschlägen stand unter dem grundsätzlichen (Gremien-) Vorbehalt beider Vertragsparteien, über die Annahme der Einigungsvorschläge insgesamt erst am Schluss des Verfahrens zu entscheiden und ggf. darüber zu befinden, für die „nicht angenommenen" Positionen doch noch den Rechtsweg zu beschreiten. Aus diesem Grunde bestand die Aufgabe des Verfahrens nicht darin, im Sinne eines Schieds- oder Schlichtungsverfahrens zu entscheiden, sondern ausschließlich darin, Einigungsvorschläge auszuarbeiten.

Die endgültige Entscheidung über die Annahme der Einigungsvorschläge erfolgte deshalb auch nicht im Verfahren, sondern war einer gesonderten Verhandlung zwischen den Entscheidungsträgern beider Parteien vorbehalten, wobei der mediative Sachverständigenvermittler absprachegemäß nicht beteiligt war.

Die Annahme der Vergleichsvorschläge durch die Vertragsparteien wurde nicht nur durch deren schrittweise und differenziert nachgewiesene Abarbeitung begünstigt, sondern auch dadurch, dass die beteiligten Parteien zwischen den einzelnen

Terminen die Gelegenheit hatten, die Zwischenergebnisse beispielsweise mit dem Rechnungsprüfungsamt, dem Unternehmenscontrolling, der Konzernrevision, den Nachunternehmern und insbesondere auch mit den Rechtsabteilungen beider Vertragsparteien abzustimmen. So war es möglich, sehr „belastungsfähige" Einigungsvorschläge zu erarbeiten, obwohl die Wahrnehmung der Parteiinteressen und der Fachmoderation ausschließlich durch „Techniker" erfolgte.

Die insgesamt neun Diskussionsrunden von jeweils einem Tag erstreckten sich über einen Zeitraum von acht Monaten. Dabei ist es gelungen, annehmbare Vergleichsvorschläge für alle strittigen Punkte zu erarbeiten. Das „Vergleichsvolumen" bewegte sich bei ca. 50 % der Ausgangsforderungen – ein direkter Zahlenvergleich zwischen Anfangs- und Endsumme ist nicht möglich, weil einerseits in den Ausgangszahlen z. B. die Höhe der Forderungen aus Lohngleitung und Verzugszinsen nicht enthalten war und andererseits im Zuge der Diskussionsrunden auch festgestellt wurde, dass Teile von Mehr- und Minderkosten über die entsprechenden Positionen im Leistungsverzeichnis abzurechnen waren. Insoweit haben die Diskussionsrunden auch dazu gedient, die Schlussrechnungsprüfung zu unterstützen.

## 6
**Kritische Würdigung des Verfahrens**

Mit Hilfe des in diesem Einzelfall gewählten Verfahrens war es möglich, die Auseinandersetzungen über zunächst strittige Forderungen zu einem für beide Seiten akzeptablen Vergleich zu bringen. Dieses Ergebnis konnte jedoch nur erarbeitet werden, weil auf beiden Seiten – nach einer zunächst aussichtslos erscheinenden Ausgangslage – sowohl auf der Entscheidungs- als auch auf der Arbeitsebene eine grundsätzliche, vorrangig durch die Vermeidung eines Rechtsstreites beeinflusste Einigungsbereitschaft vorhanden war. Ungeachtet der Zielerreichung sollen aber einige Punkte des Verfahrens abschließend kritisch gewürdigt werden.

- Die Bezeichnung dieses hier vorgestellten Beispieles als mediative Sachverständigenvermittlung kann im Hinblick auf die in Fachkreisen üblicherweise geltenden Unterscheidungsmerkmale sicherlich kontrovers diskutiert werden. Es wurde aber dargelegt, dass aus Gründen möglicher Konfliktsituationen ganz bewusst auf die Bezeichnung als reines „Mediationsverfahren" verzichtet wurde, da sich die Mediation nach der weitgehend anzutreffenden Lehrmeinung nur auf die Förderung des Dialoges bezieht und dem Mediator die Einbeziehung eines eigenen Standpunktes zur fachlichen Problematik untersagt.

- Das Problem der bei solchen Forderungsstreitigkeiten nicht zu vermeidenden juristischen Beurteilung in der Auslegung des Vertrages oder in der Bewertung von Verfahrensrisiken konnte in diesem Beispiel dadurch gelöst werden, dass beide Vertragsparteien zwischen den Gesprächsrunden die Gelegenheit hatten, sowohl juristischen Rat einzuholen als auch die „Revisionsfähigkeit" der angedachten Lösungen hausintern abzuklären.

- Wäre diese schrittweise Vorgehensweise nicht gewählt worden, so hätte die Lösung entweder in einer Co-Moderation Jurist/Baubetriebsfachmann oder in der Einbeziehung der juristischen Berater beider Vertragsparteien bestanden. Damit hätte sich der Kreis der Gesprächsteilnehmer zwangsläufig vergrößert und das Verfahren wäre noch komplexer geworden.

- Die ursprünglich getroffene Abrede, keine separaten Gespräche zwischen Mediator und einer Vertragspartei zu führen, hat sich ebenfalls als hinderlich für die konstruktive Fortführung des Dialoges erwiesen. Teilweise war die gegenseitige Argumentation rational und emotional so festgefahren, dass Einigungsmöglichkeiten nur in separaten Gesprächen ausgelotet werden konnten. Allerdings wurden die Inhalte dieser Einzelgespräche der jeweils anderen Seite durch den Mediator mitgeteilt.

- Das Festfahren an kritischen Fragen war jedoch auch dadurch begründet, dass auf beiden Seiten diejenigen Vertreter der Arbeitsebene saßen, die ursprünglich keine Lösung gefunden hatten, d. h., ein großer Teil des Einigungserfolges war dadurch begründet, dass ursprünglich eingenommene Standpunkte nicht aufgegeben, aber in wesentlichen Teilen verändert wurden.

- In Anbetracht der teilweise sehr komplexen und mit vielen technischen Details verbundenen Fragen wäre es jedoch auch nicht möglich gewesen, das Verfahren mit Teilnehmern von oberhalb der Arbeitsebene durchzuführen. Entscheidend für den erfolgreichen Abschluss des Verfahren war u. a., dass eben nicht ausschließlich kaufmännische Lösungen zur Einigung führten, sondern technisch-wirtschaftliche Problemlösungen diskutiert und gefunden wurden.

Abschließend bleibt festzuhalten, dass das ursprünglich vereinbarte Leistungsbild und die im Verfahren einvernehmlich modifizierten Vorgehensweisen als „nicht lehrbuchmäßig" oder als „nicht theoriekonform" eingestuft werden können – das angestrebte Ziel wurde jedoch erreicht und ein ansonsten zwangsläufig notwendiger Gutachter- und Rechtsstreit wurde vermieden, ein Ergebnis, das jedoch ohne grundsätzlichen Einigungswillen nicht erreichbar ist. Außerdem ist darauf hinzuweisen, dass ein so zustande gekommener Vergleich unter privatrechtlichen Parteien im Allgemeinen mit weniger Hürden verbunden ist als bei öffentlichen Auftraggebern, da dort ein Urteilsspruch eines ordentlichen Gerichtes – unabhängig vom damit zusammenhängenden Aufwand – bei der Argumentation gegenüber Prüfungsinstanzen meistens weniger problembehaftet erscheint ist als der Nachweis eines Vergleiches im Hinblick auf die haushaltsrechtlichen Bestimmungen der wirtschaftlichen Mittelverwendung.

# Beispiel 7
# Bürgerbeteiligungsverfahren Gestaltung des Wiener Platzes in München

*Reinhard Sellnow*

## 1
## Der Konflikt

Der Wiener Platz am Hofbräukeller im Münchner Stadtteil Haidhausen war von jeher ein Platz mit hohem Verkehrsaufkommen. Mit dem Beschluss des Kreisverwaltungsreferates, eine Linksabbiegemöglichkeit bereits von der Inneren Wiener Straße in die Steinstraße zu ermöglichen, ergab sich die neue Situation, die Verkehrsflächen auf dem Platz neu zu ordnen und in stärkerem Maße für die Fußgänger zu gestalten. Im Juli 1999 wurden 1,3 Mio DM in die Mittelfristige Investitionsplanung für den Umbau und die Neugestaltung des Wiener Platzes aufgenommen. Am 9. November 1999 stellte das Bau- und Planungsreferat seine Umbaupläne der Öffentlichkeit auf einer Einwohnerversammlung mit ca. 150 Bürgerinnen und Bürgern vor. Die von allen anerkannte Gemeinsamkeit war: Der Wiener Platz soll neu gestaltet werden. Auf der äußerst turbulent verlaufenden Veranstaltung kam es jedoch zu keinem weiteren Konsens. Abgelehnt wurde

*Problemstellung*

- der Antrag, den Planungen des Baureferates zuzustimmen,
- der Vorschlag einer Bürgerinitiative, unterschrieben von 30 Geschäftsleuten und Anwohnern um den Wiener Platz,
- eine Tiefgarage aus Anlass der Neugestaltung,
- der Antrag, den Wiener Platz nur zeitgleich mit der Wiedereinführung der Parklizensierung umzubauen,
- einen Brunnen und Bänke aufzustellen.

Diese Pattsituation eines „Jeder gegen Jeden" war Ausdruck der Interessenkonflikte am Platz. Der Planungsvorschlag der Verwaltung sah den Umbau in eine Fußgängerzone vor, unter komplettem Wegfall des fließenden und ruhenden Verkehrs auf dem Platz. Dies freute einen Teil der Anwohner und Standlbesitzer (Marktbuden), schreckte jedoch den Einzelhandel, der Umsatzeinbußen befürchtete, wenn die Käufer nicht mehr mit ihren PKWs bis zu den Läden vorfahren könnten. Gastromen sahen die vielversprechende Chance, Freischankflächen vor den Gaststätten einzurichten, Anwohner waren dagegen, weil sie Lärmbelästigung in den Abendstunden befürchteten, usw. Der Bezirksausschuss Au – Haidhausen schlug in dieser Situation die Durchführung eines Mediationsverfahrens mit allen Beteiligten vor und beauftragte den Verfasser im Frühjahr 2000, ein Verfahrenskonzept zu erarbeiten.

## 2
## Das Verfahren zur Konfliktbearbeitung

*Ein Modell zur Vorgehensweise*

Nach Vorgesprächen mit Politikern des Bezirksausschusses, Vertretern des Baureferates und Betroffenen entwickelte der Verfasser das nachstehende Konzept, das die Durchführung eines Mediationsverfahrens vorsah. Zusammen mit dem Münchner Forum – zuständig für die Organisation und Ko-Moderation – wurde der Verfasser Ende Mai 2000 vom Münchner Bezirksausschuss Au – Haidhausen mit der Durchführung beauftragt.

### 2.1
### Voraussetzungen und Grundlagen

*Nur Empfehlungen*

Das geplante Bürgerbeteiligungsverfahren „Wiener Platz Forum" ist eine *freiwillige Leistung* der Landeshauptstadt München bzw. des Bezirksausschusses und nicht verbindlich vorgeschrieben, wie etwa eine Anhörung in der Bauleitplanung. Deshalb sind Art und Umfang der Beteiligung einerseits frei gestaltbar, andererseits können die Ergebnisse keine andere Qualität als die einer *Empfehlung* für die Verwaltung und die politischen Entscheidungsträger im Bezirksausschuss haben. Deren in der Gemeindeordnung geregelten Zuständigkeiten werden durch das Bürgerbeteiligungsverfahren nicht verändert oder gar außer Kraft gesetzt.

*Ausgangspunkt Verwaltungsentwurf*

Als Diskussionsgrundlage dienten zum einen der Plan des Hochbauamtes zum Umbau des Wiener Platzes mit textlichen Erläuterungen, zum anderen aber auch verschiedene Gestaltungsvorschläge, wie sie zuletzt auf der Bürgerversammlung im November 1999 vorgebracht wurden.

In einem Dialog und Diskussionsprozess sollte dann auf dieser Grundlage von Fakten und offengelegten Zielen und Werten gemeinsam herausgefunden werden, welche Lösungen im größtmöglichen Interesse aller liegen und wo Partikularinteressen vorgebracht werden, die zwar legitim sind aber letztlich nicht handlungsleitend für alle sein können.

### 2.2
### Modell und Ablaufplan

*Ermittlung von Interessengruppen*

Im Vorfeld des Verfahrens wurden die potenziell von Umbau und Neugestaltung des Wiener Platzes Betroffenen in Gruppen gegliedert (Kinder, Jugendliche, Behinderte, Senioren, Ausländer, Anwohner des Wiener Platzes (Mieter und Hauseigentümer), Anwohner im Umfeld des Platzes (Mieter, Hauseigentümer), Gastwirte, Standlbesitzer, Einzelhändler, Dienstleister, Vertreter von Kunst & Kultur), die als Blickwinkel zu dem Projekt gehört werden sollten (vgl. Tabelle in Abschnitt 2.4). Die Gesamtzahl der sinnvollerweise zu hörenden Blickwinkel sollte nicht mehr als 20 (möglichst weniger) umfassen, um noch einen guten Dialog zu gewährleisten, bei dem man sich noch ins Gesicht schauen kann und auch öfter zu Wort kommt.

Es wurde dann nach Gruppen und Personen Ausschau gehalten, die diesen Blickwinkel, dieses Interesse in einem Dialog kompetent darstellen konnten. Fanden sich innerhalb eines Blickwinkels mehrere Gruppen oder Personen, die diesen einbringen wollten, so mussten sie sich auf die ihnen zugeteilte Anzahl als Stellvertreter für alle anderen einigen (und ggf. bezüglich der vorgebrachten Argumente absprechen). Die SprecherIn, die an dem Verfahren teilnahm, wurde von der jeweiligen Gruppe selbst bestimmt. Die Person sollte danach jedoch ausdrücklich nicht für sich persönlich und auch nicht verbindlich für einen Verein/Verband (Entkoppelung), sondern als *kundiger Stellvertreter für das benannte Interesse* sprechen. Als solche hatten sie die anspruchsvolle Aufgabe, in ihrer Diskussion zusammen „der Stadt Bestes" (Gemeinwohl) zu ermitteln.

Mit den Gruppen fanden auf der Basis des vorher verschickten Verwaltungsvorschlages *Vorgespräche* statt, die zum einen das Beteiligungsmodell erläutern, die Bereitschaft zur Mitarbeit erfragen und diesbezügliche Erwartungen klären, zum anderen aber auch die Wünsche und Erwartungen dieser Gruppen an die Platzgestaltung offenbaren sollten.

Die inhaltlichen Ergebnisse dieser Abfrage wurden in einer Art Synopse der *Wünsche an die Platzgestaltung* zusammengestellt und als Diskussionsgrundlage mit der Einladung zum eigentlichen Wiener Platz Forum verschickt. Das Forum selbst fand am Wochenende 22./23. September 2000 statt (Freitagnachmittag und Samstag). Die Blickwinkel oder Interessengruppen bildeten einen „Innenkreis", um den sich ein „Außenkreis" gruppierte.

*Innenkreis*

*Außenkreis*   Der *Außenkreis* umfasste drei Gruppen:

- *VertreterInnen der Politik* (Bezirksausschuss und Stadtrat), die den Diskussions- und Meinungsbildungsprozess beobachten sollten, um später in den politischen Entscheidungsgremien auch den Prozess und Weg zu den Empfehlungen ihren KollegInnen vermitteln zu können;

- *VertreterInnen der Verwaltung*, die einen Umgestaltungsentwurf vorgelegt haben, für Einzelaspekte des Umbaus zuständig waren, oder sonst mit ihrem Fachwissen zu einer realitätsbezogenen Diskussion beitragen sollten. Sie hatten präsentierende und beratende Funktion.

- *Experten* für spezielle Fragestellungen, die bei Bedarf ihr Fachwissen dem Diskussionsprozess zur Verfügung stellen sollten.

*Aufgabe und Abstimmungsverfahren*

Der Außenkreis sollte den Innenkreis in einer eher zuhörenden, informierenden, beratenden oder ergänzenden Rolle unterstützen.

Inhaltlich sollte an dem Forumswochenende geklärt werden, welche Ziele und Maßnahmen der Platzgestaltung *konsensfähig* sind. Auf dieser Grundlage sollte als Ergebnis des Forums eine „Empfehlung des Innenkreises zum Umbau und zur Neugestaltung des Wiener Platzes" erarbeitet werden. Durch die Art der Zusammensetzung des Gremiums nach Interessen durfte über die einzelnen Punkte nicht einfach abgestimmt werden. Man brauchte keine „Hausmacht", sondern musste auf die Kraft und Überzeugung der Argumente vertrauen. Es sollte entweder einen Konsens oder Meinungsbilder mit Argumenten geben, aber keine Mehrheitsabstimmungen mit Gewinnern und Verlierern.

Der gesamte Prozess wurde von einem neutralen Moderatorenteam organisiert und geleitet, das persönlich unabhängig von der örtlichen Parteienlandschaft, den politischen Mehrheiten und von Verwaltungsvorstellungen arbeitete. Die Moderatoren waren zuständig für das methodische Vorgehen, also für den Prozess und Ablauf, die Teilnehmer des Wiener Platz Forums waren – innerhalb dieses methodischen Rahmens – dann zuständig für den Inhalt.

*Moderation*

## 2.3
### Umgang mit den Ergebnissen

Die Ergebnisse des Wiener Platz Forums sollten in einer Dokumentation als *Empfehlung* zusammengefasst werden und der Verwaltung und dem Bezirksausschuss bzw. Stadtrat als Hilfe bei ihrer Entscheidungsfindung dienen. Damit es für die BürgerInnen attraktiv war, sich ehrenamtlich in dem konsensorientierten Beteiligungsverfahren zu engagieren, sollte im Konsensfall die Devise gelten. „Gegen gute Argumente gibt es keine politischen Entscheidungen", d. h. Bezirksausschuss und Stadtrat weichen ggf. nur mit offengelegten, nachvollziehbaren, guten Gründen von der Empfehlung des Wiener Platz Forums ab.

*„Gegen gute Argumente gibt es keine politischen Entscheidungen"*

## 2.4
### Anlagen zum Verfahrenskonzept

#### 2.4.1 Zusammensetzung des Innenkreises

| Mitglieder des Wiener Platz Forums (Innenkreis) | Soziale Gruppen | | | | | Wohnen | | | | Wirtschaft | | | | |
|---|---|---|---|---|---|---|---|---|---|---|---|---|---|---|
| | Kinder | Jugendliche | Ausländer | Behinderte | Senioren | Anwohner/Mieter am Platz | Anwohner/Mieter Umgebung | Hauseigentümer am Platz | Hauseigentümer Umgebung | Gastronomie | Standlbesitzer | Einzelhändler | Dienstleister | Kunst & Kultur |
| Teilnehmerzahl | 1 | 1 | 1 | 1 | 1 | 2 | 1 | 2 | 1 | 2 | 2 | 2 | 1 | 1 |

### 2.4.2 Zusammensetzung des Außenkreises

| Mitglieder des Wiener Platz Forums (Außenkreis) | Politik | | | | | | | Verwaltung | | | | | | | | Experten | | | | |
|---|---|---|---|---|---|---|---|---|---|---|---|---|---|---|---|---|---|---|---|---|
| | BA 5/SPD | BA 5/CSU | BA 5/Grüne | BA 5/Fraktionsgemeinschaft | STR/SPD | STR/CSU | STR/Grünbe | Verkehrsplanung PlanR HA I | Stadtsanierung PlanR HA III | Denkmalschutz PlanR HA IV | Großmarkt | Kreisverwaltungsreferat | Hochbauamt BauR | Tiefbauamt BauR | Gartenbauamt BauR | Einzelhandelsverband | Stadtwerke/Verkehrsbetriebe | Taxiinnung | Freunde Haidhausens | Mieterinitiative Haidhausen |
| Teilnehmerzahl | 1 | 1 | 1 | 1 | 1 | 1 | 1 | 1 | 1 | 1 | 1 | 1 | 1 | 1 | 1 | 1 | 1 | 1 | 1 | 1 |

### 2.4.3 Verhaltensregeln

Folgende Vorschläge für Verhaltensregeln wurden von allen Teilnehmern verbindlich anerkannt:

- Jeder bringt in das Wiener Platz Forum eine echte Dialogwilligkeit ein und die Bereitschaft, sich offen auf das moderierte Verfahren der Konsensfindung einzulassen.

- Der Blickwinkel in der Lösungssuche ist nicht der des privaten Einzelinteresses, sondern eines zu definierenden öffentlichen oder Gemeinwohlinteresses. Damit sollte jeder bereit sein, sich um Lösungen zu bemühen, die auch die Interessen der anderen umfassen.

- Die gesuchten Lösungen sollten von Dauer sein und nicht auf Kosten abwesender Dritter oder der Allgemeinheit gehen.

- Die Auseinandersetzung erfolgt auf der Basis sachbezogener, nachvollziehbarer Argumentation. Die Diskussion wird fair und in Achtung vor der Person geführt. Die Beziehungen zwischen den Parteien sollten sich verbessern, zumindest nicht verschlechtern. Persönliche Angriffe und Schuldzuweisungen werden daher nicht geduldet.

- Im Beteiligungsverfahren selbst werden keine Entscheidungen bezüglich Planung oder Vollzug von Lösungen getroffen, die Arbeit dient als Vorbereitung und Empfehlung für den Diskussions- und Entscheidungsprozess im Bezirksausschuss, im Stadtrat, in der Verwaltung und in der Öffentlichkeit.

- Die Vertraulichkeit der Gespräche ist zu wahren; Äußerungen einzelner Teilnehmerinnen und Teilnehmer dürfen nur mit deren ausdrücklicher Zustimmung zitiert werden.

- Es wird kein Prozess- sondern nur ein Ergebnisprotokoll geführt. Eventuelle elektronische Aufzeichnungen dienen ausschließlich der korrekten Dokumentation und nicht der Information der Öffentlichkeit.

- Es ist ein gemeinsamer Beschluss darüber herbeizuführen, in welcher geeigneten Weise die Presse und die Öffentlichkeit über die Ergebnisse des Wiener Platz Forums informiert werden.

- Um die Einhaltung dieser Verfahrensvereinbarungen bemühen sich alle TeilnehmerInnen eigenverantwortlich und gemeinsam. Der Moderator hat das Recht, auf Verletzungen dieser Vereinbarungen aufmerksam zu machen und ggf. die Einhaltung sicherzustellen.

## 3
## Der Weg zum Konsens

In diesem Kapitel sollen die *Verfahrensschritte* der Vorgehensweise skizziert werden, deshalb werden inhaltliche Argumente hier nicht genannt. Durch die Entkoppelung der Teilnehmerinnen und Teilnehmer des Innenkreises von den entsendenden Gruppen war es möglich, die Mediationshauptverhandlung kompakt auf ein Wochenende (Freitagnachmittag bis Samstagabend) zu legen. Die Teilnehmer sollten aus eigener Betroffenheit und Erfahrung zwar das *Interesse* vertreten und einbringen, mussten sich aber nicht verbindlich im Namen ihrer Gruppe äußern. Um den immer noch umfangreichen Verhandlungsweg an einem Wochenende gehen zu können, galt es, im Vorfeld möglichst viel Klarheit und Transparenz zum Verfahren und zu den Inhalten zu schaffen.

*Verfahrensschritte*

### 3.1
### Vorgespräche/Konfliktanalyse

Nachdem die Betroffenengruppen identifiziert waren, wurden separate Gruppengespräche mit insgesamt 41 Personen geführt, in denen das Mediationsverfahren als Vorgehensweise erläutert, die Akzeptanz geklärt, aber auch die tendenzielle Haltung der Gruppe zum Verwaltungsvorschlag, sowie erste Kommentare und Wünsche zum Platzumbau abgefragt wurden. Das Verfahren fand allgemein Zustimmung.

*Feldforschung*

Im inhaltlichen Ergebnis der Konfliktanalyse lehnten die Einzelhändler, die Dienstleister und die Standlbesitzer den Verwaltungsentwurf ab, die Anwohner und Vertreter von Kunst & Kultur sahen ihn kritisch und positiv beurteilt wurde er von der Gastronomie, den Senioren und Behinderten, den Kinder- und Jugendvertretern und den Ausländern.

*Konfliktanalyse*

Derart informiert und vorbereitet, kamen die Teilnehmer am 22. und 23. September 2000 zusammen, um den Versuch der Konsensfindung zu machen.

## 3.2
### Einstieg mit persönlichen Erinnerungen

*Wertschätzende Erkundung*

Vertrauen kann man nur gegenüber Menschen entwickeln, die man gut kennt. Das Mediationswochenende 22./23. September 2000 begann daher mit einer intensiven Kennenlernphase nach der Methode der *Wertschätzenden Erkundung*[1]. Durch gegenseitige Interviews, die u. a. ganz persönliche Erinnerungen und Bezüge zum und Bindungen an den Wiener Platz offenbaren sollten, wurden *Erinnerungs-"Schätze"* des Wiener Platzes zusammengetragen.

## 3.3
### Blick in die Vergangenheit

*Zukunft hat Herkunft*

Zukunft hat Herkunft. Deren Kenntnis gibt Maßstäbe und Fingerzeige für die Diskussion von Bedürfnissen und Interessen. Zu Beginn dieser Phase hielt ein Vertreter von der Lokalbaukommission, Abt. Stadtgestaltung, einen eindrucksvollen, mit Plänen und Fotos illustrierten Einführungsvortrag, der einen historischen Rückblick auf Gestaltung und Nutzung des Wiener Platzes erlaubte. Nach diesem professionellen Blick in die Historie waren die Teilnehmerinnen und Teilnehmer selbst gefragt, noch persönliche Erinnerungen oder Fakten und Geschichten von Vorfahren und Nachbarn beizusteuern. Anschließend wurde stichwortartig festgehalten, was aus dem Gesagten wohl bewahrenswert für die Zukunft sei.

---

[1] Nähere Informationen hierzu im internet auf der homepage: www.appreciative-inquiry.de.

## 3.4
### Blick in die Gegenwart

In dieser Phase wurde vom Innenkreis eine Sammlung der heutigen Ziele, Funktionen und Nutzungen des Platzes angelegt. Die einzelnen Nennungen wurden dann bewertet.

*Änderungsbedarf?*

Auf die Frage, ob bezüglich der Umgestaltung des Platzes auch eine „Nulloption" (= keine bauliche Veränderung gegenüber dem heutigen Zustand) denkbar wäre, antwortete der Innenkreis mit einem überwiegenden Wunsch nach Veränderung/Verbesserung des Platzes. Einige machten jedoch den Vorbehalt, dass, wenn die Veränderung in eine „falsche Richtung" ginge, eine Nulloption möglicherweise doch das kleinere Übel sei.

## 3.5
### Blick in die Zukunft

Der Blick in die Zukunft des Wiener Platzes begann am Samstagmorgen mit einem Kurzvortrag eines Vertreters des Planungsreferates der Stadt München. Nachdem der Wiener Platz im Sanierungsgebiet Haidhausen liegt, strich er die wesentlichen *Ziele und Themen der Stadtsanierung* in diesem Gebiet heraus. Ihm folgte der Vertreter des Hochbauamtes des Baureferates, der seinen Entwurf der Umgestaltung des Platzes vorstellte und begründete.

*Verwaltungsvorstellungen als Bezugsgrundlage*

Die Teilnehmerinnen und Teilnehmer des Innenkreises verständigten sich danach zunächst im Konsens auf eine Liste von Zielen, die aus ihrer Sicht mit der Platzumgestaltung angestrebt werden sollten und suchten dann nach Maßnahmen, mit denen diese Ziele erreicht werden könnten. In einer Bewertungsrunde wurde festgestellt, welche der Maßnahmen konsensfähig waren und welche kontrovers eingeschätzt wurden.

*Entwicklung eigener Vorstellungen*  Nachdem dies geschafft war, diskutierte der Innenkreis verschiedene Varianten der Umgestaltung des Wiener Platzes im Spannungsfeld von Fußgängerzone (ohne Durchfahrtsmöglichkeit für Kfz und ohne Parkmöglichkeiten) und Lösungen, die – den Besorgnissen und Befürchtungen bezüglich der Auswirkungen auf die gewerbliche Existenz eines Teils der Innenkreisteilnehmer (Einzelhandel, Dienstleister, Eigentümer, Standlbesitzer) Rechnung tragend – doch noch begrenzte Durchfahrtsmöglichkeiten und Kurzzeitparkplätze vorsahen. Nach dem Abwägen verschiedener Vor- und Nachteile, sowie Folge- und Nebenwirkungen der Varianten (hier bewährte sich sowohl das vorhandene bauliche Modell des Platzes, wie auch verschiedene Pläne auf Papier und Folie, mit denen Ideen und Redebeiträge schnell veranschaulicht werden konnten), kam es letztlich zu einem Konsens in Form des unter Punkt 4 dieses Beispiels beschriebenen Ziel- und Maßnahmenbündels. Dieser Prozess war jedoch keineswegs einfach. Bis zum Ende standen sich unversöhnlich zwei grundverschiedene Entwürfe gegenüber, die sich im Wesentlichen in der Frage der Befahrbarkeit des Platzes mit PKW und der Ausweisung von (Rest-)Parkplätzen unterschieden. Die klare Folgewirkung, dass bei zwei sich widersprechenden Ergebnissen, die Politik zwischen beiden entscheiden muss und es daher mit Sicherheit einen Verlierer geben würde, beflügelte die Teilnehmer zu einem letzten Einigungsversuch. Das zwischenzeitlich erreichte gute „Streitklima" ermöglichte es einer Seite, offen zu sagen, dass ihre Argumente von der *Angst* um die gewerbliche Existenz bestimmt seien und sie die Vorteile der anderen Position durchaus sähen. Dies wiederum ermutigte die andere Seite, nicht noch mehr inhaltliche und logische Argumente vorzubringen, sondern nach Lösungen Ausschau zu halten, die der Angst der anderen Seite Rechnung trugen. Dies war der Durchbruch zur Konsenslösung in letzter Minute.

## 4
**Der inhaltliche Konsens**

Folgende *Ziele* für eine künftige Gestaltung und Nutzung des Wiener Platzes wurden (ohne Rangordnung) vom Innenkreis *im Konsens* festgelegt:

*Das Ergebnis*

- Platz für die Menschen attraktiver gestalten
- Freizeit und Aufenthaltsqualität stärken (Verweilen), auch kommerzfrei
- Element Markt aufwerten, Marktfunktion stärken
- Funktionsfähigkeit als Arbeitsort sichern
- Stärken der Wohnqualität
- Sicherung der Nutzungsvielfalt
- Erhalt der historischen Bezüge
- Sicherung der Durchlässigkeit (Haidhausen, Grünanlagen)
- Verbesserung des Erscheinungsbildes

Als Maßnahmen zur Erreichung dieser Ziele wurden *im Konsens* eine Grundidee und eine Sammlung von Gestaltungsmaßnahmen verabschiedet.

„Die Grundidee besteht aus drei untrennbaren Teilen:

- Voraussetzung aller Umgestaltungspläne des Platzes ist die Einrichtung einer Linksabbiegespur auf der Inneren Wiener Straße in die Steinstraße. Dies geht nur, wenn durch Anordnung eines absoluten Halteverbotes auf dieser Höhe fünf derzeitige Parkplätze eingezogen werden.

- Der Verwaltungsentwurf zur Umgestaltung des Wiener Platzes in eine Fußgängerzone wird (mit Änderungsvorschlägen) grundsätzlich gebilligt und als Fernziel anerkannt. Damit kann er mit den eingestellten Haushaltsmitteln auch in einem Stück realisiert werden.

- Um den Besorgnissen und Befürchtungen bezüglich der Auswirkungen auf die gewerbliche Existenz eines Teils der Innenkreisteilnehmer (Einzelhandel, Dienstleister, Eigentümer, Standlbesitzer) Rechnung zu tragen, wird in einer Probephase von ca. einem Jahr durch geeignete Mittel (Poller oder Markierung) vor den Häusern Wiener Platz 4–8 eine Durchfahrt von der Inneren Wiener Straße hin zur Sckellstraße in Einbahnrichtung ermöglicht. Erst nach Abschluss der Testphase soll endgültig entschieden werden, ob das Provisorium der Durchfahrtmöglichkeit aufgehoben wird zugunsten einer reinen Fußgängerzone oder ob diese Möglichkeit auf Dauer bestehen bleiben soll. (Weitere baulich-technische Details folgen …)."

Ohne Rangfolge wurde noch eine ganze Reihe von *Maßnahmen* im Rahmen der Umgestaltung des Wiener Platzes *im Konsens* beschlossen, die von den Fachleuten der Verwaltung in ein Modell „aus einem Guss" gebracht werden sollten (d. h. man bestand nicht auf der Umsetzung jedes einzelnen Punktes der Liste). Ferner wurden auch noch *Rahmenbedingungen* formuliert (z. B. zur Neuordnung des ruhenden Verkehrs im gesamten Quartier), die Grundlage des Konsensergebnisses waren.

Vorbehaltlich der Zustimmung des Planungsreferates der Stadt München als Auftraggeber wurde vereinbart, dass die Ergebnisse des Wiener Platz Forums von den beteiligten Bürgerinnen und Bürgern im Innenkreis selbst der Öffentlichkeit und den Medien im Rahmen einer Pressekonferenz präsentiert werden.

## 5
## Schlussbetrachtung

*Kommentar aus Moderatorensicht*

Als Hintergrundinformation zur Bewertung des Ergebnisses wird in Erinnerung gerufen, dass daran während anderthalb Tagen in ca. 16 Zeitstunden 18 Personen des Innenkreises und in beratender Funktion weitere 18 Personen des Außenkreises (Politik, Verwaltung, Experten) mitgewirkt haben. Der Durchbruch zum Konsens ist erst in der letzten Stunde gelungen und die verbleibende Zeit hat nicht ausgereicht, um auch noch alle Details auszuformulieren bzw. um zu prüfen, ob alle Gestaltungsdetails, über die isoliert Konsens bestand, auch ein sinnvolles Ganzes in einem Gesamtentwurf bilden.

Insofern haben die Ergebnisse eine gewisse Unschärfe und weiteren Klärungsbedarf. Es sind jetzt die Fachleute gefragt, auf der Grundlage des in den Konsenszielen erkennbaren Willens und „Geistes" der Grundidee der Innenkreisteilnehmer, nun einen neuen Gestaltungsentwurf „aus einem Guss" zu fertigen. Dieser neue Entwurf sollte einerseits möglichst viele Bausteine aus dem Konsensmaßnahmenkatalog des Innenkreises enthalten, andererseits aber auch Kriterien der noch zu prüfenden baulich-technischen Machbarkeit, der rechtlichen Zulässigkeit, der finanziellen Möglichkeiten und nicht zuletzt auch der Ästhetik und Stadtgestalt berücksichtigen.

Deshalb machte der Moderator den Verfahrensvorschlag, dass von der Verwaltung ein Vorschlag für die Modalitäten der Testphase zu entwickeln ist, der mit dem Innenkreis abzustimmen ist.

Mit seinen Inhalten zur Platzgestaltung und seiner zeitlichen Komponente (Testphase) entsprach dieses Mediationsergebnis am besten sowohl den einzelnen Bedürfnissen der 14 vertretenen „Blickwinkel" im Innenkreis, wie auch dem Wunsch, einen Konsens und Interessensausgleich im Lichte eines dialogisch zu entwickelnden Gemeinwohls zu finden. Damit war die Pattsituation überwunden, die nach der turbulenten Einwohnerversammlung Au-Haidhausen vom 9. November 1999 entstanden war, als derselbe Verwaltungsentwurf mit Mehrheit abgelehnt wurde, sich aber auch kein anderer Planungsvorschlag von verschiedenen Bürgerinitiativen durchsetzen konnte.

In seiner Sitzung vom 15. November 2000 schloss sich der Bezirksausschuss Au – Haidhausen einstimmig dem Votum des Wiener Platz Forums an und beauftragte die Bauverwaltung, nun ein Konzept vorzulegen, das inhaltlich dem Mediationsergebnis entsprechen sollte und formal die vereinbarte Testphase regelte.

Nach einigen weiteren Arbeitstreffen zwischen der Verwaltung und Vertretern des Innenkreises (ohne Moderator/Mediator!) wurde ein Gestaltungskonzept für den Platz ausgearbeitet, das nun – im Sommer 2002 – umgesetzt wird. Im November 2002 wird der Umbau des Wiener Platzes abgeschlossen sein.

## Beispiel 8
## Kooperative Planung zwischen Mediation und Moderation – Gestaltung des Bahnhofvorplatzes in Hamburg-Bergedorf

*Markus Troja*

### 1
### Einleitung

Der „Runde Tisch" anlässlich einer neuen Entwicklungsplanung für das Zentrum Hamburg-Bergedorf ist ein Beispiel für das Spannungsfeld zwischen Planung und Moderation sowie für einen Prozess, der sich im Übergangsbereich zwischen Moderation und Mediation bewegt. Aus der Darstellung und Reflexion dieses Prozesses werden Bedingungen und Anforderungen für Mediations- und Moderationsarbeit im öffentlichen Bereich deutlich. Gleichzeitig zeigen die Probleme in der moderierten Öffentlichkeitsbeteiligung, wo die Grenzen der Moderation und die Chancen von Mediation liegen. Dabei handelt es sich um subjektive Einschätzungen aus der Binnensicht des Moderators.

### 2
### Konfliktgeschichte und Auftrag

Seit vielen Jahren wird in Bergedorf die Diskussion darüber geführt, wie der „Schandfleck" Zentraler Omnibusbahnhof (ZOB) verändert werden kann. Sowohl aus verkehrstechnischer als auch aus städtebaulicher Sicht bedarf das Zentrum mit dem ZOB dringend einer neuen Gestaltung. Nach entsprechenden Anträgen und Beschlüssen des Stadtplanungsausschusses und der Bezirksversammlung Bergedorf führte die Stadt Hamburg einen Investorenwettbewerb für eine Neuplanung durch. Ein großer Baukonzern gewann mit seinen Plänen den Wettbewerb und erhielt 1999 einen so genannten Anhandgabevertrag von der Stadt Hamburg. Dem Unternehmen wurde damit zugesichert, für das Gebiet des ZOB unter Berücksichtigung zahlreicher Vorgaben aus der bisherigen politischen Diskussion und der Bürgerbeteiligung eine konkrete Planung vorlegen und umzusetzen zu können. Die Pläne des Baukonzerns sahen in Verbindung mit dem ZOB ein großes neues Citycenter mit 15.000 Quadratmetern neuer Einzelhandelsfläche und zahlreichen Freizeitangeboten vor. Dieses neue Einkaufs- und Versorgungszentrum sollte die Kosten für einen neuen ZOB erwirtschaften, der damit privat refinanziert werden würde. Das Bebauungskonzept wurde von der Bezirksversammlung Bergedorf im März 2000 beschlossen.

Die Pläne stießen jedoch auf massiven Widerstand einiger Anwohner sowie der ansässigen Einzelhändler. Sie sammelten unter dem Dach der „Bürgerinitiative Bahnhofsvorplatz Bergedorf" die notwendigen Unterschriften für ein Bürgerbegehren gegen die Pläne. Ein solches erfolgreiches Bürgerbegehren ist Voraussetzung für den nächsten Schritt bei Verfahren direkter Demokratie: eine Volksbefragung mit einem Bürgerentscheid als Ergebnis.

Die Stadtentwicklungsbehörde (Steb) beauftragte die Mediator GmbH, Oldenburg, zwischen den Konfliktparteien zu vermitteln und zu prüfen, ob im Vorfeld ein Interessenausgleich möglich sei. Aus Sicht der Steb sollte auf diese Art ein aufwändiger und in seinen Folgen möglicherweise problematischer Bürgerentscheid vermieden werden. Aus Mediationssicht war ein Vermittlungsprozess zum damaligen Zeitpunkt aus einem anderen Grunde sinnvoll. Ein in seiner Ja-Nein-Logik polarisierender Bürgerentscheid wäre vielleicht überflüssig gewesen, wenn ein Kooperationsprozess im Sinne aller Beteiligten initiiert worden wäre. Im Rahmen der Vorbereitungsphase einer Mediation wurde daher eine Konfliktanalyse durchgeführt, insbesondere in Form von Vorgesprächen mit allen Konfliktparteien. Die Ergebnisse der Konfliktanalyse wurden in einer ersten gemeinsamen Sitzung vorgestellt. Die Mediator GmbH schlug den Beteiligten ein Mediationsverfahren vor, bei dem die Projektgegner gemeinsam mit dem Baukonzern eine neue Lösung suchen sollten. Der Investor war damit in gewissen Grenzen einverstanden. Das Unternehmen war zwar zu Änderungen an den Plänen bereit. Es lehnte aber die Forderung der Bürgerinitiative ab, die Pläne ganz zu verwerfen und vollkommen ergebnisoffen neu zu beginnen. Die Bürgerinitiative sah dies aber als Voraussetzung für ein Mediationsverfahren an und wollte es auf das Ergebnis eines Bürgerentscheides ankommen lassen, bei dem über die vorliegende Planung abgestimmt werden sollte und die umfassende Beteiligung der Betroffenen an der Planung eingefordert wurde.

Der Bürgerentscheid fand am 27. April 2000 statt und war für den Antrag der Bürgerinitiative erfolgreich. Daraufhin beschloss die Senatskommission für Stadtentwicklung, Umwelt und Verkehr der Stadt Hamburg, dem Bürgerentscheid zu folgen und beauftragte die Steb mit der Umsetzung. Das Konzept des Bauunternehmens wurde verworfen. Der ZOB sollte in ein neues verkehrs- und stadtplanerisches Gesamtkonzept integriert und die Gruppen, die unter anderem in der Bürgerinitiative organisiert waren, an der Erstellung beteiligt werden. Nachdem die ursprüngliche, umstrittene Planung vom Tisch war, schätzte die Behörde das Konfliktpotenzial wesentlich geringer ein, so dass eine Mediation im engeren Sinne nicht mehr für notwendig gehalten wurde. Die Mediator GmbH wurde mit der Durchführung einer moderierten Öffentlichkeitsbeteiligung beauftragt. Ein Planungsteam unter Leitung einer Stadtplanerin erhielt den Auftrag für eine neue städtebauliche und verkehrliche Entwicklungsplanung.

Die Planung sollte in enger Abstimmung mit den gesellschaftlichen Gruppen, der Bürgerinitiative, den Bürgerinnen und Bürgern insgesamt sowie Verbänden und Parteien in Bergedorf entstehen. Diese Gruppen bildeten den so genannten „Runden Tisch" „Zentrum Bergedorf/Lohbrügge". Das Gremium bestand aus 31 Teilnehmerinnen und Teilnehmern, Vertretern der unterschiedlichen Behörden als Ansprechpartnern, dem Planungsteam, sowie regelmäßig einigen Gästen, die die öffentlichen Sitzungen verfolgten.

Die Interessengruppen hatten sehr unterschiedliche Vorstellungen zu der Zentrumsplanung. Die divergierenden Positionen und Meinungen sollten am „Runden Tisch" diskutiert werden, um eine möglichst tragfähige Lösung zu entwickeln. Die

Planung und der Kommunikationsprozess am „Runden Tisch" liefen parallel. Das Planungsteam informierte fortlaufend über die Entwicklung der Planung und nahm Anregungen und Kritik des „Runden Tisches" entgegen. Konsense sollten in die Planung einfließen, verbleibende Meinungsunterschiede deutlich gemacht werden.

## 3
### Verlauf und Dynamik des Kommunikationsprozesses

Wie es sich für einen Praxisbericht gehört, möchte ich einen Eindruck vom Aufbau und der Verlaufsdynamik eines längeren Konfliktregelungsprozesses im Planungsbereich vermitteln. Die Verfahrenswirklichkeit wird m. E. besonders am Verlauf der im Folgenden skizzierten Sitzungen deutlich. Die Sitzungen des „Runden Tisches" begannen jeweils um 18.00 Uhr und dauerten etwa dreieinhalb Stunden, inklusive einer viertelstündigen Pause.

In der ersten Sitzung sollten sich die Teilnehmer kennenlernen, gemeinsame Spielregeln und das weitere Vorgehen vereinbaren. Die Verfahrensregeln hatten wir in einigen Punkten als Entwurf vorbereitet (z. B. unsere Rolle als Moderatoren), andere Bereich haben wir offen gelassen und lediglich Überschriften auf Flipcharts geschrieben (z. B. Umgang mit der Öffentlichkeit). Die Teilnehmer haben in der Sitzung gemeinsam die Regeln formuliert, die sie für eine erfolgreiche Zusammenarbeit als hilfreich und notwendig ansahen. Ein wichtiger Schritt war die Formulierung eines einheitlichen und gemeinsam getragenen Gesamtzieles. Das Ziel des Verfahrens aus Sicht des Auftraggebers und aller beteiligten Parteien war eine möglichst konsensuale Lösung, die langfristig zu einer Stärkung des Bergedorfer Zentrums beiträgt. Dissense sollten dokumentiert werden; die Breite des Konsenses sollte den Ergebnissen politisches Gewicht verleihen. Die Ergebnisse sollten den formalen Status einer Empfehlung an die zuständige Senatskommission haben. Diese Empfehlung in Gestalt eines Struktur- (und z. T. auch Handlungs-)konzeptes für unterschiedliche Nutzungsarten sollte Grundlage für eine neue Zentrumsplanung werden (z. B. im Rahmen eines Bauleitplanverfahrens und nachgeordneter Bebauungspläne). Über das Gesamtziel wurde länger diskutiert. Am Ende war die Formulierung des Ziels des „Runden Tisches" aber ein erster Erfolg auf der Suche nach Gemeinsamkeiten. Wichtig für eine Deeskalation war ebenfalls das Angleichen des Informationsstandes. Daher war es aus unserer Sicht wichtig, noch in der ersten Sitzung den aktuellen Planungsstand vorzustellen.

In der zweiten Sitzung wurden die Vereinbarungen über die Zusammenarbeit in der ergänzten und veränderten Form beschlossen. Die Teilnehmer entwickelten übergeordnete Leitbilder für die Planung, die in der folgenden Sitzung modifiziert wurden. Wir sind entsprechend des Phasenmodells der Mediation mit einer Themensammlung eingestiegen. Die Planer hielten dagegen zunächst an ihrer eigenen Struktur von „Themen und Orten" fest. Ihre eigene Vorstrukturierung war aus Planungssicht ein sinnvoller Ansatz und mit einiger Vorarbeit verbunden. Für die Teilnehmer war jedoch die Gelegenheit wichtig, ihre Sicht der Probleme darlegen zu können. Aus dieser Sammlung am „Runden Tisch" entwickelten sich später die übergeordneten Themenfelder, die tatsächlich Grundlage der weiteren Arbeit wurden (Einzelhandel, Verkehr und ZOB, Wohnen im Zentrum, Grünstrukturen, Freizeit, Stadtgestalt; Überschriften wurden später leicht modifiziert).

Die dritte Sitzung wurde vor allem zur Positionsbestimmung genutzt. Die Teilnehmer formulierten zu einzelnen Themen ihre Ziele. Gegen anfänglichen Widerstand teilten wir die Gruppe in zwei Untergruppen, um die Themen schneller und intensiver bearbeiten zu können. Eigentlich bestand unsere Absicht darin, Interessen und Bedürfnisse im Sinne der Mediation herauszuarbeiten. In vielen Bereichen zeigte sich aber, dass es noch fast unmöglich war, Positionen in Themen und Interessen umzuformulieren („Schreiben Sie das jetzt bitte so auf die Karte. Das muss auf jeden Fall festgehalten werden."). Zum Teil hatten die Ziele also sehr stark den Charakter von Positionen und Lösungsvorschlägen, zum Teil wurden aber bereits erste Interessen deutlich. Die bisherigen Planungsvorstellungen und frühere Themen und Konflikte wurden vom Planungsteam aufbereitet und in die Diskussion eingebracht.

Die vierte Sitzung hatte sehr stark den Charakter einer Informationsveranstaltung. Baubehörde, Gutachter und Planungsteam informierten über die Möglichkeiten zur Neugestaltung des ZOB und stellten unterschiedliche Szenarien vor. Für den gruppendynamischen Prozess war es wichtig, dass am Ende explizit über das weitere Vorgehen und einen realistischeren Zeitplan gesprochen wurde. Die Diskussion über den Zeit- und Arbeitsplan war auch eine Reaktion auf die Kritik der Steb und des Planungsteams an den langsamen Fortschritten bezogen auf die Inhalte. Die Konfliktbearbeitung in einer großen Gruppe ist zwar nie genau zu terminieren. Dennoch ist die Mediatoren- bzw. Moderatorenrolle einfacher zu wahren, wenn der Gruppe selbst immer wieder der Stand der Arbeiten und der Zeitplan transparent gemacht werden, damit sie auf der Grundlage der Vorschläge vom Moderationsteam über das weitere Vorgehen entscheidet.

In der fünften Sitzung wurde die Informationsarbeit mit Berichten der Baubehörde und einer Untersuchung zum Einzelhandel fortgeführt. Die Planer stellten ihre ersten „Zielbildskizzen" vor. Es war sehr schwer, die komplexen Pläne strukturiert zu diskutieren. Wir konnten schließlich die Themen unterteilen und mit Hilfe üblicher Moderationstechniken gezielt Hinweise der Teilnehmer dokumentieren. Für die Planer waren die Stellungnahmen und Argumente nach eigenen Angaben eine wichtige Grundlage für die Fortentwicklung des Konzeptes. Es gelang damit und mit Hilfe eines Fragebogens der Planer, aus den unterschiedlichen Zielbildskizzen ein einheitliches so genanntes Strukturkonzept zu entwickeln. Darin wurden Flächen unterschiedlichen Nutzungsarten zugeordnet. Es handelte sich dabei um räumlich sichtbare Zielvorstellungen in einem relativ groben Maßstab, noch nicht um ein Konzept zur Umsetzung, das in Bauleitpläne und Bebauungspläne überführt werden könnte. In dieser Sitzung im Februar 2001 wurde darüber hinaus vereinbart, gemeinsam eine öffentliche Veranstaltung zu den Ergebnissen des „Runden Tisches" zu organisieren.

Der Wahlkampf in Hamburg meldete sich erstmals in der sechsten Sitzung „zu Wort". Berichte über die Finanzierung eines Parkhauses sorgten für Proteste. Die Bürgerinitiative war nicht damit einverstanden, dass der Bausenator plötzlich die Mittel dafür freigab, bevor ein Ergebnis des „Runden Tisches" vorlag. Man könne die

Mittel besser für den ZOB gebrauchen. Die Vertreter der Baubehörde zeigten jedoch keine Verhandlungsbereitschaft. Man könne die Mittel nicht umwidmen. Die Genehmigung der seit langem vorliegenden Pläne laufe unabhängig von der Diskussion am „Runden Tisch". Die Bürgerinitiative schien diese „Kröte zu schlucken". Es ging offenbar nicht mehr um Protest und Machtkampf um seiner selbst willen; bestimmte Rahmenvorgaben wurden mit Blick auf das gemeinsame Ziel – wenn auch murrend – akzeptiert.

Sehr gut verlief die weitere Diskussion des Strukturkonzeptes. Unter den vorbereiteten Kategorien *„Gut finde ich ..."*, *„Mein wichtigster Kritikpunkt"* und dazu eine *„Für viele akzeptable Lösungsidee"* konnten die Teilnehmer das Strukturkonzept entlang der zuvor entwickelten Themenbereiche Stück für Stück kommentieren und zu einer Verbesserung beitragen. Auf diese Weise wurde die Sicht der Laien – oder besser der Betroffenen mit „lokalem Expertenwissen" – in die Planung aufgenommen. Zum Gemeinschaftsgefühl trug auch die Planung der öffentlichen Veranstaltung bei.

Nach dem guten Verlauf dieser Sitzungen war die siebte Sitzung sehr ernüchternd. Das lag zum einen daran, dass das Programm zu umfangreich und die räumliche Situation ungeeignet war. Das Planungsteam und der Gutachter der Baubehörde stellten ihre Pläne zum ZOB vor. Die Art und Weise war jedoch mit den Moderatoren nicht abgesprochen. Es wurde deutlich, dass die Modelle der Baubehörde relativ unabhängig von den Überlegungen des Planungsteams entwickelt wurden. Den Teilnehmerinnen und Teilnehmern der Sitzung wurde der Fortschritt im Vergleich zum bisherigen Stand nicht deutlich. Die Diskussion verlief unkonstruktiv. Alle schienen am Ende frustriert zu sein. Einmal mehr wurde deutlich, was Prozessverantwortung der Moderatoren auch bedeutet und worauf wir besser hätten achten müssen. Auch wenn Auftraggeber, Gutachter, Planer und Experten ihre eigenen Vorstellungen und Wünsche haben, müssen Moderatoren und Mediatoren die fachlichen Inputs vorher kennen und die Art und Weise der Präsentation mit entscheiden. Ihnen muss die Entscheidungskompetenz zugesprochen werden, die Beiträge auf den Kommunikationsprozess abzustimmen.

Eine besonders interessante Erfahrung waren die Vorbereitung und der Verlauf der öffentlichen Veranstaltung, bei der die Zwischenergebnisse des „Runden Tisches" einer breiteren Öffentlichkeit vorgestellt wurden. Wir haben die Teilnehmerinnen und Teilnehmer des „Runden Tisches" darauf vorbereitet, dass sie selbst in mehreren kleinen Runden mit den interessierten Bürgerinnen und Bürgern in ein Gespräch kommen und in der Rolle von Moderatoren über die Arbeit berichten und die Diskussionen leiten. Das geschah in kleinen Moderationsteams und mit Hilfe von Plänen und Moderationsmaterialien zur Dokumentation der Diskussionen. Am Ende stellten die Gruppen die wichtigsten Ergebnisse ihrer Diskussion im Plenum vor. Auch wenn das öffentliche Interesse an der Veranstaltung geringer war als erhofft, trugen die Vorbereitung und Durchführung der Veranstaltung sehr dazu bei, dass sich die Mitglieder des „Runden Tisches" mit ihrer Aufgabe und dem Verfahren identifizierten. Der Rollentausch von der Streitpartei zum Vermittler der Arbeitsweise und der Ergebnisse unterstützte bei einigen einen Perspektivenwechsel hin zu einer gemeinsamen Problemsicht. Die öffentliche Veranstaltung vor Augen, verbesserte sich auch die Ergebnisorientierung im Verfahren.

In der Zwischenzeit waren die Vertreter der politischen Parteien zu immer schwierigeren Akteuren geworden – der Wahlkampf stand vor der Tür. CDU und SPD äußerten sich – wie vorher in der Bezirksversammlung – nun auch in der Presse äußerst skeptisch gegenüber dem „Runden Tisch" (Schlagzeile: „Abpfiff für den ‚Runden Tisch'"). Sie äußerten die Meinung, dass Ergebnisse nicht zu erwarten seien. Im zentralen Punkt gebe es keinen Konsens. Nach unserem Eindruck bemühten sich einige Parteivertreter am „Runden Tisch" auch nicht besonders, dies zu ändern. Anstelle am „Runden Tisch" das Konzept weiter zu entwickeln, kündigte insbesondere die Oppositionspartei an, sie wolle mit ihrem eigenen Konzept in den Wahlkampf gehen. „Die Wähler sollen wissen, dass sie mit uns den ZOB-oben (Variante auf zwei Gebäudeebenen) wählen. Dafür stehen wir und der Wähler wird entscheiden." Der zentrale Konflikt betraf entgegen diesem Bild jedoch nicht die ZOB-Varianten, sondern die Frage, ob um den ZOB ein eigenständiges Subzentrum entstehen sollte. Zu dieser Frage war mittlerweile ein Konsens erreicht und wie genau dieser aussehen würde, sollte sich noch in dieser Sitzung abzeichnen[1].

Die achte Sitzung begann infolge der „Wahlkampfspiele" mit einem kleinen Eklat. Die beiden entscheidenden Vertreter von SPD und CDU waren nicht da. Am „Runden Tisch" zeigten sich die Teilnehmer empört über das Verhalten der Politiker und die Presseartikel. Es war aber offenbar ein klärendes Gewitter. Danach nahmen wir wieder eine Veränderung der Sitzordnung vor, die sich bereits in vorangegangenen Sitzungen bewährt hatte. Nach den Regularien verließen die Teilnehmer die in Hufeisenform aufgestellten Tische und setzten sich in der anderen Hälfte des Raumes in einen offenen Stuhlkreis. Durch diesen Wechsel konnten wir bereits in einer Sitzung zuvor Entspannung und eine bessere Arbeitsatmosphäre erreichen. Die abschließende Bewertung des Strukturkonzeptes verlief dann für den ersten von fünf Themenbereichen sehr konstruktiv. Durch den Streit zu Beginn wurde zum Glück sehr deutlich, wie wichtig baldige Ergebnissen waren, die man festhalten und dem Senat und der Öffentlichkeit präsentieren konnte. Es bestand Einigkeit darüber, dass die nächste Sitzung einen vorläufigen Endpunkt darstellen würde. Man müsse nach der Wahl entscheiden, ob der „Runde Tisch" nochmals zusammenkommen solle oder möglicherweise noch eine gewisse Zeit weiter läuft. Aus Sicht der Steb lag die Entscheidung darüber beim neuen Senat.

Die Bewertung des Strukturkonzeptes hinsichtlich der noch offenen Themenbereiche wurde in der neunten und vorerst letzten Sitzung abgeschlossen. Diese Bewertung hatte in der vorangegangenen Sitzung des „Runden Tisches" mit dem Thema: „Entwicklung des Einzelhandels" begonnen und wurde mit den Themen: „Verbesserung der Mobilität (inkl. B 5, ZOB, ruhender Verkehr)" – „Freizeit und Kultur" – „Freiräume" – „Wohnen und Arbeiten" fortgesetzt. Die Ergebnisse in Gestalt des abgestimmten Strukturkonzeptes und zahlreicher zusätzlicher Vereinbarungen zu den einzelnen Themen können bei der Stadtentwicklungsbehörde

---

[1] Die Teilnehmer akzeptierten bis zu 15.000 m² neu zu schaffende Einzelhandelsflächen, aber integriert in den Bestand, am sogenannten Sander Markt und auf zahlreichen Flächen nördlich der B 5; nur wenn sich hier aufgrund bestimmter Eigentumsverhältnisse nicht genügen Flächen finden, sollten die Flächen südlich der B 5 einbezogen werden usw.

und im Internet (www.zentrumsplanung-bergedorf-lohbruegge.de) eingesehen werden.

Das Bezirksamt Bergedorf hatte im Anschluss an den „Runden Tisch" Vorbehalte gegen das ausgehandelte Ergebnis und trug die Einwände auch der zuständigen Senatskommission vor. Dennoch folgte die Kommission den Empfehlungen des „Runden Tisches". Lediglich der im Strukturkonzept vorgeschlagene Standort für den Neubau eines Freizeitbades wurde entsprechend dem Wunsch der Bezirksvertretung zu Gunsten des alten Standortes nicht übernommen.

## 4
### Reflexion

Die Beschreibung des Kommunikationsprozesses über die einzelnen Sitzungen hinweg hat bereits Teile der Dynamik deutlich gemacht. Im Folgenden werden einige ausgewählte Probleme der Moderation in Hamburg-Bergedorf dargestellt, die aus Sicht des Autors auch für das Handeln von Mediatorinnen und Mediatoren wichtig sind.

### 4.1
### Moderation in Abgrenzung zu „reiner" Mediation

Der „Runde Tisch" war ein Moderationsverfahren, das sich in einigen Punkten von einem Mediationsverfahren im engeren Sinne unterschieden hat. Es war allerdings aufgrund des Themas sowie im Vorgehen der Moderatoren und in der Strukturierung des Prozesses von mediativen Elementen geprägt. Der Gegenstand des Verfahrens war eine hochumstrittene Planung. Die Konflikthaftigkeit hat das Vorgehen und die einzelnen Interventionen der Moderatoren beeinflusst. Auch wenn die Gruppe für intensive Mediationsgespräche zu groß und unser Auftrag begrenzt war (s. u.) – die für die Mediation im öffentlichen Bereich charakteristische Einbettung in planerische und politische Gesamtprozesse war an diesem Fall um so besser zu erleben.

Ein grundsätzlicher Unterschied im Vergleich zu einem Mediationsverfahren bestand in der Philosophie des Vorgehens. Eine Mediation ist nach der Phase der Vorbereitung und des Mediationsvertrages sehr stark durch die Abfolge der Schritte Themensammlung, Interessenklärung und Entwicklung von Lösungsoptionen geprägt. Auf diese Weise versuchen wir in Mediationsverfahren, zunächst eine gemeinsame Problemsicht zu etablieren und dann die tieferliegenden Interessen und Bedürfnisse hinter den Konfliktpositionen immer wieder zum Fokus der Auseinandersetzung zu machen. Das verhindert unter anderem, dass das gemeinsame Ziel aus den Augen verloren geht, und die Teilnehmer sich statt dessen in Details und immer neue Pläne verstricken, wie es zum Teil in Bergedorf geschehen ist. Die für die Konfliktbearbeitung notwendige Logik des Phasenmodells der Mediation konnten wir in Bergedorf im Rahmen des Moderationsauftrages nur begrenzt umsetzen. Die Vorgehensweise war stets ein Kompromiss zwischen auftraggebender Behörde, dem Planungsteam und den Moderatoren. Das ergab sich aus der Notwendigkeit, den Planungsprozess und den begleitenden Kommunikationsprozess zu synchronisieren, obwohl beide unterschiedliche Geschwindigkeiten und Eigengesetzlichkeiten hatten. Das Verfahren war in dieser Hinsicht sicherlich sowohl für uns als Moderatoren als auch für Behörde und Planer ein Lernprozess. Die Abstimmung funktionierte nach anfänglichen Differenzen zunehmend besser und das einvernehmlich verabschiedete Strukturkonzept kann als Erfolg gewertet werden, auch wenn die Umsetzbarkeit in vielen Punkten noch zu klären sein wird.

Die Steb war der Meinung, dass keine Mediation mehr notwendig sei, da man dem Bürgerentscheid gefolgt sei; mit Aufgabe der Pläne des ursprünglich beauftragten Baukonzerns sei der zentrale Konflikt vom Tisch und der Prozess weniger auf eine Vermittlung zwischen den Parteien angewiesen. Der Auftrag bestand also darin, den Planungsprozess durch ein moderiertes Verfahren der Öffentlichkeitsbeteiligung zu begleiten. Das schlug sich in der Ausgestaltung des Auftrages nieder. Es waren keine Vermittlungsgespräche außerhalb der gemeinsamen Sitzungen vorgesehen. Auch die Unterstützung von Rückkopplungsprozessen zwischen Vertretern im Verfahren und ihren Gruppen wurde nicht als Aufgabe der Moderatoren beschrieben.

Der Unterschied zwischen Moderation und Mediation besteht aber nicht darin, dass in einem Mediationsverfahren Einzelgespräche vorgesehen sind, auch wenn dies gerade in der Wirtschaftsmediation immer wieder zu hören ist[2]. Möglicherweise wäre in Bergedorf in solchen Gesprächen ohne großes Auditorium und anwesender Presse ein modus vivendi z. B. zwischen politischen Parteien und Bürgerinitiative leichter aushandelbar gewesen. Dennoch sind Einzelgespräche in der Mediation oft nicht der Königsweg, und zwar aus einem einfachen Grunde. wenn alle Konfliktparteien am Verfahren beteiligt sind, können sie prinzipiell jedes Problem lösen, wenn sie wirklich wollen und sich für Kooperation entscheiden. Daher geht es vielmehr um die Entwicklung einer Gruppenidentität. Diese entsteht gerade nicht in Einzelgesprächen, sondern im Gruppenprozess. Ziel ist es, dass sich die Konfliktparteien mit dem Verfahren identifizieren und sich als Gruppe verstehen, die gemeinsam ein Problem lösen will. Diese Identifikation, dieses Selbstverständnis als Gruppe mit einer gemeinsamen Aufgabe war m. E. in Bergedorf nicht genügend ausgeprägt. In einer Mediation hätten wir uns z. B. die Zeit nehmen müssen, die Rollenkonflikte zu thematisieren, die sich aus den unterschiedlichen Erwartungen der gemeinsamen Arbeit am „Runden Tisch" einerseits und der eigenen Basis bzw. Klientel andererseits ergeben[3]. In einem Mediationsverfahren hätten die Konfliktparteien eigenverantwortlich überlegen müssen, wie die Zusammenarbeit verbessert werden kann. Sie hätten vereinbaren müssen, wie sowohl die Ergebnisse als auch die Institution des „Runden Tisches" selbst geschützt werden kann, auch in

---

[2] Vgl. grundsätzlich dazu: Slaikeu, Karl A. (1996): When Pusch Comes to Shove. A Practical Guide to Mediation Disputes. Jossey-Bass, San Francisco, S. 89–129.

[3] So waren z. B. die Vertreter der politischen Parteien zwar offiziell Teilnehmer des Verfahrens. Als gewählte Vertreter saßen sie jedoch gleichzeitig im Stadtplanungsausschuss der Bezirksversammlung Bergedorf, der das relevante politische Entscheidungsgremium für die Planung ist. Sie versuchten sich wiederholt vom Runden Tisch abzugrenzen. Insbesondere nachdem der Wahlkampf begonnen hatte, positionierten sie sich nicht nur mit identifizierbaren eigenen Konzepten zu den Fragen, die am Runden Tisch beraten wurden, sondern versuchten auch, sich als Partei vom Runden Tisch selbst abzugrenzen.

Zeiten des Wahlkampfes und bei unterschiedlichen inhaltlichen Interessen und Ansprüchen der jeweiligen Klientel. Das hätte bezogen auf die inhaltlichen Fortschritte zunächst zu einer Verlangsamung des Prozesses geführt, der einigen ohnehin schon nicht schnell genug voran kam. Allerdings hätte sich die Gruppe auf einer soliden Basis der Zusammenarbeit möglicherweise weniger in Details verstrickt und wäre am Ende schneller zu wirklich tragfähigen Lösungen gekommen.

Bezogen auf die inhaltlichen Konflikte unterschied sich die Moderation der einzelnen Sitzungen nicht wesentlich von Mediationssitzungen. Alle Themenbereiche, insbesondere Verkehr, Bergedorfer Straße und ZOB, waren sehr konfliktbehaftet. Aktives Zuhören und Paraphrasieren, Visualisieren, lösungsorientiertes Fragen, Hinweise auf die Perspektivenabhängigkeit der Wahrnehmung und andere mediationstypische Interventionen waren Elemente der Gesprächsführung, wenn auch in geringerem Maße als in Mediationsverfahren. Das sorgte auch aus Sicht der Teilnehmer für eine neue Kommunikationskultur. Andererseits war die Gruppengröße mit über 30 Teilnehmerinnen und Teilnehmern zu groß für eine intensive interpersonelle Kommunikation, wie sie in der Mediation notwendig ist.

Das angestrebte Ergebnis des „Runden Tisches" unterschied sich in seiner Qualität zunächst nicht vom Ergebnis eines Mediationsverfahrens. Es ging um eine Empfehlung an die zuständigen Planungsgremien in Politik und Verwaltung, die durch einen möglichst weitgehenden Konsens informelle Bindungskraft entfalten sollte. Ein in der Mediation vorstellbares vertragliches Festschreiben von Ergebnissen ist jedoch bei einem Moderationsprozess wie dem „Runden Tisch" nicht möglich. Eine vertraglich abgesicherte Vereinbarung müsste als Möglichkeit schon im Auftrag vorgesehen werden und erfordert intensivere Argumentations- und Aushandlungsprozesse in kleineren, nicht öffentlichen Runden.

### 4.2
**Politisierung des Beteiligungsprozesses**

Bau- und Planungsprojekte im öffentlichen Bereich haben häufig eine politische Dimension. Dies war in dem vorliegenden Fall in der Schlussphase des Verfahrens eine zentrale Herausforderung. Die Vertreterinnen und Vertreter am „Runden Tisch" befanden sich in der (für die Mediation im öffentlichen Bereich typischen) Situation, am Verhandlungstisch mitzuwirken und die Arbeit gleichzeitig gegenüber der eigenen Basis und der Öffentlichkeit rechtfertigen zu müssen. In dem Verfahren sollten die Akteure ein gemeinsam getragenes Ergebnis entwickeln und gleichzeitig nach außen, gegenüber ihrer Klientel, identifizierbare Positionen und eigene Beiträge aufzeigen. Die Bürgerinitiative beispielsweise demonstrierte, dass gegen sie politisch nichts durchzusetzen sei. Das Planungsteam wollte eine möglichst große Akzeptanz für das Konzept erreichen. Es demonstrierte Offenheit und Kooperationsbereitschaft, um keinen Widerstand zu erzeugen. Gleichzeitig lag natürlich ein professioneller Ehrgeiz darin, dem Auftraggeber Steb zügig ein fertiges Konzept vorzulegen. Am schwierigsten war der Umgang mit den Vertretern der politischen Parteien (am Anfang schien noch die Bürgerinitiative der sensibelste Akteur zu sein). Da das Verfahren im Vorfeld des Hamburger Wahlkampfes lief, war insbesondere für CDU und

SPD des Bezirks Bergedorf die Alternative zu einem gemeinsamen Vorgehen am „Runden Tisch"[4] immer wieder attraktiv: mit einem eigenen Konzept an die Öffentlichkeit zu gehen und sich so von den anderen Gruppierungen und dem „Runden Tisch" insgesamt als wählbare Alternative zu unterscheiden. Der Vorteil größerer politischer Durchsetzbarkeit von Ergebnissen durch die Beteiligung von Politikern wird wie in diesem Beispiel häufig bezahlt mit dem Problem, dass der Kommunikationsprozess durch parteipolitische Konflikte und strategisches Verhalten der politischen Repräsentanten belastet wird. Die Anbindung solcher Prozesse an parlamentarische Entscheidungsverfahren ohne deren Systemlogik übernehmen zu müssen, bleibt daher eine der zentralen Herausforderungen auch für die Mediation im öffentlichen Bereich[5]. Wir haben wiederholt gute Erfahrung mit der Beteiligung von Vertretern der zuständigen öffentlichen Verwaltung gemacht. Bei politischen Akteuren sieht es aber oftmals anders aus. Auch angesichts der Erfahrungen in Bergedorf scheint es in vielen Fällen sinnvoller, statt einer direkten Beteiligung der politischen Entscheidungsträger eine Selbstverpflichtung der Parteien und Fraktionen im Vorfeld zu erreichen, dass das Verfahren gewollt ist und die Ergebnisse abgewartet werden, um als wesentliche Entscheidungsgrundlage in den parlamentarischen Gremien berücksichtigt zu werden. Sinnvoll wäre außerdem eine ausführliche Begründungspflicht bei abweichenden Entscheidungen durch die politisch zuständigen Gremien.

### 4.3
**Rollenklärung zwischen Moderation, auftraggebender Behörde und Planungsteam**

Auffällig im Verhältnis zum formalen Auftraggeber[6] war zu Beginn, dass die Steb die einzelnen Leistungsangebote in unserem Angebot genau erläutert haben wollte und nach Möglichkeiten suchte, den Aufwand zu senken. Das war zum einen ein Hinweis darauf, dass die öffentliche Verwaltung bei neuen Dialogverfahren keine etablierten Haushaltsposten zur Verfügung hat und den Aufwand dem Rechnungshof und einem politischen Auftraggeber gegenüber – in unserem Fall der zuständigen Senatskommission – rechtfertigen muss. Zum Teil drückte sich darin aber auch eine gewisse Unsicherheit über den konkreten Ablauf und die Arbeit von Mediatoren und Moderatoren in solchen Prozessen aus.

Nach außen und am „Runden Tisch" sah es zunächst so aus, dass die Steb Auftraggeberin von zwei Unternehmen ist, dem Planungsteam und den Moderato-

---

[4] Diese Alternative wird auch als BATNA bezeichnet, was für „Best Alternative to a Negotiated Agreement" steht.
[5] Vgl. Troja, Markus: Umweltkonfliktmanagement und Demokratie. Zur Legitimation kooperativer Konfliktregelungsverfahren in der Umweltpolitik, Köln 2001.
[6] Wir unterscheiden vom formalen Auftrag den inneren Auftrag, der stets von allen Beteiligten ausgesprochen werden muss, losgelöst von der Frage, wer die Kosten trägt. Für die Finanzierung gibt es im öffentlichen Bereich die unterschiedlichsten Modelle. Mediationsverfahren werden häufig von der öffentlichen Verwaltung bezahlt, zum Teil von einem Investor und in einem Fall aus unserer Praxis auch von allen Beteiligten nach einem Verteilungsschlüssel, der die wirtschaftlichen Möglichkeiten berücksichtigt.

ren. Tatsächlich war die Kooperation zwischen Steb und Planungsteam notwendigerweise viel enger, insbesondere weil zwischen ihnen nicht nur Fragen des grundsätzlichen Vorgehens und der Sitzungen am „Runden Tisch" besprochen werden mussten, sondern die fachliche Abstimmung der Planungen hinzukam. Darüber hinaus gab es einen so genannten „Behördenarbeitskreis", bei dem die Planungen und Gespräche des „Runden Tisches" zwischen den betroffenen Behörden der Stadt Hamburg und dem Planungsteam besprochen wurden. Auch in diesem Arbeitskreis waren wir nicht anwesend. Das hatte den Nachteil, dass wir über die Einschätzungen und den Stand der zur Diskussion stehenden Planungen nicht so gut informiert waren. Im Nachhinein war dies aber von Vorteil, da es dadurch leichter fiel, den Teilnehmerkreis insgesamt als unsere tatsächlichen, „inneren" Auftraggeber im Blick zu behalten.

In den Zeiten intensiver Absprachen mit Steb und Planungsteam war die Zufriedenheit bei diesen beiden Akteuren zwar höher und gelegentliche Kritik an uns am geringsten. Das war zunächst angenehm und eine Bestätigung für die eigene Arbeit. Allerdings ertappten wir uns als Moderatoren dabei, dass wir in diesen Gesprächen gemeinsam mit Behörde und Planern überlegten, wie die „schwierigen" Leute und Situationen am „Runden Tisch" am besten zu handhaben sind, statt uns immer wieder in die Perspektive der Konfliktparteien zu versetzen und zu überlegen, wie die Sichtweisen und Interessen der Beteiligten am besten berücksichtigt werden können.

Im Prinzip war das Verfahren in Bergedorf ein Beispiel für das, was in der Fachliteratur als „Kooperative Planung" bezeichnet wird und seine Wurzeln in den 70er Jahren hat[7]. Es geht um den Versuch, Bürgerinnen und Bürger möglichst frühzeitig in einen Planungsprozess einzubeziehen, ihnen Mitspracheöglichkeiten zu gewähren, um so Konflikte zu vermeiden und Widerstände in der Umsetzung zu verringern. Seit Jahren gibt es gute Erfahrungen von Planungsbüros mit solchen Ansätzen[8]. Das Planungsteam in Bergedorf entsprach vom Selbstverständnis und aufgrund eigener Moderationserfahrung nach unserem Eindruck diesem Leitbild kooperativer Planung.

Im Gegensatz zum üblichen Vorgehen war der Planungsgegenstand in Bergedorf aufgrund der kurzen, aber intensiven Konfliktgeschichte jedoch so umstritten, dass eigentlich ein klassisches Mediationsverfahren notwendig gewesen wäre. Der Steb und dem Planungsteam war aber auf jeden Fall klar, dass das Planungsteam selbst nicht den „Runden Tisch" würde moderieren können. Die Chefplanerin hat dies selbst deutlich formuliert. Die Rollenklärung war in der Theorie somit klar: die Planer sind für die Planungen verantwortlich, nehmen die Hinweise des „Runden Tisches" auf und vermitteln die Ergebnisse in möglichst bürgernaher Form. Wir waren für die Moderation dieses Prozesses verantwortlich. Allerdings hatte das Planungsteam

---

[7] Ein Unterschied besteht allerdings darin, dass bei der Partizipationsdebatte der 70er-Jahre Fragen des Beteiligungsanspruches von Betroffenen, der Emanzipation und der Bürgerrechte im Vordergrund standen. In den 90er-Jahren ging es stärker um funktionale Fragen effektiver Entscheidungsprozesse und der Erhöhung von Akzeptanz.

[8] Vgl. Selle, Klaus (Hrsg.) (1996): Planung und Kommunikation. Gestaltung von Planungsprozessen in Quartier, Stadt und Landschaft. Grundlagen, Methoden, Praxiserfahrungen, Wiesbaden, Berlin.

aufgrund der eigenen Erfahrungen auch eigene Vorstellungen, wie die Moderation am besten zu laufen habe. Genauer gesagt hatte das Team in einigen Punkten klare Vorstellungen davon, wie die Moderation nicht zu laufen habe. Das führte zu Rollenkonflikten mit uns Moderatoren.

Die Vorbereitung der öffentlichen Veranstaltung war ein weiteres Beispiel für diesen Konflikt zwischen Moderation und Planung. Die Planerin hatte große Sorge vor einem Misserfolg und kritisierte unser oben beschriebenes Konzept. Schließlich waren es die Teilnehmer selbst, die die Verantwortung für ihre Veranstaltung übernahmen. Sie wollten sich die Chance nicht nehmen lassen („Ich weiß gar nicht, wovor Frau ... so eine Angst hat", „Wir haben einfach nicht die Zeit, uns einen ganzen Nachmittag oder in einer extra Sitzung auf so etwas vorzubereiten", „Wir werden das schon hinbekommen").

Ich habe bereits angedeutet, dass sich Lernprozesse auf allen Seiten einstellten. Wir als Moderatoren mussten lernen, das Planungsteam frühzeitiger und mit Blick auf die Erfordernisse seiner Arbeit in die Sitzungsplanung einzubinden. Andererseits wurde auch deutlich, dass sich ein Konfliktregelungsprozess von einer normalen Moderation unterscheidet. Die unterschiedlichen Vorstellungen über die öffentliche Veranstaltung wurden glücklicherweise nicht in Vorbereitungsgesprächen für die Sitzung besprochen, sondern am „Runden Tisch". Diese Erfahrung hat noch einmal deutlich gezeigt, wie wichtig die Transparenz über das Vorgehen in so einem Verfahren ist. Es entspricht ganz den Prinzipien der Mediation, offene oder umstrittene Punkte nicht hinter den Kulissen, sondern in der Gruppe anzusprechen und auf der Grundlage der dort geäußerten Ziele und Interessen das weitere Vorgehen zu vereinbaren – trotz aller sozialen und emotionalen Anreize für die Moderatoren, ein möglichst perfekt vorstrukturiertes Moderationskonzept mit Planern und Behörde abzustimmen und es den Teilnehmern häppchenweise vorzusetzen.

## 5
## Schlussbetrachtung

Die selbstkritischen Überlegungen hatten das Ziel, aus dem konkreten Fallbeispiel Lerneffekte für die Organisation und Durchführung von Moderations- und Mediationsverfahren im öffentlichen Bereich abzuleiten. Sie sollten nicht die positiven Ergebnisse des „Runden Tisches" in Hamburg Bergedorf in Frage stellen. Für die Planer hatte das Verfahren nach eigenen Aussagen Modellcharakter. Alle Parteien waren sich einig, dass sie ein viel höheres Niveau der Kommunikation erreicht haben. Der Sprecher der Bürgerinitiative prognostizierte, dass die Entwicklung eines Handlungskonzeptes auf der Grundlage dieser Erfahrungen in wenigen Sitzungen gelingen könne.

Viele Aspekte dieses Moderationsverfahrens ließen sich noch genauer analysieren. Insbesondere politische Konstellationen in Hamburg und im Bezirk Bergedorf, das Verhältnis der Behörden untereinander und ähnliche Faktoren hatten Einfluss auf den Verlauf. Erst aus einer systemischen Sicht, die auch die Funktionen und Beziehungen zwischen den Akteuren sowie den unterschiedlichen Subsystemen berücksichtigt, wird die Dynamik eines solchen Kommunikationsprozesses erklärbar. Eine solche systemische Sicht bewahrt Mediatorinnen und Mediatoren im öffentlichen Bereich davor, angesichts der Komplexität solcher Prozesse in Aktionismus zu verfallen und das Geschehen ausschließlich auf die eigenen Interventionen in den Sitzungen zurückführen und auf diese Weise steuern zu wollen.

Die ständige Reflexion des Gesamtprozesses und der eigenen Rolle ist auch nach der Erfahrung in Bergedorf notwendiger Teil der Mediations- und Moderationsarbeit im öffentlichen Bereich. Auf diese Weise kann es gelingen, die inhaltlichen Probleme zu überschauen, den beteiligten Personen gerecht zu werden und angesichts der Komplexität den Prozess im Sinne der Beteiligten zu steuern.

# Beispiel 9
## Vermittlungsverfahren zu Nachtragsforderungen beim Bau des DaimlerChrysler-Projekts am Potsdamer Platz in Berlin

*Günter Bauer*

In der heutigen Bauwirtschaft wird zunehmend für anonyme Nutzer geplant und gebaut, die später als Mieter in die Objekte einziehen. Hier sind Änderungen vorprogrammiert. Durch die baubegleitende Planung wird mit erheblichen Veränderungen während der Projektabwicklung zu rechnen sein. Zudem stellen die Geldgeber höchste Anforderungen an Kreditunterlagen.

*Konfliktmanagement mit Mediationsgrundgedanken*

Diese Randbedingungen in Bauprojekten haben Konsequenzen für die Vertragsbeziehungen der an Planung und Bau beteiligten Unternehmen. Am Beispiel des bislang ohne Rechtsstreit abgewickelten Megaprojektes „Potsdamer Platz Berlin" des DaimlerChrysler-Konzerns mit rd. 1.250 Einzelverträgen und einem Volumen von ca. 1,5 Mrd. EUR soll verdeutlicht werden, wie Konflikte zwischen Vertragspartnern entstehen, welche unterschiedliche Eskalationsstufen durchlaufen werden und mit welchen mediationsähnlichen Ansätzen konkrete Lösungsmöglichkeiten erarbeitet werden können.

## 1
### Akutes Spannungsfeld der Vertragsparteien

Trotz vorprogrammierter Planungsänderungen, knapper Terminplanvorstellungen und begrenzter Budgets zeigen Aufträge der ausführenden Firmen (AN) kaum auskömmliche Preise. Projektänderungen, ob seitens des Auftraggebers (AG) gewollt, wie etwa Nutzungsänderungen oder Einsparmaßnahmen, oder ungewollt, wie beispielsweise Ausschreibungsfehler, Baugrundrisiko etc., bieten den Auftragnehmern (AN) die Möglichkeit, durch Nachforderungen die „kaputten" Preise letztlich zu Zielbetriebsergebnissen zu führen. Die kostenmäßigen Auswirkungen von Projektänderungen werden von den AN als „technische Nachträge" verfolgt, die wirtschaftlichen Folgen aus geänderten Bauabläufen finden sich meistens in „Mehrforderungen aus gestörten Bauabläufen".

*Enge Termine, baubegleitende Änderungen, knappe Budgets*

### 1.1
### Auftragnehmerseite (AN)

Die Erfahrungen am Potsdamer Platz zeigen, dass ausführende Firmen organisiert sind und mit Spezialisten die Vertragsabwicklung begleiten. Kann das Betriebsergebnis nicht ausreichend durch technische Nachträge verbessert werden, müssen zusätzlich Claims (einseitig behauptete Forderungen) aufgestellt werden. Hierzu gehören Vertragsinterpretationen und insbesondere Mehrkosten aus geänderten

*Organisierte Claim-Teams auf AN-Seite*

Bauabläufen. Durch gezielte Formulierung der Anspruchsgrundlagen über die vielen Projektänderungen und darauf aufbauenden Soll-Ist-Abläufen für Bauzeiten-Claims[1] werden gleichzeitig die pönalisierten Endtermine „ausgehebelt". Die Vertragsstrafenregelungen laufen durch nachgewiesenes AG-Verschulden ins Leere.

## 1.2
### Auftraggeberseite (AG)

*Späte Formalabwehr durch den AG*

Die AG-Seite ist diesem Druck noch nicht im erforderlichen Umfang begegnet, da in der Regel keine entsprechenden Projektstrukturen baubegleitend feststellbar sind. Erst ab ca. 50 % Projektstand reagieren die Bauherren durch Beauftragung von Spezialisten, die mit Anti-Claim-Management beauftragt werden. Formales Abwehren der Forderungen wird auf AN-Seite als Provokation aufgefasst. Hierdurch sind Verhandlungsfronten vorprogrammiert, die noch dadurch verstärkt werden, da auch anscheinend intellektuelle Hürden zwischen Juristen, Gutachtern und Technikern unüberbrückbar scheinen.

Unzureichende Kapazitäten auf AG-Seite bedingen durch „Nicht-Prüfbarkeit" eine Formalabwehr; die Forderungen werden auf die „lange Bank" geschoben. Die schleppende Abarbeitung der Vertragsänderungen bedingt Konfliktpotenziale, da unzureichender Geldfluss auf AN-Seite mit zusätzlichem Druck über weitere Forderungen beantwortet wird.

## 1.3
### Primäre Zielgrößen für Konfliktmanagement

*Gestörte Bauabläufe/ schleppende Änderungsabwicklung*

Auf der Basis des beschriebenen Spannungsfeldes lässt sich feststellen, dass als Konfliktbereiche „gestörte Projektabläufe" und „schleppende Vertragsänderungsabwicklung" die Zielgrößen für Konfliktbehandlung darstellen.

Das Geschäftsgebaren mit „Hochschaukeln der Vertragsfronten durch Forderungen und Gegenforderungen" ist ausgereizt, da gerichtliche Konsequenzen i. a. eklatante terminliche und kostenmäßige Auswirkungen haben. Der Lösungsansatz muss die Vermittlung zwischen den Parteien zum Ziel haben, da auch höchstrichterliche Urteile die Kooperation als primäre Vertragspflicht in den Vordergrund stellen. Es liegt deshalb nahe, auf Erfahrungen mit Mediation aufzubauen und mediationsähnliche Ansätze zur Konfliktlösung einzusetzen.

*Kooperation als Vertragspflicht*

## 2
### Konfliktlösungsmodell

*Fortgeschrittener Eskalationsgrad*

Nach allgemeiner Auffassung ist Mediation ein Konfliktlösungsverfahren, das für bereits fortgeschrittene Eskalationsgrade empfohlen wird[2]. Zugehörige Konflikt-

---

[1] Im Industrie- und Anlagenbau als Time Extension Claims bezeichnet.
[2] Glose, Friedrich: ‚Konfliktmanagement' Handbuch für Führungskräfte, Beraterinnen und Berater, 6. Aufl., Stuttgart: Verlag Freies Geistesleben, 1999.

merkmale zeigen, dass die Vertragsparteien nicht mehr in der Lage sind, in direkter Begegnung die Probleme kooperativ zu lösen.

Insbesondere bei Großprojekten wird diese Konflikteskalation noch dadurch verschärft, dass die Ausgangslagen oftmals in einem hohen Grad komplex sind und sich die Problemlösung dadurch zeitlich in die Länge zieht. Die zeitliche Verschiebung der Kostenproblematik wird dann überlagert von den Zwängen des terminlichen Bauablaufes, der kurzfristige Entscheidungen erfordert, um nicht noch weitere Verzüge zu erleiden. *Grundproblematik*

Am Potsdamer Platz ist zur Vermeidung verhärteter Gesprächsfronten ein „Echtzeit-Konfliktmanagement" realisiert worden. Grundvoraussetzung hierfür war ein beim Projektmanagement installiertes „aktives" Vertragsmanagement (VM) mit der Aufgabe, die Projektänderungen durch Baufakten mit zeitnah erstellten Soll-Ist-Vergleichen zu ermitteln. *Echtzeit-Konfliktmanagement/Aktives Vertragsmanagement*

Auch wenn das VM auf der AG-Seite installiert ist, kann der „quasi-Neutralitätsstatus" über die Arbeitsweise bei der Vielzahl von Vertragsabwicklungen anerkannt werden. Insbesondere durch diesen Status war es möglich, die Konflikte rechtzeitig zu lösen und das Milliardenprojekt bislang ohne Rechtsstreit abzuwickeln. *quasi-Neutralitätsstatus*

## 2.1
### Niedrige Eskalationsstufe

Alle Konflikte, die auf Bauleitungs- und Projektmanagementebene nicht lösbar waren, wurden baubegleitend in das VM als „Konfliktmanagementinstanz" aufgenommen. Anfängliche Reibungsverluste sind meist durch logische Konflikte gekennzeichnet, die hier als „niedrige Eskalationsstufe" gelten (s. Abbildung 1). *Logische Konflikte*

Eine Vielzahl von anfänglichen Streitigkeiten auf Bauleiterebene entsteht, wenn die Faktenlage nicht entsprechend vorliegt bzw. nicht zielgerichtet aufbereitet ist. Dieses frühe Konfliktstadium bedingt Streitgespräche infolge unterschiedlicher Aktenlage der Vertragsparteien. Auf Basis der baubegleitenden VM-Vertragsfortschreibung kann eine objektive Ermittlung der Baufakten für eine Moderation als Basis dienen. Die unterschiedlichen Einschätzungen der Projektänderungen werden zielgerichtet in Arbeitsgruppen definiert (Expertenwissen).

## 2.2
### Hohe Eskalationsstufe

Anfangs noch rational erscheinende Konflikte eskalieren immer dann zu emotionalen Streitigkeiten, je weiter die Ansichten über die „ermittelten Fakten" auseinander liegen (s. Abbildung 1). *Emotionale Konflikte*

Die Erfahrung zeigt, dass bei dieser Eskalationsstufe meistens nur ein neutraler Dritter mit Kenntnis der entsprechenden Sachfakten und dem Wissen um juristische Risikobereiche die Gesprächsfronten „aufreißen" kann. Hierzu muss die Sprache zwischen den Vertragsparteien befähigt werden, was mit einer Mediatorenfunktion eines Sachverständigen gleichgesetzt werden könnte. Als „Drittpartner" in den Verhandlungen werden die Gespräche zunächst unterstützt. *Mediatorfunktion*

## Konfliktbereich:

„logischer Konflikt"

## Eskalationsgrad:

„niedrig"
(Verständnis befähigen)

**VM-Forum**
z. B. VM-Mitarbeiter mit baubegleitender Vertragsfortschreibung

**VP1 Vertragspartner 1**
z. B. Bauherr, Projekt- oder Baumanagement

**Expertenwissen**

**VP2 Vertragspartner 2**
Ausführende Firma

**Quasi-Neutrale Person**
z. B. VM-Verantwortlicher als Konfliktmanager

„emotionaler Konflikt"

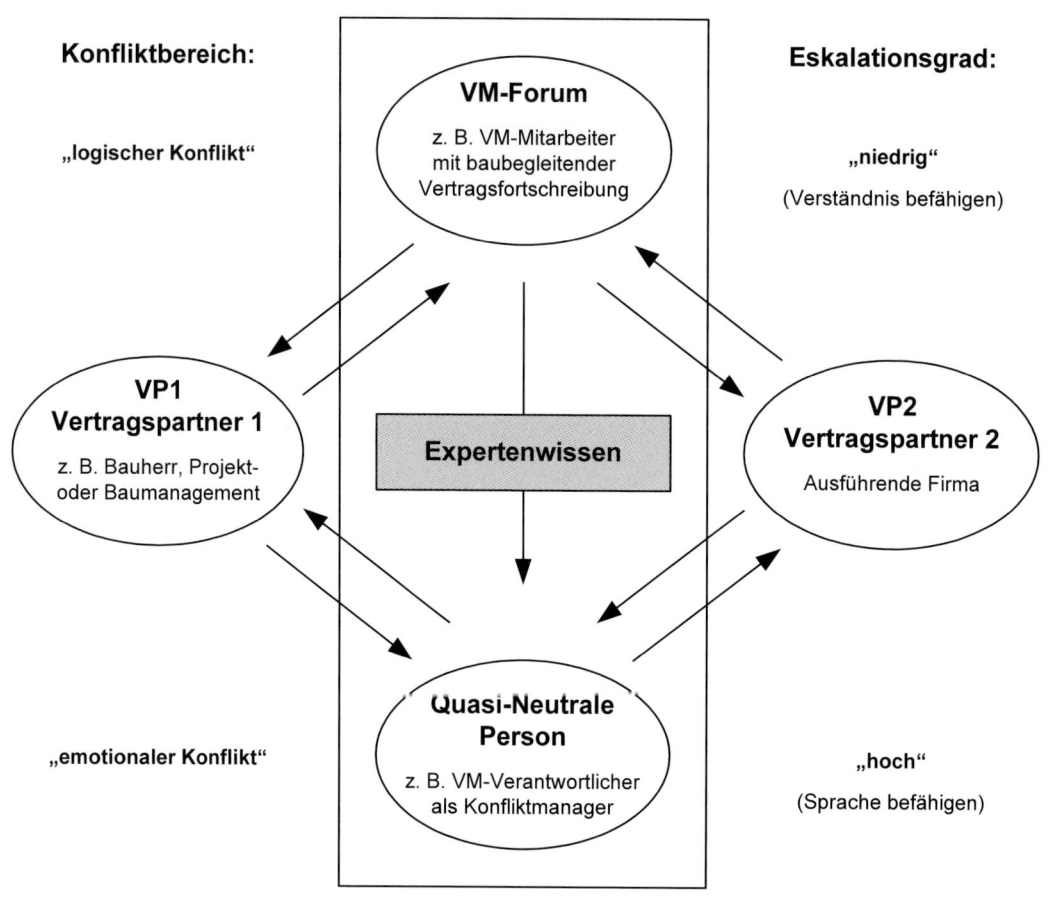

„hoch"
(Sprache befähigen)

**Abbildung 1**
Konfliktmanagementmodell – niedrige Eskalationsstufe

*Daten-transparenz*

*Vergleichs-vorschlag*

Wie Abbildung 2 verdeutlicht, werden die aus den Arbeitsgruppen entwickelten Ergebnisse mit den ungelösten Konfliktbereichen präsentationsfähig und somit transparent für übergeordnete Verhandlungsrunden kommuniziert. Nach fruchtlosem Austausch der Streitpositionen wird vom VM-Verantwortlichen ein Vergleichsvorschlag als Vermittlungswerkzeug in die laufende Verhandlung eingebracht. Grundvoraussetzung ist, dass die Verhandlungspositionen beider Parteien repräsentiert sind. Über diese aktive Rolle des VM-Verantwortlichen können Einigungen als Verhandlungsvergleiche erzielt werden.

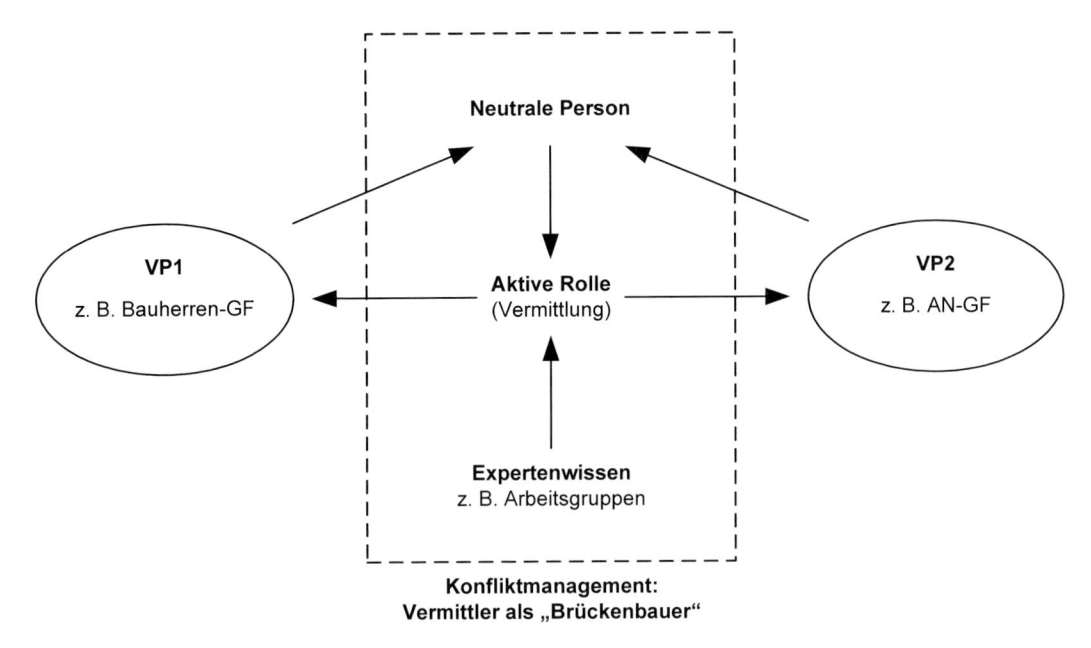

*Beispiel 9: Vermittlungsverfahren zu Nachtragsforderungen beim Bau des debis-Gebäudes* 407

```
                    Neutrale Person
                          │
                          ▼
   ┌─────────┐       Aktive Rolle        ┌─────────┐
   │  VP1    │ ◄──  (Vermittlung)   ──►  │  VP2    │
   │z. B.    │           ▲               │z. B.    │
   │Bauherren│           │               │ AN-GF   │
   │  -GF    │                           │         │
   └─────────┘      Expertenwissen       └─────────┘
                  z. B. Arbeitsgruppen

                  Konfliktmanagement:
              Vermittler als „Brückenbauer"
```

**Abbildung 2**
Konfliktmanagementmodell – höhere Eskalationsstufen

## 2.3
### Grundvoraussetzung: Aktives Vertragsmanagement

Die Erfahrungen am Großprojekt Potsdamer Platz haben gezeigt, dass ein baubegleitendes Vertragsmanagement unter anerkannter Wahrung der Objektivität die anfänglichen Eskalationsstufen von Konflikten über Moderationsansätze in einem VM-Forum mit VM-Mitarbeitern und der Bauleitungsebene weitestgehend lösen kann. Erst bei stärkerer Ausprägung des Konfliktes konnten die Parteien über VM-Foren mit VM-Verantwortlichen und Geschäftsführern beider Vertragsparteien über mediationsähnliche Vermittlungsansätze wieder zu kooperativen Verhaltensweisen „geführt" werden.

*Grundvoraussetzung*

Dieses erfolgreich praktizierte Konfliktlösungsmodell basiert auf Grundsätzen der Mediation und kann als Übergangsmodell aufgefasst werden. Grundsätzlich ist damit eine Methodik für unterschiedliche Konfliktausprägungen gegeben, um den Kooperationsgedanken auch bei starken Projektänderungen nicht aufzugeben. Wie das Konfliktlösungsmodell „Aktives Vertragsmanagement" im Einzelfall anzuwenden ist, soll im Folgenden hinsichtlich der Hauptkonflikte „Geänderte Bauzeit" und „Schleppende Bearbeitung von Vertragsänderungsprozessen" beschrieben werden.

*Übergangsmodell*

## 3
### Konfliktbereich „Geänderte Bauzeit"

Konflikte zu Mehrkosten aus gestörten Bauabläufen und damit aus geänderten Bauzeiten sind meistens auf eine Vielzahl von Ursachen auf AN- und AG-Seite zurückzuführen. Ohne Anspruch auf Vollständigkeit verdeutlicht die folgende Auflistung, dass sich in Großprojekten meistens viele Einflüsse komplex überlagern und Störungen im Bauablauf nach sich ziehen. Nur selten können einzelne Störungssymptome (z. B. verspäteter Baubeginn) einer Einzelursache (z. B. fehlende Baugenehmigung) zugeordnet werden. Die Ursachen gestörter Bauabläufe sind:

### AG-seitig

*Gewollte* Änderungen

- bloße Wünsche
  - Einsparungen/bessere Optik
  - Standardänderungen
- technisch erforderlich
  - geänderte Vertragsschnittstellen
  - Auftragserweiterungen

*Ungewollte* Änderungen (Risiken)

- Ausschreibungsfehler
  - falsche Vordersätze
  - falsche oder lückenhafte Beschreibung
- Mitwirkungsverpflichtung verzögert/unterlassen
  - Baugenehmigung
  - Gewerkekoordination
  - Planlieferungen
- Baugrundrisiko

### AN-seitig

- Arbeitseinstellungen
- Unzureichende Kapazitäten
- Ausführungsmängel
- Verspäteter Beginn

In der Baupraxis sind fast immer komplexe Überlagerungen von AN- und AG-seitigen Defiziten anzutreffen. Dies kann als wesentliches Problem angesehen werden, da die Definition berechtigter Ansprüche aus gestörten Bauabläufen insbesondere bei nachträglicher Ermittlung der Änderungsfakten naturgemäß unscharf ist.

## 3.1
### Geeignetes Beurteilungsverfahren

Derzeit existiert kein anerkanntes Verfahren, welches für beiden Seiten (AN und AG) baubegleitend praktikabel ist, um zeitnah die Ursachen und deren kostenmäßige Auswirkungen zu verdeutlichen. Um das Massengeschäft in Großprojekten zu beherrschen, muss ein Beurteilungsverfahren gefunden werden, das bei gleichen Qualitätserfordernissen weniger zeitaufwändig ist als gutachterliche Ermittlungen. Zu diesem Zweck ist vom VM am Potsdamer Platz eine Prüfmethodik entwickelt worden, die auf baubegleitender Terminfortschreibung mit Soll-Ist-Ablaufdokumentationen in Anlehnung an das Bauablauf-Kosten-Zuordnungsverfahren basiert.

*Angepasste Prüfmethodik für Massengeschäft*

Wesentlicher Bestandteil sind Bauleistungsverteilungen oder auch Baustellen-„Fieberkurven", die sich hervorragend dazu eignen, die unterschiedlichen Ursachen und Wirkungen zu erfassen und darzustellen.

*Kriterium „Leistungsverteilung"*

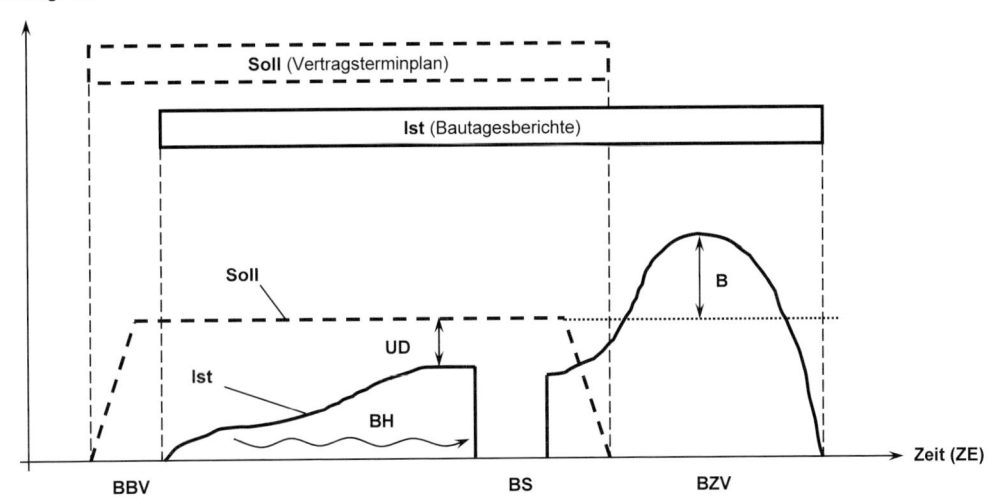

| | | |
|---|---|---|
| BBV | = | Baubeginnverschiebung |
| BH | = | Einzelbehinderungen („schleichend") |
| BS | = | Baustopp |
| UD | = | Leistungsunterdeckung |
| BZV | = | Bauzeitverlängerung |
| B | = | Beschleunigung |

**Abbildung 3**
Symptome geänderter Bauprojektabläufe: Baustellen-„Fieberkurve" auf Basis von Ist-Lohnstunden (gemäß Bautagesbericht)

Diese Kurven sollen helfen, durch Soll-Ist-Lohnstundenvergleiche die Mehrkosten geänderter Bauabläufe zu ermitteln. Im VM wird als Basis (Soll) vom Vertrag ausgegangen – und nicht vom Bau-Ist „Bautagesbericht", da durch Umlagerung der Vertragsleistung auf die geänderten Bauabläufe die Beurteilung der abzuleitenden Mehrkosten erfolgt.

### 3.1.1 AN-Defizite

*AN-Trivialansatz* Nach Projektabschluss werden bei Großprojekten für Schlüsselgewerke, wie Baugrube, Rohbau, Trockenbau, Fassade etc., Soll-Ist-Betrachtungen gemäß Abbildung 3 genutzt, um Mehrkosten auf der Basis von Ist-Lohnstunden aus Bautagesberichten durch Vergleich mit den ursprünglich kalkulierten Stunden geltend zu machen. Die Differenz zwischen Soll- und Ist-Lohnstunden wird ohne Verursachungsnachweis über Multiplikation mit dem Verrechnungslohn als Mehraufwand geltend gemacht.

Diese Art der Nachtragserstellung provoziert aufgrund der einseitig behaupteten Anspruchsgrundlage und der beträchtlichen Höhe in Größenordnungen von 10 bis 30 % des Auftragsvolumens kategorische Ablehnungshaltungen auf AG-Seite mit folgenden Argumenten:

*Formale Ablehnungsargumente*
- Kostenverursachung nicht nachgewiesen
- Bau-Ist auf Basis Bautagesberichte (Selbstkostenerstattung!)
- Erschwernisse bereits vergütet in Zulagepositionen, Tagelohn etc.
- AN-Eigenverschulden nicht abgegrenzt (Inverzugsetzungen)

*Teufelskreis: Privatgutachten/ Gegengutachten* Formalabwehr provoziert die AN-Seite, so dass Spezialisten mit Privatgutachten beauftragt werden, um die aufgezeigten Defizite durch gerichtsfeste Argumentationen zu beseitigen. Diese Qualitätsanforderung führt zu einem langem Bearbeitungszeitraum, der Bauleitungskapazitäten bindet und oft erst Monate nach Vertragsende abgeschlossen wird. Unter Wahrung der Formalia der VOB/B § 16, Nr. 3, Ziffer 1 ff werden viele Ordner als umfassende Ausarbeitung vorgelegt.

Hierdurch fühlt sich wiederum die AG-Seite provoziert und setzt Gegengutachter ein. Das Ende dieses Teufelskreises ist allgemein bekannt. Noch Jahre später streiten Juristen und Gutachter beider Vertragsparteien um eine Antwort auf die Frage:

*Grundproblem*
„Was ist denn eigentlich wirklich passiert?"

Hier muss angesetzt werden, wenn das zentrale Problem der bei Großprojekten immer wieder anzutreffenden, unzureichenden Baudokumentation gelöst werden soll.

### 3.1.2 Grundproblem

*Einsparungen/ Bauleitungsüberlastung* Erhöhter Koordinationsaufwand der Verantwortlichen in Großprojekten bei immer engeren Terminen und knappen Honoraren bedingt „Einsparungen beider Vertragsparteien", bei denen oftmals die zunächst „unproduktiv" erscheinende Baudokumentation vernachlässigt wird. Die umfassenden Ausarbeitungen zu Bauzeitennachträgen überfordern das Bauleiter- und Projektleiterwissen, so dass Privatgutachter aktiviert werden.

*Verspätete Vorlage des Claims* Auf der Basis der einschlägigen Literatur[3, 4] werden checklistenartig und teilweise ohne Reflektion der betriebsstatistisch ermittelten Randbedingungen unbegründete

---
[3] Kapellmann, Schiffers: „Vergütung von Behinderungsfolgen".
[4] Vygen, Schubert, Lang: „Bauverzögerung".

Berechnungsannahmen getätigt. Mit umfassenden Auswertungen von Bau-Ist-Fakten werden übermäßige Claim-Forderungen produziert. Eine zeitnahe Bearbeitung ist hierbei nicht möglich.

Während ausführende Firmen sich immer häufiger baubegleitend organisieren, hat die AG-Seite häufig den intelligenten Invest „Vertragsfortschreibung" noch nicht realisiert:

„Dokumentationen, die im Nachhinein erstellt werden, haben naturgemäß einen entscheidend höheren Aufwand und sind qualitätsmäßig unzureichend."

Eine nachträglich erstellte Baudokumentationen wird auch nicht dadurch besser, dass später Spezialisten eingesetzt werden. Jede nachträgliche Ermittlung der Anspruchsgrundlagen bedingt Graubereiche, die als „Wunden" in der verursachungsgerecht aufzubereitenden Argumentation angesehen werden müssen, d. h., die Vertragsparteien werden in ihren Verhandlungspositionen angreifbar.

*Nachträgliche Erstellung*

### 3.1.3 Lösungsansatz

Die abgeleitete Forderung muss somit „baubegleitende und objektive Vertragsfortschreibung" lauten, die als grundlegende Aufgabe eines aktiv agierenden VM gilt. Was liegt näher, als eine Instanz zu bilden, die zeitnah Vertragsänderungen verursachungsgerecht thematisiert, kommuniziert und verbleibende Meinungsunterschiede in übergeordnete Konfliktmanagementinstanzen einschleust. Nur durch ein „Echtzeit-Konfliktmanagement" werden diese hoch komplexen Ablaufänderungsprozesse und ihre Ursachen identifiziert und bezüglich der jeweiligen Auswirkungen zeitlich/kapazitiv definierbar. Der Grundstein für die allgemein vorgeschriebene adäquat-kausale Nachweisführung wäre gelegt.

*Aktives Vertragsmanagement Basis für Nachweisführung*

Am Großprojekt Potsdamer Platz ist eine Methodik erforderlich geworden, um unter Berücksichtigung der zahlenmäßig sehr umfangreichen Bauzeitennachträge und den unterschiedlichen Zeitfenstern für Verhandlungsgespräche die Grundlagen zielgerichtet ausarbeiten zu können und somit drohende Eskalationen notfalls mit aktiven Vermittlungsvorschlägen zu lösen. Um die „Echtzeit"-Komponente des Konfliktmanagements realisieren zu können, müssen zeitnah folgende Anforderungen an eine geeignete Methodik gestellt werden:

*Massengeschäft und Kurzprüfmethodik*

- zeitnahe Soll-Ist-Ablaufdokumentationen
- objektive Auswertung (Ursachen beider Vertragsparteien, allgemeine Kriterien)
- baubegleitendes Konfliktforum
- Vertragsbasis (keine Selbstkostenerstattung)
- einfache nachvollziehbare Berechnungen
- verursachungsgerechte Präsentationen
- keine Doppelvergütungen

Die Kunst besteht im Einzelfall darin, die hochkomplexe Überlagerung von Änderungsursachen und deren Auswirkungen visuell in Gesprächen zu vermitteln (Sprache befähigen). In den wesentlichen Anspruchsgrundlagen sollen die Vertragsparteien ihre Positionen nach dem „Ursache-Wirkungs-Prinzip" erkennen.

### 3.1.4 Arbeitsschritte

*Allgemeingültige Arbeitsschritte*

Dieser anspruchsvolle und in der Umsetzung sehr aufwändige Ansatz ist nach Meinung des Verfassers zentrale Zielgröße bei der Konfliktlösung. Als Konsequenz hieraus muss sich eine zielgerichtete Problemlösungsstruktur ergeben, die letztlich als VM-Methodik die o. g. Anforderungen löst. Grundsätzliche Arbeitsschritte der VM-Methodik sind:

1. Baudokumentations-Ordner (Dokumente sammeln)
2. Ereignis-Chronologie (Grobauswertung, Schwerpunkte)
3. Soll-Ist-Ablaufdokumentation (Ursache – Wirkung: kausal)
4. Abgeleitete Soll-Ist-Bauleistungsverteilung (adäquat-kausal)

Die genannten Arbeitsschritte können als allgemein gültig angesehen werden, um schrittweise Problemstrukturen zu definieren. Zunächst werden während der jeweiligen Vertragsabwicklungen gewerkeweise die vertragsrelevanten Schriftstücke und Akten in einer **Baudokumentation** gesammelt:

*Baufakten sammeln (Bau-Ist)*

- Bautagesberichte mit entsprechenden Vermerken
- (VOB-)Schriftverkehr
- Planlieferlisten
- Fotodokumentation
- Soll-Ist-Terminpläne (Soll-Ist-Vergleiche)

*Auswerten 1. Schwerpunkte definieren*

Diese Informationsmengen müssen in einem ersten Auswerteschritt in einer **Ereignischronologie** aufbereitet werden, damit sich aus einer tabellarischen Übersicht ein Gesamtbild ableiten lässt:

**Übersichtstabelle:**

| Lfd.-Nr. | Datum | Dokumentenart | von | an | Kurztext |
|---|---|---|---|---|---|
| ⋮ | | | | | |
| 3. | 11.01.97 | Einschreiben/Rückschein | AN | AG | **Behinderung** angemeldet: keine Pläne für EG |
| 4. | 11.01.97 | Bautagesbericht | AN | BL | **Stillstände:** Schalkolonne – Einwendung – BL, Ausweicharbeiten |
| 5. | 12.01.97 | Brief | BL | AN | Behinderung abgelehnt: Ausweicharbeiten möglich |
| etc. | | | | | |

**Anlagen:** usw.

Brief vom 12.1.97 — Lfd.-Nr. 5
Bautagesbericht vom 11.1.97 — Lfd.-Nr. 4
Einschreiben/Rückschein vom 11.1.97 — Lfd.-Nr. 3

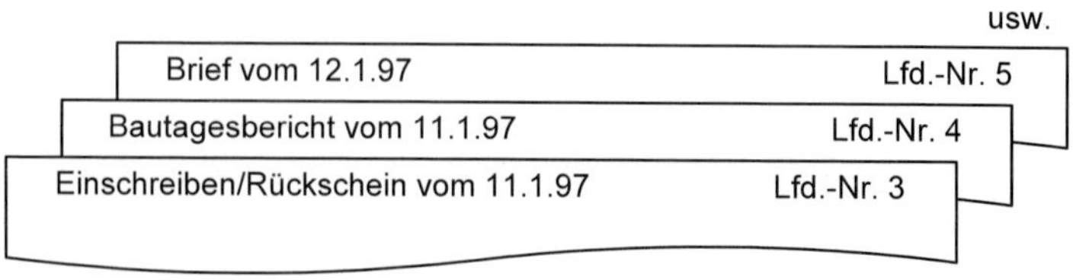

**Abbildung 4**
Ereignischronologie

*Beispiel 9: Vermittlungsverfahren zu Nachtragsforderungen beim Bau des debis-Gebäudes* 413

Aus Abbildung 4 wird ersichtlich, welche Arten von Ablaufstörungen und welche Auswirkungen im Einzelfall feststellbar sind, und wie diese auf der „Arbeitsebene Bauleitung" kommuniziert werden (strittig/unstrittig?). Auf dieser Basis lassen sich Schwerpunkte herausarbeiten, die in folgende, allgemein gültige „Rubriken" von Anspruchsgrundlagen für gestörte Bauabläufe eingeordnet werden können:

*Problemstruktur gestörter Abläufe*

- Baubeginnverschiebung   (BBV)
- Einzelbehinderungen   (BH)
- Baustopp   (BS)
- Beschleunigung   (B)
- Bauzeitverlängerung   (BZV)
- Mengenänderungen   (ME)
- Leistungsänderungen   (NA)

Werden die Störungssachverhalte nach diesen Rubriken geordnet, ergibt sich der Vorteil, dass die Vielzahl von Sachverhalten transparent aufbereitet und in entsprechenden Mehrkostenberechnungen separat kalkuliert werden kann. Die unterschiedlichen Sachverhalte bedingen spezifische Symptome in Bauleistungsverteilungen, die in folgender Systematik für spätere Berechnungsgrundlagen eingeordnet werden.

*„Filet"-Technik*

Baubeginnverschiebung (BBV)

Bauzeitverlängerung (BZV)

Baustopp (BS)

Beschleunigung (B)

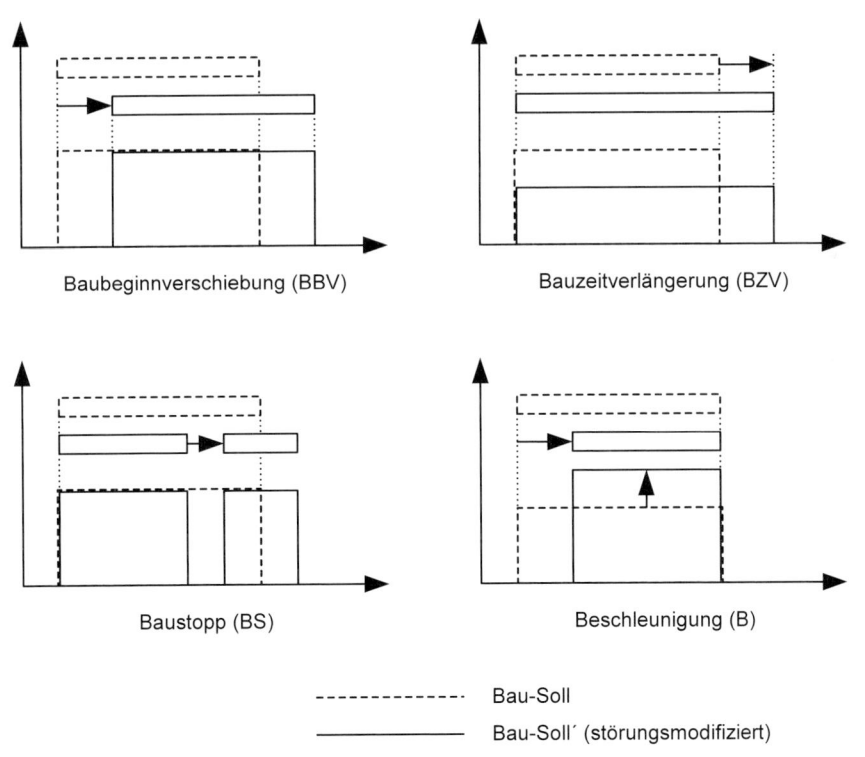

‑ ‑ ‑ ‑ ‑ ‑ ‑ ‑ ‑ ‑ ‑ ‑ ‑ ‑   Bau-Soll

─────────────   Bau-Soll′ (störungsmodifiziert)

**Abbildung 5**
Bauleistungsverteilung auf Vertragsbasis – Systematik gestörter Bauabläufe

## 4
## Konfliktbereich „Schleppende Vertragsänderungsbearbeitung"

Vertragsänderungsprozesse werden bei der Abwicklung von Großbauvorhaben bereits unmittelbar nach Vertragsbeginn deutlich. Die ausführenden Firmen, die durch einschlägige Literatur und richtungsweisende Urteile der Rechtsprechung beflügelt sind, organisieren sich mit baubegleitenden Spezialisten. Jede Kleinigkeit in den Vertragsabweichungen wird durch Behinderungsanzeigen, Mehrkostenanmeldungen, Bedenkenanzeigen etc. ausgenutzt, um auf dieser Basis Claims ableiten zu können.

### 4.1
### Problematik

*Actio: Unzureichende AG-Kapazitäten*

Die Flut von Vertragsänderungsanzeigen zu Beginn jedes Großbauprojektes, die letztlich in Nachträgen unterschiedlichster Art münden, überfordert jeden Auftraggeber, der nicht über eine entsprechende Gegenorganisation verfügt. Die AG-seitige Bauleitungs- und Projektsteuerungsebene, die aufgrund von Sparzwängen auf ein Minimum reduziert ist, kann dieses Volumen in Anbetracht des zusätzlichen Koordinationsbedarfs vor Ort nicht bearbeiten. Insbesondere bei dezentralem Eingang der Änderungsanzeigen und Nachträgen in Teilprojekten neigen überforderte AG-Bauleiter dazu, die Dokumente in „Schubladen" verschwinden zu lassen.

*Roactio: AN baut Druck auf*

Auswirkungen dieser schleppenden Bearbeitung sind Emotionen auf Bauleiterebene, da sich der bauausführende Vertragspartner nicht ernst genommen fühlt. Die Antwort erfolgt durch weiteren Druck über jegliche Vertragsabweichung, auch wenn diese noch so klein ist. Auf AN-Projektleitungsebene wird weiterhin deutlich, dass Cash-flow und Baustellenleistung in einem krassen Missverhältnis stehen. Dieser kaufmännische Druck, gepaart mit den Emotionen machtloser AN-Bauleiter, führt zu den Wurzeln der Konflikte in Großprojekten, bei denen Eskalationen oft durch einen „Tropfen, der das Fass zum Überlaufen bringt", gezündet werden. Als Konsequenz auf AG-Seite muss gefordert werden, dass insbesondere bei Großprojekten eine bestimmte Gegenorganisation installiert wird.

*Konsequenz: AG-Organisationsbaustein*

### 4.2
### Konfliktmanagementansätze

*Fehlende Datentransparenz*

Am Großprojekt Potsdamer Platz ist die organisierte Begleitung der AN-Vertragsabwicklungen von Beginn an spürbar gewesen. Die Teilprojekte wurden mit einer Vielzahl von Vertragsänderungsanzeigen konfrontiert, die kapazitiv in Anbetracht der kritischen Vorortprobleme nicht von den Verantwortlichen in der erforderlichen Tiefe bearbeitet werden konnten.

*Baubegleitendes Vertragsmanagement*

Nach ca. 20 % Projektstand ist ein Vertragsmanagement im AG-seitigen Projektmanagement installiert worden, das zunächst als interne Supportfunktion die Vertragsänderungsprozesse mit einem angepassten Berichtswesen transparent machte. Auf dieser Basis waren die Brennpunkte kritischer Vertragsabwicklungen definierbar, so dass gezielt VM-Support geleistet werden konnte, um die Vertragsfortschreibung zu steuern. Somit wurde baubegleitend die Grundlage mit den Beteiligten erarbeitet, damit die sich entwickelnden AN-Forderungen auf Sachebene diskutiert und letztlich zeitnah verhandelt werden konnten.

### 4.3
### Prozessgestaltung

Grundvoraussetzung für die Erkennung kritischer Vertragsabwicklungen ist die erforderliche Datentransparenz der Vertragsänderungsfakten. Hierzu müssen zeitnah die Vertragsänderungen fortgeschrieben werden. Als Grundlage sind Vertragsänderungsprozesse zu definieren, damit die Soll-Ist-Abweichungen erkennbar werden. Hierzu müssen die Ist-Daten aufgrund der Datenflut in ein angepasstes EDV-Datensystem eingestellt werden, damit durch Gegenüberstellung mit den vertraglichen Soll-Daten die Vertragsabweichung erkennbar und verfolgbar wird. Nur so ist bei Großprojekten eine Steuerung über definierte Vertragsänderungen gegeben. Folgende Vertragsabweichungen sind in Großprojekten durch ein VM zentral zu verfolgen:

*Baubegleitende Vertragsfortschreibung*

*Soll-Ist-Vergleiche*

- Behinderungsanzeigen, Inverzugsetzungen, Bauzeitennachträge
- Mehrkostenanmeldungen, Technische Nachträge
- Belastungsanzeigen, Gegenforderungen
- Mängelanzeigen, Mängellisten, etc.

Für eine Überwachung müssen die Prozesse der Vertragsänderungen über spezifische Ablaufschemata (s. Abbildung 6) definiert werden.

Solche Ablaufschemata müssen für die unterschiedlichen Vertragsänderungen in den Teilprojekten eingeführt werden, damit alle Verantwortlichen die Vertragsabwicklung einheitlich und somit „standardisiert" vornehmen. Hierzu ist es hilfreich, wenn die Abläufe bereits bei der Vertragsgestaltung beigefügt und individuell in den Auftragsverhandlungen als Vertragsbestandteil eingebunden werden. Auf dieser Basis ist die Abwicklung für beide Vertragsparteien verbindlich festgelegt.

*Ablaufschema vertraglich vereinbaren*

Die Ablaufschemata sollten in Laufzettel überführt werden, die als Deckblätter auf die einzelnen Vertragsänderungsvorgänge gelegt werden. Werden diese Deckblätter mit Checklisten zur vertragsgemäßen Beurteilung ergänzt, ist ein VM-Tool für die Verantwortlichen vorhanden, welches den Stand und die Qualität der Bearbeitung verdeutlicht. Insbesondere bei AG-seitig eingesetzten Kontrollinstanzen (Juristisches Projektmanagement, baubegleitende Revision, Bundesrechnungshof etc.) ist die Nachvollziehbarkeit der Änderungsbearbeitung unausweichlich.

*Laufzettel/ Checklisten sichern Qualität*

Die Checklisten sind dabei so aufgebaut, dass die grundsätzlichen Arbeitsschritte für umfassende Beurteilungen auch unter Berücksichtigung des Massengeschäftes und der teilweise fehlenden Kompetenz der Bauleiter bei juristischen Prüfungsmethodiken repräsentiert sind. Durch die sogenannte Prüfberichtsform werden die allgemein gültigen Prüfungskriterien in Kurzform umgesetzt.

*Prüfberichtsform*

Die Nachtragsprüfung erfolgt somit nicht auf primär textlicher Basis, sondern anhand der aufgeführten Kriterien der Checkliste, die eine anlagengesteuerte Berichtsform ergebnisorientiert zusammenstellt. Qualitätsdefizite werden im VM sofort durch

*Qualitäts-* nicht ausgefüllte Checklistenbereiche identifiziert, so dass durch Gegensteuerung
*sicherung* (z. B.: eigenständige Ergänzung bzw. Rücksendung ins Teilprojekt) die Nachvollziehbarkeit für außenstehende Dritte notfalls nachträglich, aber immer noch zeitnah, gewährleistet wird.

Bei der Beurteilung der Anspruchshöhe tragen die Deckblätter der Urkalkulation entscheidend zu einer objektive Preisfindung bei. Diese bekannten EFB-Blätter als Kalkulationszusammenfassungen haben die AG-Bauleiter in die Lage versetzt, eine Preisprüfung auf Vertragsbasis durchzuführen.

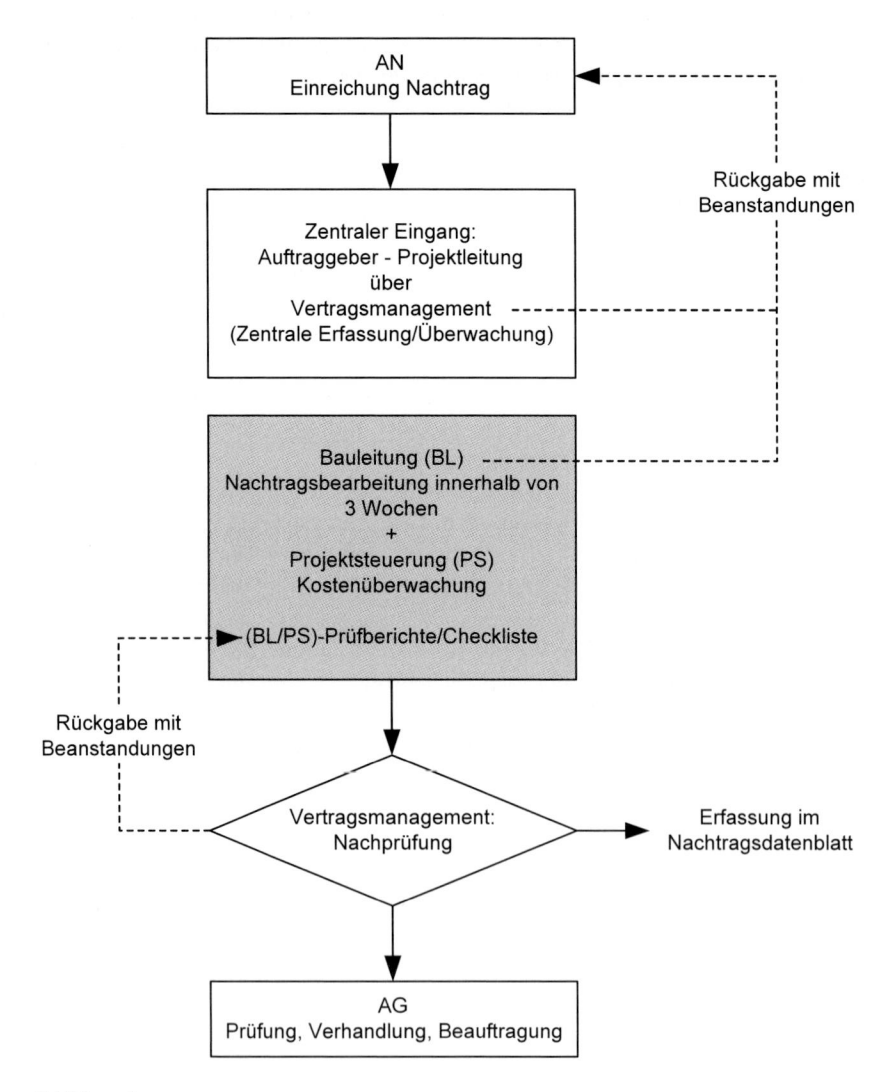

**Abbildung 6**
Ablaufschema – Vertragsänderungen (Beispiel): Nachtragsbearbeitung

Die Konsequenzen einer unzureichenden Festlegung der Anspruchsgrundlagen und fehlender Objektivität der Preisfestlegung wären zusätzliche Rückfragen in den Teilprojekten. Diese „Verwaltungsschleifen" bedingen Zeitverluste, Kapazitätsbindung und letztlich zusätzliches Konfliktpotenzial, welche die Wurzel der Vertragsabwicklungsprobleme darstellen. Um dieser Gefahr der zögerlichen Abarbeitung zu begegnen, sollten der AN-Seite die Checklisten bereits zum Vertrag beigefügt werden. Hierdurch wird gewährleistet, dass die ausführenden Firmen die Nachträge in allgemeingültiger Form einreichen.

*Einmaligen Prozessdurchlauf sichern*

Die Einhaltung dieser allgemeingültigen Standards verspricht eine Bearbeitungsgeschwindigkeit, die letztlich zu einem schnelleren Geldfluss auf AN-Seite führt. Erfahrungsgemäß bedingt dieses Argument, dass sich die ausführende Seite ohne Probleme mit dem Formalismus der Formblätter identifiziert und die Einbindung in den Vertrag letztlich als Vorteil sieht.

### 4.4
**Prozessmanagement**

Ein weiteres Grundproblem bei Großprojekten ist die Datenflut bei der Abarbeitung der Vertragsänderungen. Insbesondere bei Einzelvergaben ist der Einsatz einer angepassten EDV-Software erforderlich, um die Brennpunkte kritischer Vertragsabwicklungen zu identifizieren. Hierzu ist am Potsdamer Platz ein Managementtool entwickelt worden, welches auf der Grundlage der eingeführten Ablaufschemata basiert.

*EDV-Tool mit Alarmwertsystem*

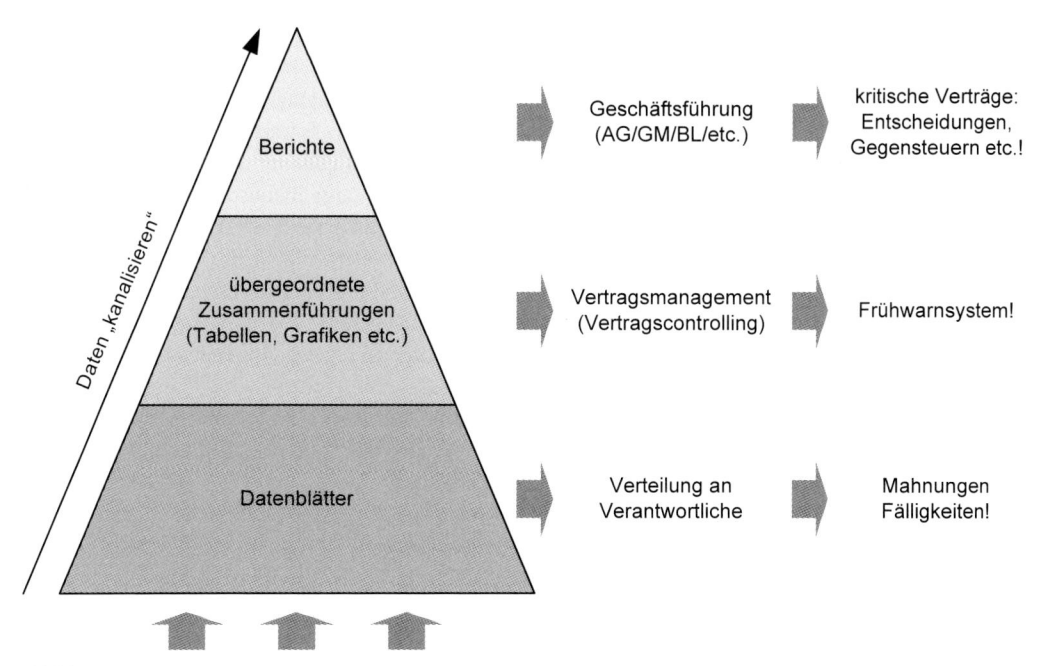

**Abbildung 7**
Berichtswesen – Prinzip: Kompression der Datenflut

Sämtliche Vertragsänderungen werden in Datenblättern überwacht. Um einen Überblick in der Vielzahl der Einzelverträge zu gewährleisten, wurde die Datenflut schrittweise mit geeigneten Berichtsstufen komprimiert.

*Bearbeitungsrückstand*
Auf der Basis des Berichtswesens ist der budgetorientierte Ansatz „Umfang der Vertragsabweichungen" und der prozessorientierte Ansatz „Bearbeitungsrückstände pro Verantwortungsinstanz" umgesetzt. Hierdurch ist eine Unterstützung in den Teilprojekten nach zweierlei Kriterien möglich. Durch die Aufstockung von Kapazitäten zur Abarbeitung aufgelaufener Nachtragsvorgänge ist die baubegleitende Bearbeitung und somit ein präventiver Konfliktmanagementansatz realisierbar. Die zügige Bearbeitung der Forderungen führte zu einem kooperativem Betriebsklima trotz beachtlicher Abweichungen in den Vertragsunterlagen.

*Änderungsumfang*

*Prüfqualitäten bei Bauleistungen*
Durch Beobachtung der Prüfquoten in Zusammenhang mit Budgetüberschreitungen bei Vertragsabweichungen kann bei qualitativ schlecht funktionierenden Bauleitungen eingegriffen werden, die entstehenden kritischen Kosten für den Bauherrn durch gezielte Forderungsabwehr im Rahmen von Budgetgrenzen abzuwehren. Letztlich muss auch betont werden, dass gewisse Entscheidungsinstanzen des Bauherrn (z. B.: Projektleitung etc.) bei fehlender Kostendeckung und noch nicht durchgesetzten Entscheidungsvorlagen die Nachtragsbearbeitung zum Erliegen bringen können.

### 4.5
### Abrechnungsmanagement

*Abrechnungszeitplan*
Um die zeitgemäße Abwicklung der Vertragsänderungsprozesse ohne die allgemein bekannten Projektnachläufe mit Vertragsstreitigkeiten umsetzen zu können, ist am Potsdamer Platz ein übergeordnetes Abrechnungsmanagement installiert worden. Dieses basiert auf der allgemeinen VOB/B-Basis, dass Schlussrechnungen innerhalb bestimmter Fristen in Abhängigkeit der Ausführungsdauer der jeweiligen Verträge vorgegeben waren (vgl. VOB/B § 16 ff.). Somit kann insbesondere für Schlüsselgewerke in Teilprojekten ein Abrechnungszeitplan erstellt werden.

*Abrechnungsregeln*

*Teilschlusserklärungen*
Die Besonderheit liegt in der „Teilschluss-Abrechnungstechnik". Hierbei werden aufgrund vertraglicher Abrechnungsregeln die Baukörper in Abrechnungseinheiten (z. B. UG, aufgehendes Gebäude B3 etc.) aufgeteilt. Für diese vertraglichen Abrechnungskörper werden Teilschlussrechnungen festgelegt, die rein auf abrechnungstechnischer Basis erfolgen, m. a. W. werden keine rechtsgeschäftlichen Abnahmen an diese Teilschlussrechnungen geknüpft. Wesentlich ist allerdings die AN-Erklärung, dass mit dieser Teilschlussrechnung abschließend und umfassend alle Forderungen aufgeführt sind (Teilschlusserklärung).

*Teilschlussverhandlungen*
Unmittelbar nach Prüfung der Teilschlussrechnungen werden die strittigen Sachverhalte in kurzfristig angesetzten Teilschlussverhandlungen auf die Tagesordnung gebracht. Hierbei sind alle Vertragsänderungen bis zu diesem Abrechnungszeitpunkt zwischen den Vertragspartnern zu verhandeln.

Der Vorteil für den AN liegt darin, dass dieser frühzeitig seine Forderungen konkretisieren und zeitnah mit dem AG verhandeln kann. Hierdurch ist die erforderliche Sicherheit gegeben, dass unstrittige Forderungen als Zahlungen in Richtung

AN fließen. Die Streitbeträge werden zumindest thematisiert, in Arbeitsgruppen definiert und unter Betreuung des VM-Supports zielgerichtet in den nachfolgenden Verhandlungen der Nachfolgebaukörper immer wieder aufgegriffen. Je nach Umfang der Streitigkeiten kann entweder ein Kompromiss erzielt werden, oder bei schwierigen Sachverhalten zumindest eine Sammelliste bis zur abschließenden Schlussverhandlung fortgeschrieben werden. Auf dieser Basis wird über sachliche Argumente in Protokollen die Sicherheit erhalten, dass diese Forderungen, wenn auch strittig, nicht unter den „Tisch" fallen. Der Vorteil für den AG liegt darin, dass die Forderungen frühzeitig benannt werden. Hierdurch ist Kostensicherheit gewährleistet, die rechtzeitige Steuerungsmaßnahmen des PM und des AG ermöglichen, falls projektbegleitend Budgetüberschreitungen feststellbar werden.   *Baubegleitende Verhandlungsschienen*

Durch den baubegleitenden Geldfluss in Richtung AN auf unstrittige Sachverhalte kann entscheidend zur Konfliktvermeidung beigetragen werden. Trotz schwerwiegender Vertragsabweichungen ist ein kooperatives Klima feststellbar, da die Termineinhaltung letztlich auch nur durch Unterstützung der Baufirmen mit Beschleunigungsmaßnahmen realisiert wird.

### 4.6
### Verhandlungsmanagement

Um die Datenflut bei der Vielzahl von Einzelverträgen beherrschen zu können, ist ein EDV-Datenbanksystem VEMA (für Vertragsmanagement) entwickelt worden, um sämtliche Vertragsänderungen zusammenfassend darzustellen (s. Abbildung 8). Dabei werden alle Vertragsänderungen aus Kosten, Terminen und Qualitäten in die Teilschlussverhandlungen einbezogen und in einem sogenannten „Vertragscheck" automatisch zusammengestellt. Hierbei werden Forderungen und Gegenforderungen in einer Claimbilanz gegenübergestellt, und durch Vergleich mit den aktuell zur Verfügung stehenden Vertragsbudgets auf Budgetüber- bzw. -unterdeckungen automatisch beurteilt. Hierdurch werden dem AG Chancen und Risiken in der Vertragsabwicklung umfassend vermittelt, so dass unter Berücksichtigung AG-seitig verfügbarer Mittel zielgerichtet verhandelt werden kann.   *EDV-Tool VEMA*

*Forderungen/ Gegenforderungen/ Budgeteinhaltung*

Durch diese Art der baubegleitend umfassenden Vertragsfortschreibung im Rahmen von aktuellen Vertragsbudgetgrenzen ist es zu jedem Zeitpunkt und somit auch bei Teilschlussverhandlungen zeitnah möglich, die Vertragsbrennpunkte zu definieren und in die Verhandlungen einfließen zu lassen. Die Einbeziehung von Gegenforderungen ist von grundlegender Bedeutung, da der AG eine wichtige Gegenposition in den Teilschlussverhandlungen erhält, die ein Verhandlungsgleichgewicht bewirkt.   *Verhandlungsgleichgewicht*

Zusammenfassend kann festgehalten werden, dass dieses Abrechnungs- und Teilschluss-Verhandlungsmanagement der Schlüssel für die erforderliche Kooperation mit zeitnaher Bearbeitung der enormen Vertragsabweichungen war. Kostensicherheit auf AG-Seite und zeitnaher Geldfluss auf AN-Seite machten dieses Vertragsabwicklungswerkzeug zum entscheidenden Konfliktforum mit Entscheidungen zum Status der Vertragsänderungen bzw. erforderlichen weiteren Behandlung in zielgerichteten Arbeitsgruppen mit VM-Betreuung.

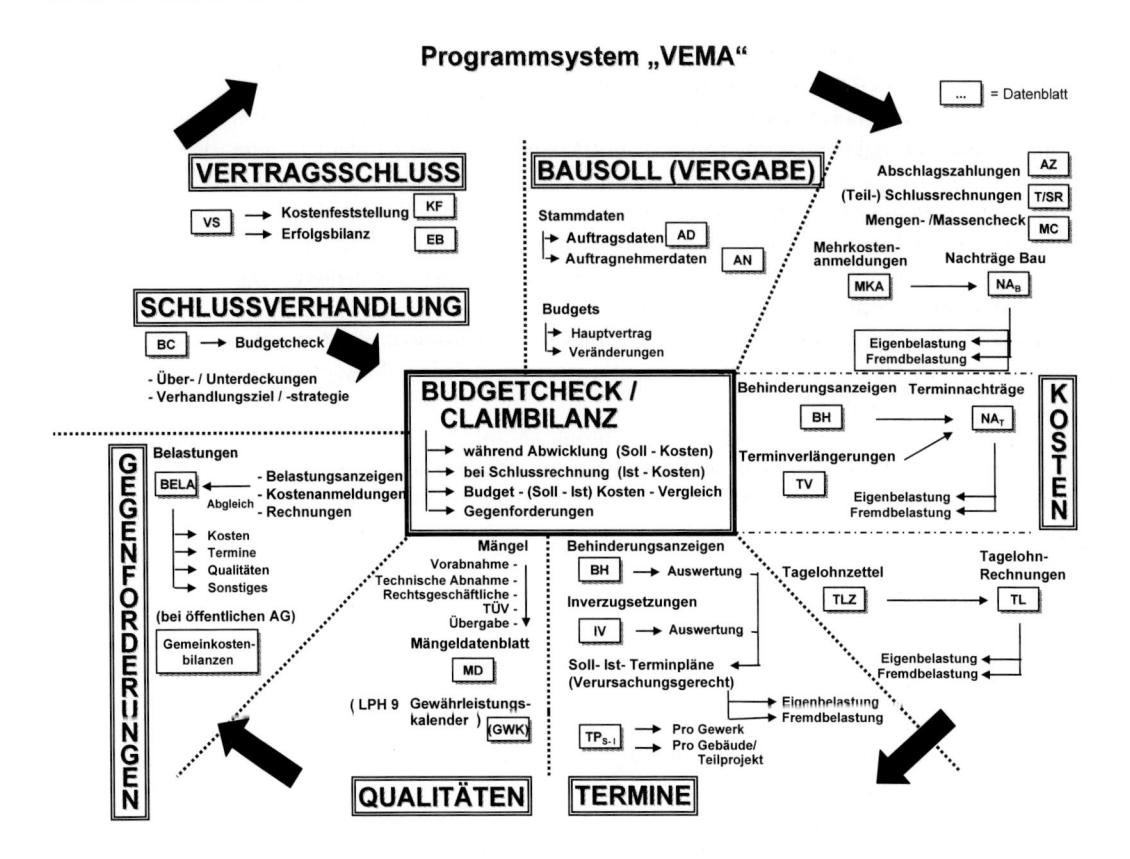

**Abbildung 8**
Programmsystem VEMA –
zeitnaher Überblick über sämtliche Vertragsänderungen auf Basis Vertrag

## 5
### Verschmelzung: Aktives Vertragsmanagement/Mediation

Die Erfahrungen aus der Abwicklung von über 1.250 Einzelverträgen am Megaprojekt DaimlerChrysler – Potsdamer Platz haben gezeigt, dass durch den Einsatz eines aktiven Vertragsmanagements Konflikteskalationen vermieden wurden und somit aus der Abrechnung heraus bis dato keine Rechtsstreitigkeiten resultieren.

*Baubegleitende Vertragsfortschreibung*
Grundvoraussetzung für die Wahrnehmung des Echtzeit-Konfliktmanagements war die baubegleitende Vertragsfortschreibung für Kosten, Termine, Qualitäten und Gegenforderungen. Oberste Priorität ist die objektive Fortschreibung der Vertragsänderungen. Diese Funktion ist erfolgreich durch ein baubegleitend eingesetztes Vertragsmanagement erfüllt. Auf der Basis eines entsprechenden Berichtswesens mit Frühwarnsystem können Konflikte infolge kritischer Vertragsabweichungen frühzeitig erkannt und zeitnah im VM-Forum zunächst auf Arbeitsebene thematisiert werden.

*Beispiel 9: Vermittlungsverfahren zu Nachtragsforderungen beim Bau des debis-Gebäudes*

Liegen die anfänglichen Meinungsunterschiede im Bereich logischer Konflikte, kann durch die unterschiedliche Einschätzung der Vertragsparteien zunächst eine Befähigung der Sprache auf Arbeitsebene erfolgen, in dem das VM-Expertenwissen zielgerichtet in die Arbeitsgruppe eingebracht wird. Oberstes Prinzip ist hierbei, dass die Neutralität der zu definierenden Vertragsabweichungen gewahrt bleibt und die Vertragsparteien durch entsprechenden Expertensupport vom VM in die Lage versetzt werden, die Meinungsverschiedenheiten zu lösen. *Neutrales VM-Forum*

Das VM-Forum mit Teilnahme der Geschäftsführung oder bevollmächtigten Vertretern der Vertragsparteien zeigt bei höheren Eskalationsstufen der Konflikte, dass durch „Einschleusen" eines neutralen Dritten, die vom VM-Verantwortlichen wahrgenommen wird, die Emotionen aus den Arbeitsgruppen und Verhandlungsgespräche mit dieser Quasi-Mediator-Funktion zielgerichtet und kooperativ geführt werden können.

Insbesondere bei drohenden Streitigkeiten ist ein kommunikationswissenschaftlicher Ansatz des VM erforderlich. Die vom VM ermittelten Daten aus der baubegleitenden Vertragsfortschreibung werden dazu genutzt, um eigene Berechnungen auf der neutralen Datenbasis anschaulich zu vermitteln. Hierzu ist ein geeignetes Beurteilungsverfahren verwirklicht worden, welches auf der Basis der Vertragsänderung die Mehrkosten anschaulich nach dem Kostenverursachungsprinzip verdeutlicht. Die Einfachheit des Verfahrens mit der feingliedrigen Struktur ermöglicht es, die hoch komplex überlagerten Probleme strukturiert zu verhandeln, wobei beide Positionen der Vertragspartner unter Kenntnis der derzeitigen Rechtsprechung vom VM-Verantwortlichen umfassend und objektiv zu behandeln sind. *Konfliktlösungs- „design"*

*Strukturiertes Verhandeln*

Somit werden letztlich durch Vermittlungsvorschläge Brücken zwischen den Verhandlungsfronten gebaut. Dadurch, dass die unterschiedlichen Verhandlungspositionen in dem Beurteilungsverfahren repräsentiert werden, wird eine Win-win-Situation geschaffen, die eine entscheidende Annäherung der Verhandlungspartner ermöglicht. Wesentlich ist der Ansatz des Vertragsmanagements, dass die Vertragsfortschreibung neutral umgesetzt wird. Somit muss sich auch ein AN mit Gegenforderungen aus mangelhafter Vertragsabwicklung konfrontieren lassen. *Aktive Vermittlerrolle*

Zusammenfassend lässt sich feststellen, dass auf einer der weltgrößten Innenstadtbaustellen der Einsatz eines aktiven Vertragsmanagements als Echtzeit-Konfliktmanagement wesentlich zu dem termingerechten Ablauf des Projektes unter Einhaltung der Budgetvorgaben beigetragen hat. Die Grundsätze „Objektivität" und somit „Neutralität" finden sich in den bereits im Ausland erfolgreich praktizierten Mediationsverfahren wieder, die als Philosophie für die Umsetzung der Vertragsmanagementstrategie grundlegend sind. *Neutralität/ Objektivität*

Nur wenn Vertragsänderungsfakten zeitnah und infolge der immensen Datenflut zielgerichtet ausgewertet und zeitnah thematisiert werden, können letztlich Konflikteskalationen vermieden und einvernehmliche Lösungen durch Verhandlungen erzielt werden. Da keine Baudokumentation perfekt sein kann, müssen die vorprogrammierten Graubereiche der Vertragsfortschreibung eine entsprechende Flexibilität bei der Verhandlungslösung ermöglichen. Durch eine verhandlungsorientierte Vorgehensweise lassen sich diese naturgemäß immer auftretenden Defizite in Win-win-Situationen unter letztlicher Einbeziehung eines kaufmännischen Vergleichs lösen. *Baufakten sichern/ thematisieren*

*Prozessrisiko*

Welcher Vertragspartner an dieser Stelle meint, dass er „Recht" haben muss, ist sich nach den Erfahrungen aus der höchstrichterlichen Rechtsprechung hoffentlich auch bewusst, dass mit formal unzureichenden Baudokumentationen hohe Risiken verbunden sind, die nicht selten in einer für den AN unerwartet nachteiligen Quote enden.

Dieses Risiko gilt es letztlich durch das aktive Vertragsmanagement zu verdeutlichen, damit für beide Vertragspartner der Anteil analytisch nicht greifbarer Sachverhalte und die damit in Zusammenhang stehenden Mehrkosten klar werden.

*Faktentransparenz/ Schnellberechnung*

Baubegleitende (objektive) Vertragsfortschreibung und zeitnahe Teilschlussverhandlungstechnik in Verbindung mit einem geeigneten Beurteilungsverfahren für komplex überlagerte Bauablaufstörungen als Massengeschäft in Großprojekten stellen nach der Überzeugung des Verfassers eine unverzichtbare Voraussetzung dar, um die speziellen Konfliktbereiche in Bauprojekten zu lösen.

*Kleinere Projektgrößen*

Zukünftig könnte auch darüber nachgedacht werden, ob nicht bei mittleren bis größeren Projekten mit Baukosten ab ca. 25 Mio. EUR ein aktives Vertragsmanagement als Echtzeit-Konfliktmanagement baubegleitend eingesetzt wird. Unabhängig davon, ob die Neutralitätsfunktion von einem Mediator oder von dementsprechend geschulten, erfahrenen und sachverständigen VM-Verantwortlichen wahrgenommen wird, ist diese Vorgehensweise immer zielführend.

*VM als intelligenter Invest*

Da beide Vertragsparteien in der heutigen Zeit anscheinend aufgrund der begrenzten Budgets im Bereich der baubegleitenden Vertragsfortschreibung zu falschen Sparzwangen verurteilt sind, sollte durch entsprechende Vertragsergänzungen in so genannten Side-letters die Vorgehensweise bei Konflikten über ein Vertragsmanagement/Mediator geregelt werden. Die Kosten für diese Echtzeit-Konfliktmanagementinstanz sollen von beiden Seiten zu gleichen Anteilen getragen werden, da letztlich jeder Mehrkostenblock objektiv unter dem Aspekt „Eigenbelastung (AG)" und „Fremdbelastung (AN)" analysiert werden sollte. Nur unter Wahrung dieses Neutralitätsprinzips mit anschaulichen Verhandlungsgrafiken können die baubegleitenden Verhandlungen unter dem kooperativen Leitgedanken abgewickelt werden.

# Beispiel 10
# Kooperative Projektkoordination in der Stadtentwicklung Olten Südwest

*Hansueli Remund*

## 1
### Einleitung

Selbst bei jungen Hochschulabsolventen im Bereich Ökonomie/Wirtschaft löst das Wort Mediation keine Reaktion aus. Es ist kein Begriff, den man offenbar kennen müsste oder der Teil der Ausbildung war.

Immerhin diktierte 1803 Napoleon I der Schweiz die erste förderalistische Verfassung, die als „Mediationsakte" in die Geschichte einging. Vielleicht ist das Wort deswegen in der Schweiz nicht ganz wertfrei – wohl kaum.

Auch wenn das Mediationsverfahren noch wenig bekannt ist, sind Ansätze dazu vor allem im Planungsverfahren der Kantone und Gemeinden durchaus erkennbar. Es sind mediationsähnliche Verfahren, bei denen nicht ein Mediator, sondern ein Verfahrenskoordinator, ein Projektbegleiter oder ein „Projektmanager" diese Funktion ausübt.

*Ansätze zu Mediationsverfahren*

Das Verfahren selbst erinnert in vielen Belangen stark an ein Mediationsverfahren.

Diese Verfahren werden genau dort gewählt, wo es gilt, unterschiedlichste Interessen zu koordinieren, in ein Projekt frühzeitig einzubeziehen und ein politisch wie rechtlich tragfähiges Resultat zu erreichen.

In diesem Sinne ist der Grundgedanke der Mediation in der Schweiz durchaus bekannt und Mediation selbst wird immer öfter bei komplexen Planungsaufgaben angewendet, wobei meist andere Begriffe, andere Funktionen gewählt werden.

## 2
### Olten Südwest: die Ausgangslage

Olten ist eine schweizerische Kleinstadt, die am Knotenpunkt der Nord-Süd- und West-Ost-Eisenbahnachse der Schweiz eine große strategische Bedeutung besaß; ihre Entwicklung basierte in hohem Masse auf dieser strategischen Ausgangslage als Knotenpunkt der Schweizer Bahnverbindungen.

*Olten: Standort im Fadenkreuz der Bahnen*

Mit dem Bau der Autobahnen geriet Olten eher ins Abseits. Umliegende Städte wie die Räume Aarau oder Zofingen waren besser erschlossen und erlebten einen bedeutend stärkeren wirtschaftlichen Aufschwung als Olten.

Politische Streitereien verhinderten in den letzten 50 Jahren auch jeden Versuch, die Verkehrsprobleme zu lösen; der gesamte regionale Verkehr zwängt sich immer noch mitten durch die Stadt. Zu den Hauptverkehrszeiten sind kilometerlange Warteschlangen das normale Bild auf den Zufahrtsstraßen zur Stadt.

*Versuche, Verkehrsprobleme zu lösen, scheiterten*

*Wirtschaftliche Stagnation: Zement- und Bausteinfabriken schließen ihre Tore*

Die wirtschaftliche Stagnation erreichte im Jahr 1999 ihren Höhepunkt, als zwei der größten Betriebe in Olten ihre Tore schlossen: die Portland-Cement Olten (PCO) und die Hunziker Bausteinfabrik (AGH). Der Abbau von Stein und Kies und die Produktion von Zement und Bausteinen prägten die an die Stadt angrenzenden Areale während fast 100 Jahren und hinterlassen eine Industrie-Brache von – für schweizerische Verhältnisse – enormen Ausmaßen:

Silobauten, offene Abbaugruben, Produktions- und Lagerhallen stehen seit 1999 ohne Verwendung in der Landschaft. Über 275'000 m$^2$ Land liegt in der Industriezone; weitere Areale in Abbauzonen.

Eingefügt in bewaldete Hügelzüge hat die Stadt Olten wenig Entwicklungsmöglichkeiten. Mit der Stilllegung der PCO-/AGH-Areale bietet sich plötzlich die Möglichkeit einer städtebaulichen Erweiterung von enormem Ausmaß.

## 3
### Die Aufgabenstellung; das Planungsteam

*Strategische Bedeutung der Industrieareale*

Die strategische Bedeutung des Areals Olten Südwest führte 1998 zur Bildung von zwei politischen Gremien, die die bauliche Entwicklung der PCO/AGH-Areale festlegen sollten:

- ein politisches Steuerungsgremium
- eine Arbeitsgruppe aus Fachleuten

*Bildung gemeinsamer Gremien ...*

In beiden Gremien waren der Kanton, die Stadt und die beiden Landeigentümer mit je zwei Personen vertreten.

Sie hatten die Aufgabe, das Areal Olten Süd-West einer zeitgemäßen Entwicklung zuzuführen.

Mit der Bildung dieser gemeinschaftlichen Gremien sollte die Bedeutung des Entwicklungspotenzials für alle Beteiligten unterstrichen werden.

*... und Wahl des Teams „Kooperative Projektkoordination"*

In einem Präqualifikationsverfahren wurde ein begleitendes Planungsteam gesucht. Dabei wurde ein Team bestimmt, das großen Wert auf ein mediationsähnliches Verfahren legte und dies im Arbeits- und Vorgehensprogramm auch entsprechend aufzeigte.

Das Planungsteam setzte sich aus drei Büros und vier leitenden Personen zusammen:

- Projektleitung: Hansueli Remund, Planteam S. AG
- Sachbearbeitung Siedlung: Martin Eggenberger Planteam S. AG
- Sachbearbeitung Verkehr: Edi Baumgartner, Frey & Gnehm AG
- Sachbearbeitung Ökologie: Heinz Spatteneder, Spatteneder Ökologie

## 4
**Die Interessen**

Ein mediationsähnliches Verfahren war aus mehreren Gründen angezeigt.

Die Interessen des Kantons waren nicht einheitlich: *Die Interessen des Kantons ...*

- Das Amt für Wirtschaftsförderung befürwortete eine möglichst schrankenlose Nutzungsbestimmung im Interesse einer rein nachfrageorientierten Entwicklung.
- Das Amt für Umweltschutz erwartete eine nachhaltige, auf Luft- und Lärmbelastungen abgestimmte Entwicklung.
- Das Raumplanungsamt verlangte eine etappenweise Umzonung (beschränkte Bauzonen) und Beachtung der ökologischen Werte am Ort.
- Das Amt für Verkehr erwartete eine neue regionale Verkehrsverbindung, um die zu erwartenden Verkehrsaufkommen verkraften zu können.

Aber auch die Interessen der Stadt Olten waren vielschichtig: *... der Stadt ...*

- Einerseits unterstützte die Stadt die Entwicklungsvorstellungen Südwest und erhoffte sich eine zukunftsweisende städtebauliche und wirtschaftliche Entwicklung.
- Andererseits befürchtete sie aber auch einen Verkehrskollaps, wenn die mit der Entwicklung Süd-West verbundenen Verkehrsbedürfnisse nicht gelöst werden konnten, resp. die nötigen Verkehrsinfrastrukturen sich als nicht bezahlbar erweisen sollten.
- Zudem befürchteten gewisse Kreise der Behörde, dass mit der Entwicklung Süd-West andere städtische Entwicklungsprojekte gefährdet werden könnten (Interessenkonflikte um Landeinzonungen).

Nicht zu unterschätzen waren Interessengruppen wie: *... und weiterer Interessengruppen*

- die Naturschutzverbände
- die Verkehrsverbände
- die örtlichen Parteien
- die Nachbargemeinde
- die nachbarlichen Grundeigentümer und Betriebe und
- die Quartiervereinigungen, insb. die Altstadtvereinigung

## 5
### Die Verfahrensschritte

*Das übliche Planungsverfahren ...*

Für die Entwicklung größerer Areale wird in der Schweiz in der Regel ein dreistufiger Verfahrensablauf mit folgenden Phasen durchlaufen:

**1. Stufe:** Nutzungsplanverfahren mit übergeordnetem Verkehrskonzept
In diesem Verfahren werden Nutzung, Ausnützungsmaß, wichtige raumplanerische und ökologische Belange geregelt und planungsrechtlich festgelegt. Dazu gehören auch die Groberschließungsanlagen.

**2. Stufe:** Sondernutzungsplanverfahren
Bei Großprojekten – wie die Stadtentwicklung Südwest – werden weitergehende konzeptionelle Planungsinhalte in Sondernutzungsplänen festgelegt und die übergeordnete Nutzungsplanung konkretisiert. Diese Konzeptpläne basieren nicht selten auf Projekten, die in wettbewerbsähnlichen Verfahren erarbeitet wurden.

**3. Stufe:** Baubewilligungsverfahren
Die Umweltbelange werden im Rahmen einer Umweltverträglichkeitsprüfung (UVP) im Rahmen der Sondernutzungspläne und/oder der Baubewilligungsverfahren einbezogen.

Dieses dreistufige Verfahren sichert eine ganzheitliche Behandlung aller für eine Entwicklung relevanter Sachbelange. Dies gilt jedoch vor allem für die an der Planung beteiligten Fachleute, die ein Verfahren von den übergeordneten Grundsätzen, über die konzeptionelle Bearbeitung bis zum konkreten Projekt als sinnvollen, sachlich zweckmäßigen Ablauf kennen.

*... ist oft undurchsichtig und kompliziert*

Dieser Verfahrensablauf wirkt für Betroffene aber oft undurchsichtig und kompliziert.

Oft müssen Anliegen auf spätere Phasen vertröstet werden (nicht Gegenstand des Verfahrens) oder Einwände erfolgen zu spät (wurde im vorherigen Verfahren behandelt).

Betroffene fürchten oft, „den richtigen Zeitpunkt" für eine Einflussnahme zu verpassen und wollen ihre Interessen bereits frühzeitig in der 1. Stufe behandelt wissen, obwohl dies planungsrechtlich (noch) nicht vorgesehen ist.

Das übliche Verfahren der drei Stufen ist sachlich logisch, solange keine politischen oder persönlichen Interessen einfließen, die eine andere Logik haben und die das zeitliche Hintereinander der Interessenabwägung weder verstehen noch akzeptieren wollen.

## 6
**Ein neues Verfahrensmodell**

Im Falle von Olten Südwest schlug das beauftragte Planungsteam ein abweichendes Verfahren vor. Unabhängig der Verfahrensstufen und der Hierarchie der Planungsinstrumente sollten alle Sachbereiche mit allen Beteiligten gleichzeitig behandelt werden. Es war Sache der Projektleitung, die Eingaben, Anträge, Vorstellungen und Maßnahmen zu gliedern und einzuordnen. Dabei wurde die gesamte „Fallhöhe" möglicher Planungsinhalte behandelt:

*Das gewählte Verfahren bei Olten Südwest*

- Zielsetzungen, Grundsätze, Visionen
- konzeptionelle Belange einschließlich Nutzungen, Schutzinteressen, Verkehrsführungen
- Detailinteressen benachbarter Grundeigentümer

Die Projektleitung führte die Verhandlungen bilateral mit einzelnen Interessengruppen oder im Rahmen der Arbeitsgruppe. Vorgebrachte resp. erkannte Anliegen wurden nach folgenden Kriterien diskutiert:

*Kriterien bei den Verhandlungen ...*

- Formulierung des Anliegens.
- Beurteilung des Anliegens aus fachlicher Sicht (unproblematisch bis sehr schwierig). Die Problempunkte wurden aufgelistet.
- Können die Problempunkte gelöst werden (wie und von wem)?
- Entstehen finanzielle Auswirkungen?
- Entstehen negative Auswirkungen auf andere Planungsbereiche?
- Wie groß ist das öffentliche Interesse des Anliegens?

Bei der Gewichtung der Anliegen wurden vor allem das öffentliche Interesse und finanzielle Auswirkungen gegeneinander abgewogen. Je teurer oder komplexer ein Anliegen war, desto größer musste das öffentliche Interesse am Anliegen sein, um im Konzept berücksichtigt zu werden.

*... und ihre Gewichtung*

Ein weiteres Kriterium war auch die Gegenüberstellung von zumutbarer finanzieller Belastung der öffentlichen Hand und dem privaten wirtschaftlichen Interesse. Je größer das wirtschaftliche Interesse an einem Anliegen war, desto stärker musste die öffentliche Hand von finanziellen Auswirkungen entlastet werden.

Die Planungsleitung beriet die Anliegen im Rahmen solcher „Abwägungspaare". Mit diesem Vorgehen wurden folgende Ziele verfolgt:

- Möglichst umfassendes Erkennen der inhaltlichen Werte und Auswirkungen von Anliegen.
- Sichtbarmachen der Auswirkungen für die Interessierten (was geschieht wenn ...).
- Möglichst offene Ausgeordnung der Auswirkungen für allfällig Betroffene und aufzeigen, wie auf diese Auswirkungen reagiert werden soll (wenn, dann nur ...).

Dieser Prozess dauerte ca. ein Jahr und schaffte nebst einem umfassenden konzeptionellen Gerippe vor allem auch eine vertrauensbildende Atmosphäre zwischen der Projektleitung und den Interessengruppen sowie unter diesen Gruppen selbst.

## 7
## Die Öffentlichkeitsarbeit

*Das Ergebnis der Verhandlungen*

Das Ergebnis dieser Gespräche und Beratungen war ein Bericht „Entwicklungskonzept Olten Südwest", der am 28. November 2000 von den Grundeigentümern, der Stadt Olten und dem Baudepartement des Kantons Solothurn genehmigt wurde.

Das beiliegende Inhaltsverzeichnis des Berichtes zeigt auf, dass von den Zielsetzungen der Planung Olten Südwest, über das städtebauliche Konzept, das Erschließungskonzept, Landschaft und Ökologie bis zu den zweckgebundenen finanziellen Leistungen der Grundeigentümer an die Stadt alle Belange des Vorgehens und des Inhalts der weiteren Schritte behandelt wurden.

*Behandlung aller Belange auf allen Ebenen*

Mit dieser gleichzeitigen und umfassenden Behandlung aller Belange auf allen Ebenen konnten alle Vorbehalte ausgeräumt werden. Vor allem wurde geregelt, wie die Erschließung der Stadtentwicklung finanziert resp. vorfinanziert werden kann, weil weder Stadt noch Kanton die nötigen Mittel dazu aufbringen können. So wurde von den Grundeigentümern erkannt, dass sie sich mit ca. Fr. 10 Mio. an der Erschließung des Areals ans übergeordnete Straßennetz beteiligen müssen, wenn die städtebauliche Entwicklung mit der erwünschten Nutzungsdichte nicht an den finanziellen Möglichkeiten der öffentlichen Hand und damit an der Erschließung scheitern sollte.

Das Ergebnis dieser Interessenkoordination wurde den politischen Gremien der Stadt Olten und der Nachbargemeinden vorgestellt. Der Bericht stand allen interessierten politischen Fraktionen offen.

Die Planungsleitung erläuterte den Bericht an verschiedenen Versammlungen und bei den politischen Fraktionen des Parlamentes. Die Reaktion auf die vorliegenden Ergebnisse war sehr positiv.

## 8
## Der Vertrag

*Bilateraler Vertrag ergänzt den Schlussbericht und sichert deren Ergebnisse*

Aufgrund dieses Berichtes wurde zwischen Stadt Olten und den Grundeigentümern ein Vertrag aufgesetzt, der alle Belange des weiteren Vorgehens einschließlich die Finanzierungsregelungen, beinhaltet. Dieser Vertrag wurde im Frühling 2001 vom Stadtrat Olten unterzeichnet.

Im Hinblick auf die weitere Planung und Realisierung entschlossen sich die Eigentümer, für das gesamte Areal Olten Südwest eine gemeinsame Trägerschaft zu bilden.

Der vorliegende Bericht erlaubte den Eigentümern eine realistische Bewertung des Bodens unter Einschluss aller Auflagen wie Erschließung, Altlasten, ökologischem Ausgleich und erwünschten städtischen Nutzungen. Diese Entscheidungsgrundlage erleichterte die Bildung einer gemeinsamen Trägerschaft, die im Herbst 2001 zustande kam.

Die neue Trägerschaft hat den Vertrag im Oktober 2001 unterzeichnet. Damit ist der Weg frei für die weiteren Planungsschritte.

## 9
**Die Aufgabe des Projektleiters**

Die Funktion des Projektleiters kann mit „kooperativer Projektkoordination" umschrieben werden. Sie beinhaltete ohne Zweifel Elemente eines Mediators und hatte die Vermittlung zwischen den Interessen zum Ziel. Die Aufgabe des Projektleiters war es, das Gelingen der städtebaulichen Entwicklung von Olten Südwest sicherzustellen und das Verfahren zu koordinieren.

*Projektleiter: Kooperativer Projektkoordinator*

Dabei hatte der Projektleiter mit seinem Planungsteam jederzeit auch zu gewährleisten, dass das erreichte Resultat nicht nur politisch, sondern auch fachlich den hohen Erwartungen der Kant. Fachstellen nach einer zukunftsweisenden städtebaulichen Entwicklung genügen konnte.

Vor allem für Fachleute war die gleichzeitige Behandlung von konzeptionellen Belangen und Details oft mühsam und nicht verständlich. Erst mit der Vorlage des Berichtes wurden die zahlreichen Puzzlestücke geordnet, den entsprechenden Ebenen zugeteilt und damit ein logisches Bild der Entwicklungsvorstellung entworfen. Mit jedem Bild wurden auch verbliebene Lücken oder Widersprüche erkennbar, die in einer weiteren Beratungsrunde der Arbeitsgruppe geschlossen resp. ausgeräumt wurden. Mit jeder Beratungsrunde wurde das erarbeitete Bild abgerundeter, widerspruchsfreier und vollständiger. Am Schluss der Arbeiten zeigten sich Arbeitsgruppen und Beteiligte in hohem Maße vom erreichten Ergebnis befriedigt und überzeugt.

*Zusammenfügen der Verhandlungs-Puzzlestücke*

## 10
**Die weiteren Verfahrensschritte**

Konzeptbericht und Vertrag bringen für alle Beteiligten eine hohe Gewissheit, was kommen wird. Sie wissen auch, wann, wo und wie ihre Interessen berücksichtigt werden sollen.

Verfahren, Inhalte und Finanzierungslasten sind benannt, transparent dargestellt und zugeordnet. Vorbehalte und Ängste konnten damit frühzeitig erkannt und aufgefangen werden. Mit der einstimmigen Verabschiedung von Konzeptbericht und Vertrag sind zwar die Verfahren nicht überflüssig geworden, sie sind aber sicherer, überschaubarer und kalkulierbarer geworden.

*Transparente Ergebnisse*

Der Konzeptbericht wird Grundlage des nun folgenden städtebaulichen Wettbewerbes sein. Die Verfasser der städtebaulichen Konzepte werden damit die Beratungs- und Verhandlungsergebnisse kennen und in die Entwurfsarbeiten einbeziehen. Damit soll erreicht werden, dass die Planungsentwürfe von Beginn an eine hohe politische Akzeptanz aufweisen.

*Grundlage zu städtebaulichem Wettbewerb*

Aber nicht nur in der Öffentlichkeit, sondern auch in den politischen Gremien von Stadt und Kanton werden die dann folgenden Nutzungs- und Sondernutzungsplanungen erheblich einfacher zu behandeln sein.

Wie weit diese Konsensfindung tatsächlich die Verfahren beschleunigen wird, kann spätestens beurteilt werden, wenn der Spatenstich für die erste Bauetappe der Stadtentwicklung Olten Südwest erfolgt.

## 11
## Beilagen

### 11.1
### Begleitende Gremien der Planung Olten Südwest

#### Steuerungsgremium

Regierungsrat (Baudirektor) des Kantons Solothurn
Stadtpräsident, Stadt Olten
Baudirektorin, Stadt Olten
Vorsteher Amt für Wirtschaft und Arbeit, Kanton Solothurn
Präsident des Verwaltungsrates, AG Hunziker & Cie.
Präsident des Verwaltungsrates, PCO Olten AG
Vizepräsident des Verwaltungsrates, PCO Olten AG
Direktionsmitglied der AG Hunziker & Cie.

#### Arbeitsgruppe

PCO Olten AG, Verwaltungsratsvertreter
PCO Olten AG, Betriebsleiter
AG Hunziker & Cie., Direktoriumsvertreter
AG Hunziker & Cie., Betriebsleiter
Vorsteher des Kant. Amtes für Raumplanung
Vorsteher des Kant. Amtes für Umweltschutz
Stadtplaner, Stadt Olten
Privater Raumplaner, Vertreter der Stadt Olten

### 11.2
### Inhaltsverzeichnis des Berichtes zum Entwicklungskonzept

(Übersicht über die behandelten Themen)

#### Einleitung zur gestellten Aufgabe

Ausgangslage
Zielsetzungen
Was bis heute erreicht wurde
Wo liegen die Probleme
Wie geht es weiter

## Die Entwicklungsziele von Stadt und Region

Maßgebende Auszüge aus dem planerischen Leitbild der Stadt Olten
(Stand: Entwurf für die öffentliche Mitwirkung 1999)

Die Positionierung der Region Olten in der „Wirtschaftsförderung Region Olten"

## Städtebauliches Konzept Olten Südwest

Begrenzung des Plangebietes Olten Südwest
Die Entwicklungsziele für das Areal Olten Südwest
Unerwünschte Nutzungsentwicklungen
Nutzungskonzept
Realisierungsetappen
Bestehende Bauten

## Erschließungskonzept

Entlastungsstraße Olten West als Bestandteil des Entwicklungskonzeptes
Olten Südwest
Verkehrsaufkommen im vierten Quadranten
Erwünschte Linienführung der Entlastungsstraße
Erschließungsetappen
Lärmausbreitung
Straßenverbindungen, Erschließungsbeiträge
Anschlusspunkte Fußgänger und Radfahrer
Öffentlicher Verkehr
Wasserversorgung/Entwässerung/Energieversorgung
Grundwasser
Auffüllungen, Aufschüttungen, mit Abfällen belastete Standorte
Flugfeld

## Landschaft und Ökologie

Grün- und Erholungsräume, öffentliche Nutzungen
Ökologische Veränderungen und Kiesabbau im Bereich der Umfahrung
Ökologischer Ersatz und Ausgleich
Landschaftliche Modellierung

## Zweckgebundene Leistungen der Grundeigentümerschaft an die Stadt

Ausgangslage
Erwägungen
Beschlüsse

## Wettbewerbsverfahren

Ausgangslage
Erwägungen
Beschlüsse

**11.3**
Luftbildaufnahme über das Planungsareal Olten Südwest

# Stichwortverzeichnis

## A

Ablaufschema 415
Ablaufstörungen 413
Ablehnungsargumente 410
Abschlussbericht 373
Abschlussvereinbarung 199, 206, 208, 210, 214
Abstimmungsverfahren 380
Abwägungspaare 427
administrativ Verantwortliche 281
aktive Vermittlungsvorschläge 411
aktives Vertragsmanagement 405
Allgemeine Geschäftsbedingungen 194, 213
Allparteilichkeit 197, 203, 214, 279
Alternative Dispute Resolution 62, 98
alternative Konfliktlösungsmodelle 254
Amphibienstandort 299
amtlich anerkannter Sachverständiger 221
Änderungswünsche 360
Anrainer 349
Anrainerinteressen 349
Anspruchsgrundlagen 413
Antagonismen 66
Anti-Claim-Management 404
Anwaltsvergleich 200
Anwendungsgebiete 254
Arbeitskreis 319
Arbeitsphasen 372
Arbeitsplätze 299
Arbeitsvereinbarung 352
Arbitrage 16
Arbitration 15
Architekten 203, 206, 208
Arrest 170 ff., 176
Aufklärungs-/Sorgfaltspflicht 274
Ausbildung 263, 286
Ausbildungsstandards 259
Ausführungsrichtlinien 271
Ausgleich 261

Ausgleichsmaßnahmen 299, 301 f., 305
– ökologische 299
Ausschlussgründe 305
Ausschreibung 312, 357
Außenkreis 379 f., 382, 388
außergerichtlicher Tatausgleich/Diversion 261, 269
Ausübungsbefugnis 272
Autonomie 37

## B

Bad Gastein 307
Bad Hofgastein 307
Banken- und Versicherungssektor 261
Barrieren 328
Basisdemokratie 252
Bau-Ist 412
Bau- und Planungswesen 261
Bau- und Umweltmediation in der Schweiz 245
Bauablauf-Kosten-Zuordnungsverfahren 409
Baubetriebler 203, 206, 210
Baubewilligungsverfahren 426
– Schweiz 231, 234
Baudokumentation 412
Baugesuch Schweiz 231
Baukosten 118
Bauleitpläne 392
Bauphase 309
Bauprojekte 117
Baurecht Schweiz 229 f.
Bauschlichtungsstellen 185
Baustellen-„Fieberkurven" 409
Bauvertrag 139 f.
Bauvertragsstreitigkeit 236 f., 242, 247
Bauzeiten-Claims 404
Bebauungspläne 392
Befähigungsnachweis 276
Begehungen 300 f.

begleitende Gremien 430
Behinderungen 142
Behinderungsanzeige 357, 360
Behörden 201, 209
Behördenbeteiligung 126
Behördenverfahren 353, 355
behördliches Genehmigungsverfahren 336
Berichtswesen 414, 417
Berufshaftpflicht 274
Berufshaftpflichtversicherung 208, 212
Berufskammern der Architekten und Ingenieure 184 f.
Beschleunigung der Genehmigungsverfahren 107
Beschwerde 257, 295
Beschwerdeverfahren 297
Bestellung 217
Bestellungsfachgebiete 217
Betriebsanlagenerweiterungen 354
Beugehaft 273
Beurkundung, notarielle 199
Beurteilungsverfahren 421
Beweismittel 205, 207, 212
Beweissicherung 172, 173
Beweissicherungsverfahren 198
Bewilligungsanforderungen 295
Bewilligungsphase 234
BGB-Verträge 143
Bindungswirkung 198 ff.
bottom-up-Ansatz 256
Bringschuld 152
Bundesrechtsanwaltsgebührenordnung 206
Bundesrechtsanwaltsordnung 203
Bürgerbeteiligung 389
Bürgerentscheid 390
Bürgerinitiative 311, 336, 349, 352, 392
Bürgermeister 350, 352

**C**
Checkliste 415
Claims 403
Co-Mediation 210, 280
culpa in eligendo 274

**D**
Dachverband 263
Datentransparenz 415
demokratische Legitimation 253
Denkblockaden 328
Deponie 258
Deutsche Institution für Schiedsgerichtsbarkeit 177
Diskriminierungsverbot 362
Diskussionsrunde 372
Dispute Adjudication 178, 185 f.
Dreiecksvertrag 350
Drittpartner 405
Due Diligence 136 f.
Durchsetzbarkeit 275

**E**
Echtzeit-Konfliktmanagement 405, 420
EDV-Branche 261
Eigenverantwortung 17
Einbindung der Parteien 191, 195
Eingliederung 298
– landschaftliche 300
Eingriffe in Natur und Landschaft 295, 299, 301 f.
Einigungsergebnisse 298, 301
einstweilige Verfügung 170 ff.
Einzelfallgerechtigkeit 133
Einzelgespräche 203, 214
emotionale Konflikte 405
Endbericht 329
Energieeffizienz 260
Entscheidungsgrundlagen, fehlende 302
Entscheidungshierarchie 299, 303
Entscheidungskompetenz 393
Entscheidungsschritte, hauptsächliche 301
Entscheidungsverfahren, mehrstufige 305
Erbschaftskonflikte 259
Ereignischronologie 412
Ergebnisoffenheit 110
Eskalationsgrade 404
europäisches Forum 264

Exekutionstitel 275
Existenzbedrohung 285
Experte 319, 354
Expertenwissen 406

**F**
Fachhochschulen 265
Fachkompetenz der
 Verhandlungspartner 304
Familienlastenausgleichsgesetz 271
Familienmediation 258
Feldkompetenz 11, 13
FIDIC-Bauvertragsbedingungen 213
FIDIC-Standardvertragsbedingungen
 178, 185
finanzierende Parteien 319
Finanzierung 314
Finanzierungsrisiken 120
Focusgruppen 256
Föderalismus 252
Fördermittelgeber 362
Forderungsausfall 126
Forderungsstreitigkeiten 374
Formalabwehr 404, 410
förmliche Öffentlichkeitsbeteiligung
 112
Formvorschriften 191, 199
freier Sachverständiger 220
Freiwilligkeit 193 ff., 198
Frontalkonfrontationen 282

**G**
ganzheitlicher Ansatz 119
Gasteinertal 307
Gegenorganisation 414
Gegenstromprinzip 256
Geldstrafen 273
Gemeinwesenmediation 259
Genehmigungsverfahren 113, 285
– behördliches 336
gerichtlicher Sachverständiger 221
Gerichtsverfahren 192, 193, 198, 205,
 207
Gesetz zur Beschleunigung fälliger
 Zahlungen 126

gesetzliche Verankerung 259
Gestaltungsplan Schweiz 233
gestörter Bauablauf 369
Gewässerschutzgesetz Schweiz 230
Gewerbe 355
Gewerbeordnung 270
gewerbliche Mediation 276
Gewinner-Verlierer-Modell 251
GMP-Vertrag 133
Graubereiche 411
Gremium 390, 430
Grobkonfliktanalyse 320
gruppendynamischer Prozess 392
Gruppenkonflikt 67
Gutachten 301
Gutachten von neutralen Fachberatern
 297
Gütertransport 308
Gütestelle 184 f., 188
Güteverhandlung, obligatorische 187 f.

**H**
Haftung des Mediators 211 f., 274, 301
Hangbrücken 310
Harvard-Konzept 164
haushaltsrechtliche Bestimmungen
 375
Hearing 312, 350
hocheskalierter Konflikt 311
Hochleistungsstrecke 307
Holzindustrie 349

**I**
Immissionsmessungen 354
individuelle Konfliktkultur 251
Infrastrukturbauten 258
Infrastrukturbereich 285
Ingenieure 203, 206, 208
Inhalte einer Mediationsvereinbarung
 115
Initiierungsmediator 24, 93
Innenkreis 379 ff.
Integration durch Mediation 263
Interessenausgleich 325
Interessensabwägung 282

Interessenwidersprüche 122
interkulturelle Mediation 255
Internationale Projekte 213
Internationaler Schiedsgerichtshof 178, 180
interpersonelle Kommunikation 397
Intervention 62
IVKM (Internationale Vereinigung für Konfliktmanagement und Mediation) 263

**J**

juristische Rahmenbedingungen 117

**K**

Klageverfahren 166, 169, 174, 180
kollektive Konfliktkultur 251
Kommunikationskultur 87
kompetitive Konfliktlösungsmethoden 33
Konfliktanalyse 383
Konfliktbereiche 404
Konflikte zwischen Unternehmen 260
Konflikteskalation 35
Konfliktfelder 117, 235
Konflikthaftigkeit 395
Konfliktkapitäne 262
Konfliktkultur 251
– in Wirtschaft und Arbeitswelt 251, 254
– schweizerische 252
Konfliktlösungsinstrument 286
Konfliktlösungsmodelle 254
Konfliktlösungsverfahren 37
Konfliktlotsen 262
Konfliktmanagementinstanz 405
Konfliktmanagementmodell 406
Konfliktmanager 406
Konfliktmuster 121, 328
Konfliktparteien 390
Konfliktpotenzial 215, 390, 417
Konfliktpunkte, hauptsächliche 297, 299
Konfliktquellen 120
Konfliktsituation 374

Konfliktstruktur 320
Konfliktwahrnehmung 299
Konkordanz 253
Konsens 377, 380, 383, 386, 391
Konsensformulierung 325
konsensuale Einigungen 288
konstruktive Konfliktkultur 251
Konsultationsmechanismen 355
Kontinuität 362
Kontrahaltung 285
Kontrollinstanzen 415
Konzernrevision 374
Kooperation 125, 256, 404, 419
Kooperationsbasis 329
Kooperationsbereitschaft 144
Kooperationsmodell 118, 192
Kooperationspflicht 192
kooperative Konfliktlösungsverfahren 37
kooperative Planung 399
kooperative Projektkoordination 424
kooperatives Verfahren 265
Kosten 191, 200, 206 ff., 211
Kosten Mediationsteam 330
Kosteneffizienz 260
Kostenschlüssel 314
Kostentragung 198, 208
Kostenverursachungsprinzip 421
Kreativität der Verhandlungspartner 304
Krisenintervention 89
Kriterienkatalog 322
Kündigung 149
Kur- und Tourismusregion 308

**L**

Landschaftsbild 308
Lärm 308
Lärmbelästigung 349
lärmtechnischer Sachverständiger 350
Lebens- und Sozialberatung 270
Leistungssoll 141
Leistungsverweigerungsrecht 129
Lenkungsausschuss 128
Letter of intent 325

Linienführung 111
logische Konflikte 405

**M**

Machtausgleich 288
Machtungleichgewichte 319
Machtverhältnisse 314
magisches Dreieck 117
Mahnbescheid 166
maison de la médiation 259
Mängel 118
Massengeschäft 409
médiateur 262
Mediation
– Begriffsdefinition 5
– gewerbliche 276
– im öffentlichen Bereich 256
– interkulturelle 255
– Spielraum 244
médiation pénale 261
Mediation Schweiz 229, 245, 251
mediationsähnliche Verfahren 285, 425
Mediationsausbildungen 264
Mediationsfelder 254
Mediationsgremium 285
Mediationsklausel 246 ff., 258
– vertragliche 193 ff., 214
Mediationsvereinbarung 275
– Inhalt 115
Mediationsvertrag 52, 274, 313
Mediationswochen 248
mediative Sachverständigenvermittlung 8, 17, 37, 41, 370 f.
mediativer Variantenvergleich 323
Mediatorenfunktion 405
Mediatorenteam 93, 204, 206, 214, 359, 362
Mediatorenvertrag 359
Mehr-/Minderkosten 369
Mehrvergütungsansprüche 142
Mietschlichtungsstellen 259
Mietwesen 259
Minderheiten 252
Mitwirkung 141, 256
Mitwirkungspflichten 139

Mitwirkungsverfahren 257
Mobbing 260
Moderation 163, 165
Moderationsmaterialien 393
Muster-Sachverständigenordnung 217

**N**

Nachbarschaftskonflikte 259
Nachbarschaftsmediation 259
Nachbarstreit 236, 240
Nachhaltigkeit 253
Nachträge 118, 153, 373
– technische 403
Nachtragsangebote 371
Nachtragsforderung 129, 369
neue Medien 214
Neutralität 197, 203, 279
Neutralitätsstatus 405
Norm SIA 118 231
Notare 276
notarielle Vollstreckungsunterwerfung 200
Nulloption 385
Nutzungsplanverfahren 256, 426

**O**

ÖBB 307
Objektivität 407
Obligationenrecht Schweiz 231
öffentlich bestellter und vereidigter Sachverständiger 215, 217
öffentlich-rechtliche Konflikte 200
öffentlich-rechtlicher Vertrag 201
öffentliche Auflage 257
öffentliche Veranstaltung 351, 392
Öffentlichkeit 201 f.
Öffentlichkeitsarbeit 353, 428
öffentlichkeitsarbeitsorientierte Kommunikation 284
Öffentlichkeitsbeteiligung 389
– förmliche 112
ÖGUT 282, 285, 287
Ombudsmann 102, 103, 105
Opfer 261
Ordnung SIA 102 231

## P

Paraphrasieren 397
parlamentarische Gremien 398
Parteiverrat 203
Partizipation 256, 287
Partnering 60, 82
Partneringmodell 133
Pattsituation 286
Peace-maker 263
peermediation 262
Pendeldiplomatie 78
Perspektivenwechsel 309
Pflegschaftsverfahren 270
Phasenmodell 41, 391
planende Behörde 257
Planfeststellung 112 f.
Planfeststellungsverfahren 113
Planungs- und Genehmigungsverfahren 107
Planungsfehler 150
Planungssicherheit 111
Planungsteam 399, 427
Plenum 7
Plenumssitzungen 7
politische
– Konfliktkultur 252
– Konsenstradition 281
– Mediation 255
Pönale 354
Prävention 62, 155
Pre-Mediation 85, 90, 358
Pressekonferenz 364
Privatgutachten 198
Privatwirtschaft 260
Projektallianzen 60
projektbegleitende Mediation 193
Projektdefinition 119
Projektentwicklung 117
Projektkoordination 424
Projektorganigramme 133
Projektsteuerer 203, 210
Projektumsetzung 120
Prozess, gruppendynamischer 392
Prozessebene 346
Prozessmanagement 417

Prozessprovider 336, 340
Prozessvergleich 200
Prüfungsinstanzen 375
Psychologen 203, 208

## Q

Qualität 118
Qualitätserfordernisse 409
Quartierplan Schweiz 233
Quellberufe 272
Quellen der Mediation 254

## R

Raumordnungsverfahren 111 f.
Raumplanung 256
Raumplanungsgesetz Schweiz 229
Rechnungshof 398
Rechnungsprüfungsamt 374
rechtliche Grenzen der Mediation 114
Rechtsanwälte 197, 200, 205 ff., 212, 214, 278
Rechtsberatungsgesetz 208 ff.
Rechtsformgestaltung 279
Rechtsfürsorge 276
rechtsgültige Unterzeichnung 326
Rechtslage/Rechtsansprüche 196 f., 212
Rechtsmittelverzicht 116
Rechtsschutzversicherung 208
rechtsverbindliche Vereinbarung 331
Reflexion 395
Regress 129
Relationship-Marketing 60
Revisionsfähigkeit 374
Risikotechnologien 258
Rolle der Sachverständigen 353
Rollentausch 393
Rückbindung 312, 345
Rückbindungsprozesse 344
Runder Tisch 391, 393, 396

## S

Sachverständigengutachten 216
Sachverständigenhaftung 274
Sachverständigentätigkeit 216
– Voraussetzungen 216

Sachverständigenwesen 352
Sachverständiger 198, 216, 221, 353 f.
– gerichtlicher 221
– lärmtechnischer 350
– zertifizierter 222
Schadensersatzansprüche 204 f., 212, 357
Scheidung 259
Schiedsgericht 175 ff., 186
– Benennung 176 f.
– institutionelles 177 f.
– Schweiz 241
Schiedsgerichtsbarkeit, internationale 178
Schiedsgerichtsordnungen 177
Schiedsgerichtsvereinbarung 175 f., 181 f.
Schiedsgerichtsverfahren 175 ff., 194, 196, 205, 214, 370
Schiedsgremium 128
Schiedsgutachten 198
Schiedsgutachtenvereinbarung 181, 182
Schiedsgutachtenverfahren 181
Schiedsspruch 176 ff., 183
Schiedsvereinbarung 175 f., 185
Schiedsverfahren 16
Schlichter, Bestellung 184
Schlichterspruch 183
Schlichtung 9, 183 ff.
Schlichtungsausschuss 184
Schlichtungsordnungen 185
Schlichtungsstellen 259
Schlichtungsvereinbarung 184
Schlichtungsvorschlag 183, 185 f.
Schlussbetrachtung 249
Schlussrechnung 418
Schlussrechnungsprüfung 374
Schnittstelle 132
Schulmediation 262
Schweigepflicht 204
schweizerische Konfliktkultur 252
Schweizerischer Architekten- und Ingenieurverein 231
Schweizerischer Dachverband Mediaton 263

Schweizerischer Verein für Mediation (SVM) 258
Scoping-Verfahren 113
selbständiges Beweisverfahren 166, 172, 176
Selbstverantwortung 328
SGO Bau 177
SIA (Schweizerischer Verein der Ingenieure und Architekten) 258
SIA-Normen 231, 246 f.
SOBau 177, 185
Soll-Ist-Ablaufdokumentationen 409
Soll-Ist-Abweichungen 415
Sonderbauvorschriften Schweiz 233
Sondernutzungsplanverfahren 426
sozialer Friede 329
Sozialkompetenz 260
Spannungsfeld 404
staatlich anerkannter Sachverständiger 221
staatliche und quasistaatliche Streitbeilegung 242
Stadtentwicklung Olten Südwest 423
Stadtgemeinde Ybbs 350
Standards 417
Ständerat 253
Standortkonflikt 107
Status als Beobachter 314
Stellvertreter 379
Steuerzahler 301
Störungen im Bauablauf 408
Strafmediation 261
Strafprozess Schweiz 240
strafrechtliche Sanktionen 273
Straftaten 261
Streitbeilegung 187, 237, 241 f., 248
Streitschlichtung, obligatorische 187
Streitverkündung 126, 168 f.
Strukturkonzept 394
Systemlogik 398

T
Täter 261
Täter-Opfer-Ausgleich 261
Tauern-Eisenbahnachse 307

Taxonomie  59
technische Nachträge  403
Teilschluss-Abrechnungstechnik  418
Teilschlusserklärung  418
Teilschlussverhandlungen  419
Terminänderungen  118
top-down-Ansatz  256
Transactional-Marketing  60
Transparenz  286
Trassen- bzw. Standortwahl  110, 111

## U

Übergangsmodell  407
Überwachung  136
Umsetzung des Mediationsergebnisses  114
Umweltbereich in Österreich  355
Umweltbewusstsein  282
Umweltinteressen  282
Umweltkonflikt  236
Umweltmediation  19, 101, 256, 285
umweltrelevante Projekte  281
Umweltschutzgesetz Schweiz  230
Umweltverträglichkeit  270
Umweltverträglichkeitsprüfung  112, 113
Umweltverträglichkeitsprüfungs-Gesetz  311
Unabhängigkeit  218, 279
UNCITRAL-Modellgesetz  175
Unparteilichkeit  218, 277
Unternehmenscontrolling  374
Ur-Kalkulation  369
Urkundsprozess  199
Ursache-Wirkungs-Prinzip  411
UVP-Pflicht  310

## V

Variantenvergleich  322
Verbindlichkeit der Ergebnisse  381
Verdingungsordnung für Bauleistungen  128
Vereine  263
Verfahren vor staatlichen Gerichten  166

Verfahrenskonzept  377
Verfahrensmittler für Planungs- und Baubewilligung  249
Verfahrensordnung  55, 191, 214
Verfahrenssicherheit  112
Verfahrensverantwortung  274
Vergabegespräch  363
Vergaberecht  126
Vergabestrategie  131
Vergleichsvorschlag  373, 406
Verhaltensregeln  382
Verhandeln, sachbezogenes  164
Verhandlungsatmosphäre  297, 304
Verhandlungsdynamik  364
Verhandlungsfronten  404
Verhandlungsmanagement  419
Verjährung  189, 197, 201 f., 212
Verjährungshemmung  270
Vermittlung  407
Vermittlungsprozess  390
Vermittlungsvorschläge  411
Vernehmungsverbot  271
Verschwiegenheit  203, 204
Verschwiegenheitspflicht  272
Versicherung, Eintritt der  189
Versicherungen  195, 204, 208
Vertrag zu Lasten Dritter  132
Vertragsauslegung  128
Vertragscheck  419
Vertragsinterpretationen  403
Vertragsmanagement  405
Vertragsstrafe  196, 199, 204
Vertragswidersprüche  118
Vertragsziele  141
Vertrauen zwischen den Verhandlungspartnern  302 ff.
Vertrauensschutz  205
Vertrauenswürdigkeit  276
Vertraulichkeit  202 ff., 212
Verursachungsnachweis  410
Verwaltung  265
Verwaltungsbehörde  355
Verwaltungsprozess Schweiz  241
Verwaltungsverfahren  314
Visualisieren  397

VM-Vertragsfortschreibung 405
VOB-Vertrag 143, 192, 371
Vollstreckungstitel 173
Vorauswahl der Varianten 321
Vorgehenskonzept 317
Vorgehensstrategie 322
Vorgespräche 378 f., 383
Vorhabensträger 108 ff., 115
VSS-Empfehlung 245

## W

Wasserkraftanlagen 258
Weisungsfreiheit 218
Werkverträge 141
Wertschätzende Erkundung 384
Widerstand 308, 311
Wiedergutmachung 262
Win-win-Schulmediation 263
Win-win-Situationen 304
Win-win-Strategie 70 ff.
Win-win-Verhalten 63
Wirtschaftsberater 203

Wirtschaftsmediation 260, 358 f.
Wirtschaftstreuhänder 279

## Z

Zeiteffizienz 260
zertifizierter Sachverständiger 222
Zeugen 205, 207
Zeugnisverweigerung 259
Zeugnisverweigerungsrecht 205
Zielkonflikte 122 f.
Zivilgesetzbuch Schweiz 230
Zivilprozess Schweiz 239
Zivilprozessordnung 271
Zonenplan Schweiz 233
ZSEG 216
Zusammensetzung 380 ff.
– Außenkreis 382
– Gremium 380
– Innenkreis 381
Zwangsvollstreckung 169 f., 177, 200, 212, 214
Zweiparteilichkeit 126